Schriftenreihe zum Osteuropäischen Recht

Herausgegeben von
Prof. Dr. Alexander Blankenagel
Prof. Dr. Dr. h.c. Martin Fincke
Prof. Dr. Angelika Nußberger M.A.

Band 4

Rainer Wedde

Der Insolvenzverwalter
im russischen und deutschen Recht

Bestellung, Befugnisse, Bezahlung

BWV • BERLINER WISSENSCHAFTS-VERLAG

Bibliografische Information der Deutschen Nationalbibliothek

Die Deutsche Nationalbibliothek verzeichnet diese Publikation in der Deutschen Nationalbibliografie; detaillierte bibliografische Daten sind im Internet über http://dnb.d-nb.de abrufbar.

ISBN-13: 978-3-8305-1256-1
ISBN-10: 3-8305-1256-2

Vorwort

Die vorliegende Arbeit wurde von der Rechtswissenschaftlichen Fakultät der Christian-Albrechts-Universität Kiel 2004 als Dissertation angenommen. Das dortige Institut für Osteuropäisches Recht ist ein Kristallisationspunkt der Forschung zum russischen Zivil- und Wirtschaftsrecht. Die Zahl der dort betreuten Promotionsvorhaben zum russischen Recht dürfte höher liegen als an jeder anderen Universität im deutschsprachigen Raum.

Der Insolvenzverwalter ist in wohl jeder Rechtsordnung die zentrale Figur des Insolvenzverfahrens. Seine Qualifikationen, sein praktischen Fähigkeiten und sein Berufsethos entscheiden nur zu oft über den Erfolg von Sanierungsbemühungen oder stellen eine effiziente Sammlung und gerechte Verteilung der Masse sicher. In besonderem Maße gilt dies für Rechtsordnungen in der Transformation wie in Osteuropa seit Ende der 80er Jahre des 20. Jahrhunderts. Daher bot sich der Vergleich zwischen den deutschen Regeln nach der InsO von 1999 und den russischen Insolvenzgesetzen von 1998 und 2002 an.

Literatur und Rechtsprechung der Arbeit befanden sich ursprünglich auf dem Stand Ende 2003. Seit einigen Jahren kann man jedoch auch in Russland eine stetige Zunahme der wissenschaftlichen Literatur beobachten; immer mehr Themen werden immer kompetenter behandelt. Dies trifft auch auf das Insolvenzrecht zu. Das Insolvenzgesetz von 2002 wurde und wird umfangreich diskutiert, erörtert und kritisiert. Daher wurden die wesentliche Literatur sowie einschlägige Rechtsprechung für die vorliegende Veröffentlichung ergänzt. Stand der Arbeit ist 01.07.2006.

Besonderer Dank gilt Prof. Dr. Alexander Trunk, Kiel für die Betreuung der Arbeit, wertvolle Ratschläge und Diskussionen sowie die Bereitschaft, mich gelegentlich an der langen Leine laufen zu lassen. Prof. Dr. Stefan Smid gilt Dank für das Zweitgutachten. Einer ganzen Reihe von Kanzleien und deutschen Kollegen in Moskau bin ich für die Öffnung ihrer Bibliotheken zu Dank verpflichtet. Der größte Dank gilt aber meiner Frau Yvonne für die Geduld, mit der sie meine physischen und mitunter auch geistigen Abwesenheiten in der Bearbeitungszeit ertragen hat, sowie für ihre hilfreichen Ratschläge und Korrekturvorschläge.

Moskau, September 2006

Rainer Wedde

Inhaltsverzeichnis

13

Abkürzungsverzeichnis

aA	anderer Ansicht
Abs.	Absatz
aE	am Ende
AGP	Arbitražnij i graždanskij Prozess (*Wirtschafts- und Zivilprozess*, Zeitschrift russ.)
AP	Arbitražnaja Praktika (*Arbitragepraxis*, Zeitschrift russ.)
Art.	Artikel
APK	Arbitražnyj processualnyj kodeks, *Wirtschaftsprozessordnung* (russ.)
BGB	Bürgerliches Gesetzbuch (dt.)
ChiP	Chosjaistvo i Pravo (*Wirtschaft und Recht*, Zeitschrift russ.)
Ders.	Derselbe
dt.	deutsch
engl.	englisch
EU	Europäische Union
Fn	Fußnote
FR	Finansovaja Rossija (*Finanzielles Russland*, Zeitschrift russ.)
FS	Festschrift
FSFO	Föderaler Dienst für Insolvenz und finanzielle Sanierung (nebst seinen ähnlich bezeichneten Vorgängern, Abk. FUDN, FSDN)
GiP	Gosudarstvo i Pravo (*Staat und Recht*, Zeitschrift russ.)

GUS	Gemeinschaft unabhängiger Staaten
GVG	Gerichtsverfassungsgesetz (dt.)
Hrsg.	Herausgeber
InsG	Zakon o nesostojatel´nosti, *Insolvenzgesetz* (russ.)
InsG 1992	Insolvenzgesetz (russ.) von 1992
InsG 1998	Insolvenzgesetz (russ.) von 1998
InsG 2002	Insolvenzgesetz (russ.) von 2002
InsO	Insolvenzordnung (dt.)
InsVV	Insolvenzrechtliche Vergütungsverordnung (dt.)
iVm	in Verbindung mit
JOR	Jahrbuch für Ostrecht (dt.)
JurMir	Juridičeskij Mir (*Juristische Welt*, Zeitschrift, russ.)
JZ	Juristenzeitung (dt.)
Kap.	Kapitel
Kollegija	Kollegija (*Kollegium*, Zeitschrift, russ.)
KTS	Zeitschrift für Insolvenz. Konkurs Treuhand Sanierung
Mc Gill L.J	McGill Law Journal
Mio.	Million (en)
Mrd.	Milliarde (n)
mwN	mit weiteren Nachweisen
NJW	Neue Juristische Wochenschrift (dt.)
NZI	Neue Zeitschrift für Insolvenzrecht (dt.)

OER	Osteuropa Recht (dt.)

Parker Sch. J.E. Eur. L.	Parker School Journal of East European Law (engl.)
PiE	Pravo i Ėkonomika (*Recht und Wirtschaft*, Zeitschrift russ.)
Pkt./Pkte.	Punkt/ Punkte
Pos.	Position

RF	Russische Föderation
RIW	Recht der internationalen Wirtschaft (dt.)
ROW	Recht in Ost und West (dt., bis 1998)
RJu	Rossijskaja Justicija (*Russische Justiz*, Zeitschrift russ.)
Rn	Randnummer/Randziffer
RUR	Russische Rubel
russ.	russisch

SiE	Zakonodatel´stvo i Ekonomika (*Gesetzgebung und Wirtschaft*, Zeitschrift russ.)
sog.	sogenannte(r)

VAS	Vestnik vysšogo arbitražnogo suda (*Mitteilungsblatt des Obersten Wirtschaftsgerichts*, Zeitschrift russ.)
vgl.	vergleiche
VSND	Vestnik Sobranie Narodnech Deputatov (*Mitteilungsblatt der Versammlung der Volksdeputierten*)
VVS	Vestnik Verchovnova Sovjeta (*Mitteilungsblatt des Obersten Sowjets*, offizielles Publikationsorgan)

WGO-MfOR	WGO Monatshefte für Osteuropäisches Recht
WIRO	Wirtschaft und Recht in Osteuropa (dt.)
WOS	Wirtschaftsrecht der osteuropäischen Staaten

ZEuP	Zeitschrift für europäisches Privatrecht (dt.)
ZGB	Zivilgesetzbuch (russ.)
ZIP	Zeitschrift für die Insolvenzpraxis (dt.)
zit.	zitiert
ZvglRWiss	Zeitschrift für vergleichende Rechtswissenschaft (dt.)

Für weitere Abkürzungen wird auf: *Kirchner/Butz*, Abkürzungsverzeichnis der Rechtssprache, 5. Auflage, Berlin 2003 verwiesen.

I. Einführung

In den vergangenen Jahren hat sich die Russische Föderation vor allem wirtschaftlich erkennbar nach Westen geöffnet. Aus einem früheren Gegner wurde ein Partner. Russland zeigte großes Interesse, die Strukturen und Erfahrungen der Marktwirtschaft anderer Länder kennenzulernen und zu nutzen. Deutschland bildete dabei stets einen wichtigen Bezugspunkt.

Das Insolvenzrecht als Mechanismus des Marktaustritts bildet einen wichtigen Pfeiler jeder rechtlichen Regelung marktwirtschaftlicher Ordnungen.[1] Dies gilt in besonderem Maße für die Staaten Mittel- und Osteuropas bei der Transformation ihrer Rechtssysteme zu einer Marktwirtschaft.

Sowohl in Deutschland (1999) als auch in der Russischen Föderation (1998 und 2002) sind in den vergangenen Jahren neue Insolvenzgesetze in Kraft getreten. Dabei spielten die Regeln für den Insolvenzverwalter als Zentralfigur des Insolvenzverfahrens stets eine herausragende Rolle. Ein Vergleich der Normen dieser Gesetze in diesem Bereich verspricht also interessante Erträge.

1. Wahl des Themas

Die deutsche Ostrechtsforschung nahm nach dem ersten Weltkrieg einen beachtlichen Aufschwung, als die neu entstandenen Staaten in Mittel- und Osteuropa (und ihre oft bedeutende deutsche Minderheit) in das Blickfeld der Rechtswissenschaft gerieten. Als sich nach dem zweiten Weltkrieg der real existierende Sozialismus bis nach Deutschland hinein vorschob, veränderten sich Interesse und Forschungsgegenstand allerdings beträchtlich. Widmeten sich vor dem Krieg auch Praktiker (in erster Linie Rechtsanwälte) dem Ostrecht, verlagerte sich der Schwerpunkt mangels nennenswerter wirtschaftlicher Kontakte nun vor allem auf die Ebene der Wissenschaft.[2]

Seit dem Systemwechsel Ende der 90er Jahre haben sich die Länder Mittel- und Osteuropas dem freien Wirtschaftsverkehr und den Weltmärkten geöffnet. Durch die rasche Zunahme des Handelsaustauschs mit dieser Region gewinnt eine Darstellung geltenden russ. Rechts an praktischer Bedeutung.[3] Für einen ertragreichen Wirt-

---

[1]   *Trunk*, Das neue russische Insolvenzrecht. Von der Zwischenbilanz zur Totalrevision, in: *Schroeder* (Hrsg.), Die neuen Kodifikationen in Russland, 2. Auflage, 85.

[2]   Zur Geschichte der Ostrechtsforschung: *Luchterhandt*, Künftige Aufgaben der Ostrechtsforschung, WGO-MfOR 1996, 159.

[3]   *Schroeder*, Die Bedeutung der Ostrechtswissenschaft heute, WGO-MfOR 1995, 91 (96). Insoweit ist es auch nicht erstaunlich, wenn sich ostrechtliche Dissertationen zunehmend dem Wirtschaftsrecht zuwenden.

schaftsaustausch ist die Kenntnis der Rechtsregeln des Handelspartners von hohem Wert.[4]

Der intensive Blick auf ein fremdes Recht schärft zugleich die Wahrnehmung für das eigene Recht. Schwachpunkte, aber auch Vorzüge erscheinen in einem klareren Licht.[5] Die Offenheit beim Systemwechsel in Mittel- und Osteuropa konnte der internationalen Rechtsentwicklung in mancherlei Hinsicht als Experimentierfeld dienen. Der komplette Neuaufbau erlaubte gelegentlich mutige und innovative Neuschöpfungen, die in den etablierten Ländern wohl häufig an inneren Widerständen gescheitert wären.

Dem Insolvenzrecht begegnet der deutsche Praktiker in Russland selten in der Rolle des Insolvenzschuldners. Denkbar wäre etwa die Insolvenz einer Tochtergesellschaft vor Ort. Viel eher wird er als Gläubiger mit der Insolvenz eines russ. Partners konfrontiert sein. Dies betrifft in erster Linie Banken und Kreditinstitute als klassische Geldgeber. Je mehr der Russlandhandel von der vollständigen Vorauszahlung zu in Deutschland schon lange bekannten Instituten wie Zahlungszielen, Wechseln, Krediten, Sicherheiten etc. übergeht, gerät diese Problematik auch ins Blickfeld anderer Marktteilnehmer. Umgekehrt erleichtern ein verbessertes System der Zwangsvollstreckung und ein effektives Insolvenzrecht die Abwicklung des internationalen Handels.

In den Jahren 2001 bis 2003 und wieder seit 20005 bin ich als Rechtsanwalt in Moskau tätig, wo der Hauptteil der Arbeit entstanden ist. Die Schwierigkeiten, denen sich ein ausländischer Gläubiger in einem russ. Insolvenzverfahren gegenübersehen kann, sind mir aus der Praxis bekannt. Sie dienten als Anregung bei der Erstellung der Arbeit.

Insolvenzrecht als klassisches Querschnittsthema berührt zahlreiche Rechtsgebiete; materielle Normen sind ebenso von Bedeutung wie prozessuale Regeln. Die Zuordnung zum bürgerlichen oder öffentlichen Recht ist daher in der russ. Rechtswissenschaft umstritten.[6] Der Insolvenzverwalter als Zentralfigur des Verfahrens wiederum ist mit nahezu allen Gebieten des Insolvenzrechts sowie anderen Rechtsbereichen konfrontiert. Viele spannende Fragen können daher gestreift, jedoch nicht vertieft werden.

---

[4]   Dies gilt auch für das Insolvenzrecht, *Häsemeyer*, Insolvenzrecht, Rn 4.02.
[5]   *Stiefel*, Von der Berufung deutscher Juristen zum Aufbau des Rechts im Osten, JZ 1994, 109 (110).
[6]   Siehe etwa zum Streit um die Einordnung des Insolvenzrechts *Teljukina*, Konkursrecht, 8ff.

2. Bedeutung Russlands für die Bundesrepublik Deutschland

Die herausragende Bedeutung der Russischen Föderation für die Bundesrepublik Deutschland lässt sich an verschiedenen Faktoren illustrieren.

a) Wirtschaftliche Verbindungen

Die russ. Volkswirtschaft ist in den vergangenen Jahren, seit der Krise von 1998, rasch gewachsen. In vielen Bereichen gilt Russland als zukunftsträchtiger, strategischer Markt. Russland ist mittlerweile der wichtigsten Handelspartner der Bundesrepublik in Mittel- und Osteuropa. Umgekehrt nimmt Deutschland Platz 1 der russ. Handelspartner ein. Der Handel zwischen beiden Ländern steigt seit Jahren an, sein Umfang betrug im Jahre 2005 38,9 Mrd. Euro. Die Russische Föderation lieferte in erster Linie Rohstoffe (Erdöl und Erdgas) im Wert von 21,6 Mrd. Euro und bezog vorwiegend Fertigprodukte und Industriewaren im Wert von 17,3 Mrd. Euro. Die Handelsbilanz lag bei einem Saldo von minus 4,3 Mrd. Euro.[7]

Mittlerweile sind mehrere Tausend deutsche Unternehmen vor Ort in Russland tätig, deutlich über 1000 Gesellschaften sind in Moskau akkreditiert, viele weitere im übrigen Land. Russland wird von ihnen zunehmend als Zukunftsmarkt wahrgenommen.[8] Immer mehr ausländische Unternehmen beginnen inzwischen mit dem Aufbau von Produktionsstätten in Russland, um die Standortvorteile (niedrige Lohnkosten, keine Zollgebühren, Nähe zum Markt) zu nutzen. Umgekehrt entdecken russ. Unternehmen den deutschen Markt verstärkt als „Eintrittstor" in die EU.[9]

Als eines der Haupthemmnisse beklagen die meisten ausländischen Marktteilnehmer die fehlende Rechtsstaatlichkeit in Russland. Mangelnder Rechtschutz und ineffektive Durchsetzung von Entscheidungen stehen im Vordergrund. Daher haben rechtliche Kenntnisse und entsprechende Beratung eine hohe Bedeutung für die Wirtschaftsbeziehungen.

b) Historische Beziehungen

In der Vergangenheit pflegten Russland und Deutschland enge Beziehungen. Peter der Große begann nach seiner Reise durch die Niederlande und Deutschland mit der Öffnung Russlands nach Westen. Zahlreiche Zaren holten deutsche Siedler nach Russland, um das Land zu entwickeln und wirtschaftliches Know-how anzulocken. Noch heute lebt in Russland eine bedeutende deutsche Minderheit. Dynastisch bestanden enge Verbindungen der Romanows zu deutschen Fürstenhäusern, mehrere Zaren und Zarinnen stammten aus Deutschland. Neben den bitteren Einschnitten

---

[7] Zahlen des statistischen Bundesamtes für 2005, vgl. www.destatis.de; im ersten Halbjahr 2006 stieg der Handel nochmals um fast 40% auf 25,2 Mrd. Euro an, die Einfuhr betrug dabei 15,6 Mrd. Euro, die Ausfuhr lag bei 9,6 Mrd. Euro, das Saldo damit bei 6 Mrd. Euro; vgl. OMV-Telegramm 9/2006, 4 und 6.

[8] *Fehring*, Wirtschaftsrecht im Wandel, in: *Dauses* (Hrsg.) Osterweiterung der EU, 461ff.

[9] Zu den Beziehungen EU-Russland siehe *Neubauer*, Die Europäische Union und Russland: der gegenwärtige Stand der Beziehung, WGO-MfOR 2000, 345.

kriegerischer Auseinandersetzungen prägte der enge geistige und kulturelle Kontakt beider Länder das Verhältnis.

Auch wenn ein Beitritt Russlands zur Europäischen Union derzeit noch in weiter Ferne erscheint, machen die Größe des Landes, die reichen Naturressourcen, die politische und militärische Bedeutung sowie seine geographische Nähe Russland zu einem wichtigen Partner der EU.[10] Eine weitere positive Entwicklung Europas wird ohne oder gegen Russland nur schwer möglich sein.[11]

c) Rechtliche Kontakte

Auch im juristischen Bereich bestanden seit jeher enge Beziehungen zwischen beiden Ländern. Die erste russ. Universität in Moskau wurde nach deutschem Vorbild aufgebaut. Schon zu Zeiten des Zarenreichs begannen deutsche und deutschsprachige Rechtsprofessoren mit der wissenschaftlichen Durchdringung des russ. Rechts. Für besonders begabte russ. Jurastudenten gehörte es lange Jahre zur Ausbildung, einen Teil ihrer Studien an einer deutschen Fakultät zu absolvieren.[12] In Berlin existierte Ende des 19. Jahrhunderts sogar ein eigenes Seminar zur Ausbildung russ. Juristen.[13]

Durch die Wiedervereinigung verfügt Deutschland über vergleichbare Erfahrungen bei der Überführung eines sozialistischen Systems in marktwirtschaftliche Strukturen.[14] Daher besteht in Russland ein merkliches Interesse an rechtlicher Unterstützung gerade aus Deutschland. Umgekehrt erleichtert die spezifische deutsche Erfahrung das Verständnis für den Transformationsprozess Russlands und seine charakteristischen Probleme.

Für die Rechtsvergleichung ergaben sich daraus vielfältige neue Ansätze. Auch wenn alte Vorbehalte lange nachwirken, beginnt die deutsche Rechtswissenschaft zunehmend Interesse an Russland zu zeigen. Die Gewichte verschieben sich dabei

---

[10] Dazu *Neubauer*, Die Europäische Union und Russland: der gegenwärtige Stand der Beziehung, WGO-MfOR 2000, 345.

[11] *Horn*, Die Rolle des Privatrechts in der Transformation von Wirtschaft und Gesellschaft in Mittelosteuropa und Osteuropa, in: *Horn*, Die Neugestaltung des Privatrechts in Mittelosteuropa und Osteuropa: Polen, Russland, Tschechien, Ungarn, 5.

[12] *Suchanow*, Das Privatrecht in der modernen russischen Zivilgesetzgebung, in: *Horn*, Die Neugestaltung des Privatrechts in Mittelosteuropa und Osteuropa: Polen, Russland, Tschechien, Ungarn, 131 (133).

[13] Ausführlich dazu und zu den Absolventen des Seminars, die später überwiegend eine Lehrtätigkeit in Russland übernahmen: *Avenarius*, Das russische Seminar für römisches Recht, ZEuP 1998, 893; siehe auch *Koschaker*, Europa und das römische Recht, 133.

[14] *Horn*, Die Rolle des Privatrechts in der Transformation von Wirtschaft und Gesellschaft in Mittelosteuropa und Osteuropa, in: *Horn*, Die Neugestaltung des Privatrechts in Mittelosteuropa und Osteuropa: Polen, Russland, Tschechien, Ungarn, 5.

vom öffentlichen Recht (Verfassungs- oder Strafrecht) zunehmend zu wirtschafts-
rechtlichen Fragestellungen.[15]

Die Rechtsvergleichung führt in Russland leider oft noch ein Schattendasein.[16] Dennoch besteht schon seit Jahren eine große Nachfrage nach wissenschaftlichem Austausch mit westlichen Ländern, ganz besonders mit Deutschland.[17] Dies betrifft auch
das Insolvenzrecht, wobei die fast zeitgleich verabschiedeten Gesetze in beiden
Ländern besondere Aufmerksamkeit hervorgerufen haben.[18]

d) Rechtstransfer

Schon vor der Öffnung des Ostblocks gab es umfangreiche wissenschaftliche Kontakte nach Russland.[19] Nach 1989 wurden auf europäischer und binationaler Ebene
zahlreiche Initiativen zum Rechtstransfer ergriffen und umfangreiche Unterstüt-
zungsprogramme aufgelegt.[20] Mitunter mangelte es allerdings an einer genügenden
Koordination dieser Aktivitäten,[21] bisweilen entwickelte sich geradezu ein Wettbe-

---

[15] Dazu *Kuss*, Methodische Fragen der Ost-West-Rechtsvergleichung, ZVglRWiss 1992,
      405 (408).
[16] Ausführlich *Bojcova/Bojcova*, Zukünftige Rechtsvergleichung: Möglichkeiten des 21.
      Jahrhunderts, JurMir 2002 Nr. 4, 17; *Marčenko*, Begriff der Rechtsvergleichung (ver-
      gleichende Rechtswissenschaft), Vestnik der Moskauer Universität, Serie 11, 1999 Nr.
      1, 44.
[17] Deutschland diente und dient oft als Vorbild, vgl. *Nußberger*, Die Frage nach dem ter-
      tium comparationis, ROW 1998, 82; vgl. auch *Butler*, Russian Law, 10ff.
[18] Siehe etwa *Stepanov*, Insolvenz; *Teljukina*, Konkursrecht. Wesen und Modell der Bezie-
      hungen Russland, der GUS- Staaten und des Baltikums, JurMir 2002 Nr. 6, 50; oder
      speziell zum deutsch-russ. Vergleich: *Šelenkova*, Russland und Deutschland: Neue Ge-
      setzgebung über Bankrott. Rechtsvergleichende Analyse, Zakonodatel´stvo 1998 Nr. 7,
      zitiert nach Datenbank Garant; *Koliničenko*, Schutz der Interessen eines zahlungsun-
      fähigen Schuldners beim Bankrott. Rechtsvergleichende Analyse; und *dies.*, Die Un-
      wirksamkeit von Rechtsgeschäften des Schuldners bei der Insolvenz (dem Bankrott) in
      Großbritannien, USA, Deutschland, Frankreich, Russland, in: *Vitrjanskij* (Hrsg.) Aktuel-
      le Probleme des Zivilrechts, Ausgabe 5, 291.
[19] *Nußberger*, Die Frage nach dem tertium comparationis, ROW 1998, 81.
[20] Z.B. Programme PHARE und TACIS seitens der EU, Aktivitäten der IRZ- Stiftung und
      der Bundesregierung. Auch der über den DAAD verwaltete Russland- Fonds der deut-
      schen Wirtschaft zählt zu diesen Maßnahmen; ausführlicher *Ajani*, By chance and Pres-
      tige: Legal Transplants in Russia and Eastern Europe, The American Journal of Compa-
      rative Law, Bd. 43 (1995), 93 (110ff.); zu den Aktivitäten der EBRD *Taylor/April*,
      Fostering Investement Law in Transitional Economies: A case for Refocusing Institutio-
      nal Reforms, Parker Sch. J.E. Eur. L. 1997, 1; zur Deutschen Stiftung für internationale
      rechtliche Zusammenarbeit, *Fadé*, Rechtstransfer nach Osteuropa, - eine Investition in
      die Zukunft, WiRO 1993, 87; einen guten Überblick bietet auch *von Bernstorff*, Ver-
      trags-, Kauf-, Handels- und Gesellschaftsrecht in Osteuropa, 265ff.
[21] Dazu Erklärung von Bremen, Punkte II 6.- 8., WiRO 1997, 150.

werb verschiedener Länder bei der Unterstützung.[22] Die Beeinflussung der Gesetzgebung eines Transformationsstaates erleichterte wirtschaftliche Kontakte und versprach Vorteile beim Ausbau politischer Beziehungen.[23] Die russ. Seite nutzte dies mitunter aus, um eigene Vorstellungen durchzusetzen oder die ausländischen Berater gegeneinander auszuspielen.[24] Gelegentlich kam es sogar dazu, dass im Gesetzgebungsverfahren verschiedene russ. Gruppen (z.B. aus der Duma und der Präsidialverwaltung) nichts voneinander wussten und parallel arbeiteten.[25] Im Ergebnis wurden die Versatzstücke aus dem Ausland manchmal beziehungslos nebeneinandergestellt.[26]

Traditionell stand das russ. Recht dem kontinentaleuropäischen Rechtskreis nahe.[27] Selbst die Zeit der Sowjetunion hat in vielen Bereichen (etwa Gesetzestechnik und Verfahren) die Nähe zur kontinentaleuropäischen Familie nicht abschneiden können.[28] Dies verstärkte die erkennbare Offenheit russ. Juristen gegenüber deutschen Kollegen und übertrug der deutschen Rechtswissenschaft eine besonderen Aufgabe für die Entwicklungen in Russland.[29] Seit der „Krise" von 1998 hat sich die russ. Gesetzgebung bewusst von angloamerikanischen Einflüssen befreit[30] und sucht wieder stärker den Anschluss an die kontinentaleuropäische Tradition.[31] Dies gilt

---

[22] *Marschhausen*, Das russische Pfandrecht in der neuen Gesetzgebung und Rechtsprechung, 20ff.

[23] *Schroeder*, Die Bedeutung der Ostrechtswissenschaft heute, WGO-MfOR 1995, 91 (95); siehe auch *Fadé*, Rechtstransfer nach Osteuropa, - eine Investition in die Zukunft, WiRO 1993, 87.

[24] *Schroeder*, Probleme der Gesetzgebung in Russland, in: *Schroeder* (Hrsg.), Die neuen Kodifikationen in Russland, 16ff.

[25] Zu den Projekten der Jahre 1995/1996 *Vitransky*, Insolvency and Bankruptcy Law Reform in the Russian Federation, (1999) 44 McGill L.J. 409 (411).

[26] Was nicht unbedingt der Qualität der Gesetzgebung diente, vgl. *Vitrjanskij/Vitrjanskij*, Kommentar, 6f.; und *ders.*, Anwendungspraxis und Verbesserungsbedürftigkeit des russischen Insolvenzrechts, JOR 1997 2. Halbband, 257 (258).

[27] *Boguslawskij*, Handels- und Unternehmensrecht in Russland, in: *Horn/Pleyer*, Handelsrecht und Recht der Kreditsicherheiten in Osteuropa, 41; *Ajani*, By chance and Prestige: Legal Transplants in Russia and Eastern Europe, The American Journal of Comparative Law. Bd. 43 (1995), 93 (94); zum sowjetischen Recht: *Johnson*, Soviet Legal System, 3.

[28] *Wieacker*, Privatrechtsgeschichte der Neuzeit, 506ff.

[29] *Stiefel*, Von der Berufung deutscher Juristen zum Aufbau des Rechts im Osten, JZ 1994, 109.

[30] *Micheler*, Mobiliarpfandrechte in der Russischen Föderation, in: *Drobnig/Hopt/Kötz/ Mestmäcker* (Hrsg.), Systemtransformation in Mittel- und Osteuropa und ihre Folgen für Banken, Börsen und Kreditsicherheiten, 385; dabei ist die Vermischung verschiedener Rechtssysteme bei der Transformation sicher besonders kontraproduktiv, dazu *Schalast*, Erfahrungen der Entwicklungszusammenarbeit bei der Unterstützung der Rechtsreform in den Transformationsländern Mittel- und Osteuropas und der GUS, OER 2001, 266.

[31] *Horn*, Die Rolle des Privatrechts in der Transformation von Wirtschaft und Gesellschaft in Mittelosteuropa und Osteuropa, in: *Horn*, Die Neugestaltung des Privatrechts in Mittelosteuropa und Osteuropa: Polen, Russland, Tschechien, Ungarn, 49; *Suchanow*, Das

auch für das Insolvenzrecht, in dem deutschrechtliche und französische Einflüsse überwiegen.[32]

Dabei wird allerdings Wert darauf gelegt, nicht nur fremde Erfahrungen zu kopieren, sondern einen eigenen, russ. Weg zu gehen.[33] Zu dieser Einstellung mag beigetragen haben, dass die Erfolge des Rechtstransfers gelegentlich nicht den – viel zu hohen – Erwartungen auf beiden Seiten entsprochen haben.[34]

3. Bedeutung des Insolvenzrechts

a) Kernstück einer Marktwirtschaft

Insolvenzrecht kann man schon in Rechtsquellen des Altertums nachweisen.[35] Es spielt in jedem marktwirtschaftlichen System eine eminent wichtige Rolle.[36] Die Insolvenz erzwingt den geordneten Marktaustritt nicht mehr konkurrenzfähiger Marktteilnehmer[37] und ermöglicht somit die bessere Allokation der freiwerdenden Mittel und Ressourcen.[38] Wirtschaftlich schwache Unternehmen müssen vom Markt

---

Privatrecht in der modernen russischen Zivilgesetzgebung, in: *Horn,* Die Neugestaltung des Privatrechts in Mittelosteuropa und Osteuropa: Polen, Russland, Tschechien, Ungarn, 138ff.; *Topornin,* Rechtsgrundlagen der Wirtschaftsreform in Russland, in: *Seiffert* (Hrsg.), Wirtschafts- und Gesellschaftsrecht Osteuropas im Zeichen des Übergangs zur Marktwirtschaft, 31 (43); zum Insolvenzrecht: *Trunk,* Stand und Probleme des Insolvenzrechts in Ost-, Mittelost- und Südosteuropa, JOR 1997 2. Halbband, 233 (236).

[32] *Thurner,* Aktuelle insolvenzrechtliche Probleme in den Reformstaaten Mittel- und Osteuropas, ZInsO 1998, 66.

[33] *Suchanow,* Ausgewählte Probleme der Entwicklung des Privatrechts und der Kodifizierung des Zivilrechts im heutigen Russland, ZEuP 2001, 560.

[34] *Schalast,* Erfahrungen der Entwicklungszusammenarbeit bei der Unterstützung der Rechtsreform in den Transformationsländern Mittel- und Osteuropas und der GUS, OER 2001, 264.

[35] Zur Insolvenz im babylonischen und römischen Recht: *Andreev,* Kommentar, 5ff.; ausführlich auch *Šeršenevič,* Konkursprozess, 27; im dt. Schrifttum: MünchKommInsO-*Stürner,* Einleitung Rn 33ff.; *Pape/Uhlenbruck,* Insolvenzrecht, Rn 21ff.

[36] Nach *Chimičev,* Aussichtsreiche Richtungen der Vervollkommnung der rechtlichen Regulierung im Bereich der Insolvenz (des Bankrotts), VAS 2005 Nr. 6, 149, ein „Spiegel der Wirtschaft" eines Landes.

[37] *Popondopulo,* Konkursrecht, 52; *Kiperman,* Neues Insolvenzrecht; *Balcerowics/Hashi/Lowitzsch/Szanyi,* The Development of Insolvency Procedures in Transition Economics: A comparative Analysis, in: *Lowitzsch* (Hrsg.), Das Insolvenzrecht Mittel- und Osteuropas, 19; *Danilenko/Stern,* Die Rolle des Arbitrageverwalters im Insolvenz-(Bankrott) Prozess, in: *Karelina* (Hrsg.), Rechtliche Probleme, 61.

[38] *Timmermans,* Bankruptcy Legislation in the Russian Federation: Protection of Creditors, Review of Central and East European Law 1996, Nr. 4, 453f.; *Kalinina,* Insolvenz (Bankrott): Auswege aus der finanziellen Krise, Jurist 2002 Nr. 2, 49.

verdrängt werden, um Platz für leistungsfähigere Konkurrenten zu schaffen und einen Stimulus für Leistungssteigerung zu bilden.[39]

Neben dem traditionellen gerechten Ausgleich der Interessen aller Gläubiger in Form des concursus creditorum, lässt die zunehmende (internationale) Vernetzung der Wirtschaft auch makroökonomische Aspekte stärker ins Blickfeld rücken.[40] Dies führt zu einer spürbareren politischen Einmischung in Verfahren, aber auch zu einer veränderten Zielsetzung des Insolvenzrechts. Da Insolvenzen für die Wirtschaft und den Arbeitsmarkt ganzer Regionen[41] beträchtliche Auswirkungen haben, gewinnen Maßnahmen der Sanierung erheblich an Bedeutung.[42] Verschuldete, aber lebensfähige Unternehmen sollen die Möglichkeit zur Sanierung erhalten.[43] Ihnen muss die Chance zu einem „fresh start" eingeräumt werden.

Diese veränderte Zielstellung hat das Insolvenzrecht zahlreicher Staaten in den letzten Jahren sehr dynamisch geprägt und mannigfaltige Reformbestrebungen und –projekte ausgelöst.[44] Die deutsche InsO etwa trägt diesem Umstand durch die erweiterte Zielsetzung in § 1 Abs. 1 Rechnung.[45] Als weiterer Aspekt tritt in der jüngsten Vergangenheit die Befreiung natürlicher Personen aus der sog. „Schuldenfalle" hinzu.[46]

b) Insolvenz in der Transformationsphase

Eine noch wichtigere Rolle kommt dem Insolvenzrecht in der Transformationsphase einer Volkswirtschaft zu.[47] Es bestimmt die Entwicklung der Wirtschaft zu Markt-

---

[39]   Siehe *Tkačev*, Rechtliche Regelung, 4; ähnlich *Afon´kin/Sabinina*, Gesetzgebung zum Bankrott, 51.

[40]   *Bessonova*, Neuigkeiten des Gesetzes über den Bankrott und die Probleme ihrer Anwendung, AP 2003 Nr. 1, 3.

[41]   *Tkačev*, Rechtliche Regelung, 4.

[42]   Dazu *Popondopulo*, Konkursrecht, 25; ähnlich *Masevic/Orlovskij/Pavlovskij*, Kommentar, 62; *Stepanov*, Insolvenz, 169.

[43]   *Cumming*, Bankruptcy Law Reform in Russia, Parker Sch. J. E. Eur. L. 1997, 379.

[44]   *Stepanov*, Insolvenz, 9.

[45]   Zum deutschen Recht *Balz*, Die Ziele der Insolvenzordnung, Kölner Schrift, 3.

[46]   Dieser Aspekt spielt in Russland derzeit noch keine Rolle. Wirtschaftlich fehlt es an den Voraussetzungen und die entsprechenden Regeln im InsG 2002 sind noch nicht in Kraft. Daher wird die Verbraucherinsolvenz in dieser Arbeit nicht vertieft behandelt.

[47]   *Williams/Wade*: Bankruptcy in Russia: The Evolution of a comprehensive Russian Bankruptcy Code, Review of Central and East European Law 1995, Nr. 5, 513; ähnlich *Judin*, Insolvenz (Bankrott): Historischer Aspekt, VAS 2002 Nr. 1, 155; *Chouman*, Erhöhung der Standards der Tätigkeit der Arbitrageverwalter, Sonderbeilage zu VAS 2001 Nr. 3, 81; *Balcerowics/Hashi/Lowitzsch/Szanyi*, The Development of Insolvency Procedures in Transition Economics: A comparative Analysis, in: *Lowitzsch* (Hrsg.), Das Insolvenzrecht Mittel- und Osteuropas, 19.

strukturen wesentlich mit.[48] Ehemalige Staatsbetriebe müssen in neue Rechtsformen überführt oder abgewickelt werden. Diese Unternehmen arbeiteten jahrelang unter gänzlich anderen Bedingungen, insbesondere ohne die Notwendigkeit, auf einen Markt und Verbraucher Rücksicht zu nehmen. Viele von ihnen waren daher nicht rentabel;[49] die von ihnen praktizierten Preise und Gehälter entsprachen keineswegs Marktbedingungen.[50] Oft fehlt es den verantwortlichen Managern bis heute an den notwendigen beruflichen Fähigkeiten.[51] Die Auswechslung unfähiger oder überforderter Geschäftsführer in einem Bankrottverfahren kann daher große Energien freisetzen.[52] Da es während der Transformationsphase in Russland an Mechanismen zur Zwangsvollstreckung fehlte, bildeten sich gewaltige Zahlungsrückstände, oft in Form eines Domino-Effekts.[53] Ohne funktionierendes Insolvenzrecht ist eine Reduzierung dieses makroökonomisch gefährlichen Befunds nicht vorstellbar.

Diese Aufgaben stellen an das Insolvenzrecht hohe Ansprüche.[54] Mechanismen für die Sanierung, den Verkauf, aber auch die Zerschlagung eines Unternehmens sind neu zu schaffen und effizient umzusetzen. Zugleich muss verhindert werden, dass lebensfähige Unternehmen der Umstellung aufgrund kurzfristiger Probleme zum Opfer fallen. Bei ihrer notwendigen finanziellen Restrukturierung spielt das Insolvenzrecht eine herausragende Rolle.[55] Da es in der Transformation bei allen Akteu-

---

[48]   *Teljukina*, Konkursrecht 2004, IV; kritisch zu den bisherigen Gesetzen *Danilenko/Štern*, Die Rolle des Arbitrageverwalters im Insolvenz- (Bankrott) Prozess, in *Karelina* (Hrsg.), Rechtliche Probleme, 61.

[49]   *Teljukina*, Kommentar, VIII.

[50]   *Masevic/Orlovskij/Pavlovskij*, Kommentar, 18; *Voropaeva*, Rechtliche Mechanismen der Durchführung des Verfahrens der Liquidation von Gläubigerforderungen einer Organisation bei der Fremdverwaltung, JurMir, 2000 Nr. 8, 4.

[51]   Nach *Sobinevskij*, Vestnik des FSFO 2002 Nr. 6, 21, ist das Niveau der Manager auch heute noch sehr niedrig.

[52]   *Pfaff/Linsmeier*, Das Insolvenzrecht Osteuropas (Polen, Rumänien, Russland, Slowenien, Tschechien, Ukraine, Ungarn), WiRO 1998, 41; *Sidakova*, Die Durchsetzung der Normen des föderalen Gesetzes „Über die Insolvenz (den Bankrott)", AP 2002 Nr. 3, 10, weist allerdings auch darauf hin, dass eine Ersetzung nur Sinn mache, wenn ein Verwalter eingesetzt werde, der auch besser sei; kritisch dazu *Voropaeva*, Rechtliche Mechanismen der Durchführung des Verfahrens der Liquidation von Gläubigerforderungen einer Organisation bei der Fremdverwaltung, JurMir, 2000 Nr. 8, 4 (9); *Charlamov*, Probleme der Vorbereitung von Arbitrageverwaltern, in: *Kočuev* (Hrsg.), Über umgestaltete Wirtschaftssubjekte im Rahmen von Bankrottverfahren, 15.

[53]   Nach *Guc*, Bankrott, 4, machten die Zahlungsrückstände im Jahre 1997 30% des russ. Bruttoinlandsprodukts aus; *Kiperman*, Neues Insolvenzrecht, weist darauf hin, dass es auch im InsG 2002 noch an einer Regelung für durch Zahlungsrückstände des Staats ausgelöste Insolvenzen (!) fehlt.

[54]   *Dedov*, Bankrottgründe als Kriterien der Effektivität des neuen Gesetzes über den Bankrott, ChiP 1999 Nr. 8, 30.

[55]   *Arbess/Buksbaum/Gropper/Varanese*, New Bankruptcy Laws: A comparison of the Bankruptcy Laws of the Czech Republic, Poland and Russia, Parker Sch. J. E. Eur. L. 1994, 128; siehe auch *Tkačev*, Rechtliche Regelung, 5.

ren des Wirtschaftslebens an praktischen Erfahrungen mangelt,[56] kommt der insbesondere im US-amerikanischen Insolvenzrecht verbreiteten Idee des „fresh start" eine große Bedeutung zu.[57] Sie könnte dazu einladen, in einer schwierigen Übergangsphase ein wirtschaftliches Risiko einzugehen, allerdings auch ausländische Investoren abschrecken.[58]

Um internationales Know-how nach Russland zu locken, bedarf es klarer und voraussagbarer Mechanismen für den Insolvenzfall. Insbesondere die genaue Voraussagbarkeit der Verfahrensabläufe und Ergebnisse ist bedeutsam, weil sie die Grundlage für Investitionsentscheidungen bietet.[59] Das geschriebene Recht allein kann sicher keine funktionierende Insolvenzpraxis hervorrufen,[60] es vermag aber einen wichtigen Beitrag zu leisten.

Ebenso kann das Insolvenzrecht nicht als Allheilmittel zur Sanierung einer ganzen Volkswirtschaft dienen,[61] insbesondere ist es weder zur Korrektur fehlgeschlagener

---

[56] *Balcerowics/Hashi/Lowitzsch/Szanyi*, The Development of Insolvency Procedures in Transition Economics: A comparative Analysis, in: *Lowitzsch* (Hrsg.), Das Insolvenzrecht Mittel- und Osteuropas, 28; gelegentlich fehlt es auch an der Akzeptanz, das Recht nicht zu missbrauchen, dazu *Vitrjanskij*, Wege zur Vervollkommnung der Bankrottgesetzgebung, 92.

[57] Ausführlich *Smid*, Das Insolvenzverfahren in den Beitrittsstaaten, WiRO 2000, 393 (394); vgl. zu den Besonderheiten der Sanierung im Gesetz von 1992, *Tkačev*, Rechtliche Regelung, 43.

[58] Zu diesem Problem *Flaschen/DeSieno*, The Development of Insolvency Law as Part of the Transition from a Centrally Planned Economy to a Market Economy, International Lawyer 26 (1992), 667 (670).

[59] *Flaschen/DeSieno*, The Development of Insolvency Law as Part of the Transition from a Centrally Planned Economy to a Market Economy, International Lawyer 26 (1992), 667 (668f.); noch 2003 lag Russland pro Kopf der Bevölkerung beim Zufluss von Investitionen mit 17 USD pro Einwohner ganz am Ende der MOE-Länder, siehe Ostausschuss Information 6/2003, 8; mittlerweile dürfte sich diese Zahl erhöht haben. Dennoch lässt die Rechtsunsicherheit noch immer Investoren zögern.

[60] Zur Begrenztheit der Wirkungen des Rechts im Transformationsprozess, *Harmathy*, Zivilgesetzgebung in mittel- und osteuropäischen Staaten, ZEuP 1998, 553.

[61] *Trunk*, Das neue russische Insolvenzrecht. Von der Zwischenbilanz zur Totalrevision, in: *Schroeder* (Hrsg.), Die neuen Kodifikationen in Russland, 2. Auflage, 101f.; ähnlich *Vitrjanskij*, Wie die Gesetzgebung über den Bankrott reformieren, Zakonodatel´stvo 1999 Nr. 5, 53; *Vitrjanskij/Vitrjanskij*, Kommentar, 9, und schon *Vitrjanskij*, Praktikum, 7.

Privatisierungen[62] noch zum Vorgehen gegen säumige Steuerzahler das geeignete Instrument.[63]

Die bei jeder Insolvenz auftretenden sozialen Probleme erlangen in der Transformationsphase ein besonderes Gewicht.[64] Immer wieder wurde daher vor sozialen Folgen einer durch Insolvenzen ausgelösten Wirtschaftskrise gewarnt.[65] Drohende Massenarbeitslosigkeit bei fehlenden oder zusammengebrochenen sozialen Systemen verleiht dem Sanierungsgedanken besondere Bedeutung.[66]

Die besonderen Herausforderungen für den russ. Gesetzgeber werden deutlich, wenn man sich vor Augen hält, dass die Mehrzahl der russ. Unternehmen nach Schätzungen bis heute formal die Voraussetzungen für eine Insolvenzeröffnung erfüllt.[67] Viele haben eine denkbar knappe Eigenkapitaldecke oder sind praktisch bankrott, darunter auch große Kombinate[68] und viele Banken.[69] Ebenso arbeiten zahlreiche nicht privatisierte Staatsunternehmen bis heute defizitär.[70]

---

[62] Zu diesem Problemkreis *Timmermans*, Bankruptcy Legislation in the Russian Federation: Protection of Creditors, Review of Central and East European Law 1996, Nr. 4, 454; *Bednyakov/Balakina*, Russia´s new Insolvency Rules permit Foreign Investor bidding, Parker Sch. J. E. Eur. L., 1994, 509.

[63] *Vitransky*, Insolvency and Bankruptcy Law Reform in the Russian Federation, (1999) 44 McGill L.J. 409 (413), sieht darin eine besorgniserregende Entwicklung.

[64] *Jehn/Knaul*, Russische Föderation: Gesetz "Über die Zahlungsunfähigkeit (Bankrott)", WiRO 1998, 337; *Pfaff/Linsmeier*, Das Insolvenzrecht Osteuropas (Polen, Rumänien, Russland, Slowenien, Tschechien, Ukraine, Ungarn), WiRO 1998, 41; zur Rolle der Staatsanwaltschaft *Prokudina/Prostova/Popov*, Teilnahme des Staatsanwalts am Arbitrageprozess in Insolvenz (Bankrott-) Sachen, 4.

[65] *Voropaeva*, Rechtliche Mechanismen der Durchführung des Verfahrens der Liquidation von Gläubigerforderungen einer Organisation bei der Fremdverwaltung, JurMir, 2000 Nr. 8, 4 (11) spricht vom „kollektiven Selbstmord des Landes" (!).

[66] *Masevic/Orlovskij/Pavlovskij*, Kommentar, 19.

[67] Nach *Anochin*, Probleme des Konkursverfahrens, AGP 2002 Nr. 2, 11, erfüllen 4/5 aller russ. Unternehmen die Bankrottgründe; *Guc*, Bankrott, 107, nennt nur eine Zahl von 50%; *Pfaff/Märkl*, Neueste Entwicklungen im russischen Wirtschaftsrecht – Versuch einer Zwischenbilanz, WiRO 1995, 281 und *Schwartz*, Russland: Konkursgesetz, WiRO 1993, 226 nennen 60-70%; *Djagilev*, Einige Probleme, die bei der Prüfung einer Bankrottsache entstehen, JurMir 2000 Nr. 4, 35 (37) nennt 80-90%; nach *Voropaeva*, Rechtliche Mechanismen der Durchführung des Verfahrens der Liquidation von Gläubigerforderungen einer Organisation bei der Fremdverwaltung, JurMir, 2000 Nr. 8, 4 (10f.) traf dies 1999 auf 71% der Unternehmen zu; in einigen Bereichen lagen die Zahlen noch viel höher; *Micheler/Sevillano/Steininger*, Verfahrensrecht, Vollstreckungsrecht, Insolvenzrecht, in: *Breidenbach* (Hrsg.) Handbuch Wirtschaft und Recht in Osteuropa, Rus D XII, Rn 287 spricht von chronischer Unterkapitalisierung.

[68] Nach *Trunk*, Das neue russische Insolvenzrecht. Von der Zwischenbilanz zur Totalrevision, in: *Schroeder* (Hrsg.), Die neuen Kodifikationen in Russland, 2. Auflage, 101, waren bei Erlass des Insolvenzgesetzes 1992 70-80% der Staatsunternehmen faktisch zahlungsunfähig.

Steht ein Staat wie Russland vor einer umfassenden Umgestaltung des eigenen Rechtssystems, bietet sich der Vergleich mit ähnlichen Erfahrungen anderer Länder an. Vor dem Gesetzgebungsverfahren waren elementare Fragen über die Grundlinien des Insolvenzrechts zu beantworten.[71] Also griff man auf Rechtssysteme zurück, die bereits länger mit der Marktwirtschaft leben.[72] Dies galt in besonderem Maße für das Insolvenzrecht, das in der Sowjetunion nicht mehr existierte, so dass an keine lebendige Tradition angeknüpft werden konnte. Insofern nimmt es nicht wunder, dass einige rechtsvergleichende Arbeiten in diesem Bereich existieren und viele Transformationsstaaten auf sie zurückgreifen.[73]

c) Praktische Bedeutung in Russland

Anders als teilweise erwartet, kam es in Russland nicht zu einer ersten hohen Welle von Insolvenzverfahren über unrentable Staatsunternehmen und einer anschließenden Abflachung auf das im Westen bekannte Niveau.[74] Vielmehr dauerte es einige Jahre, bis die Gerichte eine erwähnenswerte Zahl an Verfahren zu bearbeiten hatten.[75] Im Rückblick kann es nicht erstaunen, dass das russ. Insolvenzrecht diese Zeit benötigte, um zählbare praktische Ergebnisse zu zeitigen. Bei der Transformation eines gesamten Rechtssystems kommt es naturgemäß zu erheblichen Defiziten bei der Umsetzung der neuen Normen.[76]

---

[69] *Alexandrovich,* Bankruptcy Law and Economic Medicine: How Russia´s New bankruptcy Legislation facilitated Recovery from the Nationwide Financial Crisis of August 17, 1998, Cornell International Law Journal, 2001, 95 (117f.) spricht davon, dass auch nach der Krise von 1998 noch mehrere hundert Banken faktisch insolvent waren.

[70] *Suchanow,* Das Privatrecht in der modernen russischen Zivilgesetzgebung, in: *Horn,* Die Neugestaltung des Privatrechts in Mittelosteuropa und Osteuropa: Polen, Russland, Tschechien, Ungarn, 138.

[71] *Flaschen/DeSieno,* The Development of Insolvency Law as Part of the Transition from a Centrally Planned Economy to a Market Economy, International Lawyer 26 (1992), 667 (694).

[72] *Flaschen/DeSieno,* The Development of Insolvency Law as Part of the Transition from a Centrally Planned Economy to a Market Economy, International Lawyer 26 (1992), 667.

[73] Etwa *Arbess/Buksbaum/Gropper/Varanese,* New Bankruptcy Laws: A comparison of the Bankruptcy Laws of the Czech Republic, Poland and Russia, Parker Sch. J. E. Eur. L. 1994, 128; *Lowitzsch* (Hrsg.), Das Insolvenzrecht Mittel- und Osteuropas. Bemerkenswert ist auch, dass es mit *Pape,* Das Institut der Insolvenz, eine russ. Übersetzung eines deutschen Lehrbuches gibt.

[74] *Vitrjanskij,* Praktikum, 4; *Flaschen/DeSieno,* The Development of Insolvency Law as Part of the Transition from a Centrally Planned Economy to a Market Economy, International Lawyer 26 (1992), 667 (678).

[75] Mit Zahlen *Vitransky,* Insolvency and Bankruptcy Law Reform in the Russian Federation, (1999) 44 McGill L.J., 409 (411).

[76] *Westen,* Einführung Russische Föderation (Russland), in: *Brunner/Schmid/Westen* (Hrsg.), Wirtschaftsrecht der osteuropäischen Staaten (WOS), Bd. II, 2; ähnlich *Vitrjanskij,* der im Vorwort zu *Koliničenko,* Schutz der Interessen, 3, von einer äußerst niedrigen Effektivität der Normen des russ. Insolvenzrechts spricht.

Allerdings hat die praktische Bedeutung des russ. Insolvenzrechts in den letzten Jahren deutlich zugenommen, die Zahl der Insolvenzverfahren ist stark gestiegen. Gab es im Jahre 1993 noch keine 100 Verfahren,[77] so gingen im Jahre 2001 bereits insgesamt 55.394 Anträge bei den Gerichten ein, von denen 47.762 angenommen wurden.[78] Dabei kam es in 38.386 Fällen zu einem Konkursverfahren, also der Zerschlagung und Verwertung des schuldnerischen Vermögens. Im Jahr 2002 waren es bereits 106.647 Anträge (94.531 angenommene), die zu 82.341 Konkursverfahren führten.[79] Nach Inkrafttreten des InsG 2002 nahm die Zahl der Verfahren zunächst deutlich ab, um dann wieder anzusteigen.[80] Im Jahre 2005 gingen 32.190 Anträge ein, von denen 25.643 angenommen wurden.[81]

Da Russlands Wirtschaft seit 1998 kontinuierlich wächst, liegt diesem Anstieg keine Krise, sondern eine verbesserte Umsetzung des Insolvenzgesetzes und eine Veränderung der Denkweise zugrunde. Obwohl die gesetzlichen Regeln zur Verbraucherinsolvenz noch nicht in Kraft sind, lässt sich eine Annäherung der Gesamtzahlen an westliche Länder beobachten.[82]

Bisher wurden die vom Gesetz angebotenen Verfahren zur Sanierung (Fremdverwaltung und Vergleich) nur in geringem Maße genutzt. In der Mehrzahl der Verfahren kam es zum Konkursverfahren, also der Abwicklung des Schuldners. Selbst die eröffneten Sanierungsverfahren endeten meist ebenfalls mit der Zerschlagung des Schuldners.[83] Das InsG 2002 versucht dieser Entwicklung durch Einführung eines zusätzlichen Sanierungsverfahrens entgegenzuwirken.

d) Rechtsmentalität

Das jahrzehntelange Fehlen eines Insolvenzrechts hat das Verständnis für Wesen und Bedeutung des Marktaustritts in einem marktwirtschaftlichen System bei der russ. Bevölkerung erodiert. Den rasch verabschiedeten und in Kraft gesetzten

---

[77] Zu den Zahlen in den Jahren bis 1996 *Vitrjanskij/Vitrjanskij*, Kommentar, 5.

[78] Tätigkeitsstatistik der russ. Wirtschaftsgerichte unter: www.arbitr.ru.

[79] Statistik des Jahres 2002 in VAS 2003 Nr. 4, 26ff.

[80] *Brusko*, Kategorien des Schutzes im russischen Konkursrecht, V; *Tkačev*, Insolvenz, 9.

[81] Siehe offizielle Berichte auf www.arbitr.ru: 2003 waren es lediglich 14.277 Anträge (9.695 angenommene), 2004 sogar nur 14.090 (10.093 angenommene) Anträge. Im ersten Halbjahr 2006 gingen bereits 47.411 Anträge ein, von denen 43.381 angenommen wurden.

[82] So gab es 2002 in Deutschland bei ca. 82,5 Mio. Einwohnern 84.428 Insolvenzverfahren, während Russland mit ca. 145 Mio. Einwohnern nur auf 82.341 Verfahren kam. Rechnet man die Zahl auf die Wirtschaftsleistung (ca. 1.960 Mrd. Euro zu etwa 251 Mrd. US-Dollar) um, gibt es allerdings schon jetzt in Russland mehr Verfahren pro Einheit des Bruttosozialprodukts, vgl. zu den Zahlen: www.destatis.de. Nach Inkrafttreten des InsG 2002 hat sich diese Relation durch die zurückgehende Verfahrenszahl in Russland aber wieder verschoben.

[83] Vgl. *Popondopulo*, Konkursrecht, 28, der davon spricht, das „Verfahren der Fremdverwaltung bringe mehr Schaden als Nutzen".

Rechtsnormen folgte die Rechtsmentalität nur mit Verzögerung.[84] Manche Unzulänglichkeiten der Gesetzesanwendung lassen sich damit erklären, dass der Gesetzgeber schneller vorging als das allgemeine Rechtsbewusstsein folgen konnte.[85] Der rasche Erlass vieler Normen führte zudem zu Widersprüchen und Ungereimtheiten und untergrub damit ebenfalls die freiwillige Rechtsbefolgung.[86]

Noch immer ist ein grundlegend anderes Rechtsverständnis in Russland wahrnehmbar.[87] Jahrhundertelang wurden Gesetze von autokratischen Herrschern erlassen, während das Volk nach eigenen Regeln lebte.[88] Eine systematische, verständliche und allen Bürgern zugängliche Gesetzgebung existierte nicht.[89] Privatrecht in seiner im übrigen Europa bekannten Form als Kern einer marktwirtschaftlichen Ordnung entstand zaghaft ab den 60er Jahren des 19. Jahrhunderts, um bereits infolge der Revolution von 1917 wieder aufgehoben zu werden.[90] Bis in die jüngste Vergangenheit hinein hat es in Russland keine bürgerlichen Freiheitsrechte und damit keinen rechtlich geschützten staatsfreien Raum gegeben. Privatrecht trat in der Wahrnehmung stets hinter das öffentliche Recht, als Mittel des jeweiligen Herrschers zurück.[91] Das Recht wurde also nicht als die Macht begrenzendes Mittel, als subjektives Recht wahrgenommen,[92] sondern als ein Werkzeug in der Hand der Herrschen-

---

[84]   *Horn*, Die Rolle des Privatrechts in der Transformation von Wirtschaft und Gesellschaft in Mittelosteuropa und Osteuropa, in: *Horn*, Die Neugestaltung des Privatrechts in Mittelosteuropa und Osteuropa: Polen, Russland, Tschechien, Ungarn, 6f., der darauf den besonders umfangreichen Schuldnerschutz zurückführt.

[85]   *Schalast*, Erfahrungen der Entwicklungszusammenarbeit bei der Unterstützung der Rechtsreform in den Transformationsländern Mittel- und Osteuropas und der GUS, OER 2001, 268.

[86]   *Abrosimova*, The Problem of Legal Nihilism in Russia and the Former Soviet-Bloc Countries, Parker Sch. J. E. Eur. L. 1998, 353 (357).

[87]   *David/Grasmann/Westen*, Einführung, 250f.; ausführlich *Newcity*, Russian Legal Tradition and the Rule of Law, in: *Sachs/Pistor*, The rule of Law and economic reform in Russia, 41ff.

[88]   *David/Hazard*, Le droit soviétique, 41f.

[89]   *Johnson*, Soviet Legal System, 23.

[90]   Zur fehlenden Bürgergesellschaft; *Suchanow*, Ausgewählte Probleme der Entwicklung des Privatrechts und der Kodifizierung des Zivilrechts im heutigen Russland, ZEuP 2001, 555; *Uschakow*, Ein Blick in den Rückspiegel der Ostrechtsforschung, WGO-MfOR 1992, 180.

[91]   *Johnson*, Soviet Legal System, 23f.; vgl. auch *Oda*, Russian Commecial Law, Einleitung, v, zum "instrumentalism".

[92]   *David/Hazard*, Le droit soviétique, 64; *Abrosimova*, The Problem of Legal Nihilism in Russia and the Former Soviet-Bloc Countries, Parker Sch. J. E. Eur. L. 1998, 353 (358): "disregard of individual rights".

den.[93] Der moralische Verfall im Stalinismus hat zusätzlich zu einem bis heute andauernden Misstrauen gegenüber rechtlichen Normen geführt.[94]

Zugleich schuf das sowjetische Recht eine Abhängigkeit des Bürgers vom Staat, die jeder Eigeninitiative entgegensteht.[95] Der „homo sovieticus" erkaufte sich Sicherheit durch Wohlstandsverzicht. Der Staat nahm ihm das Risiko wirtschaftlicher Tätigkeit weithin ab und sorgte für umfassende, wenn auch bescheidene Fürsorge.[96] Diese Mentalität wirkt in russ. Unternehmen bis heute fort.[97] Inhalt und Stil der wirtschaftlichen Leitung lassen sich weit weniger rasch anpassen als Gesetze.[98] Dem Rechtsnihilismus vieler Rechtsunterworfener steht umgekehrt ein großer Glaube an die Rolle des Rechts gegenüber, von dem man die Lösung nahezu aller Probleme erwartet.[99]

Je effektiver das russ. Insolvenzrecht seine Aufgaben erfüllt, desto rascher wird sich die Rechtsmentalität verändern[100] und damit ihrerseits zu einer effektiveren Umsetzung der erlassenen Normen beitragen.[101] Allerdings kann man nicht erwarten, dass das Rechtsbewusstsein sich von heute auf morgen ändert.[102] Noch immer wird Insolvenz von der Bevölkerung und den Betroffenen als Katastrophe wahrgenommen, nicht als Chance zur Sanierung.[103] Skandalöse Verfahren, Korruption und Miss-

---

[93] *Zweigert/Kötz*, Einführung in die Rechtsvergleichung, 348f.; ähnlich *Arnold*, Zivilgesetzbuch der RF im Entstehen, RIW 1995, 898, „Instrumentalisierung".

[94] Fortwirkender „Vertrauensverlust" durch den Stalinismus, *David/Grasmann/Westen*, Einführung, 268; siehe auch *Granin*, Vestiges of an Ideology: The Soviet Legacy and it´s Effects on Russian Legal Reform, Parker Sch. J.E. Eur. L. 1997, 183 (205).

[95] *Schmidt*, Soviet Law as Legal History: A Chapter or a Footnote, in: *Ginsburgs/Barry/Simons*, The Revival of Private Law in Central and Eastern Europe, 49 und 61.

[96] *Nußberger*, Die Frage nach dem tertium comparationis, ROW 1998, 83, bezeichnet dies als „paternalistische Grundrichtung".

[97] Siehe *Granin*, Vestiges of an Ideology: The Soviet Legacy and it´s Effects on Russian Legal Reform, Parker Sch. J.E. Eur. L. 1997, 183 und v.a. 197ff.

[98] *Anochin*, Probleme des Konkursverfahrens, AGP 2002 Nr. 2, 11.

[99] Zu diesem Aspekt: *Geistlinger*, Der Standort des Rechts der Russischen Föderation im postsowjetischen Europa, in: *Hofmann/Küpper* (Hrsg.), FS Brunner, 193.

[100] Diskussionsbeitrag *Harmathy*, in: *Horn*, Die Neugestaltung des Privatrechts in Mittelosteuropa und Osteuropa: Polen, Russland, Tschechien, Ungarn, 155.

[101] *Geistlinger*, Der Standort des Rechts der Russischen Föderation im postsowjetischen Europa, in: *Hofmann/Küpper* (Hrsg.), FS Brunner, 196 mwN; ähnlich *Newcity*, Russian Legal Tradition and the Rule of Law, in: *Sachs/Pistor*, The rule of Law and economic reform in Russia, 41 (52).

[102] Zu dieser Problematik im Zusammenhang mit der Implementation des ZGB, *Arnold*, Zivilgesetzbuch der RF im Entstehen, RIW 1995, 903f.

[103] „Postsozialistische Herangehensweise" nach *Djagilev*, Einige Probleme, die bei der Prüfung einer Bankrottsache entstehen, JurMir 2000 Nr. 4, 35 und SiE 2000 Nr. 7, 33; ähnlich *Golubev*, Arbitrageverwaltung. Theorie und Praxis der Beobachtung, 314: „fehlende allgemeine Rechtskultur".

brauch in der Übergangsphase haben zusätzlich dazu beigetragen, das ohnehin fragile Ansehen des Insolvenzrechts zu beschädigen.[104] Dennoch kann ein funktionierendes Insolvenzsystem nur positive und disziplinierende Wirkungen auf die russ. Wirtschaft zeigen.

Eine wichtige Rolle spielt dabei das Interesse der Beteiligten am Verfahren. Nur wenn das Recht den Betroffenen, in erster Linie den Gläubigern und den Leitungsorganen des Schuldners, Anreize für die rechtzeitige Einleitung eines Insolvenzverfahrens bietet, werden diese auch initiiert und genutzt.[105] Dem Gläubiger muss das Verfahren mehr Erfolg in Aussicht stellen, als ein unlauteres Vorgehen oder auch ein Abschreiben der Forderungen.[106] Dies wiederum hätte auch Auswirkungen auf die noch immer problematische Zahlungsmoral in Russland.[107]

4. Bedeutung des Insolvenzverwalters für das Verfahren

Eine entscheidende Rolle im Insolvenzrecht kommt dem Insolvenzverwalter als zentraler Figur des Verfahrens zu.[108] Sein Können, seine Ausbildung, aber auch seine Kompetenzen und der Umfang seiner Haftung bilden wesentliche Bedingungen für den erfolgreichen Abschluss des Verfahrens.[109] Die Auswahl des Verwalters stellt daher oftmals die Weichen für das gesamte Verfahren.[110]

Die Bedeutung des Insolvenzverwalters für den Erfolg des Verfahrens ist in Transformationsstaaten tendenziell noch größer.[111] Ohne die Heranbildung fachlich qualifizierter Arbitrageverwalter[112] kann eine wirksame Insolvenzpraxis in Russland

---

[104] *Kolininčenko*, Schutz der Interessen, 8; das Insolvenzrecht wurde oft nur als „Mittel der Umverteilung" wahrgenommen.

[105] *Davis*, Russian Bankruptcy and Enterprise Sell-Off: Creating a User-Friendly System, Parker Sch. J. E. Eur. L. 1995, 59 (71 ff.).

[106] Dazu *Vitrjanskij*, Wege zur Vervollkommnung der Bankrottgesetzgebung, 91.

[107] *Cumming*, Bankruptcy Law Reform in Russia, Parker Sch. J. E. Eur. L. 1997, 379 (393); *Vitrjanskij*, Wege zur Vervollkommnung der Bankrottgesetzgebung, 93, hält diese Bemühungen aber bisher für erfolglos.

[108] *Smid*, Strukturen der Insolvenzrechte in den Reformstaaten Mittel- und Osteuropas, KTS 1998, 336; *ders.* Das Insolvenzverfahren in den Beitrittsstaaten, WiRO 2000, 393 (396); vgl. „Schlüsselfigur" nach *Popondopulo*, Rechtliche Regelung der Insolvenz, 53.

[109] *Vitrjanskij*, Wie die Gesetzgebung über den Bankrott reformieren, Zakonodatel´stvo 1999 Nr. 5, 55.

[110] *Jaeger/Weber*, KO, § 78 Rn 7, spricht von der „Schicksalsfrage des Konkurses".

[111] *Falke*, Zum Stand der Insolvenzrechte in den Staaten Süd- und Südosteuropas, WiRO 2006, 163.

[112] Das russ. Recht verwendet die Bezeichnung Arbitrageverwalter als Oberbegriff für alle Verwalter. Diesem Ansatz wird in der Arbeit weitgehend gefolgt.

nicht entstehen.[113] Da ein Rückgriff auf das sowjetische Erbe ganz und auf vorrevolutionäre Traditionen weitgehend ausschied,[114] musste der Berufsstand völlig neu entstehen. Bis heute fehlt es zudem an einer umfassenden wissenschaftlichen Untersuchung zum Arbitrageverwalter.[115]

In manchen Staaten Mittel- und Osteuropas ist zu beobachten, dass die modernen Insolvenzgesetze in der Praxis scheitern, weil es an erfahrenem, kompetentem Personal zur Umsetzung mangelt.[116] Die fehlenden Experten, der unzureichende Rechtsstab bilden die Schwachstelle jeder Reform.[117] Dem versucht die EU in Russland durch ein umfangreiches TACIS- Programm entgegenzuwirken, das sich mittlerweile bereits in der zweiten Phase befindet.[118]

5. Methodisches Vorgehen

Nach einer Einführung in die Geschichte des Insolvenzrechts in Russland folgen die beiden Hauptteile, die Darstellung des gegenwärtigen russ. Insolvenzverfahrens und die vergleichende Untersuchung zur Tätigkeit des Insolvenzverwalters. Beim Vergleich erfolgt die Betrachtung der deutschen Regeln nicht bis in die letzte Tiefe, da sie nur die Schablone bilden, vor der die russ. Normen betrachtet werden.

Im russ. Recht wird sowohl die Rechtslage nach dem Insolvenzgesetz von 1998 (im Folgenden: InsG 1998) als auch nach dem neuen Gesetz von 2002 (InsG 2002) dargestellt. Das InsG 1998 findet zwar seit dem 03.12.2002 auf Neuverfahren keine Anwendung mehr, bei Altverfahren werden jedoch die noch nicht abgeschlossenen Verfahrensabschnitte nach der bisherigen Rechtslage zu Ende geführt. Im Übrigen baut das neue Gesetz in weiten Teilen auf der bisherigen Regelung auf; die Grundstrukturen wurden übernommen und ausgebaut. Die Ähnlichkeit beider Gesetze führt dazu, dass Rechtsprechung und wissenschaftliche Literatur zum InsG 1998 in

---

[113]   Siehe Anordnung des Obersten Sowjets der RF vom 11.11.1992 zum Inkraftsetzen des Insolvenzgesetzes, VSND RF 1993/1 Pos. 7; dazu *Trunk*, Neues russisches Konkursgesetz, RIW 1993, 553f.

[114]   *Golubev*, Arbitrageverwalter: Qualifikationsanforderungen, Ethik, Haftung, Sonderbeilage zu VVAS 2001 Nr. 3, 76.

[115]   So auch *Borodin*, Solche verschiedenen Arbitrageverwalter, Kollegija 2002 Nr. 9, 16

[116]   *Falke*, Zum Stand der Insolvenzrechte in den Staaten Süd- und Südosteuropas, WiRO 2006, 164; für Kroatien Diskussionsbeitrag *Boric* in: *Horn*, Die Neugestaltung des Privatrechts in Mittelosteuropa und Osteuropa: Polen, Russland, Tschechien, Ungarn, 131 (133).

[117]   *Nußberger*, Die Frage nach dem tertium comparationis, ROW 1998, 85; *Vitrjanskij*, Wege zur Vervollkommnung der Bankrottgesetzgebung, 95, nennt die Verwalter eine der „schmerzlichen Fragen".

[118]   Programm: „Efficiency of Insovency Proceedings (Insolvency Phase II), zum TACIS-Programm vergleiche dazu im Internet: http://europa.eu.int/comm/external_relations/ceeca/tacis/index.htm.

weiten Bereichen auf das InsG 2002 übertragbar sind.[119] Zum neuen Gesetz ist mittlerweile umfangreiche Literatur vorhanden; sie wurde in wesentlichen Teilen in die Arbeit eingepflegt.

Anders als in Deutschland sucht sich die Praxis in Russland oft Wege, die dem Gesetz nur teilweise, gelegentlich auch überhaupt nicht entsprechen. Diese Praxis erschließt sich neben der Literatur vor allem aus Gerichtsentscheidungen zur Umsetzung des InsG 1998 und des InsG 2002. In Russland ist es zudem nicht möglich, Gesetzesmaterialien frei einzusehen.[120] In der Regel wird nur der recht kurze Begründungsbrief der Regierung zum Vorhaben veröffentlicht. Dennoch war es möglich, einige Unterlagen zu den Beratungen des Rechtsausschusses der Duma zum InsG 2002 einzusehen und in die Arbeit einfließen zu lassen.

Bei der Lektüre ist zu beachten, dass der Inhalt identisch übersetzter Begriffe im deutschen und russ. Recht sich nicht immer entspricht.[121] Rechtsfiguren des russ. Rechts dürfen keinesfalls vorbehaltlos in Kategorien des deutschen Rechts übertragen werden, auch wenn die Übersetzung keine andere Wortwahl ermöglicht.

Vorrevolutionäre russ. Rechtswissenschaftler unterschieden die Begriffe банкротство – Bankrott[122] für die strafrechtlichen Aspekte der Insolvenz und несостоятельность - Insolvenz (Zahlungsunfähigkeit) für die übrigen Aspekte. Teilweise wird diese Differenzierung noch heute für sinnvoll erachtet.[123] Das InsG 2002 allerdings verwendet beide Begriffe synonym.[124] Um Verwechslungen mit dem deutschen Recht zu vermeiden, wird in der vorliegenden Arbeit für die russ. Regelungen der Begriff Bankrott und für die deutschen Normen der Begriff Insolvenz entsprechend der InsO verwandt.[125]

Abschließend sei angemerkt, dass die russ. Autoren und Titel im Literaturverzeichnis auch in kyrillischer Schrift wiedergegeben werden, um eine Recherche vor Ort zu erleichtern.

---

[119] So schon zum Übergang vom InsG 1992 zum InsG 1998, *Trunk*, Das neue russische Insolvenzrecht. Von der Zwischenbilanz zur Totalrevision, in: *Schroeder* (Hrsg.), Die neuen Kodifikationen in Russland, 2. Auflage, 87.

[120] *Trunk*, Das neue russische Insolvenzrecht. Von der Zwischenbilanz zur Totalrevision, in: *Schroeder* (Hrsg.), Die neuen Kodifikationen in Russland, 2. Auflage, 87.

[121] Vgl. *Kuss*, Methodische Fragen der Ost-West-Rechtsvergleichung ZVglRWiss 1992, 405 (422); ähnlich *Nußberger*, Die Frage nach dem tertium comparationis, ROW 1998, 84.

[122] Zum Ursprung des Begriffs aus dem Italienischen, *Andreev*, Kommentar, 9.

[123] Dazu *Tkačev*, Die Begriffe „Bankrott" und „Insolvenz": Wesen und Verhältnisse, Advokat 2003 Nr. 3, 24; *ders.*, Konkursrecht, 41ff.; *ders.*, Insolvenz, 49ff. *Brusko*, Kategorien des Schutzes im russischen Konkursrecht, 12ff.

[124] Dazu auch *Andreev*, Kommentar, 58; *Afon´kin/Sabinina*, Gesetzgebung zum Bankrott, 7.

[125] Zu Recht weist *Micheler*, Einleitung eines Insolvenzverfahrens in der Russischen Föderation, WiRO 1996, 15, darauf hin, dass Insolvenz der несостоятельность näher komme als Zahlungsunfähigkeit.

36

6. Zwischenergebnis

Im Laufe der Arbeit verfestigte sich der Eindruck, dass die rechtliche Gestaltung der Insolvenzverwaltung in Russland eines der Haupthemmnisse bei der Umsetzung des Insolvenzrechts bildete und in weiten Teilen immer noch bildet. Die verschiedenen Gründe dafür werden in der Arbeit dargelegt. Die meisten Schwierigkeiten ergeben sich dabei nicht unmittelbar aus dem Insolvenzrecht, sondern sind mit außerrechtlichen Fragen verknüpft.

Anfangshypothese war, dass als Ergebnis der Arbeit – neben Hinweisen für den vor Ort tätigen Praktiker - nur Entwicklungslinien einer zukünftigen Entwicklung des russ. Insolvenzrechts zu geben sein würden. Im Lauf der Recherchen wurde jedoch deutlich, dass auch das deutsche Insolvenzrecht interessante theoretische Anregungen aus Russland empfangen kann. Denn Rechtsvergleichung ist keineswegs eine Einbahnstraße. Mitunter bieten die mittel- und osteuropäischen Länder ein Versuchsfeld, dessen Ergebnisse an den Ausgangspunkt des Rechtstransfers zurückkehren können.[126] Diese Ergebnisse sind in das Schlusskapitel (Kapitel V) eingeflossen.

---

[126] Man denke etwa an die Verfahrensvereinfachungen in den deutschen neuen Ländern, vgl. *Seidel*, Verwaltungsaufbau in den neuen Ländern, 7ff.

II. Überblick über die historische Entwicklung des russ. Insolvenzrechts

Die bewegte Geschichte Russlands hat auch die Entwicklung des russ. Insolvenzrechts geprägt und zu Brüchen und Besonderheiten gegenüber dem Insolvenzrecht westlicher Staaten geführt. Sie beruhen u.a. darauf, dass das russ. Recht lange Zeit von der Rechtsentwicklung im übrigen Europa abgekoppelt war. Dies trifft auf die Zeit der Tartarenherrschaft ebenso zu wie auf lange Jahre der Sowjetunion von etwa 1927/28 bis zur Perestroika.[127]

Manche auf den ersten Blick befremdlich anmutenden Erscheinungen der gegenwärtigen Rechtswirklichkeit lassen sich auf diese unterschiedlichen Traditionslinien zurückführen. So wie der sowjetische Gesetzgeber sich trotz erklärten anderslautenden Willens nicht von der zaristischen Tradition befreien konnte,[128] ist es auch heute nicht möglich, völlig losgelöst von tief verwurzelten Vorstellungen neues Recht zu setzen.[129] Trotz bewusster Ablehnung vieler sowjetischer Normen und Institute lassen sich fortwirkende Kräfte auch beim Neubeginn des russ. Rechts nach dem Wiederentstehen einer eigenen Staatlichkeit im Jahre 1991 nicht leugnen.[130]

Im umfangreichen Umgestaltungsprozess der letzten Jahre[131] hat der russ. Gesetzgeber versucht, an ältere, vorsowjetische Traditionen anzuknüpfen. Daher kann die russ. Rechtsgeschichte einen bedeutsamen Beitrag zum besseren Verständnis des geltenden Rechts leisten.[132] Aus diesem Grund wird im ersten Kapitel die Geschichte des russ. Insolvenzrechts dargestellt. Sie lässt sich in drei Abschnitte einteilen: Die vorrevolutionäre Phase, die Zeit der Sowjetunion und die „Wiedergeburt" nach 1991.[133]

---

[127] *Feldbrugge*, Russian Law: The End of the Soviet System and the Role of Law, 78ff.; diesen Aspekt betont auch *Geilke*, Einführung in das Sowjetrecht, 19.

[128] *David/Grasmann/Westen*, Einführung, 245, Ziffer 136.

[129] Dazu *Schmidt*, Soviet Law as Legal History: A Chapter or a Footnote, in: *Ginsburgs/Barry/Simons*, The Revival of Private Law in Central and Eastern Europe, 45.

[130] Dazu *Feldbrugge*, Russian Law: The End of the Soviet System and the Role of Law, 73ff.

[131] *Schroeder*, Problem der Gesetzgebung in Russland, in: *Schroeder* (Hrsg.), Die neuen Kodifikationen in Russland, 9ff.

[132] Zur Bedeutung der Rechtsgeschichte für das Verständnis von Rechtsinstituten und Rechtsentwicklungen: *Horn*, Die Rolle des Privatrechts in der Transformation von Wirtschaft und Gesellschaft in Mittelosteuropa und Osteuropa, in: *Horn*, Die Neugestaltung des Privatrechts in Mittelosteuropa und Osteuropa: Polen, Russland, Tschechien, Ungarn, 7.

[133] So auch *Tkačev*, Rechtliche Regelung, 6 und *ders.*, Insolvenz, 10.

1. Entwicklung bis zur Revolution

Die Entwicklung des russ. Insolvenzrechts bis zur Revolution kann man weiter unterteilen: In der Frühzeit (Kiewer Rus und Tartarenherrschaft, Beginn des Moskauer Reichs) gab es nur wenige rudimentäre Regeln zur Insolvenz. Die Öffnung nach Westen unter Zar Peter dem Großen verstärkte den Handelsaustausch. Es wurden erste Anstrengungen zum Ausbau insolvenzrechtlicher Regeln unternommen, meist allerdings ohne großen praktischen Erfolg. Die Reformen im 19. Jahrhunderts führten schließlich zu einem ersten umfassenden russ. Insolvenzrecht.

a) Frühzeit

Die Staatsgründung der Russen im 9. Jahrhundert erfolgte vermutlich unter dem Einfluss skandinavischer Stämme.[134] Rasch entstand ein blühendes Reich mit der Hauptstadt Kiew, die Kiewer Rus. Diese pflegte regen Austausch mit den großen Mächten der damaligen Zeit, namentlich dem Kaiserreich von Byzanz und den römisch-deutschen Kaisern. Wirtschaftliche Beziehungen nach Skandinavien und zur Hanse ließen dortiges Rechtsdenken eindringen.[135] Die Taufe durch Missionare aus Byzanz führte insbesondere nach dem Schisma zu einer beträchtlichen Übernahme byzantinischer Rechtsgedanken.[136] Allerdings erreichte dieser Einfluss niemals die Intensität der Durchdringung westeuropäischer Rechtssysteme durch das römische Recht.[137]

Erste schriftliche Rechtsakte finden sich in Verträgen, die die Kiewer Rus mit ausländischen Staaten, vor allem mit Byzanz und einzelnen Hansestädten, abschloss.[138] Das damals praktizierte Gewohnheitsrecht[139] wurde im 11. Jahrhundert in einer Reihe von Russkaja Pravda („Russisches Recht") genannten Sammlungen zusammengefasst.[140] Diese folgten byzantinischen Vorbildern; inhaltlich griffen sie auf slawische, zum Teil auch skandinavische Rechtstraditionen zurück.[141] Sie sind etwa

---

[134] Diese Frage ist allerdings in der russ. Geschichtswissenschaft heftig umstritten, andere Auffassungen gehen von einer eigenständigen Staatsgründung der ostslawischen Völker aus, vgl. *David/Grasmann/Westen*, Einführung, 246, Ziffer 137.

[135] *Wieacker*, Privatrechtsgeschichte der Neuzeit, 506.

[136] *Vischnevskij*, Kiewer Rus: Einführung des Christentums und das Problem der Rezeption des byzantinischen Kirchenrechts, Pravovedenie 1992 Nr. 5, 62; *Saltykova*, Entstehung des altrussischen Rechts, RJu, 1997 Nr. 1, 59; siehe auch *Geilke*, Einführung in das Sowjetrecht, 20.

[137] *David/Hazard*, Le droit soviétique, 18.

[138] *Schultz*, Russische Rechtsgeschichte, 34ff.

[139] Zu den ersten Rechtsakten: *Kulegin*, Vom Weg des Rechts zur Russkaja Pravda: Etappen der Rechtsgenese des ostslawischen Ethnos, Pravovedenie 1999 Nr. 4, 11.

[140] *Zweigert/Kötz*, Einführung in die Rechtsvergleichung, 343; ausführlich: *Goetz*, Das russische Recht, ZVglRWiss Bd. 26 (1911), 161, und *Schultz*, Russische Rechtsgeschichte, 46ff.; *Feldbrugge*, Russian Law: The End of the Soviet System and the Role of Law, 76ff.

[141] *Geilke*, Einführung in das Sowjetrecht, 35f.

mit den leges barbarorum der germanischen Stämme aus dem 4. und 5. Jahrhundert zu vergleichen,[142] zeigen aber eine bereits höher entwickelte Gesellschaft.[143]

Deutlich stärker ist der byzantinische Einfluss in den kirchenrechtlichen Büchern der orthodoxen Kirche (sog. kormčhaja) des 13. Jahrhundert.[144] Er beeinflusste die Beziehungen zwischen Volk und (autokratischem) Herrscher und bildet eine Ursache für die überhöhte Stellung des russ. Zaren.[145] Aus Byzanz waren Vorstellungen von einer herausgehobenen Stellung des Herrschers, aber auch vereinzelte Einflüsse des römischen Rechts nach Russland eingedrungen.[146] Nach dem Untergang Byzanz' im Jahre 1453 fühlte Moskau sich als drittes Rom, Zentrum der Orthodoxie und Träger ihres kulturellen Erbes.

In diesen Rechtsquellen lassen sich bereits frühe Formen eines Insolvenzrechts entdecken,[147] eine einheitliche Regelung fehlte allerdings noch.[148] In Gesetzessammlungen aus der Zeit vor der Tartareninvasion finden sich Regeln für die Zahlungsunfähigkeit; dabei richtete sich das Verfahren in erster Linie gegen die Person des Schuldners, weniger gegen sein Vermögen.[149]

Zu dieser Zeit fand noch keine Trennung der zivilrechtlichen Folgen und der strafrechtlichen Verantwortung statt. Dafür wurde nach unverschuldetem und verschuldetem Bankrott differenziert.[150] Im ersten Fall bekam der Schuldner die Möglichkeit, seine Schulden mit einem Zahlungsaufschub zu begleichen. Im zweiten Fall hing sein Schicksal von den Gläubigern ab. Diese konnten den Verkauf des Schuldners in die Leibeigenschaft betreiben und mit dem erzielten Erlös ihre Forderungen tilgen.[151] Die Befriedigungsreihenfolge richtete sich nach der Stellung des Gläubi-

---

[142] *Feldbrugge*, Russian Law: The End of the Soviet System and the Role of Law, 76.

[143] *David/Grasmann/Westen*, Einführung, 246f.; *Johnson*, Soviet Legal System, 10; a.A. wohl *Kohler*, Die Russkaja Pravda und das altslawische Recht, ZVglRWiss 1915 (Bd. 33), 289 (291).

[144] *David/Hazard*, Le droit soviétique, 20f.; *Butler*, Russian Law, 16; ausführlich *Schultz*, Russische Rechtsgeschichte, 70ff.

[145] *Feldbrugge*, Russian Law: The End of the Soviet System and the Role of Law, 33f.

[146] *Soloviev*, Der Einfluss des Byzantinischen Rechts auf die Völker Osteuropas, Zeitschrift der Savigny Stiftung für Rechtsgeschichte (Romanistische Abteilung), 1959 (Bd. 76), 432 (v.a. 458ff.); einschränkend *Marschhausen*, Das russische Pfandrecht in der neuen Gesetzgebung und Rechtsprechung, 6; *Newcity*, Russian Legal Tradition and the Rule of Law, in: *Sachs/Pistor*, The rule of Law and economic reform in Russia, 41 (46f.).

[147] *Judin*, Insolvenz (Bankrott): Historischer Aspekt, VAS 2002 Nr. 1, 155 (156); siehe *Andreev*, Kommentar, 11; *Tkačev*, Konkursrecht, 20; *Sviridenko*, Russische Gesetzgebung über den Bankrott: zur Geschichte der Entstehung, 5.

[148] Mit weiteren Nachweisen *Tkačev*, Rechtliche Regelung, 9.

[149] *Tkačev*, Rechtliche Regelung, 6; *Stepanov*, Insolvenz, 14.

[150] So in der Karamsinkoer Aufzeichnung, Art. 68ff.; dazu *Šeršenevič*, Konkursprozess, 70; vgl. *Stepanov*, Insolvenz, 34.

[151] *Schultz*, Russische Rechtsgeschichte, 68; *Stepanov*, Insolvenz, 34f.

gers. Im ersten Rang wurden die Forderungen Adliger befriedigt; es folgten die auswärtigen und schließlich die örtlichen Kaufleute.[152]

Mit der Zerstörung Kiews im Jahre 1236 endete die erste Blütezeit Russland abrupt. Für über 200 Jahre geriet Russland unter die Herrschaft der Tartaren. Auch wenn diese weder die Religion noch das Recht der Russen antasteten, schnitt ihre Besatzung Russland für 200 Jahre von der rechtlichen Entwicklung im übrigen Europa ab.[153] Der Widerstand gegen die Tartaren als Besatzer machte zudem das Bewahren überkommener eigener Traditionen überlebenswichtig.[154] Innerhalb Russlands wuchs in dieser Zeit der Einfluss Moskaus, das schließlich auch die Führerschaft bei der Vertreibung der Tartaren übernahm. Es bildete sich ein autokratisches Staatswesen mit uneingeschränkten Herrschern heraus.[155] In diesem Moskauer Absolutismus waren bereits die Wurzeln für die spätere rechtliche Rückständigkeit gelegt.[156]

Die geographische Lage am Rande Europas und die kyrillische Schrift trugen zusätzlich dazu bei, die Anbindung Russlands an die mittel- und westeuropäische Rechtsentwicklung für Jahrhunderte zu erschweren.[157] Die Rückbesinnung auf das römische Recht,[158] aber auch die Erneuerung der Rechtswissenschaft, welche im Mittelalter das übrige Europa prägten, drangen nur bruchstückhaft bis nach Russland vor.[159]

Aus dieser Epoche sind einige lokale Gesetzbücher sowie die Gerichtsbücher (Sudebnik) Iwan III. von 1497 und Iwan IV. von 1550 überliefert. Auch bei ihnen han-

---

[152] Karamsinkoer Aufzeichnung, Art. 69; ähnlich im Vertrag zwischen Smolensk und Riga sowie einigen deutschen Städten aus dem Jahre 1229; *Šeršenevič*, Konkursprozess, 72; *Tkačev*, Rechtliche Regelung, 9; *Goetz,* Das russische Recht, ZVglRWiss Bd. 28 (1912), 1 (256); *Sviridenko*, Russische Gesetzgebung über den Bankrott: zur Geschichte der Entstehung, 9.

[153] *David/Grasmann/Westen*, Einführung, 247f.; *Butler*, Russian Law, 17; *Schultz*, Russische Rechtsgeschichte, 78f.

[154] *David/Hazard*, Le droit soviétique, 24f.

[155] *Zweigert/Kötz*, Einführung in die Rechtsvergleichung, 343.

[156] *Feldbrugge*, Russian Law: The End of the Soviet System and the Role of Law, 32; *Newcity*, Russian Legal Tradition and the Rule of Law, in: *Sachs/Pistor*, The rule of Law and economic reform in Russia, 41 (50).

[157] *Zweigert/Kötz*, Einführung in die Rechtsvergleichung, 345; *Horn*, Die Rolle des Privatrechts in der Transformation von Wirtschaft und Gesellschaft in Mittelosteuropa und Osteuropa, in: *Horn,* Die Neugestaltung des Privatrechts in Mittelosteuropa und Osteuropa: Polen, Russland, Tschechien, Ungarn, 11; *Feldbrugge*, Russian Law: The End of the Soviet System and the Role of Law, 34f.

[158] Zum Teil wurde das römische Recht über Byzanz und die orthodoxe Kirche nach Russland vermittelt, *Zweigert/Kötz*, Einführung in die Rechtsvergleichung, 348; eine vollständige Rezeption erfolgte jedoch nicht, vgl. *Arnold*, Zivilgesetzbuch der RF im Entstehen, RIW 1995, 899f.

[159] *Suchanow*, Das Privatrecht in der modernen russischen Zivilgesetzgebung, in: *Horn,* Die Neugestaltung des Privatrechts in Mittelosteuropa und Osteuropa: Polen, Russland, Tschechien, Ungarn, 133ff.; ebenso: *David/Grasmann/Westen*, Einführung, 249ff.

delt es sich nur um Sammlungen von Gewohnheitsrecht, nicht um echte Kodifikationen.[160] Das geltende Kirchenrecht wurde in den Stoglav („Hundertkapitel") von 1551 zusammengefasst.[161]

b) Öffnung nach Westen

Nachdem er sich auf Reisen durch die Niederlande, Deutschland und England mit der westeuropäischen Welt vertraut gemacht hatte, verfolgte Zar Peter der Große (1689-1725) das Ziel, Russland an das übrige Europa anzunähern.[162] Mit der Gründung von Sankt Petersburg vor 300 Jahren wurde die Öffnung nach Westen symbolträchtig verdeutlicht.

Schon unter Zar Alexej war es 1649 zu einer umfangreichen Gesetzessammlung, der Sobornoje Uloženie, gekommen.[163] Diese sollte das gesamte geltende Recht erfassen, stellte aber keine Kodifikation dar.[164] Zu ihrer Erarbeitung fehlte eine Schicht ausgebildeter Juristen mit den erforderlichen Qualifikationen.[165] So wurde das in verschiedenen Rechtsbüchern niedergelegte Gewohnheitsrecht lediglich gesammelt und veröffentlicht. Diese Sammlung blieb bis zur Revolution eine der wichtigsten Rechtsquellen Russlands.[166] Sie enthielt auch Normen zur Insolvenz, die allerdings im Wesentlichen die bis dahin geltenden Regelungen wiederholten.[167]

Im Lauf der Zeit wurde immer deutlicher, dass das russ. Recht den Anforderungen der modernen Epoche nicht mehr gerecht wurde.[168] Insbesondere seit der Öffnung nach Westen gab es verschiedene Reformansätze. Peter der Große etwa erwog, das schwedische Recht in toto zu übernehmen, setzte später aber stattdessen eine Kodifikationskommission ein.[169] Zu einer systematischen Gesetzgebung kam es jedoch trotz seines Reformeifers nicht.[170] Katharina die Große (1762-1796) erließ westlich-aufklärerisch geprägte Richtlinien für Reformen, setzte diese jedoch in ihrem Reich nicht um.[171]

---

[160] *Geilke*, Einführung in das Sowjetrecht, 36f.; *Schultz*, Russische Rechtsgeschichte, 130ff.
[161] *Schultz*, Russische Rechtsgeschichte, 141ff.; *David/Hazard*, Le droit soviétique, 31f.
[162] *Hattenhauer*, Europäische Rechtsgeschichte, Rn 1325.
[163] Vgl. *David/Grasmann/Westen*, Einführung, 248; *Butler*, Russian Law, 22.
[164] *Schultz*, Russische Rechtsgeschichte, 144.
[165] *Feldbrugge*, Russian Law: The End of the Soviet System and the Role of Law, 78.
[166] *David/Hazard*, Le droit soviétique, 38f.
[167] *Sviridenko*, Russische Gesetzgebung über den Bankrott: zur Geschichte der Entstehung, 12ff.; *Tkačev*, Rechtliche Regelung, 10, führt dies darauf zurück, dass kein großes Bedürfnis nach einer genaueren Regelung bestand.
[168] Siehe *Tkačev*, Rechtliche Regelung, 10.
[169] *Schultz*, Russische Rechtsgeschichte, 199; *Geilke*, Einführung in das Sowjetrecht, 38.
[170] *Johnson*, Soviet Legal System, 10.
[171] Dazu *Zweigert/Kötz*, Einführung in die Rechtsvergleichung, 344f.; zur „Instruktion" Katharinas der Großen ausführlicher *Hattenhauer*, Europäische Rechtsgeschichte, Rn 1463f.

Bis ins 18. Jahrhundert entwickelte sich das Insolvenzrecht kaum weiter.[172] Abhilfe konnte nur der Verweis auf ausländisches Recht oder Gewohnheitsrecht schaffen.[173] Dies hemmte die eigenständige wirtschaftliche Entwicklung des Zarenreichs. Mit der wachsenden Wirtschaft nahm das Bedürfnis nach einer gesetzlichen Grundlage für Insolvenzen spürbar zu. So wurden in den Jahren 1740/41, 1753, 1763 und 1768 entsprechende Gesetzesprojekte ausgearbeitet.[174] Aus den unterschiedlichsten Gründen wurde jedoch keines in die Praxis umgesetzt.[175] Allerdings erreichten diese Projekte teilweise ein beachtliches gesetzgeberisches Niveau, auf dem spätere Rechtsakte und Vorhaben aufbauen konnten.[176] Die Führung des Konkursverfahrens war dabei sog. Kuratoren übertragen. Sie vertraten die Interessen von Gläubigern und Schuldner und hafteten für den ordnungsgemäßen Ablauf des Verfahrens.[177]

Im Jahre 1800 trat eine Verordnung über den Bankrott in Kraft.[178] Sie behandelte in zwei Teilen die Insolvenz von Kaufleuten sowie von Adligen bzw. Beamten.[179] Grund für die Eröffnung des Verfahrens war die Unfähigkeit des Schuldners, seine Schulden zu bezahlen. Darunter fielen auch die freiwillige Bankrotterklärung oder das Verbergen des Schuldners vor einer Klage. Man unterschied zwischen der Zahlungsunfähigkeit infolge eines Unglücks, eigener Fehler oder infolge von Fälschungen.[180] Nur im ersten Fall wurde der Schuldner nach Abschluss des Verfahrens von den Forderungen frei.[181] Im Übrigen sah das Gesetz die Möglichkeit eines Zahlungsaufschubs und den Abschluss eines Vergleichs vor. Es ordnete eine Sammlung der Masse an und stellte Bedingungen auf, wann ein Vertrag für ungültig erklärt werden konnte. Die Funktionen der Verwalter nahmen sog. Kuratoren wahr, die aus den Reihen der Gläubiger gewählt wurden.[182] Sie hatten die Aufgabe, das Verfahren

---

[172] *Andreev*, Kommentar, 11; *Stepanov*, Insolvenz, 36.
[173] Vgl. *Tkačev*, Rechtliche Regelung, 10f., vor allem in großen Verfahren unter Beteiligung ausländischer Kaufleute wurde häufig ausländisches Recht angewandt.
[174] Sehr ausführlich zum Inhalt der einzelnen Projekte, *Sviridenko*, Russische Gesetzgebung über den Bankrott: zur Geschichte der Entstehung, 14ff.; *Tkačev*, Rechtliche Regelung, 13ff; vgl. auch *Šeršenevič*, Konkursprozess, 75ff.
[175] *Golmsten,* Historischer Überblick des Konkursrechts, Sank Petersburg 1988, 24; zit. nach *Stepanov*, Insolvenz, 36.
[176] Ausführlich: *Teljukina*, Konkursrecht, 44ff.
[177] Im Detail *Sviridenko*, Russische Gesetzgebung über den Bankrott: zur Geschichte der Entstehung, 19 und 32; *Teljukina*, Konkursrecht 2004, 36f.
[178] *Stepanov*, Insolvenz, 36f.; siehe auch *Andreev*, Kommentar, 12.
[179] *Tkačev*, Insolvenz, 21
[180] *Šeršenevič*, Konkursprozess, 78.
[181] *Karelina*, Rechtliche Regelung, 5f.
[182] *Sviridenko*, Russische Gesetzgebung über den Bankrott: zur Geschichte der Entstehung, 48; *Šeršenevič*, Konkursprozess, 79f.

durchzuführen und die Masse zu verteilen.[183] Ihre Vergütung betrug dabei zwei Prozent vom Erlös aller im Bankrottverfahren eingenommenen Summen.[184]

Die Verordnung von 1800 kann durchaus als gelungen bezeichnet werden und steht zeitgleichen ausländischen Gesetzen nicht nach.[185] Im Lauf der Jahre zeigten sich jedoch einige Mängel, die eine Überarbeitung erforderlich machten.

c) Die Reformen des 19. Jahrhunderts

Die Zaren Alexander I. (1801-1825) und Nikolaus I. (1825-1855) verstärkten die Reformbestrebungen. 1810 wurde eine Kodifikationskommission unter Leitung Speranskijs mit der Sammlung des geltenden Rechts beauftragt. Die ursprünglich im Anschluss geplante Kodifikation wurde vom Zaren jedoch später ausdrücklich für nicht erforderlich gehalten.[186] Aus den zahlreichen Bänden dieser Sammlung wurden sodann überholte Normen aussortiert und der Rest 1835 als Svod zakonov veröffentlicht.[187] In diese Version fanden auch ausländische, vor allem französische Einflüsse Eingang.[188] Trotz der Sympathien Speranskijs für das römische Recht und den code civil blieb der Svod allerdings seinem Wesen nach russisch geprägt.[189]

Zar Alexander II. (1855-1881) setzte weitere Reformen um.[190] Die Bauern wurden befreit, eine Bodenreform in Angriff genommen und 1864 das Gerichtssystem umfassend erneuert.[191] Nach dem gewaltsamen Tod des Zaren erlahmte der Reformeifer seiner Nachfolger. Bis 1917 verharrte Russland in einer reaktionären Politik. Damit fehlte es im Zarenreich bis zu seinem Ende an einer grundlegenden rechtlichen Systematik und weitgehend an modernen Kodifikationen.[192] Auch das Projekt eines am

---

[183] *Sviridenko*, Russische Gesetzgebung über den Bankrott: zur Geschichte der Entstehung, 51.

[184] *Teljukina*, Konkursrecht, 53; *Sviridenko*, Russische Gesetzgebung über den Bankrott: zur Geschichte der Entstehung, 48.

[185] *Šeršenevič*, Konkursrecht, 69, zit. nach *Stepanov*, Insolvenz, 37; noch weitergehend *Andreev*, Kommentar, 12.

[186] *David/Hazard*, Le droit soviétique, 47; siehe auch *Geilke*, Einführung in das Sowjetrecht, 39f.; *Feldbrugge*, Russian Law: The End of the Soviet System and the Role of Law, 83f.; *Schultz*, Russische Rechtsgeschichte, 200f.

[187] Ausführlich *Zweigert/Kötz*, Einführung in die Rechtsvergleichung, 345f.; siehe auch *Micheler*, Mobiliarpfandrechte in der Russischen Föderation, in: *Drobnig/Hopt/Kötz/Mestmäcker* (Hrsg.) Systemtransformation in Mittel- und Osteuropa und ihre Folgen für Banken, Börsen und Kreditsicherheiten, 384.

[188] *Marschhausen*, Das russische Pfandrecht in der neuen Gesetzgebung und Rechtsprechung, 10.

[189] *Koschaker*, Europa und das römische Recht, 133.

[190] *Hattenhauer*, Europäische Rechtsgeschichte, Rn 1798ff.

[191] Zur Rechtsreform *Baberowski*, Autokratie und Justiz, mwN; ebenso *Novickaja*, Die Reformen Alexander II., Vestnik der Moskauer Universität, Serie 11, Recht, 1998 Nr. 6, 38; *Schultz*, Russische Rechtsgeschichte, 215ff.

[192] Vgl. *Zweigert/Kötz*, Einführung in die Rechtsvergleichung, 348; *David/Hazard*, Le droit soviétique, 49f.

Vorabend des ersten Weltkrieges vorgelegten Schuldrechts erlangte nicht mehr Gesetzeskraft.[193]

Die Rechtswissenschaft an den Universitäten nahm hingegen, nicht zuletzt unter deutschem und baltischem Einfluss, einen beachtlichen Aufschwung.[194] Dabei wurde auch der Vermittlung des römischen Rechts zunehmend Bedeutung beigemessen.[195] Durch die Reform des Gerichtswesens bildete sich allmählich ein professioneller Stand von juristischen Praktikern (v.a. Rechtsanwälten) heraus.[196] Aus ihren Reihen kamen die ersten Verwalter in Insolvenzverfahren.[197]

Die Mängel der Verordnung von 1800 führten im Insolvenzrecht zur Verabschiedung der Verordnung „Über die kaufmännische Insolvenz" vom 25.06.1832.[198] Diese Verordnung ersetzte den ersten Teil der Verordnung von 1800 zur Insolvenz von Kaufleuten und wurde später als Teil der Handelsgerichtsordnung in den Svod zakonov aufgenommen.[199] Der zweite Teil der Verordnung von 1800 blieb in Kraft und fand ebenfalls einen Platz in der Gesetzessammlung.

Die Verordnung von 1832 stellte ein komplizierteres System als ihre Vorgängerin auf.[200] Wie bisher wurden nach dem Verschulden des Schuldners drei Arten von Bankrottverfahren unterschieden.[201] Zudem wurde nach verschiedenen Arten von Forderungen differenziert, ebenso nach dem Inhaber der Forderung,[202] es galten andere Regeln für einen Adligen als für einen Kaufmann. Die Verordnung führte erstmals ein System der sog. Administration ein, bei dem ein Administrator mit Zustimmung der Gläubiger versuchte, die Zahlungsfähigkeit wiederherzustellen.[203]

---

[193] *Geilke*, Einführung in das Sowjetrecht, 40.

[194] Beginn einer rechtswissenschaftlichen Literatur nach *David/Hazard*, Le droit soviétique, 63f., etwa ab 1830-1850; ebenso *Johnson*, Soviet Legal System, 17 und 18.

[195] *Aleksejev*, Aus der Geschichte der Lehre des römischen Rechts an der kaiserlichen St. Petersburger Universität, Pravovedenie 2001 Nr. 6, 199.

[196] Siehe z.B. zur Anwaltschaft, die bei Kriegsausbruch immerhin über 6.000 Mitglieder umfasste, *Boikow/Kapinus/Tarlo*, Die Anwaltschaft in Russland, 2. Auflage, 16; *Karrass/Wedde*, Das neue Berufsrecht russischer Anwälte, OER 2003, 299.

[197] *Judin*, Insolvenz (Bankrott): Historischer Aspekt, VAS 2002 Nr. 1, 155.

[198] Die allerdings kaum eine Verbesserung darstellte, vgl. *Stepanov*, Insolvenz, 37; *Šeršenevič*, Konkursprozess, 81, hält die Verordnung von 1800 sogar für höherstehend.

[199] *Trunk*, Das neue russische Insolvenzrecht, in: *Schroeder* (Hrsg.), Die neuen Kodifikationen in Russland, 65; Deutscher Text in: *Borchardt*, Die Handelsgesetze des Erdballs, Bd. IX, 220ff.; dazu auch *Judin*, Insolvenz (Bankrott): Historischer Aspekt, VAS 2002 Nr. 1, 155 (157) und *Šeršenevič*, Konkursprozess, 82.

[200] *Tkačev*, Konkursrecht, 28ff.

[201] *Tkačev*, Rechtliche Regelung, 18; siehe auch *Rešetnikov/Ignatova*, Bankrott im vorrevolutionären Russland und im Westen, Zakon 1993 Nr. 7, 53.

[202] *Andreev*, Kommentar, 12.

[203] Ausführlich *Tkačev*, Rechtliche Regelung, 24; *Sviridenko*, Russische Gesetzgebung über den Bankrott: zur Geschichte der Entstehung, 55; vgl. auch *Judin*, Insolvenz (Bankrott):

Es blieb allerdings auf wenige, bedeutende Unternehmen in größeren Städten mit Börsen beschränkt.[204] Im Konkursverfahren wurden zwei Arten von Verwaltern tätig. Zunächst sicherte ein vereidigter Treuhänder unter Aufsicht des Gerichts das Vermögen.[205] Er glich einem vorläufigen Verwalter und war zu weitreichenden Verfügungen nicht berechtigt. Die eigentliche Verwertung war einem kollegialen Organ übertragen.[206] Die Vergütung erfolgte abhängig vom Vermögen bzw. der Konkursmasse.

Mitte des 19. Jahrhunderts bot das russ. Insolvenzrecht ein vielgestaltiges Bild. Neben der Unterscheidung nach den verschiedenen Subjekten des Verfahrens, also einem standesrechtlichen Element, galten historisch bedingt in verschiedenen Teilen des Zarenreiches zusätzliche örtliche Normen,[207] so in Finnland eine am preußischen Modell angelehnte Variante,[208] in Polen eine dem französischen Recht entlehnte Regelung.

All dies steigerte das Bedürfnis nach einer grundlegenden Überarbeitung des Insolvenzrechts.[209] Zudem verlangte die wirtschaftliche Entwicklung eine genauere Regelung der Insolvenz juristischer Personen.[210] Mehrere Änderungen fanden Eingang in die Verordnung, zusätzlich erließ der Senat zahlreiche ausführende Ukaze.[211] Dennoch wurde eine grundlegende Neuschöpfung des Insolvenzrechts gefordert und diskutiert, wobei u.a. das neue deutsche Konkursrecht als Vorbild diente.[212] Besonders weit gedieh der Entwurf eines neuen Insolvenzgesetzes von Thur in den 80er Jahren des 19. Jahrhunderts.[213] Er sah sog. Insolvenztreuhänder vor, die mit umfangreichen Freiheiten ausgestattet das Verfahren führen sollten.[214] Zu ihrer Kontrolle war ein Gläubigerkomitee vorgesehen.[215] Sämtliche Projekte scheiterten jedoch, u.a. weil man sich gegen eine zu starke Nachahmung westlicher Vorbilder wehrte.[216]

Historischer Aspekt, VAS 2002 Nr. 1, 155 (158); *Gončarov*, Rechtliche Mechanismen zur Vorbeugung eines Bankrotts kommerzieller Organisationen, 28.

[204] *Vitrjanskij* in Vorwort zu *Šeršenevič*, Konkursprozess, 15ff. und *Šeršenevič*, Konkursprozess, 124ff.

[205] Dazu *Šeršenevič*, Konkursprozess, 302ff.; *Sviridenko*, Russische Gesetzgebung über den Bankrott: zur Geschichte der Entstehung, 58.

[206] *Šeršenevič*, Konkursprozess, 332ff.

[207] Dazu *Stepanov*, Insolvenz, 37, und *Šeršenevič*, Konkursprozess, 85.

[208] Konkursverordnung von 1868; siehe *Teljukina*, Konkursrecht, 62.

[209] *Stepanov*, Insolvenz, 37f.

[210] *Popondopulo*, Rechtliche Regelung der Insolvenz, 24, Grundtypus war nach wie vor die Insolvenz eines Einzelkaufmanns.

[211] Dazu *Karelina*, Rechtliche Regelung, 7; ähnlich *Šeršenevič*, Konkursprozess, 84.

[212] *Tuhr*, Vergleichende Darstellung des deutschen und russischen Rechts, Karlsruhe 1880, zit. nach *Stepanov*, Insolvenz, 38.

[213] *Šeršenevič*, Konkursprozess, 85; vgl. *Stepanov*, Insolvenz, 38.

[214] *Šeršenevič*, Konkursprozess, 85; *Sviridenko*, Russische Gesetzgebung über den Bankrott: zur Geschichte der Entstehung, 61; *Teljukina*, Konkursrecht 2004, 53.

[215] Ausführlicher *Teljukina*, Konkursrecht, 62.

[216] *Oda*, Russian Commercial Law, 149.

Damit galt die Verordnung von 1832 bis zur Revolution im Jahre 1917.[217] Immerhin wurden während dieser Zeit zahlreiche Sammlungen der Normen und der Gerichtspraxis zum Insolvenzrecht veröffentlicht.[218]

Auch wenn es im ausgehenden Zarenreich zu keiner systematischen Neufassung mehr kam, erreichten das vorrevolutionäre russ. Insolvenzrecht, vor allem aber die Rechtswissenschaft einen beachtlich hohen Stand.[219]

2. Das Insolvenzrecht in der Sowjetunion

Alle Versuche, ein neues Insolvenzgesetz zu verabschieden, wurden durch die Revolution von 1917 abrupt unterbrochen. Die folgende völlige Veränderung des politischen Systems verschonte auch das Recht nicht. Eine dem Marxismus-Leninismus untergeordnete Rechtsordnung[220] hatte keinen Platz mehr für Insolvenzrecht als genuin dem Markt verbundenes Recht.[221] Zeitlich lassen sich insgesamt drei Phasen unterscheiden:

a) Revolution und „Kriegskommunismus"

Die erste Phase unmittelbar nach der Machtübernahme der Kommunisten war durch ausländische Interventionen, Bürgerkrieg, Emigration und Wirtschaftskrise geprägt. Entsprechend chaotisch verlief auch die rechtliche Entwicklung.[222] Naturgemäß standen die Konsolidierung der gewonnenen Macht und die Verteidigung gegen innere und äußere Gegner weit mehr als eine geordnete Rechtsentwicklung im Vordergrund der Politik. Dennoch wurde die Umgestaltung des Rechts im Sinne der neuen Ideologie begonnen. Dabei blieb allerdings die Umsetzung der erlassenen Rechtsakte oft sehr oberflächlich.[223]

Das Insolvenzrecht wurde bereits 1917 durch das Justizdekret Nr. 1 mit zahlreichen anderen als „bourgeois" gebrandmarkten Gesetzen ersatzlos aufgehoben, soweit es dem revolutionären Gewissen und Rechtsbewusstsein widersprach.[224] Kurz darauf wurden die vorrevolutionären Gesetze vollständig außer Kraft gesetzt. In der chaotischen äußeren Situation fanden geordnete Insolvenzverfahren in Russland nicht mehr statt.

---

[217] *Tkačev*, Rechtliche Regelung, 17.
[218] Vgl. zu den verschiedenen Sammlungen *Stepanov*, Insolvenz, 38.
[219] *Judin*, Insolvenz (Bankrott): Historischer Aspekt, VAS 2002 Nr. 1, 155; siehe *Teljukina*, Kommentar, VII; so auch *Tkačev*, Rechtliche Regelung, 145; *Brusko*, Kategorien des Schutzes im russischen Konkursrecht, 2.
[220] *Zweigert/Kötz*, Einführung in die Rechtsvergleichung, 333ff.
[221] *Andreev*, Kommentar, 12f.
[222] *Hattenhauer*, Europäische Rechtsgeschichte, Rn 1962ff.; *Zweigert/Kötz*, Einführung in die Rechtsvergleichung, 349.
[223] *David/Grasmann/Westen*, Einführung, 253ff.
[224] *Geilke*, Einführung in das Sowjetrecht, 54ff.

b) Neue ökonomische Politik

Nach dem Ende des Bürgerkrieges verschärfte sich die Wirtschaftskrise und führte das Land an den Rand des Zusammenbruchs. Die Regierung sah sich gezwungen, wieder Privatinitiative und gewisse marktwirtschaftliche Elemente zuzulassen.[225] Diese Phase der sog. „Neuen ökonomischen Politik (NEP)" von 1921 bis etwa 1928/29 führte zu einer Liberalisierung der Wirtschaft und damit zu deren teilweiser Erholung. Die Regierung erließ in rascher Folge eine Vielzahl von Gesetzen.[226] 1922 etwa trat ein Zivilgesetzbuch in Kraft, die erste Kodifikation auf diesem Gebiet in Russland.[227] Es umfasste auch einige Normen, die auf die Insolvenz verwiesen.[228] 1923 folgte eine Zivilprozessordnung, die allerdings noch keine Regeln zur Zahlungsunfähigkeit enthielt.[229]

Mit dem Wiederaufleben privater Rechtsbeziehungen wurden auch wieder Regelungen zum Marktaustritt erforderlich. Die Gerichte behalfen sich teilweise durch den Rückgriff auf vorrevolutionäre Normen,[230] was jedoch von der Wissenschaft z.T. heftig kritisiert wurde.[231] Es entwickelten sich Bestrebungen, ein neues Insolvenzrecht zu schaffen. Auch dagegen erhoben sich Stimmen, da ein Wiederentstehen des Insolvenzrechts den grundlegenden Prinzipien des sowjetischen Rechts widerspräche.[232] Vorgeschlagen wurde daher, diese Fälle durch eine staatliche Zwangsverwaltung und Liquidation zu lösen.[233] Auch das oberste Gericht sprach sich gegen eine Wiedererrichtung des vorrevolutionären Insolvenzrechts aus.[234]

Im Ergebnis fügte man in das Zivilprozessgesetzbuch am 28.11.1927 ein Kapitel 37 zur Insolvenz natürlicher und juristischer Personen ein. Am 20.10.1929 folgten Kapital 38 zur Insolvenz staatlicher Unternehmen und gemischter Aktiengesell-

---

[225] *Geilke*, Einführung in das Sowjetrecht, 59.

[226] Es handelt sich um die erste kodifizierte Rechtsordnung Russlands, vgl. *David/Grasmann/Westen*, Einführung, 252.

[227] *Boguslawskij*, Handels- und Unternehmensrecht in Russland, in: *Horn/Pleyer*, Handelsrecht und Recht der Kreditsicherheiten in Osteuropa, 39; zur Zugehörigkeit zum kontinentaleuropäischen Rechtskreis, *Sadikov*, Das neue Zivilgesetzbuch Russlands, ZEuP 1996, 259; beim Erlass griff man allerdings auf den Entwurf von 1913 zurück, *Johnson*, Soviet Legal System, 37.

[228] *Popondopulo*, Konkursrecht, 51.

[229] *David/Grasmann/Westen*, Einführung, 260; zur Zivilprozessordnung allgemein *Chenoweth*, Soviet Civil Procedure: History and Analysis.

[230] *Tkačev*, Rechtliche Regelung, 33.

[231] *Teljukina*, Konkursrecht, 66.

[232] *Bončkowski*, Wochenschrift der sowjetischen Justiz, 1924, Nr. 43, 1028; zit. nach *Stepanov*, Insolvenz, 39.

[233] *Rensjunski*, Wochenschrift der sowjetischen Justiz, 1924, Nr. 7, 394; zit. nach *Stepanov*, Insolvenz, 39.

[234] *Roseberg*, Wochenschrift der sowjetischen Justiz, 1926, Nr. 7, 197; zit. nach *Stepanov*, Insolvenz, 40.

schaften sowie Kapitel 39 zur Insolvenz von Genossenschaften.[235] Diese Normen enthielten neben politischen Vorschriften auch detaillierte Regeln zum Ablauf des Konkursverfahrens und für die Unwirksamerklärung von Verträgen.[236] Eine Orientierung an zeitgleichen westlichen Gesetzen ist zu erkennen, allerdings wurde dem Staat erheblich mehr Einfluss zugewiesen.[237] Die Gläubiger hingegen spielten im Verfahren nur eine untergeordnete Rolle mehr.[238] Die Verwalter wurden allein von staatlichen Stellen ausgewählt und kontrolliert.[239] Dies hat die heutige Rechtswissenschaft dazu geführt, die Insolvenznormen der NEP- Periode weitgehend als „Anomalie" zu charakterisieren.[240]

c) Planwirtschaft ab 1928/1929

Mit der Konsolidierung der politischen Lage in den Jahren 1928/29 endete die Phase der Liberalisierung. An ihre Stelle trat die vollständige Sozialisierung der Wirtschaft. Jede privatwirtschaftliche Tätigkeit in der Sowjetunion wurde unterbunden, die umfassende staatliche Planwirtschaft eingeführt.[241]

In dem Maße, in dem Privateigentum, ein Markt und freie Handelsbeziehungen verschwanden, erlosch das praktische Bedürfnis nach einem Insolvenzrecht. Verluste einzelner Betriebe wurden vom Staat kompensiert[242] oder einfach in den Büchern abgeschrieben.[243] Auch wenn die kommunistische Ideologie vom allmählichen Absterben des Rechts[244] sich in der Realität nicht umsetzen ließ, verloren doch einige Rechtsgebiete im sozialistischen Staat jegliche Bedeutung.[245] Zu ihnen gehörte auch das Insolvenzrecht, als untrennbar mit dem Markt verbundenes, klassischerweise kapitalistisches Rechtsinstitut.[246]

---

[235] Dazu *Judin*, Insolvenz (Bankrott): Historischer Aspekt, VAS 2002 Nr. 1, 155 (160); *Popondopulo*, Konkursrecht, 51; *Geilke*, Einführung in das Sowjetrecht, 74.

[236] *Teljukina*, Konkursrecht, 65f.; siehe auch *Chenoweth*, Soviet Civil Procedure: History and Analysis.

[237] *Trunk*, Anfänge eines russischen Insolvenzrechts, WiRO 1992, 279.

[238] *Popondopulo*, Konkursrecht, 51; *Teljukina*, Konkursrecht, 67; *Tkačev*, Rechtliche Regelung, 33 und *ders.*, Insolvenz, 39.

[239] *Chimičev*, Schutz von Gläubigerrechten beim Bankrott, 75.

[240] So ausdrücklich *Teljukina*, Kommentar, VIII und *dies.*, Konkursrecht 2004, 57; ähnlich *Tkačev*, Rechtliche Regelung, 34; a.A. *Stepanov*, Insolvenz, 40.

[241] *Zweigert/Kötz*, Einführung in die Rechtsvergleichung, 352ff.

[242] *Oda*, Russian Commercial Law, 149.

[243] *Trunk*, Das neue russische Insolvenzrecht. Von der Zwischenbilanz zur Totalrevision, in: *Schroeder* (Hrsg.), Die neuen Kodifikationen in Russland, 2. Auflage, 86; *Tkačev*, Rechtliche Regelung, 32.

[244] *David/Grasmann/Westen*, Einführung, 240f.

[245] *Kiralfy*, Stichwort „Insolvency" in: *Feldbrugge/Van den Berg/Simons*, Encyclopedia of Soviet Law, 373f.; siehe auch: *David/Grasmann/Westen*, Einführung, 265.

[246] *Teljukina*, Konkursrecht, 68; ebenso *Andreev*, Kommentar, 13.

Selbst wenn die Kapitel 37 - 39 der Zivilprozessordnung formell fortbestanden, fanden seit den 30er Jahren keine Insolvenzverfahren nach westlichem Verständnis mehr statt. Im Zusammenhang mit der Verabschiedung des neuen Zivilgesetzbuches von 1964[247] wurden daher auch die Normen zur Insolvenz ersatzlos aufgehoben. Bis 1992 fehlten in der Sowjetunion und Russland jegliche Normen zur Insolvenz.[248] Die wissenschaftliche Beschäftigung mit dem Insolvenzrecht ließ deutlich nach und war im Wesentlichen der Rechtsgeschichte und Rechtsvergleichung vorbehalten.[249]

3. Die Neuentstehung des Insolvenzrechts ab 1991

Das jahrzehntelange Fehlen eines Insolvenzrechts in Wissenschaft wie Praxis erforderte nach dem Ende der planwirtschaftlichen Strukturen einen kompletten Neuanfang: Einige Rechtsnormen der Schlussphase der Sowjetunion verwiesen bereits auf eine mögliche Insolvenz.[250] Nach Gründung der Russischen Föderation wurden Rechtsformen für Unternehmen geschaffen,[251] die erste Normen zur Liquidation infolge Zahlungsunfähigkeit vorsahen.[252] Zahlreiche Staatsunternehmen mussten privatisiert, saniert oder liquidiert werden. Eine rechtliche Regelung des Marktaustritts war erforderlich, um Missbrauch und unlauteren Wettbewerb zu verhindern. Kurzum, man benötigte wieder ein wirksames russ. Insolvenzrecht.[253] Vorarbeiten zu einem entsprechenden Gesetz setzten bereits in der Schlussphase der UdSSR

---

[247] *David/Grasmann/Westen*, Einführung, 271; *Judin*, Insolvenz (Bankrott): Historischer Aspekt, VAS 2002 Nr. 1, 155 (161); zum ZGB von 1964 auch: *Schroeder*, Das neue bürgerliche Gesetzbuch der Russischen Sowjetrepublik, ROW 1965, 1.

[248] *Teljukina*, Kommentar, VIII; zur Entwicklung *Trunk*, Anfänge eines russischen Insolvenzrechts, WiRO 1992, 279.

[249] *Tkačev*, Rechtliche Regelung, 5; *Rajewsky*, Changes in the Russian Terminology of Economic Laws since *Perestroika*, 39f.; zu den allgemeinen Problemen der Rechtswissenschaft unter Stalin: *Geilke*, Einführung in das Sowjetrecht, 76ff.

[250] So das Gesetz über Genossenschaften von 1988, vgl. dazu *Schmidt*, Neue Rechtsformen privatwirtschaftlicher Erwerbstätigkeit in der UdSSR, WGO–MfOR 1988, 217; und das Gesetz über Gesellschaften in der UdSSR vom 04.06.1990, dazu: *Williams/Wade*: Bankruptcy in Russia: The Evolution of a comprehensive Russian Bankruptcy Code, Review of Central and East European Law 1995, 512f.; *Andreev*, Kommentar, 11; *Laptev*, Neue Regelung der Rechtsstellung der Unternehmen in der UdSSR, RIW 1991, 383; *Teljukina*, Konkursrecht 2004, 58.

[251] In erster Linie: Unternehmensgesetz und die Bestimmung „Über Aktiengesellschaften" vom 25.12.1990; dazu *Lenga*, Russland: Gesetz über Unternehmen und unternehmerische Tätigkeit, WiRO 1992, 78; *Schwartz*, Russland: Bestimmung über Aktiengesellschaften, WiRO 1993, 14; vgl. mwN *Trunk*, Anfänge eines russischen Insolvenzrechts, WiRO 1992, 279.

[252] Nr. 136 der Bestimmung „Über Aktiengesellschaften" und Art. 37 des Unternehmensgesetzes, die auf entsprechende Gesetze verweisen.

[253] *Popondopulo*, Konkursrecht, 52.

ein.[254] Die Russische Föderation griff dann intensiv auf ausländische Vorbilder zurück, [255] westliche Länder boten im Wege des Rechtstransfers ihre Hilfe an. Zugleich versuchte man, an eigene, vorrevolutionäre Wurzeln anzuknüpfen.[256] Russland kehrte in die kontinentaleuropäische Rechtsfamilie zurück.[257]

a) Verordnung von 1992

Beim Übergang zur marktwirtschaftlichen Ordnung bestanden vielfältige Bedenken gegen eine zu rasche Abwicklung der bisherigen Staatsunternehmen, von denen viele defizitär arbeiteten. Da mitunter ganze Regionen und Städte von einzelnen Betrieben abhingen, fürchtete man eine durch die Strukturreform ausgelöste hohe Arbeitslosigkeit und soziale Unruhen.[258] Teilweise bestehen diese Bedenken noch heute und werden durch diverse Mängel in der Gesetzesanwendung gespeist.[259] Selbst wenn eine rasche Liquidierung defizitärer Staatsunternehmen mittelfristig wirtschaftlich sinnvoller erschien, wollte der Staat die kurzfristigen sozialen Schwierigkeiten vermeiden.[260]

Während die Duma noch über ein Insolvenzgesetz diskutierte,[261] unterzeichnete Präsident Jelzin am 14.06.1992 die „Verordnung über Maßnahmen zur Unterstützung und Sanierung insolventer staatlicher Unternehmen (Konkursschuldner) und die Anwendung besonderer Verfahren auf sie".[262] Sie trat am 25.06.1992 in Kraft.

---

[254] *Williams/Wade*: Bankruptcy in Russia: The Evolution of a comprehensive Russian Bankruptcy Code, Review of Central and East European Law 1995, Nr. 5, 519.

[255] *Oda*, Russian Commercial Law, 150.

[256] *Popondopulo*, Konkursrecht, 51, der der vorrevolutionären Gesetzgebung ein „ziemlich hohes Niveau" bescheinigt.

[257] Zum vorherigen sozialistischen Rechtskreis: *Zweigert/Kötz*, Einführung in die Rechtsvergleichung auf dem Gebiete des Privatrechts. Band I: Grundlagen, 2. Aufl.; die 3. Auflage von 1999 enthält keinen Eintrag mehr zum sozialistischen Rechtskreis. Gegen einen eigenen sozialistischen Rechtskreis: *David/Grasmann/Westen*, Einführung, 226ff.

[258] *Trunk*, Anfänge eines russischen Insolvenzrechts, WiRO 1992, 279 (280); *ders.*, Das neue russische Insolvenzrecht. Von der Zwischenbilanz zur Totalrevision, in: *Schroeder* (Hrsg.), Die neuen Kodifikationen in Russland, 2. Auflage, 104; siehe auch Kurzbericht, WiRO 1993, 30f.

[259] *Yerofeyev*, Development of the Russian Bankruptcy Regime: Law and Practice, International Insolvency Review 2001, 121.

[260] Zu dieser Abwägung *Flaschen/DeSieno*, The Development of Insolvency Law as Part of the Transition from a Centrally Planned Economy to a Market Economy, International Lawyer 26 (1992), 667 (671).

[261] *Williams/Wade*: Bankruptcy in Russia: The Evolution of a comprehensive Russian Bankruptcy Code, Review of Central and East European Law 1995, 520.

[262] Offiziell veröffentlicht in VVS RF Nr. 25, Pos. 1419; siehe auch Kurzbericht *Brendel*, WiRO 1992, 166 und Kurzbericht ROW 1992, 284.

Die Geltung der Verordnung war in zweierlei Hinsicht begrenzt:[263] Zum einen erfasste sie nur Staatsunternehmen, also Unternehmen, deren Kapital mehrheitlich dem Staat gehörte.[264] Dies betraf allerdings fast sämtliche (internationale) Joint-Venture-Unternehmen, an denen sich der Staat regelmäßig einen Anteil von 51% sicherte.[265] Zum zweiten standen Unterstützung und Sanierung der Unternehmen im Vordergrund, während die Liquidation dahinter zurücktrat. Schon aufgrund ihres Umfangs gab die Verordnung nur einen groben Rahmen für Insolvenzverfahren vor[266] und kündigte ein umfassenderes Insolvenzgesetz an.

Die Verordnung sah vier Verfahrensabschnitte vor: In einem Eröffnungsverfahren wurde geprüft, ob ein Insolvenzgrund vorliegt. Als solcher galt restriktiv die Nichtzahlung fälliger Verbindlichkeiten für mindestens drei Monate sowie eine qualifizierte Überschuldung (die Passiva mussten die Aktiva um 200% übersteigen). Antragsberechtigt waren neben dem Staat der Schuldner und die Gläubiger. Im folgenden Zwischenverfahren ging die Leitung des Unternehmens auf eine staatliche Konkursbehörde über, die innerhalb eines Monats über Sanierung oder Liquidation zu entscheiden hatte. Die Sanierung (dritter Abschnitt) konnte einem anderen Unternehmen oder einem sog. administrativen Leiter übertragen werden, war allerdings an strenge Vorschriften geknüpft. So mussten 70% der Beschäftigten übernommen werden. Blieb die Sanierung erfolglos oder erschien sie von vornherein aussichtslos, wurde die Liquidation angeordnet (vierter Abschnitt). Dazu musste eine Liquidationskommission bestellt werden, die die Leitung und Abwicklung übernahm. Die Liquidation erfolgte durch den Verkauf des Unternehmens oder seiner Teile und unterlag strikten Regeln.[267] Eine Rangordnung der Befriedigung fehlte ganz. Verbindlichkeiten, die bei der Verteilung nicht befriedigt wurden, erloschen bzw. gingen unter bestimmten Voraussetzungen auf den Staat über; das Unternehmen verlor seine Rechtsstellung.[268]

Das Verfahren sah keine Beteiligung von Gerichten vor,[269] sondern blieb allein der staatlichen Verwaltung vorbehalten.[270] Auch ein Insolvenzverwalter fehlte in der Verordnung, einzig der sog. administrative, staatliche Verwalter im Sanierungsverfahren erfüllte einige Merkmale eines Verwalters. Ihm wurde die Leitung des Unternehmens zur Sanierung übertragen. Unter bestimmten Bedingungen konnte er wieder abberufen werden. Allerdings fehlten Anforderungen an seine Qualifikation, zur

---

[263]   Ausführlich: *Timmermans*, Bankruptcy Legislation in the Russian Federation: Protection of Creditors, Review of Central and East European Law 1996, 427f.

[264]   *Judin*, Insolvenz (Bankrott): Historischer Aspekt, VAS 2002 Nr. 1, 155 (161).

[265]   *Brendel*, Kurzbericht WiRO 1992, 166; *Micheler*, Einleitung eines Insolvenzverfahrens in der Russischen Föderation, WiRO 1996, 14.

[266]   *Trunk*, Anfänge eines russischen Insolvenzrechts, WiRO 1992, 279 (280).

[267]   *Svit*, Sanierungsverfahren – Mittel zur Vorbeugung des Bankrotts, RJu 1998, Nr. 3, 16.

[268]   Dazu: *Trunk*, Anfänge eines russischen Insolvenzrechts, WiRO 1992, 279 (283).

[269]   *Popondopulo*, Konkursrecht, 52.

[270]   *Svit*, Sanierungsverfahren – Mittel zur Vorbeugung des Bankrotts, RJu 1998, Nr. 3, 16.

Ausbildung oder Haftung. Nach Abschluss der Sanierung erhielt der Verwalter eine Gratifikation.[271]

Die Verordnung fand in der Praxis kaum Anwendung.[272] Ihre Regelungen waren zu oberflächlich und unpraktikabel,[273] für viele wichtige Fragen verwies sie auf fehlende untergesetzliche Normen.[274] Zudem galt die Verordnung nur etwa ein halbes Jahr. Immerhin setzte sie aber einen Meilenstein für die Wiedergeburt eines russ. Insolvenzrechts.[275]

b) Gesetz von 1992

Nachdem die Verabschiedung im Sommer 1992 zunächst gescheitert war,[276] löste das Gesetz „Über die Insolvenz (den Bankrott) von Unternehmen" vom 19.11.1992[277] mit dem 01.03.1993 die Verordnung von 1992 ab. Diese beanspruchte ohnehin nur Geltung bis zum Erlass eines entsprechenden Gesetzes, musste also nicht förmlich aufgehoben werden.[278]

Das Gesetz war deutlich umfangreicher als die Verordnung und veränderte das Verfahren grundlegend.[279] Dabei griff man auf ausländische und vorrevolutionäre Erfahrungen zurück und versuchte Besonderheiten der Transformationsphase zu berücksichtigen.[280] Eine Orientierung am deutschen Insolvenzrecht und der zu dieser Zeit diskutierten Reform in Deutschland ist erkennbar.[281] Zuständig waren nunmehr die staatlichen Wirtschaftsgerichte, die Wirtschaftsprozessordnung fand ergänzend

---

[271] *Trunk*, Anfänge eines russischen Insolvenzrechts, WiRO 1992, 279 (282).

[272] *Teljukina*, Konkursrecht, 68; *Popondopulo*, Konkursrecht, 52.

[273] *Teljukina*, Kommentar, VIII.

[274] *Schwartz*, Russland: Konkursgesetz, WiRO 1993, 226.

[275] „Erster, begrüßenswerter Schritt zur Wiedereinführung eines Insolvenzrechts in Russland", *Trunk*, Anfänge eines russischen Insolvenzrechts, WiRO 1992, 279 (283); *Verschinin/Thurner*, Russisches Insolvenzrecht, 1; vgl. auch *Tkačev*, Rechtliche Regelung, 36.

[276] *Schwartz*, Russland: Bestimmung über Aktiengesellschaften, WiRO 1993, 14.

[277] Offiziell veröffentlicht: VVS RF 1993 Nr. 1 Pos. 6; deutscher Text bei *Schwartz*, Russland: Konkursgesetz, WiRO 1993, 226; sowie in: *Breidenbach* (Hrsg.), Handbuch Wirtschaft und Recht in Osteuropa, Loseblattsammlung, Stand EL 22, RUS 920; siehe auch *Trunk*, Neues russisches Konkursgesetz, RIW 1993, 553; *Popondopulo*, Konkursrecht. Rechtliche Regelung der Insolvenz (des Bankrotts) von Unternehmen.

[278] *Thurner/Verschinin*, Das Insolvenzrecht der Russischen Föderation, in: *Breidenbach* (Hrsg.), Handbuch Wirtschaft und Recht in Osteuropa, RUS Syst 91, Rn 1.

[279] Dazu: *Trunk*, Neues russisches Konkursgesetz, RIW 1993, 553.

[280] *Popondopulo*, Konkursrecht, 53; *Westen*, Einführung Russische Föderation (Russland), in: *Brunner/Schmid/Westen* (Hrsg.), Wirtschaftsrecht der osteuropäischen Staaten (WOS), Bd. II, 87, spricht von einer „frühen Phase der postsozialistischen Entwicklung".

[281] *Smid*, Strukturen der Insolvenzrechte in den Reformstaaten Mittel- und Osteuropas, KTS 1998, 313.

Anwendung.[282] Mehrere untergesetzliche Normen folgten dem Erlass des Gesetzes, um offene Fragen oder aufgetretene Mängel zu beheben.[283]

Das Gesetz regelte erstmals auch die Insolvenz von privaten Unternehmen in der Rechtsform von juristischen Personen und Einzelunternehmern.[284] Überschuldete natürliche Personen hingegen spielten Anfang der 90er Jahre in Russland noch keine Rolle, so dass kein Bedürfnis für ein Verbraucherinsolvenzverfahren gesehen wurde.[285]

Als Insolvenzeröffnungsgrund zählte nach Art. 1 die Zahlungsunfähigkeit des Schuldners. Zusätzlich musste eine Überschuldung nach der Bilanz oder eine „unbefriedigende Lage der Bilanz" vorliegen.[286] Letzterer Begriff wurde später durch einen Ukaz des Präsidenten präzisiert bzw. eingeschränkt.[287] Das Kriterium der Überschuldung erlaubte es unlauteren Schuldnern, trotz großer Zahlungsrückstände weiter am Markt zu bleiben und andere Unternehmen in einem Domino-Effekt zu gefährden.[288] Zur Verfahrenseröffnung war zudem erforderlich, dass die Gesamtsumme der Verbindlichkeiten mindestens 500 Minimallöhne betrug.[289] Dies erschwerte die Eröffnung eines Verfahrens gegen kleinere Unternehmen mit geringen Forderungen ungemein.[290] Außerdem hatte der Gläubiger dem Schuldner ein letztes Forderungsschreiben zu übersenden, in dem er das Insolvenzverfahren ankündigte.[291] Dies öffnete dem Missbrauch durch ein Verschieben der „assets" Tür und Tor.[292]

---

[282]   *Butler*, Russian Law, 421.

[283]   Dazu *Bednyakov/Balakina*, Russia´s new Insolvency Rules permit Foreign Investor bidding, Parker Sch. J. E. Eur. L., 1994, 508ff.

[284]   *Schwartz*, Russland: Konkursgesetz, WiRO 1993, 226.

[285]   *Trunk*, Das neue russische Insolvenzrecht. Von der Zwischenbilanz zur Totalrevision, in: *Schroeder* (Hrsg.), Die neuen Kodifikationen in Russland, 2. Auflage, 94.

[286]   *Verschinin/Thurner*, Russisches Insolvenzrecht, 11.

[287]   Dazu *Trunk*, Das neue russische Insolvenzrecht. Von der Zwischenbilanz zur Totalrevision, in: *Schroeder* (Hrsg.), Die neuen Kodifikationen in Russland, 2. Auflage, 107f.; vgl. zu den umständlichen Kriterien *Tkačev*, Rechtliche Regelung, 39; und *Guc*, Bankrott, 96ff.

[288]   *Vitransky*, Insolvency and Bankruptcy Law Reform in the Russian Federation, (1999) 44 McGill L.J. 409 (413); ähnlich *Tkačev*, Rechtliche Regelung, 41; und *Afon´kin/Sabinina*, Gesetzgebung zum Bankrott, 6f.

[289]   *Tkačev*, Rechtliche Regelung, 37; *Verschinin/Thurner*, Russisches Insolvenzrecht, 16f.; auch *Schwartz*, Russland: Konkursgesetz, WiRO 1993, 226.

[290]   *Timmermans*, Bankruptcy Legislation in the Russian Federation: Protection of Creditors, Review of Central and East European Law 1996, Nr. 4, 429; daher gab es Bestrebungen, diese Grenze abzuschaffen, zum Teil wurde aber auch eine Anhebung gefordert, *Tkačev*, Rechtliche Regelung, 37f.

[291]   *Afon´kin/Sabinina*, Gesetzgebung zum Bankrott, 14.

[292]   *Tkačev*, Rechtliche Regelung, 42f.

Nach der Eröffnung standen Reorganisationsverfahren oder das Konkursverfahren zur Verfügung.[293] Zur Reorganisation bot das Gesetz die Fremdverwaltung und die Sanierung an.[294] Bei der Fremdverwaltung (Art. 12) wurde vom Wirtschaftsgericht ein Arbitrageverwalter damit beauftragt, innerhalb von maximal 18 Monaten die Insolvenz des Schuldners zu beseitigen. Dazu trat ein Moratorium in Kraft und die Gläubigerversammlung musste einem sog. Fortführungsplan zustimmen.[295]

Das komplizierte Sanierungsverfahren nach Art. 13 verfolgte das Ziel, die Insolvenz durch Mittel Dritter zu beheben.[296] Ohne Absicherung durch einen Verwalter und ohne ein Moratorium sollten die zugeführten Mittel das Unternehmen wieder rentabel machen. Da den Dritten jedoch im Gegenzug keine Rechte am Vermögen des Schuldners eingeräumt wurden, blieb unklar, welches Interesse sie an einer Sanierung haben sollten.[297]

Das Konkursverfahren (Zwangsliquidation)[298] in den Art. 15 bis 38 diente der Verwertung des schuldnerischen Vermögens zur gleichmäßigen Befriedigung der Gläubiger. Ein vom Gericht eingesetzter Konkursverwalter war dafür verantwortlich.[299] Art. 31 regelte die Rangfolge der Befriedigung: Privilegiert waren Opfer einer Körper- oder Lebensverletzung, Arbeitnehmer und der Staat. Es folgten die übrigen Gläubiger, während die Gesellschafter nur nachrangig befriedigt wurden. Der Abschluss der Verwertung führte zur automatischen Schuldbefreiung des Schuldners. Daneben war es möglich, in einem außergerichtlichen Verfahren den Schuldner freiwillig zu liquidieren.

Schließlich sah das Gesetz die Möglichkeit eines Vergleichs vor. Allerdings war dieser an sehr strenge Voraussetzungen geknüpft (Zustimmung von 2/3 der Gläubiger, Bestätigung durch das Gericht, Auszahlung von 35% der Forderungen innerhalb von zwei Wochen)[300] und kam daher in der Praxis nur selten zur Anwendung.[301]

---

[293] Wobei aber dem Reorganisationsgedanken die größere Bedeutung beigemessen wurde, vgl. *Schwartz*, Russland: Konkursgesetz, WiRO 1993, 226

[294] Ausführlich *Verschinin/Thurner*, Insolvenzrechtliche Reorganisationsverfahren in Russland, WiRO 1997, 44.

[295] *Trunk*, Das neue russische Insolvenzrecht. Von der Zwischenbilanz zur Totalrevision, in: *Schroeder* (Hrsg.), Die neuen Kodifikationen in Russland, 2. Auflage, 94f.

[296] Vgl. *Vitrjanskij*, Praktikum, 41.

[297] *Tkačev*, Rechtliche Regelung, 43; vgl. auch *Trunk*, Das neue russische Insolvenzrecht. Von der Zwischenbilanz zur Totalrevision, in: *Schroeder* (Hrsg.), Die neuen Kodifikationen in Russland, 2. Auflage, 96f.

[298] *Verschinin/Thurner*, Insolvenzrechtliche Liquidationsverfahren in Russland, WiRO 1997, 125 und 165.

[299] *Schwartz*, Russland: Konkursgesetz, WiRO 1993, 226.

[300] *Masevic/Orlovskij/Pavlovskij*, Kommentar, 113.

[301] *Trunk*, Das neue russische Insolvenzrecht. Von der Zwischenbilanz zur Totalrevision, in: *Schroeder* (Hrsg.), Die neuen Kodifikationen in Russland, 2. Auflage, 97f.

Das Gesetz enthielt erste Regeln zum Insolvenzverwalter. Das Verfahren wurde in die Hände von - wenigstens formell - unabhängigen Personen gelegt und nicht der bisherigen Führung des Schuldners überlassen:[302] Der Arbitrageverwalter war im Verfahren der sog. Fremdverwaltung dafür zuständig, das Vermögen des Schuldners mit dem Ziel der Sanierung zu verwalten. Der Konkursverwalter musste das schuldnerische Vermögen sammeln, verwalten und liquidieren. Zudem hatte er die erhobenen Forderungen zu prüfen und die Masse zu verteilen. Beide Verwalter wurden vom Wirtschaftsgericht ernannt und standen unter der Aufsicht des Gerichts und der Gläubigerversammlung.[303] Eine Sonderform bildete der außergerichtliche Verwalter im Rahmen der sog. freiwilligen Liquidation unter Aufsicht der Gläubiger.[304] Erstmals wurden Anforderungen an die Verwalter gesetzlich formuliert. Das Gesetz bereitete damit den Boden für die Ausbildung eines eigenen Berufsstandes von russ. Verwaltern.[305]

Bereits 1993 wurde eine föderale Verwaltung in Insolvenzsachen (FUDN) gegründet, der Vorgänger des heutigen FSFO.[306] Sie war beim Ministerium für staatliches Eigentum angesiedelt und hatte die Aufgabe, die staatliche Politik im Bereich der Insolvenz zu organisieren sowie Hilfe bei der Umsetzung des Gesetzes zu leisten.[307] Gerade in den ersten Jahren der Neueinführung des Insolvenzrechts kompensierte diese Verwaltung zahlreiche Mängel des Gesetzes und ersetzte die noch fehlenden Verwalter.[308] Im Jahre 1997 wurde der föderale Dienst Russlands in Sachen der Insolvenz und der finanziellen Sanierung (FSDN) geschaffen.[309]

In der Praxis wurde das Gesetz nur bedingt und zögerlich angenommen.[310] Schon bei der Verabschiedung war umfangreiche Kritik geäußert worden;[311] einflussreiche Interessengruppen aus der Wirtschaft sowie befürchtete soziale Probleme durch

---

[302] *Yerofeyev*, Development of the Russian Bankruptcy Regime: Law and Practice, International Insolvency Review 2001, 117.

[303] *Verschinin/Thurner*, Russisches Insolvenzrecht, 27.

[304] Siehe *Trunk*, Neues russisches Konkursgesetz, RIW 1993, 556.

[305] *Yerofeyev*, Development of the Russian Bankruptcy Regime: Law and Practice, International Insolvency Review 2001, 117.

[306] Dazu Verordnung der Regierung der RF vom 20.09.1993, Sobranie Zakonodatel´stvo 1993, Nr. 39, 3615 und 1994, Nr. 8, 596; allerdings dauerte es 6 Monate, bis die Behörde ihre Arbeit aufnahm; *Pfaff/Märkl*, Neueste Entwicklungen im russischen Wirtschaftsrecht – Versuch einer Zwischenbilanz, WiRO 1995, 284.

[307] Dazu *Masevic/Orlovskij/Pavlovskij*, Kommentar, 21f.

[308] *Vitrjanskij/Vitrjanskij*, Kommentar, 5.

[309] Durch den Ukaz des Präsidenten der RF vom 17.03.1997 Nr. 249 „Über die Vervollkommnung der Strukturen der föderalen Organe der ausführenden Gewalt"; dazu *Karelina*, Rechtliche Regelung, 54ff.

[310] *Kalinina*, Insolvenz (Bankrott): Auswege aus der finanziellen Krise, Jurist 2002 Nr. 2, 49 (50); siehe zu den ersten Konkursverfahren Mitte 1994, Kurzbericht WiRO 1994, 366.

[311] *Schwartz/Müller*, Rahmenbedingungen für Investitionen in der Russischen Föderation – Teil 1, WiRO 1993, 39f.

Massenarbeitslosigkeit hatten das Verfahren lange Zeit aufgehalten.[312] Die schwierige wirtschaftliche Situation erschwerte eine rasche Umsetzung des Gesetzes zusätzlich.[313] Die Zahl der Insolvenzverfahren stieg von etwa 100 im Jahre 1993 auf knapp 3000 im Jahre 1996.[314] In Anbetracht der wirtschaftlichen Rezession und der notwendigen Transformation zahlreicher Staatsbetriebe muten diese Zahlen lächerlich gering an.[315] Bemerkenswert ist allerdings, dass in den ersten Jahren der Anteil der Sanierungen deutlich höher lag als später (ca. 50% in 1995 gegen etwa 20% in 2000).[316]

Das Gesetz wies erhebliche Mängel und Lücken auf.[317] Die Vielzahl der oft nur oberflächlich geregelten Verfahren machte die Anwendung des Gesetzes ausgesprochen kompliziert.[318] Die Kürze des Gesetzes erforderte zudem den Erlass zahlreicher untergesetzlicher Rechtsakte. Diese wurden zum Teil erst nach geraumer Zeit erlassen,[319] waren oft nicht aufeinander abgestimmt[320] und unterschieden stark zwischen staatlichen und privaten Unternehmen.[321] Einige Regeln des Gesetzes waren so gestaltet, dass sie für die Beteiligten wirtschaftlich nicht sinnvoll waren und daher nicht angenommen wurden.[322]

---

[312] *Smid*, Strukturen der Insolvenzrechte in den Reformstaaten Mittel- und Osteuropas, KTS 1998, 318; *Verschinin/Thurner*, Russisches Insolvenzrecht, 1.

[313] *Bednyakov/Balakina*, Russia´s new Insolvency Rules permit Foreign Investor bidding, Parker Sch. J. E. Eur. L., 1994, 508; siehe auch Kurzbericht in WiRO 1993, 30f.

[314] *Timmermans*, Bankruptcy Legislation in the Russian Federation: Protection of Creditors, Review of Central and East European Law 1996, 430; siehe auch *Jehn/Knaul*, Russische Föderation: Gesetz "Über die Zahlungsunfähigkeit (Bankrott)", WiRO 1998, 337.

[315] *Andreev*, Kommentar, 15.

[316] So *Andreev*, Kommentar, 15, der allerdings darauf hinweist, dass die damaligen politischen und gesellschaftlichen Verhältnisse eine Liquidation sehr ablehnend betrachteten.

[317] *Thurner/Verschinin*, Das Insolvenzrecht der Russischen Föderation, in: *Breidenbach* (Hrsg.), Handbuch Wirtschaft und Recht in Osteuropa RUS Syst 91, Rn 116; vgl. *Stepanov*, Insolvenz, 41; ähnlich *Tkačev*, Rechtliche Regelung, 38; *Teljukina*, Kommentar, VIII; *Kalinina*, Besonderheiten der gesetzgeberischen Entwicklung und der Vervollkommnung des Verfahrens der Insolvenz (des Bankrotts) einer juristischen Person, Jurist 2002 Nr. 5, 37.

[318] *Andreev*, Kommentar, 14.

[319] *Vitrjanskij*, Praktikum, 5.

[320] Wie ohnehin das ganze Gesetz aus sehr unterschiedlichen Teilen zusammengesetzt war, vgl. *Stepanov*, Insolvenz, 41 und 139.

[321] *Popondopulo*, Konkursrecht. Rechtliche Regulierung der Insolvenz (des Bankrotts) von Unternehmen, 18; wiederholt in *Popondopulo*, Konkursrecht, 53f.; vgl. auch *Vitrianskii*, Regulation of Insolvency within the Framework of the Model Legislation of the CIS, Review of Central and East European Law 1999, Nos. 1/2, 190; und *ders.*, Insolvency and Bankruptcy Law Reform in the Russian Federation, (1999) 44 McGill L.J. 409 (413); vgl. zur Rolle des föderalen Organs für Fragen der Insolvenz, das ebenfalls Rechtsakte erlassen konnte, *Andreev*, Kommentar, 14.

[322] *Davis*, Parker Sch. J. E. Eur. L. 1995, 59 (60 und 63).

Mit dem Inkrafttreten des ersten Teils des russ. ZGB im Jahre 1995 wurde das InsG 1992 in weiten Bereichen obsolet. So ordnete das vorrangige ZGB[323] eine andere Rangfolge der Befriedigung an, die sich vor allem für durch Pfandrechte gesicherte Forderungen sehr negativ auswirkte.[324] Zusätzlich erweiterte das Gesetz den Kreis möglicher Insolvenzschuldner deutlich.[325] Diese verwirrende Rechtslage trug nicht dazu bei, die Anwendung des Gesetzes zu erleichtern.[326]

Insolvenzrechtliche Bedeutung haben auch die Bankrottstraftaten im neuen Strafgesetzbuch der Russischen Föderation von 1996.[327] In drei Paragraphen werden unrechtmäßige Handlungen beim Bankrott (Art. 195), beabsichtigter Bankrott (Art. 196) und fiktiver Bankrott (Art. 197) unter Strafe gestellt.[328]

Insgesamt erfüllte das InsG 1992 eine wichtige Rolle, indem es den Willen des Staates unterstrich, die notwendigen rechtlichen Strukturreformen in der Wirtschaft einzuleiten.[329] Zudem erlaubte es den Beteiligten, erste praktische Erfahrungen mit Insolvenzen zu sammeln,[330] die später eine wichtige Rolle bei der Formulierung des Gesetzes von 1998 spielten.

c) Gesetz von 1998[331]

Schon kurz nach Inkrafttreten des InsG 1992 begannen die Vorarbeiten zu einem neuen Gesetz. Im Dezember 1995 nahm die Staatsduma in erster Lesung einen Entwurf an, zu dem mehr als 600 Änderungsvorschläge eingebracht wurden.[332] Aufgrund eines Alternativvorschlags und der zeitgleichen Beratungen über ein Bankeninsolvenzgesetz wurde das Vorhaben zunächst gestoppt.[333] Die verschiedenen betei-

---

[323] Dazu *Trunk*, Das neue russische Insolvenzrecht. Von der Zwischenbilanz zur Totalrevision, in: *Schroeder* (Hrsg.), Die neuen Kodifikationen in Russland, 2. Auflage, 90 und dort Fn 16.

[324] *Budilov*, Recht der Kreditsicherheiten in Russland, in: *Horn/Pleyer*, Handelsrecht und Recht der Kreditsicherheiten in Osteuropa, 158.

[325] *Popondopulo*, Konkursrecht, 21.

[326] Vgl. allgemein zu den Widersprüchen der russ. Rechtsreform dieser Phase: *Westen*, in: *Brunner/Schmid/Westen* (Hrsg.), Wirtschaftsrecht der osteuropäischen Staaten (WOS), Bd. II, Russische Föderation, Einführung (Stand: 39. Lieferung 1996), 3, der mangels Gesamtkonzept von einem „Flickenteppich" spricht.

[327] Gesetz Nr. 63-FZ vom 13.06.1996, auszugsweise Übersetzung in Anlage 7.

[328] Deutsche Übersetzung auch bei *Reim*, Russische Föderation: Das Wirtschaftsstrafrecht im neuen Strafgesetzbuch, WiRO 1997, 62; dazu *Kostareva*, Wirtschaftsstraftaten im neuen Strafgesetzbuch Russlands, WiRO 1995, 474 und ausführlich: *Michaljev*, Krimineller Bankrott.

[329] Kurzbericht WiRO 1993, 30f.

[330] *Vitrjanskij/Vitrjanskij*, Kommentar, 5; „Wiedergeburt" des Insolvenzrechts nach *Tkačev*, Rechtliche Regelung, 48.

[331] Die inhaltlichen Regeln des InsG 1998 werden unten beim geltenden Recht behandelt.

[332] Dazu *Verschinin/Thurner*, WiRO 1996, 155; *Vitrjanskij/Vitrjanskij*, Kommentar, 5f.

[333] Dazu *Vitransky*, Insolvency and Bankruptcy Law Reform in the Russian Federation, (1999) 44 McGill L.J. 409 (411).

ligten Instanzen (Staatsduma, Zentralbank und Oberstes Wirtschaftsgericht)[334] erarbeiteten sodann eine Kompromissvariante, in die auch westliches Know-how und die praktischen Erfahrungen mit dem InsG 1992 einflossen.[335] Vorausgegangen waren umfangreiche rechtsvergleichende Untersuchungen und die Hilfe westlicher Experten.[336] Etwa zeitgleich wurde an einem Insolvenzmodellgesetz im Rahmen der GUS gearbeitet,[337] dessen Überlegungen ebenfalls Eingang in das Gesetzgebungsverfahren fanden.

Der Entwurf wurde nach zahlreichen Modifikationen am 10. Dezember 1997 von der Staatsduma angenommen und am 24. Dezember 1997 vom Föderationsrat bestätigt. Präsident Jelzin unterschrieb das Gesetz „Über die Zahlungsunfähigkeit (den Bankrott)" am 8. Januar 1998; am 1. März 1998 schließlich trat es in Kraft.[338] Der Praxis blieben also anders als bei der beinahe zeitgleich in Kraft getretenen deutschen Insolvenzordnung keine Übergangsfristen, um sich mit der neuen Rechtslage vertraut zu machen.

Das InsG 1998 präzisierte das InsG 1992,[339] zugleich korrigierte es eine Reihe seiner Unzulänglichkeiten.[340] Das neue Gesetz erweiterte den Kreis der Insolvenzschuldner nochmals, insbesondere enthielt es erstmals Regeln für die Insolvenz natürlicher Personen. Diese galten vorerst allerdings nur für bestimmte Arten natürlicher Personen (Bauern und Einzelunternehmer), während sie für die übrigen erst nach Vornahme von Änderungen im ZGB in Kraft treten sollten.[341] Die Zahl der Bankrottver-

---

[334] Das Oberste Wirtschaftsgericht besitzt in der RF, genau wie das Oberste Gericht und das Verfassungsgericht, das Recht, in seinem Zuständigkeitsbereich Gesetzesinitiativen einzubringen, vgl. Art. 104 Pkt. 1 Russ. Verfassung.

[335] *Vitransky*, Insolvency and Bankruptcy Law Reform in the Russian Federation, (1999) 44 McGill L.J. 409 (411).

[336] Auch deutsche Experten waren umfassend beteiligt, *Stepanov*, Insolvenz, 8, 41 und 139; vgl. *Oda*, Russian Commercial Law, 150.

[337] Dazu *Vitrianskii*, Regulation of Insolvency within the Framework of the Model Legislation of the CIS, Review of Central and East European Law 1999, 187ff.; englischer Text des Modellgesetzes in: Review of Central and East European Law, 1999, 209ff.

[338] Einführung und teilweise Übersetzung: *Jehn/Knaul*, Russische Föderation: Gesetz „Über die Zahlungsunfähigkeit (Bankrott)" – Teil 1: Art. 1-55, WiRO 1998, 337ff., und Teil 2, WiRO 1998, 376ff.; vollständige Übersetzung in: *Breidenbach* (Hrsg.), Handbuch Wirtschaft und Recht in Osteuropa, Loseblattsammlung, Stand 2003 (in der neuen Auflage entfallen); und *Göckritz*, in: *Brunner/Schmid/Westen* (Hrsg.), Wirtschaftsrecht der osteuropäischen Staaten (WOS), Bd. II, Russland VI 5. d.

[339] *Gutbrod/Vogel*, Das neue russische Insolvenzgesetz – Ausgewählte Aspekte, RIW 1999, 37.

[340] *Brooks*, A Restatement of the Russian Federation´s Insolvency Law: A Guide to the Federal Law on Insolvency, Review of Central and East European Law 1999, 7, spricht von "trial and error".

[341] Dies gilt bis heute, zum ganzen Komplex: *Popondopulo*, Konkursrecht, 21f. und unten III. 10. a).

fahren wurde auf vier festgelegt, die eine ausführlichere Regelung erhielten. Damit waren deutlich weniger untergesetzliche Normen erforderlich.[342]

Für die Arbitrageverwalter enthielt das Gesetz ausführliche Regelungen, zugleich führte es die Lizenzierungspflicht ein.[343] Die föderale Verwaltung in Bankrottsachen wurde umbenannt in: „Föderales Organ in Sachen des Bankrotts und der finanziellen Sanierung".[344] Dieses wurde 1999 erneut umgebildet zum „Föderalen Dienst in Sachen des Bankrotts und der finanziellen Sanierung" (russ. Abk. FSFO).[345]

In der Praxis stiegen die Insolvenzverfahren stark an, zugleich nahm der Anteil der Liquidationen gegenüber den Sanierungen zu.[346] Die erhoffte Stärkung der Reorganisation fand nicht statt.[347] Das Gesetz verschaffte den Gläubigern eine starke Position, die gelegentlich der Sanierung noch lebensfähiger Betriebe im Wege stand oder zu unlauteren Zwecken genutzt wurde.[348] Lücken und Unklarheiten des Gesetzes erlaubten es den Gläubigern, auch einen solventen oder sanierungsfähigen Schuldner stark zu schädigen. Das Insolvenzgesetz wurde zu einem Instrument zur „Übernahme von Unternehmen".[349]

Die bereits kurz nach Inkrafttreten des Gesetzes über Russland hereinbrechende Finanzkrise vom August 1998 bildete einen ersten Bewährungstest für das Gesetz.[350] Allerdings fehlte es noch am Sondergesetz zur Bankeninsolvenz. In der Not ordnete die Regierung per Beschluss ein vereinfachtes Verfahren an.[351] Dieses wies allerdings zahlreiche Unzulänglichkeiten auf und führte zu umfangreichem Miss-

---

[342] *Andreev*, Kommentar, 15.

[343] *Yerofeyev*, Development of the Russian Bankruptcy Regime: Law and Practice, in: International Insolvency Review 2001, 121.

[344] Verordnung der Regierung der RF Nr. 202 vom 17.02.1998 „Über das staatliche Organ in Sachen des Bankrotts und der finanziellen Sanierung"; vgl. auch *Masevic/ Orlovskij/Pavlovskij*, Kommentar, 152.

[345] Ukaz des Präsidenten vom 25.05.1999 Nr. 651 Pkt. 5.

[346] Nach *Andreev*, Kommentar, 15, lag er bei über 80%; vgl. auch *Tkačev*, Rechtliche Regelung, 5.

[347] *Jehn/Knaul*, Russische Föderation: Gesetz „Über die Zahlungsunfähigkeit (Bankrott)", WiRO 1998, 337 (340).

[348] Dazu *Andreev*, Kommentar, 17.

[349] *Andreev*, Kommentar, 60.

[350] *Alexandrovich*, Bankruptcy Law and Economic Medicine: How Russia´s New bankruptcy Legislation facilitated Recovery from the Nationwide Financial Crisis of August 17, 1998, Cornell International Law Journal, 2001, 95 (114); kritischer *Kolininčenko*, Schutz der Interessen, 8.

[351] Verordnung der Regierung der RF vom 22.05.1998 Nr. 476 „Über Maßnahmen zur Erhöhung der Effektivität der Anwendung von Bankrottverfahren"; siehe dazu „Methodische Empfehlungen zum beschleunigten Verfahren der Anwendung von Bankrottverfahren", Anlage zur Anweisung des FSDN vom 27.08.1998 Nr. 16-r.

brauch.[352] Die Manager des Schuldners behielten einen entscheidenden Einfluss und konnten diesen nutzen, um das Verfahren in ihrem Sinne zu lenken oder zu behindern.[353] Das vereinfachte Verfahren wurde daher bald wieder aufgehoben. Dennoch machten die Insolvenzverfahren gegen große Banken,[354] von denen einige tatsächlich liquidiert wurden, einer weiten Öffentlichkeit Wesen und Zielen eines Insolvenzverfahrens bekannt.

d) Gesetz von 2002

Schon kurz nach seinem Erlass galt auch das InsG 1998 als reformbedürftig.[355] Die Praxis zeigte zahlreiche Mängel auf,[356] das Verfassungsgericht erklärte einige Normen für ungültig.[357] Zwischenzeitlich erlassene Gesetze führten zu Widersprüchen; in anderen Bereichen fehlten Regeln. Ein erster Versuch zur Neuordnung des Insolvenzrechts scheiterte im Jahre 2000 am Veto des Präsidenten.[358] Die Regierung brachte daher im Dezember 2001 erneut einen Gesetzesentwurf ein, den die Staatsduma im Sommer 2002 verabschiedete. Der Föderationsrat stimmte zu, Präsident Putin aber stoppte das Gesetz am 25.07.2002 erneut mit seinem Veto und verlangte Änderungen, vor allem hinsichtlich der Rolle des Staats.[359] Nach Einarbeitung der

---

[352] *Vitrjanskij*, Wie die Gesetzgebung über den Bankrott reformieren, Zakonodatel´stvo 1999 Nr. 5, 54; vgl. *Oda*, Russian Commercial Law, 150; ausführlich zu den angewandten Methoden zur Verschiebung des Eigentums, *Guc*, Bankrott, 104ff.

[353] *Stepanov*, Insolvenz, 163f.

[354] Zu den Fällen MENATEP und Imperial: *Alexandrovich,* Bankruptcy Law and Economic Medicine: How Russia´s New bankruptcy Legislation facilitated Recovery from the Nationwide Financial Crisis of August 17, 1998, Cornell International Law Journal, 2001, 95 (107).

[355] *Vitrjanskij*, Wege der Vervollkommnung der Gesetzgebung zum Bankrott, Vestnik des Obersten Arbitragegerichts 2001, Heft 3, 91; siehe auch *Andreev*, Kommentar, 17; ähnlich *Braginskij* in: *Tkačev*, Rechtliche Regelung, 3.

[356] *Sergeev*, Noch einmal über die Insolvenz... des Gesetzes über den Bankrott (oder unsere Antwort an Chamberlain und die Autoren des bankrotten Gesetzes, Jurist 2000 Nr. 8, 24; teilweise lagen die Mängel allerdings auch in einer fehlerhaften Anwendung an sich sinnvoller Normen begründet; dazu *Vitrjanskij*, Wie die Gesetzgebung über den Bankrott reformieren, Zakonodatel´stvo 1999 Nr. 5, 53; *Gizatullin*, Wie einen Bankrott vermeiden – Rezepte für die finanzielle Sanierung eines Unternehmens, Moskau 2004, 15; *Spitsa,* Russische Föderation, in: *Lowitzsch* (Hrsg.), Das Insolvenzrecht Mittel- und Osteuropas, 190.

[357] Entscheidungen des Verfassungsgerichts vom 16.05.2000 Nr. 8-P zu Art. 104 Punkt 4, vom 06.06.2000 Nr. 9-P zu Art. 77 Punkt 2 Absatz 3 sowie vom 12.03.2001 Nr. 4-P zu Art. 55 Absatz 3 und Art. 56; Überblick bei *Tkačev*, Konkursrecht, 37ff. und *ders.*, Insolvenz, 45f.; siehe zur Reformbedürftigkeit auch *Trefilowa*, Vestnik des FSFO 2002, Heft 5, 25ff.

[358] *Vitrjanskij*, Neues in der rechtlichen Regelung der Insolvenz (des Bankrotts), ChiP 2003 Nr. 1, 6f.

[359] Brief des Präsidenten Nr. Nr-1345 vom 25.07.2002; *Popov*, Die finanzielle Sanierung als neues Bankrottverfahren, Zakonodatel´stvo 2003 Nr. 3, 34.

Mehrzahl dieser Vorschläge wurde das Gesetz erneut verabschiedet und am 02.11.2002 offiziell veröffentlicht.[360] Es trat 30 Tage später, also am 02.12.2002, in Kraft.[361] Das InsG 2002, mittlerweile der vierte Rechtsrahmen für die Insolvenz innerhalb von nur 10 Jahren,[362] enthält eine Vielzahl von Neuerungen und setzt die Reformbestrebungen fort.[363] Wieder wurden bei der Ausarbeitung ausländische Rechtsordnungen zu Rate gezogen.[364]

Hauptziele der Überarbeitung waren eine Sicherung der Gläubigerrechte, die Stärkung der Rechte des redlichen Schuldners,[365] eine komplette Novellierung der Regeln für den Arbitrageverwalter,[366] die Ergänzung der Bankrottverfahren durch die finanzielle Sanierung und die Einführung weiterer Sonderregeln für besondere Schuldner.[367] Dabei wurde eine Reihe der erkannten Unzulänglichkeiten des InsG 1998 beseitigt. Zusätzlich wurden jedoch neue Konzepte eingefügt, wie etwa bei der tiefgreifenden Umgestaltung des Berufsrechts der Arbitrageverwalter. Diese werfen neue, unbekannte Fragen auf.[368]

---

[360] Zu den unterschiedlichen Veröffentlichungsdaten in der Sobranie Zakonodatel´stvo (Собрание законодательства) und der Rossijskaja Gaseta (Российская газета) siehe *Andreev*, Kommentar, 332; Kurzbericht in OER 2003, 200.

[361] Föderales Gesetz Nr. 127-FZ „Über die Zahlungsunfähigkeit (den Bankrott)“, von der Staatsduma am 27.09.2002 angenommen, vom Föderationsrat am 16.10.2002 bestätigt, vom Präsident am 26.10.2002 unterzeichnet; vgl. Gesetzgebungsübersicht in WiRO 2003, 24. Eine deutsche Übersetzung (*Winneder*) findet sich in: *Breidenbach (*Hrsg.*)*, Handbuch Wirtschaft und Recht in Osteuropa, Loseblattsammlung, Bd. 3, Rus 920.

[362] *Vitrjanskij* in: *Vitrjanskij*, Kommentar 2003, Vorwort 17, spricht von einem „Geschwindigkeitsrekord“; dazu auch *Wedde*, Das neue russische Insolvenzrecht – ein dritter Anlauf des Gesetzgebers, Mitteilungen der Vereinigung für deutsch-russisches Wirtschaftsrecht Nr. 22, 21.

[363] *Vitrjanskij*, Neues in der rechtlichen Regelung der Insolvenz (des Bankrotts), ChiP 2003 Nr. 1, 3; vgl. *Micheler/Sevillano/Steininger*, Verfahrensrecht, Vollstreckungsrecht, Insolvenzrecht, in: *Breidenbach* (Hrsg.) Handbuch Wirtschaft und Recht in Osteuropa, Rus D XII, Rn 286.

[364] *Sobinevskij*, Vestnik des FSFO 2002 Nr. 6, 21.

[365] Diese war vor allem vom Verfassungsgericht der RF in mehreren Verfahren angemahnt worden; vgl. Entscheidung des Verfassungsgerichts vom 16.05.2000 Nr. 8-P zu Art. 104; sowie *Kiperman*, Neues Insolvenzgesetz.

[366] Beitrag *Trushnikov* in: *Himmelreich/Breig*, Symposium „Aktuelle Entwicklungen des Insolvenzrechts im internationalen Vergleich“ in Kiel, NZI 2005, 443 (444).

[367] Vgl. Gesetzesbegründung Einführung; *Micheler/Sevillano/Steininger*, Verfahrensrecht, Vollstreckungsrecht, Insolvenzrecht, in: *Breidenbach* (Hrsg.) Handbuch Wirtschaft und Recht in Osteuropa, Rus D XII, Rn 286.

[368] So auch *Vitrjanskij*, Neues in der rechtlichen Regelung der Insolvenz (des Bankrotts), ChiP 2003 Nr. 1, 4; und *Bessonova*, Neuigkeiten des Gesetzes über den Bankrott und die Probleme ihrer Anwendung, AP 2003 Nr. 1, 3 (5).

e) Zwischenergebnis

Das russ. Insolvenzrecht hat spätestens mit dem InsG 1998 Anschluss an die weltweiten Standards im Insolvenzrecht gefunden, auch wenn die Anwendung des Gesetzes noch zahlreiche Mängel aufdeckte. Dabei griff man neben der Rückbesinnung auf vorrevolutionäre Grundzüge vor allem auf ausländische Erkenntnisse zurück.[369]

Die insgesamt vier Ansätze des russ. Gesetzgebers, zu einem modernen Insolvenzrecht zu gelangen, zeigen die Bedeutung des Marktaustritts in einer Transformationsphase, aber auch das intensive Bemühen um passende Lösungen. Unter Nutzung ausländischer Erfahrungen hat der Gesetzgeber verschiedene Lösungsmodelle erprobt. Es steht zu vermuten, dass auch das InsG 2002 in seiner gegenwärtigen Form noch nicht den (vorläufigen) Schlusspunkt der Reformbemühungen bilden wird.[370] Insbesondere die Regeln zum Arbitrageverwalter geben Anlass zu heftiger Kritik. Sie verlangen an vielen Stellen nach einer Überarbeitung.[371]

---

[369] *Trunk*, Das neue russische Insolvenzrecht. Von der Zwischenbilanz zur Totalrevision, in: *Schroeder* (Hrsg.), Die neuen Kodifikationen in Russland, 2. Auflage, 117.

[370] Die Notwendigkeit einer grundlegenden Überarbeitung betont *Chimičev*, Aussichtsreiche Richtungen der Vervollkommnung der rechtlichen Regulierung im Bereich der Insolvenz (des Bankrotts), VAS 2005 Nr. 6, 149 (164), der zugleich beklagt, dass bislang bei keiner Reform die bisherigen Erfahrungen berücksichtigt worden seien. Stets habe man wieder bei Null begonnen; Ähnlich *Tkačev*, Insolvenz, 323.

[371] Nach *Teljukina*, Konkursrecht 2004,199 gehören die Normen zum Arbitrageverwalter zu den „wunden Punkten" des Insolvenzrechts.

III. Darstellung des russ. Insolvenzverfahrens

Um Fragen der rechtlichen Stellung des Insolvenzverwalters, seiner Kompetenz oder Haftung sinnvoll zu behandeln, bedarf es eines Überblicks über den Ablauf des Insolvenzverfahrens und die zugrundeliegenden Normen. Daher wird in diesem Kapitel das geltende russ. Insolvenzrecht in Grundzügen dargestellt.

Das InsG 2002 sieht in seinen Übergangsbestimmungen (Art. 233 Pkt. 1) vor, dass das neue Gesetz auf alle nach Inkrafttreten anhängig gewordenen Verfahren Anwendung findet. Bei Altverfahren ist ein bereits vorher begonnener Verfahrensabschnitt (Bankrottverfahren) allerdings nach den Regeln des InsG 1998 zu beenden.[372] Es gelten in Russland also noch immer zwei Insolvenzgesetze nebeneinander.[373] Bei der Darstellung des geltenden Rechts nach dem InsG 2002 wird daher auch auf die Besonderheiten des InsG 1998 eingegangen.

1. Rechtsgrundlagen

Das Insolvenzrecht als Querschnittskomplex berührt zahlreiche Rechtsbereiche. Insolvenzrechtlich bedeutsame Regeln finden sich in Russland - wie in den meisten westlichen Ländern – neben dem Insolvenzgesetz als grundlegendem Rechtsakt verteilt auf verschiedene Gesetze.[374]

Den Rahmen für das Insolvenzrecht gibt die Russ. Verfassung von 1993 vor.[375] Sie trifft explizit keine Aussage zur Insolvenz, schützt aber im Gegensatz zu den vorangegangenen Sowjetverfassungen in Art. 35 das Eigentum und in Art. 34 die Freiheit wirtschaftlicher Tätigkeit.[376] Die Gesetzgebungskompetenz für Fragen der Insolvenz liegt nach überwiegender Meinung als Teil der Kompetenz für das Verfahrensrecht nach Art. 71 Pkt. „o" der Russ. Verfassung bei der Föderation.[377] In Art. 15 Pkt. 1 ordnet die Verfassung die direkte Anwendung ihrer Normen an, denen alle nachfolgenden Regeln entsprechen müssen. Dies hat in der Vergangenheit dazu geführt,

---

[372] Art. 232 InsG 2002; dazu *Andreev*, Kommentar, 233.

[373] *Chimičev*, Die Gesetzgebung zum Bankrott: Probleme der Übergangsperiode, AP 2005 Nr. 9, 3.

[374] Vgl. *Popondopulo*, Rechtliche Regelung der Insolvenz, 24ff.

[375] Russ. Verfassung vom 12.12.1993.

[376] *Fehring*, Wirtschaftsrecht im Wandel, in: *Dauses* (Hrsg.) Osterweiterung der EU, 387f.; vgl. *Trunk*, Die neue Verfassung Russlands als Wirtschaftsgrundgesetz, WiRO 1994, 33 (35); siehe auch *Roggemann*, Eigentum in Ost und West – zur Entwicklung eines Rechtsinstituts aus vergleichender Sicht, in: *Roggemann* (Hrsg.), Eigentum in Osteuropa, 17.

[377] *Masevic/Orlovskij/Pavlovskij*, Kommentar, 157 und *Popondopulo*, Konkursrecht, 55f.; zum Teil wurde auch vertreten, es liege eine gemeinsame Kompetenz vor.

dass das Verfassungsgericht einzelne Normen des InsG 1998 für verfassungswidrig und daher unanwendbar erklärt hat.[378]

Nach der russ. Normenhierarchie stehen zwischen der Verfassung und den einfachen Gesetzen die sog. föderalen Verfassungsgesetze, Art. 76 Russ. Verfassung. Für das Insolvenzrecht sind insoweit die föderalen Verfassungsgesetze „Über das Gerichtssystem in der Russischen Föderation" und „Über die Wirtschaftsgerichte in der Russischen Föderation"[379] einschlägig. Beide Gesetze legen Grundlagen für das russ. Gerichtssystem und damit auch für die prozessuale Behandlung von Insolvenzsachen.

Wesentliche Regeln zur Insolvenz finden sich im Teil 1 des ZGB, das in den Artikeln 56ff. Grundsätze für die Insolvenz juristischer Personen aufstellt. Diese Normen stehen allerdings teilweise im Widerspruch zum InsG 2002,[380] ZGB und Insolvenzgesetz fallen auseinander.[381] Offen ist derzeit, wie dieser Widerspruch aufzulösen ist, da das ZGB formal keinen höheren Rang hat. Nach allgemeinen Rechtsgrundsätzen müsste das Insolvenzgesetz als das spätere und speziellere Gesetz Vorrang beanspruchen,[382] allerdings gibt es auch Bestrebungen, das ZGB als das grundlegende Gesetz anzusehen, dem alle anderen zivilrechtlichen Normen entsprechen müssen (vgl. Art. 3 Pkt. 2 Absatz 2 ZGB).[383] Daraus würde ein Vorrang des ZGB folgen; die Neuerungen des InsG 2002 könnten nur nach entsprechenden Änderungen im ZGB Anwendung finden.[384] Erst die Rechtsprechung kann eine klare Antwort geben, welcher Norm der Vorrang gebührt.[385] Wünschenswert wäre de lege ferenda eine Klarstellung im ZGB.[386]

---

[378] Dazu *Andreev*, Kommentar, 59f.

[379] Föderale Verfassungsgesetze Nr. 1-FKS vom 31.12.1996 „Über das Gerichtssystem der Russischen Föderation" und Nr. 1-FKS vom 28.04.1995 „Über die Wirtschaftsgerichte in der Russischen Föderation"; dazu *Andreev*, Kommentar, 60f.

[380] Dies betrifft insbesondere die Rangfolge der Befriedigung, vgl. Art. 64 ZGB und Art. 134 InsG 2002.

[381] Obwohl die Gesetzesbegründung im Anhang die Notwendigkeit einer Anpassung des ZGB anführt.

[382] *Andreev*, Kommentar, 237; *Karelina*, Rechtliche Regelung der Insolvenz (des Bankrotts), 2.

[383] Kommentare zu Art. 3 ZGB von *Erdelewskij* und *Sadikow* in Datenbank „Garant"; *Masevic/Orlovskij/Pavlovskij*, Kommentar, 157f.; vgl. *Trunk*, Das neue russische Insolvenzrecht. Von der Zwischenbilanz zur Totalrevision, in: *Schroeder* (Hrsg.), Die neuen Kodifikationen in Russland, 2. Auflage, 89 und dort Fn 16.

[384] So wohl *Bessonova*, Neuigkeiten des Gesetzes über den Bankrott und die Probleme ihrer Anwendung, AP 2003 Nr. 1, 3 (4).

[385] *Popondopulo/Popondopulo*, Kommentar, Art. 1, 10, will einen Vorrang des Insolvenzgesetzes in einigen Fällen, so auch in diesem, anerkennen; *Semina*, Bankrott, 16ff. geht von einem generellen Vorrang des Insolvenzgesetzes als jüngerem Gesetz aus.

[386] So auch *Tkačev*, Rechtliche Regelung, 147.

Das ZGB enthält in Art. 25 Grundregeln zur Insolvenz natürlicher Personen. Verbraucherinsolvenzverfahren finden allerdings erst statt, wenn im ZGB Ergänzungen vorgenommen wurden. Bisher sind nur Teilbereiche in Geltung (vgl. Art. 214ff., 217ff. InsG 2002).[387] Zahlreiche weitere Normen mit Bezug zum Insolvenzrecht finden sich verstreut über das gesamte ZGB. So zur Konkursanfechtung von Schenkungen (Art. 578), zu verschiedenen Fragen des Kommissionsvertrags bei Insolvenz (Art. 996 und 1002), zur Beendigung des Agenturvertrags (Art. 1010), des Verwahrungsvertrags (Art. 1024) oder eines Franchisevertrages (Art. 1037) bei Insolvenz.[388]

Wie nach dem InsG 1998 verbleibt die Zuständigkeit für Insolvenzsachen nach dem InsG 2002 bei den staatlichen Wirtschaftsgerichten. Die Wirtschaftsprozessordnung von 2002[389] enthält in den Art. 33, 38 Pkt. 4 und 223ff. Normen zum Insolvenzverfahren. Im Übrigen findet sie immer dann ergänzend Anwendung, wenn das Insolvenzgesetz keine eigenen prozessualen Normen vorsieht (vgl. Art. 32 Pkt. 1 InsG 2002).

Gegenüber dem Gesetz über die Zwangsvollstreckung[390] stellt das InsG 2002 die speziellere Norm dar und geht ihm folglich vor.[391] Das Zwangsvollstreckungsgesetz enthält einige allgemeine Normen zur Aussetzung der Einzelzwangsvollstreckung bei Eröffnung des Insolvenzverfahrens (Art. 20ff.).

Wie in zahlreichen Ländern stellt das InsG 2002 ein allgemeines Verfahren auf, verweist aber für die Besonderheiten der Insolvenz bestimmter Schuldner auf Spezialgesetze.[392] So enthalten die Art. 180 - 189 grundlegende Normen zur Insolvenz finanzieller Organisationen, im Übrigen wird auf ein Sondergesetz Bezug genommen. Bisher war dies für Banken das Gesetz „Über die Insolvenz (den Bankrott) von Kreditorganisationen" vom 25.02.1999.[393] Es gilt nach Inkrafttreten des InsG 2002 nur noch soweit es diesem nicht widerspricht und bedarf daher der Überarbeitung. Ein Entwurf befindet sich derzeit im Gesetzgebungsverfahren,[394] ist allerdings noch

---

[387] *Popondopulo/Makarova*, Kommentar, Art. 202 Pkt. 3; dazu näher unten III 9. a).

[388] *Trunk*, Das neue russische Insolvenzrecht. Von der Zwischenbilanz zur Totalrevision, in: *Schroeder* (Hrsg.), Die neuen Kodifikationen in Russland, 2. Auflage, 89.

[389] Wirtschaftsprozessgesetzbuch der Russischen Föderation vom 24.07.2002 Nr. 95-FZ, in Kraft seit dem 01.09.2002.

[390] Föderales Gesetz „Über die Zwangsvollstreckung" Nr. 119-FZ vom 21.07.1997.

[391] *Popondopulo*, Rechtliche Regelung der Insolvenz, 27.

[392] Die dem InsG 2002 nach allgemeinen Regeln vorgehen, *Andreev*, Kommentar, 63.

[393] *Tossunjan/Wikulin*, Kommentar zum föderalen Gesetz „Über die Insolvenz (den Bankrott) von Kreditorganisationen"; zu Einzelheiten: *Trunk*, Auf der Suche nach Wegen aus der Bankenkrise: Das russische Bankeninsolvenzrecht, in: *Hofmann/Küpper* (Hrsg.), Kontinuität und Neubeginn. Staat und Recht zu Beginn des 21. Jahrhunderts, FS Georg Brunner, 279.

[394] Dabei bilden vor allem die Rolle des Staats und die Kontrolle über die Verwalter Hauptstreitpunkte, vgl. Zeitung *Kommersant* vom 10.02.2003, 20.

nicht verabschiedet.[395] Für die Insolvenz von Monopolunternehmen des Energiesektors gilt derzeit noch das Gesetz „Über die Besonderheiten der Insolvenz von Subjekten der natürlichen Monopole des Brennstoff- und Energiekomplexes" vom 24.06.1999.[396] Es tritt gemäß Art. 231 Pkt. 1 Satz 1 Ende 2004 außer Kraft. Ab dem 01.01.2005 werden die entsprechenden Verfahren durch die Art. 197 bis 201 InsG 2002 bestimmt. Für die Insolvenz professioneller Börsenhändler sieht Art. 187 Pkt. 3 InsG 2002 ebenfalls die Möglichkeit vor, Besonderheiten in einem Spezialgesetz zu regeln. Bisher hat der Gesetzgeber davon allerdings keinen Gebrauch gemacht.

Das Strafgesetzbuch der RF von 1996 normiert im Kapitel 22 über die Wirtschaftsstraftaten in den Artikeln 195 bis 197 Bankrottstraftaten.[397] Ebenso enthält das Gesetz über die Ordnungswidrigkeiten vom 30.12.2001 einige Normen mit Bezug zum Insolvenzverfahren.[398]

Neben diesen wesentlichen Gesetzen sind zahlreiche untergesetzliche Normen mit insolvenzrechtlicher Relevanz vom Präsidenten, der Regierung und föderalen oder regionalen Organen erlassen worden.[399] Meist regeln sie Fragen des Verfahrens und klären Einzelprobleme;[400] häufig auch reine Organisationsfragen, die nicht notwendig einer Norm bedurft hätten.[401] Die Bedeutung solcher Normen hat mit dem InsG 2002 abgenommen, da das Gesetz sehr viel detailliertere Normen enthält als das InsG 1998 und daher seltener einer Ausfüllung bedarf.

Nicht zu den formellen Rechtsquellen gehören die Informationsbriefe der Obergerichte, in denen diese zur Auslegung einzelner Normen Stellung nehmen.[402] Rechtsgrundlage für diese Briefe sind im Bereich des Insolvenzrechts die Art. 13 und 16 des föderalen Verfassungsgesetzes „Über die Wirtschaftsgerichte in der Russischen Föderation". Für die Praxis spielen diese Briefe eine wichtige Rolle.[403] Sie machen die Rechtsansicht der Obergerichte bekannt, der die Untergerichte in der Regel folgen.

---

[395] Auch *Andreev*, Kommentar, 62.

[396] Einführung und Übersetzung: *Reinsch,* Russische Föderation: Besonderheiten der Insolvenz von Subjekten der natürlichen Monopole des Brennstoff- und Energiekomplexes, WiRO 1999, 423.

[397] Dazu unten III. 11. a).

[398] Gesetzbuch der Russischen Föderation über administrative Rechtsverletzungen, Nr. 195-FZ vom 30.12.2001.

[399] *Zenkin/Tal´,* Bankrott kommerzieller Organisationen, 10.

[400] *Popondopulo,* Konkursrecht, 61f.; und *ders.*, Rechtliche Regelung der Insolvenz, 28f.

[401] *Trunk,* Das neue russische Insolvenzrecht. Von der Zwischenbilanz zur Totalrevision, in: *Schroeder* (Hrsg.), Die neuen Kodifikationen in Russland, 2. Auflage, 91f.

[402] *Popondopulo,* Konkursrecht, 62f.

[403] *Verschinin/Thurner,* Russisches Insolvenzrecht, 4.

2. Grundsätze des Insolvenzrechts

Dem russ. Insolvenzrecht liegen verschiedene Grundprinzipien zugrunde, die insbesondere bei der Auslegung des Gesetzes von Nutzen sein können:

a) Gläubigergleichbehandlung

Wie in allen Rechtsordnungen bildet die Gleichbehandlung der Gläubiger (concursus creditorum) Grund und Hauptzweck des Verfahrens.[404] Über das gesamte Vermögen des Schuldners wird in einem einheitlichen Verfahren unter Einbeziehung aller Gläubiger entschieden. Der gewünschte hohe Stellenwert für den Schutz der Gläubigerrechte[405] ist allerdings im russ. Recht noch nicht stark ausgeprägt. Insbesondere kleine Gläubiger können ihre Interessen oft nur mühsam durchsetzen.[406]

b) Sanierung - Liquidation

Neben der Liquidation und Verwertung weist das russ. Insolvenzrecht der Sanierung des schuldnerischen Unternehmens einen wichtigen Platz zu.[407] Dies wird damit begründet, dass dem Staat bei der Transformation des Wirtschaftssystems besondere Verantwortung zukäme.[408] Er könne nicht zulassen, dass Unternehmensbereiche vollständig wegbrechen und ganze Regionen veröden. Im Übrigen müsse er die sozialen Folgen abfedern. In diesem Zusammenhang ist bemerkenswert, dass in Deutschland das Insolvenzrecht einer der wenigen Bereiche war, bei dem der Einigungsvertrag keine Übernahme der westdeutschen Regelung vorsah.[409] Die Rechtseinheit wurde erst 1999 mit der Insolvenzordnung hergestellt.

c) Einheitliches Verfahren

Das russ. Gesetz sieht seit dem InsG 1992 ein einheitliches Verfahren vor, das sowohl den Konkurs als auch den Vergleich umfasst.[410] Insoweit ähnelt es der deut-

---

[404] *Chimičev*, Bankrott: Rechte des Gläubigers und das Recht zu ihrer gerichtlichen Verteidigung, AP 2002 Nr. 5, 6; *Dedov*, Das Gleichmäßigkeitsprinzip und das Recht des Gläubigers auf Eröffnung einer Bankrottsache, in: *Karelina* (Hrsg.), Rechtliche Probleme, 27.

[405] *Flaschen/DeSieno*, The Development of Insolvency Law as Part of the Transition from a Centrally Planned Economy to a Market Economy, International Lawyer 26 (1992), 667 (668).

[406] *Teljukina*, Das Recht auf Schutz. Kleine Gläubiger im Konkursrecht, Kollegija 2003 Nr. 1, 29.

[407] *Stepanov*, Insolvenz, 169, hält beide Ziele für gleichwertig.

[408] So z.B. *Trunk*, Das neue russische Insolvenzrecht. Von der Zwischenbilanz zur Totalrevision, in: *Schroeder* (Hrsg.), Die neuen Kodifikationen in Russland, 2. Auflage, 109ff.

[409] In den neuen Ländern galt die GesO der DDR in modifizierter Fassung fort. Die Insolvenzordnung von 1994/1999 verstärkt gegenüber der KO das Element der Sanierung des Schuldners; ausführlich *Haarmeyer/Wutzke/Förster*, GesO, 4. Aufl., Einleitung Rn 46ff.

[410] *Thurner*, Aktuelle insolvenzrechtliche Probleme in den Reformstaaten Mittel- und Osteuropas, ZInsO 1998, 66; *Trunk*, Das neue russische Insolvenzrecht. Von der Zwischenbilanz zur Totalrevision, in: *Schroeder* (Hrsg.), Die neuen Kodifikationen in Russland,

schen InsO, die die früheren Verfahren nach KO und VglO als Neuerung zusammengeführt hat. Innerhalb des einheitlichen Verfahrens stellt das InsG 2002 je nach Verfahrensentwicklung und Sanierungsaussichten verschiedene Unterverfahren (sog. „Bankrottverfahren") zur Verfügung, die eine flexible Gestaltung erlauben.

d) Schuldner-/Gläubigerschutz

Russische Autoren unterteilen die Insolvenzrechtssysteme der Welt danach, wessen Position sie am meisten schützen.[411] In schuldnerfreundlichen Systemen (wie etwa in den USA oder Frankreich) stünden der Schutz des Schuldners und damit makroökonomische Aspekte im Vordergrund. Die gläubigerfreundlichen Systeme (zu denen das britische und das deutsche Insolvenzrecht gezählt werden) legten mehr Wert auf die Befriedigung der Gläubiger und damit mikroökonomische Ziele.

Das InsG 1992 wurde als eher gläubigerfreundlich eingeschätzt.[412] Die Bewertung des InsG 1998 hingegen fiel uneinheitlich aus. Einige Autoren rechneten es den schuldnerfreundlichen Systemen zu,[413] da das Gesetz großen Wert auf den Erhalt bzw. die Sanierung des Schuldners lege.[414] Andere sahen es eher in einer neutralen Position.[415] Die Novellierung hat die schuldnerfreundliche Ausrichtung vermutlich noch verstärkt,[416] da gewisse verfahrensbedingte Nachteile für den Schuldner aufgehoben wurden. Manche Autoren vertreten auch, dass russ. Insolvenzrecht sei vor

---

2. Auflage, 93; *Alexandrovich*, Bankruptcy Law and Economic Medicine: How Russia´s New bankruptcy Legislation facilitated Recovery from the Nationwide Financial Crisis of August 17, 1998, Cornell International Law Journal 2001, 95 (100).

[411] *Vitransky*, Insolvency and Bankruptcy Law Reform in the Russian Federation, (1999) 44 McGill L.J. 409 (414); auch *Vitrjanskij/Vitrjanskij*, Kommentar, 9; ausführlich *Kolininčenko*, Schutz der Interessen, 15ff.; *Zinčenko /Gončarov*, Die Vorbeugung des Bankrotts einer kommerziellen Organisation, 106.

[412] So *Tkačev*, Rechtliche Regelung, 45.

[413] So wohl *Kolininčenko*, Gläubiger des fünften Ranges bei Insolvenz (Bankrott), VAS 2001 Nr. 9, 115; *Harmathy*, Diskussionsbeitrag in: *Horn,* Die Neugestaltung des Privatrechts in Mittelosteuropa und Osteuropa: Polen, Russland, Tschechien, Ungarn, 155, Grund sei u.a. die Armut der Bevölkerung.

[414] *Vitrjanskij/Vitrjanskij*, Kommentar, 11.

[415] So etwa *Teljukina*, Geltung der russischen Gesetzgebung über die Insolvenz (den Bankrott), SiE 1999 Nr. 2, 18; ähnlich *Vitransky*, (1999) 44 McGill L.J. 409 (416); „Goldener Mittelweg", so *Tkačev*, Rechtliche Regelung, 50; genauso *Vitrjanskij/Vitrjanskij*, Kommentar, 12.

[416] *Teljukina*, Begriff und Verfahren der Anordnung der finanziellen Sanierung gegenüber einem zahlungsunfähigen Schuldner, JurMir 2003 Nr. 6, 27; unter Verweis auf die erschwerte Aufrechnung *Larina*, Die Aufrechnung in Bankrottverfahren, ChiP 2004 Nr. 7, 72 (74).

allem staatsfreundlich.[417] Diesem Befund kann man für alle Insolvenzgesetze seit dem InsG 1992 zustimmen.[418]

e) Überblick über den weiteren Verfahrensablauf

Nach Antragseingang entscheidet das Gericht nach Anhörung der Beteiligten über die Annahme des Antrags. Danach wird die **Beobachtung** angeordnet, die mit der ersten Gläubigerversammlung endet. Es folgen entweder Sanierungsverfahren (**finanzielle Sanierung** oder **Fremdverwaltung**) oder das **Konkursverfahren** als Verwertungsverfahren. Jederzeit kann auch ein **Vergleich** geschlossen werden.[419]

3. Verfahrensbeteiligte

Ein Insolvenzverfahren berührt die Interessen einer großen Personenzahl. Art. 34 des InsG 2002 zählt die an der Bankrottsache Beteiligten auf. Bemerkenswert ist dabei die Einbeziehung staatlicher Organe und Dritter, die eine Sicherheit für die finanzielle Sanierung gewähren.

a) Insolvenzgericht

aa) Allgemeines

Das Insolvenzgericht spielt eine zentrale Rolle im Bankrottverfahren.[420] Da der russ. Gesetzgeber sich für einen Fortbestand der Trennung zwischen Zivil- und Wirtschaftsgerichten entschieden hat, sind folgerichtig die Wirtschaftsgerichte für Insolvenzverfahren sachlich zuständig, Art. 6 InsG 2002.[421]

Örtlich zuständig sind die Wirtschaftsgerichte am Sitz des Schuldners bei juristischen Personen bzw. am Wohnort einer natürlichen Person, Art. 33 Pkt. 1 APK. Dies gilt auch, wenn der antragstellende Gläubiger eine ausländische juristische oder

---

[417] *Dedov*, Bankrottgründe als Kriterien der Effektivität des neuen Gesetzes über den Bankrott, ChiP 1999 Nr. 8, 30.

[418] Für das InsG 2002 in diesem Sinne *Grudcena*, Das neue Gesetz „Über die Insolvenz (den Bankrott)", Advokat 2003 Nr. 1, 21 (24).

[419] Sehr anschaulich zu den einzelnen Verfahrensschritten: *Teljukina* /*Tkačev*, Insolvenz (Bankrott) in Russland – Schemata.

[420] Zur alten Rechtslage: *Livšic*, Prüfung von Bankrottsachen beim Wirtschaftsgericht, Zakon 1998 Nr. 6, 36; das InsG 2002 hat die Rolle der Gerichte nochmals verstärkt, *Zykova*, Neues in der Gesetzgebung über die Insolvenz (den Bankrott), SiÈ 2003 Nr. 3, 21 (24).

[421] Die Wirtschaftsgerichte (russ. арбитражный суд) sind aus den Wirtschaftsarbitrageeinrichtungen der Sowjetunion hervorgegangen. Hier wird die Bezeichnung Wirtschaftsgericht gewählt, um Verwechslungen mit Schieds- (Arbitrage)- Gerichten zu vermeiden; vgl. dazu *Bednarz*, Die neue Arbitragegesetzgebung in Russland, in: *Schroeder* (Hrsg.), Die neuen Kodifikationen in Russland, 2. Auflage, 161, insbes. 186f.

natürliche Person ist.[422] Instanziell entscheiden die Wirtschaftsgerichte der ersten Instanz in der Besetzung als Kollegialgericht mit drei Richtern, Art. 17 Pkte. 1 und 2 APK.[423] Die gelegentlich aufkommende Diskussion über spezialisierte Gerichte in Insolvenzsachen hat bisher keine praktische Umsetzung erfahren.[424]

Aufgabe des Gerichts ist wie in Deutschland vor allem die Steuerung des Verfahrens und die Kontrolle der übrigen Beteiligten.[425] Das Wirtschaftsgericht trifft alle wichtigen Entscheidungen im Bankrottverfahren, ist dabei allerdings teilweise an die Anträge der Gläubiger gebunden.[426]

bb) Verfahrensregeln

Der neue APK[427] enthält in den Art. 33, 38 Pkt. 4 und 223ff. Normen zum Insolvenzverfahren. Das InsG 2002 stellt in Kapitel III und verstreut im Gesetz einige zusätzliche Verfahrensregeln auf. Es ordnet in Art. 32 eine Rangfolge nach dem Grundsatz der Spezialität an: Vorrangig finden die speziellen Verfahrensbestimmungen im InsG 2002 Anwendung. Fehlt es daran, gelten die allgemeinen Regeln im Kapitel III des Gesetzes.[428] Sind auch diese nicht einschlägig, wird auf die prozessualen Normen des Wirtschaftsprozessgesetzbuchs zurückgegriffen.[429]

cc) Vorläufige Schutzmaßnahmen

Das InsG 1992 sah ein verpflichtendes letztes Forderungsschreiben des Gläubigers an den Schuldner vor. Derart gewarnt konnten unlautere Schuldner die Aktiva beiseite schaffen.[430] Andererseits gefährdete die Möglichkeit, gegen diesen Missbrauch

---

[422] *Popondopulo/Slepčenko*, Kommentar, Art. 33 Pkt. 1.

[423] *Zajceva*, Prozessuale Besonderheiten des Bankrotts, Zakonnost´ 2003 Nr. 3, 9 (12); vgl. Art. 36 Pkt. 1 des föderalen Verfassungsgesetzes „Über die Wirtschaftsgerichte in der Russischen Föderation"; dazu *Andreev*, Kommentar, 107.

[424] Ausführlich dazu *Bol´šoba/Geraščenko*, Arbitragepraxis, 150ff.; auch *Mojseeva*, Mängel des föderalen Gesetzes „Über die Insolvenz (den Bankrott)": Probleme der Praxis, Voprosy pravoprimenenija 2002 Nr. 4, 26 (32).

[425] *Karelina*, Die Rolle des Wirtschaftsgerichts in Insolvenz- (Bankrott) Sachen, in *Karelina* (Hrsg.), Rechtliche Probleme, 88.

[426] *Andreev*, Kommentar, 66.

[427] Wirtschaftsprozessgesetzbuch der Russischen Föderation vom 24.07.2002 Nr. 95-FZ, in Kraft seit dem 01.09.2002; dazu *Pashchenko*, Russlands neue Wirtschaftsprozessordnung, WGO-MfOR 2003, 10.

[428] *Popondopulo/Slepčenko*, Kommentar, Art. 32 Pkt. 1.

[429] *Nikitina*, Die Prüfung von Bankrottsachen beim Wirtschaftsgericht, Voprosy Pravoprimenenija 2002 Nr. 5-6, 22; *Andreev*, Kommentar, 62; zum Rechtscharakter des gerichtlichen Insolvenzverfahrens, *Serditova*, Das Konkursverfahren als Form der Durchsetzung der Entscheidung des Gerichts auf Insolventerklärung, AGP 2002 Nr. 4, 24; *Doraev*, Besonderheiten des Verfahrens in Bankrott- (Insolvenz-) Sachen, in: *Karelina*, (Hrsg.), Rechtliche Probleme, 8 (13).

[430] *Tkačev*, Rechtliche Regelung, 44.

einen Arrest zu verhängen, jegliche Sanierungsbemühungen.[431] Das InsG 1998 sah hingegen die Anordnung der Beobachtung ohne oder mit nur sehr kurzfristiger vorheriger Information des Schuldners vor und schränkte damit seine Rechte übermäßig stark ein.

Nach dem InsG 2002 hat der Schuldner die Möglichkeit einer Erwiderung, zugleich kann das Gericht schon vor Eröffnung des Verfahrens Sicherungsmaßnahmen anordnen.[432] Um die Durchsetzung des Antrags zu sichern, verweist das Gesetz in Art. 46 auf die allgemeinen Regeln des einstweiligen Rechtsschutzes im Wirtschaftsprozessgesetz (vgl. Kapitel 8, Art. 90ff. APK).[433] Ob dieses Verfahren in Anbetracht des noch im Aufbau befindlichen russ. Rechtsschutzsystems ausreichen wird, um einen Ausverkauf der werthaltigen Aktiva durch den „gewarnten" Schuldner schon vor Eröffnung zu verhindern, bleibt fraglich.[434]

dd) Praktische Probleme

Ebenso wie den Arbitrageverwaltern fehlte auch den russ. Richtern anfangs jegliche Erfahrung in Insolvenzsachen.[435] Bis heute ist die mangelnde richterliche Qualifikation ein Haupthindernis für die effektive Durchsetzung des Insolvenzrechts.[436] Dieser Befund ist allerdings nicht auf das Insolvenzrecht beschränkt, sondern gilt für das gesamte russ. Justizwesen. Er resultiert aus der geringen Bezahlung und dem niedrigen Ansehen der Richterschaft in Russland.[437] Häufig macht bereits die zahlenmäßige Besetzung und die technische Ausstattung der Gerichte eine effektive Kontrolle unmöglich. Im Insolvenzrecht mit seinen in den letzten Jahren überdurchschnittlich stark angestiegenen Zahlen ist dieses Phänomen besonders schmerzlich bemerkbar.[438]

---

[431] Dieses Mittel wurde gern angewandt, um Konkurrenten auszuschalten; vgl. *Tkačev*, Rechtliche Regelung, 45.

[432] Zu dieser Möglichkeit schon beim InsG 1998 *Stepanov*, Insolvenz, 59.

[433] Dazu *Fal'kovič*, Sicherungsmaßnehmen des Wirtschaftsgerichts im neuen Wirtschaftsprozessgesetzbuch, VAS 2002 Heft 11, 54; vgl. *Reitemeier*, Die neue Wirtschaftsprozessordnung der Russischen Föderation, OER 2003, 121 (128).

[434] Kritisch auch *Zykova*, Neues in der Gesetzgebung über die Insolvenz (den Bankrott), SiÈ 2003 Nr. 3, 21 (24); *Kagancov*, Zur Frage der Effektivität der Sicherungsmaßnahmen nach dem neuen APK der RF, AGP 2003 Nr. 2, 8.

[435] *Alexandrovich*, Bankruptcy Law and Economic Medicine: How Russia's New bankruptcy Legislation facilitated Recovery from the Nationwide Financial Crisis of August 17, 1998, Cornell International Law Journal 2001, 95 (117); zu dem Problem allgemein *Schroeder*, Recht und Rechtspflege in Rußland nach dem Sozialismus, JOR 1995 (36), 9.

[436] *Thurner*, Aktuelle insolvenzrechtliche Probleme in den Reformstaaten Mittel- und Osteuropas, ZInsO 1998, 69; *Grudcena*, Das neue Gesetz „Über die Insolvenz (den Bankrott)", Advokat 2003 Nr. 1, 21 (22).

[437] *Schroeder*, Recht und Rechtspflege in Rußland nach dem Sozialismus, JOR 1995 (36), 9.

[438] Aus der Praxis *Maškina*, Fristen des Konkursverfahrens, AP 2001 Nr. 3, 55 (57).

Im Übrigen ist das Gericht in weitem Umfang verpflichtet, Entscheidungen der Gläubigerversammlung zu bestätigen, vgl. etwa Art. 75, 93, 158 InsG 2002. Dabei kann oft nur die formelle, nicht aber die materielle Rechtmäßigkeit oder gar die Zweckmäßigkeit der Entscheidungen geprüft werden.[439] Eine genauere Verfolgung ist dem Gericht häufig mangels ausreichender Faktenkenntnis auch kaum möglich, insbesondere wenn der Verwalter sich gemeinsam mit einzelnen Gläubigern oder dem Schuldner der Aufsicht entzieht.[440]

b) Insolvenzschuldner

Der Insolvenzschuldner ist sowohl Objekt als auch Subjekt des Verfahrens. Das Insolvenzrecht muss einen Mittelweg finden, der eine effektive Durchführung des Verfahrens gewährleistet, ohne die Rechte des Schuldners übermäßig zu beschränken.[441]

aa) Insolvenzfähigkeit

Das InsG 2002 hat den Kreis insolvenzfähiger Personen vergrößert, vgl. Art. 1 Pkt. 2.[442] Anders als unter dem InsG 1998 sind grundsätzlich alle juristischen Personen insolvenzfähig. Damit wird die Insolvenzfähigkeit nicht mehr auf sog. „kommerzielle Organisationen" nach Art. 50 ZGB (mit dem Zweck der Gewinnerzielung) und einige wenige nichtkommerzielle Organisationen[443] beschränkt.[444] Fortan spielt die Differenzierung zwischen kommerziellen und nichtkommerziellen Organisationen im Insolvenzrecht keine Rolle mehr.[445] Ausnahmsweise nicht insolvenzfähig sind nach Art. 1 Pkt. 2 InsG 2002 nur Staatsunternehmen,[446] Stiftungen, religiöse Organi-

---

[439] Kritisch auch *Anochin*, Probleme des Konkursverfahrens, AGP 2002 Nr. 2, 11 (13); gelegentlich versuchen die Gerichte über Art. 10 ZGB (Rechtsmissbrauch), diese Probleme zu lösen, dazu *Gromova*, Probleme des gerichtlichen Ermessens bei der Prüfung von Bankrottsachen, AP 2001 Nr. 3, 31; dazu auch *Chimičev*, Richterliches Ermessen in Bankrottsachen, VAS 2004 Nr. 1, 147.

[440] Manchmal wird aber auch nur oberflächlich geprüft, vgl. *Mojseeva*, Über einige Fragen der Anwendung der Gesetzgebung über die Insolvenz (den Bankrott) durch das Gericht, Voprosy pravoprimenenija 2002 Nr. 2, 25.

[441] *Andreev*, Kommentar, 60.

[442] Siehe Gesetzesbegründung Pkt. I.

[443] Vgl. Art. 116ff. ZGB und föderales Gesetz Nr. 7 FZ vom 12.01.1996, Übersetzung in: *Henning/Baron*, Russische Föderation: Gesetz „Über nicht kommerzielle Organisationen", OER 2002, 135; auch *Wiedemann/Fabel/Danilowa*, Nichtkommerzielle Organisationen in Russland, WiRO 2001, 6.

[444] Damit trägt der Gesetzgeber ausführlicher Kritik der Literatur Rechnung, vgl. ausführlich *Tkačev*, Rechtliche Regelung, 53ff.

[445] Kritisch dazu *Vitrjanskij*, Neues in der rechtlichen Regelung der Insolvenz (des Bankrotts), ChiP 2003 Nr. 1, 4, der darauf verweist, dass bei vielen nicht- kommerziellen Personen die wirtschaftliche Tätigkeit nur in begrenztem Umfang möglich ist.

[446] Da für diese subsidiär der Staat (die Föderation) haftet, *Kostin/Zav'jalov*, Die Bedingungen und Gründe des Bankrotts von Unternehmen, Jurist 2002 Nr. 2, 45 (46); dennoch

sationen und politische Parteien.[447] Das Gesetz über die Insolvenz von Monopolunternehmen des Energiesektors legt zusätzlich in Art. 1 Pkt. 3 fest, dass Atomkraftwerksbetreiber nicht Subjekt eines Insolvenzverfahrens sein können. Ebenfalls nicht insolvenzfähig ist der Staat auf allen Ebenen (Föderation, Subjekte, Kommunen).[448]

Grundsätzlich sind auch natürliche Personen insolvenzfähig, allerdings treten die entsprechenden Vorschriften erst später in Kraft, Art. 231 Pkt. 2 InsG 2002.

bb) Beschränkungen

Obwohl von der Literatur angeregt,[449] sieht auch das InsG 2002 keine Normen vor, die den Schuldner oder seinen Leiter in ihrer Bewegungsfreiheit einschränken oder eine § 99 InsO vergleichbare Postsperre anordnen.[450] Damit wird die Tätigkeit des Arbitrageverwalters erschwert, der mitunter nicht alle notwendigen Informationen erhält.

cc) Gesellschafter des Schuldners

Die hinter einer juristischen Person als Schuldner stehenden Personen (Gesellschafter) behalten auch in der Insolvenz eine wichtige Rolle.[451] Ihre Rechte wurden im InsG 1998 nicht ausreichend beachtet,[452] was dazu führte, dass das Verfassungsgericht mehrere Normen des Gesetzes für unwirksam erklärte.[453] Das InsG 2002 verleiht ihnen daher weitergehende Befugnisse. So können sie einen Vertreter bestimmen, der im Verfahren ihre Interessen wahrnimmt und u.a. berechtigt ist, an den Sitzungen der Gläubigerversammlung teilzunehmen.[454] An einigen besonders einschneidenden Maßnahmen wie etwa einer Kapitalerhöhung müssen sie beteiligt werden, Art. 114.

---

wird teilweise vertreten, Bankrottverfahren auch gegen sie zuzulassen, um dem Gläubiger ein stärkeres Druckmittel zu geben, so *Tkačev*, Rechtliche Regelung, 53.

[447] Für diese Ausnahmen waren wohl vor allem politische Gründe entscheidend; *Semina*, Bankrott, 12.

[448] Obwohl er dennoch oft praktisch insolvent ist, kritisch dazu: *Tkačev*, Rechtliche Regelung, 61.

[449] So etwa *Karelina*, Rechtliche Regelung, 141; ähnlich *Ščenikova*, Bankrott im Zivilrecht Russlands: Traditionen und Perspektiven, RJu 1998 Nr. 10, 38 (40).

[450] Zur praktischen Bedeutung in Deutschland: MünchKommInsO-*Passauer*, § 99 Rn 6f.

[451] *Chimičev*, Rechtliche Lage der Gesellschafter des Schuldners in der Bankrottsache, VAS 2002 Nr. 3, 106.

[452] *Vitrjanskij*, Wege zur Vervollkommnung der Bankrottgesetzgebung, 97; *Trefilova*, Das Projekt des neuen Gesetzes „Über die Insolvenz (den Bankrott)": Probleme und Lösungen, Vestnik des FSFO 2002 Nr. 8, 25 (26); Die Praxis behalf sich mitunter mit einer Fortgeltung von Vollmachten, Informationsbrief des Präsidiums des Obersten Wirtschaftsgerichts der RF vom 14.06.2001 Nr. 64 Pkt. 9.

[453] Siehe Entscheidung des Verfassungsgerichts vom 12. März 2001 Nr. 4-P, vgl. Anlage 2.

[454] *Lazareva*, Die rechtliche Lage der Gründer (Gesellschafter) des Schuldners in der Bankrott- (Insolvenz-) Sache, in: *Karelina* (Hrsg.), Rechtliche Probleme, 15 (25).

Auch der Staat kann als Inhaber sog. Einheitsunternehmen[455] auf Schuldnerseite am Verfahren beteiligt sein. Ihm kommen dann die entsprechenden Rechte der hinter dem Schuldner stehenden Person zu. Es steht ihm frei, die Insolvenz des Unternehmens durch Kapitalzuführung abzuwenden oder zu beseitigen.

c) Gläubiger

Das russ. Recht differenziert nach deutschem Verständnis mehrere Gruppen von Gläubigern:[456]

Als Konkursgläubiger im engeren Sinne werden nach Art. 2 InsG 2002 alle Inhaber von (Geld-) Forderungen gegen den Schuldner angesehen, die nicht zu den Massegläubigern, den Gläubigern der ersten und zweiten Gruppe, den bevollmächtigten Organen und den Gesellschaftern des Schuldners gehören.[457]

Einen besonderen Status nehmen die bevollmächtigten Organe ein. Sie sind von der jeweiligen staatlichen Ebene (Föderation, Subjekt, Kommune) ermächtigt, Forderungen des Staates im Verfahren geltend zu machen. Im InsG 1998 unterschieden sich ihre Rolle und ihre Kompetenzen von denen der einfachen Konkursgläubiger.[458] Das InsG 2002 stellt sie diesen nunmehr hinsichtlich der Befugnisse aber auch des Befriedigungsranges gleich.[459] Wichtig ist, die verschiedenen staatlichen Ebenen zu koordinieren, damit diese nicht wie in der Vergangenheit gegeneinander stimmen.[460]

---

[455] Vgl. dazu *Zenkin/Tal´*, Bankrott kommerzieller Organisationen, 99; auch *Ščenikova*, Das Gesetz über Einheitsunternehmen und seine Rolle in der russischen Wirtschaft, RJu 2003 Nr. 4, 15; und *Vajman/Gladkich/Ljubimov/Ščerbinin*, Das neue Gesetz über die staatlichen und kommunalen Unternehmen, PiE 2003 Nr. 1, 3; dazu auch *Knüpfer*, Gesetzliche Regelung der staatlichen und munizipalen Unitarbetriebe in der Russischen Föderation, WiRO 2003, 161.

[456] Überblick bei *Chimičev*, Schutz von Gläubigerrechten beim Bankrott, 22ff.

[457] Vgl. *Plotnikova*, Der Status des Gläubigers im Prozess über die Insolvenz (den Bankrott), RJu 1998, 17; ausführlich zum Schutz der Gläubigerrecht *Brusko*, Kategorien des Schutzes im russischen Konkursrecht.

[458] Kritisch dazu *Sumarokova*, Verfahren der Entscheidungsfindung durch die Gläubigerversammlung beim Bankrott, AP 2002 Nr. 6, 16.

[459] Gesetzesbegründung Pkt. I; dazu *Litovceva*, Rangfolge und Verfahren der Befriedigung der Gläubigerforderungen, AP 2003 Nr. 3, 4; *Vitrjanskij*, Neues in der rechtlichen Regelung der Insolvenz (des Bankrotts), ChiP 2003 Nr. 1, 9f.; und *Kiperman*, Neues Insolvenzrecht; *Chimičev*, Aussichtsreiche Richtungen der Vervollkommnung der rechtlichen Regulierung im Bereich der Insolvenz (des Bankrotts), VAS 2005 Nr. 6, 149 (152); kritisch *Teljukina*, Die Gläubigerversammlung eines insolventen Schuldners als Subjekt des Konkursrechts, Advokat 2003 Nr. 2, 22 (23); *Karelina*, Rechtliche Regelung der Insolvenz (des Bankrotts), 81.

[460] *Tkačev*, Rechtliche Regelung, 91; für ein einheitliches Organ *Sviridenko*, Bestimmung und Ziele des Instituts des Bankrotts im Wirtschaftsverkehr, PiÈ 2003 Nr. 3, 49 (50).

Ebenfalls nicht zu den Konkursgläubigern gehören die Gläubiger der ersten und zweiten Ranggruppe nach Art. 134 Pkt. 4.[461] Diese genießen ein Vorrecht bei der Befriedigung, so dass sie als ausreichend geschützt angesehen werden. Sie haben damit nicht das Recht, ein Insolvenzverfahren anzustrengen, was in Anbetracht der noch immer nicht sehr effektiven Einzelzwangsvollstreckung in Russland zu einer misslichen Lage führen kann.[462] Insbesondere sind für Arbeitnehmer damit die Möglichkeiten eingeschränkt, auf ihren Arbeitgeber Druck auszuüben.[463]

In ähnlicher Weise haben die Gläubiger laufender Zahlungen (Masseverbindlichkeiten) eine Sonderstellung, da sie ihre Forderungen außerhalb des Verfahrens im Klagewege geltend machen können.[464] Ebenfalls nicht zu den Konkursgläubigern gehören schließlich nach Art. 2 die Gesellschafter des Schuldners hinsichtlich etwaiger Forderungen aus ihrer Stellung als Gesellschafter.[465]

aa) Gläubigerversammlung

Die Gläubigerversammlung ist das Hauptorgan der Gläubiger im Insolvenzverfahren. Mitglieder der Versammlung sind alle Konkursgläubiger sowie die bevollmächtigten Organe im Verhältnis ihrer Forderungen, Art. 12 InsG 2002.[466] Ohne Stimmrecht können der Arbitrageverwalter und die Vertreter der Arbeitnehmer und der Gesellschafter teilnehmen.[467] Die Gläubigerversammlung ist beschlussfähig, wenn an ihr Vertreter von mindestens 50% der Gläubigerforderungen teilnehmen. Wird dieses Quorum nicht erreicht, genügt bei einer wiederholten Versammlung zur Beschlussfähigkeit, dass 30% der Forderungen vertreten sind. Grundlage für die Berechnung des Stimmrechts bildet dabei das Register der Gläubigerforderungen.

---

[461] *Nogteva*, Über die Entscheidung von Streitigkeiten, die mit der Anwendung des föderalen Gesetzes „Über die Insolvenz (den Bankrott)" verbunden sind, VAS 2002 Nr. 4, 76.

[462] Für eine entsprechende Gesetzesänderung, *Tkačev*, Rechtliche Regelung, 63, 146 und 149; auch *Vitrjanskij*, Neues in der rechtlichen Regelung der Insolvenz (des Bankrotts), ChiP 2003 Nr. 1, 9.

[463] *Tkačev*, Rechtliche Regelung, 41f.; allerdings hat das neue Arbeitsgesetzbuch die vertraglichen Druckmittel der Arbeitnehmer deutlich vergrößert, vgl. *Wedde*, Das neue russische Arbeitsrecht, OER 2002, 364.

[464] *Vitrjanskij*, Wege zur Vervollkommnung der Bankrottgesetzgebung, 103; auch *Pustovalova*, Praktische Aspekte der Klassifizierung der Gläubigerforderungen in der Gesetzgebung über die Insolvenz (den Bankrott), in: *Šilochvost* (Hrsg.), Aktuelle Probleme des Zivilrechts. Ausgabe 6, 33 (36ff.).

[465] *Zenkin/Tal'*, Bankrott kommerzieller Organisationen, 107.

[466] Das InsG 1998 schloss die staatlichen Organe noch weitgehend aus, kritisch dazu *Vitrjanskij*, Wie die Gesetzgebung über den Bankrott reformieren, Zakonodatel'stvo 1999 Nr. 5, 57; kritisch zur Stellung kleiner Gläubiger *Teljukina*, Das Recht auf Schutz. Kleine Gläubiger im Konkursrecht, Kollegija 2003 Nr. 1, 29; auch *Bessonova*, Neuigkeiten des Gesetzes über den Bankrott und die Probleme ihrer Anwendung, AP 2003 Nr. 1, 3 (4).

[467] *Andreev*, Kommentar, 73.

Die Versammlung wird vom Arbitrageverwalter, dem Gläubigerkomitee oder einem bzw. mehreren Gläubigern einberufen, die mindestens 10% der Forderungen vertreten.[468] Die Vorbereitung und Durchführung der Sitzung obliegt dem Arbitrageverwalter.

Art. 12 InsG 2002 legt die Grundregeln für den Ablauf der Gläubigerversammlung fest und bestimmt ausschließliche Kompetenzen der Gläubigerversammlung.[469] Der Streit um die Abgrenzung der Kompetenzen zwischen Gläubigerversammlung und –komitee zum InsG 1998 dürfte damit für die Zukunft bedeutungslos werden.[470]

Entscheidungen der Gläubigerversammlung werden in der Regel mit einfacher Mehrheit der anwesenden Gläubiger getroffen. Für einige besonders wichtige Entscheidungen sind höhere Quoren wie die Mehrheit der eingetragenen Gläubiger, Art. 15 Pkt. 2 InsG 2002, angeordnet.[471] Die Entscheidungen können angefochten werden, wofür mangels eigener Regeln auf die Normen des Gesellschaftsrechts zur Anfechtung von Beschlüssen der Hauptversammlung zurückgegriffen wird.[472]

bb) Gläubigerkomitee[473]

Die Gläubigerversammlung kann - bei mehr als 50 Gläubigern muss - ein Gläubigerkomitee wählen.[474] Das InsG 2002 sieht vor, dass für jedes Bankrottverfahren ein gesondertes Komitee gewählt wird.[475] Die Wahl geschieht im Wege einer kumulati-

---

468 Früher lag das Quorum bei 1/3; positiv zur Neuregelung *Teljukina*, Die Gläubigerversammlung eines insolventen Schuldners als Subjekt des Konkursrechts, Advokat 2003 Nr. 2, 22 (29).

469 Ausführlich *Teljukina*, Die Gläubigerversammlung eines insolventen Schuldners als Subjekt des Konkursrechts, Advokat 2003 Nr. 2, 22 (24).

470 Dazu *Agranovskij*, Konkursverfahren: Anfechtung von Entscheidungen der Gläubigerversammlungen von Aktiengesellschaften, SiE 2002 Nr. 4, 33; aA *Karelina*, Rechtliche Regelung der Insolvenz (des Bankrotts), 86 geht von weiterhin ungeklärter Abgrenzung der Kompetenzen des Gläubigerkomitees und der Gläubigerversammlung im Konfliktfalle aus.

471 *Teljukina*, Die Gläubigerversammlung eines insolventen Schuldners als Subjekt des Konkursrechts, Advokat 2003 Nr. 2, 22 (27).

472 Art. 49 Pkt. 7 des föderalen Gesetzes „Über die Aktiengesellschaften" vom 26.12.1996 Nr. 208-FZ; ausführlich *Agranovskij*, Konkursverfahren: Anfechtung von Entscheidungen der Gläubigerversammlungen von Aktiengesellschaften, SiE 2002 Nr. 4, 33; *Vitrjanskij*, Unrechtmäßige Handlungen des Schuldners, der Gläubiger und der Arbitrageverwalter, Sonderbeilage zu VAS 2001 Nr. 3, 162; zum neuen Gesetz *Teljukina*, Die Gläubigerversammlung eines insolventen Schuldners als Subjekt des Konkursrechts, Advokat 2003 Nr. 2, 22 (29).

473 Zum Gläubigerkomitee nach dem InsG 1998 ausführlich *Teljukina*, Das Gläubigerkomitee und seine Rolle im Konkursverfahren, ChiP 2001 Nr. 11, 31.

474 Bei einer großen Zahl von Gläubigern wird die Durchführung der Gläubigerversammlung umständlich und wenig effektiv, vgl. *Andreev*, Kommentar, 74.

475 Vgl. *Teljukina*, Die Gläubigerversammlung eines insolventen Schuldners als Subjekt des Konkursrechts, Advokat 2003 Nr. 2, 22.

ven Abstimmung, die eine Vertretung auch der kleineren Gläubiger im Komitee sichern soll, Art. 18.[476] Dies kann allerdings durch die Wahl eines sehr kleinen Komitees unterlaufen werden.[477] Eine vorzeitige Abberufung einzelner Mitglieder ist nicht möglich, jedoch kann das gesamte Komitee ersetzt werden.

Das Gläubigerkomitee hat zwischen drei und elf Mitglieder, vertritt die Interessen der Gläubiger und übt die Kontrolle über den Arbitrageverwalter aus; es kann dies meist effektiver tun als die Gläubigerversammlung. Das Gläubigerkomitee gibt sich selbst eine Geschäftsordnung und bestimmt einen Vorsitzenden, Art. 17 InsG 2002. Es kann beim Wirtschaftsgericht Klagen einreichen und andere ihm übertragene Funktionen wahrnehmen. Reichen seine Befugnisse nicht aus, kann es die Gläubigerversammlung einberufen und dieser die Frage vorlegen.

d) Arbitrageverwalter

Der Arbitrageverwalter wird ausführlich in Kapitel IV behandelt.[478]

e) Vertreter des Arbeitnehmers

Arbeitnehmer sind keine Insolvenzgläubiger, wie Art. 2 InsG 2002 bei den Definitionen ausdrücklich klarstellt. Sie haben daher auch nicht das Recht, einen Antrag auf Insolvenzeröffnung zu stellen.[479] Dies liegt darin begründet, dass ihre Forderungen bei der Befriedigung stets Vorrang haben. Rückstände, die vor Insolvenzeröffnung angefallen sind, werden im zweiten Rang befriedigt. Forderungen aus dem Verfahren gelten als laufende Zahlungen und werden außerhalb der Reihenfolge erfüllt. Damit genießen die Arbeitnehmer eine bevorzugte Stellung. Der Grund liegt darin, dass ihr Schutz im übrigen russ. Recht ziemlich schwach ist; so fehlt beispielsweise eine dem deutschen Konkursausfallgeld vergleichbare Regelung.[480]

Dennoch betrifft das Insolvenzverfahren über den Schuldner dessen Arbeitnehmer und ihre Arbeitplätze unmittelbar. Das InsG 2002 sieht daher vor, dass sie eine Person zur Vertretung ihrer Interessen im Verfahren bestimmen können.[481] Dieser Vertreter hat das Recht, ohne Stimmrecht an den Sitzungen der Gläubigerversammlung teilzunehmen, sich zu Fragen der Tagesordnung zu äußern und bei Streit über die Höhe der Forderungen der Arbeitnehmer das Wirtschaftsgericht anrufen.[482]

---

[476] *Kiperman*, Neues Insolvenzrecht.

[477] Dazu *Wedde*, Neues vom russischen Insolvenzrecht, WiRO 2003, 195 (198).

[478] Siehe dazu IV.

[479] *Artem´ev/Bacyn*, Garantien der Arbeitnehmerrechte bei der Insolvenz (dem Bankrott) eines Unternehmens, in: *Karelina* (Hrsg.), Rechtliche Probleme, 71 (73).

[480] Kritisch *Vitrjanskij/Vitrjanskij*, Kommentar, 14.

[481] Die Bestimmung erfolgt auf einer Versammlung der Arbeitnehmer, wie aus Art. 38 Pkt. 2 ableitbar ist.

[482] Zur umstrittenen Rechtsnatur des Vertreters *Karelina*, Rechtliche Regelung der Insolvenz (des Bankrotts), 86ff.; zu diesem Vertreter kann auch ein bereits entlassener Ar-

f) Staatliche Organe

Der russ. Staat hat ein makroökonomisches Interesse an einem geordneten Ablauf der Insolvenzverfahren und spielt daher eine herausragende Rolle im Insolvenzrecht.[483] So wurde schon zum InsG 1992 eine föderale Insolvenzverwaltung (FUDN) gegründet;[484] unter dem InsG 1998 entstand ein spezielles föderales Organ, der föderale Dienst Russlands in Sachen der Insolvenz und der finanziellen Sanierung (russ. Abk. FSDN),[485] der später in föderaler Dienst für die finanzielle Sanierung und den Bankrott (russ. Abk. FSFO) umbenannt wurde. Seine Aufgabe war es, die staatliche Politik im Insolvenzrecht zu verwirklichen sowie Arbitrageverwalter auszubilden. Darüber hinaus nahm er zahlreiche weitere Funktionen im Verfahren wahr. Der FSFO konnte Erläuterungen abgeben, die für alle Beteiligten an Insolvenzverfahren verbindlich waren.[486] E3 bildete territoriale Untergliederungen in allen Subjekten der RF.[487]

Das InsG 2002 verändert die Rolle des Staates im Verfahren grundlegend. Ein Teil der Funktionen, insbesondere die Vertretung als Gläubiger im Verfahren, ging auf die bevollmächtigten Organe über. Die Kontrolle über die Tätigkeit der Arbitrageverwalter und ihre Selbstverwaltungsorganisationen nimmt nunmehr ein sog. Regulierungsorgan wahr.[488] Weitere Aufgaben sind der Regierung unmittelbar übertragen.

Dem FSFO weist das InsG 2002 ausdrücklich keine Kompetenzen mehr zu. Allerdings sieht es verschiedene Befugnisse vor (vor allem des Regulierungsorgans), die auch der FSFO ausüben könnte. Nach einigen Diskussionen über die zukünftige Struktur wies eine Verordnung vom Februar 2003[489] dem FSFO die Aufgaben des bevollmächtigten Organs für die Föderation zu, während das Justizministerium die Funktion des Regulierungsorgans zur Aufsicht über die Selbstverwaltungsorganisationen der Arbitrageverwalter wahrnimmt. Damit endete die fragwürdige Verbindung beider Funktionen (Kontrolle über die Verwalter und Vertretung des Staats) durch den FSFO.

---

beitnehmer bestimmt werden, Informationsbrief des Obersten Wirtschaftsgerichts der RF vom 06.08.1999 Pkt. 8 und 9.

[483] Vgl. *Trunk*, Das neue russische Insolvenzrecht. Eine erste Zwischenbilanz, in: *Schroeder* (Hrsg.), Die neuen Kodifikationen in Russland, 65 (83f.); *Afon'kin/Sabinina*, Gesetzgebung zum Bankrott, 8.

[484] *Tkačev*, Insolvenz, 60.

[485] Verordnung der Regierung der RF vom 01.06.1998.

[486] Art. 25 InsG 1998; vgl. *Andreev*, Kommentar, 64.

[487] *Popondopulo*, Rechtliche Regelung der Insolvenz, 54.

[488] *Andreev*, Kommentar, 64.

[489] Verordnung der Regierung vom 14.02.2003 Nr. 100 „Über das bevollmächtigte Organ in Bankrottsachen und Bankrottverfahren und das Regulierungsorgan, das die Kontrolle über die Selbstverwaltungsorganisationen der Arbitrageverwalter ausübt".

Durch untergesetzliche Rechtsakte von 2004 wurden weitere Änderungen vorgenommen. Nunmehr nehmen folgende staatliche Organe folgende Funktionen wahr:[490]

- Die gesetzgerberischen Initiativen obliegen dem Ministerium für Wirtschaftliche Entwicklung und Handel.

- Die Funktion der Vertretung des Staats als Gläubiger in Insolvenzverfahren wurde den Steuerbehörden übertragen.[491]

- Bestimmte Funktionen des Staates wie die Aufsicht über Gesellschaften sowie staatliche Unternehmen verbleibt bei der FSFO.

- Als Regulierungsorgan übt das Justizministerium durch den ihm unterstellten föderalen Registrierungdienst die Aufsicht über die Selbstverwaltungsorganisationen aus.[492]

Ob diese Aufteilung der Aufgaben sinnvoll ist, mag mit Recht bezweifelt werden. Allerdings verhindert genau dies einen zu starken Einfluss des Staates, der anderenfalls nahezu jedes Verfahren nach seinem Gutdünken steuern könnte.

g) Dritte

Auch Dritten können im Insolvenzverfahren bedeutsame Aufgaben zukommen, etwa als neue Investoren. Verfahrensbeteiligte sind sie jedoch nur, wenn ihnen das Gesetz eine eigene Rolle im Verfahren zuweist, etwa wenn Dritte sich mit Finanzmitteln oder Sicherheiten zugunsten des Schuldners in ein Sanierungsverfahren einschalten (Art. 78 InsG 2002).[493]

h) Vertretung im Insolvenzverfahren

Im Insolvenzverfahren gelten liberalere Bestimmungen für die Vertretung als in den Prozessgesetzen, wo in weiten Bereichen nur noch Anwälte vertretungsberechtigt sind.[494] Im Bankrottverfahren kann jede natürliche Person, auch eine ausländische, auf der Grundlage einer Vollmacht als Vertreter tätig werden.[495]

---

[490] Überblick bei *Tkačev*, Insolvenz, 60ff.

[491] Ausführlich *Tkačev*, Konkursrecht, 57ff. und *ders.*, Insolvenz, 60ff.

[492] Dazu ausführlich IV. B c) ee) unten, *Tkačev*, Insolvenz, 64.

[493] *Berkovič*, Die Erfüllung von Verbindlichkeiten durch eine dritte Person im Konkursverfahren, AP 2005 Nr. 12, 3 (7).

[494] *Karraß/Wedde*, Das neue Berufsrecht russischer Anwälte, OER 2003, 299; diese Beschränkungen wurden 2004 durch eine Entscheidung des Verfassungsgerichts teilweise aufgehoben, vgl. *Karraß/Wedde*, Das Berufsrecht der Anwälte in der Russischen Föderation, 15f.

[495] *Popondopulo/Slepčenko*, Kommentar, Art. 36 Pkt. 1; insoweit gehen die Regeln des InsG 2002 den allgemeinen Bestimmungen des APK vor: *Zajceva*, Prozessuale Besonderheiten des Bankrotts, Zakonnost´ 2003 Nr. 3, 9 (11).

4. Eröffnungsverfahren (Annahme des Antrags, Beobachtung)

Das Insolvenzverfahren beginnt mit der Einreichung des Insolvenzantrags beim Wirtschaftsgericht am Sitz des Schuldners. Die erste Phase des Verfahrens ist von entscheidender Bedeutung für das weitere Schicksal des Schuldners ebenso wie für die Chance zur Befriedigung der Gläubigerforderungen. Dabei ist es bedeutsam, die divergierenden Interessen sachgerecht auszutarieren. Der Beginn des Verfahrens soll etwaige Sanierungschancen nicht zerstören, zugleich aber verhindern, dass der Schuldner noch gläubigerschädigende Handlungen vornimmt.

Das Eröffnungsverfahren nach dem InsG 1998 sah sich umfangreicher Kritik ausgesetzt, weil die Eröffnung zu sehr die Interessen der Gläubiger und zuwenig die des Schuldners berücksichtigte.[496] Nach Einreichung des Antrags wurde nahezu automatisch und meist ohne Anhörung des Schuldners das Verfahren eröffnet. Oft hatte der Gläubiger damit bereits sein eigentliches Ziel erreicht und beteiligte sich fortan nicht mehr aktiv am Verfahren.[497] Eine gesonderte Prüfung im Rahmen einer Gerichtsverhandlung war nicht vorgesehen, so dass dem Schuldner allenfalls die Chance blieb, sich schriftlich zu äußern.[498]

a) Antragsberechtigung

Berechtigt, einen Antrag auf Eröffnung eines Insolvenzverfahrens zu stellen, sind:

- Der Schuldner selbst (Art. 37 InsG 2002, in bestimmten Fällen besteht auch eine Pflicht zur Antragstellung).

- Die Gläubiger, wenn sie entsprechend hohe fällige Forderungen haben, Art. 39 InsG 2002. Streitig ist dabei, inwieweit auch Arbitrageverwalter (Fremdverwalter und Konkursverwalter) das Recht haben, gegen Schuldner des Schuldners einen Insolvenzantrag zu stellen.[499] Formell nehmen sie Leitungsfunktionen des Schuldners wahr, zu denen dieses Recht gehört. Das Problem zeigt exemplarisch, wie einzelne Bankrottverfahren in einem Dominoeffekt weitere Verfahren nach sich ziehen können.

- Die staatlichen bevollmächtigten Organe, Art. 41 InsG 2002.

---

[496] *Vitrjanskij*, Neues in der rechtlichen Regelung der Insolvenz (des Bankrotts), ChiP 2003 Nr. 1, 4.

[497] *Trefilova*, Aktuelle Fragen der Antikrisenverwaltung, Vestnik des FSFO 2002 Nr. 2, 36 (37), nennt die unglaubliche Zahl von 32% (!) der Antragsteller, die nach der Eröffnung aus dem Verfahren aussteigen; ähnlich *Kostev*, Über die Mechanismen der Antikrisenverwaltung in Moskau, Vestnik des FSFO 2002 Nr. 2, 40f.

[498] *Karelina*, Rechtliche Regelung, 194.

[499] *Bajramova*, Prüfung von Bankrottsachen, AP 2002 Nr. 8, 60 (63); die dies davon abhängig machen will, welche zeitlichen Chancen bestehen, noch Mittel für die Masse zu erlangen; ablehnend wegen der Gefahr einer Verschleppung des Verfahrens: *Mojseeva*, Mängel des föderalen Gesetzes „Über die Insolvenz (den Bankrott)": Probleme der Praxis, Voprosy pravoprimenenija 2002 Nr. 4, 26 (29).

Als Erbe aus der NEP- Zeit[500] war der Staatsanwalt nach Art. 40 InsG 1998 berechtigt, ein Insolvenzverfahren anzustrengen.[501] Auf entsprechend hohe Forderungen des Staats kam es dabei nicht an. Diese Befugnis wurde in der Praxis nur selten wahrgenommen[502] und ist im InsG 2002 entfallen. Sie mag in der Übergangszeit sinnvoll gewesen sein,[503] gilt doch die Staatsanwaltschaft als bestorganisierte staatliche Institution in Russland, hat aber nun ihre Berechtigung verloren. Einfluss und Kontrolle übt der Staatsanwalt nach dem InsG 2002 nur noch gemäß den allgemeinen Kompetenzen der APK aus.[504]

In der Praxis beantragen vor allem staatliche Behörden die Verfahrenseröffnung.[505] In erster Linie sind dabei die Steuerverwaltung[506] sowie die territorialen Untergliederungen des FSFO aktiv.[507] Allerdings ist dieser Befund insoweit zu relativieren, als die Mehrzahl der von der Steuerverwaltung eröffneten Verfahren sich gegen abwesende Schuldner richtet, die ihre Steuerforderungen nicht mehr erfüllen. Diese Verfahren dienen in erster Linie dazu, die Schuldner aus den entsprechenden staatlichen Registern zu streichen.

---

[500] *Teljukina*, Probleme, die im Stadium der Eröffnung des Verfahrens in einer Insolvenzsache entstehen, AGP 1998 Nr. 1/2, 47 (50).

[501] Im vorrevolutionären Recht gab es sogar die Möglichkeit für das Gericht, nach eigenem Ermessen, also ohne jeden Antrag ein Insolvenzverfahren zu eröffnen, vgl. *Tkačev*, Rechtliche Regelung, 23; der Staatsanwalt erhielt diese Befugnis erstmals im Jahre 1927, *ders.*, Rechtliche Regelung, 34f.

[502] Im Jahre 1999 wurden nur 276 von 5.959 Fällen auf Antrag der Staatsanwaltschaft eröffnet, vgl. *Prokudina/Prostova/Popov*, Teilnahme des Staatsanwalts am Arbitrageprozess in Insolvenz (Bankrott-) Sachen, 5; 2002 stellten die Staatsanwälte 535 von 106.647 Anträgen (= 0,5%), vgl. Statistik in VAS 2003 Nr. 4, 26 (28).

[503] *Smid*, Strukturen der Insolvenzrechte in den Reformstaaten Mittel- und Osteuropas, KTS 1998, 313.

[504] Ausführlich *Viktorov/Sapožnikov*, Aufsicht über die Erfüllung der Gesetzgebung über die Insolvenz (den Bankrott), Zakonnost´ 2003 Nr. 6, 17 und 21.

[505] *Oda*, Russian Commercial Law, 152; zu den Zahlen in Brjansk *Bajramova*, Prüfung von Bankrottsachen, AP 2002 Nr. 8, 60; Zahlen für das Tambovsker Oblast, *Šamšurin*, Die Prüfung von Insolvenz- (Bankrott) Sachen, AP 2002 Nr. 11, 57; nach der Statistik für 2002 kamen von 106.647 Anträgen 87.634 (=82%) von den Steuerbehörden und 5.526 vom FSFO, siehe: Statistik in VAS 2003 Nr. 4, 26 (28).

[506] Für das Moskauer Gebiet *Blockij*, Bankrott: Blick auf das Problem, AP 2001 Nr. 6, 67, der auch darauf hinweist, dass der Anteil der staatlichen Organe noch steigt, wenn man nur die tatsächlich bankrott erklärten Unternehmen betrachtet (im Moskauer Gebiet ca. 95%).

[507] Interessante Zahlen bringt *Vitrjanskij*, Wie die Gesetzgebung über den Bankrott reformieren, Zakonodatel´stvo 1999 Nr. 5, 54.

b) Schuldnerantrag

Art. 7 InsG 1998 bzw. Art. 8 InsG 2002 räumt dem Schuldner die Möglichkeit ein, selbst ein Insolvenzverfahren zu beantragen,[508] wenn die Zahlungsunfähigkeit droht. In der Regel kennt er die finanzielle Lage des Unternehmens am besten und kann daher besonders frühzeitig das Verfahren initiieren. Unter bestimmten Umständen ist er dazu sogar verpflichtet.

Das im InsG 1998 in den Art. 181 - 184 vorgesehene Verfahren einer freiwilligen Bankrotterklärung,[509] das für den Schuldner zahlreiche Vorteile hatte und bei dem der Leiter der Liquidationskommission oder der Liquidator zugleich die Funktionen des Konkursverwalters wahrnahmen, wurde durch das InsG 2002 ersatzlos abgeschafft.[510] Nunmehr ist der Schuldner nur noch nach den allgemeinen Regeln oder bei anderweitig geregelter Pflicht zur Antragstellung berechtigt, das Verfahren zu beantragen.[511]

c) Insolvenzgründe

Der vorrevolutionären Tradition[512] folgend legte das InsG 1992 die Überschuldung als Insolvenzgrund fest.[513] Nach Art. 1 und der Einleitung des Gesetzes war zur Eröffnung eines Verfahrens neben der Zahlungsunfähigkeit (неплятежеспособность) die Überschuldung der Bilanz (неоплатьность) oder eine unbefriedigende Lage der Bilanz erforderlich.[514] Infolgedessen war es unmöglich, gegenüber einem Schuldner ein Insolvenzverfahren zu eröffnen, der zwar seine Verbindlichkeiten nicht mehr bediente, aber eine positive Vermögensbilanz aufwies.[515] In Anbetracht der Probleme der Einzelzwangsvollstreckung in Russland bevorzugte diese Situation naturgemäß unlautere Schuldner, die sich gegenüber

---

[508] *Teljukina*, Probleme, die im Stadium der Eröffnung des Verfahrens in einer Insolvenzsache entstehen, AGP 1998 Nr. 1/2, 47.

[509] *Volosatych/Suchinina/Chajmov*, Registrierung und Liquidation von Unternehmen in Russland, 49 und 51f.; auch *Popondopulo*, Rechtliche Regelung der Insolvenz, 202ff.; *Teljukina/Tkačev*, Freiwilliger Bankrott als grundlegendes Mittel zur Sicherung der Liquidation, JurMir 2000 Nr. 6, 12.

[510] *Masevic/Orlovskij/Pavlovskij*, Kommentar, 154.

[511] *Zykova*, Neues in der Gesetzgebung über die Insolvenz (den Bankrott), SiÈ 2003 Nr. 3, 21.

[512] Ausführlich *Tkačev*, Rechtliche Regelung, 66.

[513] Vgl. *Tkačev*, Rechtliche Regelung, 67.

[514] Details legte die Anlage 1: „System der Kriterien zur Bestimmung der unbefriedigenden Struktur der Bilanz zahlungsunfähiger Unternehmen" zur Verordnung der Regierung der RF Nr. 498 vom 20.05.1994 „Über einige Maßnahmen zur Durchsetzung der Gesetzgebung der RF über die Insolvenz (den Bankrott) von Unternehmen" fest; *Teljukina*, Kommentar, 368ff.

[515] *Afon'kin/Sabinina*, Gesetzgebung zum Bankrott, 6; vgl. dazu *Vitransky*, Insolvency and Bankruptcy Law Reform in the Russian Federation, (1999) 44 McGill L.J. 409 (413).

einzelnen Gläubigern ihren Pflichten entziehen konnten, ohne ein Insolvenzverfahren fürchten zu müssen.

Das InsG 1998 nahm daher einen Wechsel zur Zahlungsunfähigkeit als alleinigem Insolvenzgrund vor.[516] Ein Versuch im Jahre 2000 zur Überschuldung als Insolvenzgrund zurückzukehren, scheiterte am Veto des Präsidenten.[517] Das InsG 1998 unterschied bei den Insolvenzgründen in Artikel 3 und 5 nach dem Schuldner:

- Bei juristischen Personen konnte ein Insolvenzverfahren eröffnet werden, wenn fällige Forderungen in Höhe von mindestens 500 Minimallöhnen (entspricht 50.000 RUR) innerhalb von drei Monaten ab Fälligkeit nicht befriedigt wurden (Art. 3 Pkt. 1 InsG 1998). Eine Überschuldung der Bilanz war nicht erforderlich, es genügt bereits die Unterbrechung der Zahlungsströme.[518]

- Gegen eine natürliche Person hingegen konnte nach dem InsG 1998 ein Verfahren eröffnet werden, wenn sie nicht in der Lage war, Forderungen innerhalb von drei Monaten nach ihrer Fälligkeit zu zahlen <u>und</u> diese Forderungen den Wert des ihr gehörenden Vermögens überschritten, Art. 3 Pkt. 1. Bei natürlichen Personen war neben der Zahlungsunfähigkeit also zusätzlich die Überschuldung erforderlich. Weiterhin musste die Höhe der nicht bezahlten Verbindlichkeiten 100 Minimallöhne (=10.000 RUR) überschreiten.[519] Damit wurde für natürliche Personen das System des InsG 1992 fortgeschrieben.

Das InsG 2002 behält die Grundentscheidung des InsG 1998 bei,[520] löst aber die Höhe der Forderungen von der Abhängigkeit zum Mindestlohn. Noch immer genügt bei juristischen Personen die Zahlungsunfähigkeit zur Eröffnung des Verfahrens; eine Überschuldung ist nur bei natürlichen Personen erforderlich (Art. 3 Pkt. 2). Die Höhe der innerhalb von drei Monaten nicht fälligen erfüllten Forderungen wurde für juristische Personen auf eine Summe von 100.000 RUR verdoppelt.[521] Für natürliche Personen wurden wie bisher 10.000 RUR festgelegt.

---

[516] *Vitrjanskij,* Neue Gesetzgebung über die Insolvenz (den Bankrott), ChiP 1998 Nr. 3, 38.
[517] Ausführlich *Vitrjanskij,* Neues in der rechtlichen Regelung der Insolvenz (des Bankrotts), ChiP 2003 Nr. 1, 6; ähnlich *ders.* im Vorwort zu: *Koliničenko,* Schutz der Interessen, 5.
[518] *Baj/Melichov,* Über Probleme, die bei der Ermittlung der Bankrottgründe durch die Wirtschaftsgerichte entstehen, VAS 2002 Nr. 10, 113 (114).
[519] Der Minimallohn liegt derzeit bei 100 Rubel, also ca. 3 Euro, damit entsprechen 100 Minimallöhne 10.000 RUR oder etwa 300 Euro, vgl. zum Minimallohn: Gesetz Nr. 82-FZ „Über den Minimallohn" vom 19.06.2000, zuletzt geändert am 26.11.2002, Art. 4.
[520] *Tkačev,* Rechtliche Regelung, 68.
[521] Schon vor der Revolution gab es eine feste Summe, damals 1.500 RUR, vgl. *Šeršenevič,* Konkursprozess, 91; der Kurs eines Euro betrug Mitte des Jahres 2003 etwa 35 Rubel.

84

Ob allerdings eine in Ziffern festgelegte Forderungshöhe in Anbetracht der nach wie vor beträchtlichen Inflation in Russland praktikabel ist, erscheint fraglich.[522] Kritisiert wird auch, dass die gewählte Summe bei kleinen Unternehmen angemessen sein mag, für Großunternehmen jedoch lächerlich gering erscheint.[523] Es gibt daher Stimmen, die eine völlige Abkehr von einer zahlenmäßig bestimmten Mindestsumme fordern, andere wollen die Summe sogar noch deutlich erhöhen. Ein origineller Vorschlag ist, die Höhe der notwendigen Forderungen im Verhältnis zum Satzungskapital des jeweiligen Schuldners festzulegen.[524] Dagegen spricht allerdings, dass ein solches Verfahren die Lage für Gläubiger schwer durchschaubar macht. Vor Antragstellung müssten sie zunächst das Satzungskapital des Schuldners ermitteln. Letztlich ist dem russ. Gesetzgeber zu empfehlen, im Lauf der Zeit – wie in Deutschland – jede Grenze entfallen zu lassen. Eine zu hohe Hürde für die Verfahrenseröffnung führt zu einem Verfall der Zahlungsmoral, da säumige Schuldner keine negativen Konsequenzen fürchten müssen.[525] Auch erhöht eine frühzeitige Antragstellung die Chancen für eine erfolgreiche Sanierung im folgenden Verfahren.

Schon zum InsG 1998 gab es zahlreiche kritische Stimmen, die eine Rückkehr zur Überschuldung forderten.[526] Die dabei vorgebrachten Gründe gelten auch gegenüber dem InsG 2002. Hauptargument ist, dass die reine Zahlungsunfähigkeit es unlauteren Gläubigern einfach mache, bereits mit geringen Forderungssummen ein Insolvenzverfahren anzustrengen und damit einen solventen Schuldner in seiner wirtschaftlichen Lage nachhaltig zu schädigen.[527] Dem ist allerdings entgegenzuhalten, dass das InsG 2002 durch die intensivere Prüfungspflicht für Forderungen den Schuldner bereits stärker schützt und ihm rechtliches Gehör vor der Verfahrenser-

---

[522] *Zykova*, Neues in der Gesetzgebung über die Insolvenz (den Bankrott), SiÈ 2003 Nr. 3, 21 (22), hält die feste Summe für einen Versuch, die Stabilität der Wirtschaft zu dekretieren.

[523] Kritisch auch: *Kiperman*, Neues Insolvenzgesetz; ähnlich *Tkačev*, Rechtliche Regelung, 71; vgl. auch *Sviridenko*, Bestimmung und Ziele des Instituts des Bankrotts im Wirtschaftsverkehr, PiÈ 2003 Nr. 3, 49.

[524] So *Tkačev*, Rechtliche Regelung, 75, und nochmals 148 sowie *ders.*, Insolvenz, 323; einen Bezug zu den Aktiva schlägt *Kiperman*, Neues Insolvenzgesetz, vor.

[525] Sog. „Domino-Effekt", *Vitrjanskij/Vitrjanskij*, Kommentar, 8; allerdings weist *Sviridenko*, Bestimmung und Ziele des Instituts des Bankrotts im Wirtschaftsverkehr, PiÈ 2003 Nr. 3, 49, zu Recht darauf hin, dass Zahlungsschwierigkeiten von Unternehmern häufig objektive, externe Gründe haben.

[526] *Tkačev*, Rechtliche Regelung, 145, und zum Diskussionsstand zum InsG 1998, 65ff.; vgl. auch *Anochin*, Probleme des Konkursverfahrens, AGP 2002 Nr. 2, 11 (12); sehr polemisch *Sergeev*, Noch einmal über die Insolvenz... des Gesetzes über den Bankrott (oder unsere Antwort an Chamberlain und die Autoren des bankrotten Gesetzes, Jurist 2000 Nr. 8, 24, gegen *Teljukina*, Besonderheiten der neuen Gesetzgebung über die Insolvenz (den Bankrott), Zakonodatel´stvo 1999 Nr. 5, 59; ähnlich *Kraščenko*, Bankrott von Unternehmen: seine Gründe und Bedingungen, PiÈ 2000 Nr. 6, 15 (16).

[527] Mit interessanten Beispielen wie „Tokobank": *Tkačev*, Rechtliche Regelung, 73; ebenso *ders.*, Insolvenz, 323.

öffnung gewährt. Im Übrigen hätte ein solventer Schuldner es selbst in der Hand, die Forderung durch Rückgriff auf seine Aktiva zu begleichen.[528] Je geringer die Forderung ist, desto einfacher sollte ihm dies fallen.

aa) Geldzahlungen

Bei den zur Eröffnung zu berücksichtigenden Forderungen wird nach Forderungen auf Geldzahlung und sog. Pflichtzahlungen differenziert. Art. 4 InsG 2002 enthält eine Legaldefinition: Geldzahlungen sind alle auf eine Summe Geldes gerichteten Zahlungen, z.B. aus der Erbringung von Leistungen, der Lieferung von Waren, Darlehen, aber auch Sekundäransprüche.

Zur Feststellung der Insolvenz werden nur Geldforderungen berücksichtigt.[529] Zum Teil wird darin eine Benachteiligung der Inhaber von Nichtgeldforderungen erblickt,[530] die kein Insolvenzverfahren anstrengen können. Dem ist allerdings nicht zuzustimmen. Auch das russ. Recht kennt die Möglichkeit, bei Nichterfüllung von Primäransprüchen in Geld bewertete Sekundäransprüche geltend zu machen.[531] Zudem kann es durchaus ein Vorteil sein, Forderungen außerhalb des Bankrottverfahrens geltend machen zu können.[532]

Das InsG 2002 enthält nunmehr in Art. 4 Pkt. 1 ausführliche Normen für in ausländischer Währung bezifferte Forderungen.[533] Diese finden im russ. Rechtsverkehr wegen der Rubelschwäche vor allem bei internationalem Bezug häufig Anwendung. Sie werden zum Zeitpunkt der Aufnahme in das Register nach dem Kurs der russ.

---

[528] Kritisch dazu aber *Voropaeva*, Rechtliche Mechanismen der Durchführung des Verfahrens der Liquidation von Gläubigerforderungen einer Organisation bei der Fremdverwaltung, JurMir, 2000 Nr. 8, 4 (7), unter Verweis auf die weit verbreitete schlechte Zahlungsmoral.

[529] *Vitrjanskij,* Neue Gesetzgebung über die Insolvenz (den Bankrott), ChiP 1998 Nr. 3, 38 (39f.); mwN *Veršinin*, Die Auswahl des Schutzmittels bürgerlicher Rechte, 335; ausführlich *Černych*, Rangfolge der Befriedigung von Gläubigerforderungen, Jurist 2005 Nr. 11, 65 (67).

[530] *Balandin*, Fragen der Theorie und Praxis der Anwendung der Gesetzgebung zum Bankrott, AP 2002 Nr. 2, 6 (9); *Tkačev*, Insolvenz, 324 will die Differenzierung aufheben; aA *Pustovalova*, Gläubigerforderungen im Lauf des Verfahrens in der Bankrottsache des Schuldners, AGP 2002 Nr. 4, 28 (29), und *dies.*, Praktische Aspekte der Klassifizierung der Gläubigerforderungen in der Gesetzgebung über die Insolvenz (den Bankrott), in: *Šilochvost*, (Hrsg.), Aktuelle Probleme des Zivilrechts. Ausgabe 6, 33 (36), die darin eher einen Vorteil sieht.

[531] Ausführlich *Tkačev*, Rechtliche Regelung, 63ff.; *Teljukina/Tkačev*, Prüfung der Gläubigerforderungen im Konkursverfahren, JurMir 2000 Nr. 7, 10 (11).

[532] *Nikitina*, Das Konkursverfahren, AP 2003 Nr. 6, 14 (21); kritisch aber *Chimičev*, Schutz von Gläubigerrechten beim Bankrott, 117ff.

[533] *Chimičev*, Verwirklichung und Schutz bürgerlicher Rechte bei der Insolvenz (dem Bankrott), 45; Zur früheren Rechtslage *Zajceva*, Berechnung von in ausländischer Währung ausgedrückten Geldforderungen im Verlauf des Konkursverfahrens, Voprosy Pravoprimenenie 2001 Nr. 1, 44.

Zentralbank umgerechnet.[534] Auch wenn die Inflationsrate in Russland langsam sinkt, kann diese Regelung bei längerer Dauer des Insolvenzverfahrens für den Gläubiger sehr nachteilig sein und damit den Zweck der vertraglichen Währungswahl vereiteln.

Ansprüche auf Schadensersatz aus Verletzung von Leib und Leben oder auf Autorenvergütungen werden bevorzugt befriedigt. Sie berechtigen daher nicht zur Eröffnung eines Verfahrens. Auch Ansprüche der Gesellschafter gegen die Gesellschaft sind nach Pkt. 2 keine Geldforderungen im Sinne des Art. 4.[535]

Ebenfalls nicht in die Berechnung eingestellt werden Nebenforderungen wie Vertragsstrafen und andere finanzielle Sanktionen für Vertragsverletzungen.[536] Dies macht auch Sinn, da sonst der Staat mit den Bußen aus Steuerforderungen wohl in beinahe jedem Verfahren mehrheitlicher Gläubiger wäre.

bb) Pflichtzahlungen

Pflichtzahlungen unterscheiden sich von den Geldzahlungen durch die öffentlich-rechtliche Grundlage ihrer Entstehung.[537] Unter diesen Begriff fallen Steuern, Abgaben, Gebühren und andere Zahlungen ins Budget oder in außerbudgetäre Fonds.[538] Die außerbudgetären Fonds verwalten die Sozialversicherungen, die in Russland noch in großem Umfang staatlich organisiert sind.

cc) Recht zur Erwiderung

Das InsG 2002 stärkt die Rechte des Schuldners im Verfahren, die im InsG 1998 nur schwach ausgeprägt waren.[539] Art. 47 InsG 2002 räumt dem Schuldner das Recht ein, auf den Antrag auf Eröffnung des Insolvenzverfahrens zu erwidern. Das InsG 1998 sah in Art. 45 eine Möglichkeit zur Erwiderung erst nach Annahme des Antrags und Anordnung der Beobachtung vor. In der Praxis wurde ein Verfahren daher

---

[534] Zu den genauen Zeitpunkten der Eintragung je nach Anmeldung vgl. *Vitrjanskij*, Neues in der rechtlichen Regelung der Insolvenz (des Bankrotts), ChiP 2003 Nr. 1, 10; nach deutschem Recht erfolgt eine Umrechnung für den Zeitpunkt der Eröffnung, vgl. *Häsemeyer*, Insolvenzrecht, Rn 35.19.

[535] *Kornilov*, Über die Insolvenz (den Bankrott), AP 2001 Nr. 7, 41 (47).

[536] Ausführlich dazu *Pulova*, Reihenfolge der Befriedigung von Geldforderungen natürlicher Personen als Gläubiger im Zusammenhang mit der Insolvenz (dem Bankrott) des Schuldners, PiE 2002 Nr. 12, 63; auch *Pustovalova*, Praktische Aspekte der Klassifizierung der Gläubigerforderungen in der Gesetzgebung über die Insolvenz (den Bankrott), in: *Šilochvost*, (Hrsg.), Aktuelle Probleme des Zivilrechts. Ausgabe 6, 33 (42ff.).

[537] *Tkačev*, Rechtliche Regelung, 65.

[538] Ausführlich *Poluėktov*, Pflichtzahlungen beim Bankrott einer juristischen Person, AGP 2000 Nr. 1, 47.

[539] Sehr anschauliche Schilderung bei *Starikova*, Geschichte eines Bankrotts, JurMir 2001 Nr. 4, 51.

bereits bei Antragstellung quasi automatisch eröffnet,[540] gelegentlich ohne dass der Schuldner überhaupt davon erfuhr.[541] Das Verfassungsgericht hat in seiner Entscheidung vom 12.03.2001[542] Art. 55 Abs. 3 des InsG 1998 für verfassungswidrig erklärt, da die Rechte der Beteiligten auf gerichtlichen Schutz nicht ausreichend berücksichtigt würden.

Zur Eröffnung des Verfahrens werden im Gegensatz zum InsG 1998[543] nur noch Forderungen berücksichtigt, die durch ein in Rechtskraft erwachsenes Urteil eines staatlichen Gerichts oder eines Schiedsgerichts anerkannt sind, Art. 6 Pkt. 3 InsG 2002.[544] Die Frist der Nichterfüllung muss vom Gläubiger durch den Nachweis der Vorlage des Vollstreckungsdokuments zur Vollstreckung erbracht werden. Das Wirtschaftsgericht prüft innerhalb einer Frist von maximal 30 Tagen gemäß Art. 42 Pkt. 6 InsG 2002 ab Annahme des Antrags das Vorliegen eines Insolvenzgrundes, also die Begründetheit der Forderungen der Antragsteller, Art. 48.[545] Damit werden entgegen dem üblichen Prinzip bereits in Rechtskraft erwachsene Forderungen erneut geprüft.[546] Bis zum Erlass der entsprechenden Anordnung hat der Schuldner die Möglichkeit, durch Erfüllung der Forderungen die Eröffnung abzuwenden (Art. 48 Pkt. 3 aE).[547]

---

[540]   *Vitrjanskij*, Neues in der rechtlichen Regelung der Insolvenz (des Bankrotts), ChiP 2003 Nr. 1, 7, spricht von „mechanischer Eröffnung"; *Karelina*, Rechtliche Regelung, 135, davon, dass der Schuldner automatisch der Beobachtung verfällt.

[541]   Dazu *Oda*, Russian Commercial Law, 153.

[542]   Zu Details siehe Anlage Nr. 2.

[543]   Nach diesem genügten auch andere Nachweise; kritisch zu den möglichen Fällen eines Rechtsmissbrauchs *Anochin*, Probleme des Konkursverfahrens, AGP 2002 Nr. 2, 11 (14); die Gerichtspraxis behalf sich oft mit Art. 10 ZGB (Rechtsmissbrauch), vgl. *Vitrjanskij*, Wie die Gesetzgebung über den Bankrott reformieren, Zakonodatel´stvo 1999 Nr. 5, 57; *Kusnecov*, Verfahren der Erhebung von Anträgen auf Bankrotterklärung einer juristischen Person als Schuldner, PiE 2002 Nr. 5, 20.

[544]   *Vitrjanskij*, Neues in der rechtlichen Regelung der Insolvenz (des Bankrotts), ChiP 2003 Nr. 1, 10; selbst dies halten *Baj/Melichov*, Über Probleme die bei der Ermittlung der Bankrottgründe durch die Wirtschaftsgerichte entstehen, VAS 2002 Nr. 10, 113 (115), nicht für ausreichend und werfen damit ein bezeichnendes Bild auf die russ. Justiz.

[545]   Dazu Gesetzesbegründung Pkt. II; so schon gefordert von *Vitrjanskij*, Wege zur Vervollkommnung der Bankrottgesetzgebung, 94; vgl. *Bessonova*, Neuigkeiten des Gesetzes über den Bankrott und die Probleme ihrer Anwendung, AP 2003 Nr. 1, 3 (4); *Chimičev*, Sicherung der Rechte und gesetzlichen Interessen der Gläubiger, AP 2003 Nr. 4, 3 (8), weist darauf hin, dass diese Prüfung auch im Interesse der übrigen (redlichen) Gläubiger ist.

[546]   *Teljukina*, Die Gläubigerversammlung eines insolventen Schuldners als Subjekt des Konkursrechts, Advokat 2003 Nr. 2, 22 (26); kritisch auch *Karelina*, Rechtliche Regelung der Insolvenz (des Bankrotts), 84.

[547]   „Letzte Chance", *Zykova*, Neues in der Gesetzgebung über die Insolvenz (den Bankrott), SiÈ 2003 Nr. 3, 21 (22).

Erleichterte Voraussetzungen sieht das Gesetz für die Verfahrenseröffnung gegen bestimmte Gruppen von Schuldnern vor.[548] Nach Art. 224 kann im Falle der Liquidation einer juristischen Person das Verfahren eröffnet werden, wenn deren Aktiva nicht ausreichen, alle Forderungen zu begleichen.[549] Nach Art. 227 reicht bei einem abwesenden Schuldner bzw. bei einer juristischen Person, die ihre Tätigkeit eingestellt hat und deren Leiter abwesend ist, bereits diese Tatsache zur Eröffnung des Insolvenzverfahrens.[550]

d) Antragspflicht

Während im InsG 1992 noch jede Antragspflicht für den Schuldner fehlte,[551] kennen sowohl das InsG 1998[552] als auch das InsG 2002 in bestimmten Fällen eine Pflicht der Leitungsorgane des Schuldners, ein Insolvenzverfahren zu beantragen.[553] Damit soll verhindert werden, dass ein an sich insolventer Teilnehmer weiter auf dem Markt tätig ist und zusätzlichen Schaden anrichtet.[554]

Der Leiter[555] des Schuldners ist nach Art. 9 Pkt. 1 InsG 2002 verpflichtet, sich innerhalb eines Monats mit einem Insolvenzantrag an das Gericht zu wenden, wenn die Befriedigung einzelner Forderungen erkennbar zur Zahlungsunfähigkeit führt, eine Einzelzwangsvollstreckung die wirtschaftliche Tätigkeit erschwert oder wenn die zuständigen Organe des Schuldners dies beschlossen haben.[556]

Art. 10 Pkt. 1 InsG 2002 statuiert eine allgemeine Schadensersatzpflicht der Leitungsorgane oder Gesellschafter des Schuldners bei Gesetzesverletzungen. Bei Unterlassen der notwendigen Antragstellung nach Art. 9 ordnet Art. 10 Pkt. 2 die sub-

---

[548] *Popondopulo/Slepčenko*, Kommentar, Art. 33 Pkt. 2.

[549] *Popondopulo/Gorodov*, Kommentar, Art. 224 Pkt. 1.

[550] *Popondopulo/Gorodov*, Kommentar, Art. 227 Pkt. 2.

[551] Das vorrevolutionäre Konkursrecht kannte allerdings bereits entsprechende Pflichten: siehe *Tkačev*, Rechtliche Regelung, 23.

[552] Vgl. Art. 8 InsG 1998; dazu *Vitransky*, Insolvency and Bankruptcy Law Reform in the Russian Federation, (1999) 44 McGill L.J. 409 (419); *Vitrjanskij*, Neue Gesetzgebung über die Insolvenz (den Bankrott), ChiP 1998 Nr. 3, 38 (40); *Masevic/Orlovskij/Pavlovskij*, Kommentar, 33.

[553] *Teljukina/Tkačev*, Über das verpflichtende Verfahren der Einreichung des Antrags auf Insolvenz (Bankrott) eines Schuldners, SiE 2002 Nr. 2, 29; *Fedorova*, Several Remarks on the Novelties of the New Russian Law on Insolvency, KONtakt Oktober 2000, 26; *Tkačev*, Insolvenz, 314f.

[554] *Flaschen/DeSieno*, The Development of Insolvency Law as Part of the Transition from a Centrally Planned Economy to a Market Economy, International Lawyer 26 (1992), 667 (680).

[555] Unter dem „Leiter" einer juristischen Person versteht das russ. Recht das individuelle Leitungsorgan (Geschäftsführer). Zur Unterscheidung wird die Bezeichnung „Leiter" beibehalten.

[556] Einzelheiten bei *Popondopulo/Popondopulo*, Kommentar, Art. 9 Pkt. 1.

sidiäre Haftung der dazu Verpflichteten für entstehende Schäden an.[557] Diese betrifft allerdings nur die nach Ablauf der Frist zur Antragstellung entstanden Forderungen (also den Differenzschaden). Der Arbitrageverwalter ist berechtigt und verpflichtet, diese Forderungen im Lauf des Verfahrens geltend zu machen und zur Masse zu ziehen.[558]

Zusätzlich kennt das ZGB in den Artikeln 56 und 105 eine subsidiäre Haftung für die Verleitung zum Konkurs. Sie trifft Personen, die auf eine juristische Person Einfluss nehmen können.[559] Insbesondere haften Aktiengesellschaften für die Verbindlichkeiten insolvent gewordener Tochtergesellschaften, wenn sie auf diese bestimmenden Einfluss genommen haben.[560] Auch diese Haftung ist vom Arbitrageverwalter zu realisieren.

In der Praxis werden die früheren Leiter des Schuldners nur selten zur Verantwortung gezogen.[561] Dies hängt u.a. damit zusammen, dass ihre Haftung noch im Konkursverfahren realisiert werden muss. Die Gläubiger sind zur Geltendmachung nicht berechtigt, die zuständigen Arbitrageverwalter bleiben häufig passiv.[562] Zudem verlängert die Erhebung des Anspruchs das Verfahren, da es kaum möglich ist, die genaue Höhe der Forderung (Differenz) rechtzeitig vor Verfahrensabschluss zu bestimmen.[563]

e) Massearmes Verfahren

Das InsG 1992 schuf eine missliche Lage, indem es den Gläubigern die Verpflichtung auferlegte, bei Eröffnung des Verfahrens Vorauszahlungen für die Kosten des Verfahrens zu leisten. Ein Gläubiger, der von der aussichtslosen (massearmen) Lage des Schuldners wusste, war kaum bereit, diese Kosten zusätzlich aufzubringen. Damit aber wurde es praktisch unmöglich, einen überschuldeten Schuldner zu liquidieren. Die Gerichte behalfen sich, indem sie den Schuldner ohne ein Konkursver-

---

[557] Beschluss des Plenums des Obersten Wirtschaftsgerichts vom 15.12.2004 Nr. 29, Pkt. 7; *Kolininčenko*, Schutz der Interessen, 143; *Volosatych/Suchinina/Chajmov*, Registrierung und Liquidation von Unternehmen in Russland, 17f.; *Razorenov*, Wer ist der „letzte" beim Bankrott, Kollegija 2003 Nr. 3, 11; *Tkačev*, Insolvenz, 314.

[558] *Vitransky*, Insolvency and Bankruptcy Law Reform in the Russian Federation, (1999) 44 McGill L.J. 409 (416).

[559] *Vitrjanskij/Vitrjanskij*, Kommentar, 12; *Karelina*, Rechtliche Regelung, 114; *Chimičev*, Rechtliche Lage der Gesellschafter des Schuldners in der Bankrottsache, VAS 2002 Nr. 3, 106 (108ff.); auch *Teljukina*, Subsidiäre Haftung bei der Insolvenz (dem Bankrott), JurMir 1998 Nr. 7, 15; *Mereminskaja,* Durchgriffshaftung im System des Gläubigerschutzes nach dem russischen GmbH-Recht, WiRO 2001, 369 (370).

[560] *Jahn*, Insolvenzen in Europa, 313; dazu auch *Lüdemann*, Das Recht der Aktiengesellschaft in Russland, 145f.

[561] So *Vitrjanskij* im Vorwort zu: *Kolinčenko*, Schutz der Interessen, 6.

[562] *Gromova*, Die Tätigkeit der Arbitrageverwalter bei Durchführung von Bankrottverfahren, AP 2002 Nr. 7, 42 (46).

[563] Ausführlich *Teljukina*, Vollmachten des Konkursverwalters, SiE 2002 Nr. 3, 15.

fahren für liquidiert erklärten und seine Streichung aus dem staatlichen Register anordneten. Diese Lösung war zwar praktikabel, stellte aber einen Verstoß gegen das Gesetz dar.[564]

Nach dem InsG 1998 waren Schuldner, deren Vermögen nicht zur Deckung der Verfahrenskosten ausreichte, den abwesenden Schuldnern gleichgestellt.[565] Gegen sie konnte ein Verfahren nur eröffnet werden, wenn Quellen für die Begleichung dieser Kosten erschlossen wurden. Im Falle eines abwesenden Schuldners schreibt auch Art. 227 Pkt. 2 InsG 2002 vor, dass das Verfahren nur eröffnet werden kann, wenn genügend Mittel zur Tilgung der Kosten vorhanden sind.[566] Unklar ist, ob bei späterer Aufdeckung der Massearmut ein Übergang in das vereinfachte Verfahren möglich ist.

f) Annahme des Antrags

Die erste Phase des Eröffnungsverfahrens endet entweder mit einem ablehnenden Beschluss des Gerichts oder der Annahme des Antrags. Nach Art. 42 Pkt. 2 InsG 2002 muss über die Annahme innerhalb von 5 Tagen ab Eingang des Antrags entschieden werden.

Die Ablehnung kann aus prozessualen Gründen erfolgen, Art. 43, z.B. wenn der Antrag nicht ordnungsgemäß (z.B. von einer nicht berechtigten Person oder unter Verletzung der gesetzlichen Anforderungen) eingereicht wurde.[567] In diesem Fall erlässt das Gericht einen Beschluss, gegen den die Beschwerde möglich ist. Entspricht der Antrag nicht den formalen Anforderungen nach den Art. 37-41 weist das Wirtschaftsgericht den Antrag zurück.

15 bis 30 Tage nach Erlass des Beschlusses über die Annahme des Antrags muss das Wirtschaftsgericht nach Art. 42 Pkt. 6 über die Anordnung der Beobachtung entscheiden. Auf dieser Gerichtssitzung wird nach Art. 48 die Begründetheit der Forderungen des Antragstellers geprüft.[568] Im Anschluss wird die Beobachtung angeordnet, wenn die Forderungen bestehen. Anderenfalls lehnt das Gericht die Beobachtung ab und beendet das Bankrottverfahren.

---

[564] Zum ganzen Komplex: *Tkačev*, Rechtliche Regelung, 47f.

[565] *Masevic/Orlovskij/Pavlovskij*, Kommentar, 151.

[566] Informationsbrief des Präsidiums des Obersten Wirtschaftsgerichts vom 26.07.2005 Nr. 94; *Nikitina*, Vereinfachte Bankrottverfahren, AP 2003 Nr. 2, 3 (5).

[567] Es gelten zusätzlich die allgemeinen Regeln der APK, *Popondopulo/Slepčenko*, Kommentar, Art. 43.

[568] Dies stellt eine Änderung zum InsG 1998 dar, wo die Begründetheit der Forderungen erst im Bankrottverfahren geprüft wurde, und verbessert die Lage des Schuldners, vgl. *Popondopulo/Slepčenko*, Kommentar, Art. 48 Pkt. 1; fragwürdig ist, dass das Wirtschaftsgericht auch bereits rechtskräftig festgestellte Forderungen nochmals prüft.

g) Beobachtung

Noch zum Eröffnungsverfahren gehört der Sache nach die Beobachtung (наблюдение) als erstes Bankrottverfahren. Sie stellt eine Neuerung im russ. Insolvenzrecht dar, wurde erst durch das InsG 1998 eingeführt[569] und orientiert sich an ausländischen Regeln.[570] In bestimmtem Umfang ähnelt sie der vorläufigen Insolvenzverwaltung nach deutschem Recht.[571]

Grund für die Einführung der Beobachtung war die allgemein als unbefriedigend empfundene Situation nach Stellung des Antrags auf Bankrotterklärung. Diese bot vor 1998 unlauteren Verfahrensbeteiligten die Möglichkeit, die Ziele des gesamten Insolvenzverfahrens zu unterlaufen.[572] Der informierte Schuldner konnte in der Phase zwischen Antragstellung und Eröffnung des Verfahrens die Aktiva seines Unternehmens beiseite schaffen, so dass bei Eröffnung nur noch eine leere Hülle vorhanden war.[573] Dagegen half seitens der Gläubiger nur die Anordnung eines Arrests über das Vermögen des Schuldners. Durch die damit verbundene Einschränkung der Handlungsmöglichkeiten und den Ansehensverlust wurde oft jede Chance für eine Sanierung des Unternehmens zerstört, selbst gesunde Unternehmen mussten im Anschluss häufig zerschlagen werden.[574]

Nach dem InsG 1998 wurde die Beobachtung gleichzeitig mit dem Beschluss über die Annahme des Antrags auf Bankrotterklärung angeordnet, Art. 56.[575] Es war also möglich, die Beobachtung einzuführen, ohne den Schuldner davon in Kenntnis zu setzen.[576] Dieser hatte damit zwar keine Möglichkeit mehr, Vermögen beiseite zu

---

[569] *Teljukina*, Konkursrecht, 231; vgl. *Vitrjanskij/Vitrjanskij*, Kommentar, 17; ausführlich *Šipicina*, Verfahren, Folgen der Anordnung und Beendigung des Verfahrens der Beobachtung, Jurist 2000 Nr. 10, 36.

[570] So an der französischen periode d´observation; dazu *Guyon*, Droit des Affaires, Tome 2, Entreprises en difficulté, Redressement judiciaire – Faillite, 203; auch *Trunk*, Das neue russische Insolvenzrecht. Von der Zwischenbilanz zur Totalrevision, in: *Schroeder* (Hrsg.), Die neuen Kodifikationen in Russland, 2. Auflage, 99; *Flaschen/DeSieno*, The Development of Insolvency Law as Part of the Transition from a Centrally Planned Economy to a Market Economy, International Lawyer 26 (1992), 667 (681); weiterhin *Vitransky*, Insolvency and Bankruptcy Law Reform in the Russian Federation, (1999) 44 McGill L.J. 409 (415); und *Stepanov*, Insolvenz, 163.

[571] *Tkačev*, Rechtliche Regelung, 83.

[572] *Tkačev*, Rechtliche Regelung, 84; *Teljukina*, Kommentar, IX.

[573] Zu diesem Aspekt: *Drosdov*, Zusätzliche Garantien der Rechte der Beteiligten am Bankrott, AP 2002 Nr. 2, 4.

[574] Ausführlich zu der Problematik *Teljukina*, Konkursrecht, 232f.; ähnlich *Borodin*, Solche verschiedenen Arbitrageverwalter, Kollegija 2002 Nr. 9, 16.

[575] *Zenkin/Tal´*, Bankrott kommerzieller Organisationen, 150.

[576] So gehörte es zu einer der ersten Aufgaben des vorläufigen Verwalters, den Schuldner von der Eröffnung des Verfahrens zu unterrichten, vgl. *Zenkin/Tal´*, Bankrott kommerzieller Organisationen, 168. Wenn man zusätzlich bedenkt, dass der vorläufige Verwal-

schaffen, er wurde jedoch in seinen Rechten stark eingeschränkt und hatte kaum eine Chance, sich gegen den möglicherweise unbegründeten Eröffnungsantrag effektiv zur Wehr zu setzen.[577] Das Unternehmen konnte erhalten werden, allerdings auf Kosten einer fragwürdigen Beschränkung der Eigentumsrechte des Schuldners.

Das InsG 2002 behebt diese Mängel weitgehend.[578] Die Beobachtung kann nunmehr nicht sofort bei Annahme des Eröffnungsantrags angeordnet, sondern erst als Ergebnis einer Prüfung der Begründetheit des Antrags, Art. 62.[579] Für die verschiedenen Abschnitte legt das Gesetz allerdings recht kurze Fristen fest. Bis dahin können vorläufige Maßnahmen nach der APK zum Schutz des schuldnerischen Vermögens angeordnet werden, Art. 46 InsG 2002.

aa) Ziele der Beobachtung

Während der Beobachtung sollen die Interessen sowohl des Schuldners (vor allem an einer Fortführung seiner Tätigkeit) als auch der Gläubiger (auf Schutz der Masse) angemessen geschützt werden.[580]

Dazu setzt das Wirtschaftsgericht einen vorläufigen Verwalter ein. Dieser übernimmt allerdings nicht die Geschäfte des Schuldners, sondern überwacht nur die weiterarbeitenden Verwaltungsorgane des Schuldners. Zusätzliche Funktion der Beobachtung ist, dem Wirtschaftsgericht zu einem genauen Überblick über die tatsächliche wirtschaftliche Lage des Schuldners zu verhelfen. Dazu wird dessen finanzielle Situation analysiert, Art. 70 InsG 2002, um eine begründete Entscheidung für den Fortgang des Verfahrens zu treffen.

bb) Anordnung der Beobachtung

Das Verfahren zur Anordnung der Beobachtung nach dem InsG 1998 wurde heftig kritisiert, da es die Rechte des Schuldners unangemessen beeinträchtige. Das InsG 2002 trägt dem in Art. 62, 47 Rechnung. Der Schuldner hat das Recht, auf den Insolvenzeröffnungsantrag zu erwidern und damit seinen Standpunkt zu verdeutlichen. Zum Schutz der Gläubiger verweist das InsG 2002 auf die allgemeinen Regeln der APK zum einstweiligen Rechtsschutz.[581] Danach kann das Gericht bei Vorliegen von Anzeichen unlauterer Handlungen das Vermögen des Schuldners arretieren. Um

---

ter in der Regel vom Gläubiger vorgeschlagen wurde, kann man die nahezu ausweglose Lage des Schuldners ermessen.

[577] Sehr kritisch zu dieser Praxis: *Vitrjanskij*, Wege zur Vervollkommnung der Bankrottgesetzgebung, 94.

[578] *Bessonova*, Neuigkeiten des Gesetzes über den Bankrott und die Probleme ihrer Anwendung, AP 2003 Nr. 1, 3.

[579] *Vitrjanskij*, Neues in der rechtlichen Regelung der Insolvenz (des Bankrotts), ChiP 2003 Nr. 1, 11; die Beobachtung ist verpflichtend, *Popondopulo/Skvorcov*, Kommentar, Art. 62 Pkt. 4.

[580] *Popondopulo/Skvorcov*, Kommentar, Art. 62 Pkt. 1f.

[581] Vgl. Art. 90ff. APK. Diese Normen stellen auch dort ein Novum dar, so dass noch keine Aussagen zur Effektivität ihrer Handhabung vorliegen.

Missbrauch zu vermeiden, wird vorgeschlagen, die Beobachtung sogleich anzuordnen und die Prüfung der Forderungen erst im Rahmen der Beobachtung vorzunehmen.[582]

Das Wirtschaftsgericht ordnet die Beobachtung abweichend von der Regel durch einen Einzelrichter per Beschluss an, Art. 49 InsG 2002. Die Dauer der Beobachtung muss nach Art. 51 InsG 2002 unter Berücksichtigung der Frist von maximal 7 Monaten für die Prüfung der Bankrottsache festgelegt werden.[583] Die Beobachtung dürfte damit im Regelfall 6 Monate nicht überschreiten. Der vorläufige Arbitrageverwalter wird nach dem allgemeinen Verfahren ausgewählt, wobei die Selbstverwaltungsorganisation durch den Antragsteller benannt wird.[584]

cc) Maßnahmen bei Beobachtung

Die Leitungsorgane des Schuldners bleiben bei Anordnung der Beobachtung im Amt, sind allerdings in ihrer Handlungsfreiheit eingeschränkt.[585] Bestimmte Rechtsgeschäfte sind ihnen nach Art. 64 Pkt. 3 InsG 2002 ganz untersagt. Dies betrifft in erster Linie eine Reorganisation[586] oder Liquidation des Schuldners sowie das Ausscheiden einzelner Gesellschafter. Für eine Reihe weiterer Rechtsgeschäfte ist zwingend die Zustimmung des Verwalters erforderlich, Art. 64 Pkt. 2 InsG 2002.[587] Dies betrifft vor allem Geschäfte über Vermögen, das mehr als 5% der Bilanzsumme ausmacht sowie bestimmte als besonders „gefährlich" angesehene Geschäfte wie die Annahme bzw. Vergabe eines Darlehen oder die Gewährung von Bürgschaften oder Garantien. Diese Rechtsgeschäfte sind bis zur Genehmigung durch den Verwalter schwebend unwirksam.[588] Das Gericht kann dem Verwalter auf seinen Antrag weitere Kompetenzen übertragen oder den Umfang der zustimmungsbedürftigen Geschäfte erweitern, Art. 66 Pkt. 1 InsG 2002.

Im übrigen setzt der Schuldner seine Tätigkeit am Markt fort; die in der Literatur teilweise verlangte Einführung eines Moratoriums schon in diesem frühen Stadium wurde nicht umgesetzt,[589] hätte wohl auch eine Fortsetzung der wirtschaftlichen Aktivitäten durchkreuzt. Mit Anordnung der Aufsicht wird allerdings die Möglichkeit der Einzelzwangsvollstreckung gegen den Schuldner nach Art. 63 InsG 2002

---

[582] *Tkačev*, Insolvenz, 324.

[583] *Popondopulo/Slepčenko*, Kommentar, Art. 51.

[584] *Teljukina*, Konkursrecht 2004, 208.

[585] Der Rechtsstatus des Schuldners wird also beschränkt; vgl. *Teljukina*, Konkursrecht, 242f.; fraglich ist insoweit, ob der Schuldner nur in seiner Geschäftsfähigkeit oder auch in seiner Rechtsfähigkeit beschränkt wird.

[586] Vgl. dazu *Zenkin/Tal´*, Bankrott kommerzieller Organisationen, 45f.; ausführlich zur Reorganisation *Volosatych/Suchinina/Chajmov*, Registrierung und Liquidation von Unternehmen in Russland, 64ff.; und *Sergeev/Tolstoj*, Zivilrecht, Band 1, 140.

[587] *Guseva/Vladyka*, Arbitrageverwalter, 53.

[588] *Teljukina*, Konkursrecht, 243.

[589] *Tkačev*, Rechtliche Regelung, 90.

stark beschränkt.[590] Dies soll verhindern, dass einzelne Gläubiger sich vorrangige Befriedigung verschaffen.

Der vorläufige Verwalter ist daneben verpflichtet, die finanzielle Lage des Schuldners zu analysieren, Art. 70 InsG 2002. Dabei hat er zunächst festzustellen, ob ausreichende Mittel für die Verfahrenskosten vorhanden sind.[591] Danach hat der Verwalter die Vermögenslage des Schuldners und seine Liquidität zu analysieren. Dabei ist neben einer buchhalterischen Prüfung auch der Marktwert einzelner Unternehmenskomplexe zu berücksichtigen.[592] Schließlich sind die Perspektiven einer Fortführung des schuldnerischen Unternehmens (bei der finanziellen Sanierung oder der Fremdverwaltung) zu bewerten.[593]

dd) Entfernung des Leiters des Schuldners

Auf Antrag des vorläufigen Verwalters kann das Gericht den Leiter des Schuldners nach Art. 69 InsG 2002 von seinen Funktionen entbinden. Anders als nach dem InsG 1998, das in Art. 58 Pkt. 4 die Möglichkeit vorsah, dem vorläufigen Verwalter diese Funktionen zu übertragen,[594] schreibt das InsG 2002 in Art. 69 Pkte. 4 und 5 ein ausführliches Verfahren für die Bestellung eines neuen Leiters durch die Gesellschafter des Schuldners vor. Damit ist klargestellt, dass der vorläufige Verwalter diese Funktionen selbst nicht ausüben kann.[595] Hintergrund für diese Änderung sind massive Rechtsverletzungen bei der Ersetzung der Leiter in der Vergangenheit.[596] Auch besteht kein Anlass, bereits in diesem frühen Stadium den Gesellschaftern des Schuldners jeden Einfluss auf das Verfahren zu nehmen.

Grundlage für die Entfernung des Leiters bildet die Verletzung seiner Pflichten nach dem InsG 2002; dies betrifft in erster Linie die Mitwirkung bei der Tätigkeit des

---

[590] *Leonov/Rubanova*, Die Erfüllung von Forderungen in Bankrottverfahren, AP 2005 Nr. 10, 3.

[591] Zum alten Recht: *Teljukina*, Konkursrecht, 248.

[592] So *Teljukina*, Konkursrecht, 250.

[593] Ausführlich zu den dabei zu beachtenden Methoden und Anforderungen: *Golubejev/ Rubzowa*, Arbitrageverwaltung, Kapitel 6, 169ff.; zu den Aufgaben als Sachverständiger im deutschen Recht: *Gottwald/Uhlenbruck*, Insolvenzrechtshandbuch, § 14 Rn 42.

[594] Dabei war sogar streitig, wie weit die Befugnisse des vorläufigen Verwalters reichen. Einige Stimmen, vgl. *Masevic/Orlovskij/Pavlovskij*, Kommentar, 68, wollten dem vorläufigen Verwalter wie den Verwaltern in den folgenden Verfahren alle Befugnisse einräumen. Andere sahen sie nicht weitergehend als die Befugnisse des entbundenen Leiters, da sonst die Rechte der anderen Organe des Schuldners verletzt würden; vgl. zu dem heute obsoleten Streit: *Teljukina*, Konkursrecht, 241f.

[595] *Vitrjanskij*, Neues in der rechtlichen Regelung der Insolvenz (des Bankrotts), ChiP 2003 Nr. 1, 11; so auch *Degtereva*, Die Rechte der Gründer und der Verwaltungsorgane des Schuldners im Stadium der Beobachtung, AP 2006 Nr. 2, 3 (9); *Guseva/Vladyka*, Arbitrageverwalter, 54; aA *Dorochina*, Besonderheiten der Tätigkeit des vorläufigen Verwalters bei Durchführung der Beobachtung, PiE 2004, Nr. 6.

[596] *Popov*, Die finanzielle Sanierung als neues Bankrottverfahren, Zakonodatel´stvo 2003 Nr. 4, 40 (43).

Verwalters, also die Überlassung von Informationen, die Vorlage von Rechtsgeschäften zur Genehmigung, kurz, die Kooperation mit dem Verwalter.[597] Erst recht kann er im Falle von Handlungen zur Schädigung einzelner Gläubiger entfernt werden.

ee) Anmeldung der Forderungen

Neben der Analyse der finanziellen Lage ist eine weitere wichtige Aufgabe des vorläufigen Verwalters die Feststellung der Gläubiger.[598] Er hat diese zu ermitteln und ihnen die Frist zur Anmeldung der Forderungen mitzuteilen. Diese Frist ist von großer Bedeutung. Zwar führt eine Versäumung nicht zum Verlust der Forderung, allerdings wird eine Anmeldung der Forderung bei Fristversäumnis erst im folgenden Bankrottverfahren möglich, Art. 71 Pkt. 7 InsG 2002.[599] Dies hat zur Folge, dass der Gläubiger nicht an der ersten Gläubigerversammlung teilnehmen kann, die oft die entscheidenden Weichen für den weiteren Verfahrensgang stellt. Damit ist ihm also die Möglichkeit entzogen, über die Fortsetzung des Verfahrens mitzubestimmen.[600]

Widerspruch gegen eine geltend gemachte Forderung können neben dem Schuldner auch andere Gläubiger oder der vorläufige Verwalter anmelden, Art. 71 Pkt. 2 InsG 2002.[601] Sind gegen eine Forderung Widersprüche angemeldet worden, muss diese vom Gericht auf einer Gerichtssitzung geprüft werden.[602] Ist das Gericht außerstande, alle Streitigkeiten in diesem Zusammenhang rechtzeitig zu prüfen, kann es den Arbitrageverwalter beauftragen, die erste Gläubigerversammlung zu verschieben, um allen Gläubigern die Teilnahme zu ermöglichen.[603] Liegt kein Widerspruch vor, wird die Forderung nach Art. 71 Pkt. 5 vom Gericht außerhalb einer Sitzung und ohne Mitwirkung der Beteiligten geprüft.[604]

---

[597]   *Popondopulo/Skvorcov*, Kommentar, Art. 69 Pkt. 1.

[598]   Dazu *Teljukina*, Feststellung der Gläubigerforderungen im Konkursverfahren, SiE 2000 Nr. 5, 23.

[599]   Auch eine Wiedereinsetzung in den vorigen Stand bei triftigen Gründen ist nicht vorgesehen; vgl. *Popondopulo/Skvorcov*, Kommentar, Art. 71 Pkt. 2.

[600]   Informationsbrief des Obersten Wirtschaftsgerichts vom 06.08.1999 Pkt. 6; dazu *Karelina*, Rechtliche Regelung, 94.

[601]   Dies erweitert den Kreis gegenüber dem InsG 1998 beträchtlich; vgl. *Vitrjanskij*, Neues in der rechtlichen Regelung der Insolvenz (des Bankrotts), ChiP 2003 Nr. 1, 11; damit wird auch ein Missbrauch durch Zulassung „fiktiver Gläubiger" erschwert, die die Abstimmungen beeinflussen konnten; dazu *Teljukina*, Feststellung der Gläubigerforderungen im Konkursverfahren, SiE 2000 Nr. 5, 23 (26); sowie *Čuprikov*, Über einige prozessuale Besonderheiten der Prüfung von Insolvenz- (Bankrott-) Sachen durch Wirtschaftsgerichte, AGP 2001 Nr. 5, 31 (36).

[602]   *Veršinin*, Die Auswahl des Schutzmittels bürgerlicher Rechte, 355.

[603]   *Popondopulo/Skvorcov*, Kommentar, Art. 71 Pkt. 7; der Verwalter muss diesem Auftrag genügen.

[604]   *Popondopulo/Skvorcov*, Kommentar, Art. 71 Pkt. 6.

ff) Erste Gläubigerversammlung

Den abschließenden, sehr wichtigen Teil der Beobachtung bildet die erste Gläubigerversammlung. Diese hat der vorläufige Verwalter einzuberufen und abzuhalten.[605] In der Regel findet sie am Sitz des Schuldners statt. Das Verfahren der Einberufung richtet sich dabei nach Art. 72 iVm Art. 13, 14 InsG 2002; die bekannten Gläubiger sind 14 Tage im Voraus zu laden.

Die erste Gläubigerversammlung ist richtungweisend für das Schicksal des Schuldners;[606] zu ihren Kompetenzen gehört, über das weitere Verfahren zu entscheiden, Art. 74. Auch wenn das InsG 2002 dies ausdrücklich nicht anordnet, wird man eine Pflicht des Arbitrageverwalters annehmen müssen, einen Bericht zur Lage des Schuldners vorzulegen, der allerdings nur empfehlenden Charakter hat.[607] Weiterhin kann die Gläubigerversammlung über die Einsetzung eines Gläubigerkomitees entscheiden und seine Mitglieder bestimmen. Dritte wichtige Kompetenz ist es, Kriterien für die Auswahl des Arbitrageverwalters zu bestimmen und eine Selbstverwaltungsorganisation auszuwählen, die drei Kandidaten vorschlägt.[608]

Die Ergebnisse der Gläubigerversammlung übermittelt der Verwalter zusammen mit seinem Bericht spätestens 5 Tage vor dem angeordneten Ende der Beobachtung dem Wirtschaftsgericht, welches über den weiteren Fortgang des Verfahrens entscheidet, Art. 67 Pkt. 2 InsG 2002.

gg) Ende der Beobachtung

Das Wirtschaftsgericht entscheidet zum Abschluss der Beobachtung auf der Grundlage des Willens der Gläubigerversammlung über den Fortgang des Verfahrens.

Liegen keine Bankrottgründe vor,[609] fehlt es also an einem Eröffnungsgrund, wird die Bankrotterklärung abgelehnt, Art. 55 InsG 2002. In diesem Fall enden alle Beschränkungen aus der Beobachtung. Sind Kosten angefallen, wie etwa die Vergütung des vorläufigen Verwalters und seiner Hilfspersonen, haben die antragstellenden Gläubiger sie zu tragen.[610]

Liegen alle Voraussetzungen für die Eröffnung vor, so ordnet das Wirtschaftsgericht eines der Bankrottverfahren nach Art. 27 an, Art. 52 Pkt. 1 InsG 2002. Dabei kann es unter bestimmten Umständen von der Entscheidung der Gläubigerversammlung abweichen, allerdings nur zugunsten eines Sanierungsverfahrens.[611] Dagegen muss es, selbst wenn die finanzielle Analyse des Schuldners keine Anzeichen für eine Wiederherstellung der Zahlungsfähigkeit erbracht hat, einem Antrag der Gläubiger

---

605 Ausführlich *Golubev*, Arbitrageverwaltung. Theorie und Praxis der Beobachtung, 238ff.
606 „Schicksalsentscheidung", vgl. *Tkačev*, Rechtliche Regelung, 93.
607 *Karelina*, Rechtliche Regelung, 97.
608 Dazu unten IV 2. B c) ff).
609 *Popondopulo/Slepčenko*, Kommentar, Art. 55.
610 *Kolininčenko*, Schutz der Interessen, 195.
611 *Zenkin/Tal´*, Bankrott kommerzieller Organisationen, 168.

auf Anordnung der Fremdverwaltung oder der finanziellen Sanierung folgen (Antragsbindung bei Sanierung).[612]

Mit der Anordnung des folgenden Bankrottverfahrens endet die Beobachtung. Gleichzeitig wird ein neuer Arbitrageverwalter für den anschließenden Verfahrensabschnitt bestellt. Häufig wurde nach dem InsG 1998 aus Praktikabilitätsgründen der vorläufige Verwalter weiter bestellt. Dies dürfte mit dem neuen Auswahlverfahren schwieriger geworden sein. Bis zur Bestellung des neuen Verwalters nimmt der vorläufige Verwalter dessen Kompetenzen kommissarisch wahr, Art. 75 Pkt. 3 aE InsG 2002.[613]

hh) Praktische Probleme

Der Verwalter analysiert die finanzielle Lage des Schuldners und prüft die von den Gläubigern angemeldeten Forderungen. Er hatte nach dem InsG 1998 eine entscheidende Rolle für die Fortsetzung des Verfahrens: Verweigerte er einem Gläubiger die Anerkennung, musste dieser den Klageweg beschreiten. Er konnte dann oftmals nicht an der meist ausschlaggebenden ersten Gläubigerversammlung teilnehmen. In der Praxis haben die Verwalter diese Möglichkeit nicht selten missbraucht, um die Mehrheitsverhältnisse auf der ersten Gläubigerversammlung in ihrem Sinne zu verschieben.[614] Nach dem InsG 2002 kann das Gericht nun gemäß Art. 71 Pkt. 6 dem Verwalter aufgeben, mit der Versammlung bis zur Entscheidung des Gerichts abzuwarten. Dies wird immer dann bedeutend sein, wenn die Zulassung eines Gläubigers die Mehrheitsverhältnisse auf der Versammlung entscheidend beeinflussen kann, etwa wenn sich zwei annähernd gleich starke Gläubigergruppen gegenüberstehen.

Kritik wurde am InsG 1998 auch geübt, weil es die Entscheidung über das weitere Schicksal des Schuldners weitestgehend in die Hände der Gläubiger legte. Diese verfolgten oftmals eigene Absichten ganz anderer Art,[615] wobei die Sanierung des Schuldners meist ins Hintertreffen geriet. Das InsG 2002 erlaubt in höherem Maße, vom Gläubigerwillen zugunsten der Sanierung des Schuldners abzuweichen.

Umgekehrt ist nicht auszuschließen, dass der Schuldner bzw. sein Leiter ihre nach dem InsG 2002 gestärkte Stellung während der Beobachtung missbrauchen, da sie keine Ersetzung durch den vorläufigen Verwalter mehr fürchten müssen. Der mögli-

---

[612] Auf diesen Widerspruch weist *Ageev*, Bankrott: Besonderheiten des Verfahrens der Fremdverwaltung, JurMir 2000 Nr. 5, 18, hin.

[613] *Popondopulo/Skvorcov*, Kommentar Art. 75 Pkt. 3.

[614] Zum Fall "Sidanco": *Oda*, Russian Commercial Law, 153f.

[615] Beispielsweise den Kampf gegen einen Konkurrenten; *Ageev*, Bankrott: Besonderheiten des Verfahrens der Fremdverwaltung, JurMir 2000 Nr. 5, 18 (19), der vorschlägt, stattdessen den Bericht des vorläufigen Verwalters als Grundlage für das weitere Vorgehen anzusehen.

che Austausch gegen einen anderen Mitarbeiter des Schuldners dürfte sich in der Praxis als stumpfes Schwert erweisen.[616]

5. Sanierungsverfahren

a) Allgemeines

Nach Prüfung der finanziellen Lage des Schuldners im Rahmen der Beobachtung stehen mehrere Bankrottverfahren für die Fortführung zur Verfügung. Anders als das deutsche Recht kennt das InsG 2002 kein einheitliches Verfahren, das sowohl die Verwertung als auch die Sanierung umfasst, Art. 27.[617] Bietet der finanzielle Zustand des Schuldners Aussichten, die Insolvenzgründe zu beheben, können die finanzielle Sanierung oder die Fremdverwaltung angeordnet werden. Gemeinsames Ziel dieser Verfahren ist die Wiederherstellung der Zahlungsfähigkeit des Schuldners innerhalb einer bestimmten Frist.[618] Möglich ist auch eine zeitliche Aufeinanderfolge, wenn die zunächst angeordnete finanzielle Sanierung in die Fremdverwaltung übergeht. Insgesamt dürfen die Sanierungsverfahren jedoch nach Art. 92 Pkt. 2 zwei Jahre nicht überschreiten.

b) Vorgerichtliche Sanierung

Ebenfalls zu den Sanierungsverfahren zählen inhaltlich die im Gesetz vorgesehenen Regeln zur vorgerichtlichen Sanierung, Art. 30 und 31. Das InsG 2002 wiederholt insoweit die Bestimmungen des InsG 1998. Auch das InsG 1992 enthielt ähnliche Normen, obwohl derartige Regeln in einem Insolvenzgesetz systemwidrig sind.[619] Da der Vorbeugung von Insolvenzen eine herausragende wirtschaftliche Bedeutung für einzelne Regionen und Wirtschaftszweige oder sogar die nationale Volkswirtschaft zukommt, hat der russ. Gesetzgeber zum Teil Sondergesetze zur Sanierung einzelner Wirtschaftszweige erlassen.[620]

Solange noch keine Bankrottgründe vorliegen und/oder kein Antrag eingereicht wurde, ist der Anwendungsbereich des Insolvenzgesetzes nicht eröffnet.[621] Es können daher nur allgemeine zivilrechtliche Regeln Anwendung finden. Folgerichtig

---

[616] *Popov*, Die finanzielle Sanierung als neues Bankrottverfahren, Zakonodatel´stvo 2003 Nr. 4, 40 (43f.).

[617] Dennoch ist das russ. Recht der Sanierung detaillierter als in Deutschland *Denisov/ Egorov/Sarbaš*, Sanierungsverfahren in Bankrottsachen, 7.

[618] *Tkačev*, Rechtliche Regelung, 24, weist darauf hin, dass schon im Recht vor 1917 die Sanierung des Schuldners eine wichtige Rolle spielte.

[619] Ausführlicher *Andreev*, Kommentar, 81.

[620] Siehe etwa das föderale Gesetz Nr. 83-FZ vom 09.07.2002 „Über die finanzielle Sanierung der landwirtschaftlichen Warenproduktion".

[621] Allerdings wirkt ein Insolvenzgesetz durch die Möglichkeit einer Verfahrenseröffnung bereits im Vorfeld, vgl. *Gottwald/Drukarczyk/Brüchner*, Insolvenzrechtshandbuch, § 3 Rn 7.

enthalten die Artikel 30 und 31 InsG 2002 kaum mehr als einen Verweis auf die Möglichkeit der Sanierung im Vorfeld einer Insolvenz.[622] Als Maßnahme für die vorgerichtliche Sanierung wird allein die finanzielle Hilfe aufgeführt;[623] weitere Möglichkeiten kann man aus der Liste der in Art. 109 InsG 2002 für die Fremdverwaltung aufgeführten Maßnahmen ableiten.[624] Art. 30, 31 haben daher kaum einen eigenständigen rechtlichen Gehalt. Insbesondere räumen sie den Verantwortlichen keine zusätzlichen Kompetenzen ein. Es bleibt bei den allgemeinen Grundsätzen einer Krisenverwaltung, wie sie in der Wirtschaftspraxis entwickelt wurden.[625] Zu Recht wird darauf hingewiesen, dass im Bereich der Vorbeugung des Bankrotts in Russland noch große Lücken klaffen und viele organisatorische Voraussetzungen fehlen.[626] Man versucht, dem durch ein intensives Monitoring aller wichtigen Unternehmen Rechnung zu tragen, um früh eingreifen zu können.[627]

Viel mehr Gewicht haben in diesem Zusammenhang insolvenzspezifische Pflichten der Leiter. Diese haben die Eigentümer des Schuldners über das Vorliegen von Bankrottgründen zu informieren, Art. 30 Pkt. 1 InsG 2002. Damit soll einer Insolvenzverschleppung vorgebeugt werden. Gekoppelt ist dies mit einer schadenersatzbewehrten Pflicht der verantwortlichen Entscheidungsträger, einen Antrag auf Insolvenzeröffnung zu stellen.

c) Finanzielle Sanierung

aa) Allgemeines

Das InsG 1992 sah mit der «Санация» ein Instrument zur Sanierung des Schuldners vor.[628] Dabei eröffnete Art. 13 die Möglichkeit der Ersetzung der Leitungsorgane durch einen Verwalter, ließ aber auch zu, dass das bisherige Management seine

---

[622]   Insbesondere räumt das Gesetz keine Privilegien ein; *Svit*, Sanierungsverfahren – Mittel zur Vorbeugung des Bankrotts, RJu 1998, Nr. 3, 16.

[623]   Ukaz des Präsidenten Nr. 1484 vom 08.07.1994 „Über die Gewährung finanzieller Hilfe aus dem föderalen Budget an Unternehmen", Sobranie Zakonodatel´stvo 1994 Nr. 11, 1196; auch *Zenkin/Tal´*, Bankrott kommerzieller Organisationen, 116.

[624]   Dazu *Andreev*, Kommentar, 81.

[625]   Zu möglichen Maßnahmen *Zenkin/Tal´*, Bankrott kommerzieller Organisationen, 116; ausführlich auch *Torkanovskij*, Antikrisenverwaltung, ChiP 2000 Nr. 1, 14 (15); und *Aleksandrov* (Hrsg.), Antikrisenverwaltung: Theorie, Praxis, Infrastruktur; *Gizatullin*, Wie einen Bankrott vermeiden – Rezepte für die finanzielle Sanierung eines Unternehmens; *Gončarov*, Rechtliche Mechanismen zur Vorbeugung eines Bankrotts kommerzieller Organisationen; *Zinčenko /Gončarov*, Die Vorbeugung des Bankrotts einer kommerziellen Organisation.

[626]   *Anochin*, Probleme des Konkursverfahrens, AGP 2002 Nr. 2, 11; *Gončarov*, Rechtliche Mechanismen zur Vorbeugung eines Bankrotts kommerzieller Organisationen, 7ff.

[627]   Zur Praxis: *Badaev*, Vestnik des FSFO 2002 Nr. 6, 23.

[628]   *Andreev*, Kommentar, 158.

Arbeit fortsetzte.[629] Aufgrund einer für keine der Parteien vorteilhaften Verfahrensgestaltung wurde die Sanierung jedoch in der Praxis kaum angewandt.[630]

Ziel der Fremdverwaltung im InsG 1998 war ebenfalls die Wiederherstellung der Zahlungsfähigkeit.[631] Die Verwaltungsorgane des Schuldners mussten jedoch abgelöst und durch den Fremdverwalter ersetzt werden. Die Zahl der erfolgreich abgeschlossenen Verfahren blieb außerordentlich gering.[632] Da die bisherigen Sanierungsmöglichkeiten sich also in der Praxis nicht bewährt haben,[633] führt das InsG 2002 die sog. finanzielle Sanierung (финансовое оздоровление) als neues Verfahren ein, vgl. Art. 76ff. Dies unterstreicht den auf Sanierung ausgerichteten Charakter des Gesetzes.[634]

Dabei handelt es sich um ein Sanierungsverfahren, das während der Beobachtung beantragt wird und wie die Fremdverwaltung das Ziel einer Wiederherstellung der Zahlungsfähigkeit des Schuldners verfolgt.[635] Allerdings setzen die Verwaltungsorgane des Schuldners unter Aufsicht des sog. administrativen Verwalters ihre Arbeit fort.[636] Niemand kennt das Unternehmen des Schuldners besser als sie.[637] Gemein-

---

[629] *Teljukina*, Konkursrecht, 265.

[630] *Svit*, Sanierungsverfahren – Mittel zur Vorbeugung des Bankrotts, RJu 1998, Nr. 3, 16 (18).

[631] *Gončarov*, Rechtliche Mechanismen zur Vorbeugung eines Bankrotts kommerzieller Organisationen, 12f.

[632] Es gab im Jahre 2002 insgesamt 1.021 Verfahren der Fremdverwaltung, von denen nur 21 (!) zur Wiederherstellung der Zahlungsfähigkeit führten; vgl. Statistik in VAS 2003 Nr. 4, 26 (27), oder unter www.arbitr.ru; zur erschreckenden Zahl von 99% der Schuldner, die nach der Fremdverwaltung in das Konkursverfahren überführt werden mussten, *Andreev*, Kommentar, 15f.; ähnlich *Kraščenko*, Bankrott von Unternehmen: seine Gründe und Bedingungen, PiE 2000 Nr. 6, 15 (nur 3,4% Erfolgsquote); ebenso *Blockij*, Bankrott: Blick auf das Problem, AP 2001 Nr. 6, 67 (68); und *Trefilova*, Aktuelle Fragen der Antikrisenverwaltung, Vestnik des FSFO 2002 Nr. 2, 36 (37); Zahlen aus dem Tambovsker Oblast gibt *Šamšurin*, Die Prüfung von Insolvenz- (Bankrott) Sachen, AP 2002 Nr. 11, 57.

[633] Das noch vor einigen Jahren von *Vitrjanskij*, Wege zu Vervollkommnung der Bankrottgesetzgebung, 96, angeführte Argument, der Mangel an ausreichend kompetenten Verwaltern erfordere eine Beibehaltung des Managements des Schuldners, scheint nunmehr von untergeordneter Bedeutung.

[634] *Vitrjanskij*, Neues in der rechtlichen Regelung der Insolvenz (des Bankrotts), ChiP 2003 Nr. 1, 12.

[635] *Popov*, Die finanzielle Sanierung als neues Bankrottverfahren, Zakonodatel´stvo 2003 Nr. 3, 34 (35).

[636] Damit ähnelt das Verfahren dem Insolvenzplanverfahren nach §§ 217ff. der deutschen InsO. Auch dieses ist allerdings recht kompliziert und daher umstritten; ähnliche Überlegungen schon bei *Vitrjanskij*, Wege zur Vervollkommnung der Bankrottgesetzgebung, 96, unter Verweis auf das amerikanische Recht.

[637] *Kiperman*, Neues Insolvenzgesetz.

sam mit dem bisherigen Management verspricht eine Sanierung, insbesondere im Falle einer unverschuldeten Insolvenz, daher am ehesten Erfolg.[638]

bb) Anordnung

Die finanzielle Sanierung belastet den Schuldner am wenigsten, daher genießt sie Vorrang vor der Fremdverwaltung.[639] Sie kann für maximal zwei Jahre und nur direkt im Anschluss an die Beobachtung angeordnet werden.[640] Antragsberechtigt sind neben dem Schuldner und seinen Gesellschaftern auch dritte Personen.[641] Möglich ist die Anordnung unter bestimmten Umständen auch ohne eine entsprechende Entscheidung der Gläubiger allein auf Antrag des Schuldners oder Dritter, Art. 75 Pkt. 3 InsG 2002.[642]

cc) Administrativer Verwalter

Der administrative Verwalter hat vor allem die Aufgabe, die Leitung des Schuldners zu kontrollieren, Art. 83 InsG 2002.[643] Diese setzt ihre Arbeit fort, so dass ihr Know-how genutzt werden kann. Die Tätigkeit des administrativen Verwalters ähnelt infolgedessen in weitem Umfang der des vorläufigen Verwalters.[644]

Die Kontrolle durch den administrativen Verwalter erfolgt u.a. durch ein Zustimmungsbedürfnis zu einzelnen Rechtsgeschäften, Art. 82 Pkt. 4 InsG 2002.[645] Für bestimmte besonders wichtige Rechtsgeschäfte ist zudem die Zustimmung der Gläubigerversammlung oder des Gläubigerkomitees erforderlich, Art. 82 Pkt. 3. Gleiches gilt für alle Rechtsgeschäfte, wenn die laufenden Verbindlichkeiten 20% der Gläubigerforderungen im Register überschreiten. Unklar ist dabei, wie diese Bestimmung in der Praxis umgesetzt werden soll. Da weder die Gläubigerversammlung noch das –komitee eine ständige Einrichtung sind, wäre eine ordnungsgemäße Leitung des schuldnerischen Tagesgeschäfts und damit auch eine erfolgreiche Sanierung des Schuldners in Frage gestellt.[646] Es bleibt abzuwarten, wie die Praxis diese Fragen lösen wird. Denkbar wäre etwa, dass die Gläubigerversammlung in diesem

---

[638] So schon *Stepanov*, Insolvenz, 147 und 162; *Teljukina*, Konkursrecht, 265.

[639] *Andreev*, Kommentar, 197.

[640] *Andreev*, Kommentar, 158; im Gesetzgebungsverfahren war die mögliche Dauer umstritten; so schlug das Oberste Wirtschaftsgericht eine Dauer von einem Jahr vor, die um ein Jahr verlängerbar sein sollte; Materialien der Staatsduma (unveröffentlicht).

[641] *Teljukina*, Begriff und Verfahren der Anordnung der finanziellen Sanierung gegenüber einem zahlungsunfähigen Schuldner, JurMir 2003 Nr. 6, 27; *Popov*, Die finanzielle Sanierung als neues Bankrottverfahren, Zakonodatel´stvo 2003 Nr. 3, 34 (36).

[642] *Kiperman*, Neues Insolvenzgesetz.

[643] *Denisov/Egorov/Sarbaš*, Sanierungsverfahren in Bankrottsachen, Art. 83, 87.

[644] *Vitrjanskij*, Neues in der rechtlichen Regelung der Insolvenz (des Bankrotts), ChiP 2003 Nr. 1, 12f.

[645] *Teljukina/Tkačev*, Der administrative Verwalter als neues Subjekt des Konkursrechts, Advokat 2003 Nr. 3, 28.

[646] Dazu *Andreev*, Kommentar, 160f.

Fall den administrativen Verwalter oder einen eigens bestimmten Vertreter mit der Ausübung der erweiterten Kontrollrechte beauftragt.

dd) Maßnahmen zur Sanierung

Nach Anordnung der finanziellen Sanierung setzt der Schuldner seine wirtschaftliche Tätigkeit fort. Das InsG 2002 ordnet aber eine Reihe von Beschränkungen für die Gläubiger an, die einem Moratorium nahe kommen.[647] Gemäß Art. 81 dürfen Forderungen nur noch nach den Regeln des InsG geltend gemacht werden; eine Einzelzwangsvollstreckung wird unzulässig.[648]

Im Rahmen der finanziellen Sanierung muss ein Schuldentilgungsplan ausgearbeitet werden, zusätzlich ist ein Plan der finanziellen Sanierung erforderlich, wenn die Sanierung gegen den Willen der Gläubigerversammlung angeordnet wird, Art. 84 InsG 2002.[649] Der Schuldentilgungsplan muss ein Schema zur Befriedigung der Gläubigerforderungen innerhalb bestimmter Fristen, spätestens jedoch bis zum Ende der finanziellen Sanierung vorsehen.[650] Der Plan kann unter bestimmten Umständen vorzeitig beendet werden. Dazu sehen Art. 85 und 86 InsG 2002 ein ausführliches Verfahren vor.

Der administrative Verwalter kann nach Art. 83 Pkt. 4 InsG 2002 die Ersetzung des schuldnerischen Leiters verlangen, wenn dies im Gesetz vorgesehen ist. Entsprechende Normen, um den Leiter des Schuldners abzulösen, wenn dieser gegen das Gesetz verstößt oder in anderer Weise nicht mit dem Verwalter kooperiert, fehlen allerdings im Gesetz.[651] Unbestritten ist nur, dass der Verwalter nicht selbst an die Stelle des Leiters treten kann.[652] Möglich ist gegebenenfalls eine vorzeitige Beendigung der finanziellen Sanierung überhaupt, Art. 87 InsG 2002. Denkbar wäre auch, eine planwidrige Gesetzeslücke anzunehmen und auf die Regeln zur Ersetzung des Leiters während der Beobachtung durch einen anderen Mitarbeiter des Schuldners zurückzugreifen.

ee) Sicherheiten

Das Gesetz sieht die Möglichkeit vor, die finanzielle Sanierung durch Gewährung von Sicherheiten zu verstärken, Art. 79 InsG 2002.[653] Auch wenn das Gesetz Si-

---

[647] Zu Zurückbehaltungsrechten *Truba*, Grenzen der Ausübung des Zurückbehaltungsrechts bei der Insolvenz des Schuldners, ChiP 2006 Nr. 3,79.

[648] Dazu *Popov*, Die finanzielle Sanierung als neues Bankrottverfahren, Zakonodatel´stvo 2003 Nr. 4, 40 (41).

[649] *Popov*, Die finanzielle Sanierung als neues Bankrottverfahren, Zakonodatel´stvo 2003 Nr. 4, 40.

[650] *Vitrjanskij*, Neues in der rechtlichen Regelung der Insolvenz (des Bankrotts), ChiP 2003 Nr. 1, 13.

[651] *Andreev*, Kommentar, 161.

[652] *Teljukina/Tkačev*, Der administrative Verwalter als neues Subjekt des Konkursrechts, Advokat 2003 Nr. 3, 28 (29).

[653] *Selivanova*, Finanzielle Sanierung als Bankrottverfahren, zit. nach Datenbank „Garant".

cherheiten nicht zwingend vorschreibt, wird eine Sanierung ohne Garantien des Schuldners bzw. seiner Eigentümer oder Dritter wohl in der Praxis (außer bei einem Antrag der Gesellschafter) selten Aussicht auf Erfolg haben.[654] Wenn die Gläubiger bereit sind, zeitlich begrenzt auf einen Teil ihrer Forderungen zu verzichten, dann nur bei Stellung von Sicherheiten. Die Vereinbarung über die Sicherheitsleistung muss innerhalb von 15 Tagen nach Anordnung der finanziellen Sanierung abgeschlossen werden, Art. 79 Pkt. 3 InsG 2002.[655] Übernehmen mehrere Personen Sicherheiten, haften sie solidarisch für etwaige nicht befriedigte Forderungen.[656]

Der Sicherungsgeber ist berechtigt, die Forderungen aller Gläubiger vorzeitig zu tilgen. In diesem Falle oder bei seiner späteren Inanspruchnahme erwirbt er einen Regressanspruch gegen den Schuldner nach den allgemeinen zivilrechtlichen Regeln, Art. 90 Pkt. 1 InsG 2002.[657] Das Insolvenzverfahren wird beendet, allerdings kann die Geltendmachung des Regressanspruchs zu einem neuen Insolvenzverfahren führen.[658] Der Schuldner kann damit praktisch vom Sicherungsgeber abhängig werden.

ff) Praktische Probleme

Die Neuregelung eröffnet dem Gericht differenziertere Möglichkeiten für die Sanierung. Da praktische Erfahrungen mit der finanziellen Sanierung zunächst fehlten, blieb unsicher, ob eine Beibehaltung des Managements die Erfolgsaussichten für Sanierungen erhöht und mehr Erfolge zeitigt als die bisherige Ersetzung des Leiters in der Fremdverwaltung.[659] Es wurde unterstellt, dass die Regelungen des InsG 2002 zum Teil wenig durchdacht seien und sicher nach den ersten praktischen Erfahrungen Anlass zu Änderungen bieten werden.[660] Nach den ersten Jahren Erfahrung mit dem InsG 2002 muss man konstatieren, dass die finanzielle Sanierung von der Praxis nicht angenommen wurde.[661]

---

[654] *Semina*, Bankrott, 13.

[655] *Popov*, Die finanzielle Sanierung als neues Bankrottverfahren, Zakonodatel´stvo 2003 Nr. 3, 34 (39).

[656] In diesem Bereich sind viele Fragen noch offen, vgl. *Popov*, Die finanzielle Sanierung als neues Bankrottverfahren, Zakonodatel´stvo 2003 Nr. 3, 34 (40).

[657] *Andreev*, Kommentar, 162.

[658] *Popov*, Die finanzielle Sanierung als neues Bankrottverfahren, Zakonodatel´stvo 2003 Nr. 3, 34 (41).

[659] *Zykova*, Neues in der Gesetzgebung über die Insolvenz (den Bankrott), SiÈ 2003 Nr. 3, 21 (25).

[660] So *Popov*, Die finanzielle Sanierung als neues Bankrottverfahren, Zakonodatel´stvo 2003 Nr. 4, 40 (44).

[661] So gab es 2003 10 Verfahren der finanziellen Sanierung, 2004 waren es 29 und 2005 32, von diesen endeten in allen Jahren genau 3 (!) Verfahren mit der Wiederherstellung der Zahlungsfähigkeit; Zahlen auf www.arbitr.ru.

Fraglich ist, ob die nicht verlängerbare Frist von maximal zwei Jahren bei großen Unternehmen zur Sanierung genügt.[662] Die finanzielle Sanierung räumt dem bisherigen Management umfangreiche Kompetenzen ein. Damit besteht die Gefahr, dass ein unlauterer Schuldner das Sanierungsverfahren nutzt, um seine Aktiva beiseite zu schaffen und sich berechtigten Forderungen zu entziehen.[663] Die finanzielle Sanierung kann nur Erfolg haben, wenn zwischen den (Haupt-) Gläubigern und dem bisherigen Management noch eine Vertrauensbasis besteht.[664] Sind die Gläubiger mehrheitlich nicht mehr bereit, der Führungsmannschaft des Schuldners weiterhin Vertrauen entgegenzubringen, scheint die Sanierung von vornherein aussichtslos und die Fremdverwaltung bietet sich als das geeignetere Verfahren an.[665]

Schließlich besteht das Risiko, dass dritte Personen, welche Sicherheiten gewährt haben, Einfluss auf den Schuldner gewinnen.[666] Zwar schreibt Art. 78 InsG 2002 eine Abstimmung der Dritten mit dem Schuldner vor, bevor Sicherheiten gewährt werden können. Dennoch räumt das Gesetz dem Dritten eine starke Position ein. Bei später auftretenden Meinungsverschiedenheiten zwischen dem Schuldner und dem Dritten kann dieser als Hauptgläubiger die faktische Kontrolle übernehmen.

d) Fremdverwaltung

Unter Fremdverwaltung (внешнее управление) versteht das Gesetz die zeitlich begrenzte Verwaltung des Schuldners durch einen Fremdverwalter mit dem Ziel, seine Zahlungsfähigkeit wiederherzustellen.[667] Bereits im vorrevolutionären Russland gab es vergleichbare Verfahren;[668] einen weiteren Vorgänger dieser Art der Verwaltung kann man in den insolvenzrechtlichen Normen des sowjetischen Zivilprozessgesetzbuches von 1927 finden.[669] Auch das InsG 1992 kannte die Fremdverwaltung, allerdings ohne die obligatorische Entfernung der Leitungsorgane des Schuldners.[670] Gegenüber dem InsG 1998 nimmt das InsG 2002 keine tiefgreifenden Änderungen vor.[671]

---

[662] *Kiperman*, Neues Insolvenzgesetz.

[663] *Teljukina*, Konkursrecht, 265.

[664] *Wedde*, Neues im russischen Insolvenzrecht, WiRO 2003, 195 (198); ähnlich *Trefilova*, Das Projekt des neuen Gesetzes „Über die Insolvenz (den Bankrott)": Probleme und Lösungen, Vestnik des FSFO 2002 Nr. 8, 25 (32f.).

[665] Die Zahlen (www.arbitr.ru)deuten darauf hin, dass es am Vertrauen zu den Leitungsorganen fehlt, denn die Fremdverwaltung wird weitaus häufiger angeordnet.

[666] Im Gesetzgebungsverfahren war sogar angeregt worden, die Dritten an der Auswahl des administrativen Verwalters zu beteiligen, Materialien der Staatsduma (unveröffentlicht).

[667] Dazu *Šipicina*, Staatliche Regulierung der Fremdverwaltung als Bankrottverfahren, Jurist 2000 Nr. 11, 46.

[668] Ausführlich *Ageev*, Bankrott: Besonderheiten des Verfahrens der Fremdverwaltung, JurMir 2000 Nr. 5, 18 (22ff.).

[669] *Stepanov*, Insolvenz, 40.

[670] *Ageev*, Bankrott: Besonderheiten des Verfahrens der Fremdverwaltung, JurMir 2000 Nr. 5, 18 (19); siehe dazu Informationsbrief des Obersten Wirtschaftsgerichts vom

aa) Anordnung

Zur Anordnung der Fremdverwaltung bedarf es eines entsprechenden Beschlusses des Wirtschaftsgerichts.[672] Ein solcher ergeht, wenn dies von der ersten Gläubigerversammlung beschlossen wurde. Das Gericht muss dem Antrag stattgeben,[673] selbst wenn der Schuldner erkennbar insolvent ist.[674] Nicht gebunden ist das Gericht allerdings an einen Antrag der Gläubigerversammlung, den Schuldner sogleich im Konkursverfahren zu liquidieren. Liegen materielle Gründe vor, die die Wiederherstellung der Zahlungsfähigkeit im Rahmen der Fremdverwaltung möglich erscheinen lassen, kann es die Fremdverwaltung gegen den Willen der Gläubiger anordnen.

Die Fremdverwaltung kann für einen Zeitraum von bis zu 18 Monaten angeordnet werden und einmal um max. 6 Monate verlängert werden, Art. 93 Pkt. 2 InsG 2002. Besondere Bestimmungen für die Dauer der Fremdverwaltung gelten etwa bei bäuerlichen Betrieben oder landwirtschaftlichen Organisationen.[675]

bb) Moratorium

Mit Anordnung der Fremdverwaltung tritt ein Moratorium in Kraft, Art. 94 Pkt. 1 aE InsG 2002.[676] Dieses erfasst alle Forderungen gegen den Schuldner, die vor Anordnung fällig geworden sind. Später fällig werdende Forderungen gelten als laufende Forderungen und müssen nach allgemeinen Regeln beglichen werden. Damit wird eine eher zufällige Unterscheidung vorgenommen und Gläubiger bevorzugt, deren Forderungen später fällig werden.[677] Es gibt keinen Grund für diese Bevorzugung später fällig werdender Forderungen. Unter Umständen wäre es zweckmäßiger gewesen, auf den Zeitpunkt der Begründung der Forderung abzustellen.

07.08.1997 Nr. 20, Pkt. 21, wonach die Entfernung des Leiters nur ein Recht, aber keine Pflicht des Verwalters ist.

[671] *Vitrjanskij*, Neues in der rechtlichen Regelung der Insolvenz (des Bankrotts), ChiP 2003 Nr. 1, 13.

[672] *Belych/Dubinčin/Skuratovskij*, Rechtliche Grundlagen, 156, differenzieren nach Voraussetzungen formaler und materieller Art.

[673] *Teljukina*, Konkursrecht, 261.

[674] Ein solches Vorgehen macht Sinn, wenn es dem Schuldner und der Mehrheit der Gläubiger darum geht, Zeit zu gewinnen, um die Aktiva beiseite zu schaffen; *Anochin*, Probleme des Konkursverfahrens, AGP 2002 Nr. 2, 11 (12).

[675] Siehe unten III. 9 a) cc) und c) bb).

[676] *Andreev*, Kommentar, 198; *Raščevskij*, Das rechtliche Regime der Geldverbindlichkeiten im Verfahren der Fremdverwaltung, in: *Šilochvost*, (Hrsg.), Aktuelle Probleme des Zivilrechts. Ausgabe 6, 68 (78).

[677] *Teljukina*, Konkursrecht, 274, die vorschlägt, stattdessen das Moratorium auf alle vor Anordnung der Fremdverwaltung entstandenen Forderungen zu erstrecken. Ähnlich auch die gerichtliche Praxis zum InsG 1992, das keine ausdrückliche Norm enthielt, vgl. Überblick über die Praxis der Anwendung der Gesetzgebung über die Insolvenz (den Bankrott) Punkt 16 vom 25.04.1995, Nr. C1-7/OP-237.

Nach Art. 95 Pkt. 2 InsG 2002 werden mit der Anordnung alle Vollstreckungsmaßnahmen unterbrochen.[678] Eine Ausnahme gilt nur für wenige, besonders schutzwürdige Gläubiger (bei titulierten Arbeitsentgeltansprüchen, Herausgabeansprüchen, Ersatz für Lebens- und Gesundheitsschäden, Ersatz moralischer Schäden und laufenden Zahlungen). Diese Liste ist abschließend, überzeugt aber inhaltlich nicht vollständig. Der Ersatz moralischen Schadens scheint wenig schutzwürdig, während das Fehlen eines Vorrangs für Unterhaltszahlungen in der Literatur als ein Versehen angesehen wird.[679] Ebenfalls nicht erfasst werden öffentlich- rechtliche Pflichtzahlungen des Schuldners als Arbeitgeber, wie etwa die Einkommenssteuer.[680]

Heftig wurde gestritten, ob und in welcher Höhe die vom Moratorium erfassten Forderungen verzinst werden und ob finanzielle Sanktionen weiter anfallen. Die Praxis ging bis 1998 von einer sehr gläubigerfreundlichen Position aus und erlaubte es den Gläubigern, Zinsen und Vertragsstrafen oder andere Sanktionen in unveränderter Höhe weiter zu berechnen, sie allerdings erst nach dem Abschluss der Fremdverwaltung geltend zu machen.[681] Damit geriet die Fremdverwaltung zu einem Wettlauf mit der Zeit, da die Verpflichtungen des Schuldners rasch anwuchsen. Deshalb führte das InsG 1998 eine neutralere Konzeption ein,[682] die auch das InsG 2002 beibehielt. Das InsG 1998 verwies in Art. 70 Pkt. 2 auf Art. 395 ZGB, aus dem die Anwendbarkeit des Refinanzierungssatzes der Zentralbank gefolgert wurde.[683] Das InsG 2002 verweist nunmehr in Art. 95 Pkt. 2 direkt auf den Refinanzierungssatz. Ändert sich dieser nach Anordnung der Fremdverwaltung,[684] muss man wohl von einer Anpassung ausgehen (dynamische Verweisung). Klargestellt wurde auch, dass Zinsen und Sanktionszahlungen nicht zu einer Erhöhung der Stimmzahl in der Gläubigerversammlung führen.[685]

---

[678] Dazu *Čuča*, Zwangsvollstreckungsverfahren im Lauf eines Bankrottverfahrens, RJu 2001 Nr. 12, 28; zum Verhältnis zum Zwangsvollstreckungsgesetz, *Nikitina*, Bankrott: Nuancen der Rechtsanwendung, AP 2002 Nr. 4, 77; *Chimičev*, Verwirklichung und Schutz bürgerlicher Rechte bei der Insolvenz (dem Bankrott), 13.

[679] *Popondopulo/Lebedev*, Kommentar, Art. 95 Pkt. 2; andererseits wird eine juristische Person nur selten Schuldner eines Unterhaltsanspruchs sein: *Teljukina*, Konkursrecht, 275.

[680] *Teljukina*, Konkursrecht, 275.

[681] So die gerichtliche Praxis, vgl. Überblick über die Praxis der Gesetzgebung über die Insolvenz (den Bankrott) vom 25.04.1995, Punkt 16.

[682] *Teljukina*, Konkursrecht, 275.

[683] Beschluss des Plenums des Obersten Gerichts und des Plenums des Obersten Wirtschaftsgerichts vom 8.10.1998 Nr. 13/14; *Raščevskij*, Das rechtliche Regime der Geldverbindlichkeiten im Verfahren der Fremdverwaltung, in: *Šilochvost*, (Hrsg.), Aktuelle Probleme des Zivilrechts. Ausgabe 6, 68 (87ff.).

[684] *Teljukina*, Konkursrecht, 277.

[685] Dies wurde in der Vergangenheit teilweise angenommen; dagegen *Teljukina*, Konkursrecht, 276f.

cc) Fremdverwalter

Der Fremdverwalter übernimmt, anders als der vorläufige oder der administrative Verwalter, die vollständige Kontrolle über den Schuldner. Die Leitungsorgane des Schuldners werden von ihren Funktionen entbunden.[686] Dies macht die Fremdverwaltung vor allem in solchen Fällen interessant, bei denen das Management des Schuldners für die schwierige Lage des Unternehmens verantwortlich ist oder nicht mehr das Vertrauen der Gläubiger besitzt.[687]

Der Fremdverwalter ist bei seiner Tätigkeit weitgehend frei. Von den Gründungsdokumenten des Schuldners angeordnete Begrenzungen für den Leiter gelten für ihn nicht.[688] Allerdings sieht das InsG 2002 in Art. 101 gesonderte Begrenzungen vor. Für bestimmte Rechtsgeschäfte benötigt der Fremdverwalter die Zustimmung der Gläubigerversammlung. Dies betrifft in Pkt. 2 definierte sog. große Rechtsgeschäfte über Vermögen, das mehr als 10% des Bilanzwertes des Schuldners ausmacht. Außerdem sind Rechtsgeschäfte mit dem Verwalter oder einem Gläubiger nahestehenden Personen zustimmungsbedürftig, Art. 101 Pkt. 3 InsG 2002. Sobald die laufenden Verbindlichkeiten bei der Fremdverwaltung 20% der Gläubigerforderungen übersteigen, erstreckt sich das Zustimmungsbedürfnis auf sämtliche Rechtsgeschäfte. Damit soll der sog. Bankrott im Bankrott verhindert werden.[689] Die mangelnde Praktikabilität dürfte in einem solchen Fall die Sanierung schnell illusorisch machen.

Der Fremdverwalter ist nach Art. 99 Pkt. 2 InsG 2002 verpflichtet, die Gläubigerforderungen in das von ihm geführte Register einzutragen.[690] Dabei kann er Widerspruch erheben, der zu einer stärker formalisierten Prüfung der Forderung durch das Wirtschaftsgericht unter seiner Beteiligung führt. Weiterhin ist er berechtigt, Verträge des Schuldners anzufechten oder die Erfüllung offener Verträge zu verweigern.

dd) Fremdverwaltungsplan

Mit dem Ziel einer Wiederherstellung der Zahlungsfähigkeit des Schuldners muss der Fremdverwalter innerhalb eines Monats ab seiner Ernennung einen Fremdver-

---

[686] *Andreev*, Kommentar, 198, der darauf hinweist, dass genau diese Tatsache dem Verfahren seinen Namen gegeben hat.

[687] Von einer Restrukturierung spricht *Prudnikova*, Fremdverwaltung: Finanzielle und wirtschaftliche Aspekte, Vestnik VAS, Beilage zu 2001 Nr. 3, 94.

[688] So schon zum InsG 1992 die Praxis; Informationsbrief des Obersten Wirtschaftsgerichts vom 07.08.1997 Pkt. 5; ähnlich *Teljukina*, Konkursrecht, 278.

[689] *Teljukina*, Konkursrecht, 280; *Oreškina*, Das Verhältnis der Rechte und gesetzlichen Interessen der Gläubiger und des Schuldners im Rahmen des Verfahrens der Fremdverwaltung nach dem Gesetze „Über die Insolvenz (den Bankrott)", in: *Karelina* (Hrsg.), Rechtliche Probleme, 102 (108f.).

[690] *Andreev*, Kommentar, 199.

waltungsplan ausarbeiten, Art. 99 Pkt. 2, 106 InsG 2002.[691] Dieser wird sodann von
der Gläubigerversammlung bestätigt. Er muss Maßnahmen zur Wiederherstellung
der Zahlungsfähigkeit des Schuldners enthalten, Art. 106 InsG 2002. Allerdings ist
die Liste möglicher Maßnahmen nicht abschließend, sondern weit auszulegen.[692]
Der Plan soll den Besonderheiten des Schuldners Rechnung tragen. Da der Fremdverwalter letztlich Funktionen eines Managers ausübt, muss er über wirtschaftliche
Freiräume verfügen. Denkbar ist beispielsweise, dass der Plan einen Personalabbau
beim Schuldner vorsieht.[693]

ee) Kapitalerhöhung und Ersetzung

Zur Fremdverwaltung nach dem InsG 1998 wurde heftig gestritten, ob es den Gesellschaftern des Schuldners erlaubt war, die Krise durch eine Kapitalerhöhung und
den Zufluss neuer Mittel zu beseitigen.[694] Sofern dadurch Dritte in die Gesellschaft
eintraten, wurden die Rechte der bisherigen Gesellschafter geschmälert. Dies galt
insbesondere dann, wenn der Verwalter eine Kapitalerhöhung ohne Einwilligung der
bisherigen Gesellschafter vornahm.[695] In der Praxis kam es auf diese Weise gelegentlich zur „feindlichen Übernahme" des Schuldners.[696] Dennoch neigte die Literatur dazu, die Möglichkeit einer Erhöhung des Kapitals durch den Verwalter zu beja-
hen.[697]

Das InsG 2002 erlaubt in Art. 114 nunmehr ausdrücklich eine Kapitalerhöhung,
bindet sie aber an die Zustimmung der bestehenden Gesellschafter.[698] Diese haben
ein Vorrecht bei der Zeichnung neuer Anteile. Damit wird diese Möglichkeit zur

---

[691] *Teljukina*, Einige Fragen der Fremdverwaltung des Vermögens des Schuldners, SiE
2001 Nr. 7, 30 (32); ausführlich *Jun/Tal´/Grigor´ev*, Fremdverwaltung in einem insolventen Unternehmen, 101ff. und *Martyšina*, Der Fremdverwaltungsplan, in: *Karelina*
(Hrsg.), Rechtliche Probleme, 115.

[692] *Ageev*, Bankrott: Besonderheiten des Verfahrens der Fremdverwaltung, JurMir 2000 Nr.
5, 18 (20); im Detail *Jun/Tal´/Grigor´ev*, Fremdverwaltung in einem insolventen Unternehmen, 165ff.

[693] *Andreev*, Kommentar, 201, der darauf verweist, dass eine veränderte Einstellung der
Arbeitnehmer oft erstaunliche Effekte erzielen könne; siehe auch *Wedde*, Neues im russischen Insolvenzrecht, WiRO 2003, 195 (199).

[694] *Teljukina*, Konkursrecht, 281ff.; ebenso *Andreev*, Kommentar, 16; dazu Entscheidung
des föderalen Wirtschaftsgerichts des Moskauer Bezirks vom 12.02.2001 Nr. KA-
A40/275-01.

[695] Zum früheren Streit: *Andreev*, Kommentar, 201.

[696] Dazu *Andreev*, Kommentar, 201; ausführlich *Teljukina/Tarasov*, Die Änderung des
Satzungskapitals einer juristischen Person als Schuldner im Rahmen der Fremdverwaltung, Zakonodatel´stvo 2003 Nr. 8, 41 (42).

[697] *Teljukina*, Konkursrecht, 283ff.

[698] *Teljukina/Tarasov*, Die Änderung des Satzungskapitals einer juristischen Person als
Schuldner im Rahmen der Fremdverwaltung, Zakonodatel´stvo 2003 Nr. 8, 41 (43).

Sanierung erhalten, zugleich aber die Rechte der Gesellschafter besser gewahrt als in der Vergangenheit.[699]

Ein weiteres in der Vergangenheit gesetzlich nicht geregeltes Instrument zur Sanierung des Schuldners stellt die sog. Ersetzung dar.[700] Dabei werden die Aktiva des Schuldners in einer neuen Gesellschaft gebündelt, die Passiva verbleiben in der bestehenden. Die aus dem Verkauf der Anteile der neuen Gesellschaft erlangten Mittel werden verwendet, um die Gläubiger der alten Gesellschaft zu befriedigen; die alte Gesellschaft wird anschließend liquidiert.[701] Dieses Verfahren scheiterte in der Vergangenheit oft an einem Missverhältnis zwischen den Verbindlichkeiten der alten Gesellschaft und dem Erlös aus dem Verkauf der Anteile der neuen Gesellschaft.[702] Das InsG 2002 erfasst diese Praxis nunmehr in Art. 115 und stellt Garantien für eine realistische Schätzung der Vermögenswerte auf.[703] Dadurch werden die Gläubiger geschützt und zugleich die Rechte der Gesellschafter gestärkt, die nach dem alten System keinerlei Einfluss auf das weitere Schicksal „ihrer" Gesellschaft hatten.[704]

ff) Verkauf des Unternehmens

Eine weit verbreitete Möglichkeit, die Fremdverwaltung erfolgreich zu beenden, ist der Verkauf des Schuldnerunternehmens (Art. 110 InsG 2002) oder eines Teils davon (Art. 111). Dabei bleiben die Arbeitsverträge der Mitarbeiter des Schuldners bestehen und gehen auf den Erwerber über.[705]

Das Unternehmen als Ganzes stellt einen immobilen Vermögenskomplex nach Art. 132 ZGB dar.[706] Auch Filialen und selbständige Einheiten gelten als Unternehmen. Die speziellen Regeln im InsG 2002 gehen den allgemeinen Regeln zum Unterneh-

---

[699] *Vitrjanskij*, Neues in der rechtlichen Regelung der Insolvenz (des Bankrotts), ChiP 2003 Nr. 1, 13.

[700] *Andreev*, Kommentar, 16f.; *Romančin/Novoselov/Doluda/Novoselov*, Über umgestaltete Wirtschaftssubjekte im Rahmen von Bankrottverfahren, in: *Kočuev* (Hrsg.) Über umgestaltete Wirtschaftssubjekte im Rahmen von Bankrottverfahren, 5; ausführlich *Noda*, Fragen der Vervollkommnung der Reorganisationsverfahren beim Bankrott, Jurist 2003 Nr. 5, 56 (58).

[701] *Vitrjanskij*, Wege zur Vervollkommnung der Bankrottgesetzgebung, 97; dieses Verfahren wurde schon unter dem InsG 1992 angewandt, vgl. *Guc*, Bankrott, 105f.

[702] *Andreev*, Kommentar, 203.

[703] *Teljukina/Tarasov*, Die Änderung des Satzungskapitals einer juristischen Person als Schuldner im Rahmen der Fremdverwaltung, Zakonodatel´stvo 2003 Nr. 8, 41 (46f.).

[704] *Vitrjanskij*, Neues in der rechtlichen Regelung der Insolvenz (des Bankrotts), ChiP 2003 Nr. 1, 13.

[705] *Pavlodskij*, Verkauf eines Unternehmens beim Bankrott, PiE 2000 Nr. 7, 88.

[706] *Teljukina*, Der Verkauf des Unternehmens im Rahmen der Fremdverwaltung. Probleme der neuen rechtlichen Regulierung, Zakonodatel´stvo 2003 Nr. 4, 34; ausführlich *Romanov*, Theoretische und praktische Aspekte der Bestimmung des Bestands eines Unternehmens als Vermögenskomplex, in: *Šilochvost*, (Hrsg.), Aktuelle Probleme des Zivilrechts. Ausgabe 6, 200 (214ff.).

mensverkauf in Kap. 30 des ZGB vor.[707] Das Unternehmen wird abweichend von diesen Regeln ohne die (Alt-) Schulden verkauft.[708] Unklar ist der Übergang von Lizenzen, die oft einen wesentlichen Teil des wirtschaftlichen Wertes ausmachen. Im Gegensatz zum InsG 1998, das in Art. 86 Pkt. 1 ein Vorrecht anordnete, schweigt das InsG 2002 zu diesem Punkt.[709]

Der Unternehmensverkauf ist ausführlich in Art. 110 InsG 2002 geregelt.[710] Für das Verfahren der Versteigerung[711] im Wege der Auktion verweist das Gesetz auf die Art. 447ff. ZGB, die ausführliche Regeln aufstellen.[712] Der Einfluss der Gläubiger auf den Verkauf wurde reduziert, um Missbrauch zu vermeiden.[713] Sie bestimmen allerdings den minimalen und den Anfangspreis.

Der Verkauf eines Unternehmensteils nach Art. 111 InsG 2002 soll erst erfolgen, wenn der Gesamtverkauf scheitert. Ziel ist also stets die Erhaltung des vollständigen Betriebes als wirtschaftlicher Einheit. Beim teilweisen Verkauf ist darauf zu achten, dass als Ergebnis der Veräußerung von Teilen des schuldnerischen Vermögens nicht nur alle Verbindlichkeiten getilgt werden können, sondern dem Schuldner auch genügend Masse verbleibt, um seinen Betrieb fortzuführen.[714]

gg) Erfüllung aller Forderungen

Das InsG 2002 sieht im Gegensatz zum InsG 1998[715] in Art. 113 ausdrücklich die Möglichkeit für hinter dem Schuldner stehende Personen, insbesondere die Gesellschafter einer juristischen Person, aber auch beliebige Dritte vor,[716] die Forderungen

---

[707] *Masevic/Orlovskij/Pavlovskij*, Kommentar, 83.

[708] *Teljukina*, Der Verkauf des Unternehmens im Rahmen der Fremdverwaltung. Probleme der neuen rechtlichen Regulierung, Zakonodatel´stvo 2003 Nr. 4, 34 (35).

[709] Kritisch *Teljukina*, Der Verkauf des Unternehmens im Rahmen der Fremdverwaltung. Probleme der neuen rechtlichen Regulierung, Zakonodatel´stvo 2003 Nr. 4, 34 (36).

[710] Auch *Gribanov*, Das Unternehmen als Rechtssubjekt im russischen Recht, OER 2003, 25.

[711] Wörtlich: „öffentlicher Verkauf".

[712] *Masevic/Orlovskij/Pavlovskij*, Kommentar, 98; *Teljukina*, Der Verkauf des Unternehmens im Rahmen der Fremdverwaltung. Probleme der neuen rechtlichen Regulierung, Zakonodatel´stvo 2003 Nr. 4, 34 (36f.).

[713] *Kiperman*, Neues Insolvenzgesetz; oft wurde der Preis manipuliert oder das Unternehmen an nahestehende Strohmänner verkauft; vgl. *Viktorov/Sapožnikov*, Aufsicht über die Erfüllung der Gesetzgebung über die Insolvenz (den Bankrott), Zakonnost´ 2003 Nr. 6, 17 (20).

[714] Dies geschah in der Praxis häufig nicht ausreichend. Die Folge war eine sog. „Liquidation ohne Liquidation", vgl. *Teljukina*, Konkursrecht, 295.

[715] Zu diesem Problem *Voropaeva*, Rechtliche Mechanismen der Durchführung des Verfahrens der Liquidation von Gläubigerforderungen einer Organisation bei der Fremdverwaltung, JurMir, 2000 Nr. 8, 4 (8).

[716] *Berkovič*, Die Erfüllung von Verbindlichkeiten durch eine dritte Person im Konkursverfahren, AP 2005 Nr. 12, 3.

des Schuldners in vollem Umfang zu begleichen bzw. dem Schuldner dazu ausreichende Geldmittel zur Verfügung zu stellen.[717]

Zu diesem Zweck informiert der Zahlungswillige den Fremdverwalter über seine Absicht und beginnt spätestens eine Woche danach mit den Zahlungen. Für diesen Zeitraum kann kein anderer die Forderungen begleichen. Eines Vertrags mit dem Schuldner bedarf es nicht,[718] d.h. ein Interessent kann auch gegen dessen Willen die Zahlungen vornehmen. Die Mittel gelten als ein zinsloses Darlehen auf Anforderung, das jedoch nicht vor Ende der für die Fremdverwaltung vorgesehenen Frist eingefordert werden kann.[719]

Hat der Dritte nach der Wochenfrist noch nicht mit der Zahlung begonnen, können auch andere Zahlungswillige ihre Bereitschaft anmelden.[720] Die Gläubiger sind verpflichtet, die Zahlungen anzunehmen. Bei Weigerung können die Geldmittel bei einem Notar hinterlegt werden und die Forderungen gelten als erfüllt. Da der Schuldner die Abrechnungen unmittelbar mit den Gläubigern vornehmen kann, ist unklar was geschieht, wenn die Mittel nach einer teilweisen Abrechnung nicht ausreichen.[721]

Das InsG 2002 eröffnet den Gesellschaftern des Schuldners somit die Möglichkeit, das Verfahren jederzeit zu beenden. Zugleich wird Dritten ermöglicht, alle Forderungen gegen den Schuldner auf sich zu vereinigen und damit massiven Einfluss zu gewinnen.[722] Interessierte Personen könnten auf diese Weise die Kontrolle über den Schuldner erlangen, sogar gegen dessen Willen. Fraglich ist allerdings, ob unter Umständen nicht ein Kauf der Forderungen günstiger ist als ihre vollständige Erfüllung.

Offen bleibt, wer die bis dahin angefallenen Verfahrenskosten trägt. Das InsG 2002 spricht in Art. 113 Pkt. 1 und Art. 125 Pkt. 1 und 4 von einer Begleichung der im Register der Gläubigerforderungen aufgeführten Forderungen. Dort sind aber die außer der Reihe zu befriedigenden Kosten des Verfahrens nicht erfasst. Da die Erfüllung aller Forderungen jedoch lange nach Verfahrenseröffnung möglich ist, können bereits beträchtliche Kosten angefallen sein. Die gleiche Problematik gilt für laufende Forderungen im Rahmen der Fremdverwaltung. Es bleibt der Rechtspre-

---

[717] Ausführlich: *Teljukina*, Die Erfüllung der Verpflichtungen des Schuldners durch dritte Personen im Verlauf der Fremdverwaltung, ChiP 2003 Nr. 2, 30.

[718] *Popondopulo/Lebedev*, Kommentar, Art. 113 Pkt. 1.

[719] *Berkovič*, Die Erfüllung von Verbindlichkeiten durch eine dritte Person im Konkursverfahren, AP 2005 Nr. 12, 3 (8).

[720] *Popondopulo/Lebedev*, Kommentar, Art. 113 Pkt. 2, will daraus den Schluss ziehen, dass bei Unwirksamkeit der Mitteilung bereits geleistete Zahlungen nicht zurückverlangt werden können.

[721] *Popondopulo/Lebedev*, Kommentar, Art. 113 Pkt. 4, schlägt vor, die Abrechnung durch den Verwalter vornehmen zu lassen, um dieses Problem zu vermeiden.

[722] So auch *Vitrjanskij*, Neues in der rechtlichen Regelung der Insolvenz (des Bankrotts), ChiP 2003 Nr. 1, 8f.

chung überlassen, ob unter dem Terminus „alle Forderungen nach dem Register" in diesem Fall auch die Verfahrenskosten zu verstehen sind. Anderenfalls verblieben sie beim Schuldner, was ihre Beitreibung sehr erschweren könnte.

hh) Abschluss der Fremdverwaltung

Die Fremdverwaltung kann aus zwei Gründen vorzeitig beendet werden.[723] Einmal erfolgt dies bei Wiederherstellung der Zahlungsfähigkeit vor Ablauf der festgesetzten Frist. In diesem Fall hat der Fremdverwalter der Gläubigerversammlung einen Bericht zu erstatten und anschließend die Abrechnung mit den Gläubigern vorzunehmen. Nach deren Abschluss wird das Bankrottverfahren beendet, Art. 119 Pkt. 6 InsG 2002. Weiterhin kann eine vorzeitige Beendigung und ein Übergang ins Konkursverfahren erfolgen, wenn die Wiederherstellung der Zahlungsfähigkeit unmöglich wird, Art. 119 Pkt. 7 InsG 2002.

Im Regelfall endet die Fremdverwaltung mit der Wiederherstellung der Zahlungsfähigkeit des Schuldners innerhalb des im Plan festgesetzten Zeitraums.[724] Der Verwalter hat in diesem Fall innerhalb enger Fristen die Gläubigerversammlung einzuberufen und ihr einen Bericht vorzulegen, in dem er die Perspektiven des Schuldners darstellt.[725] Die Gläubigerversammlung trifft sodann eine Entscheidung über den Fortgang des Verfahrens, Art. 118 InsG 2002. Diese übersendet der Verwalter gemeinsam mit seinem Bericht an das Gericht, das daraufhin eine entsprechende Entscheidung erlässt. Es ist an den Beschluss der Gläubigerversammlung gebunden.[726] Die Abrechnungen mit den Gläubigern erfolgen in der Rangfolge des Art. 134 InsG 2002. Erst nach der Befriedigung der Gläubiger wird das Verfahren in der Insolvenzsache beendet.[727]

Gelingt es nicht, innerhalb der festgesetzten Frist die Zahlungsfähigkeit wiederherzustellen, kann die Fremdverwaltung nach Art. 108 InsG 2002 auf maximal zwei Jahre verlängert werden. Führt auch dies nicht zum Erfolg, ist der Übergang in das Konkursverfahren zum Zwecke der Zerschlagung und Verwertung des Schuldners die Folge.

---

[723] *Teljukina*, Konkursrecht, 264.
[724] Dazu *Teljukina*, Verfahren der Handlungen der Parteien bei Abschluss der Fremdverwaltung, Zakonodatel´stvo 2001 Nr. 4, 67.
[725] *Teljukina*, Konkursrecht, 304.
[726] *Teljukina*, Konkursrecht, 305.
[727] Nach dem InsG 1998 wurde bereits nach Vorlage des Berichts und des Protokolls der Gläubigerversammlung durch den Verwalter das Verfahren beendet. Dies führte dann zu Problemen, wenn sich später herausstellte, dass die Mittel nicht zur Befriedigung aller Gläubiger ausreichten, vgl. *Teljukina*, Konkursrecht, 306f.

ii) Praxis

In der Praxis kam es in den letzten Jahren nur zu wenigen Fällen der Fremdverwaltung.[728] Oftmals endeten diese mit der Zerschlagung des Schuldners in einem Konkursverfahren, aus dem auch bei veränderter Situation kein Weg zurück zur Fremdverwaltung führte.[729] Der Nutzen der Fremdverwaltung wurde daher gelegentlich in Frage gestellt.[730] Die Gründe für die geringe Wirkung der Fremdverwaltung dürften in der fehlenden Beteiligung des Schuldners und bei der Auswahl unqualifizierter und überforderter Verwalter zu suchen sein. Häufig haben die Hauptakteure die Weichen für das weitere Schicksal des Schuldners schon lange vor Anordnung der Fremdverwaltung gestellt. Eine rein formale Vorgehensweise, die zunächst eine (aussichtslose) Sanierung beginnt, schmälert die später im Konkursverfahren verteilbare Masse.[731] Insofern ist stets genau zu prüfen, ob eine Sanierung auch Erfolg verspricht.[732]

Problematisch scheint die Beteiligung Dritter am Verfahren. Diese können über die Ersetzung, die Emission neuer Aktien oder durch die Tilgung der Forderungen nach Art. 113 InsG 2002 faktisch die Gewalt über den Schuldner übernehmen, unter bestimmten Umständen auch gegen dessen Willen. Es ist vorstellbar, ein Insolvenzverfahren zu initiieren und sodann einen Unternehmensverkauf zu erzwingen, um den Schuldner zu übernehmen.

Die Fremdverwaltung kann nur Erfolg haben, wenn die Zahlungsunfähigkeit des Schuldners durch vorübergehende Ereignisse und nicht eine strukturelle Schwäche ausgelöst war. Es kann vermutet werden, dass viele Insolvenzverfahren der letzten Jahre in Russland vor allem dazu dienten, nicht mehr lebensfähige Unternehmen vom Markt zu nehmen, denen die Umstellung auf die Marktwirtschaft nicht gelungen war. In diesen Fällen war eine Sanierung von vornherein aussichtslos.

---

[728] So gab es im Jahre 2002, also noch zum InsG 1998 ganze 1.021 Verfahren, von denen nur 21 mit Erfolg abgeschlossen wurden, dazu Statistik in: VAS 2003 Nr. 4, 26 (27); dazu auch redaktioneller Bericht in RJu 2003 Nr. 4, 76 (77); seitdem hat sich der Anteil der Fremdverwaltungsverfahren erhöht: 2003 gab es 2.081 Verfahren, 2004 1.369 und 2005 1.013 (www.arbitr.ru). Die Quote einer erfolgreichen Wiederherstellung der Zahlungsfähigkeit blieb mit 1% bis 2% allerdings erschreckend gering.

[729] *Andreev*, Kommentar, 15; jetzt sieht Art. 146 InsG 2002 eine solche Möglichkeit vor.

[730] *Oda*, Russian Commercial Law, 156.

[731] Die durchschnittliche Erfolgsquote von 1-2% spricht dafür, dass diese Prüfung nicht ausreichend kritisch erfolgt.

[732] Dazu *Chimičev*, Aussichtsreiche Richtungen der Vervollkommnung der rechtlichen Regulierung im Bereich der Insolvenz (des Bankrotts), VAS 2005 Nr. 6, 149 (159ff.).

6. Konkursverfahren

a) Allgemeines

Führen finanzielle Sanierung oder Fremdverwaltung nicht zum Erfolg oder erscheinen sie von vornherein nicht erfolgversprechend,[733] kommt es zur Befriedigung der Gläubiger in der конкурсное производство (im Weiteren dem russ. Sprachgebrauch folgend als „Konkursverfahren" bezeichnet).[734] Nunmehr steht nicht die Sanierung des Schuldners im Vordergrund, sondern die Befriedigung der Gläubiger im Wege der Verwertung des schuldnerischen Vermögens. Es handelt sich um das klassische Liquidationsverfahren, bei dem das Vermögen des Schuldners realisiert und verteilt wird.[735] Ziel des Konkursverfahrens ist die Sammlung und Verwertung des schuldnerischen Vermögens zum Zweck der (anteiligen) Befriedigung der Gläubigerforderungen.[736]

b) Anordnung

Das Konkursverfahren wird vom Wirtschaftsgericht per Beschluss für ein Jahr angeordnet, Art. 124 Pkt. 2 InsG 2002. Diese Frist kann auf Antrag eines Beteiligten um maximal 6 Monate verlängert werden. Das InsG 1998 hatte auch längere Fristen zugelassen. In Anbetracht der allgemein kurzen Fristen im russ. Prozessrecht[737] scheinen anderthalb Jahre allerdings auch in Großverfahren angemessen, um die Verwertung abzuschließen.[738]

Das Gericht ernennt einen Konkursverwalter, dem die Bildung und Verteilung der Masse obliegt.[739] Gleichzeitig enden die Vollmachten der Leitungsorgane des Schuldners, sofern sie noch bestanden, bzw. der früheren Verwalter, Art. 126 Pkt. 2 InsG 2002. Diese sind verpflichtet, dem Konkursverwalter alle Unterlagen zum Schuldner herauszugeben.

Der Beschluss über die Anordnung des Konkursverfahrens wird in dem von der Regierung bestimmten Publikationsorgan veröffentlicht, Art. 128, 28 InsG 2002. Mit Beginn des Konkursverfahrens treten eine Reihe wichtiger Folgen ein.[740] Alle

---

[733] Weiterhin ordnet das Gesetz das Konkursverfahren auch als eine Art Sanktion bei Nichtbeachtung von Bestimmungen in anderen Verfahren an, vgl. *Andreev*, Kommentar 233.

[734] Es ist zu beachten, dass im russ. Recht mit Konkursverfahren nur das Verwertungsverfahren gemeint ist, während im früheren deutschen Recht das Konkursverfahren das gesamte Verfahren beschrieb.

[735] *Andreev*, Kommentar 232f.

[736] *Andreev*, Kommentar 232.

[737] Z.B. Art. 134 APK, der eine Frist von 2 Monaten für die Vorbereitung des erstinstanzlichen Verfahrens anordnet.

[738] *Nikitina*, Das Konkursverfahren, AP 2003 Nr. 6, 14 (15), hält allerdings in Ausnahmefällen eine Verlängerung über 18 Monate hinaus für möglich; aA *Chimičev*, Sicherung der Rechte und gesetzlichen Interessen der Gläubiger, AP 2003 Nr. 4, 3 (10f.).

[739] *Teljukina*, Konkursrecht 2004, 423.

[740] Zum InsG 1998: *Popondopulo*, Rechtliche Regelung der Insolvenz, 152f.

Forderungen gegen den Schuldner werden fällig, es fallen keine Zinsen oder Strafzahlungen mehr an, die Einzelzwangsvollstreckung aus Titeln wird unzulässig. Forderungen gegen den Schuldner können nur noch im Rahmen des Konkursverfahrens geltend gemacht werden, Art. 126 Pkt. 1 InsG 2002.[741]

c) Bildung der Konkursmasse

Aufgabe des Konkursverwalters ist es, die Konkursmasse zu sammeln. Dazu überträgt ihm das InsG 2002 umfangreiche Kompetenzen. Er hat nach Art. 129 Pkt. 2 das schuldnerische Vermögen in Besitz zu nehmen, zu inventarisieren und zu schätzen. Forderungen des Schuldners gegen Dritte sind einzutreiben oder in anderer Weise zur Masse zu ziehen.[742] Häufig mag der Verkauf von Rechten im Wege der Forderungsabtretung effektiver und schneller sein als eine streitige Eintreibung.[743] Vorhandenes Vermögen hat der Konkursverwalter im Wege des Verkaufs oder in anderer Weise zu verwerten; möglich ist der Verkauf des gesamten schuldnerischen Unternehmens oder von Unternehmensteilen.[744] Der Konkursverwalter kann die Fortsetzung von Verträgen verweigern oder Rechtsgeschäfte anfechten. Bei seiner Tätigkeit darf er nach Art. 133 nur ein Konto des Schuldners fortführen, auf dem er alle eingehenden Geldmittel konzentrieren muss.

aa) Schuldnerfremdes Vermögen/ Aussonderung

In die Konkursmasse fällt grundsätzlich das gesamte Vermögen des Schuldners. An klaren Regeln zur Aussonderung einzelner Gegenstände fehlt es.[745] Während das InsG 1992 in Art. 26 Pkt. 5 ausdrücklich anordnete, dass dem Schuldner nicht gehörende Gegenstände nicht in die Masse fallen,[746] suchte man eine entsprechende

---

[741] Ausführlich *Pustovalova*, Schicksal der Gläubigerforderungen beim Bankrott des Schuldners, 170ff.

[742] Das schließt auch die Befugnis zur Klageerhebung mit ein, vgl. Informationsbrief des Obersten Wirtschaftsgerichts vom 06.08.1999 Pkt. 19.

[743] *Kirilov*, Die Abtretung von Forderungen gegen einen insolventen Schuldner, AP, Sonderausgabe 2001: Abtretung von Forderungen (Praxis der Prüfung von Sachen bei Wirtschaftsgerichten), 86.

[744] Fraglich ist, welchen Einfluss die Gesellschafter des Schuldners in diesem Stadium noch haben; *Teljukina*, Der Verkauf des Unternehmens im Rahmen der Fremdverwaltung. Probleme der neuen rechtlichen Regulierung, Zakonodatel´stvo 2003 Nr. 4, 34 (39).

[745] Bis heute sind einige Fragen nicht geklärt, zu denen die vorrevolutionäre Rechtswissenschaft schon Lösungen erarbeitet hatte; vgl. *Tkačev*, Rechtliche Regelung, 28.

[746] *Juterzenka*, Das Kreditsicherungsrecht in der Russischen Föderation, 373f.; *Thurner/Verschinin*, Das Insolvenzrecht der Russischen Föderation, in: *Breidenbach* (Hrsg.), Handbuch Wirtschaft und Recht in Osteuropa RUS Syst 91, Rn 67.

Norm im InsG 1998 vergebens.[747] Es war allerdings möglich, aus einzelnen Normen zu schließen, dass eine Änderung nicht beabsichtigt war.[748]

Aus Art. 126 und 131 InsG 2002 lässt sich ableiten, dass Rechte und Sachen, die nicht zum Vermögen des Schuldners gehören, auch nach dem neuen Gesetz nicht in die Masse fallen. Der Eigentümer kann ihre Herausgabe außerhalb des Bankrottverfahrens verlangen,[749] wird also nicht Konkursgläubiger.[750] Eine Einschränkung muss der Aussonderungsberechtigte allerdings insoweit hinnehmen, als er keine Herausgabe seines Eigentums während der Sanierungsbemühungen (finanzielle Sanierung oder Fremdverwaltung) verlangen kann,[751] soweit der Schuldner ein Recht zum Besitz hat.[752]

Die Bedeutung der Aussonderung in Russland ist nicht so hoch wie in Deutschland, da die russ. Gerichte und die Rechtswissenschaft bis heute einer Sicherungsübereignung ablehnend gegenüberstehen.[753] Die Praxis behilft sich mit dem besitzlosen Pfandrecht, muss sich damit allerdings auch mit einer geringeren Sicherheit begnügen.

Offen ist, welche Position ein Eigentumsvorbehalt in der Insolvenz einnimmt.[754] Der Eigentumsvorbehalt ist im russ. Recht nur wenig verbreitet,[755] müsste konsequenterweise aber ebenfalls zur Aussonderung berechtigen, solange der Arbitrageverwalter nicht die Bedingung für den Eigentumsübergang herbeiführt.

bb) Weitere Ausnahmen

Für sozial bedeutsame Objekte (Bildungseinrichtungen, Heileinrichtungen, Sportstätten etc.) im Vermögen des Schuldners ordnet Art. 132 Pkt. 4ff. InsG 2002 ein

---

[747] Zur früheren Rechtslage *Jehn/Knaul,* Russische Föderation: Gesetz "Über die Zahlungsunfähigkeit (Bankrott)", WiRO 1998, 337 (339).

[748] So *Vitransky,* Insolvency and Bankruptcy Law Reform in the Russian Federation, (1999) 44 McGill L.J. 409 (414); genauso *Masevic/Orlovskij/Pavlovskij,* Kommentar, 96; und *Karelina,* Rechtliche Regelung, 115; bestätigt durch Entscheidung des Präsidiums des Obersten Wirtschaftsgerichts vom 13.07.2004, Nr. 4562/04, dazu *Wedde,* Russland – Aussonderung im Insolvenzverfahren, eastlex 2005, 95.

[749] Dazu Informationsbrief des Präsidiums des Obersten Wirtschaftsgerichts der RF vom 14.06.2001 Nr. 64, Pkt. 2.

[750] *Karelina,* Rechtliche Regelung, 150.

[751] Mit Verweis auf die gerichtliche Praxis *Karelina,* Rechtliche Regelung, 150; zum InsG 1998 vgl. *Vitransky,* Insolvency and Bankruptcy Law Reform in the Russian Federation, (1999) 44 McGill L.J. 409 (414).

[752] *Jun/Tal´/Grigor´ev,* Fremdverwaltung in einem insolventen Unternehmen, 13.

[753] *Budilov,* Recht der Kreditsicherheiten in Russland, in: *Horn/Pleyer,* Handelsrecht und Recht der Kreditsicherheiten in Osteuropa, 39.

[754] Dazu *Trunk,* Das neue russische Insolvenzrecht. Von der Zwischenbilanz zur Totalrevision, in: *Schroeder* (Hrsg.), Die neuen Kodifikationen in Russland, 2. Auflage, 114 Fn 76.

[755] Dazu *Engel,* Dingliche Mobiliarsicherheiten in Russland, WiRO 1998, 441 (442).

besonderes Verwertungsverfahren an.[756] Bei einem Verkauf muss sich der Erwerber verpflichten, die soziale Zweckbestimmung der Objekte zu wahren. Verletzt er diese Bedingungen oder findet sich kein Erwerber, fallen die Objekte in das Eigentum der jeweiligen kommunalen Körperschaft. Das InsG 1998 hatte noch einen entschädigungslosen Eigentumsübergang vorgesehen, der allerdings vom Verfassungsgericht als Verletzung der Rechte des Schuldners für verfassungswidrig erklärt worden war.[757] Nunmehr bestimmt das InsG 2002 in Art. 132 Pkt. 6, dass als Ausgleich ein Entgelt in die Konkursmasse fallen muss.[758] Über die Höhe des Entgelts schweigt das Gesetz allerdings. Die Norm wurde jedoch 2004 geändert; seit 2005 ist keine Kompensation mehr vorgesehen.[759]

Ebenfalls nicht in die Konkursmasse fallen gemäß Art. 129 ZGB aus dem Verkehr genommenes Vermögen sowie untrennbar mit der Person des Schuldners verbundene Rechtspositionen.[760]

d) Erstellung des Registers

Aufgabe des Konkursverwalters ist es, das Register der Gläubigerforderungen zu führen. Dieses wird gemäß Art. 142 Pkt. 1 InsG 2002 zwei Monate nach Veröffentlichung der Anordnung des Konkursverfahrens geschlossen.[761] Da mit Anordnung des Konkursverfahrens die Fälligkeit aller Forderungen gegen den Schuldner als eingetreten fingiert wird, können sämtliche Gläubiger ihre Forderungen anmelden.

Sind die Forderungen durch eine Gerichtsentscheidung nachgewiesen, kann der Konkursverwalter ihre Eintragung nicht ablehnen.[762]

Nach diesem Datum angemeldete Forderungen werden zwar noch angenommen und eingetragen, aber erst nachrangig befriedigt, Art. 142 Pkt. 4 InsG 2002.[763] Der Konkursverwalter ist nicht berechtigt, von ihm selbständig aufgedeckte Forderungen

---

[756] *Anochin/Larin*, Sozial bedeutsame Objekte und Wohnungsfonds sozialer Nutzung im Konkursverfahren, ChiP 2005 Nr. 6, 52.

[757] Entscheidung des Verfassungsgerichts vom 16.05.2000 Nr. 8-P über die Verfassungsmäßigkeit von Art. 104 Pkt. 4 des InsG 1998; vgl. *Popondopulo/Gorodov*, Kommentar, Art. 132 Pkt. 6.

[758] Auch *Andreev*, Kommentar 235f.; kritisch *Vitrjanskij*, Wege zur Vervollkommnung der Bankrottgesetzgebung, 103, der vermutet, dass die staatlichen Organe sich dieser Pflicht zu entziehen versuchen werden.

[759] *Anochin/Larin*, Sozial bedeutsame Objekte und Wohnungsfonds sozialer Nutzung im Konkursverfahren, ChiP 2005 Nr. 6, 52 (55); verfassungsrechtlich dürfte dies fragwürdig sein.

[760] *Karelina*, Rechtliche Regelung, 115.

[761] Informationsbrief des Präsidiums des Obersten Wirtschaftsgerichts vom 26.07.2005 Nr. 93, Pkt. 3.

[762] Informationsbrief des Obersten Wirtschaftsgerichts der RF vom 07.08.1997, Pkt. 17.

[763] *Popondopulo/Gorodov*, Kommentar, Art. 142, Pkt. 7; Ausnahmen gelten für die Gläubiger des ersten und zweiten Ranges; *Leonov/Rubanova*, Die Erfüllung von Forderungen in Bankrottverfahren, AP 2005 Nr. 10, 3 (7).

ohne Anmeldung des Gläubigers in das Register aufzunehmen.[764] Meldet ein Gläubiger seine Forderungen nicht vor oder während der Sanierungsverfahren an, kann er auf die Durchführung des Verfahrens keinen Einfluss nehmen,[765] es droht ihm jedoch über die Moratorien oder den Abschluss eines Vergleichs durch die anderen Gläubiger hinaus auch kein Risiko. Art. 142 InsG 2002 stellt für das Konkursverfahren jedoch eine klare zeitliche Grenze auf, bis zu der Forderungen spätestens angemeldet werden müssen.[766]

e) Verteilung der Masse

Hat der Insolvenzverwalter die Masse gebildet und das Register erstellt, beginnt er mit der Verteilung des Erlöses, Art. 134 InsG 2002. Die dabei zu beachtende Rangordnung gehört zu den Kernproblemen jedes Insolvenzrechts und zu den umstrittensten der russ. Regelung. In den verschiedenen Gesetzen seit 1992 wurde sie unterschiedlich gelöst.

Die Stellung gesicherter Gläubiger im Verhältnis zu anderen bevorrechtigten Gläubigern (wie z.B. dem Fiskus oder den Arbeitnehmern des Schuldners) spielt volkswirtschaftlich eine wichtige Rolle.[767] Je besser sich ein Kreditgeber absichern kann, desto geringer wird sein Risiko und desto höher seine Bereitschaft, Kredite zu vergeben. Damit hat die Vorrangfrage der Sicherheiten im Insolvenzfall eine unmittelbare Auswirkung auf die Verfügbarkeit von Krediten in einem Land.[768] Werden dabei Pfandrechte privilegiert, dünnen Sicherungsrechte die Masse zu Lasten der ungesicherten Gläubiger aus.[769] Die Figur der Absonderung begünstigt naturgemäß die (ausländischen) Großgläubiger, deren Position es leichter macht, Sicherungsrechte einzufordern.[770]

---

[764] Informationsbrief des Obersten Wirtschaftsgerichts der RF vom 07.08.1997 Pkt. 18.

[765] Insbesondere ist er nicht stimmberechtigt, Informationsbrief des Präsidiums des Obersten Wirtschaftsgerichts vom 30.12.2004 Nr. 86, Pkt. 2.

[766] *Andreev*, Kommentar 234f.

[767] *Smid*, Das Insolvenzverfahren in den Beitrittsstaaten, WiRO 2000, 393 (396).

[768] *Flaschen/DeSieno*, The Development of Insolvency Law as Part of the Transition from a Centrally Planned Economy to a Market Economy, International Lawyer 26 (1992), 667; ähnlich *Teljukina*, Kommentar, VIII; und *Pustovalova*, Praktische Aspekte der Klassifizierung der Gläubigerforderungen in der Gesetzgebung über die Insolvenz (den Bankrott), in: *Šilochvost*, (Hrsg.), Aktuelle Probleme des Zivilrechts. Ausgabe 6, 33 (60); *Denisov/Egorov/Sarbaš*, Sanierungsverfahren in Bankrottsachen, 8; *Chimičev*, Aussichtsreiche Richtungen der Vervollkommnung der rechtlichen Regulierung im Bereich der Insolvenz (des Bankrotts), VAS 2005 Nr. 6, 149 (158).

[769] Dies war eines der Hauptargumente für die Einschränkung des Absonderungsrechts nach der InsO, vgl. *Gottwald/Adolphsen*, Die Rechtsstellung dinglich gesicherter Gläubiger in der Insolvenzordnung, Kölner Schrift, 1043 (1070ff., Rn 106ff.).

[770] Vgl. *Flaschen/DeSieno*, The Development of Insolvency Law as Part of the Transition from a Centrally Planned Economy to a Market Economy, International Lawyer 26 (1992), 667 (675), die allerdings auch darauf hinweisen, dass westliche Gläubiger bestimmte Rechtsregeln gewöhnt sind.

aa) Masseforderungen

Außerhalb der Rangfolge werden als Masseforderungen vorab eine Reihe von Ansprüchen befriedigt, Art. 134 Pkt. 1 InsG 2002. Dazu zählen neben den Gerichtskosten und der Vergütung des Verwalters[771] auch laufende Zahlungen, also Forderungen, die nach Verfahrenseröffnung entstanden sind,[772] einschließlich der Lohnforderungen aus Arbeitsverhältnissen.[773] Nur ein solches Vorrecht kann Vertragspartner überhaupt dazu bewegen, in Sanierungsfällen mit dem Schuldner Verträge abzuschließen.[774] Die Masseforderungen werden bereits im Verfahren befriedigt, müssen also nicht bis zum Ende des Verfahrens warten.[775] In diesem Punkt kam es in der Vergangenheit zu einigem Missbrauch, indem entweder Masseforderungen in die Tabelle eingetragen oder Konkursforderungen vorab befriedigt wurden.[776] Nunmehr sind laufende Verbindlichkeiten nicht mehr in die Tabelle einzutragen.[777] Reicht die Masse zur Befriedigung der Masseforderungen nicht aus, verweist Art. 134 Pkt. 3 InsG 2002 für die Rangfolge auf Art. 855 ZGB, der im Wesentlichen dem Prioritätsgrundsatz folgt.[778]

Das InsG 2002 enthält eine gesonderte Regelung zu den Kosten einer notwendigen Altlastensanierung, Art. 134 Pkt. 1 aE[779] Diese sind aus der Konkursmasse zu befriedigen, also schon vor der Auseinandersetzung mit den Insolvenzgläubigern. Dies kann die Masse in bestimmten Industriezweigen entscheidend belasten. Unklar ist

---

[771] *Teljukina*, Kommentar, 2. Auflage, Art. 26 Pkt. 6; *Sokolovskaja*, Der rechtliche Status des Arbitrageverwalters, in: *Karelina* (Hrsg.), Rechtliche Probleme, 49 (59).

[772] Zu den Schwierigkeiten der Einordnung *Chimičev*, Laufende Verpflichtungen beim Bankrott, ChiP 2004 Nr. 4, 77.

[773] *Artem'ev/Bacyn*, Garantien der Arbeitnehmerrechte bei der Insolvenz (dem Bankrott) eines Unternehmens, in: *Karelina* (Hrsg.), Rechtliche Probleme, 71 (76).

[774] *Pustovalova*, Gläubigerforderungen im Lauf des Verfahrens in der Bankrottsache des Schuldners, AGP 2002 Nr. 4, 28 (35); ähnlich *Teljukina*, Status laufender Gläubiger im Konkursverfahren, JurMir 2002 Nr. 11, 14 (15).

[775] *Čuča*, Rangfolge der Befriedigung der Forderungen privilegierter Gläubiger beim Bankrott, AP 2002 Nr. 4, 3.

[776] *Teljukina*, Status laufender Gläubiger im Konkursverfahren, JurMir 2002 Nr. 11, 14 (16).

[777] *Pustovalova*, Schicksal der Gläubigerforderungen beim Bankrott des Schuldners, 22.

[778] *Litovceva*, Rangfolge und Verfahren der Befriedigung der Gläubigerforderungen, AP 2003 Nr. 3, 4; vgl. *Denisov*, Zahlungen außerhalb der Rangordnung im Verlauf des Konkursverfahrens, Voprosy Pravoprimenenija 2002 Nr. 5-6, 33 (34); *Pustovalova*, Praktische Aspekte der Klassifizierung der Gläubigerforderungen in der Gesetzgebung über die Insolvenz (den Bankrott), in: *Šilochvost*, (Hrsg.), Aktuelle Probleme des Zivilrechts. Ausgabe 6, 33 (65); *Černych*, Rangfolge der Befriedigung von Gläubigerforderungen, Jurist 2005 Nr. 11, 65; kritisch *Chimičev*, Aussichtsreiche Richtungen der Vervollkommnung der rechtlichen Regulierung im Bereich der Insolvenz (des Bankrotts), VAS 2005 Nr. 6, 149 (153).

[779] Zur Problematik in Deutschland *Lüke*, Umweltrecht und Insolvenz, Kölner Schrift, 859.

allerdings, ob die Sanierung nur bei Stilllegung des Betriebs oder auch bei Fortführung der Produktion aus der Masse zu finanzieren ist.[780]

bb) Rangfolge

Das neue Gesetz führt ein deutlich verändertes Verteilungsverfahren ein.[781] Statt der bisherigen fünf bestehen nur noch drei Gläubigergruppen, Art. 134 InsG 2002. Innerhalb eines Ranges erfolgt die Verteilung bei nicht ausreichender Masse anteilig nach dem Wert der Forderungen (pari passu).[782]

- Nach Befriedigung der Masseforderungen kommen als erste Gruppe die Gläubiger zum Zuge, denen der Schuldner wegen einer Lebens- oder Gesundheitsverletzung haftet.[783] Sie werden in Form einer kumulierten Rente befriedigt, Art. 135 InsG 2002.[784] Unter bestimmten Umständen können ihre Ansprüche auf den Staat übergeleitet werden.[785] Ihr Vorrang erklärt sich durch das weitgehend fehlende soziale System in Russland.[786]

- In der zweiten Gruppe folgen die Arbeitnehmer des Schuldners sowie Gläubiger von Autorenvergütungen (Art. 134 Pkt. 4, erster Absatz). Dies betrifft allerdings nur die bis zur Verfahrenseröffnung angefallenen Rückstände oder Abfindungen;[787] während des Verfahrens angefallene Forderungen auf Arbeitslohn oder Autorenvergütung gehören zu den Masseforderungen. Diese Bevorzugung hat ihre Ursache in der schwachen sozialen Absicherung von Arbeitnehmern.[788] Ein Institut wie das Konkursausfallgeld ist in Russland unbekannt.[789] Allerdings

---

[780]   Ausführlich *Wedde*, Neues im russischen Insolvenzrecht, WiRO 2003, 195 (199).

[781]   Dazu *Černych*, Rangfolge der Befriedigung von Gläubigerforderungen, Jurist 2005 Nr. 11, 65.

[782]   *Cumming*, Bankruptcy Law Reform in Russia, Parker Sch. J. E. Eur. L. 1997, 379f.

[783]   Die Grundlage der Haftung bildet Kapitel 59 § 2 Art. 1084-1094 ZGB; dazu *Masevic/ Orlovskij/Pavlovskij*, Kommentar, 102.

[784]   Zur Kapitalisierung *Egorov*, Die Kapitalisierung von zeitlichen Zahlungen in der Gesetzgebung über die Insolvenz, VAS 2004 Nr. 5, 117; *Černych*, Rangfolge der Befriedigung von Gläubigerforderungen, Jurist 2005 Nr. 11, 65 (66).

[785]   *Karelina*, Rechtliche Regelung, 122f.; für eine entsprechende Pflicht: *Choronžuk*, Praktische Ratschläge zur Durchführung des Konkursverfahrens, Jurist 2001 Nr. 1, 6.

[786]   Gesetzesbegründung Pkt. I; in Russland sichert die Sozialfürsorge kaum das Existenzminimum; dazu *Marschhausen*, Das russische Pfandrecht in der neuen Gesetzgebung und Rechtsprechung, 157.

[787]   *Masevic/Orlovskij/Pavlovskij*, Kommentar, 104.

[788]   *Vitrianskii*, Regulation of Insolvency within the Framework of the Model Legislation of the CIS, Review of Central and East European Law 1999, 195; zu den entsprechenden Normen internationaler Vereinbarungen *Čuča*, Garantien für den Erhalt des Arbeitsentgelts bei Insolvenz des Arbeitgebers, GiP 2002 Nr. 11, 75 (82).

[789]   Dazu *Vitransky*, Insolvency and Bankruptcy Law Reform in the Russian Federation, (1999) 44 McGill L.J. 409 (417), der damit begründet, warum gesicherte Gläubiger im russ. Recht weniger schutzwürdig seien; ähnlich *Vitrjanskij*, Neues in der rechtlichen Regelung der Insolvenz (des Bankrotts), ChiP 2003 Nr. 1, 15, der nach Aufwertung des

kann eine Bevorzugung der Arbeitnehmer auch die Chancen einer Sanierung gefährden, da sie die Bereitschaft zu flexiblen Lösungen reduziert.[790]

Die Gläubiger der ersten und zweiten Gruppe zählen auch nach dem neuen Gesetz nicht zu den Konkursgläubigern (vgl. Definition in Art. 2),[791] haben also kein Recht, selbständig ein Insolvenzverfahren anzustrengen. Einen zusätzlichen Vorteil räumt ihnen Art. 142 Pkt. 5 ein. Melden sie ihre Forderungen verspätet an, wird das Verfahren angehalten und sie vorrangig vor den Gläubigern der folgenden Gruppen befriedigt.[792]

- Im dritten Rang werden alle übrigen Gläubiger befriedigt; eine Differenzierung nach durch Pfandrechte gesicherten Forderungen, Forderungen ins Budget oder außerbudgetäre Fonds und sonstigen Forderungen ist entfallen, vgl. Art. 137 InsG 2002. All diese Gläubiger bilden fortan gemeinsam die dritte Gruppe.[793]

Erst nach der dritten Gruppe erfolgt die Befriedigung von Vertragsstrafen und anderen finanziellen Sanktionen, die aufgrund der Nichterfüllung von Forderungen entstanden sind, Art. 137 Pkt. 3 InsG 2002.[794] Im Anschluss daran werden die Forderungen der Gesellschafter des Schuldners aus ihrer Beteiligung befriedigt.[795]

Pfandrechts einen gesonderten staatlichen Kompensationsfonds für die Gläubiger der ersten beiden Gruppen vorschlägt; ähnlich *Choronžuk*, Praktische Ratschläge zur Durchführung des Konkursverfahrens, Jurist 2001 Nr. 1, 6.

[790] *Flaschen/DeSieno*, The Development of Insolvency Law as Part of the Transition from a Centrally Planned Economy to a Market Economy, International Lawyer 26 (1992), 667 (688f.).

[791] *Popondopulo/Popondopulo*, Kommentar, Art. 11 Pkt. 1; zur früheren Rechtslage *Gutbrod/Vogel*, Das neue russische Insolvenzgesetz – Ausgewählte Aspekte, RIW 1999, 37 (38).

[792] *Andreev*, Kommentar, 237f.

[793] Kritisch zu dieser Verschlechterung der Pflichtzahlungen *Vitrjanskij*, Neues in der rechtlichen Regelung der Insolvenz (des Bankrotts), ChiP 2003 Nr. 1, 14; positiv *Chimičev*, Das Verhältnis der Gesetzgebung zum Bankrott zu steuerlichen Normen, AP 2005 Nr. 12, 32.

[794] *Chimičev*, Sicherung der Rechte und gesetzlichen Interessen der Gläubiger, AP 2003 Nr. 4, 3 (7); ausführlich *Baciev*, Sanktionen für öffentlich-rechtliche Rechtsverletzungen in einer Bankrottsache, Korporativnyj Jurist 2006 Heft 1, 10.

[795] Dies läst sich aus Art. 103 Pkt. 5 ablesen, wonach Forderungen wegen Austritts aus der Gesellschaft innerhalb von 6 Monaten vor der Eröffnung in den dritten Rang fallen; zur Rechtslage nach dem InsG 1998: *Pustovalova*, Praktische Aspekte der Klassifizierung der Gläubigerforderungen in der Gesetzgebung über die Insolvenz (den Bankrott), in: *Šilochvost*, (Hrsg.), Aktuelle Probleme des Zivilrechts. Ausgabe 6, 33 (64).

cc) Sonderproblem: Pfandrechte/ Absonderung

Das InsG 1992 sah in Art. 29 vor, dass pfandbelegtes Vermögen (an vorrevolutionäre Traditionen anknüpfend[796]) nicht in die Konkursmasse fiel, sondern vom Pfandgläubiger abgesondert verwertet werden konnte.[797] Diese Gläubiger genossen dadurch auch Vorrang vor Masseforderungen.

Die Einführung des ZGB im Jahre 1995 änderte die Rechtslage grundlegend. Über die Verweisung in Art. 65 Pkt. 3 ZGB fand die für die Liquidation geltende Reihenfolge aus Art. 64 Pkt. 1 ZGB Anwendung und verdrängte die bisherige Regelung.[798] Nach den Masseforderungen wurden nun die Forderungen wegen Lebens- oder Gesundheitsverletzungen und die Forderungen auf Arbeitslohn befriedigt. Erst danach folgten die Forderungen der durch ein Pfandrecht geschützten Gläubiger, denen kein Absonderungsrecht mehr zustand.[799] Dies konnte wirtschaftlich nicht dadurch kompensiert werden, dass eine Befriedigung nunmehr aus dem gesamten Vermögen möglich war.[800] Den Schluss bildeten Forderungen des Staats und schließlich die sonstigen Forderungen. Das InsG 1998 übernahm in Art. 106 die Rangfolge des ZGB.[801]

Diese Rangfolge der Masseverteilung im Konkursverfahren sah sich scharfer Kritik ausgesetzt. Besonders ungünstig wurden Gläubiger gestellt, deren Forderungen durch Pfandrechte gesichert waren.[802] Diese Schwäche der Sicherheit im Insolvenzfall (und die Schwierigkeiten einer Einzelzwangsvollstreckung) wertete das Pfandrecht in der Praxis deutlich ab.[803] Die Neuerung stellte einen herben Rückschlag für Kreditgeber dar und trug sicherlich dazu bei, ausländische Investitionen in Russland

---

[796] *Tkačev*, Rechtliche Regelung, 30f.; zu den bereits römischrechtlichen Entsprechungen, *Andreev*, Kommentar, 7.

[797] *Tkačev*, Rechtliche Regelung, 46; *Marschhausen*, Das russische Pfandrecht in der neuen Gesetzgebung und Rechtsprechung, 156.

[798] *Sergeev/Tolstoj*, Zivilrecht, Band 1, 143f.

[799] Entscheidung der Plena des obersten Gerichts und des obersten Wirtschaftsgerichts der RF Nr. 6/8 vom 01.07.1996; Vestnik des Obersten Wirtschaftsgerichts 1996, Nr. 9, 5; zum Pfandrecht ausführlich: *Marschhausen*, Das russische Pfandrecht in der neuen Gesetzgebung und Rechtsprechung, 155ff.

[800] *Vitrjanskij/Vitrjanskij*, Kommentar, 10; *ders.*, Insolvenzrecht in der GUS, in: *Boguslawskij/Knieper*, Wege zum neuen Recht, 207 (213).

[801] Nach *Vitrjanskij*, Neue Gesetzgebung über die Insolvenz (den Bankrott), ChiP 1998 Nr. 3, 38 (42f.) handelt es sich dabei um eine Besonderheit des russ. Insolvenzrechts im Unterschied zu allen anderen Rechtsordnungen.

[802] *Gutbrod/Vogel*, Das neue russische Insolvenzgesetz – Ausgewählte Aspekte, RIW 1999, 37; auch *Tkačev*, Rechtliche Regelung, 148.

[803] Allerdings war die Befriedigungsreihenfolge immer noch besser als in der Einzelzwangsvollstreckung, vgl. *Marschhausen*, Das russische Pfandrecht in der neuen Gesetzgebung und Rechtsprechung, 157f.

zu verlangsamen.[804] Die Bereitschaft, dringend benötigte Kredite zu vergeben, wurde durch die Rückstufung des Pfandrechts nicht stimuliert.[805] Offen blieb zudem, ob die Rangverbesserung auf den dritten Rang nur den gesicherten Teil der Forderung betraf oder aber die gesamte Verbindlichkeit.[806]

Für Gläubiger, deren Forderung durch ein Pfandrecht gesichert ist, sieht das InsG 2002 in Art. 134 Pkt. 4 Absatz 2 nun wieder eine abgesonderte Befriedigung aus dem Pfandgegenstand vor.[807] Das mit Pfandrechten belegte Vermögen des Schuldners wird getrennt erfasst, Art. 131 Pkt. 2 Absatz 2. Dieses Vorrecht wird allerdings der Höhe nach durch den Wert des Pfandgegenstandes begrenzt.[808] Die Änderung stellt gegenüber der früheren Rechtslage einen gewaltigen Fortschritt dar; allerdings bleibt eine Reihe von Fragen offen:[809]

• Nach Art. 134 Pkt. 4 aE müssen Pfandrechtsinhaber gegenüber Gläubigern der ersten beiden Ränge zurücktreten, deren Forderungen vor Abschluss des Pfandvertrages entstanden sind.[810] Da deren Forderungen auch noch dann Vorrang haben, wenn sie nach dem Ende der Anmeldungsfrist und dem Abschluss des Registers der Gläubigerforderungen erhoben werden, Art. 142 Pkt. 5, ist unklar, wann der Erlös der Verwertung an die Pfandrechtsinhaber ausgezahlt wird. Sinnvollerweise muss ein Teil zurückbehalten werden oder die Auszahlung

---

[804]   *Timmermans*, Secured Transactions in Russian Civil Law, in: *Ginsburgs/Barry/Simons*, The Revival of Private Law in Central and Eastern Europe, 362f.

[805]   *Juterzenka*, Das Kreditsicherungsrecht in der Russischen Föderation, 202; *Pfaff/Linsmeier*, Das Insolvenzrecht Osteuropas (Polen, Rumänien, Russland, Slowenien, Tschechien, Ukraine, Ungarn), WiRO 1998, 41; ähnlich *Kalinina*, Insolvenz (Bankrott): Auswege aus der finanziellen Krise, Jurist 2002 Nr. 2, 49.

[806]   *Trunk*, Das neue russische Insolvenzrecht. Von der Zwischenbilanz zur Totalrevision, in: *Schroeder* (Hrsg.), Die neuen Kodifikationen in Russland, 2. Auflage, 114f.; vgl. *Juterzenka*, Das Kreditsicherungsrecht in der Russischen Föderation, 202; dafür *Karelina*, Rechtliche Regelung, 124.

[807]   *Spitsa*, Russische Föderation, in: *Lowitzsch* (Hrsg.), Das Insolvenzrecht Mittel- und Osteuropas, 220; *Andreev*, Kommentar, 238, bezeichnet sie als privilegierte Gläubiger des dritten Ranges; *Wedde*, Schwachstelle Insolvenzrecht, Ost-West-Contact 2004, Heft 3, 36.

[808]   Kritisch aber *Litovceva*, Rangfolge und Verfahren der Befriedigung der Gläubigerforderungen, AP 2003 Nr. 3, 4 (5f.); *Chimičev*, Sicherung der Rechte und gesetzlichen Interessen der Gläubiger, AP 2003 Nr. 4, 3 (6).

[809]   Vgl. auch *Chimičev*, Schutz von Gläubigerrechten beim Bankrott, 130 und *ders.*, Aussichtsreiche Richtungen der Vervollkommnung der rechtlichen Regulierung im Bereich der Insolvenz (des Bankrotts), VAS 2005 Nr. 6, 149 (157).

[810]   Die vorrevolutionäre Gesetzgebung verlieh den Pfandgläubigern auch in diesem Fall ein Vorrecht, vgl. *Pustovalova*, Praktische Aspekte der Klassifizierung der Gläubigerforderungen in der Gesetzgebung über die Insolvenz (den Bankrott), in: *Šilochvost*, (Hrsg.), Aktuelle Probleme des Zivilrechts. Ausgabe 6, 33 (51).

kann erst am Ende der gesamten Verteilung erfolgen.[811] In der Praxis mag dieser Fall nur selten auftreten, da die Zahl der Gläubiger in der ersten Gruppe in der Regel überschaubar ist und die Rückstände bei Arbeitslohn und Autorenvergütung bekannt sind, dennoch entwertet die zeitliche Unsicherheit die Absonderung teilweise.[812]

- In welchem Verhältnis die Pfandrechte zu Masseforderungen stehen, bleibt ebenfalls unklar. Die Systematik des Gesetzes deutet darauf hin, dass Masseforderungen Vorrang auch vor den durch Pfandrecht gesicherten Forderungen haben.[813] Dies würde das Pfandrecht im Falle des (häufigen) massearmen Konkurses wertlos machen.

- Weiterhin offen ist, in welcher Weise und von wem der Pfandgegenstand verwertet wird. Das für das übrige Vermögen in den Art. 139 iVm 110 und 111 InsG 2002 vorgesehene Verfahren (Auktion) gewährleistet zwar ein objektives Verfahren, ist aber recht umständlich und kostspielig. Der Pfandrechtsinhaber wird in der Regel kaum ein Interesse daran haben, die Masse durch einen seine Forderung einschließlich Kosten übersteigenden Erlös zu erhöhen.

Vermutlich ein Redaktionsversehen ist, dass die Reihenfolge der Befriedigung bei Liquidation einer juristischen Person in Art. 64 ZGB nicht geändert wurde, also immer noch fünf Gruppen vorsieht.[814] Diese Rangfolge gilt über Art. 65 Pkt. 3 auch für Insolvenzverfahren. Insoweit fallen nunmehr ZGB und Insolvenzgesetz auseinander.[815] Erst die Rechtsprechung wird diesen Konflikt auflösen können. Wünschenswert wäre de lege ferenda eine Klarstellung, dass das InsG 2002 Vorrang genießt.[816]

Auch die verbesserte Stellung des Pfandgläubigers nach dem InsG 2002 verschafft ihm also noch nicht die Position, die er vor 1998 innehatte und die ihm ausländische Rechtsordnungen, wie etwa das deutsche Recht, einräumen.

---

[811] *Litovceva*, Rangfolge und Verfahren der Befriedigung der Gläubigerforderungen, AP 2003 Nr. 3, 4 (5), hält daher auch eine getrennte Buchführung des Verwalters für einzelne Pfandrechte für erforderlich.

[812] Kritisch zur Zufälligkeit des zeitlichen Moments: *Vitrjanskij*, Neues in der rechtlichen Regelung der Insolvenz (des Bankrotts), ChiP 2003 Nr. 1, 14f.

[813] So *Andreev*, Kommentar, 238.

[814] *Černych*, Rangfolge der Befriedigung von Gläubigerforderungen, Jurist 2005 Nr. 11, 65.

[815] Obwohl die Gesetzesbegründung der Regierung im Anhang die Notwendigkeit einer Anpassung des ZGB ausdrücklich anführt; zu weiteren Widersprüchen zwischen dem InsG 2002 und dem ZGB: *Grudcena*, Das neue Gesetz „Über die Insolvenz (den Bankrott)", Advokat 2003 Nr. 1, 21 (24); dazu ausführlich oben III 1.

[816] *Karelina*, Rechtliche Regelung der Insolvenz (des Bankrotts), 82; wenngleich ein Vorrang des InsG 2002 bereits de lega lata wünschenswert ist, scheint der Schluss von *Spitsa*, Russische Föderation, in: *Lowitzsch* (Hrsg.), Das Insolvenzrecht Mittel- und Osteuropas, 223, auf einen Vorrang des InsG 2002 voreilig; aA *Černych*, Rangfolge der Befriedigung von Gläubigerforderungen, Jurist 2005 Nr. 11, 65.

f) Erfüllung aller Forderungen

Auch für das Konkursverfahren sieht Art. 125 InsG 2002 eine Erfüllung aller Forderungen vor. Derselbe Personenkreis wie bei der Fremdverwaltung hat das Recht, die Forderungen gegen den Schuldner im dem Register der Gläubigerforderungen zu begleichen oder dem Konkursverwalter die entsprechenden Mittel zur Verfügung zu stellen.[817] Danach gelten diese Mittel als Darlehen auf Anforderung. Dies bedeutet, dass ein etwaiger Dritter auf diese Weise auch im Konkursverfahren faktisch den Schuldner übernehmen kann.

g) Abschluss des Konkursverfahrens

Das Konkursverfahren endet mit der Verteilung der Masse und der vollständigen Abrechnung mit den Gläubigern. Darüber hat der Konkursverwalter nach Art. 147 InsG 2002 innerhalb kurzer Fristen dem Wirtschaftsgericht einen ausführlichen Bericht seiner Tätigkeit vorzulegen. Das Gericht erlässt einen Beschluss über die Beendigung des Konkursverfahrens, nachdem es den Bericht geprüft hat. Diesen Beschluss muss der Verwalter innerhalb von 5 Tagen dem staatlichen Organ für die Registrierung juristischer Personen vorlegen, das daraufhin einen Eintrag über die Liquidation des Schuldners vornimmt. Ab dem Zeitpunkt dieses Eintrags enden die Vollmachten des Konkursverwalters, gilt das Konkursverfahren als beendet und der Schuldner als liquidiert.[818]

Eine Neuerung des InsG 2002 stellt die Möglichkeit dar, aus dem Konkursverfahren in die Fremdverwaltung zu wechseln, wenn neues Vermögen auftaucht, Art. 146.[819] Das InsG 1998 hatte dies nicht zugelassen, so dass mitunter ein Schuldner liquidiert werden musste, obwohl seine Zahlungsfähigkeit zwischenzeitlich wiederhergestellt worden war.[820]

Forderungen, die im Konkursverfahren angemeldet und nicht oder nur teilweise befriedigt wurden, Forderungen, die im Wege der Aufrechnung oder eines Verzichts erloschen sind sowie Forderungen, gegen die der Verwalter unwidersprochen Widerspruch erhoben hat oder die vom Gericht für unbegründet erklärt wurden, gelten nach Abschluss des Verfahrens als getilgt.[821] Sie können von den Gläubigern nicht mehr geltend gemacht werden. Allerdings räumt Art. 142 Pkt. 11 InsG 2002 ihnen

---

[817] *Popondopulo/Gorodov*, Kommentar, Art. 125 Pkt. 1.

[818] *Andreev*, Kommentar, 239; zu einzelnen Problemen *Raščevskij*, Der Moment der Beendigung des Prozesses in der Bankrottsache, ChiP 2005 Nr. 12, 63.

[819] *Voronin*, Das Konkursverfahren, in: *Karelina* (Hrsg.), Rechtliche Probleme, 125 (129).

[820] *Dubinčin*, Insolvenz eines „solventen" Schuldners, ChiP 2001 Nr. 8, 99; auch *Andreev*, Kommentar, 233; *Vitrjanskij*, Wege zur Vervollkommnung der Bankrottgesetzgebung, 99.

[821] *Andreev*, Kommentar, 239.

die Möglichkeit ein, sich an Dritte zu wenden, die in unrechtmäßiger Weise Vermögen des Schuldners besitzen.[822]

Das InsG 2002 stellt klar, dass mit dem Abschluss des Konkursverfahrens die juristische Person des Schuldners als liquidiert gilt, Art. 149 Pkt. 4.[823]

h) Praktische Probleme

In zahlreichen Insolvenzverfahren wurden vom Schuldner oder ihm nahestehenden Kreisen die wichtigen „assets" des Unternehmens im Vorfeld der Insolvenz, teilweise auch noch danach beiseite geschafft.[824] Ähnlich wie in Deutschland bildet die geringe Masse und die daraus resultierende Quote für die Gläubiger, insbesondere des dritten Ranges, ein Hauptproblem des Konkursverfahrens.

7. Insolvenzanfechtung und –aufrechnung, Verträge

a) Anfechtung

Das InsG 1998 ebenso wie das InsG 2002 kennen die Möglichkeit der Anfechtung masseminder Handlungen des Schuldners im Vorfeld der Insolvenz.[825] Das InsG 2002 hat nur geringe Modifikationen vorgenommen.[826]

So sieht Art. 103 InsG 2002 ausführliche Normen für die Anfechtung von Rechtsgeschäften vor, die der Schuldner im Vorfeld des Insolvenzverfahrens abgeschlossen hat.[827] Es fehlt allerdings an Regelungen zu den Folgen der Anfechtung von Rechts-

---

[822] *Kagancov*, Über einige Fragen der Anwendung von Art. 114 Pkt. 7 und Art. 163 Pkt. 3 des föderalen Gesetzes „Über die Insolvenz (den Bankrott)", Jurist 2000 Nr. 10, 33; *Masevic/Orlovskij/Pavlovskij*, Kommentar, 106.

[823] *Andrejev*, Private Law, Commercial Organisations, in: *Tolonen/Topornin*, Legal Foundations of Russian Economy, 286ff.; *Volosatych/Suchinina/Chajmov*, Registrierung und Liquidation von Unternehmen in Russland, 48; zu einigen Ungereimtheiten *Ilina*, Theoretische Aspekte der rechtlichen Regulierung der Insolvenz. Konkursverfahren, ChiP, Beilage zu 2000 Nr. 12, 3 (23).

[824] Zum Fall MENATEP siehe: *Alexandrovich*, Bankruptcy Law and Economic Medicine: How Russia´s New bankruptcy Legislation facilitated Recovery from the Nationwide Financial Crisis of August 17, 1998, Cornell International Law Journal 2001, 95 (108).

[825] Die allerdings noch einige „Lücken" aufweisen, vgl. *Poluėktov*, AGP 1999 Nr. 4, 38 (44); *Dubinčin*, Unwirksamkeit von Verträgen des Schuldners in der Bankrottgesetzgebung, ChiP 1999 Nr. 5, 36; zum neuen Recht: *Chimičev*, Bankrott: Beendigung von vertraglichen Verpflichtungen, AP 2002 Nr. 12, 4.

[826] *Chimičev*, Sicherung der Rechte und gesetzlichen Interessen der Gläubiger, AP 2003 Nr. 4, 3 (4).

[827] Dazu *Prochorskij*, Paulianische Klage als Hauptmittel zum Schutz der Forderungsrechte von Konkursgläubigern, Jurist 1999 Nr. 1, 8 und inhaltsgleich in AGP 1999 Nr. 1, 58; ausführlich *Teljukina*, Das Verfahren der Unwirksamkeitserklärung von Rechtsgeschäften des Schuldners in Bankrottverfahren, AP 2002 Nr. 1, 19; *Maškina*, Probleme der Unwirksamkeit von Verträgen insolventer Schuldner, AP 2002 Nr. 5, 3; ausführlich

geschäften, so dass diese sich nach den allgemeinen Vorschriften im ZGB bestimmen.[828] In der Praxis fehlte es allerdings oft an einer klaren Durchsetzung dieser Normen.[829]

aa) Allgemeine Anfechtung

Rechtsgeschäfte des Schuldners können vom Verwalter in dessen Namen nach den allgemeinen Regeln angefochten werden.[830] Insoweit verweist Art. 103 Pkt. 1 InsG 2002 auf die Bestimmungen des ZGB, die in Art. 168 - 181 ausführlich die allgemeine Anfechtung von Rechtsgeschäften regeln (Irrtum, Willenerklärung unter Zwang etc.). Diese Tatbestände stellen keine Besonderheit der Insolvenz dar und dürften in der Praxis der Insolvenzverfahren eher selten einschlägig werden.[831]

bb) Geschäfte mit nahestehenden Personen

Nach Art. 103 Pkt. 2 InsG 2002 kann der Verwalter beim Gericht Rechtsgeschäfte im eigenen Namen anfechten, die der Schuldner mit nahestehenden Personen abgeschlossen hat und die den Gläubigern oder dem Schuldner einen Schaden zugefügt haben oder hätten zufügen können.[832] Unter nahestehenden Personen versteht das Gesetz nach Art. 19 InsG 2002 juristische oder natürliche Personen, die eine gewisse Nähe zum Schuldner aufweisen, wie etwa Mutter- oder Tochtergesellschaften,[833] bestimmte Mitarbeiter des Schuldners, dazu Ehegatten und andere Familienmitglieder. Verträge mit nahestehenden Personen sind unabhängig vom Zeitpunkt ihres Abschlusses anfechtbar; für sie gilt nur die allgemeine Verjährungsgrenze des ZGB.

Chimičev, Besondere Bedingungen der Unwirksamkeit von Rechtsgeschäften beim Bankrott, VAS 2004 Nr. 7, 166; kritisch aber *Spitsa,* Russische Föderation, in: *Lowitzsch* (Hrsg.), Das Insolvenzrecht Mittel- und Osteuropas, 214.

[828] *Poluėktov*, AGP 1999 Nr. 4, 38 (44); *Morgunov*, Rückerstattung im Konkursverfahren, AP 2002 Nr. 12, 58.

[829] *Alexandrovich*, Bankruptcy Law and Economic Medicine: How Russia´s New bankruptcy Legislation facilitated Recovery from the Nationwide Financial Crisis of August 17, 1998, Cornell International Law Journal 2001, 95 (114).

[830] *Šulepova*, Unwirksamerklärung von Rechtsgeschäften (Überblick der Sachen, die vom Wirtschaftsgericht des Sverdlovsker Oblasts geprüft wurden), AP 2002 Nr. 1, 63; *Dichtjar*, Unwirksamkeit von Verträgen des Schuldners in Bankrottverfahren, Jurist 2001 Nr. 1, 26; und ders., Bankrott: Bedingungen der Wirksamkeit der einseitigen Ablehnung der Erfüllung von Verträgen des Schuldners durch den Arbitrageverwalter, AGP 2001 Nr. 3, 23 (24 und 28).

[831] Dazu *Poluėktov*, Mittel zum Schutz der Interessen des Schuldners und der Gläubiger in der Gesetzgebung über die Insolvenz (den Bankrott), SiE 1999 Nr. 11, 5.

[832] *Kolininčenko*, Die Unwirksamkeit von Rechtsgeschäften des Schuldners bei der Insolvenz (dem Bankrott) in Großbritannien, USA, Deutschland, Frankreich, Russland, in: *Vitrjanskij*, (Hrsg.), Aktuelle Probleme des Zivilrechts, Ausgabe 5, 291.

[833] In der Praxis erfolgten die Vermögensverschiebungen oft zu Tochtergesellschaften, zur Schwierigkeit der Durchsetzung: *Mereminskaja,* Durchgriffshaftung im System des Gläubigerschutzes nach dem russischen GmbH-Recht, WiRO 2001, 369 (371).

cc) Bevorzugte Befriedigung

Die dritte Gruppe anfechtbarer Rechtsgeschäfte bilden nach Art. 103 Pkt. 3 InsG 2002 solche, die einzelnen Gläubigern eine bevorzugte Befriedigung einräumen. Solche Rechtsgeschäfte sind anfechtbar, soweit sie innerhalb einer Frist von sechs Monaten vor Annahme des Antrags auf Bankrotterklärung abgeschlossen wurden. Anfechtungsberechtigt sind neben dem Verwalter auch andere Gläubiger.

Ohne bevorzugte Befriedigung entfällt die Anfechtung. Damit werden redliche gutgläubige Dritte geschützt und dem Schuldner eine wirtschaftliche Tätigkeit auch in der Krise ermöglicht. Nach dem InsG 1998 konnten die Vertragspartner die Anfechtung verhindern, wenn sie nachwiesen, dass sie von der bevorzugten Befriedigung nicht wussten und auch nicht wissen mussten.[834] Es ist unklar, ob dies auch zum InsG 2002 gilt.

dd) Geschäfte mit Gesellschaftern

Ebenfalls anfechtbar sind Rechtsgeschäfte zwischen dem Schuldner und seinen Gesellschaftern wegen Ausscheidens aus der Gesellschaft, wenn sie die Rechte der übrigen Gläubiger verletzen, Art. 103 Abs. 4 InsG 2002.

Bemerkenswert ist insoweit, dass anders als beim InsG 1998 der Gesellschafter mit seinen Forderungen bei der Verteilung der Konkursmasse im dritten Rang, also mit den übrigen Gläubigern befriedigt wird.

b) Aufrechnung

Im InsG 2002 fehlt ebenso wie im InsG 1998 eine allgemeine Norm zur Insolvenzaufrechnung.[835] Diese richtet sich vielmehr nach einzelnen Bestimmungen, die sich verstreut im Gesetz finden.[836]

Nach dem InsG 1998 wurde die Aufrechnung während der Fremdverwaltung und im Konkursverfahren ausgeschlossen, um eine bevorzugte Befriedigung entgegen Art. 64 ZGB und Art. 106 InsG 1998 zu verhindern.[837] Der aufrechnungsberechtigte

---

[834] *Kolininčenko*, Die Unwirksamkeit von Rechtsgeschäften des Schuldners bei der Insolvenz (dem Bankrott) in Großbritannien, USA, Deutschland, Frankreich, Russland, in: *Vitrjanskij*, (Hrsg.), Aktuelle Probleme des Zivilrechts, Ausgabe 5, 291 (337).

[835] *Kolininčenko*, Schutz der Interessen, 130; *Larina*, Die Aufrechnung in Bankrottverfahren, ChiP 2004 Nr. 7, 72.

[836] Ausführlich *Kolesnikov/Michienko*, Aufrechnung gleichartiger Forderungen des Schuldners und eines Gläubigers in Bankrottverfahren, Zakon 2003 Nr. 6, 128.

[837] *Alekseev/Skarebov*, Die Arbitrageverwalter und ihre Befugnisse zum Schutz des Vermögens des Schuldners, AGP 1999 Nr. 4, 35; *Suvorov*, Zur Frage der Aufrechnung mit Gegenforderungen des Schuldners im Konkursverfahren, AGP 2002 Nr. 5, 27; siehe die Entscheidung des Präsidiums des Obersten Wirtschaftsgerichts in der Sache 6110/98, VAS 1999 Nr. 6, 27; ebenso Informationsbrief des Präsidiums des Obersten Wirtschaftsgerichts vom 29.12.2001 Nr. 65 zur Aufrechnung, Pkt. 14, und den Beschluss des Präsidiums des Obersten Wirtschaftsgerichts vom 27.04.2002 Nr. 222/02; vgl.

Gläubiger konnte seine Forderung nur im allgemeinen Verfahren aller Konkursgläubiger geltend machen. Dies führte dazu, dass er erst nach Abschluss der jeweiligen Verfahrensabschnitte eine zumeist nur anteilige Befriedigung erhoffen durfte. Diese Meinung wurde allerdings in der Literatur teilweise als zu streng kritisiert.[838] Das später gescheiterte Gesetzesprojekt von 2000 sah daher eine teilweise Zulassung der Aufrechnung vor.[839] Für die Beobachtung fehlte es an einer ausdrücklichen Norm zur Aufrechnung. Daraus zog ein Teil der Lehre den Schluss, die Aufrechnung sei nach allgemeinen Normen zulässig.[840] Die Praxis hingegen erstreckte die Aufrechnungsverbote auch auf das Verfahren der Beobachtung.[841]

Im InsG 2002 finden sich einige Normen zur Aufrechnung, die allerdings kein vollständiges Bild bieten.[842] So ordnet Art. 63 Pkt. 1 aE an, dass während der Beobachtung eine Aufrechnung dann nicht zulässig ist, wenn die Befriedigungsreihenfolge nach Art. 134 Pkt. 4 verletzt wird.[843] Dies kann letztlich nur so verstanden werden, dass eine Aufrechnung für alle Gläubiger mit Ausnahme derer des ersten Ranges ausgeschlossen ist.[844] Keine Regelung enthält das InsG 2002 zur rückwirkenden Unwirksamkeit einer Aufrechnung wie sie das deutsche Recht in den §§ 94ff. InsO kennt. Für sie gelten daher die allgemeinen Aufrechnungsvorschriften.

c) Vertragserfüllung

Schon das vorrevolutionäre Recht erörterte die Problematik der Erfüllung noch nicht vollständig abgewickelter Verträge des Schuldners. Damals wurde die Erfüllung mit Insolvenzeröffnung unmöglich, es sei denn die Erfüllung wurde ausdrücklich erklärt.[845]

Das InsG 2002 trifft ähnlich wie das InsG 1998 eine grundsätzlich andere Regelung. Die Verträge laufen weiter, allerdings hat der Arbitrageverwalter in den verschiedenen Verfahrensabschnitten die Möglichkeit, ihre Erfüllung zu verweigern, wenn sie

---

Klejn/Čubakov, Verfahren der Prüfung von Geldforderungen gegen einen Schuldner, der sich in einem Bankrottverfahren befindet, PiE 2001 Nr. 8, 77.

[838] *Stepanov*, Insolvenz, 72; *Kolininčenko*, Gläubiger des fünften Ranges bei Insolvenz (Bankrott), VAS 2001 Nr. 9, 115 (117f.).

[839] *Kolininčenko*, Schutz der Interessen, 131.

[840] So *Teljukina*, Konkursrecht, 258; und *dies.*, Aufrechnung einer gleichartigen Forderung. Besonderheiten ihrer Anwendung im Konkursprozess, Zakonodatel´stvo 1999 Nr. 8, zit. nach Datenbank Garant.

[841] Für eine Aufnahme ins Gesetz, *Vitrjanskij*, Wege zur Vervollkommnung der Bankrottgesetzgebung, 101.

[842] *Kolesnikov/Michienko*, Aufrechnung gleichartiger Forderungen des Schuldners und eines Gläubigers in Bankrottverfahren, Zakon 2003 Nr. 6, 128 (129).

[843] Nach *Nikitina*, Das Konkursverfahren, AP 2003 Nr. 6, 14 (22), soll die Aufrechnung nur zulässig sein, wenn Art. 134 beachtet wird.

[844] Noch strenger: *Larina*, Die Aufrechnung in Bankrottverfahren, ChiP 2004 Nr. 7, 72 (73).

[845] *Teljukina*, Konkursrecht, 287f.

dem Schuldner nachteilig ist.[846] Für Beobachtung und finanzielle Sanierung wird allerdings vertreten, dass eine Ablehnung nur nach den allgemeinen Regeln des ZGB möglich sei.[847] Dies ist nur möglich, wenn die vertraglichen Leistungen noch nicht vollständig erbracht worden sind.[848] Das russ. Verfassungsgericht erklärte die Normen des InsG 1998 zur Vertragserfüllung für teilweise verfassungswidrig, soweit sie die Ablehnung einer Vertragserfüllung allein aufgrund langer Vertragslaufzeit zuließen. Das InsG 2002 sieht daher vor, dass allein die lange Dauer eines Vertrages zur Ablehnung der Erfüllung nicht genügt.[849]

Der Schuldner ist bei Ablehnung der Vertragserfüllung verpflichtet, dem Vertragspartner den daraus entstehenden Schaden zu ersetzen, Art. 102 Pkt. 4 InsG 2002. Dieser ist auf den tatsächlichen Schaden begrenzt und umfasst nicht den entgangenen Gewinn.[850] Zudem nimmt der Vertragspartner nur als normaler Insolvenzgläubiger am Verfahren teil und unterliegt einem etwaigen Moratorium.[851]

Es bestehen grundlegende Unterschiede zwischen der Ablehnung der Erfüllung im Sanierungsverfahren und im Konkursverfahren.[852] Hat der Schuldner im ersten Falle in der Regel noch ein großes Interesse an der Vertragserfüllung, so entfällt dieses im Konkursverfahren naturgemäß zumeist. Auch der Vertragspartner mag andere Interessen verfolgen. Während er im Konkursverfahren mit seiner Vertragsforderung ausfällt und nur noch (anteiligen) Schadensersatz als einfacher Gläubiger fordern kann, bleibt ihm im Falle der Wiederherstellung der Zahlungsfähigkeit der volle Schadensersatzanspruch nach Abschluss des Verfahrens.

---

[846] Zum InsG 1998 *Poluéktov*, Die Ablehnung der Vertragserfüllung als Mittel zum Schutz der Interessen des Schuldners und der Gläubiger in der Gesetzgebung über die Insolvenz (den Bankrott), Jurist 2000 Nr. 1, 7; zur Verjährung: *Družinina*, Fragen der Verjährung bei Klagen der Arbitrageverwalter, AP 2003 Nr. 5, 6.

[847] *Chimičev*, Verwirklichung und Schutz bürgerlicher Rechte bei der Insolvenz (dem Bankrott), 23.

[848] *Popondopulo/Lebedev*, Kommentar, Art. 102 Pkt. 2; aA zum InsG 1998 *Masevic/ Orlovskij/Pavlovskij*, Kommentar, 79.

[849] Entscheidung Nr. 9-P vom 06.06.2000, siehe Anlage 2; dazu *Ageev*, Bankrott als Form der juristischen Verantwortlichkeit, Zakonodatel´stvo 2001 Nr. 2, 47; kritisch *Bartoš*, Unwirksamkeit von Verträgen, die nach Artikel 78 des föderalen Gesetzes „Über die Insolvenz (den Bankrott)" angefochten werden, Voprose Pravoprimenenie 2001 Nr. 4, 37.

[850] *Masevic/Orlovskij/Pavlovskij*, Kommentar, 79.

[851] *Vitrjanskij/Vitrjanskij*, Kommentar, 19.

[852] *Ageev*, Bankrott: Besonderheiten des Verfahrens der Fremdverwaltung, JurMir 2000 Nr. 5, 18 (22).

8. Vergleich

Das InsG 2002 sieht genau wie das InsG 1998 die Möglichkeit eines Vergleichs (мировое соглашение) vor.[853] Danach können sich Gläubiger und Schuldner in jeder Phase des Verfahrens einigen und das Bankrottverfahren auf diese Weise gütlich beenden.[854] Dabei spielt der Zeitfaktor eine wichtige Rolle, kann doch ein Vergleich das Verfahren erheblich abkürzen.[855] Er soll als flexibles Instrument gerade in kleineren und mittleren Verfahren einen Erhalt des schuldnerischen Unternehmens durch eine friedliche und fallbezogene Einigung fördern. Eine gewisse Nähe besteht zum „Chapter-11-Verfahren" des amerikanischen Rechts.[856]

Der Vergleich des InsG 2002 ist vom allgemeinen Vergleich in den Prozessgesetzen (vgl. Art. 49, 139ff. APK) abzugrenzen.[857] Während das APK von 1995 beide klar trennte, erlaubt das neue APK von 2002 ihre parallele Anwendung, vgl. Art. 235 APK.[858] Dem Vergleich nach dem InsG 2002 kommt dabei aber der Vorrang zu, so dass der Abschluss eines allgemeinen Vergleichs nach dem APK im Bankrottverfahren eher eine Randerscheinung bleiben wird.[859] Etwas anderes gilt in mit der Bankrottsache verbundenen sonstigen Prozessen (etwa beim Streit über einzelne Gläubigerforderungen), die genügend Raum für Prozessvergleiche bieten. Der noch im InsG 1992 enthaltene außergerichtliche Vergleich ist entfallen.[860]

Trotz umfangreicher wissenschaftlicher Erforschung[861] zeigt die Statistik eine nur sehr untergeordnete Rolle des Vergleichs in der Praxis.[862] So wurden im Jahre 2002

---

[853]   *Anochin*, Der Vergleich in der Bankrottsache, AP 2006 Nr. 5, 66; im Gesetzgebungsverfahren wurde heftig darum gerungen, ob der Vergleich tatsächlich ein eigenes Bankrottverfahren sei, Materialien der Staatsduma (unveröffentlicht); Art. 27 InsG 2002 hat diese Frage aber positiv entschieden.

[854]   *Dubinčin*, Der Vergleich in der Bankrottsache: Probleme der Theorie und Praxis, ChiP 2000 Nr. 7, 15; nach *Andreev*, Kommentar, 256, soll damit der durch Nichterfüllung der Forderungen aufgetretene Konflikt behoben werden.

[855]   *Masevic/Orlovskij/Pavlovskij*, Kommentar, 112.

[856]   *Cumming*, Bankruptcy Law Reform in Russia, Parker Sch. J. E. Eur. L. 1997, 379 (382).

[857]   *Popondopulo/Skvorcov*, Kommentar, Art. 150 Pkt. 2.

[858]   Schon zum InsG 1998 war eine stärkere Rolle für das Gericht gefordert worden: *Afanas´eva/Belova*, Wege zur Reform des Instituts des Vergleichs in Bankrottsachen, AGP 2001 Nr. 4, 18.

[859]   Vgl. *Andreev*, Kommentar, 257.

[860]   *Thurner/Verschinin*, Das Insolvenzrecht der Russischen Föderation, in: *Breidenbach* (Hrsg.), Handbuch Wirtschaft und Recht in Osteuropa, RUS Syst 91, Rn 93, hielten ihn für entbehrlich.

[861]   Etwa *Ruchtin*, Vergleich: Problem des Abschlusses und der Erfüllung beim Bankrott, Journal des russischen Rechts 2001 Nr. 7, 107; *Bartoš*, Rechtsnatur des bei Bankrott des Schuldners oder der Restrukturierung einer Kreditorganisation abgeschlossenen Vergleichs, JurMir 2001 Nr. 5, 33; *Kusnecov*, Der Vergleich im Verfahren in Insolvenzsachen, PiE 2002 Nr. 11, 11; *Nikitina*, Besonderheiten der rechtlichen Regelung des Verfahrens eines Vergleichs beim Bankrott, AP 2001 Nr. 8, 45.

lediglich 258 Verfahren durch Vergleich beendet (121 Verfahren im Stadium der Fremdverwaltung und 137 im Konkursverfahren).[863] Nach Inkrafttreten des InsG 2002 nahm die Quote weiter ab: 2003 gab es 170 Vergleiche, 2004 waren es 150 und 2005 gerade einmal 84.[864] Ein Vergleich kann nur Erfolg haben, wenn er für alle Seiten Vorteile verspricht. Daher gelingt es in einer aussichtslosen finanziellen Lage des Schuldners ohne ausreichende Restmasse kaum, sich zu vergleichen.[865] Insoweit hat ein formfreier Vergleich im Vorfeld der Insolvenz mehr Erfolgsaussichten als der Vergleich nach dem InsG 2002 nach Eröffnung des Verfahrens.

a) Voraussetzungen

Das InsG 1998 milderte die strengen Anforderungen des InsG 1992 an den Abschluss eines Vergleichs ab.[866] Weder war eine qualifizierte Mehrheit der Gläubiger erforderlich, noch eine in kurzer Zeit zu erbringende Mindestquote. Dafür wurden die Pfandrechtsgläubiger einbezogen, die nicht mehr absonderungsberechtigt waren. Ihnen wurde im Gegenzug faktisch ein Vetorecht eingeräumt.[867]

Auch wenn das InsG 2002 den Pfandgläubigern wieder eine stärkere Stellung einräumt, verbleibt es dabei, dass ein Vergleich nur zustande kommen kann, wenn alle Pfandgläubiger zustimmen. Im Übrigen genügt die einfache Mehrheit der Konkursgläubiger für die Annahme des Vergleichs, Art. 150 Pkt. 2. Dabei wird allerdings nicht deren Gesamtzahl, sondern die Forderungshöhe nach dem Register zugrundegelegt. Dies stellt eine Änderung gegenüber dem InsG 1998 dar und verschlechtert die Position kleiner Gläubiger.[868] Ein Gläubiger, der für den Vergleich gestimmt hat, kann die Forderungen anderer Gläubiger tilgen, die sich gegen den Vergleich ausgesprochen haben, Art. 156 Pkt. 4. Diese müssen die Befriedigung annehmen. Damit soll verhindert werden, dass einzelne Gläubiger die Umsetzung des Vergleichs

---

[862] Zu den Gründen: *Alexandrovich,* Bankruptcy Law and Economic Medicine: How Russia´s New bankruptcy Legislation facilitated Recovery from the Nationwide Financial Crisis of August 17, 1998, Cornell International Law Journal 2001, 95 (115).

[863] Zahlen aus der Statistik des Obersten Arbitragegerichts, veröffentlicht in: VAS 2003 Nr. 4, 26ff., auch im Internet abrufbar unter der Adresse: www.arbitr.ru.

[864] Zahlen nach www.arbitr.ru; damit werden nur etwa 0,5% der Verfahren mit einem Vergleich abgeschlossen.

[865] *Andreev,* Kommentar, 256.

[866] *Vitrjanskij/Vitrjanskij,* Kommentar, 20; *Teljukina,* Der Abschluss eines Vergleichs im Konkursverfahren und seine Bedingungen, JurMir 2001 Nr. 4, 19.

[867] *Trunk,* Das neue russische Insolvenzrecht. Von der Zwischenbilanz zur Totalrevision, in: *Schroeder* (Hrsg.), Die neuen Kodifikationen in Russland, 2. Auflage, 101.

[868] Kritisch auch *Teljukina,* Die Gläubigerversammlung eines insolventen Schuldners als Subjekt des Konkursrechts, Advokat 2003 Nr. 2, 22 (28).

durch unkooperatives Verhalten unterlaufen.[869] Auch Dritte können am Vergleich beteiligt sein, Art. 157 InsG 2002.[870]

Der Vergleich ist schriftlich abzuschließen, Art. 155 Pkt. 1. Er wird vom Schuldner bzw. dem Fremd- oder Konkursverwalter,[871] einem Vertreter der Gläubiger und gegebenenfalls am Vergleich teilnehmenden Dritten unterzeichnet. Rechtlich gesehen bildet der Vergleich einen zivilrechtlichen Vertrag.[872]

Inhaltlich sind die Parteien frei, den Vergleich zu gestalten; das InsG 2002 gibt nur mögliche Bedingungen vor. In der Regel werden die einzelnen Gläubiger auf Teile ihrer Rechte verzichten, einen (Teil-)Erlass, eine Stundung oder Ratenzahlung einräumen.[873] Die (Teil-) Befriedigung kann in Geld oder auf anderem Wege erfolgen. Allerdings müssen die Forderungen der Gläubiger der ersten beiden Ränge vollständig erfüllt werden, Art. 158 Pkt. 1. Zudem darf nicht zwischen den Gläubigern unterschieden werden, die für oder gegen den Vergleich gestimmt haben.

Problematisch war nach dem InsG 1998, dass der Staat als Gläubiger nicht am Vergleich teilnehmen konnte. Seine Forderungen waren bevorzugt zu befriedigen, bevor der Vergleich in Kraft treten konnte.[874] Dies machte den Vergleich für die übrigen Beteiligten wenig attraktiv.[875] Andererseits ist der Staat gehalten, aus Gründen der Gleichbehandlung die entsprechenden (steuer-) rechtlichen Grundlagen zu beachten.[876] Daher sieht das InsG 2002 nunmehr vor, dass staatliche Gläubiger am Vergleich teilnehmen können, dabei aber die Steuergesetze beachten müssen.[877] Ob dies in der Praxis die Anwendungsmöglichkeiten tatsächlich erweitert, erscheint zweifelhaft.[878] Sinn des Vergleichs ist ein gegenseitiges Nachgeben, das dem Staat jedoch weitgehend verschlossen bleiben muss.

---

[869] *Andreev*, Kommentar, 258.

[870] *Egorov*, Der Vergleich beim Bankrott, in: *Karelina* (Hrsg.), Rechtliche Probleme, 134 (137).

[871] Der vorläufige und der administrative Verwalter verfügen nicht über dieses Recht, mit ihnen muss der Vergleich nicht einmal abgestimmt werden, vgl. *Andreev*, Kommentar, 257.

[872] *Andreev*, Kommentar, 256.

[873] *Masevic/Orlovskij/Pavlovskij*, Kommentar, 115ff.

[874] *Kozlova*, Die Befriedigung der Gläubiger des vierten Ranges bei Abschluss eines Vergleichs in einer Bankrottsache, JurMir 2001 Nr. 11, 51, und inhaltsgleich PiE 2001 Nr. 12, 29.

[875] *Vitrjanskij*, Wie die Gesetzgebung über den Bankrott reformieren, Zakonodatel'stvo 1999 Nr. 5, 55.

[876] Vgl. *Vitrjanskij*, Wege zur Vervollkommnung der Bankrottgesetzgebung, 96f.

[877] Vgl. dazu *Trefilova*, Aktuelle Fragen der Antikrisenverwaltung, Vestnik des FSFO 2002 Nr. 2, 36 (37).

[878] Kritisch auch *Ermolenko/Efremova*, Über die Regulierung der Verpflichtung zu Pflichtzahlungen beim Abschluss eines Vergleichs in einer Bankrottsache, ChiP 2004 Nr. 7, 75 (78); *Egorov*, Der Vergleich in einer Bankrottsache und die Pflichtzahlungen, ChiP 2004

b) Bestätigung des Vergleichs

Der Vergleich muss nach Art. 150 Pkt. 4 InsG 2002 vom Wirtschaftsgericht bestätigt werden und erlangt erst mit dem bestätigenden gerichtlichen Beschluss Wirksamkeit, Art. 150 Pkt. 5.[879]

Das Gesetz normiert in Art. 160 die möglichen Gründe für eine Ablehnung der Bestätigung. Dies sind neben Form- und Verfahrensfehlern vor allem die Verletzung der Rechte Dritter. Materielle Gerechtigkeitserwägungen spielen keine Rolle. Lehnt das Wirtschaftsgericht die Bestätigung ab, gilt der Vergleich als nicht geschlossen. Die Entscheidung des Gerichts kann angefochten werden, unter anderem auch bei Auftauchen neuer Umstände.[880] Möglich ist der Abschluss eines neuen Vergleichs, der etwaige Hinderungsgründe behebt.

c) Rechtsfolgen des Vergleichs

Die Bestätigung des Vergleichs führt zur Beendigung des Insolvenzverfahrens, die Kompetenzen des Verwalters erlöschen, Art. 159 InsG 2002.[881] Alle Einschränkungen für den Schuldner enden, die Kompetenzen der Leitungsorgane leben wieder auf.

Im Falle eines erneuten Insolvenzverfahrens nach Vergleichsschluss scheidet eine Einzelzwangsvollstreckung aus. Die Gläubiger und etwaige Dritte nehmen nur in dem durch den Vergleich bestimmten Umfang am Verfahren teil. Ihre Position ist also deutlich verschlechtert, was einerseits einen Vergleich behindert, andererseits den Druck erhöht, mittels Vergleichs zu einer dauerhaft tragfähigen Lösung zu kommen.

d) Auflösung des Vergleichs

Der Vergleich kann nur unter engen Voraussetzungen durch gerichtliche Entscheidung aufgelöst werden;[882] eine Kündigung durch einzelne Parteien scheidet aus. Den Antrag auf Auflösung des Vergleichs können nur ein oder mehrere Gläubiger stellen, die mindestens ¼ der Gläubigerforderungen im Zeitpunkt des Vergleichsschlusses vertraten, Art. 164 InsG 2002. Kein Antragsrecht haben der Schuldner oder am Vergleich teilnehmende Dritte. Deren Position wird dadurch gesichert, dass sie die

---

Nr. 4, 69; *Chimičev*, Das Verhältnis der Gesetzgebung zum Bankrott zu steuerlichen Normen, AP 2005 Nr. 12, 32.

[879] *Spitsa*, Russische Föderation, in: *Lowitzsch* (Hrsg.), Das Insolvenzrecht Mittel- und Osteuropas, 220.

[880] Kritisch dazu *Vitrjanskij*, Neues in der rechtlichen Regelung der Insolvenz (des Bankrotts), ChiP 2003 Nr. 1, 16, der den Vergleich damit ständig unter der Bedrohung einer Aufhebung sieht.

[881] *Teljukina*, Der Abschluss eines Vergleichs im Konkursverfahren und seine Bedingungen, JurMir 2001 Nr. 4, 19 (21).

[882] *Popondopulo/Skvorcov*, Kommentar, Art. 164 Pkt. 4 spricht von „äußerst harten Bedingungen".

Einzelzwangsvollstreckung betreiben können und gegebenenfalls mit ihrer gesamten Forderung an einem folgenden Insolvenzverfahren teilnehmen.

Voraussetzung für die Auflösung ist die Nichterfüllung des Vergleichs oder eine wesentliche Verletzung seiner Bedingungen durch den Schuldner.[883] Unter einer wesentlichen Verletzung ist dabei gemäß Art. 450 Pkt. 2 ZGB eine Verletzung zu verstehen, die einer Partei in bedeutendem Umfang das nimmt, was sie unter normalen Umständen erwarten durfte.[884] Zusätzlich gelten die allgemeinen Gründe für eine Unwirksamkeitserklärung nach dem ZGB (Kapitel 9 § 2 ZGB).[885] Streitig ist, inwieweit der Vergleich bereits vor der Bestätigung durch das Gericht aufgelöst werden kann. Diese Möglichkeit wird überwiegend nur für den Fall einer einvernehmlichen Aufhebung der Parteien angenommen.[886]

Folge der Auflösung des Vergleichs ist der Wiedereintritt in das Bankrottverfahren, in dem sich die Sache vor Abschluss des Vergleichs befunden hatte, Art. 166 Pkt. 1 InsG 2002.[887] Für die Rückabwicklung weicht das InsG 2002 von den allgemeinen Regeln nach Art. 167 ZGB ab.[888] Es besteht keine Pflicht der Gläubiger oder Dritter, in Erfüllung des Vergleichs Erlangtes zurückzugewähren. Eine Ausnahme bestimmt Art. 166 Pkt. 3 Satz 2 InsG 2002 nur für den Fall, dass die Gläubiger von der Verletzung der Rechte oder Interessen anderer Gläubiger wussten.

Unabhängig von einer Auflösung des Vergleichs können die Gläubiger ihre Forderungen aus dem Vergleich auch im gerichtlichen Wege, also durch Einzelzwangsvollstreckung, geltend machen, Art. 167 Pkt. 1 InsG 2002.

e) Rolle des Arbitrageverwalters

Der Arbitrageverwalter spielt eine wichtige Rolle beim Abschluss des Vergleichs. Soweit der Schuldner zu einer eigenen Willensbildung nicht mehr in der Lage ist (also bei Fremdverwaltung und im Konkursverfahren) entscheidet er und unterzeichnet den Vergleich im Namen des Schuldners; Art. 153 Pkt. 1 und Art. 154 Pkt. 1 iVm Art. 155 Pkt. 1 InsG 2002.

Mit der Bestätigung des Vergleichs durch das Gericht erlöschen die Vollmachten des Arbitrageverwalters, Art. 159 Pkt. 4. Wird ein Vergleich im Rahmen der Fremdverwaltung oder im Konkursverfahren abgeschlossen, wenn die Leitungsorgane des Schuldners bereits entfernt sind, setzt der Verwalter seine Tätigkeit so lange fort, bis

---

[883] *Teljukina/Tkačev*, Nichterfüllung, Unwirksamkeit und Auflösung eines Vergleichs, JurMir 2001 Nr. 5, 29 (32).

[884] Zu der Anwendung von Art. 450 ZGB *Popondopulo/Skvorcov*, Kommentar, Art. 164 Pkt. 3.

[885] *Masevic/Orlovskij/Pavlovskij*, Kommentar, 117.

[886] *Popondopulo/Skvorcov*, Kommentar, Art. 164 Pkt. 4.

[887] Kritisch dazu *Anochin*, Probleme des Konkursverfahrens, AGP 2002 Nr. 2, 11 (15f.), der vorschlägt, gleich ins Konkursverfahren zu wechseln, da der Schuldner seine Zahlungsunfähigkeit bewiesen habe.

[888] *Masevic/Orlovskij/Pavlovskij*, Kommentar, 118.

neues Leitungspersonal bestellt wurde, Art. 159 Pkt. 4 Satz 2. Man wird seine Tätigkeit allerdings auf erhaltende Aufgaben beschränken müssen. Die neuen Leiter treten nach Bestellung als Rechtsnachfolger in die prozessualen Rechte des Verwalters ein.

9. Besondere Verfahren

Während das InsG 1992 keinerlei Differenzierungen nach dem Schuldner vornahm,[889] enthielt das InsG 1998 für eine Reihe von Schuldnern aufgrund ihrer besonderen Lage, Schutzbedürftigkeit oder Bedeutung Sondernormen.[890] Für andere Gruppen von Schuldnern wurden gesonderte Regeln oder Gesetze diskutiert oder erlassen.[891]

Das InsG 2002 nimmt weitere Differenzierungen vor und hat die Liste der Schuldner, für die besondere Regeln gelten, gegenüber dem InsG 1998 noch einmal erweitert.[892] Das oben beschriebene allgemeine Insolvenzverfahren gilt nur, soweit die speziellen Normen nicht etwas anderes anordnen.

a) Verfahren gegen natürliche Personen/Bürger

Das Verfahren gegen natürliche Personen richtet sich nach Kapitel X (Art. 202 – 223) InsG 2002. Neben allgemeinen Regeln gelten Sonderbestimmungen für verschiedene besondere Arten natürlicher Personen.[893]

Die Frage der Verbraucherinsolvenz war im Gesetzgebungsverfahren zum InsG 1998 besonders umstritten.[894] Die wirtschaftliche Lage weiter Teile der russ. Bevölkerung ist derzeit so schlecht, dass Insolvenzverfahren gegen natürliche Personen wenig Sinn machen.[895] Aufgrund der oft noch unzureichenden oder nicht erfolgver-

---

[889] *Tkačev*, Rechtliche Regelung, 47; kritisch *Vitrjanskij/Vitrjanskij*, Kommentar, 8; ebenfalls kritisch *Kalinina*, Besonderheiten der gesetzgeberischen Entwicklung und der Vervollkommnung des Verfahrens der Insolvenz (des Bankrotts) einer juristischen Person, Jurist 2002 Nr. 5, 37.

[890] *Vitransky*, Insolvency and Bankruptcy Law Reform in the Russian Federation, (1999) 44 McGill L.J. 409 (413); ausführlich *Popondopulo*, Rechtliche Regelung der Insolvenz, 209ff.

[891] Etwa für die Teilnehmer am Wertpapiermarkt, strategische Unternehmen oder die finanzwirtschaftlichen Gruppen, vgl. *Andreev*, Kommentar, 297 und 299.

[892] Sehr ausführlich zu den Sonderverfahren *Tkačev*, Konkursrecht, 206 – 399.

[893] Zur Rechtsnatur: *Čirkunova*, Die Rechtsnatur des Verfahrens in Insolvenzsachen von Bürgern, Pravovedenie 2000 Nr. 3, 204.

[894] *Vitransky*, Insolvency and Bankruptcy Law Reform in the Russian Federation, (1999) 44 McGill L.J. 409 (418).

[895] *Vitriansky*, Insolvenzrecht in der GUS: Wege zur Vervollkommnung und Annäherung, in: *Boguslawskij/Knieper*, Wege zu neuem Recht, 207 (210); zum Nutzen solcher Verfahren für natürliche Personen, *Tkačev*, Rechtliche Regelung, 52, der darauf hinweist,

sprechend durchsetzbaren Sicherungsmittel, fehlt es in Russland an den umfangreichen Verbraucherkrediten, die die Überschuldung von Verbrauchern in westlichen Staaten zu einem Massenphänomen machen.[896] Für die Frage ausländischer Investitionen spielt die Insolvenz natürlicher Personen ebenfalls nur eine untergeordnete Rolle.[897] Sie käme höchstens im Falle der Realisierung von Personalsicherheiten (z.B. Bürgschaften) in Betracht.[898]

Bisher sind nur die Regeln für natürliche Personen als Einzelunternehmer in Kraft getreten.[899] Solange es an den notwendigen Ergänzungen im ZGB fehlt, sind Insolvenzverfahren gegen natürliche Personen ohne den Status als Einzelunternehmer noch nicht möglich, vgl. Art. 231 Pkt. 2 InsG 2002.[900]

aa) Allgemeine Regeln

Das InsG 2002 enthält in den Art. 202ff. allgemeine Bestimmungen zur Insolvenz natürlicher Personen.[901] Ihnen gegenüber finden die Verfahren der finanziellen Sanierung, der Fremdverwaltung und des Vergleichs keine Anwendung. Einzelunternehmern stehen also die Sanierungsverfahren des Gesetzes nicht zur Verfügung; es

---

dass der Schuldner (und seine Erben) sich sonst zeitlich unbegrenzt dem Zugriff der Gläubiger ausgesetzt sehen.

[896] *Trunk*, Das neue russische Insolvenzrecht. Von der Zwischenbilanz zur Totalrevision, in: *Schroeder* (Hrsg.), Die neuen Kodifikationen in Russland, 2. Auflage, 94, mit dem Hinweis darauf, dass ein Verbraucherinsolvenzverfahren gerade den Schutz der Verbraucher bezweckt; *Vitrjanskij/Vitrjanskij*, Kommentar, 15, und *ders.*, Insolvenzrecht in der GUS: Wege zur Vervollkommnung und Annäherung, in: *Boguslawskij/Knieper*, Wege zu neuem Recht, 207 (210), der darauf hinweist, dass die Unterschiede Russlands zu anderen Ländern kleiner werden.

[897] *Flaschen/DeSieno*, The Development of Insolvency Law as Part of the Transition from a Centrally Planned Economy to a Market Economy, International Lawyer 26 (1992), 667 (677).

[898] Genau diesen Fall führt auch *Vitransky,* Insolvency and Bankruptcy Law Reform in the Russian Federation, (1999) 44 McGill L.J. 409 (418), als Begründung an, warum die Regeln schnellstmöglich in Kraft gesetzt werden sollten.

[899] Beschluss des Obersten Gerichts der RF und des Obersten Wirtschaftsgerichts vom 01.07.1996, Pkt. 14 und 15.

[900] Beschluss des Plenums des Obersten Wirtschaftsgerichts vom 15.12.2004 Nr. 29, Pkt. 59; dazu *Andreev*, Kommentar, 314; für eine rasche Umsetzung der notwendigen Reformen *Tkačev*, Rechtliche Regelung, 149; für eine analoge Anwendung der Regeln zum Einzelunternehmer *Afon´kin/Sabinina*, Gesetzgebung zum Bankrott, 9f.; *Belych/Dubinčin/Skuratovskij*, Rechtliche Grundlagen, 232, weisen darauf hin, dass dies das genaue Gegenteil der vorrevolutionären Lage sei, als der Bankrott natürlicher Personen die Regel und der Bankrott juristischer Personen die Ausnahme war; kritisch auch *Vitrjanskij/Vitrjanskij*, Kommentar, 14.

[901] *Andreev*, Kommentar, 314; ausführlich zum InsG 1998 *Teljukina*, Insolvenz (Bankrott) eines Bürgers, Zakonodatel´stvo 2001 Nr. 1, 41.

ist nur das Konkursverfahren anwendbar.[902] Dies stellt eine Ungleichbehandlung gegenüber den juristischen Personen dar, deren Rechtfertigung fraglich ist.[903]

Der Bankrottgrund für eine natürliche Person umfasst zwei Kriterien: Zum einen müssen Forderungen von mindestens 10.000 Rubeln innerhalb von drei Monaten ab Fälligkeit nicht befriedigt worden sein, Art. 3 Pkt. 1 und 6 Pkt. 2 InsG 2002. Zum anderen darf das ihr gehörende Vermögen zur Befriedigung der Forderungen nicht ausreichen. Da es allerdings vor Eröffnung des Verfahrens häufig nur schwer möglich ist, den Wert des Vermögens und der Forderungen zu ermitteln und zu bewerten, sieht Art. 33 InsG 2002 vor, dass das Wirtschaftsgericht bereits beim Vorliegen der ersten Voraussetzung den Antrag annehmen kann.[904] Aus diesem Grund muss auch – ungeachtet der widersprüchlichen Formulierung in den Art. 27 Pkt. 2 und 207 Pkt. 1 InsG 2002 – das Verfahren der Beobachtung Anwendung finden können.[905] Anderenfalls wäre es kaum möglich, die Überschuldung eines Schuldners sinnvoll zu prüfen.

Nach Art. 205 Pkt. 1 wird Vermögen des Schuldners, welches nicht der Zwangsvollstreckung unterfällt, aus der Konkursmasse ausgenommen. Den Umfang des vollstreckungsfreien Vermögens bestimmt Art. 446 der Zivilprozessordnung.[906] Auf begründeten Antrag des Schuldners kann weiteres Vermögen vom Gericht aus der Konkursmasse entfernt werden.

Die Durchsetzung des Gerichtsbeschlusses über die Bankrotterklärung einer natürlichen Person und den Verkauf ihres Vermögens ist dem Gerichtsvollzieher übertragen. Ein Verwalter wird, auch in sehr umfangreichen Verfahren, lediglich beteiligt, wenn dies zur Verwaltung und zum Verkauf von Immobilien und Wertpapieren erforderlich ist, Art. 209 Pkt. 2 InsG 2002.

Nach Abschluss des Verfahrens wird der Schuldner von allen angemeldeten Forderungen befreit, Art. 212 Pkt. 1 InsG 2002. Eine Ausnahme gilt für Schadensersatz aus Lebens- und Gesundheitsschäden, Unterhaltszahlungen sowie andere Forderungen persönlichen Charakters. Eine Wohlverhaltensperiode zur (teilweisen) Befriedigung offener Forderungen wie das deutsche Recht sie in §§ 287 Abs. 2, 295 InsO vorsieht, kennt das russ. Recht nicht. Einzige Sanktion ist, dass der Schuldner sich in den folgenden fünf Jahren nicht erneut durch Beantragung eines Insolvenzverfahrens seiner Schulden entledigen kann, Art. 213 InsG 2002. Ein Insolvenzverfahren auf Antrag eines Gläubigers befreit ihn dann nicht von der Erfüllung der verbleibenden Forderungen.

---

[902] Informationsbrief des Obersten Wirtschaftsgerichts vom 06.08.1999 Pkt. 5.
[903] *Teljukina*, Konkursrecht, 260.
[904] Zur Praxis: *Andreev*, Kommentar, 315.
[905] *Andreev*, Kommentar, 315.
[906] Zivilprozessgesetzbuch der RF Nr. 138-FZ, von der Duma am 23.10.2002 angenommen, vom Föderationsrat am 30.10.2002 bestätigt, vom Präsidenten am 14.11.2002 unterzeichnet, am 01.02.2003 in Kraft getreten.

bb) Einzelunternehmer

Da das ZGB in Art. 25 diese Möglichkeit ausdrücklich einräumt, sind die speziellen Regeln zur Insolvenz von Einzelunternehmern bereits in Kraft, Art. 214ff. Einzelunternehmer sind nach Art. 18 iVm Art. 23 ZGB natürliche Personen, die wirtschaftliche Tätigkeit ausüben, ohne eine Gesellschaft zu gründen.[907] Ihr Status nähert sie in vielen Punkten den juristischen Personen an, konstitutive Voraussetzung ist jedoch die staatliche Registrierung als Einzelunternehmer.[908] Auch Arbitrageverwalter sind Einzelunternehmer und können daher Schuldner eines Bankrottverfahrens sein. Fraglich ist, ob die Regeln der Art. 214ff. auch auf eine natürliche Person Anwendung finden, die entgegen der gesetzlichen Pflicht ohne Registrierung als Einzelunternehmer wirtschaftlich tätig ist.[909]

Der Einzelunternehmer nimmt am Wirtschaftsverkehr sowohl als Unternehmer als auch als Privatperson teil.[910] Das Bankrottverfahren können jedoch nur Gläubiger anstrengen, die Forderungen aus der beruflichen Tätigkeit des Unternehmers innehaben. Andere Gläubiger können ihre Forderungen allerdings im Verfahren anmelden, Art. 215 InsG 2002. Nach Abschluss der Abrechnungen mit den Gläubigern im Konkursverfahren erlöschen deren Forderungen in ihrem unbefriedigten Teil; der Einzelunternehmer wird frei.[911] Eine Ausnahme gilt nur für nicht berufsbezogene Forderungen, die im Verfahren nicht geltend gemacht wurden.

Durch die Eröffnung des Insolvenzverfahrens entfallen kraft Gesetzes die Registrierung als Einzelunternehmer sowie etwaige Lizenzen für besondere Tätigkeitsarten. Eine erneute Registrierung ist frühestens ein Jahr nach dem Ende des Insolvenzverfahrens wieder möglich, Art. 216 Pkt. 2 InsG 2002.[912] Dies kommt einer Art Wohlverhaltensfrist nahe und schützt den Wirtschaftsverkehr vor unlauteren Marktteil-

---

[907] *Nikitin*, Der rechtliche Status eines Bürgers als Unternehmer ohne Bildung einer juristischen Person, RJu 1997 Nr. 12, 13; *Masevic/Orlovskij/Pavlovskij*, Kommentar, 142.

[908] Diese richtete sich bislang nach dem (modifizierten) Gesetz der RSFSR vom 7.12.1991 N 2001-I „Über die Registrierungsgebühr für natürliche Personen, die wirtschaftliche Tätigkeit ausüben, und das Verfahren ihrer Registrierung"; streitig ist, ob die Registrierung des Einzelunternehmers universalen Charakter trägt, ihm also alle wirtschaftliche Tätigkeiten erlaubt oder ob er nur die in der Registrierung angegeben Tätigkeiten ausüben darf; vgl. mwN *Belych/Dubinčin/Skuratovskij*, Rechtliche Grundlagen, 234ff.; unlängst ist die Registrierung der Einzelunternehmer in das föderale Gesetz „Über die staatliche Registrierung juristischer Personen" integriert worden, *Solotych*, Chronik der Rechtsentwicklung, WiRO 2003, 281; vgl. zum Registrierungsgesetz *Amwrossow/von Sydow*, Russische Föderation: Gesetz zur Registrierung juristischer Personen, WiRO 2002, 47.

[909] Gegen eine erweiternde Anwendung, *Tkačev*, Rechtliche Regelung, 51.

[910] Dazu *Andreev*, Kommentar, 316.

[911] *Masevic/Orlovskij/Pavlovskij*, Kommentar, 144.

[912] *Spitsa*, Russische Föderation, in: *Lowitzsch* (Hrsg.), Das Insolvenzrecht Mittel- und Osteuropas, 223 sieht darin eine unangemessen Benachteiligung.

nehmern.[913] Die Durchführung von Insolvenzverfahren gegen Einzelunternehmer ermöglicht es, erste Erfahrungen mit Verfahren gegen natürliche Personen zu sammeln.[914]

cc) Bäuerliche Betriebe

Die bäuerlichen Betriebe haben im russ. Zivilrecht eine eigentümliche Stellung.[915] Sie sind - obwohl ein Personenverband - nach Art. 23 Pkt. 2 ZGB keine eigenen Rechtssubjekte, sondern nehmen nur über ihren Leiter am Rechtsverkehr teil.[916] Dieser muss dabei den Status eines Einzelunternehmers innehaben. Daher ist es folgerichtig, sie in das Kapitel über den Bankrott natürlicher Personen einzuordnen. Die Rechtsbeziehungen der Mitglieder untereinander richten sich nach Art. 257 ZGB.[917] Die Rechte der übrigen Mitglieder des bäuerlichen Betriebes werden dadurch geschützt, dass ein Schuldnerantrag nur mit ihrer Zustimmung eingereicht werden darf.

Gegen bäuerliche Betriebe finden die Verfahren der finanziellen Sanierung und der Fremdverwaltung mit einigen Besonderheiten nach Art. 219 InsG 2002 Anwendung. Ziel ist es, bestimmte Eigenheiten und Risiken der naturabhängigen Produktion zu berücksichtigen.[918] So müssen etwaige Sanierungspläne der Saisongebundenheit der Landwirtschaft Rechnung tragen, die Fristen der Bankrottverfahren werden an die landwirtschaftlichen Zyklen angepasst.

In die Konkursmasse fällt nur das tätigkeitsbezogene Sondervermögen des Betriebs; Eigentum der einzelnen Mitglieder wird ausgesondert.[919] Beim Verkauf des Betriebs soll die Produktion aufrechterhalten werden. Ist ein Erhalt des Betriebs nicht erzielbar, haben benachbarte landwirtschaftliche Betriebe ein Vorkaufsrecht. Dies dient der Unterstützung der notleidenden russ. Landwirtschaft.[920]

Auch beim Bankrottverfahren gegen einen bäuerlichen Betrieb erlischt die Registrierung als Einzelunternehmer, Art. 223. Das InsG 2002 sieht jedoch keine Wartefrist für die Beantragung einer neuen Lizenz vor. Der Leiter des Betriebes kann daher anders als ein gewöhnlicher Einzelunternehmer sogleich wieder mit einer neuen Tätigkeit derselben Art beginnen.[921]

---

[913] *Belych/Dubinčin/Skuratovskij*, Rechtliche Grundlagen, 242f.

[914] *Vitransky*, Insolvency and Bankruptcy Law Reform in the Russian Federation, (1999) 44 McGill L.J. 409 (419).

[915] Vgl. Gesetz der RSFSR vom 22.11.1990 „Über den bäuerlichen Betrieb" Nr. 348-1, Art. 1.

[916] Man mag darin eine dem römischrechtlichen pater familiae ähnliche Konstruktion erblicken; vgl. *Belych/Dubinčin/Skuratovskij*, Rechtliche Grundlagen, 240.

[917] *Masevic/Orlovskij/Pavlovskij*, Kommentar, 145.

[918] Zu Einzelheiten *Teljukina*, Konkursrecht, 263.

[919] *Masevic/Orlovskij/Pavlovskij*, Kommentar, 147.

[920] *Popondopulo/Makarova*, Kommentar, Art. 179, Pkt. 1

[921] *Masevic/Orlovskij/Pavlovskij*, Kommentar, 148.

b) Vereinfachtes Verfahren[922]

Das InsG 2002 sieht in Kapitel XI (Art. 224 - 230) ein vereinfachtes Insolvenzverfahren in zwei Fällen vor.

Tritt bei der Liquidation einer juristischen Person im Verfahren nach Art. 61 ZGB zutage, dass das schuldnerische Vermögen zur Befriedigung der Forderungen nicht ausreicht (Bankrott in der Liquidation), ist die Liquidationskommission (der Liquidator) verpflichtet, einen Insolvenzantrag beim Wirtschaftsgericht zu stellen, Art. 224 Pkt. 2 InsG 2002.[923] Gleiches gilt nach dem Beschluss zur Liquidation aber vor Bildung der Kommission für den Geschäftsführer bzw. die Eigentümer einer juristischen Person. Bei Verletzung dieser Pflicht tritt eine subsidiäre Haftung für nicht erfüllte Verbindlichkeiten des Schuldners ein, Art. 226 Pkt. 2 InsG 2002.[924] Das Gericht ordnet sogleich das Konkursverfahren an; Beobachtung und Sanierungsverfahren sind ausgeschlossen, Art. 225. Mit Abschluss des Konkursverfahrens gilt die juristische Person als aufgelöst; im staatlichen Register wird ein entsprechender Eintrag vorgenommen, vgl. Art. 149 Pkt. 3 und 4 InsG 2002.[925]

Ein vereinfachtes Verfahren findet ebenfalls statt gegen abwesende natürliche Personen oder gegen juristische Personen, die ihre Tätigkeit faktisch eingestellt haben und deren Organe nicht auffindbar sind.[926] Der Markt wird auf diese Weise von Teilnehmern befreit, die tatsächlich nicht mehr aktiv sind. In der Praxis geschieht dies häufig im Wege der Zwangsliquidation durch die Steuerbehörden, wenn keine obligatorischen Steuererklärungen mehr vorgelegt werden.[927] Fehlt es aber sogar an einer Adresse und der Möglichkeit, mit dem Schuldner zu kommunizieren, ist nur noch ein Bankrottverfahren möglich.[928] Dieses kann unabhängig von der Forderungshöhe beantragt werden.[929] Auch bei abwesenden Schuldnern ist nur noch das Konkursverfahren zulässig, allerdings kann das Gericht auf Antrag des Verwalters

---

[922]   Zur Rechtslage nach dem InsG 1998: *Nikitina*, Vereinfachte Bankrottverfahren, Zakon 1998 Nr. 6, 82.

[923]   Ausführlich *Teljukina/Tkačev*, Bankrott eines zu liquidierenden Schuldners, JurMir 2001 Nr. 6, 33.

[924]   *Andreev*, Kommentar, 323; *Nikitina*, Vereinfachte Bankrottverfahren, AP 2003 Nr. 2, 3 (4).

[925]   Ausführlich *Sergeev*, Bankrott einer zu liquidierenden juristischen Person, Jurist 2000 Nr. 10, 30.

[926]   *Teljukina*, Bankrott eines abwesenden Schuldners, JurMir 2001 Nr. 9, 26; vgl. *Chimičev*, Besonderheiten des Bankrotts eines abwesenden Schuldners, VAS 2002 Nr. 10, 106.

[927]   *Andreev*, Kommentar, 324.

[928]   Informationsbrief des Obersten Wirtschaftsgerichts Nr. 50 vom 13.01.2000 „Überblick der Praxis zur Lösung von Streitigkeiten, die mit der Liquidation juristischer Personen (kommerzieller Organisationen) verbunden sind" Pkt. 10; eine Übertragung auch dieser Verfahren auf die Registrierungsbehörden schlägt *Egorov*, Das Problem des Fehlens von Mitteln zur Deckung der Ausgaben in der Bankrottsache beim insolventen Schuldner, VAS 2004 Nr. 12, 133 vor.

[929]   *Nikitina*, Vereinfachte Bankrottverfahren, AP 2003 Nr. 2, 3 (4).

den Übergang in andere Verfahren anordnen, wenn Vermögen entdeckt wird.[930] Antragsberechtigt ist neben den Gläubigern[931] auch das bevollmächtigte Organ, allerdings nur wenn ausreichende Mittel für das Verfahren vorhanden sind, Art. 227 Pkt. 2 InsG 2002.[932] Das Verfahren findet ebenfalls Anwendung, wenn die Mittel des Schuldners für ein Bankrottverfahren nicht genügen, Art. 230.

In Russland gibt es in zahlreichen Unternehmen noch immer keine ordnungsgemäße Buchführung; viele Zahlungen erfolgen über schwarze Kassen. Solche Unternehmen können zwar liquidiert werden, im Regelfall wird aber keine Masse mehr vorhanden sein. Verfahren gegen abwesende Schuldner machen in der Praxis den weit überwiegenden Teil aller Insolvenzverfahren in Russland aus.[933] Insbesondere die Steuerbehörden nutzen das Verfahren, um juristische Personen zu liquidieren. Leider ist es kaum möglich, die verschwundenen Leiter der nicht mehr aktiven Schuldner für ihre Handlungen im Vorfeld der Insolvenz zur Rechenschaft zu ziehen.[934]

c) Verfahren gegen bestimmte Schuldner

Sonderregeln für bestimmte Schuldner finden sich zum Teil im InsG 2002 selbst, zum Teil sind sie in gesonderten Gesetzen enthalten.

aa) Stadtbildende Unternehmen

Für stadtbildende Unternehmen trifft das Gesetz eigene Vorkehrungen, die eine Eigentümlichkeit des russ. Insolvenzrechts darstellen.[935] Unter einem stadtbildenden Unternehmen[936] versteht das Gesetz in Art. 169 eine juristische Person, deren Mitarbeiter[937] mindestens 25% der arbeitenden Bevölkerung eines Ortes ausmachen.[938]

---

[930]   Zur Vergütung, die einen solchen Übergang für den Verwalter unattraktiv macht, *Taj*, Vergütung des Arbitrageverwalters, ChiP 2006 Nr. 6, 120 (125).

[931]   Dabei ist die Höhe der Forderungen unerheblich, vgl. Entscheidung des Wirtschaftsgerichts Sankt Petersburgs und des Lenoblasts in der Sache A 56-9987/98, zitiert nach *Popondopulo*, Rechtliche Regelung der Insolvenz, 198.

[932]   *Nikitina*, Vereinfachte Bankrottverfahren, AP 2003 Nr. 2, 3 (5).

[933]   Redaktioneller Bericht in RJu 2003 Nr. 4, 76 (77); danach richteten sich im Jahre 2002 76% aller Verfahren gegen abwesende Schuldner; vgl. Zahlen zum Tambovsker Oblast bei: *Šamšurin*, Die Prüfung von Insolvenz- (Bankrott) Sachen, AP 2002 Nr. 11, 57.

[934]   Dazu *Razorenov*, Wer ist der „letzte" beim Bankrott, Kollegija 2003 Nr. 3, 11 (13).

[935]   *Popondopulo*, Rechtliche Regelung der Insolvenz, 245; vgl. schon die Verordnung der Regierung der RF vom 29.08.1994 Nr. 1001 „Über das Verfahren der Zuordnung von Unternehmen zu den stadtbildenden und Besonderheiten des Verkaufs von Schuldnerunternehmen, die stadtbildend sind".

[936]   Interessant ist, dass diese Definition nicht der Verordnung der Regierung der RF Nr. 1001 vom 29.08.1994 „Über das Verfahren der Zuordnung von Unternehmen zu den stadtbildenden und über die Besonderheiten des Verkaufs von Schuldnerunternehmen, die stadtbildend sind" entspricht; dazu *Popondopulo/Makarowa*, Kommentar, Art. 169 Pkt. 1.

[937]   Gemeint sind damit nur die abhängig beschäftigten Arbeitnehmer gemäß der Arbeitsgesetzgebung: *Popondopulo/Makarowa*, Kommentar, Art. 169, Pkt. 3.

Nicht zu Zweck und Bezeichnung des Gesetzes passend fallen auch Unternehmen mit mindestens 5.000 Beschäftigten unter diese Gruppe. Damit handelt es sich faktisch um Sondernormen für wirtschaftspolitisch als besonders bedeutend eingestufte Unternehmen.[939]

Es überrascht, dass keine erhöhten Anforderungen an die Bankrottgründe gestellt werden.[940] Staatliche Organe spielen im Verfahren eine besondere Rolle, können etwa die Anforderungen an den zu ernennenden Arbitrageverwalter bestimmen, Art. 171 Pkt. 2. Dafür tragen sie allerdings unter bestimmten Voraussetzungen ein erhöhtes Haftungsrisiko, Art. 171 Pkt. 3 InsG 2002.[941] Ausdrücklich sieht das Gesetz in Art. 174 die Möglichkeit vor, dass staatliche Organe sämtliche Verbindlichkeiten des Unternehmens tilgen, was zur Beendigung des Verfahrens führt.[942] Ebenso können sie durch Gewährung einer Bürgschaft den Versuch einer Sanierung erzwingen.[943] Beim Verkauf des Unternehmens können die staatlichen Organe bestimmte Garantien für die Arbeitsplätze verlangen, Art. 175, 176 InsG 2002.[944]

Die Sonderregeln für stadtbildende Unternehmen haben einen sozialpolitischen Hintergrund. In der Sowjetunion lebten ganze Städte und Landstriche von einzelnen Kombinaten. Gelegentlich wurden sogar Städte um eine Fabrik oder ein Bergwerk herum errichtet. Diese Unternehmen verwalteten dann die gesamte Infrastruktur des Ortes.[945] Dadurch wurden Regionen erschlossen und zahlreiche Menschen neu angesiedelt. Die Insolvenz eines solchen Unternehmens hätte für die Stadt kaum zu be-

---

[938] Früher mussten die Arbeitnehmer und ihre Familien mindestens 50% der Bevölkerung ausmachen, diese Parameter wurden gelegentlich manipuliert, um in den Genuss der schuldnerfreundlicheren Regeln zu gelangen, vgl. *Barenbojm/Kopman*, Status des Arbitrageverwalters, RJu 1999 Nr. 12, 23; siehe auch Informationsbrief des Obersten Wirtschaftsgerichts des RF vom 06.08.1999 Pkt. 32, zu Mitarbeitern in Filialen etc.

[939] So wohl auch *Andreev*, Kommentar, 289.

[940] Eine offene Forderung von 100.000 RUR erscheint bei Unternehmen mit über 5.000 Beschäftigten vernachlässigbar gering.

[941] *Belych/Dubinčin/Skuratovskij*, Rechtliche Grundlagen, 203ff.

[942] Vgl. Art. 408, 313 ZGB. Die Gläubiger sind verpflichtet, die angebotene Befriedigung anzunehmen.

[943] *Belych/Dubinčin/Skuratovskij*, Rechtliche Grundlagen, 203; zum rechtlichen Charakter der Bürgschaft, die sich von der zivilrechtlichen Bürgschaft unterscheide: *Vitrjanskij*, Neues in der rechtlichen Regelung der Insolvenz (des Bankrotts), ChiP 2003 Nr. 1, 18; ähnlich *Karelina*, Rechtliche Regelung, 169.

[944] Dabei ist der Schutz des Käufers sehr weitgehend: Wird der Vertrag aufgelöst, weil er die Bedingungen nicht eingehalten hat, erhält er neben dem Kaufpreis auch noch Ersatz für seine zwischenzeitlichen Investitionen, dazu *Vitrjanskij*, Neues in der rechtlichen Regelung der Insolvenz (des Bankrotts), ChiP 2003 Nr. 1, 18.

[945] *Masevic/Orlovskij/Pavlovskij*, Kommentar, 120; ähnlich *Belych/Dubinčin/Skuratovskij*, Rechtliche Grundlagen, 201; *Vitriansky*, Insolvenzrecht in der GUS, in: *Boguslawskij/ Knieper*, Wege zu neuem Recht, 207 (213), nennt als Beispiel die Stadt Magnitogorsk, die von einem Metallkombinat abhängig ist.

wältigende soziale Probleme zur Folge.[946] Eine gesamtwirtschaftlich wünschenswerte rasche Neuallokation dieser Industrien oder eine Schließung, um Kräfte für neue Aufgaben freizusetzen,[947] ist sozial nicht durchsetzbar. Die Armut der örtlichen Bevölkerung, aber auch fehlende Wohnmöglichkeiten in den wirtschaftlich prosperierenden Regionen[948] erschweren eine Mobilität der Bevölkerung. Im Übrigen hat der russ. Staat ein verständliches politisches Interesse an einer gleichmäßigen Besiedelung des gesamten russ. Staatsgebiets.

Nur bedingt ist nachzuvollziehen, dass die obigen Regeln auch für besonders große Unternehmen mit über 5.000 Beschäftigten gelten sollen, vgl. Art. 169 Pkt. 2 InsG 2002. Hier wird ein Sonderrecht für Großbetriebe geschaffen, dessen Rechtfertigung schwer fällt.[949] Vielmehr wird die notwendige Umgestaltung der alten Kombinate („Dinosaurier") auf diese Weise auch dort verlangsamt,[950] wo sich die sozialen Probleme besser abfedern ließen. Die planwirtschaftliche Mentalität, vom Staat die Lösung aller wirtschaftlicher Probleme zu erhoffen und statt wirtschaftlicher Kompetenz lediglich die Nähe zu staatlichen Organen zu suchen, kann so in gewissen Grenzen fortdauern.[951]

bb) Landwirtschaftliche Organisationen

Auch für landwirtschaftliche Organisationen sieht das InsG 2002 in den Art. 177 – 179 Sonderregeln vor.[952] Im Gegensatz zu den oben genannten bäuerlichen Betrieben, versteht das Gesetz unter landwirtschaftlichen Organisationen juristische Personen, die überwiegend (zu mehr als 50%) in der Landwirtschaft oder in der Fischerei tätig sind. Hauptziel der Regelungen ist, die saisonale Wirtschaftsweise bei der Sanierung zu berücksichtigen.[953] Auch soll durch Vorkaufsrechte gewährleistet werden, dass das Vermögen der landwirtschaftlichen Organisationen als wertvolle

---

[946]   Dazu *Popondopulo/Makarova*, Kommentar, Art. 168, 364, und Art. 169 Pkt. 5, 366f.

[947]   *Flaschen/DeSieno*, The Development of Insolvency Law as Part of the Transition from a Centrally Planned Economy to a Market Economy, International Lawyer 26 (1992), 667 (672).

[948]   So kämpft beispielsweise Moskau vehement gegen den illegalen Zuzug auch russ. Staatsangehöriger, die die dortige bessere Wirtschaftslage aus anderen Landesteilen anlockt.

[949]   Positiv aber *Vitrjanskij*, Wege zur Vervollkommnung der Bankrottgesetzgebung, 103.

[950]   *Cumming*, Bankruptcy Law Reform in Russia, Parker Sch. J. E. Eur. L. 1997, 379 (393).

[951]   *Davis*, Russian Bankruptcy and Enterprise Sell-Off: Creating a User-Friendly System, Parker Sch. J. E. Eur. L. 1995, 59 (61ff.).

[952]   Nachdem es schon zum InsG 1992 eine besondere Regierungsverordnung in diesem Bereich gegeben hatte (Verordnung der Regierung der RF vom 02.11.1995, Nr. 1081), wurde bei den Vorarbeiten zum InsG 1998 eine Kommission eingesetzt, die Sonderregeln erarbeitete, vgl. mwN *Belych/Dubinčin/Skuratovskij*, Rechtliche Grundlagen, 206.

[953]   Zu Einzelheiten *Teljukina*, Konkursrecht, 263.

Naturressource weiterhin in landwirtschaftlicher Nutzung verbleibt, vgl. Art. 177 Pkt. 3, Art. 179 Pkt. 2 InsG 2002.[954]

Hinter diesen Normen stehen ebenfalls soziale Erwägungen, da die wirtschaftliche Lage in der Provinz verheerend ist.[955] Die einheimische landwirtschaftliche Produktion, die unter der Landflucht der letzten Jahre sehr gelitten hat, soll geschützt werden.

cc) Finanzielle Organisationen

Für die Insolvenz von finanziellen Organisationen verweist das InsG 2002 in Art. 180 auf ein Sondergesetz über den Bankrott finanzieller Organisationen, das bisher nicht erlassen wurde. Zu diesen Organisationen rechnet das InsG 2002 Kreditorganisationen, Versicherungsorganisationen und professionelle Teilnehmer des Wertpapiermarktes.

aaa) Kreditorganisationen[956]

Für Kreditorganisationen gilt das Sondergesetz „Über die Insolvenz (den Bankrott) von Kreditorganisationen" von 1999.[957] Die Tätigkeit der gesamtwirtschaftlich besonders wichtigen Banken richtet sich nach dem Gesetz „Über die Banken und die Banktätigkeit".[958]

In der Bankenkrise von 1998 haben zahlreiche Anleger einen Großteil ihres Geldes verloren. Die Abwicklung der aus der Krise resultierenden Bankrottverfahren erfolgte zunächst nach dem InsG 1998, da das Bankeninsolvenzgesetz erst später in Kraft trat. Bei der späteren Abwicklung zeigten sich Unstimmigkeiten zwischen den Gesetzen, welche die Verfahren behinderten.[959] Die Krise hat das ohnehin schon gerin-

---

[954] *Belych/Dubinčin/Skuratovskij*, Rechtliche Grundlagen, 205.

[955] *Trjachow/Wedde*, Landwirtschaftliche Kreditgenossenschaften in Russland, ZfgG 2004, 292.

[956] Vgl. Informationsbrief des Präsidiums des Obersten Wirtschaftsgerichts der RF vom 15.08.2003 Nr. 74 „Über einzelne Besonderheiten der Prüfung von Insolvenz- (Bankrott-) sachen von Kreditorganisationen".

[957] Föderales Gesetz Nr. 40-FZ vom 25.12.1999; dazu *Egorov*, Die Praxis der Prüfung von Bankrottsachen bei Banken, VAS 2004 Nr. 3, 140; ausführlich *Trunk*, Auf der Suche nach Wegen aus der Bankenkrise: Das russische Bankeninsolvenzrecht, in: *Hofmann/Küpper* (Hrsg.), Kontinuität und Neubeginn. Staat und Recht zu Beginn des 21. Jahrhunderts, FS Brunner, 279ff.

[958] Gesetz der RSFSR vom 2.12.1990 Nr. 395-1, ergänzt durch das föderale Gesetz Nr. 17-FZ vom 03.02.1996, zuletzt geändert am 21.03.2002.

[959] *Alexandrovich*, Bankruptcy Law and Economic Medicine: How Russia's New bankruptcy Legislation facilitated Recovery from the Nationwide Financial Crisis of August 17, 1998, Cornell International Law Journal 2001, 95.

ge Vertrauen zum Bankenwesen weiter sinken lassen.[960] Ebenso hat es gezeigt, wie wichtig ein effektiver Schutz der Anleger ist. Die herausragende Bedeutung des Bankwesens für die Wirtschaft, gerade in der Transformation, macht besondere Schutzmechanismen notwendig.[961]

Das Bankeninsolvenzgesetz sieht umfangreiche Maßnahmen zur frühzeitigen Sanierung vor, die alle unter Aufsicht der Zentralbank erfolgen.[962] Ein Bankrottverfahren kann erst eröffnet werden, wenn die Zentralbank (Bank Russlands) der betreffenden Bank die Lizenz entzogen hat.[963] Damit kommt der Zentralbank ein großer Einfluss auf das Verfahren zu. Die Arbitrageverwalter benötigen zusätzlich ein von der Zentralbank ausgegebenes Attestat, um Verfahren gegen Banken zu betreuen. Möglich ist auch die Übertragung der Verwalteraufgaben an eine staatliche Agentur (für Einlagensicherung). Zur Abstimmung mit dem InsG 2002 wurde das Bankeninsolvenzgesetz im Jahre 2004 grundlegend geändert.[964] Bereits Ende 2003 wurde durch einen Informationsbrief[965] angeordnet, dass die Verwalter in diesen Verfahren sowohl die Bedingungen des InsG 2002 als auch des Bankeninsolvenzgesetzes erfüllen müssen.[966]

bbb) Versicherungsgesellschaften

Die Art. 183 bis 186 InsG 2002 sind den Besonderheiten der Insolvenz von Versicherungsgesellschaften gewidmet. Diesen Regeln liegt der Gedanke zugrunde, dass die Versicherungsnehmer einer insolventen Versicherungsgesellschaft besonders schutzwürdig sind[967] und die besondere rechtliche Stellung von Versicherungen Sonderregeln erforderlich macht.[968]

---

[960] *Trunk*, Auf der Suche nach Wegen aus der Bankenkrise: Das russische Bankeninsolvenzrecht, in: *Hofmann/Küpper* (Hrsg.), Kontinuität und Neubeginn. FS Georg Brunner, 279.

[961] *Masevic/Orlovskij/Pavlovskij*, Kommentar, 127; vgl. *Jakovlev*, Die Aufgabe der Wirtschaftsgerichte, den gerichtlichen Schutz der Beteiligten an Zivilrechtsverhältnissen zu sichern, Interview in VAS 1998 Nr. 11, 101 (107).

[962] Zusätzlich stellt ein eigenes Gesetz Normen für die Restrukturierung von Kreditorganisationen im Vorfeld der Insolvenz auf, vgl. *Reinsch*, Russische Föderation: Gesetz über die Restrukturierung von Kreditorganisationen, WiRO 2003, 208 und 242.

[963] Dazu Art. 20 des Bankengesetzes, vgl. auch *Belych/Dubinčin/Skuratovskij*, Rechtliche Grundlagen, 210.

[964] Zu den Einzelheiten *Egorov*, Die jüngsten Änderungen in der russischen Gesetzgebung zum Bankrott von Banken, ChiP 2005 Nr. 1, 37; vgl. Kurzbericht *Solotych*, WiRO 2004, 343.

[965] Informationsbrief des Präsidiums des Obersten Wirtschaftsgerichts der RF Nr. 74 vom 15.08.2003 "Über einzelne Fragen der Prüfung von Insolvenz- (Bankrott-) verfahren von Kreditorganisationen", Punkt 6.

[966] Dazu *Egorov*, Die Praxis der Prüfung von Bankrottsachen bei Banken, VAS 2004 Nr. 3, 140 (151ff.).

[967] *Popondopulo/Kovalevskaja*, Kommentar, Art. 186 Pkt. 1.

[968] Ausführlich *Belych/Dubinčin/Skuratovskij*, Rechtliche Grundlagen, 214ff.

Am Verfahren nimmt das föderale Versicherungsaufsichtsorgan teil, Art. 183 Pkt. 1 InsG 2002.[969] Als Käufer einer Versicherungsgesellschaft kann nur eine andere dafür lizenzierte Gesellschaft auftreten. Sie muss die Verpflichtungen aus den Versicherungsverträgen der insolventen Gesellschaft übernehmen, Art. 184 Pkt. 3 InsG 2002.

Im Fall der Zerschlagung und Verwertung der Gesellschaft enden die Versicherungsverträge, Art. 185 InsG 2002. Die Versicherungsnehmer haben hinsichtlich der eingezahlten Beträge und etwaiger Prämien bei der Befriedigung ein Vorrecht.[970] Innerhalb des dritten Ranges nimmt Art. 186 eine weitere Differenzierung vor.[971] Als erstes werden die Versicherungsnehmer persönlicher Pflichtversicherungen befriedigt, dann die Gläubiger von allgemeinen Pflichtversicherungen. Es folgen die übrigen Versicherungsnehmer und erst danach die sonstigen Gläubiger.

ccc) Börsenhändler

Die Art. 187 bis 189 InsG 2002 erfassen die Insolvenz von sog. „professionellen Teilnehmern am Wertpapiermarkt".[972] Die Definition der Börsenhändler richtet sich nach dem föderalen Gesetz „Über den Wertpapiermarkt";[973] ihre Tätigkeit erfordert eine Lizenz.

Die Sondernormen werden damit begründet, dass die Börsenhändler für eine Vielzahl von als schutzwürdig eingestuften Personen Börsengeschäfte vornehmen und dabei zahlreichen zusätzlichen Bestimmungen unterliegen.[974] Wertpapiere fallen nicht in die Konkursmasse; sie sind vielmehr den Kunden zurückzugeben, bei nicht ausreichender Menge anteilig, vgl. Art. 189 Pkt. 4 InsG 2002.

Wie bei Versicherungen nimmt das entsprechende föderale Aufsichtsorgan, hier jenes über die Wertpapiermärkte, am Verfahren teil.[975] Der Arbitrageverwalter über einen Börsenhändler muss ein von diesem Aufsichtsorgan ausgestelltes Attestat für die jeweilige Tätigkeit des Börsenhändlers vorweisen.[976]

---

[969] Gesetz der RF vom 27.11.1992 Nr. 4015-I „Über die Organisation des Versicherungswesens in der RF", Kapitel IV, Art. 30-33 und Verordnung der Regierung Nr. 273 vom 06.03.1998 „Bestimmung über das Finanzministerium", Pkt. 5 Nr. 31.

[970] Dazu *Popondopulo*, Rechtliche Regelung der Insolvenz, 248f.

[971] *Masevic/Orlovskij/Pavlovskij*, Kommentar, 134.

[972] Nur wenige Staaten sehen Sondernormen für diese Kategorie von Schuldnern vor. Hier mag man den Einfluss US-amerikanischer Berater sehen, die ihre Regeln übertragen haben.

[973] Gesetz Nr. 39-FZ vom 22.04.1996 „Über den Wertpapiermarkt" Abteilung 2, Art. 3-15.

[974] Mit weiteren Nachweisen: *Belych/Dubinčin/Skuratovskij*, Rechtliche Grundlagen, 222ff.

[975] Dabei handelt es sich um die föderale Kommission auf dem Wertpapiermarkt (russ. Abk. FKZB), Ukaz des Präsidenten vom 01.07.1996 Nr. 1009 „Über die föderale Kommission für den Wertpapiermarkt".

[976] *Popondopulo/Kovoljevskaja*, Kommentar, Art. 187, Pkt. 5 a.E.; auch *Belych/Dubinčin/Skuratovskij*, Rechtliche Grundlagen, 225.

dd) Strategische Unternehmen

Schon unter den Vorgängergesetzen des InsG 2002 gab es Bestrebungen, die Insolvenz von Unternehmen, die als gesamtwirtschaftlich besonders wichtig eingeschätzt wurden, zu verhindern oder auf sie Einfluss zu nehmen.[977] Der Begriff der „Unternehmen mit strategischer Bedeutung" taucht bereits in einer untergesetzlichen Norm von 1999 auf, wo gesonderte Schutzmaßnahmen aufgelistet sind.[978]

Das InsG 2002 hat ähnliche Sonderregeln erstmals in das Gesetz aufgenommen und ein besonderes Verfahren für sog. strategische Unternehmen und Organisationen eingeführt (Art. 190 - 196).[979] Darunter versteht das Gesetz Staatsunternehmen und dem Staat gehörende Aktiengesellschaften, deren Tätigkeit eine strategische Bedeutung zukommt. Dazu zählt der Gesetzgeber allerdings sehr weitgehend nicht nur die Sicherung von Verteidigungsfähigkeit und Sicherheit des Staates, sondern auch die Verteidigung der Sitten, der Gesundheit und der Rechte und gesetzlichen Interessen der Bürger, Art. 190 Pkt. 1 InsG 2002.[980] Auch ist unklar, ob eine mehrheitliche Beteiligung des Staats erforderlich ist oder bereits ein beliebig geringer Kapitalanteil genügt.[981] Bei weiter Auslegung würde dies bedeuten, dass Insolvenzverfahren gegen alle juristischen Personen, deren Anteile dem Staat gehören, nur unter erschwerten Bedingungen möglich sind. Um ein generelles Sonderrecht für Unternehmen mit staatlicher Beteiligung zu vermeiden, wäre eine teleologische Reduktion, mindestens aber eine einschränkende Auslegung, wünschenswert.[982] Weiterhin gehören zu den strategischen Unternehmen solche des sog. militärindustriellen Komplexes, deren Tätigkeit eine strategische Bedeutung zukommt. Die Regierung ist verpflichtet, eine Liste dieser Unternehmen zu erstellen und zu veröffentlichen, Art. 190 Pkt. 2 InsG 2002.

Zur Eröffnung eines Insolvenzverfahrens gegen ein strategisches Unternehmen sind Forderungen von mindestens 500.000 Rubeln erforderlich, die sechs Monate lang nicht befriedigt werden, Art. 190 Pkte. 3 und 4. Weitere Sonderregeln sehen erweiterte Möglichkeiten zur Sanierung, insbesondere durch staatliche Maßnahmen oder Garantien vor, Art. 191 InsG 2002. Bezeichnend ist, dass auch die Begleichung offener staatlicher Verbindlichkeiten durch den Staat ausdrücklich zu den Sanie-

---

[977] *Bednyakov/Balakina*, Russia´s new Insolvency Rules permit Foreign Investor bidding, Parker Sch. J. E. Eur. L., 1994, 511.

[978] Anweisung der Regierung der RF vom 10.07.1999 Nr. 1100-r.

[979] Zur Notwendigkeit solcher Maßnahmen: *Andreev*, Kommentar, 297; *Vitrjanskij* in: *Vitrjanskij*, Kommentar 2003, Vorwort 22.

[980] Kritisch *Vitrjanskij*, Neues in der rechtlichen Regelung der Insolvenz (des Bankrotts), ChiP 2003 Nr. 1, 19, der fragt, ob damit auch Sanatorien zu den strategischen Unternehmen zählen.

[981] *Popondopulo/Makarowa*, Kommentar, Art. 190 Nr. 5; fraglich ist auch, wie das Recht der sog. „goldenen Aktie" in diesem Zusammenhang einzuordnen ist.

[982] Kritisch auch: *Popondopulo/Makarowa*, Kommentar, Art. 190 Nr. 2.

rungsmaßnahmen zählt.[983] Beim Verkauf des Unternehmens hat der Staat ein Vor-kaufsrecht. Er kann das Unternehmen sogar innerhalb eines Monats ab der Auktion dem Käufer zu den dort vereinbarten Bedingungen vorrangig abkaufen.[984]

ee) Monopolunternehmen des Energiesektors

Das InsG 1998 sah in Art. 189 die Möglichkeit vor, Besonderheiten des Bankrotts von Monopolunternehmen des Energiesektors in einem Sondergesetz festzulegen.[985] Davon hat der Gesetzgeber mit dem Sondergesetz über die Insolvenz von Monopol-unternehmen des Energiesektors[986] Gebrauch gemacht. Der Status eines Monopolun-ternehmens des Energiesektors richtet sich nach einem weiteren Spezialgesetz.[987]

Das Gesetz über den Bankrott der Monopolunternehmen sieht vor allem Schutzvor-schriften für die Nutzer und eine starke Rolle des Staats vor. Zusätzlich zur Zah-lungsunfähigkeit ist abweichend von den allgemeinen Regeln eine Überschuldung der Bilanz erforderlich, vgl. Art. 2 des Gesetzes.[988] Der Arbitrageverwalter benötigt ein zusätzliches Attestat der zuständigen föderalen Behörde und muss Erfahrung im Bereich der Energieversorgung nachweisen.[989] Dies ist auch sinnvoll, liegt doch der Schwerpunkt des Verfahrens eindeutig auf der Sanierung und dem Erhalt des Schuldners.

Auch bei den Energieunternehmen sind es soziale Beweggründe, die zu Sonderrege-lungen und Ausnahmen geführt haben.[990] Die notorischen Zahlungsschwierigkeiten der Kommunen schlagen oft auf die monopolistisch organisierten Energieversorger durch und führen dazu, dass ganze Gemeinden als „Geiseln" genommen werden. Die angebotenen Güter und Dienstleistungen unterliegen noch monopolartigen Strukturen.[991] Ein marktwirtschaftliches System von Energieversorgern, die unter-

---

[983] Als Auftragnehmer des Staats sind strategische Unternehmen besonders stark von einer leider nicht immer pünktlich erfolgenden Bezahlung durch den Staat abhängig.

[984] *Andreev*, Kommentar, 298.

[985] Das Gesetz sah weiterhin die Möglichkeit vor, für Unternehmen aus finanzwirtschaftli-chen Gruppen ein besonderes Gesetz zu erlassen. Dies ist jedoch nicht geschehen.

[986] Föderales Gesetz „Über die Besonderheiten der Zahlungsunfähigkeit (des Bankrotts) von Subjekten natürlicher Monopole des Energiesektors" Nr. 122-FS vom 24.06.1999 vgl. *Reinsch,* Russische Föderation: Besonderheiten der Insolvenz von Subjekten der natürlichen Monopole des Brennstoff- und Energiekomplexes, WiRO 1999, 423.

[987] Siehe föderales Gesetz vom 17.08.1995 Nr. 147-FZ „Über die natürlichen Monopole", Art. 3.

[988] Dazu ausführlicher *Belych/Dubinčin/Skuratovskij*, Rechtliche Grundlagen, 228.

[989] *Belych/Dubinčin/Skuratovskij*, Rechtliche Grundlagen, 229.

[990] *Masevic/Orlovskij/Pavlovskij*, Kommentar, 159.

[991] *Belych/Dubinčin/Skuratovskij*, Rechtliche Grundlagen, 227.

einander im Wettbewerb stehen und es einem Marktteilnehmer erlauben würden, sich an anderer Stelle einzudecken, besteht in Russland noch nicht.[992]

Die Insolvenzverfahren über Monopolunternehmen sollte sich gemäß Art. 232 Pkt. 2 InsG 2002 ab dem 01.01.2005 ausschließlich nach den Art. 197 bis 201 InsG 2002 richten. Diese Frist wurde durch eine Änderung im Jahre 2004 bis zum 01.01.2009 verlängert.[993] Mit diesem Datum tritt das bisherige Sondergesetz außer Kraft. In der Sache bringt dies wenig Veränderung, da auch diese Artikel vor allem Schutzvorschriften für die Kunden des Unternehmens enthalten.

ff) Kollision

Soweit ersichtlich wird das Verhältnis der einzelnen Sonderverfahren zueinander nicht geregelt.[994] Aus der systematischen Stellung einiger Sondernormen kann man einen Vorrang ableiten. So dürften auf Banken, die zugleich am Wertpapiermarkt tätig sind, die Regeln über Kreditorganisationen vorrangig Anwendung finden.[995]

Einige Banken werden zugleich stadtbildende Unternehmen sein und manches Monopolunternehmen mag zugleich strategische Bedeutung haben. Hier bietet es sich an, eine Rangordnung nach Spezialität anzunehmen (Branche vor Bedeutung). Das bedeutet, dass die Normen für bestimmte, aufgrund eines Tätigkeitsbereichs abgegrenzte, Schuldner Vorrang vor den allgemeinen, auf Größe und Bedeutung abstellenden Regeln haben sollten. Denkbar wäre auch, in jedem Einzelfall das höhere Schutzniveau anzuwenden.

gg) Bewertung

Es ist nicht von der Hand zu weisen, dass die Sondernormen zum sozialen Schutz für einzelne Schuldner die Gläubiger benachteiligen. Damit werden häufig gerade in diesem Bereich notwendige Investitionen nicht erleichtert.[996] Abzuwarten bleibt, wie umfangreich die von der Regierung zu erstellende Liste der Unternehmen des militärindustriellen Komplexes verfasst sein wird. Im Übrigen wird das Insolvenzrecht

---

[992] Zur Ausgangslage: *Flaschen/DeSieno*, The Development of Insolvency Law as Part of the Transition from a Centrally Planned Economy to a Market Economy, International Lawyer 26 (1992), 667 (673).

[993] Änderung des InsG 2002 durch föderales Gesetz Nr. 220-FZ vom 31.12.2004.

[994] Eine Ausnahme bildet lediglich Art. 187 Pkt. 5, wonach die Regeln zum Bankrott professioneller Teilnehmer am Wertpapiermarkt nur unter engen Begrenzungen auf Banken Anwendung finden.

[995] *Belych/Dubinčin/Skuratovskij*, Rechtliche Grundlagen, 224.

[996] Dazu *Voropaeva*, Rechtliche Mechanismen der Durchführung des Verfahrens der Liquidation von Gläubigerforderungen einer Organisation bei der Fremdverwaltung, JurMir, 2000 Nr. 8, 4 (9).

unübersichtlicher, je mehr Sonderregeln aufgestellt werden. Insofern bestehen Bedenken gegen die Schaffung zusätzlicher Schuldnerkategorien.[997]

10. Internationales Insolvenzrecht

Ausländische Unternehmer oder Unternehmen sowie ihre Vertretungen können Insolvenzverfahren in Russland nach den allgemeinen Regeln anstrengen; sie sind russ. Gläubigern insoweit gleichgestellt.[998]

Das eigentliche internationale Insolvenzrecht ist in Russland noch wenig entwickelt.[999] Das InsG 2002 lässt die Grundregel des InsG 1998 zur Anerkennung ausländischer Verfahren in Russland unverändert. Danach erstrecken sich die Wirkungen des russ. Insolvenzgesetzes auf das Territorium der RF.[1000] Ausländische Entscheidungen in Insolvenzsachen werden in Russland anerkannt, wenn internationale Verträge der RF dies vorsehen[1001] oder die Gegenseitigkeit vorliegt.[1002] Insofern ist das russ. Insolvenzrecht liberaler als die Prozessgesetze, die bis heute eine Anerkennung ausländischer Entscheidungen nur in engen Grenzen vorsehen.[1003] Multilaterale Verträge der RF zum Insolvenzrecht bestehen derzeit allerdings nicht.[1004] Auch im Rahmen der GUS gibt es keine entsprechende Regelung, an einem entsprechenden internationalen Abkommen wird aber gearbeitet.[1005]

---

[997] *Vitrjanskij*, Wege zur Vervollkommnung der Bankrottgesetzgebung, 104; *Stepanov*, Insolvenz, 154; ähnlich interessanterweise auch die Gesetzesbegründung in Pkt. V.

[998] *Afon´kin/Sabinina*, Gesetzgebung zum Bankrott, 12.

[999] *Tkačev*, Konkursrecht, 402.

[1000] *Teljukina*, Geltung der russischen Gesetzgebung über die Insolvenz (den Bankrott), SiE 1999 Nr. 2, 18; zur unklaren Rechtslage nach dem InsG 1992: *Trunk*, Internationales Insolvenzrecht, 60.

[1001] Derzeit allerdings bestehen keine solchen Verträge, *Temkin/Kirsh/Voskoboinikova*, Russia, in: *Leamy* (Hrsg.), The European Restructuring and Insolvency Guide 2002/2003, 486.

[1002] *Kostin/Zav´jalov*, Die Bedingungen und Gründe des Bankrotts von Unternehmen, Jurist 2002 Nr. 2, 45 (47); *Trunk*, Das neue russische Insolvenzrecht. Von der Zwischenbilanz zur Totalrevision, in: *Schroeder* (Hrsg.), Die neuen Kodifikationen in Russland, 2. Auflage, 98f.

[1003] Etwa Art. 241 - 246 APK, die eine Anerkennung nur bei internationalen Verträgen oder gesetzlicher Anordnung erlauben (nicht bei Gegenseitigkeit); dazu *Steinbach*, Anerkennung und Vollstreckung ausländischer Urteile und Schiedssprüche in der Russischen Föderation, 189; *Trunk*, Internationales Insolvenzrecht in Osteuropa, in: *Lowitzsch* (Hrsg.), Das Insolvenzrecht Mittel- und Osteuropas, 71; *Laptew*, Zur Vollstreckbarkeit russischer Gerichtsentscheidungen in Deutschland: Neue Entwicklungen, WiRO 2006, 198 (201).

[1004] *Tkačev*, Konkursrecht, 407.

[1005] *Stepanov*, Insolvenz, 180 und 193ff.

Russischen Gerichten fehlt es allerdings an Praxis im Umgang mit ausländischen Entscheidungen.[1006] Sie tun sich daher schwer mit dieser Regelung des InsG 2002.[1007] Nach wie vor besteht, bewusst oder unbewusst, eine Ablehnung gegen ausländische Entscheidungen.[1008] Daher werden extrem hohe Anforderungen an den Nachweis der Gegenseitigkeit gestellt, bis hin zum Verlangen nach der Vorlage einer korrespondierenden Entscheidung deutscher Gerichte.[1009]

Ein verwandtes Problem tritt auf, wenn sich ausländische Gläubiger an einem russ. Insolvenzverfahren beteiligen wollen. Dabei versuchen die übrigen Verfahrensbeteiligten mitunter mit unlauteren Mitteln wie etwa dem Vorenthalten wichtiger Informationen, die gleichrangige Befriedigung dieser Forderungen zu hintertreiben.[1010] Auch seitens der anderen Beteiligten sehen sie sich mitunter einer Benachteiligung ausgesetzt.[1011]

11. Sanktionen

Bei Bankrottverfahren geht es häufig um große Vermögen, den Beteiligten drohen zum Teil hohe Verluste. Daher besteht ein beträchtliches Risiko, dass einzelne Personen versuchen, sich auf unlautere Weise einen Vorteil gegenüber den übrigen Beteiligten zu verschaffen.[1012]

a) Bankrottstraftaten

Bereits das vorrevolutionäre Strafrecht enthielt ausführliche Normen zum Bankrott,[1013] die in der Sowjetunion überflüssig wurden. Während das InsG 1992 eine

---

[1006] *Steinbach*, Anerkennung und Vollstreckung ausländischer Urteile und Schiedssprüche in der Russischen Föderation, 189.

[1007] *Golubev*, Arbitrageverwaltung. Theorie und Praxis der Beobachtung, 99; ähnlich *Trunk*, Internationales Insolvenzrecht in Osteuropa, in: *Lowitzsch* (Hrsg.), Das Insolvenzrecht Mittel- und Osteuropas, 71.

[1008] *Flaschen/DeSieno*, The Development of Insolvency Law as Part of the Transition from a Centrally Planned Economy to a Market Economy, International Lawyer 26 (1992), 667 (674); diese Ablehnung widerspricht auch der frührussischen Entwicklung, als die Forderungen ausländischer Kaufleute sogar privilegiert befriedigt wurden, vgl. *Tkačev*, Rechtliche Regelung, 9ff.

[1009] Entscheidung des Obersten Gerichts Russlands vom 13.09.2002 in der Sache 5-G02-119, nicht veröffentlicht; die unzulängliche gesetzliche Grundlage in Deutschland, dazu *Häsemeyer*, Insolvenzrecht, Rn 35.13, macht es nicht leicht, eine Gegenseitigkeit in Russland nachzuweisen.

[1010] So im bekannten Fall der Inkombank, vgl. *v. Liegelsheim-Seibicke*, Handbuch für das erfolgreiche Ostgeschäft, 216.

[1011] *Trunk*, Internationales Insolvenzrecht in Osteuropa, in: *Lowitzsch* (Hrsg.), Das Insolvenzrecht Mittel- und Osteuropas, 64.

[1012] *Tkačev*, Rechtliche Regelung, 128; zur deutschen Sicht und den Verfolgungsproblemen: *Pape/Uhlenbruck*, Insolvenzrecht, Rn 1048f.

[1013] MwN *Tkačev*, Rechtliche Regelung, 136.

Verantwortlichkeit der Beteiligten vorsah (Art. 44-48), fehlte es an den korrespondierenden Normen im damaligen Strafgesetzbuch.[1014] Erst das neue russ. Strafgesetzbuch von 1996 enthält in Art. 195 – 197 mehrere Straftatbestände zur Insolvenz.[1015]

Art. 195 stellt allgemeine Bankrottstraftaten wie das Verbergen von Vermögen oder die bevorzugte Befriedigung einzelner Gläubiger bei faktischer Zahlungsfähigkeit unter Strafe.[1016] Erfasst werden also auch in Deutschland strafbare Handlungen wie das Verheimlichen von Informationen oder das Beiseiteschaffen von Vermögenswerten im Vorfeld des Bankrotts (vgl. §§ 283ff. dt. StGB).[1017]

Nach Art. 196 bildet der absichtliche Bankrott eine Straftat.[1018] Darunter versteht der Gesetzgeber die Schaffung oder Vergrößerung der Zahlungsunfähigkeit zum Schaden der Gläubiger oder des Wirtschaftsverkehrs. Grund für diese Norm ist, dass die Regeln des Insolvenzrechts nicht selten genutzt wurden, um sich den Gläubigern zu entziehen.

Art. 197 schließlich regelt die Strafbarkeit des fiktiven Bankrotts.[1019] Damit wird eine wissentlich falsche Erklärung über die Zahlungsunfähigkeit des Schuldners, die zu einem großen Schaden geführt hat, unter Strafe gestellt. Zivilrechtlich handelt es sich gerade nicht um eine Insolvenz, da der Schuldner tatsächlich noch zahlungsfähig ist.[1020] Der Vorsatz ist besonders wichtig, weil er strafbare Handlungen von zulässigen Vorbeugungsmaßnahmen im Vorfeld der Insolvenz abgrenzt.[1021]

Alle drei Tatbestände erfordern den Eintritt einer besonders schweren Folge als Voraussetzung der Strafbarkeit.[1022] Dieses Kriterium findet sich in zahlreichen Normen des Strafgesetzbuchs, seine genaue Bestimmung bereitet Schwierigkeiten.[1023] Die Literatur versteht die schwere Folge überwiegend als Vermögenseinbuße, einschließlich des entgangenen Gewinns.[1024] Zum Teil wird vertreten, die Folge müsse bei den Art. 195 bis 197 bankrottspezifisch verstanden werden und bedeute daher eine Schmälerung der Aktiva des Schuldners, also eine Verringerung der

---

[1014] *Tkačev*, Rechtliche Regelung, 138.
[1015] Föderales Gesetz Nr. 63-FZ vom 13.06.1996; vgl. dazu *Biss/Wedde*, Bankrottstraftaten im russischen Recht, WiRO 2004, 19; *Spitsa*, Russische Föderation, in: *Lowitzsch* (Hrsg.), Das Insolvenzrecht Mittel- und Osteuropas, 224ff.
[1016] Zu Details *Michalev*, Krimineller Bankrott, 75ff.
[1017] Zum deutschen Bankrottstrafrecht: *Pape/Uhlenbruck*, Insolvenzrecht, Rn 1056ff.
[1018] Ausführlich *Michalev*, Krimineller Bankrott, 116ff.
[1019] *Michalev*, Krimineller Bankrott, 127ff.
[1020] *Tkačev*, Rechtliche Regelung, 143.
[1021] *Razorenov*, Wer ist der „letzte" beim Bankrott, Kollegija 2003 Nr. 3, 11.
[1022] Ausführlich *Michalev*, Krimineller Bankrott, 116.
[1023] *Michalev*, Krimineller Bankrott, 133ff.; *Spitsa*, Russische Föderation, in: *Lowitzsch* (Hrsg.), Das Insolvenzrecht Mittel- und Osteuropas, 227; *Tkačev*, Insolvenz, 313.
[1024] *Michalev*, Krimineller Bankrott, 135.

Konkursmasse.[1025] Bei allen Delikten drohen Freiheitsbeschränkung bzw. Freiheitsentzug oder Geldstrafe.

In der Praxis fehlt es bei der Staatsanwaltschaft allerdings häufig noch an ausreichendem Verständnis für die Bedeutung der Insolvenzstraftaten, zu denen es früher keine Entsprechung gegeben hat. So zeigen die Statistiken eine sehr geringe Zahl von Bankrottstraftaten nach Art. 195 bis 197.[1026]

Weitere Tatbestände des Besonderen Teils des russ. Strafgesetzbuches können Anwendung finden. Eine besondere Bedeutung kommt dabei dem Betrug (Art. 159) zu, der eine große Nähe zu den Bankrottstraftaten aufweist.[1027] Dabei können Bankrottstraftaten und der Betrug nebeneinander verwirklicht werden.[1028]

b) Ordnungswidrigkeiten

Auch das neue Ordnungswidrigkeitengesetz vom 30.12.2001[1029] enthält einige Normen zu Ordnungswidrigkeiten im Insolvenzfall. Diese erfassen ähnliche Tatbestände wie die Straftatbestände, allerdings ist keine schwere Folge als Bedingung der Verantwortlichkeit erforderlich.[1030] Als Sanktionen sieht das Gesetz vor allem Geldbußen vor, in schweren Fällen droht auch die Disqualifikation.[1031]

12. Kritik

Das InsG 1998 war das erste Insolvenzgesetz Russlands nach der Revolution, das in großem Umfang auch in der Rechtswirklichkeit angewandt wurde. Es wurde in der russ. Rechtswissenschaft daher als Schritt nach vorn begrüßt.[1032] Allerdings förderte die praktische Anwendung eine Reihe von Mängeln oder Schwachstellen zutage, die

---

[1025] So *Michalev*, Krimineller Bankrott, 138.
[1026] Nach *Razorenov*, Wer ist der „letzte" beim Bankrott, Kollegija 2003 Nr. 3, 11, wurde Art. 197 erstmals 2001 angewandt; mwN *Michalev*, Krimineller Bankrott, 9ff.
[1027] Mit Einzelheiten: *Tkačev*, Rechtliche Regelung, 144; *Pape/Uhlenbruck*, Insolvenzrecht, Rn 1051.
[1028] *Limonov*, Abgrenzung des Betrugs von verwandten Straftatbeständen, Zakonnost 1998 Nr. 3, 39.
[1029] Gesetzbuch der Russischen Föderation über administrative Rechtsverletzungen Nr. 195-FZ vom 30.12.2001.
[1030] *Spitsa*, Russische Föderation, in: *Lowitzsch* (Hrsg.), Das Insolvenzrecht Mittel- und Osteuropas, 227f.
[1031] Dazu mehr bei III. 6. B. d).
[1032] Sehr positiv *Stepanov*, Insolvenz, 161f., der das russ. InsG 1998 auf eine Stufe mit den westlichen Gesetzen stellt.

in der Literatur ausführlich erörtert wurden.[1033] Hauptproblem war die Nutzung der insolvenzrechtlichen Mittel zu verfahrensfremden Zwecken:

- Nicht selten kam es vor, dass ein Bankrottverfahren genutzt wurde, um sich eines Konkurrenten zu entledigen.[1034] Zum Teil wurden sogar politische Konflikte mit den Mitteln des Insolvenzrechts ausgetragen.[1035]

- Weit verbreitet war auch der Zweck, die Eigentumsverhältnisse an interessanten Unternehmen umzuverteilen.[1036] Da ein Insolvenzverfahren relativ einfach eröffnet werden konnte, waren dem Missbrauch Tür und Tor geöffnet. Viele Unternehmen nutzten Bankrottverfahren, um die Kontrolle über Konkurrenten oder Lieferanten zu erlangen.[1037] Mancher Gläubiger schloss daher Verträge ab, von denen er genau wusste, dass der Schuldner sie nicht würde erfüllen können, um ein Bankrottverfahren beginnen zu können.[1038] Dabei wurden sie von speziellen Beratern unterstützt, die sich auf die Durchführung von „bestellten" Bankrottverfahren spezialisiert hatten.[1039]

[1033] Nach *Danilenko/Štern*, Die Rolle des Arbitrageverwalters im Insolvenz- (Bankrott) Prozess, in: *Karelina* (Hrsg.), Rechtliche Probleme, 61ff. erlaubte das InsG 1998 es, gegen jedes beliebiges Unternehmen ein Insolvenzverfahren zu eröffnen.

[1034] *Ageev*, Bankrott: Besonderheiten des Verfahrens der Fremdverwaltung, JurMir 2000 Nr. 5, 18, 19; ähnlich *Baj/Melichov*, Über Probleme, die bei der Ermittlung der Bankrottgründe durch die Wirtschaftsgerichte entstehen, VAS 2002 Nr. 10, 113 (115); zur Sicht der Staatsanwaltschaft *Prokudina/Prostova/Popov*, Teilnahme des Staatsanwalts am Arbitrageprozess in Insolvenz (Bankrott-) Sachen, 4.

[1035] *Grudcena*, Das neue Gesetz „Über die Insolvenz (den Bankrott)", Advokat 2003 Nr. 1, 21, unter Verweis auf die Leiterin des FSFO.

[1036] *Jakovlev*, Erneuerung der Gesetzgebung über den Bankrott, Beilage zu VAS 2003 Nr. 5, 14 (15); *Anochin*, Probleme des Konkursverfahrens, AGP 2002 Nr. 2, 11 (12); *Teljukina*, Die Gläubigerversammlung eines insolventen Schuldners als Subjekt des Konkursrechts, Advokat 2003 Nr. 2, 22 (23); siehe dazu bfai-RSI September 2002, 13f.; und Bericht Moscow Times vom 24.09.2003.

[1037] Detailliert zu den dabei angewandten Mechanismen *Guc*, Bankrott, 102ff.; und ähnlich *Voropaeva*, Rechtliche Mechanismen der Durchführung des Verfahrens der Liquidation von Gläubigerforderungen einer Organisation bei der Fremdverwaltung, JurMir, 2000 Nr. 8, 4 (8); *Temkin/Kirsh/Voskoboinikova*, Russia, in: *Leamy* (Hrsg.), The European Restructuring and Insolvency Guide 2002/2003, 481.

[1038] *Baj/Melichov*, Über Probleme, die bei der Ermittlung der Bankrottgründe durch die Wirtschaftsgerichte entstehen, VAS 2002 Nr. 10, 113 (114f.).

[1039] So *Guc*, Bankrott, 104; nach *Danilenko/Štern*, Die Rolle des Arbitrageverwalters im Insolvenz- (Bankrott) Prozess, in: *Karelina* (Hrsg.), Rechtliche Probleme, 61 (63) verfolgten fast 64% aller beantragenden Gläubiger verfahrensfremde Zwecke.

- Mitunter war Ziel des Verfahrens auch nur die Aneignung besonders lukrativer Vermögensobjekte (z.B. Immobilien) aus der Konkursmasse.[1040]

Folge dieser verfahrensfremden Zwecke war, dass gerade solide Unternehmen ins Visier der „Umverteiler" gerieten und Insolvenzverfahren gegen sie eröffnet wurden,[1041] während gegen tatsächlich insolvente Unternehmen mangels attraktiver „assets" keine Verfahren eingeleitet wurden.[1042] Unter Geltung des InsG 1998 konnte die Eröffnung in der Praxis sogar erfolgen, ohne dass der Schuldner davon zunächst Kenntnis erlangte. Da die Gerichte zudem den Vorschlägen des antragstellenden Gläubigers bezüglich des zu ernennenden Arbitrageverwalters in der Regel folgten,[1043] gelang es einigen Gläubigern einen so starken Einfluss auf das Verfahren zu erringen, dass eine faire Abwicklung unmöglich wurde. Bereits die Eröffnung schadete dem Schuldner und seiner Reputation im Wirtschaftsverkehr erheblich.[1044]

Der Staat selbst spielte im Verfahren eine bedeutende Rolle. Dies war umso bedenklicher, als der Staat bis etwa 2000 häufig selbst ein ausgesprochen schlechter Schuldner war. Nicht wenige Unternehmen gerieten in Zahlungsschwierigkeiten, weil sie für staatliche Aufträge nicht, zu spät oder unvollständig bezahlt wurden. Zugleich trat der Staat häufig als Initiator der Verfahren auf.[1045] Sowohl das InsG 1998 als auch das InsG 2002 sehen besondere Mechanismen zum Schutz einzelner Schuldner vor (stadtprägende oder strategische Unternehmen etc.). Auch in solchen Fällen spielt der Staat eine sehr ausgeprägte Rolle und kann praktisch die Insolvenz verhindern oder zumindest sehr lange herauszögern. Der Preis ist, dass nicht marktfähige Unternehmen am Markt gehalten werden.

Zur Praxis des InsG 2002 liegen bisher nur erste Erkenntnisse vor. Daraus lassen sich schon vorsichtige Schlüsse ziehen. Einige früher diskutierte Probleme sind behoben worden, vor allem indem die rechtliche Lage des Schuldners verbessert wurde.[1046] Dafür haben sich neue Fragestellungen ergeben. Die Gefahr ist nicht von der Hand zu weisen, dass der frühere Missbrauch durch unlautere Gläubiger abge-

---

[1040] Dazu *Voropaeva*, Rechtliche Mechanismen der Durchführung des Verfahrens der Liquidation von Gläubigerforderungen einer Organisation bei der Fremdverwaltung, JurMir, 2000 Nr. 8, 4 (8).

[1041] *Viktorov/Sapožnikov*, Aufsicht über die Erfüllung der Gesetzgebung über die Insolvenz (den Bankrott), Zakonnost´ 2003 Nr. 6, 17 (18); ebenso *Noda*, Fragen der Vervollkommnung der Reorganisationsverfahren beim Bankrott, Jurist 2003 Nr. 5, 56.

[1042] *Voropaeva*, Rechtliche Mechanismen der Durchführung des Verfahrens der Liquidation von Gläubigerforderungen einer Organisation bei der Fremdverwaltung, JurMir, 2000 Nr. 8, 4 (9f.).

[1043] *Vitrjanskij*, Wege zur Vervollkommnung der Bankrottgesetzgebung, 94, spricht davon, dass die Gerichte „blind" den Anträgen folgen mussten.

[1044] *Vitrjanskij*, Wege zur Vervollkommnung der Bankrottgesetzgebung, 94.

[1045] *Anochin*, Probleme des Konkursverfahrens, AGP 2002 Nr. 2, 11 (12).

[1046] Nach *Danilenko/Štern*, Die Rolle des Arbitrageverwalters im Insolvenz- (Bankrott) Prozess, in: *Karelina* (Hrsg.), Rechtliche Probleme, 61 (68) stellt das Gesetz einen Schritt nach vorn dar.

löst wird vom Versuch unlauterer Schuldner, sich ihren Verpflichtungen zu entziehen.[1047] Erste Erfahrungen lassen vermuten, dass der Missbrauch sich nur verschoben, nicht aber aufgelöst hat.[1048] Die Arbitrageverwalter spielen dabei leider nicht immer eine rühmliche Rolle.[1049] Es ist sicher nur eine Frage der Zeit, bis auch am neuen Gesetz wesentliche Änderungen erfolgen werden;[1050] Erste kleine Modifikationen wurden bereits eingefügt.

[1047] Zu möglichen Blockaden bei Kapitalerhöhungen: *Teljukina/Tarasov*, Die Änderung des Satzungskapitals einer juristischen Person als Schuldner im Rahmen der Fremdverwaltung, Zakonodatel´stvo 2003 Nr. 8, 41 (43); vgl. auch zu der Nutzung von Bankrottverfahren zur Steuerflucht; Bericht in Moscow Times, 12.08.2003.

[1048] *Teljukina*, Konkursrecht 2004, 200, hält die Probleme nach wie vor für sehr aktuell; ebenso *Danilenko/Štern*, Die Rolle des Arbitrageverwalters im Insolvenz- (Bankrott) Prozess, in: *Karelina* (Hrsg.), Rechtliche Probleme, 61 (70).

[1049] Vgl. die erschreckende Aufstellung der zumeist verfahrensfremden Ziele der Verwalter bei *Teljukina*, Konkursrecht 2004, 228.

[1050] So auch *Zykova*, Neues in der Gesetzgebung über die Insolvenz (den Bankrott), SiÈ 2003 Nr. 3, 21 (25).

IV. Rechtliche Regelung der Insolvenzverwaltung

Der Arbitrageverwalter stellt ein sehr junges Institut des russ. Rechts dar.[1051] Er spielt im Bankrottverfahren eine wichtige, ja zentrale Rolle, von seiner Qualität hängt der Erfolg des Verfahrens wesentlich ab.[1052] Allerdings ist es bislang nicht gelungen, eine zufriedenstellende rechtliche Grundlage für die Tätigkeit der Arbitrageverwalter zu finden. Das InsG 1992 enthielt nur wenige Normen zum Verwalter. Erst das InsG 1998 schuf ausführliche Regeln, die allerdings zahlreiche Lücken aufwiesen.[1053] Zudem wurden vorgesehene untergesetzliche Rechtsakte lange Zeit nicht erlassen. Gerade die Regelung zum Arbitrageverwalter wurde daher in der Rechtsliteratur immer wieder kritisiert.[1054] Das InsG 2002 nimmt nach nur vier Jahren Praxis zum InsG 1998 erneut eine komplette Novellierung vor. Wichtigste Neuerung ist dabei die Ersetzung des bisherigen Lizenzsystems durch eine Selbstorganisation der Verwalter.[1055]

1. Einführung

A. Deutsches Recht

In der Literatur zum deutschen Insolvenzrecht steht außer Frage, dass der Insolvenzverwalter den Dreh- und Angelpunkt des Verfahrens bildet.[1056] Von seiner Tätigkeit hängt der Erfolg eines Insolvenzverfahrens in besonderem Maße ab.[1057] Die seit den 70er Jahren laut werdende Kritik an der Konkursordnung war nur selten mit einer grundsätzlichen Kritik an den Verwaltern verbunden.[1058]

Die deutsche InsO kennt im gesamten Verfahren lediglich eine Bezeichnung für den Insolvenzverwalter. Dieser ist gleichermaßen für Sanierung wie Zerschlagung des Schuldners zuständig. Im Vorfeld des eigentlichen Insolvenzverfahrens kann er als

---

[1051] *Golubev*, Arbitrageverwaltung. Theorie und Praxis der Beobachtung, 9.

[1052] So *Teljukina*, Kommentar, 41; *Karelina*, Rechtliche Regelung der Insolvenz (des Bankrotts), 65; *Renov* in: *Vitrjanskij*, Kommentar 2003, Art. 20 Pkt. 1; „dominante Rolle", so *Trushnikov* in: *Himmelreich/Breig*, Symposium „Aktuelle Entwicklungen des Insolvenzrechts im internationalen Vergleich" in Kiel, NZI 2005, 443 (444).

[1053] *Vitrjanskij/Vitrjanskij*, Kommentar, 20.

[1054] *Poluéktov*, Der Rechtsstatus des Arbitrageverwalters, SiE 2000 Nr. 1, 24 (30).

[1055] *Vitrjanskij*, Neues in der rechtlichen Regelung der Insolvenz (des Bankrotts), ChiP 2003 Nr. 1, 4; ähnlich *Bessonova*, Neuigkeiten des Gesetzes über den Bankrott und die Probleme ihrer Anwendung, AP 2003 Nr. 1, 3 (5); vgl. auch *Pavlodskij*, Selbstorganisierte Arbitrageverwalter, Zakon 2003 Nr. 6, 24.

[1056] So etwa *Bork*, Einführung in das Insolvenzrecht, Rn 50; nach *Uhlenbruck/Uhlenbruck*, InsO § 56 Rn 1, handelt es sich um die „Schicksalsfrage" des Verfahrens.

[1057] *Foerste*, Insolvenzrecht, Rn 48.

[1058] Zu den Neuerungen der InsO *Breuer*, Insolvenzrecht, Rn 2ff.

vorläufiger Insolvenzverwalter (vgl. § 21 InsO) Sicherungsaufgaben übernehmen.[1059]

B. Russisches Recht

Ähnlich dem deutschen Recht weist das russ. Insolvenzgesetz dem Insolvenzverwalter eine wichtige, vielleicht entscheidende Rolle zu.[1060] Das InsG 1992 kannte einen
арбитражный управляющий (Arbitrageverwalter) im Verfahren der Fremdverwaltung und einen конкурсный управляющий (Konkursverwalter) im Konkursverfahren. Gemeinsame Normen für beide Verwalter enthielt das Gesetz allerdings
nicht.[1061]

Das InsG 1998 sah bereits drei Arten des Verwalters in den verschiedenen Verfahrensabschnitten vor, die unter dem Oberbegriff des арбитражный управляющий
zusammengefasst wurden (im folgenden als „Arbitrageverwalter" bezeichnet). Im
ersten Kapitel des InsG 1998 enthielten die Art. 19ff. allgemeine Regeln zum Arbitrageverwalter; im InsG 2002 bilden sie die Art. 20ff. Hinzu kamen spezielle Normen
für die Verwaltertätigkeit in den einzelnen Bankrottverfahren.

Der временный управляющий nimmt während der Phase der Beobachtung vor
allem Aufgaben der Sicherung des schuldnerischen Vermögens und der Überwachung des Schuldners wahr. Er wird im Folgenden als „vorläufiger Verwalter" bezeichnet.

Ordnet das Wirtschaftsgericht nach Art. 68ff. InsG 1998 (Art. 93ff. InsG 2002) die
Fremdverwaltung an, bestimmt es zur Durchführung einen внешний управляющий
(„Fremdverwalter"), zu dem es im deutschen Insolvenzrecht keine direkte Entspre-
chung gibt.

Schließlich kennt das russ. Recht den конкурсный управляющий, der für das Konkursverfahren genannte Verwertungsverfahren zuständig ist. Er wird im Folgenden
als „Konkursverwalter" bezeichnet. Seine Aufgabe besteht im Wesentlichen in der
Verwertung und Verteilung des schuldnerischen Vermögens.

Das InsG 2002 hat ein weiteres Bankrottverfahren eingefügt, die finanzielle Sanierung. Dabei beschränkt sich die Aufgabe des административный управляющий
(administrativer Verwalter) genannten Verwalters vor allem darauf, die ihre Tätigkeit fortsetzenden Leitungsorgane des Schuldners zu überwachen.

[1059] Ausführlich *Uhlenbruck*, Die Rechtsstellung des vorläufigen Insolvenzverwalters,
Kölner Schrift, 325.
[1060] „Schlüsselrolle", so *Andreev*, Kommentar, 75.
[1061] *Belych/Dubinčin/Skuratovskij*, Rechtliche Grundlagen, 79.

2. Qualifikation, Auswahl, Ernennung

Die Ernennung des Verwalters gehört zu den wichtigsten verfahrensleitenden Entscheidungen des Insolvenzgerichts im Insolvenzverfahren. In Anbetracht der weiten Befugnisse des Verwalters ist seine Auswahl oft vorentscheidend für Fortgang und Erfolg des gesamten Verfahrens.[1062] Dies gilt mehr noch als für die Zerschlagung und Verwertung für eine Sanierung des Schuldners.

Die umfassenden und komplexen Aufgaben, die das Insolvenzrecht dem Verwalter als Zentralgestalt des Verfahrens zuweist, können nur bewältigt werden, wenn der Verwalter über hervorragende fachliche Qualifikationen und hohe persönliche Integrität verfügt.[1063]

Für diese Ermessensentscheidung bedarf das Insolvenzgericht präziser, sinnvoller und überprüfbarer Auswahlkriterien.[1064] Sie verdeutlichen, welche Anforderungen an den Verwalter gestellt werden, machen die Auswahl des Gerichts nachvollziehbar und erlauben eine Nachprüfung.

A. Deutsches Recht

Nach § 56 Abs. 1 InsO können nur natürliche Personen zum Insolvenzverwalter bestellt werden. Die im Gesetzgebungsverfahren der InsO ausführlich diskutierte Idee juristischer Personen als Insolvenzverwalter wurde nicht umgesetzt.[1065] Eine Beschränkung nach der Staatsangehörigkeit besteht nicht, sie wäre gegenüber EU-Bürgern auch unzulässig. Die InsO hat die noch in § 79 KO vorgesehene Möglichkeit, mehrere Verwalter zu bestellen, nicht fortgeführt. In Fällen einer Verhinderung kann jedoch wie nach der KO ein Sonderverwalter bestellt werden.[1066]

Aufgrund der Aufeinanderfolge der einzelnen Verfahrensabschnitte kommt der Bestellung des vorläufigen Verwalters eine herausragende Bedeutung zu.[1067] In der

---

[1062] *Smid*, Das Insolvenzverfahren in den Beitrittsstaaten, WiRO 2000, 393 (396); *Belych/ Dubinčin/Skuratovskij*, Rechtliche Grundlagen, 79.

[1063] *Balcerowics/Hashi/Lowitzsch/Szanyi*, The Development of Insolvency Procedures in Transition Economics: A comparative Analysis, in: *Lowitzsch* (Hrsg.), Das Insolvenzrecht Mittel- und Osteuropas, 31; *Uhlenbruck*, Aus- und Abwahl des Insolvenzverwalters. Eine Schicksalsfrage der Insolvenzrechtsreform, KTS 1989, 229; *Gramotenko/ Mjasoedova/Ljubanova*, Bankrott von Unternehmen, 30, weisen zu Recht darauf hin, dass die persönlichen Anforderungen an den Verwalter denen an einen Manager nicht nachstehen.

[1064] *Smid*, Das Insolvenzverfahren in den Beitrittsstaaten, WiRO 2000, 393 (396).

[1065] Dazu *Mönning*, Die Auswahl des Verwalters als Problem der Qualitätssicherung, Kölner Schrift, 376.

[1066] Auch wenn die InsO keine ausdrückliche Ermächtigung dazu enthält; *Uhlenbruck/ Uhlenbruck*, InsO § 56 Rn 31; *Gottwald/Klopp/Kluth*, Insolvenzrechtshandbuch, § 22 Rn 13.

[1067] *Mönning*, Die Auswahl des Verwalters als Problem der Qualitätssicherung, Kölner Schrift, 378.

Praxis wird der vorläufige Verwalter in den meisten Fällen auch zum späteren Insolvenzverwalter bestellt. Die Befugnis der Gläubigerversammlung, den Verwalter im weiteren Verlauf des Verfahrens nach § 57 InsO zu ersetzen, spielt in der Praxis bisher nur eine untergeordnete Rolle.[1068] Die entstehenden Kosten und möglichen Konflikte lassen einen Wechsel des Verwalters nur in Ausnahmefällen als sinnvoll erscheinen. In Extremfällen greift das Gericht meist von Amts wegen ein. All dies verleiht der ersten Auswahlentscheidung des Gerichts besondere Bedeutung. Dabei muss das Gericht eine unsichere Prognose zugrundelegen, denn zu diesem Zeitpunkt sind die genauen Dimensionen und Schwierigkeiten des Verfahrens häufig nicht absehbar.

Das deutsche Insolvenzrecht enthält nur wenige Kriterien zu Auswahl und Qualifikation des Insolvenzverwalters. Nach § 56 Abs. 1 InsO muss der Insolvenzverwalter für den Einzelfall geeignet, insbesondere geschäftskundig und von Schuldnern wie Gläubigern unabhängig sein.[1069]

a) Eignung

Die Vielfältigkeit der Aufgaben verlangt den Verwaltern sehr unterschiedliche Fähigkeiten ab.[1070] Die Eignung des Insolvenzverwalters wird daher nicht nach formellen Kriterien bestimmt; das Gesetz stellt keinen positiven Anforderungskatalog auf.[1071] Weder wird ein bestimmter (Universitäts-) Abschluss noch eine spezielle Ausbildung verlangt. Einig ist man sich jedoch, dass fundierte juristische, wirtschaftliche und kaufmännische Kenntnisse erforderlich sind, ebenso die Bereitschaft zu ständiger Fortbildung.[1072] Eine bestimmte Branchenkenntnis oder Geschäftskunde wird nicht verlangt, ist jedoch in der Praxis hilfreich.[1073] Keine Rolle spielt die regionale Lage des Büros des Verwalters, allerdings ist zumindest für Großverfahren eine entsprechende technische und personelle Ausstattung erforderlich.

Die InsO ließe es also zu, einen Insolvenzverwalter ohne Studium und ohne Erfahrung zu bestellen, wenn er die entsprechenden Kenntnisse anderweitig nachweisen könnte.[1074] Aufgrund der zunehmenden Verrechtlichung ist die Insolvenzverwaltung

---

[1068] *Mönning*, Die Auswahl des Verwalters als Problem der Qualitätssicherung, Kölner Schrift, 378 unter Verweis auf eine rechtssoziologische Studie von 1978, die eine Quote von unter einem Prozent erbracht habe.

[1069] Dazu *Pape/Uhlenbruck*, Insolvenzrecht, Rn 162.

[1070] *Pape/Uhlenbruck*, Insolvenzrecht, Rn 161.

[1071] FK-InsO/*Kind*, § 56 Rn 32.

[1072] *Lüke*, in: *Kübler/Prütting*, InsO, § 56 Rn 12.

[1073] *Foerste*, Insolvenzrecht, Rn 48.

[1074] Kritisch zur Praxis der Gerichte, Verwaltern zunächst kleinere Insolvenzen zu übertragen, *Mönning*, Die Auswahl des Verwalters als Problem der Qualitätssicherung, Kölner Schrift, 388.

aber in der Praxis eine Domäne der Juristen. Diese sind allerdings auf die Zuarbeit von Steuerberatern, Wirtschaftsprüfern und anderen Fachleuten angewiesen.[1075]

b) Unabhängigkeit

Das selbstverständliche Erfordernis der Unabhängigkeit soll sachfremde Einflüsse ausschließen.[1076] Die InsO enthält keine Liste von Ausschlussgründen für die Übernahme einer Verwaltertätigkeit. Diese können sich etwa aus einer früheren Tätigkeit des Verwalters oder einer Nähebeziehung zu einem Verfahrensbeteiligten ergeben.[1077] Detaillierte Beschreibungen zur Abgrenzung zulässiger Beziehungen von die Unabhängigkeit gefährdenden Verhältnissen kennt das deutsche Recht nicht. Es existieren allerdings einige unverbindliche von Berufsverbänden erarbeitete Verhaltensordnungen, denen sich die Verwalter freiwillig unterwerfen können.[1078] Literatur und Rechtsprechung legen das Schwergewicht darauf, dass der Verwalter etwaige, seine Unabhängigkeit beeinträchtigende Verbindungen rechtzeitig offen legt.[1079] Auch nach der Ernennung hat er seine Unabhängigkeit zu wahren. Diese kann vor allem durch eigene wirtschaftliche Interessen gefährdet sein. Daher hat sich der Verwalter, einschließlich seiner Sozien, Mitarbeiter und nahestehender Personen jeder anderweitigen Tätigkeit mit Bezug zu dem von ihm geführten Insolvenzverfahren zu enthalten.[1080]

c) Ernennung

Das Insolvenzgericht ernennt einen Verwalter, der nach seinem pflichtgemäßen Ermessen die notwendigen Qualifikationen besitzt. Gesetzliche Regeln zur Auswahl und Bestellung gibt es nicht.[1081] Bisher greift das Gericht in der Regel auf ihm bekannte Verwalter zurück. Ein Vorschlagsrecht der Gläubiger besteht nicht, etwaige Vorschläge stellen lediglich unverbindliche Anregungen dar.[1082]

aa) Vorauswahl - Listen

In zahlreichen Gerichten besteht für die Auswahl des Insolvenzverwalters eine (interne) Liste. Auf dieser werden Verwalter geführt, die nach Meinung des Gerichts

---

[1075]   *Lüke*, in: *Kübler/Prütting*, InsO, § 56 Rn 12.
[1076]   FK-InsO/*Kind*, § 56 Rn 4.
[1077]   Sehr streng etwa *Pape/Uhlenbruck*, Insolvenzrecht, Rn 162.
[1078]   Siehe etwa Verhaltenskodex des Arbeitskreises der Insolvenzverwalter Deutschlands e.V., NZI 2002, 24; auch abgedruckt in *Uhlenbruck/Uhlenbruck*, InsO § 56 Rn 44.
[1079]   *Mönning*, Die Auswahl des Verwalters als Problem der Qualitätssicherung, Kölner Schrift, 394, mwN.; LG Magdeburg ZIP 1996, 2116.
[1080]   Dies betrifft insbesondere die anwaltliche Vertretung und die Beteiligung an Gesellschaften, dazu: *Mönning*, Die Auswahl des Verwalters als Problem der Qualitätssicherung, Kölner Schrift, 394.
[1081]   *Preuß*, Die Verwalterauswahl als Problem des Justizverfassungsrechts, KTS 2005, 155 (156).
[1082]   *Uhlenbruck/Uhlenbruck*, InsO § 56 Rn 11, z.T. wird in diesen Anregungen schon ein die Unabhängigkeit des vorgeschlagenen Verwalters gefährdender Umstand gesehen.

die notwendigen Anforderungen der InsO erfüllen. In vielen Fällen haben sich diese Listen als eine praktikable Möglichkeit erwiesen, geeignete Verwalter auszuwählen.[1083] Gelegentlich kommt es allerdings in der Praxis zu einer „closed shop" Haltung.[1084] Das Insolvenzgericht und eine abgegrenzte Zahl von Verwaltern schotten sich nach außen ab, einem Neuankömmling werden schlicht keine Fälle zugeteilt.[1085]

Die Listen waren daher umstritten und wurden zum Teil als unzulässige Beschränkung der Berufsfreiheit angesehen. Zwei Verfassungsbeschwerden abgelehnter Bewerber um die Aufnahme in solche Listen haben Bewegung in die Diskussion gebracht.[1086] Das BVerfG hat in seiner Entscheidung aus dem Jahre 2004[1087] festgestellt, dass geschlossene Listen nicht zulässig sind. Da die Insolvenzverwaltung sich zu einem eigenen Beruf fortentwickelt habe, sei eine angemessene Verfahrensgestaltung bereits im Vorfeld erforderlich. Die Aufnahme in solche Listen muss willkürfrei erfolgen, Chancengleichheit gewähren und justiziabel sein.

Die Entscheidung des BVerfG hat die Auseinandersetzung um Zulässigkeit und Sinn der Listen weiter angeheizt.[1088]Sie sind wohl als zulässig anzusehen, soweit und solange sie offen geführt werden, also auch ein Neuling die Chance erhält, in die Liste aufgenommen zu werden.[1089] Außerdem muss die Aufnahme in die Liste nach sachlichen Kriterien erfolgen.[1090] Dem Gericht kommt bei der Aufnahmeentscheidung ein Beurteilungsspielraum zu, der gerichtlich überprüfbar ist. Zu fragen ist, ob damit durch die Hintertür eine Art staatliche Eignungsprüfung im Vorfeld eingeführt wird. De facto hat nur derjenige eine Möglichkeit, zum Insolvenzverwalter bestellt zu werden, der – gegebenenfalls gerichtlich erzwungen - den Weg auf eine Liste

---

[1083] *Foerste*, Insolvenzrecht, Rn 48a.

[1084] *Uhlenbruck*, Zur Vorauswahl und Bestellung des Insolvenzverwalters, NZI 2006, 489 (491); kritisch auch *Römermann*, Die Bestellung des Insolvenzverwalters, NJW 2002, 3729; ähnlich *Pape/Uhlenbruck*, Insolvenzrecht, Rn 159.

[1085] *Henssler*, Das Berufsbild des Insolvenzverwalters im Wandel der Zeit, ZIP 2002, 1053.

[1086] *Lüke*, Unabhängigkeit oder „Kernunabhängigkeit" des Insolvenzverwalters?, ZIP 2003, 557; *Breuer*, Insolvenzrecht, Rn 74; vgl. auch die geplanten Änderungen der InsO zu diesem Thema, Diskussionsentwurf in NZI 2003, 311.

[1087] BVerfG, Beschluss vom 3.8.2004 – 1 BvR 135/00 und 1 BvR 1986/01, NJW 2004, 2725.

[1088] Siehe etwa *Graeber*, Auswahl und Bestellung des Insolvenzverwalters, DZWIR 2005, 177; *Preuß*, Die Verwalterauswahl als Problem des Justizverfassungsrechts, KTS 2005, 155; Die Diskussion sollte auch das Interesse an rechtsvergleichenden Untersuchungen erhöhen, vgl. *Köster*, Der englische insolvency practitioner – Berufsbild und Berufszugang, RIW 2006, 24.

[1089] *Uhlenbruck/Uhlenbruck*, InsO § 56 Rn 6 und 10.

[1090] Zu möglichen Kriterien *Frind/Schmidt*, Insolvenzverwalterbestellung: Auswahlkriterien und Grenzen der Justiziabilität in der Praxis, NZI 2004, 533 (534); *Hess/Ruppe*, Auswahl und Einsetzung des Insolvenzverwalters und die Justiziabilität des Nichtzugangs zur Insolvenzverwaltertätigkeit, NZI 2004, 641 (643); *Uhlenbruck*, Zur Vorauswahl und Bestellung des Insolvenzverwalters, NZI 2006, 489 (493).

gefunden hat.[1091] Die Praxis geschlossener Listen ist nun allerdings nicht mehr zulässig. Die Aufnahme in die Liste ist gerichtlich nachprüfbar. Aus Praktikabilitätsgründen wird aber erwogen, eine Begrenzung von Listen zuzulassen.[1092] Die Diskussion dürfte also ihren Schlusspunkt noch nicht erreicht haben.

bb) Auswahl des konkreten Verwalters

Von der Aufnahme in die Liste ist die eigentliche Auswahl durch das Gerichts zu unterscheiden. Sie muss als Auswahlentscheidung nach weitem, aber pflichtgemäßem Ermessen erfolgen. Auszuwählen ist ein für das konkrete Verfahren geeigneter Bewerber; ein Argumente kann dabei etwa Branchenkunde sein[1093]. Dies schließt einen Rechtsanspruch auf die Bestellung als Verwalter aus.[1094]

Die Situation wird allerdings dadurch erschwert, dass bis vor kurzem unklar blieb, ob und wie die Ermessensentscheidung des Insolvenzgerichts für den übergangenen Bewerber mit einem Rechtsmittel anfechtbar war.[1095] Zu dieser Frage herrschte in der Literatur ein lebhafter Streit. Die fehlende Möglichkeit der Anfechtung wird damit begründet, dass es an einer Außenwirkung der Entscheidung fehle.[1096] Diese Position ist jedoch sehr fraglich, da in der Regel mehrere Verwalter bereitstehen und die Ernennung eines von ihnen die anderen zurücksetzt.[1097] Aufgrund des staatlichen Monopols für den Zugang zur Insolvenzverwaltung trifft eine unrichtige Auswahlentscheidung den Insolvenzverwalter im Kern seiner Berufsausübung. Eine weitere Entscheidung des BVerfG[1098] hat in dieser Frage einige Klärung gebracht.[1099] Da-

---

[1091] Ähnlich *Preuß*, Die Verwalterauswahl als Problem des Justizverfassungsrechts, KTS 2005, 155 (171).

[1092] *Graber*, Auswirkungen der Entscheidung des BVerfG zur Vorauswahl des Insolvenzverwalters auf die Insolvenzgerichte, NZI 2004, 546 (547); *Uhlenbruck*, Zur Vorauswahl und Bestellung des Insolvenzverwalters, NZI 2006, 489 (494).

[1093] *Preuß*, Die Verwalterauswahl als Problem des Justizverfassungsrechts, KTS 2005, 155 (164).

[1094] Dies ist wohl unstreitig, so etwa *Uhlenbruck/Uhlenbruck*, InsO § 56 Rn 7.

[1095] *Graf-Schliecker/Remmert*, Das Unternehmensinsolvenzrecht unter der Lupe: Änderungen und Zukunftsperspektiven, NZI 2001, 569 (573); In Betracht käme etwa das Verfahren zur Überprüfung von Justizverwaltungsakten nach §§ 23ff. EGGVG, dazu *Mönning*, Die Auswahl des Verwalters als Problem der Qualitätssicherung, Kölner Schrift, 290; vgl. auch *Uhlenbruck/Uhlenbruck*, InsO § 56 Rn 8.

[1096] Siehe etwa *Kessler*, Rechtsschutz des „übergangenen" Insolvenzverwalters, ZIP 2000, 1565.

[1097] *Lüke*, in: *Kübler/Prütting*, InsO, § 56 Rn 7, 26 und *ders.*, Verwalterbestellung – im grundrechtsfreien Raum, ZIP 2000, 1574.

[1098] Beschluss vom 23.5.2006 – 1 BvR 2530/04, NJW 2006, 2613.

[1099] Dazu *Uhlenbruck*, Zur Vorauswahl und Bestellung des Insolvenzverwalters, NZI 2006, 489 (493f.); und *Vallender*, Rechtsschutz gegen die Bestellung eines Konkurrenten zum Insolvenzverwalter - Business as usual? NJW 2006, 2597.

nach steht dem nicht bestellten Bewerber keine Konkurrentenschutzklage offen. Er ist auf Amtshaftungsansprüche oder eine Feststellungsklage verwiesen.[1100]

Die theoretische Möglichkeit für die Gläubiger, den Verwalter nach § 57 InsO auszutauschen, mag zwar in Einzelfällen Abhilfe schaffen. Allerdings ist die Gläubigerversammlung zur Korrektur fehlerhafter Gerichtsentscheidungen ungeeignet. Am grundsätzlichen Rechtsproblem ändert sie nichts, zumal sich in kleineren und mittleren Fällen ein Austausch aufgrund des hohen organisatorischen Aufwands selten lohnen wird.

cc) „Beruf“ des Insolvenzverwalters

Je mehr die Tätigkeit des Verwalters sich zu einem eigenständigen Beruf entwickelt, desto wichtiger werden transparente Verfahrensregeln für die Auswahl. Dies wiederum erfordert nachvollziehbare Bewertungskriterien. Auch die Verwalter können sich – spätestens seit der Entscheidung des BVerfG - auf die Garantien aus Art. 12 GG berufen. Dabei kommt der Öffnung und Transparenz der von den Gerichten verwendeten Listen eine vorrangige Bedeutung zu.[1101] Nur ein offener Wettbewerb ermöglicht es auch, für jedes Insolvenzverfahren den jeweils besten Kandidaten zu finden und zu ernennen.[1102]

In den letzten Jahren versucht man, durch die Einführung eines „Fachanwalts für Insolvenzrecht“, dem oben beschriebenen Mangel abzuhelfen. Da die Bezeichnung als Fachanwalt jedoch keine rechtliche Bedeutung hat, sondern vielmehr der Positionierung eines Anwalts auf dem Markt dient, ist sie im Bereich des Insolvenzrechts wenig hilfreich. Hier entscheidet gerade nicht ein Mandant (Schuldner), sondern ein fachlich qualifizierter Richter über die Auswahl des Verwalters.[1103] Etwas anderes mag für die anwaltliche Interessenvertretung von Gläubigern im Insolvenzverfahren zutreffen. Im Übrigen erfordert der Erwerb des Fachanwalts Praxiserfahrung, die der Kandidat vor Verleihung erwerben muss.

Auch wenn das BVerfG von der Insolvenzverwaltung als einem eigenen Beruf ausgeht, hat sich wohl noch kein klares Berufsbild des deutschen Insolvenzverwalters herausgebildet.[1104] Die Mehrzahl der Verwalter ist als Rechtsanwalt zugelassen und

---

[1100] *Höfling*, Insolvenzverwalterbestellung - Rechtsschutz durch Konkurrentenklage? NJW 2005, 2341.

[1101] Zum österreichischen Modell, *Römermann*, Die Bestellung des Insolvenzverwalters, NJW 2000, 3729 (3732); ähnlich *Smid*, „Rechtsschutz“ gegen Insolvenzrichter, DZWIR 2004, 359 (360).

[1102] Darauf weisen *Pape/Uhlenbruck*, Insolvenzrecht, Rn 160 besonders hin.

[1103] *Smid*, Grundzüge des Insolvenzrechts, § 9 Rn 25 und 27.

[1104] Kritisch *Mönning*, Die Auswahl des Verwalters als Problem der Qualitätssicherung, Kölner Schrift, 395f.; aA *Henssler*, Das Berufsbild des Insolvenzverwalters im Wandel der Zeit, ZIP 2002, 1053 (1065).

unterliegt damit den entsprechenden Berufsregeln der Anwaltschaft.[1105] Gesonderte berufständische Regeln für Insolvenzverwalter bestehen nicht. Zum Teil wird eine analoge Anwendung der für Richter geltenden Regeln diskutiert.[1106] Es existieren allerdings einige Vereinigungen von Insolvenzverwaltern, die sich um ein deutlicheres Berufsbild bemühen und die Interessen der Verwalter vertreten.[1107]

B. Russisches Recht

Als das russ. Insolvenzrecht Anfang der 90er Jahre neu entstand, gab es keine praktischen Erfahrungen auf diesem Gebiet mehr. Die letzten Repräsentanten der vorsowjetischen Zeit waren längst aus dem aktiven Dienst ausgeschieden; Kontakte zum Ausland hatte es über 70 Jahre kaum gegeben. Neben den Insolvenzrichtern traf dieser Befund auch auf die Arbitrageverwalter zu.[1108] Daher war es unerlässlich, rasch entsprechendes Know-how heranzubilden und zu vermitteln. Bereits im Jahre 1992 verpflichtete eine Verordnung des Obersten Sowjets die russ. Regierung, die Ausbildung von Arbitrageverwaltern zu organisieren.[1109] Dennoch zeigte die folgende Praxis zum InsG 1992, dass eine rein formelle Erfüllung von Qualifikationsanforderungen oft nicht genügte, eine tatsächliche Eignung zu gewährleisten.[1110]

a) Natürliche Person als Verwalter

Auch im russ. Recht ist die Ernennung juristischer Personen zum Insolvenzverwalter nicht vorgesehen, vgl. Art. 19 Pkt. 1 InsG 1998 und Art. 20 Pkt. 1 InsG 2002.[1111] Im Vorfeld der Reform von 2002 war die Möglichkeit, die Verwaltung juristischen Personen zu übertragen, ausführlich diskutiert worden.[1112] Schließlich sehen sowohl

---

[1105] *Lüke*, Unabhängigkeit oder „Kernunabhängigkeit" des Insolvenzverwalters?, ZIP 2003, 557 (558).

[1106] *Lüke*, Unabhängigkeit oder „Kernunabhängigkeit" des Insolvenzverwalters?, ZIP 2003, 557 (559).

[1107] So etwa der Arbeitskreis für Insolvenzrecht im DAV seit 1992, dazu AnwBl 1992, 118; der Arbeitskreis der Insolvenzverwalter oder der Gravenbrucher Kreis, dazu mehrere regionale Zusammenschlüsse, vgl. *Mönning*, Die Auswahl des Verwalters als Problem der Qualitätssicherung, Kölner Schrift, 396f.; vgl. zu ausländischen Rechtsordnungen etwa der französischen: *Uhlenbruck/Uhlenbruck*, InsO § 56 Rn 9.

[1108] *Belych/Dubinčin/Skuratovskij*, Rechtliche Grundlagen, 89.

[1109] Beschluss des Obersten Sowjets vom 19.11.1992 „Über das Verfahren des Inkrafttretens des Gesetzes der RF über die Insolvenz (den Bankrott) von Unternehmen" Nr. 3930-I, veröffentlicht in: Rossijskaja Gaseta 30.12.1992.

[1110] *Vitrjanskij/Golubev und Prudnikova*, Kommentar, Art. 19, 77.

[1111] *Vitrjanskij/Golubev und Prudnikova*, Kommentar, Art. 19, 76; kritisch *Teljukina*, Lizenzierung der Tätigkeit des Arbitrageverwalters, PiE 2001 Nr. 4, 25; *Andreev* in: *Zalesskij* (Hrsg.), Kommentar, Art. 20 Pkt. 2; vgl. zur Lösung in einem anderen Transformationsstaat das polnische Recht, welches eine juristische Person als Konkursverwalter zulässt: *Zoll/Kraft/Thurner*, Polnisches Insolvenzrecht, 131ff.

[1112] *Vitrjanskij*, Wege zur Vervollkommnung der Bankrottgesetzgebung, 96; *Polnomarev*, Das Gesetz bedarf der Vervollkommnung, Finanzovaja Rossija 1999 Nr. 17, 5; *Andreev*,

das GmbH-Gesetz (Art. 40 Pkt. 2 iVm 42) als auch das Gesetz zur Aktiengesellschaft (Art. 69) die Möglichkeit vor, die Leitung der Aktiengesellschaft bzw. GmbH einer anderen juristischen Person zu übertragen.[1113] Es wurde vertreten, bei juristischen Personen als Arbitrageverwalter könne das Verfahren der Ernennung deutlich vereinfacht werden, den übrigen Verfahrensbeteiligten würden größere Sicherheiten gewährt.[1114] Eine juristische Person könne auch eine höhere Qualität der Verwaltung gewährleisten und leichter Hilfspersonal heranziehen.[1115] Zudem stünde im Haftungsfall ein zahlungskräftiger Schuldner zur Verfügung.[1116] Auch sei eine juristische Person weniger leicht durch verfahrensfremde Erwägungen zu beeinflussen als ein einzelner Verwalter.[1117] Sie lege mehr Wert auf ihre Reputation und beachte daher eher die Regeln.[1118]

Als Gegenargument wurde vor allem vorgetragen, die Verwaltung durch eine juristische Person sei signifikant teurer.[1119] Auch sei keinesfalls gewährleistet, dass eine juristische Person ein verlässlicherer Schuldner sei.[1120] In Anbetracht des geringen Stammkapitals russ. Gesellschaften[1121] und der Praxis des russ. Gesellschaftsrechts, erweist sich dieses Argument als schlagkräftig. Auch lässt sich bei einer natürlichen Person die Verantwortlichkeit viel leichter feststellen und damit eine korrekte Amtsführung kontrollieren.[1122] Das InsG 2002 hat daher im Grundsatz die Position beibehalten, dass ausschließlich natürliche Personen zum Verwalter ernannt werden können, Art. 2 und 20 Pkt.1.[1123] Durch die Einführung der Selbstverwaltungsorganisati-

---

Kommentar, 75; die Diskussion setzt sich auch nach Inkrafttreten des InsG 2002 fort: *Karelina*, Rechtliche Regelung der Insolvenz (des Bankrotts), 90.

[1113] *Belych/Dubinčin/Skuratovskij*, Rechtliche Grundlagen, 79f.

[1114] *Teljukina*, Der vorläufige Verwalter. Sein Status und seine Befugnisse, SiE 1999 Nr. 9, 40 (41).

[1115] *Belych/Dubinčin/Skuratovskij*, Rechtliche Grundlagen, 80, die eine Änderung des InsG 1998 befürworteten; ähnlich *Bol'šoba/Geraščenko*, Arbitragepraxis, 28, Fn 10; *Teljukina*, Kommentar, 2. Auflage, Art. 20 Pkt. 2.

[1116] Ausführlich *Teljukina*, Konkursrecht, 194; ähnlich *dies.*, Lizenzierung der Tätigkeit des Arbitrageverwalters, PiE 2001 Nr. 4, 26.

[1117] *Utkin/Bineckij*, Audit und Verwaltung, 27.

[1118] *Teljukina*, Konkursrecht 2004, 201.

[1119] *Golubev*, Arbitrageverwalter: Qualifikationsanforderungen, Ethik, Haftung, Sonderbeilage zu VAS 2001 Nr. 3, 76 (80).

[1120] *Golubev*, Insolvenzverwaltung: Qualifikationsanforderungen, Ethik, Haftung, Vestnik des Obersten Arbitragegerichts der RF, Beilage zu 2001 Nr. 3, 76 (80).

[1121] Derzeit 10.000 Rubel (ca. 330 Euro) für eine GmbH und eine ZAO (geschlossene AG), 100.000 RUR für eine OAO (offene, kapitalmarktfähige AG); vgl. Art. 14 Pkt. 1 GmbHG von 1998 und Art. 26 Gesetz über die Aktiengesellschaft von 1995.

[1122] Bei einer juristischen Person mag die persönliche Verantwortung sich hinter einem Schleier verbergen, vgl. *Kolininčenko*, Schutz der Interessen, 205.

[1123] Kritisch *Teljukina*, Kommentar zum InsG 2002, SiE 2003 Nr. 3, 32; im Gesetzgebungsverfahren war sogar diskutiert worden, eine eigene juristische Person für besonders bedeutende Insolvenzverfahren zu schaffen, Materialien der Staatsduma (unveröffentlicht); ebenso kritisch *Tkačev*, Insolvenz, 324.

onen werden allerdings einige der für die juristischen Personen angeführten Vorteile
übernommen.

b) Gesetz von 1998

aa) Qualifikation

Das InsG 1992 sowie dazu erlassene, untergesetzliche Normen sahen ein recht kom-
pliziertes Verfahren zur Auswahl des Verwalters vor.[1124] Kandidaten mussten Juristen oder Ökonomen sein und über praktische berufliche Erfahrung verfügen.[1125]
Außerdem durften sie nicht Mitarbeiter des Schuldners sein; eine zeitliche Beschränkung für die Vergangenheit bestand hingegen nicht.[1126] Die föderale Verwaltung in Insolvenzsachen (Vorgänger des FSFO) führte sodann ein sehr formelles
Auswahlverfahren im Stile der französischen Concours durch, um den geeignetsten
Verwalter zu ermitteln.[1127] Dieser wurde sodann vom Gericht ernannt. Inhaltlich
enthielt das InsG 1992 nur wenige Ausführungen zu den Qualifikationsanforderungen an einen Verwalter.[1128]

In der Folge präzisierte das InsG 1998 die Voraussetzungen, um die Professionalität
der Verwalter zu erhöhen.[1129] Die Anforderungen an die Ausübung des Amts des
Insolvenzverwalters waren in Art. 19 InsG 1998 festgelegt, der eine Reihe positiver
und negativer Kriterien enthielt, die ein Arbitrageverwalter zu erfüllen hat.

Positiv musste er als Einzelunternehmer registriert sein, über spezielle Kenntnisse
auf dem Gebiet des Insolvenzrechts und der Unternehmensleitung verfügen, eine
staatliche Lizenz als Insolvenzverwalter haben und als solcher bei mindestens einem

---

[1124] Siehe insbesondere „Methodische Bestimmung zur Festlegung der Bedingungen und
        Kriterien des Konkurses und der Organisation des Konkurses zur Ernennung eines Ar-
        bitrageverwalters auf Grundlage eines Konkurses", bestätigt durch Anordnung des
        FUDN vom 27.06.1997 Nr. 217-r.
[1125] *Verschinin/Thurner*, Russisches Insolvenzrecht, 27; *Barenbojm*, Kommentar, 36.
[1126] Dies führte gelegentlich dazu, dass der Geschäftsführer des Schuldners kündigte und
        sodann als Verwalter zurückkehrte, vgl. *Prudnikova/Golubev*, Bankrott: Allgemeine
        Bestimmungen, Beobachtung, Verwaltung, Konkurs, Zakon 1998 Nr. 6, 14.
[1127] *Verschinin/Thurner*, Russisches Insolvenzrecht, 54 und *dies.*, Insolvenzrechtliche Reor-
        ganisationsverfahren in Russland, WiRO 1997, 46; *Gramotenko/Mjasoedova/
        Ljubanova*, Bankrott von Unternehmen, 32; dabei wurden für bestimmte Ausbildungs-
        abschnitte, Erfahrung und Alter Punkte vergeben und mit den Stimmen der Gläubiger
        multipliziert.
[1128] Wirtschaftsrechtliches Bulletin gemeinsam mit TACIS, Insolvenz (Bankrott) von Unter-
        nehmen, Heft 2000/09 14; vgl. zum polnischen Recht, das auch erst nach Diskussionen
        Anforderungen normierte: *Paintner*, Die Insolvenz des Unternehmers in Polen, 52ff.
[1129] *Alexandrovich*, Bankruptcy Law and Economic Medicine: How Russia´s New bankrupt-
        cy Legislation facilitated Recovery from the Nationwide Financial Crisis of August 17,
        1998, Cornell International Law Journal, 2001, 95 (100f.); *Belych/
        Dubinčin/Skuratovskij*, Rechtliche Grundlagen, 81.

Gericht registriert sein. Ausländern stand die Tätigkeit als Verwalter in gleicher Weise offen wie russ. Staatsangehörigen.[1130]

Weiterhin sah das InsG 1998 eine Reihe von (negativen) Ausschlussgründen für eine Ernennung vor. Der Arbitrageverwalter durfte nicht Mitarbeiter des Schuldners sein.[1131] Auch eine frühere Beteiligung an der Leitung des Schuldners bildete einen Ausschlussgrund,[1132] wenn seitdem nicht wenigstens drei Jahre vergangen waren.[1133] Diese Begrenzungen erfassten aber nicht alle mögliche Verbindungen zum Schuldner, z.B. konnte eine Person, die 100% der Aktien des Schuldners oder eines Gläubiger besaß, zum Arbitrageverwalter über diesen Schuldner ernannt werden.[1134] Auch durfte der Verwalter keine an der Insolvenz beteiligte Person sein oder einer solchen Person nahe stehen und in der Führung wirtschaftlicher Tätigkeit beschränkt oder vorbestraft sein.[1135] Bei der Beschränkung in der Führung wirtschaftlicher Tätigkeit (sog. Disqualifikation) handelt es sich um eine dem Berufsverbot nach dem deutschen Recht vergleichbare, im russ. Ordnungswidrigkeitengesetz vorgesehene Sanktion.[1136] Ziel dieser Beschränkungen war es, eventuellem, durch eine zu große Nähe zu einzelnen Verfahrensbeteiligten ausgelöstem, Missbrauch eine Barriere vorzuschieben[1137] und die Neutralität des Verwalters zu gewährleisten.[1138]

bb) Lizenz

Schon während der Geltung des InsG 1992 erließ die föderale Verwaltung in Insolvenz (Bankrott-) sachen eine Anordnung über die Attestatspflicht für Spezialisten in

---

[1130] *Vitrjanski/Golubev und Prudnikova*, Kommentar, Art. 19, 78.

[1131] Entscheidung des Wirtschaftsgerichts der Republik Mordovien vom 12.08.1996, zitiert in: *Popondopulo*, Rechtliche Regelung der Insolvenz, 70.

[1132] Diese Anforderung hatte zum Gesetz von 1992 bereits die Rechtsprechung entwickelt, vgl. Brief des Obersten Arbitragegerichts der RF vom 07.08.1997 Punkt 25; siehe auch Beschluss des Wirtschaftsgerichts der Republik Mordovien vom 12.08.1996, zitiert nach: *Popondopulo*, Konkursrecht, 47f.

[1133] *Vitrjanskij/Golubev und Prudnikova*, Kommentar, Art. 19, 80.

[1134] *Poluéktov*, Der Rechtsstatus des Arbitrageverwalters, SiE 2000 Nr. 1, 24.

[1135] Ausführlich *Teljukina*, Konkursrecht, 192f.; dazu hatte der FSFO das Recht, Anfragen bei den Innenbehörden zu stellen, vgl. Anweisung des Innenministeriums und des FSFO vom 22.06.2000 Nr. 644/169.

[1136] Art. 3.11 des Gesetzbuchs über administrative Rechtsverletzungen. Ein geplantes Gesetz zur näheren Ausgestaltung ist bis heute nicht erlassen worden. Die Einrichtung und Führung des Registers der disqualifizierten Personen ist jedoch durch Anordnung der Regierung vom 11.11.2002 Nr. 805 dem FSFO übertragen worden; *Belych/Dubinčin/Skuratovskij*, Rechtliche Grundlagen, 84; vgl. *Bratčikova*, Administrativer Arrest und Disqualifikation: Grundlagen, Bedingungen und Verfahren der Anwendung, Advokat 2003 Nr. 4, 10.

[1137] *Belych/Dubinčin/Skuratovskij*, Rechtliche Grundlagen, 83.

[1138] *Karelina*, Rechtliche Regelung, 45.

der Antikrisenverwaltung.[1139] Zur Erlangung eines Attestats musste der Kandidat ein Ausbildungsprogramm absolvieren und in einem Prüfungsgespräch sein Wissen nachweisen. Das Attestat bezog sich auf einzelne Wirtschaftszweige. Lehnte der Inhaber nach Verleihung des Attestats dreimal die Übernahme einer Verwaltertätigkeit ab, musste er sich einer erneuten Prüfung unterziehen.[1140]

Dieses Attest wurde nach Inkrafttreten des InsG 1998 durch eine Lizenzierungspflicht für die Ausübung der Tätigkeit als Arbitrageverwalter abgelöst, Art. 19 Pkt. 2.[1141] Im Gegenzug war die Insolvenzverwaltung nicht mehr auf Juristen beschränkt, es konnten auch Wirtschaftswissenschaftler oder andere Fachleute mit der Verwaltung betraut werden. Sie mussten jedoch eine Ausbildung beim FSFO durchlaufen und eine Prüfung ablegen, um die erforderliche Lizenz zu erlangen.[1142]

Die Einzelheiten richteten sich nach der Verordnung der Regierung Nr. 1544 vom 25.12.1998 „Über die Lizenzierung der Tätigkeit natürlicher Personen als Insolvenzverwalter".[1143] Diese trat allerdings erst zum 01.03.1999 in Kraft,[1144] so dass im ersten Jahr nach Inkrafttreten des InsG 1998 Übergangsregeln galten. Es genügte die bisherige Ausbildung in der Antikrisenverwaltung, um als Verwalter bestellt zu werden.[1145] Die Verordnung Nr. 1544 führte genaue Regeln für die Erteilung der Lizenz auf. Bei Erfüllung der formalen Voraussetzungen war der FSFO verpflichtet, die Lizenz auszustellen.[1146] Es existierten drei verschiedene Arten von Lizenzen.

- Einem Anfänger wurde nach diversen Prüfungen die Lizenz erster Stufe erteilt, die zur Behandlung kleiner Verfahren berechtigte. Sie erlaubte nur die Übernahme von Bankrottverfahren gegen abwesende Schuldner, Einzelunternehmer und Kleinunternehmen.

- Erst nach dem Nachweis einer bestimmten Praxis konnte die Lizenz zweiter Stufe erreicht werden, auf der man mittlere Fälle bearbeiten durfte.

[1139] Anordnung vom 13.09.1994 Nr. 57-p, welche die Bestimmung über die Attestierung der Spezialisten in der Antikrisenverwaltung bestätigt; vgl. dazu *Teljukina*, Kommentar, 40 und 395ff.; und *Prudnikova/Golubev* Bankrott: Allgemeine Bestimmungen, Beobachtung, Verwaltung, Konkurs, Zakon 1998 Nr. 6, 13.

[1140] *Teljukina*, Kommentar, 41.

[1141] *Masevic/Orlovskij/Pavlovskij*, Kommentar, 40; die früheren Attestate galten noch bis zum 01.03.2000, vgl. Wirtschaftsrechtliches Bulletin gemeinsam mit TACIS, Insolvenz (Bankrott) von Unternehmen, Heft 2000/09, 16.

[1142] *Belych/Dubinčin/Skuratovskij*, Rechtliche Grundlagen, 81.

[1143] Veröffentlicht in: Sobranie Zakonodatel´stvo der RF 1999, Nr. 1, 194.

[1144] *Masevic/Orlovskij/Pavlovskij*, Kommentar, 158.

[1145] *Cumming*, Bankruptcy Law Reform in Russia, Parker Sch. J. E. Eur. L. 1997, 379 (393); vgl. *Volosatych/Suchinina/Chajmov*, Registrierung und Liquidation von Unternehmen in Russland, 55f.

[1146] Entscheidung des föderalen Wirtschaftsgerichts des Moskauer Bezirks vom 14.02.2001 Nr. KA-A40/350-01.

- Nach weiteren Praxisjahren und mindestens zwei Fällen auf dem Niveau der Lizenz zweiter Stufe[1147] konnte ein Verwalter die dritte und letzte Stufe erreichen, die zur Übernahme aller Fälle, und damit auch der Verfahren über große und wirtschaftlich oder sozial bedeutende Unternehmen[1148] berechtigte. Neben zusätzlicher Erfahrung war dazu eine positive Stellungnahme der Expertenkommission beim FSFO erforderlich.[1149]

Die Lizenzen differenzierten neben den drei Stufen nicht nach einem bestimmten Tätigkeitsgebiet; ein Verwalter konnte sich auch nicht für bestimmte Spezialgebiete (etwa Landwirtschaft, Stahlindustrie) einschreiben lassen, obwohl dies sicher zielführend gewesen wäre und in der Literatur angeregt worden war.[1150]

Das Lizenzierungsverfahren stellte sich als ausgesprochen kompliziert heraus.[1151] Zwar wurden in der Praxis zahlreiche Lizenzen der ersten und zweiten Stufe ausgegeben,[1152] allerdings fast keine Lizenzen der dritten Stufe erteilt.[1153] Die entsprechenden großen Verfahren übernahmen Mitarbeiter des FSFO. Aus diesem Grunde hatte die Leitung des FSFO kein Interesse daran, sich derart qualifizierte Verwalter als Konkurrenz heranzubilden.[1154]

Zum Erhalt einer Lizenz waren erhebliche Gebühren zu entrichten. Bereits bei Antragstellung war ein dreifacher Minimallohn einzuzahlen, für die Erteilung der

---

[1147] *Barenbojm/Kopman*, Status des Arbitrageverwalters, RJu 1999 Nr. 12, 22; *Teljukina*, Lizenzierung der Tätigkeit des Arbitrageverwalters, PiE 2001 Nr. 4, 26, die Zahl von zwei Fällen erscheint allerdings recht gering.

[1148] Die Festlegung, wann ein Unternehmen in diese Kategorie fällt, war ebenfalls dem FSFO übertragen; vgl. Anweisung der Regierung vom 10.07.1999 Nr. 1100-p, veröffentlicht VAS 1999, Nr. 9, 54; sie ist dem Gesetz im übrigen unbekannt, vgl. *Teljukina*, Lizenzierung der Tätigkeit des Arbitrageverwalters, PiE 2001 Nr. 4, 26; kritisch *Kolininčenko*, Schutz der Interessen, 192.

[1149] *Karelina*, Rechtliche Regelung, 74; sehr kritisch dazu *Vitrjanskij*, Vorwort zu *Kolininčenko*, Schutz der Interessen, 7.

[1150] So auch *Teljukina*, Lizenzierung der Tätigkeit des Arbitrageverwalters, PiE 2001 Nr. 4, 27.

[1151] *Kolininčenko*, Schutz der Interessen, 190.

[1152] Über 11.000 allein bis Mitte 2000, vgl. *Suvorov*, Über die Vollmachten des Arbitrageverwalters, AGP 2002 Nr. 6, 17.

[1153] Bis 2001 wurden keine entsprechenden Lizenzen ausgegeben, vgl. *Teljukina*, Lizenzierung der Tätigkeit des Arbitrageverwalters, PiE 2001 Nr. 4, 26; später gab es erste Inhaber von Lizenzen dritter Stufe: *Trefilova*, Das Projekt des neuen Gesetzes „Über die Insolvenz (den Bankrott)": Probleme und Lösungen, Vestnik des FSFO 2002 Nr. 8, 25 (27).

[1154] *Golubev*, Arbitrageverwalter: Qualifikationsanforderungen, Ethik, Haftung, Sonderbeilage zu VAS 2001 Nr. 3, 78; *Karelina*, Rechtliche Regelung, 76; allerdings blieb auch die Qualität der Mitarbeiter des FSFO, die selbst keine Lizenz haben mussten, sehr zweifelhaft; kritisch *Afon´kin/Sabinina*, Gesetzgebung zum Bankrott, 37.

Lizenz wurden nochmals 10 Minimallöhne fällig.[1155] Da die Lizenz alle drei Jahre zu erneuern war, fielen diese Ausgaben alle drei Jahre erneut an.[1156] Bei Nichtzahlung konnte das Verwaltungsorgan selbständig die Lizenz annullieren.[1157]

Die Angaben zu den ausgegebenen Lizenzen für Arbitrageverwalter wurden in einem speziellen Register geführt, in das jedermann auf entgeltlicher Grundlage Einsicht nehmen konnte.[1158]

Zusätzlich waren die Arbitrageverwalter ab März 1999 verpflichtet, sich bei einem Wirtschaftsgericht ihrer Wahl registrieren zu lassen. Außerdem mussten sie diese Registrierung dem FSFO mitteilen.[1159] Die Registrierung bei weiteren Gerichten stand ihnen frei. Allerdings weigerten sich die Gerichte in der Praxis entgegen dem Gesetz gelegentlich, mehr als eine Registrierung vorzunehmen und beriefen sich dabei auf Unzweckmäßigkeit oder eine bereits ausreichende Zahl am Gericht registrierter Verwalter.[1160] Zweck der Registrierung war, dem Gericht einen Pool qualifizierter Arbitrageverwalter zur Verfügung zu stellen. Benannten die Gläubiger keinen Kandidaten für das Verwalteramt, griff das Gericht auf diese Liste registrierter Verwalter zurück.[1161] Wollte der registrierte Verwalter die ihm angetragene Aufgabe nicht übernehmen, war er verpflichtet, seine Weigerung ausführlich zu begründen.[1162]

Die Pflicht zur Lizenzierung stieß in der Literatur teilweise auf heftige Kritik, da sie einen übermäßigen Eingriff in die Berufsfreiheit der Verwalter darstelle, die nur durch Gesetz eingeschränkt werden dürfe.[1163] Dieser Vorwurf geht gegen die Pflicht zur Lizenzierung an sich fehl; diese Pflicht folgt unmittelbar aus Art. 19 Pkt. 2 InsG 1998. Er trifft aber insoweit zu, als drei Stufen der Lizenzen vorgeschrieben wurden. Dies stellte eine erhebliche zusätzliche Beschränkung der Verwaltertätigkeit dar, die

---

[1155] *Šipicina*, Rechtliche Lage und Lizenzierung der Tätigkeit der Arbitrageverwalter, AGP 2001 Nr. 1, 14 (21).

[1156] Ausführlich *Vitrjanskij*, Wie die Gesetzgebung über den Bankrott reformieren, Zakonodatel´stvo 1999 Nr. 5, 55; ähnlich *Teljukina*, Lizenzierung der Tätigkeit des Arbitrageverwalters, PiE 2001 Nr. 4, 27.

[1157] *Kolininčenko*, Schutz der Interessen, 202; Wirtschaftsrechtliches Bulletin gemeinsam mit TACIS, Insolvenz (Bankrott) von Unternehmen, Heft 2000/09, 29.

[1158] *Teljukina*, Lizenzierung der Tätigkeit des Arbitrageverwalters, PiE 2001 Nr. 4, 27; Wirtschaftsrechtliches Bulletin gemeinsam mit TACIS, Insolvenz (Bankrott) von Unternehmen, Heft 2000/09, 20.

[1159] *Belych/Dubinčin/Skuratovskij*, Rechtliche Grundlagen, 82.

[1160] *Teljukina*, Lizenzierung der Tätigkeit des Arbitrageverwalters, PiE 2001 Nr. 4, 27, die darauf hinweist, dass diese Ablehnungen ungesetzlich sind und angefochten werden können.

[1161] *Tkačev*, Rechtliche Regelung, 85.

[1162] Nicht ausreichende Gründe konnten disziplinäre Sanktionen nach sich ziehen, *Teljukina*, Lizenzierung der Tätigkeit des Arbitrageverwalters, PiE 2001 Nr. 4, 28.

[1163] *Golubev*, Arbitrageverwaltung. Theorie und Praxis der Beobachtung, 310; aA *Teljukina*, Konkursrecht 2004, 205.

im InsG 1998 nicht angelegt war. Dass diese Beschränkung gerade in einer Transformationsphase sehr sinnvoll sein kann, um die Herausbildung eines Stabes qualifizierter Verwalter zu unterstützen, ist davon unabhängig.

In der Praxis erschwerte die strenge Rangfolge der drei Stufen die Anwerbung qualifizierter Verwalter.[1164] Kaum ein erfolgreicher Manager war bereit, mehrere Jahre lang als Verwalter der ersten und zweiten Klasse in unbedeutenden Verfahren mühsam Erfahrungen zu erwerben, über die er als Manager bereits weitgehend verfügte, bevor er die eigentlich interessanten Verfahren übernehmen durfte.[1165] Gerade für Verfahren gegen große Unternehmen aus speziellen Sektoren benötigte man aber Praktiker aus den entsprechenden Wirtschaftsbereichen.[1166]

Mit dem Erlass des neuen russ. Lizenzierungsgesetzes im Jahre 2001 entfiel die Lizenzpflicht für Arbitrageverwalter nach einer Übergangsphase.[1167] Da jedoch die gleichzeitig geplante Neufassung des Insolvenzgesetzes nicht rechtzeitig verabschiedet wurde, verlängerte man die Übergangsregelung für die Lizenzpflicht um ein Jahr bis zum 30.06.2002.[1168] Erst das Inkrafttreten des InsG 2002 ließ die Lizenzierungspflicht endgültig entfallen.

cc) Ernennung zum Verwalter

Die Ernennung des Verwalters unterschied sich nach den einzelnen Verfahrensabschnitten;[1169] es gab im InsG 1998 keine allgemeine Regelung. In erster Linie kam den Gläubigern (einzeln oder durch die Gläubigerversammlung) das Recht zu, einen Kandidaten als Arbitrageverwalter vorzuschlagen. Der vorläufige Verwalter wurde dabei in der Praxis zumeist vom antragstellenden Gläubiger vorgeschlagen,[1170] da die Feststellung weiterer Gläubiger des Schuldners erst dessen Aufgabe bildete. Dem Schuldner stand ein Vorschlagsrecht nicht zu, was in Anbetracht der Kontrollfunktionen des vorläufigen Verwalters auch wenig zweckmäßig gewesen wäre.[1171]

[1164] *Vitrjanskij*, Wie die Gesetzgebung über den Bankrott reformieren, Zakonodatel´stvo 1999 Nr. 5, 55.

[1165] *Šipicina*, Rechtliche Lage und Lizenzierung der Tätigkeit der Arbitrageverwalter, AGP 2001 Nr. 1, 14 (21).

[1166] *Vitrjanskij* in Vorwort zu *Kolininčenko*, Schutz der Interessen, 7.

[1167] Föderales Gesetz „Über die Lizenzierung einzelner Tätigkeitsarten" vom 08.08.2001, insbesondere Art. 17 und 18 Pkt. 4, die durch eine spätere Änderung noch einmal angepasst worden waren.

[1168] Föderales Gesetz Nr. 27-FZ vom 13.03.2002; dazu Kurzbericht *Soltych*, WiRO 2002, 212; und *Trefilova*, Aktuelle Fragen der Antikrisenverwaltung, Vestnik des FSFO 2002 Nr. 2, 36 (37).

[1169] *Poluéktov*, Der Rechtsstatus des Arbitrageverwalters, SiE 2000 Nr. 1, 25.

[1170] *Teljukina*, Der vorläufige Verwalter. Sein Status und seine Befugnisse, SiE 1999 Nr. 9, 40; *Golubev*, Arbitrageverwaltung. Theorie und Praxis der Beobachtung, 32.

[1171] *Teljukina*, Der vorläufige Verwalter. Sein Status und seine Befugnisse, SiE 1999 Nr. 9, 40 (41).

174

Den Verwalter für die weiteren Verfahrensabschnitte schlug die Gläubigerversammlung vor, Art. 71 Pkt. 1 InsG 1998. Traf sie keine Entscheidung, konnten alle anderen Verfahrensbeteiligten (auch der Schuldner, nicht aber der vorläufige Verwalter) Vorschläge machen. Problematisch war allerdings, dass die Gläubiger bereits auf der ersten Versammlung, auf der sie erstmals ausführliche Informationen zur Lage des Schuldners erhielten, bereits über den Vorschlag entscheiden sollten.[1172] In den folgenden Verfahren war es möglich, den bisherigen Verwalter erneut zu bestellen. Der vorläufige Verwalter konnte somit in der Folge Fremd- oder Konkursverwalter[1173] und ein Fremdverwalter später Konkursverwalter werden.[1174] Dies war sicher zweckmäßig, um die erworbenen Kenntnisse des schuldnerischen Unternehmens weiter zu nutzen, nahm dem Schuldner aber jede Einflussmöglichkeit auf die Verwalterauswahl.

Das Gericht war verpflichtet, zu prüfen, ob der vorgeschlagene Kandidat die erforderlichen gesetzlichen Voraussetzungen erfüllte.[1175] War dies nicht der Fall, konnte das Gericht einen anderen Verwalter ernennen;[1176] andere Gründe berechtigten jedoch nicht zur Ablehnung des Gläubigervorschlags.[1177] Bei mehreren Vorschlägen konnte das Gericht hingegen zusätzliche, im Gesetz nicht aufgeführte Kriterien wie etwa Erfahrung und Spezialkenntnisse, Arbeitsbelastung, Dienstort oder frühere Entfernungen als Verwalter in die Auswahl einfließen lassen.[1178]

Fehlte es an einem entsprechenden Vorschlag, griff das Wirtschaftsgericht auf die Liste der bei ihm registrierten Arbitrageverwalter zurück und ernannte einen der dort aufgeführten Verwalter.[1179] Bei Unklarheiten über den von den Gläubigern benannten Verwalter konnte das Gericht sich über den Willen des Gläubigers hinwegsetzen

---

[1172] Kritisch *Stepanov*, Insolvenz, 146; damit hatte der vorläufige Verwalter einen sehr großen Einfluss auf die Wahl seines Nachfolgers – der er in der Praxis häufig selbst war.

[1173] Kritisch dazu *Teljukina*, Der vorläufige Verwalter. Sein Status und seine Befugnisse, SiE 1999 Nr. 9, 40 (41).

[1174] *Afon´kin/Sabinina*, Gesetzgebung zum Bankrott, 53, wenden die entsprechenden Normen analog an.

[1175] *Blockij*, Bankrott: Blick auf das Problem, AP 2001 Nr. 6, 67 (68).

[1176] Informationsbrief des Obersten Wirtschaftsgerichts der RF vom 06.08.1999 Nr. 43, Pkt. 10; das Gericht musste aber die Ablehnung begründen; vgl. *Bol´šoba/Geraščenko*, Arbitragepraxis, 42; *Nogteva*, Über die Entscheidung von Streitigkeiten, die mit der Anwendung des föderalen Gesetzes „Über die Insolvenz (den Bankrott)" verbunden sind, VAS 2002 Nr. 4, 76 (78).

[1177] *Poluėktov*, Der Rechtsstatus des Arbitrageverwalters, SiE 2000 Nr. 1, 24 (26); kritisch dazu *Vitrjanskij*, Wege zur Vervollkommnung der Bankrottgesetzgebung, 95, der eine Erweiterung der Ablehnungsmöglichkeiten anregt.

[1178] *Kornilov*, Über die Insolvenz (den Bankrott), AP 2001 Nr. 7, 41 (44); *Bol´šoba/Geraščenko*, Arbitragepraxis, 41f.; sehr fraglich ist, inwieweit auch eine geringere Vergütung ein zulässiges Auswahlkriterium sein kann; kritisch *Suvorov*, Über die Vollmachten des Arbitrageverwalters, AGP 2002 Nr. 6, 17.

[1179] Informationsbrief des Obersten Wirtschaftsgerichts der RF vom 28.07.1999.

und einen vom FSFO vorgeschlagenen Kandidaten ernennen.[1180] Lag ein solcher Vorschlag nicht vor, musste das Gericht sich an das jeweilige örtliche Organ des FSFO wenden und von diesem eine Empfehlung anfordern. Führte auch dieser Weg nicht zum Erfolg, waren das Oberste Wirtschaftsgericht und die föderale Ebene des FSFO zu informieren, die sodann einen Verwalter benannten, den das Gericht ernennen konnte.[1181] Die Dauer eines solchen Vorgehens machte es allerdings wenig effektiv.

Daneben war das Gericht berechtigt, nach Art. 185 Pkt. 4 InsG 1998 einen Mitarbeiter des FSFO zum Arbitrageverwalter zu bestimmen, wenn kein anderer Kandidat vorgeschlagen wurde. Diese Norm diente vor allem in der Anfangsphase dazu, dem Mangel an Verwaltern abzuhelfen.[1182] Die Mitarbeiter des FSFO mussten nicht über eine entsprechende Lizenz als Arbitrageverwalter verfügen und auch nicht bei einem Gericht registriert sein.[1183] Im Verfahren gegen abwesende Schuldner war es sogar allein dem FSFO vorbehalten, einen Verwalter vorzuschlagen, vgl. Art. 178 Pkt. 2 InsG 1998.[1184]

Da das Auswahl- und Bestellungsverfahren mitunter einige Zeit in Anspruch nahm, konnte das Gericht den Arbitrageverwalter auch erst einen Monat nach Anordnung des entsprechenden Bankrottverfahrens bestellen (vgl. Art. 72 Pkt. 2, 99 Pkt. 1, für den vorläufigen Verwalter eine Woche Art. 59 Pkt. 1 aE). Dies führte aber gerade bei der Beobachtung zu dem nicht unerheblichen Risiko, dass die ihre Tätigkeit fortsetzende Leitung des Schuldners ohne Kontrolle verfahrensfremde Ziele verfolgte.[1185]

Der bei einem Wirtschaftsgericht registrierte Verwalter musste seine Ablehnung der Übernahme des Verwalteramtes begründen.[1186] Lehnte er mehrmals ein angebotenes

---

[1180] Entscheidung des Wirtschaftsgerichts von Sankt Petersburg und dem Lenoblast in Sachen A56/13364/98, zitiert nach: *Popondopulo*, Rechtliche Regelung der Insolvenz, 70f.; dort war es bestritten, ob der vorschlagende Gläubiger überhaupt Gläubiger war. Daraufhin hatte das Gericht dessen Vorschlag ignoriert und den Kandidaten des FSFO ernannt.

[1181] Informationsbrief des Obersten Wirtschaftsgerichts der RF vom 28.07.1999 „Über einige Fragen der Ernennung der Arbitrageverwalter" Nr. S1-7/UP-848, veröffentlich in: VAS 1999 Nr. 11, 61; dazu *Kolininčenko*, Schutz der Interessen, 185.

[1182] *Vitrjanskij/Vitrjanskij*, Kommentar, Art. 185, 357.

[1183] Brief des FSDN vom 01.10.1998 Nr. R-4, Pkt. 4; *Bol´šoba/Geraščenko*, Arbitragepraxis, 29; *Afon´kin/Sabinina*, Gesetzgebung zum Bankrott, 36.

[1184] *Chimičev*, Besonderheiten des Bankrotts eines abwesenden Schuldners, VAS 2002 Nr. 10, 106 (111).

[1185] Siehe *Bol´šoba/Geraščenko*, Arbitragepraxis, 47.

[1186] *Poluèktov*, Der Rechtsstatus des Arbitrageverwalters, SiE 2000 Nr. 1, 24 (27).

Verwalteramt ab und führte dies zu Schäden für Verfahrensbeteiligte, konnte ihm die Lizenz entzogen werden.[1187]

dd) Ablehnungsrecht

In der Praxis schlugen die oder der antragstellende Gläubiger dem Wirtschaftsgericht bereits bei Verfahrensbeantragung einen Kandidaten für den vorläufigen Insolvenzverwalter vor. Die Gläubigerversammlung war berechtigt, die Entlassung des Verwalters zu verlangen und einen neuen Verwalter vorzuschlagen, Art. 73 Pkt. 1, 116 InsG 1998. Für diese Entscheidung verlangte Art. 14 Pkt. 2 die Mehrheit aller Konkursgläubiger. Allerdings war das Gericht nicht unter allen Umständen verpflichtet, diesen Kandidaten auch zu ernennen. Vielmehr musste es prüfen, ob der Kandidat den Anforderungen nach Art. 19 InsG 1998 genügte. Das Wirtschaftsgericht prüfte also umfassend die Eignung auch eines von der Gläubigerversammlung vorgeschlagenen Kandidaten.[1188]

ee) Stellvertreter

Das InsG 1998 ermöglichte unter bestimmten Voraussetzungen die Ernennung eines Stellvertreters für den Arbitrageverwalter (nach Art. 59 Pkt. 3 für den vorläufigen Verwalter und nach Art. 81 Pkt. 5 für den Fremdverwalter).[1189] In diesen Fällen bestellte das Gericht nach den für die Ernennung des Verwalters geltenden Regeln einen Stellvertreter. Nicht möglich war hingegen, dass der Verwalter selbst seinen Stellvertreter bestimmte.[1190] Offen blieb, ob auch für den Konkursverwalter ein Stellvertreter benannt werden konnte.[1191] Dagegen sprach vor allem der Gesetzeszusammenhang, da im InsG 1998 diese Befugnis für den Konkursverwalter fehlte.[1192] Durch die Möglichkeit, im Konkursverfahren mehrere Verwalter zu bestellen, war das praktische Bedürfnis für einen Vertreter deutlich geringer. Allerdings konnte der Arbitrageverwalter Vollmachten für die Erledigung einzelner Aufgaben ausstellen und sich Hilfspersonen bedienen, für die er dann allerdings auch haftete.

ff) Mehrere Verwalter

Unklar blieb zum InsG 1998, ob das Gericht in allen Bankrottverfahren mehrere Verwalter nebeneinander bestellen konnte. Art. 99 Pkt. 2 InsG 1998 sah diese Mög-

---

[1187] Siehe Beschluss des Kassationskollegiums des Obersten Gerichts der RF vom 03.04.2001 Nr. KAS 01-102.

[1188] Dazu Brief des Obersten Arbitragegerichts der RF vom 06.08.1999, Punkt 10.

[1189] *Belych/Dubinčin/Skuratovskij*, Rechtliche Grundlagen, 92; siehe auch Brief des FSDN vom 01.10.1998 Nr. R-4 Pkt. 5.

[1190] Brief des Obersten Arbitragegerichts der RF vom 06.08.1999, Pkt. 11, veröffentlicht in: Vestnik des Obersten Wirtschaftsgerichts der RF 1999 Nr. 10, 75; siehe auch *Belych/ Dubinčin/Skuratovskij*, Rechtliche Grundlagen, 93.

[1191] Bejahend *Teljukina*, Konkursrecht, 206.

[1192] So *Belych/Dubinčin/Skuratovskij*, Rechtliche Grundlagen, 92.

lichkeit ausdrücklich für das Konkursverfahren vor.[1193] Bei einem großen Schuldner mit an zahlreichen, weit voneinander entfernten Orten belegenem Vermögen war es sinnvoll, mehrere Verwalter zu beauftragen.[1194] In der Praxis blieb die Ernennung mehrerer Verwalter allerdings eher die Ausnahme.[1195] Als wichtig erwies sich dabei eine klare Abgrenzung der Kompetenzen, um Konflikte zu vermeiden und die Verantwortung bereits im Voraus festzulegen.[1196] Antragsberechtigt waren der Konkursverwalter, die Gläubigerversammlung oder das Gläubigerkomitee. Dies machte es möglich, gegen den Willen des Verwalters einen weiteren, gleichberechtigten Verwalter zu ernennen. Die daraus entstehenden Kompetenzstreitigkeiten behinderten eine Verfahrenserledigung erheblich.[1197] Fraglich blieb, ob auch in den anderen Verfahrensabschnitten die Ernennung mehrerer Verwalter zulässig war.

gg) Rolle des FSFO

Der russ. Staat sah sich gezwungen, in den ersten Jahren der Anwendung des Insolvenzrechts eine starke Rolle bei der Durchführung von Insolvenzverfahren zu übernehmen.[1198] Die große Zahl faktisch insolventer Staatsunternehmen und die breite Unkenntnis vom Wesen eines Insolvenzverfahrens, vor allem aber der Mangel eines ausreichend großen und gefestigten Standes von Insolvenzverwaltern machten eine weitgehende Beteiligung des Staates unumgänglich.[1199] Dazu wurde eine eigene Insolvenzbehörde (zuletzt russ. Abk. FSFO) gegründet, die neben einer föderalen Zentrale über regionale Untergliederungen verfügte.[1200] Auf ausländische Verwalter

---

[1193] *Masevic/Orlovskij/Pavlovskij*, Kommentar, 93; *Zenkin/Tal'*, Bankrott kommerzieller Organisationen, 198, verweist auf den Fall, dass sich Vermögen des Schuldners im Ausland oder entlegenen Regionen Russlands befindet.

[1194] *Vitrjanskij/Golubev und Prudnikova*, Kommentar, Art. 19, 76.

[1195] Vgl. *Bol'šoba/Geraščenko*, Arbitragepraxis, 64, allerdings unter Verweis auf das Verfahren der Inkombank, wo drei Konkursverwalter ernannt wurden.

[1196] *Stepanov*, Insolvenz, 158f.; so auch *Karelina*, Rechtliche Regelung, 112.

[1197] Anders: *Teljukina*, Konkursrecht, 206f.

[1198] *Trunk*, Das neue russische Insolvenzrecht. Von der Zwischenbilanz zur Totalrevision, in: *Schroeder* (Hrsg.), Die neuen Kodifikationen in Russland, 2. Auflage, 110; sehr kritisch zur Rolle des Staats bei der Ausbildung der Verwalter: *Vitrjanskij*, Wege zur Vervollkommnung der Bankrottgesetzgebung, 91.

[1199] Zu diesem Problem in allen Transformationsstaaten: *Flaschen/DeSieno*, The Development of Insolvency Law as Part of the Transition from a Centrally Planned Economy to a Market Economy, International Lawyer 26 (1992), 667 (682); vgl. auch *Vitrjanskij/Golubev und Prudnikova*, Kommentar, Art. 19, 82.

[1200] *Trunk*, Stand und Probleme des Insolvenzrechts in Ost-, Mittelost- und Südosteuropa, JOR 1997, 2. Halbband 233 (245), siehe zuletzt „Bestimmung über den föderalen Dienst Russlands zur finanziellen Sanierung und den Bankrott", bestätigt durch Verordnung der Regierung vom 04.04.2000.

hingegen wurde kaum zurückgegriffen,[1201] da man ihnen wohl keine ausreichenden Kenntnis der russ. Gegebenheiten zutraute.

Zunächst war die Insolvenzbehörde dem Ministerium für das staatliche Vermögen unterstellt und spielte damit eine wichtige Rolle bei der Privatisierung der staatlichen Unternehmen.[1202] Diese umfangreichen Aufgaben überforderte den FSFO in Teilen. Durch die Vielzahl an Funktionen gerieten Ausbildung und Beaufsichtigung der Verwalter erkennbar ins Hintertreffen.[1203]

Bereits bei Inkrafttreten des InsG 1992 wurde die Regierung beauftragt, die Ausbildung von Arbitrageverwaltern zu organisieren.[1204] Diese übertrug dem Vorgänger des FSFO die Aufgabe, die Aus- und Weiterbildung von Arbitrageverwaltern vorzunehmen.[1205] In der Bestimmung über den FSFO von 2000 wurde diese Aufgabe wiederholt.[1206] Dazu musste ein Programm erarbeitet werden, nach dem an russ. Hochschulen Spezialisten im Fach „Krisenverwaltung" ausgebildet werden.[1207] Auch nach Inkrafttreten des InsG 1998 verblieb diese Aufgabe gemäß Art. 25 beim FSFO.[1208] Neben der Ausbildung von Verwaltern zählte dazu die Weiterbildung der bereits ausgebildeten Verwalter,[1209] eine Aufgabe, der in Anbetracht der sich rasch

---

[1201] *Flaschen/DeSieno*, The Development of Insolvency Law as Part of the Transition from a Centrally Planned Economy to a Market Economy, International Lawyer 26 (1992), 667 (682), hatten dies vorgeschlagen.

[1202] *Bednyakov/Balakina*, Russia´s new Insolvency Rules permit Foreign Investor bidding, Parker Sch. J. E. Eur. L., 1994, 509.

[1203] *Vitrjanskij*, Wie die Gesetzgebung über den Bankrott reformieren, Zakonodatel´stvo 1999 Nr. 5, 54; und *ders.*, in: *Stepanov*, Insolvenz, 5.

[1204] Siehe *Barenbojm*, Kommentar, 36f., allerdings dauerte es recht lange, bis das System der Ausbildung umgesetzt wurde; *Vitrjanskij*, Praktikum, 5.

[1205] Anordnung der Regierung Nr. 412 vom 25.04.1995 „Über zusätzliche Maßnahmen zur Durchführung der Gesetzgebung der RF über die Insolvenz (den Bankrott) von Unternehmen und Organisationen", Punkt 6; und Verordnung der Regierung Nr. 498 vom 20.05.1994 „Über einige Maßnahmen zur Durchführung der Gesetzgebung der RF über die Insolvenz (den Bankrott) von Unternehmen" Punkt 8; siehe auch *Karelina*, Rechtliche Regelung, 56.

[1206] „Bestimmung über den föderalen Dienst Russlands zur finanziellen Sanierung und den Bankrott" vom 04.04.2000 Nr. 301, Pkt. 4. 19)-22); dazu *Šipicina*, Rechtliche Lage und Lizenzierung der Tätigkeit der Arbitrageverwalter, AGP 2001 Nr. 1, 14 (20).

[1207] Wörtlich „Antikrisenverwaltung", vgl. *Teljukina*, Kommentar, 41f.; auch *Vitrjanskij*, Länderbericht Russland, JOR 1997, 2. Halbband, 247 (251); und *Prudnikova/Golubev*, Bankrott: Allgemeine Bestimmungen, Beobachtung, Verwaltung, Konkurs, Zakon 1998 Nr. 6, 13.

[1208] „Bestimmung über das System der Vorbereitung von Arbitrageverwaltern" des FSFO vom 16.09.1998 Nr. 18-r.

[1209] Pkte. 5 und 8 der Anordnung des FSFO Nr. 23-r vom 27.08.1999; dazu *Karelina*, Rechtliche Regelung, 49.

ändernden Rechtslage eine große Bedeutung zukam.[1210] Der FSFO erarbeitete verschiedene Ausbildungsprogramme für Verwalter, die neben rechtlichen Aspekten auch wirtschaftliche Fragen und solche der Finanzorganisation umfassten.[1211] Entsprechende Bildungseinrichtungen konnten sich beim FSFO akkreditieren lassen, das jedoch allein für die Abnahme der Prüfungen verantwortlich blieb.[1212] Seit 1997 boten auch verschiedene Universitäten entsprechende, umfangreiche Ausbildungsgänge an, die auf eine Tätigkeit als Verwalter vorbereiteten.[1213] Allerdings wurde kritisiert, dass diese Programme zu schlecht ausgearbeitet seien und die Praxis zu wenig berücksichtigten.[1214] Ebenso wurde der Umfang der Ausbildung der Aufgabe nicht immer gerecht.[1215] Im Übrigen hatte der FSFO mitunter kein Interesse an einer qualifizierten Fortbildung der Arbitrageverwalter, sondern setzte darauf, die eigenen Mitarbeiter in die entsprechenden Positionen zu lancieren.[1216]

Da in der Praxis die meisten Verfahren durch staatliche Behörden oder der FSFO angestrengt wurden, benannten diese häufig einen Mitarbeiter des FSFO als Verwalter, was den Einfluss des Organs weiter erhöhte.[1217] Auch im weiteren Verlauf nahm der Staat in erheblichem Umfang informellen Einfluss auf die Verfahren.[1218] So verständlich die Einmischung des Staats in Insolvenzverfahren in der ersten Transformationsphase war, so wichtig wurde es, diese Kompetenzen schrittweise an nichtstaatliche Einrichtungen zu übertragen. Nur dann kann sich ein Stand qualifizierter Verwalter ausbilden.[1219]

[1210] *Thurner*, Aktuelle insolvenzrechtliche Probleme in den Reformstaaten Mittel- und Osteuropas, ZInsO 1998, 69; zur Dynamik *Pfaff/Märkl*, Neueste Entwicklungen im russischen Wirtschaftsrecht – Versuch einer Zwischenbilanz, WiRO 1995, 281.

[1211] Aus der Praxis *Torkanovskij*, Antikrisenverwaltung, ChiP 2000 Nr. 1, 14; auch *Golubev*, Arbitrageverwalter: Qualifikationsanforderungen, Ethik, Haftung, Sonderbeilage zu VAS 2001 Nr. 3, 76.

[1212] Wirtschaftsrechtliches Bulletin gemeinsam mit TACIS, Insolvenz (Bankrott) von Unternehmen, Heft 2000/09, 17f.

[1213] Siehe *Vitrjanski/Golubev und Prudnikova*, Kommentar, Art. 19, 79.

[1214] *Golubev*, Arbitrageverwalter: Qualifikationsanforderungen, Ethik, Haftung, Sonderbeilage zu VAS 2001 Nr. 3, 76 (77); *Karelina*, Rechtliche Regelung, 75; *Chouman*, Erhöhung der Standards der Tätigkeit der Arbitrageverwalter, Sonderbeilage zu VAS 2001 Nr. 3, 81 (90).

[1215] *Trefilova*, Aktuelle Fragen der Antikrisenverwaltung, Vestnik des FSFO 2002 Nr. 2, 36, verweist auf eine Kursdauer von 100 bis 200 Stunden; ähnlich *Golubev*, Arbitrageverwalter: Qualifikationsanforderungen, Ethik, Haftung, Sonderbeilage zu VAS 2001 Nr. 3, 76.

[1216] *Golubev*, Arbitrageverwalter: Qualifikationsanforderungen, Ethik, Haftung, Sonderbeilage zu VAS 2001 Nr. 3, 76 (78).

[1217] Siehe zu dieser Praxis: *Barenbojm/Kopman*, Status des Arbitrageverwalters, RJu 1999 Nr. 12, 22; *Vitrjanskij*, in: *Stepanov*, Insolvenz, 5.

[1218] *Bol´šoba/Geraščenko*, Arbitragepraxis, 50.

[1219] *Davis*, Russian Banktruptcy and Enterprise Sell-Off: Creating a User-Friendly System, Parker Sch. J. E. Eur. L. 1995, 59 (65).

Die Ernennung einer Person im Staatsdienst zum Arbitrageverwalter war nach dem InsG 1998 nicht zulässig.[1220] Staatsdienern war es untersagt, leitende Funktionen in Unternehmen wahrzunehmen, auch konnten sie nicht Einzelunternehmer sein und es widersprach es ihrem Status, eine Vergütung entgegenzunehmen.[1221] Allerdings konnte der Kandidat um seine Entlassung aus dem Staatsdienst nachzusuchen und sodann Verwalter werden.[1222] Ausgenommen von dieser Beschränkung waren die Mitarbeiter des FSFO, die zu Verwaltern bestellt werden konnten. Die Vorbehalte gegen staatliche Beschäftigte als Verwalter bestehen zu Recht. Diese sind nicht frei vom Staat, der in der Insolvenz oft eigene Interessen verfolgt. Zudem garantiert ihre in Russland sehr geringe Besoldung keine finanzielle Unabhängigkeit von den übrigen Beteiligten. Auch ist fraglich, woher ein Staatsbediensteter über die besonderen Managerfähigkeiten verfügen soll, die ein Verwalter benötigt.[1223] Die Durchführung des Verfahrens durch Mitarbeiter des FSFO zeichnete sich infolgedessen nicht durch eine hohe Qualität aus.[1224]

Das Organisation der Ausbildung, das Verfahren der Lizenzierung der Verwalter und die Rolle bei Durchführung der Bankrottverfahren verliehen dem FSFO einen gewaltigen Einfluss nicht nur auf die Verfahrensabwicklung, sondern auch auf die einzelnen Verwalter als Einzelunternehmer.[1225] Der FSFO verlieh die Lizenzen an die Arbitrageverwalter und war auch für ihren Widerruf verantwortlich, vgl. Art. 19 Abs. 2 InsG 1998. Zugleich nahm es im Verfahren die Rechte des Staates oder der kommunalen Gebilde als Insolvenzgläubiger wahr. Diese Machtfülle des FSFO war problematisch, ein Interessenkonflikt unausweichlich. Es bestand die Gefahr, dass der FSFO als Kontrollorgan Druck auf die Verwalter ausübte, das Verfahren in seinem Sinne (als Gläubigervertreter) zu betreiben. In Anbetracht der ohnehin sehr korrupten Rechtspraxis in Russland machte diese Abhängigkeit den Ausgang eines Insolvenzverfahrens für die übrigen Gläubiger zu einem Vabanquespiel.

[1220] *Zenkin/Tal´*, Bankrott kommerzieller Organisationen, 21f.; *Afon´kin/Sabinina*, Gesetzgebung zum Bankrott, 35.

[1221] Brief des Obersten Arbitragegerichts der RF vom 07.08.1997, Pkt. 26; vgl. Art. 11 Pkt. 1 Unterpunkt 4 des föderalen Gesetzes vom 31.07.1995 Nr. 119-FZ „Über die Grundlagen des Staatsdienstes der Russischen Föderation".

[1222] Informationsbrief des Präsidiums des Obersten Wirtschaftsgerichts der RF vom 07.08.1997 Nr. 20, Pkt. 26.

[1223] *Flaschen/DeSieno*, The Development of Insolvency Law as Part of the Transition from a Centrally Planned Economy to a Market Economy, International Lawyer 26 (1992), 667 (682).

[1224] *Vitrjanskij*, Wege zur Vervollkommnung der Bankrottgesetzgebung, 95; ähnlich *Golubev*, Arbitrageverwalter: Qualifikationsanforderungen, Ethik, Haftung, Sonderbeilage zu VAS 2001 Nr. 3, 76 (78).

[1225] *Vitrjanskij*, Wie die Gesetzgebung über den Bankrott reformieren, Zakonodatel´stvo 1999 Nr. 5, 55.

hh) Praktische Probleme zum InsG 1998

Behinderte in den ersten Jahren des Insolvenzrechts vor allem das Fehlen einer genügenden Zahl ausreichend ausgebildeter Arbitrageverwalter die Verfahren,[1226] kam es bald zu anderer Kritik. Sie betraf vor allem die mangelnde Kompetenz der Verwalter, aber auch die zweifelhafte Art der Wahrnehmung ihrer Aufgaben.[1227]

Ein Hauptproblem bei der Auswahl und Bestellung der Arbitrageverwalter unter dem InsG 1998 bildete der enge Zeitrahmen; vor allem die Bestellung des vorläufigen Verwalters fand unter hohem Zeitdruck statt. Oft blieb dem Gericht praktisch kein anderer Ausweg, als den vom antragstellenden Gläubiger vorgeschlagenen Verwalter ohne nähere Prüfung zu ernennen.[1228] Dieser verfolgte dann nicht selten verfahrensfremde Ziele seiner „Auftraggeber".[1229] Damit waren dem Missbrauch Tür und Tor geöffnet.[1230] Manche Verwalter standen in einem Näheverhältnis, mitunter sogar einem Abhängigkeitsverhältnis zu einzelnen Gläubigern, deren Interessen sie sodann im Verfahren vertraten.[1231] Diese „Engagiertheit" der Verwalter zugunsten einzelner Gläubiger stelle eine der gefährlichsten Schwachstellen des InsG 1998 dar.[1232]

Dass es an guten und qualifizierten Verwaltern mangelte, bereitete den Gerichten bei der Auswahl oft erhebliche zusätzliche Schwierigkeiten.[1233] Nicht selten verwendeten die Wirtschaftsgerichte bei der Ernennung der Verwalter wenig Sorgfalt darauf, zu prüfen, ob die Kandidaten den Anforderungen des Gesetzes auch entsprachen.[1234]

[1226] *Williams/Wade*: Bankruptcy in Russia: The Evolution of a comprehensive Russian Bankruptcy Code, Review of Central and East European Law 1995, Nr. 5, 531f.

[1227] *Vitrjanskij*, Wege der Vervollkommnung der Gesetzgebung zum Bankrott, 95; siehe auch *Teljukina*, Insolvenzrecht, 191.

[1228] *Bolʼšoba/Geraščenko*, Arbitragepraxis, 40; in diesem Stadium ist auch noch nicht klar, wer noch Gläubiger ist, so dass die Vorschläge weiterer potentieller Gläubiger unbeachtet bleiben müssen; kritisch auch *Suvorov*, Über die Vollmachten des Arbitrageverwalters, AGP 2002 Nr. 6, 17 (18).

[1229] *Vitrjanskij*, Wege zur Vervollkommnung der Bankrottgesetzgebung, 101.

[1230] *Alexandrovich*, Bankruptcy Law and Economic Medicine: How Russiaʼs New bankruptcy Legislation facilitated Recovery from the Nationwide Financial Crisis of August 17, 1998, Cornell International Law Journal 2001, 95 (114).

[1231] *Blockij*, Bankrott: Blick auf das Problem, AP 2001 Nr. 6, 67 (69), spricht von Missbrauch und Erpressung; vgl. *Kolininčenko*, Schutz der Interessen, 186; dazu *Vitrjanskij*, Wege zur Vervollkommnung der Bankrottgesetzgebung, 96.

[1232] *Teljukina*, Status laufender Gläubiger im Konkursverfahren, JurMir 2002 Nr. 11, 14 (17); siehe auch *Trefilova*, Das Projekt des neuen Gesetzes „Über die Insolvenz (den Bankrott)": Probleme und Lösungen, Vestnik des FSFO 2002 Nr. 8, 25 (27).

[1233] Siehe *Blockij*, Bankrott: Blick auf das Problem, AP 2001 Nr. 6, 71; *Vitrjanskij*, Wege zur Vervollkommnung der Bankrottgesetzgebung, 96, schlug deshalb vor, unter bestimmten Umständen die Aufgaben dem Leiter des Schuldners zu übertragen.

[1234] Siehe *Alžeeva/Sangaev*, Über die Insolvenz (den Bankrott), AP 2002 Nr. 2, 62, wonach teilweise sogar Verwalter ohne Lizenz bestellt wurden.

Gelegentlich kam es sogar zur Ernennung von Verwaltern ohne oder mit einer nicht ausreichenden Lizenz.[1235] Zudem verfügte mancher Verwalter zwar über eine Lizenz, jedoch nur über sehr eingeschränkte Rechtskenntnisse, insbesondere zu den Sanierungsverfahren.[1236] Teilweise unterliefen auch bei der Ausgabe der Lizenzen Fehler.[1237] Als nach einiger Zeit gut ausgebildete und erfahrene Verwalter zur Verfügung standen, wurden sie häufig von den Verfahrensbeteiligten nicht vorgeschlagen. Dieser erstaunliche Befund erklärt sich dadurch, dass viele Gläubiger gar kein Interesse an einem korrekt arbeitenden Spezialisten hatten, sondern andere, verfahrensfremde Ziele verfolgten.[1238] Es liegt auf der Hand, dass solche Entwicklungen den Berufsstand der Arbitrageverwalter für junge Menschen unattraktiv werden lassen.

Der Schuldner hatte, auch in den späteren Verfahrensabschnitten nur eine geringe Chance, einen eigenen Kandidaten für den Arbitrageverwalter einzubringen. Damit war seine Position gegenüber den Gläubigern ausgesprochen schwach. Die Literatur forderte daher, auch ihn an der Auswahl zu beteiligen.[1239]

Die Ausbildung der Arbitrageverwalter musste nach 1992 vollständig neu aus dem Boden gestampft werden. Daher verwundert es nicht, wenn die Vorschriften häufig noch Lücken aufwiesen und die Ausbildung Mängel aufwies.[1240] Auch ausländische Unterstützung konnte dieses Grundproblem nicht beheben.[1241] Als Achillesferse erwies sich zudem, dass das Gesetz keine Anforderung hinsichtlich beruflicher Vorerfahrung stellte. Es gab Arbitrageverwalter, die zwar Vorbereitungskurse durchlaufen, alle Prüfungen abgelegt und die Lizenz erhalten hatten, aber über keinerlei praktische Erfahrung bei der Unternehmensleitung verfügten, da die Ausbildung viel zu

---

[1235] Zur Praxis *Barenbojm/Kopman*, Status des Arbitrageverwalters, RJu 1999 Nr. 12, 22; *Djagilev*, Einige Probleme, die bei der Prüfung einer Bankrottsache entstehen, JurMir 2000 Nr. 4, 35 (38).

[1236] *Kolininčenko*, Schutz der Interessen, 190; *Golubev*, Arbitrageverwalter: Qualifikationsanforderungen, Ethik, Haftung, Sonderbeilage zu VAS 2001 Nr. 3, 76 (77).

[1237] *Golubev*, Arbitrageverwalter: Qualifikationsanforderungen, Ethik, Haftung, Sonderbeilage zu VAS 2001 Nr. 3, 76 (78).

[1238] *Trefilova*, Das Projekt des neuen Gesetzes „Über die Insolvenz (den Bankrott)": Probleme und Lösungen, Vestnik des FSFO 2002 Nr. 8, 25 (27).

[1239] *Tkačev*, Rechtliche Regelung, 85.

[1240] Vgl. den Bericht von *Bekov*, Vestnik des FSDN 1999, Nr. 7, 32ff., danach sind für die Ausbildung als Arbitrageverwalter 192 Stunden vorgesehen, davon allerdings nur 46 Stunden zu rechtlichen Fragen. Die Dauer der Ausbildung beträgt ein bis zwei Jahre; kritisch dazu *Šipicina*, Rechtliche Lage und Lizenzierung der Tätigkeit der Arbitrageverwalter, AGP 2001 Nr. 1, 14 (21). Zu den nicht unerheblichen Kosten: *Utkin,/Panov*, Arbitrageverwaltung, 280.

[1241] Dazu *Trunk*, Das neue russische Insolvenzrecht. Eine erste Zwischenbilanz, in: *Schroeder* (Hrsg.), Die neuen Kodifikationen in Russland, 65 (79).

formal ausgestaltet war.[1242] Im Lauf der Zeit bildete sich dennoch eine größere Anzahl gut ausgebildeter Verwalter heraus.

c) Gesetz von 2002

Stellung und Auswahl des Arbitrageverwalters gehörten zu den umstrittensten Fragen bei Ausarbeitung des InsG 2002. Dieser Punkt wurde vom Präsidenten in seinem Brief umfangreich erörtert, mit dem er das zunächst eingelegte Veto begründete.[1243]

Besonders einschneidend ist das Berufsrecht der Arbitrageverwalter geändert. Die im InsG 1998 in Art. 19 Pkt. 2 vorgesehene, vom Staat durchgeführte allgemeine Lizenzierungspflicht war bereits früher entfallen,[1244] ebenso die stufenweise Zulassung.[1245] Das InsG 2002 führt ein völlig neues System der Auswahl und Ernennung des Arbitrageverwalters ein.[1246] Die Regeln seiner Tätigkeit wurden umfassend novelliert, die Anforderungen an seine Qualifikation erhöht.[1247] Die Bestellung mehrerer Verwalter oder eines Stellvertreter ist nicht mehr möglich.[1248] Wie bisher gibt es allgemeine Bestimmungen für alle Arten von Arbitrageverwaltern in den Artikeln 20 bis 26 InsG 2002. Sonderregeln für die Verwalter in den einzelnen Verfahrensabschnitten (vorläufiger, administrativer, Fremd- und Konkursverwalter) finden sich jeweils bei den Bankrottverfahren.

Aufgrund des notwendigen Status der Arbitrageverwalter als Einzelunternehmer muss man davon ausgehen, dass die in Anwaltskammern organisierten Rechtsanwälte,[1249] denen jede weitere wirtschaftliche Tätigkeit untersagt ist, nach der neuen Rechtslage nicht mehr zu Arbitrageverwaltern bestellt werden können. Diese strenge Trennung erscheint fragwürdig. Sie zwingt zu einer frühen Entscheidung für einen der Berufe und könnte in entlegenen Gebieten Russlands zu einem Mangel an Arbitrageverwaltern führen.

[1242] *Blockij*, Bankrott: Blick auf das Problem, AP 2001 Nr. 6, 67 (69); *Kolininčenko*, Schutz der Interessen, 191.

[1243] Siehe Brief des Präsidenten Nr. Nr-1345 vom 25.07.2002; dazu bfai-RSI September 2002, 15.

[1244] Vgl. Art. 18 Pkt. 4 des Föderalen Gesetzes „Über die Lizenzierung bestimmter Arten der Tätigkeit" Nr. 128-FZ vom 08.08.2001; dazu Kurzberichte WiRO 2001, 343 und 2002, 212.

[1245] Die Lizenzen für Insolvenzverwalter sahen drei Stufen vor, die mit zunehmender Berufserfahrung erworben werden konnten. Umfangreiche und komplizierte Verfahren waren nur mit einer höheren Lizenz zulässig, vgl. Verordnung der Regierung Nr. 1544 vom 25.12.1998 „Über die Lizenzierung der Tätigkeit natürlicher Personen als Insolvenzverwalter" (nicht mehr in Kraft).

[1246] Siehe dazu Gesetzesbegründung Pkt. III.

[1247] *Chimičev*, Sicherung der Rechte und gesetzlichen Interessen der Gläubiger, AP 2003 Nr. 4, 3 (11).

[1248] Kritisch *Teljukina*, Konkursrecht 2004, 211f. und 425.

[1249] Dazu *Karraß/Wedde*, Das neue Berufsrecht russischer Anwälte, OER 2003, 299.

aa) Anforderungen an einen Arbitrageverwalter

Nach Art. 24 Pkt. 6 des InsG 2002 muss der bestellte Arbitrageverwalter seine Aufgabe guten Glaubens und vernünftig erfüllen.[1250] Diese Norm stellt die grundlegende Pflicht des Arbitrageverwalters auf,[1251] aus der alle anderen ableitbar sind. Im Übrigen stellt das InsG 2002 - wie auch das InsG 1998 - eine Reihe von positiven und negativen Anforderungen auf, denen ein Verwalter genügen muss:[1252]

Für eine Verwaltertätigkeit muss eine Person die nachfolgenden positiven Voraussetzungen erfüllen (Art. 20 Pkt. 1 InsG 2002):

- Im Gegensatz zum InsG 1998 können nur noch Bürger der Russischen Föderation (russ. Staatsangehörige) die Verwaltertätigkeit ausüben.[1253] Damit wird gegenüber dem InsG 1998 wie auch gegenüber dem Anwaltsgesetz von 2002 eine Einschränkung vorgenommen. Beide Gesetze schließen Ausländer nicht völlig aus. Im Vergleich zur früheren Rechtslage verschlechtert sich die Position ausländischer Spezialisten.[1254] Zwar waren unter Geltung des InsG 1998 kaum ausländische Verwalter ernannt worden, dennoch ist kein Grund für diese Ungleichbehandlung ersichtlich.

- Der Arbitrageverwalter muss als Einzelunternehmer registriert sein.[1255]

- Eine höhere (Universitäts-)- Ausbildung haben.[1256] In Anbetracht der umfangreichen und komplexen Aufgaben des Verwalters ist eine solche Qualifikation gut nachvollziehbar und sinnvoll.[1257]

- Weiterhin muss der Verwalter eine mindestens zweijährige Tätigkeit in leitender Funktion nachweisen. Damit werden Anregungen aus der Praxis aufgegriffen.[1258] Die Forderung nach entsprechender praktischer Erfahrung ist sehr

---

[1250] Siehe *Flaschen/DeSieno*, The Development of Insolvency Law as Part of the Transition from a Centrally Planned Economy to a Market Economy, International Lawyer 26 (1992), 667 (682).

[1251] *Popondopulo/Popondopulo*, Kommentar, Art. 24 Pkt. 5.

[1252] Ausführlich *Teljukina*, Kommentar, 2. Auflage, Art. 20 Pkt. 4; *Renov* in: *Vitrjanskij*, Kommentar 2003, Art. 20 Pkt. 4.

[1253] *Teljukina*, Kommentar zum InsG 2002, SiE 2003 Nr. 3, 32, auch veröffentlicht in Datenbank Garant.

[1254] *Zykova*, Neues in der Gesetzgebung über die Insolvenz (den Bankrott), SiÈ 2003 Nr. 3, 21 (23); *Flaschen/DeSieno*, The Development of Insolvency Law as Part of the Transition from a Centrally Planned Economy to a Market Economy, International Lawyer 26 (1992), 667 (682).

[1255] Im Detail *Guseva/Vladyka*, Arbitrageverwalter, 4f.

[1256] Diese war schon lange gefordert worden, vgl. *Trefilova*, Aktuelle Fragen der Antikrisenverwaltung, Vestnik des FSFO 2002 Nr. 2, 36.

[1257] So auch *Andreev*, Kommentar, 75; *Andreev* in: *Zalesskij* (Hrsg.), Kommentar, Art. 20 Pkt. 4.

[1258] *Blockij*, Bankrott: Blick auf das Problem, AP 2001 Nr. 6, 67 (71).

zweckmäßig, nimmt doch der Verwalter in weitem Umfang die Aufgaben eines Managers wahr, insbesondere bei der finanziellen Sanierung oder der Fremdverwaltung.[1259] Soll er ein Unternehmen im Krisenfall wieder zur Zahlungsfähigkeit führen, muss er über entsprechende praktische Erfahrungen verfügen.[1260] Das Kriterium entzieht sich allerdings einer formalisierten Prüfung.[1261] Es wird schwierig sein, die Erfüllung dieser Qualifikation effektiv zu kontrollieren. In Russland bestehen unzählige „Zwerggesellschaften", in denen außer einem als „Generaldirektor" o.ä. bezeichneten „leitenden" Mitarbeiter keine weiteren Beschäftigten tätig sind.[1262] Auch genügt eine leitende Funktion in Nebentätigkeit.[1263]

- Zur Überprüfung der theoretischen Kenntnisse muss der Arbitrageverwalter eine mündliche Prüfung abgelegt haben.[1264]

- Zudem muss er bestimmte praktische Erfahrungen im Insolvenzrecht nachweisen, insbesondere muss er nach Art. 20 Pkt. 1 InsG 2002 eine Stage von mindestens sechs Monaten bei einem Arbitrageverwalter absolviert haben.[1265] Auch diese neue Anforderung greift Anregungen aus der Literatur auf.[1266] Die Organisation erfolgt durch die Selbstverwaltungsorganisationen,[1267] die damit auch den Berufszugang kontrollieren.

[1259] *Utkin/Panov*, Arbitrageverwaltung, 274; *Trefilova*, Aktuelle Fragen der Antikrisenverwaltung, Vestnik des FSFO 2002 Nr. 2, 36; diesen Aspekt betonen auch: *Pape/Uhlenbruck*, Insolvenzrecht, Rn 159.

[1260] Siehe *Andreev*, Kommentar, 76.

[1261] *Golubev*, Arbitrageverwalter: Qualifikationsanforderungen, Ethik, Haftung, Sonderbeilage zu VAS 2001 Nr. 3, 76 (77).

[1262] Darauf weist auch *Andreev*, Kommentar, 76 hin; allerdings können die Gläubiger zusätzlich den Nachweis von Berufserfahrung in dem entsprechenden Wirtschaftsbereich verlangen; erneut *Andreev* in: *Zalesskij* (Hrsg.), Kommentar, Art. 20 Pkt. 5.

[1263] *Guseva/Vladyka*, Arbitrageverwalter, 15.

[1264] Dazu Beschluss der Regierung vom 28.05.2003 Nr. 308: „Über die Bestätigung der Regeln der Durchführung und Ablegung des theoretischen Examens nach dem einheitlichen Programm der Vorbereitung von Arbitrageverwaltern" und Prikas des Justizministeriums vom 06.08.2003 Nr. 189 „Über die Bestätigung der Verfahrensordnung der Kommissionen für die Organisation des theoretischen Examens nach dem einheitlichen Programm der Vorbereitung von Arbitrageverwaltern"; dazu *Teljukina*, Kommentar zum InsG 2002, SiE 2003 Nr. 5, 48; *Guseva/Vladyka*, Arbitrageverwalter, 18f.

[1265] In der Vergangenheit erfolgte oft keine Weitergabe von Erfahrung; vgl. *Gromova*, Die Tätigkeit der Arbitrageverwalter bei Durchführung von Bankrottverfahren, AP 2002 Nr. 7, 42.

[1266] Siehe etwa *Kolininčenko*, Schutz der Interessen, 191f.; ähnlich *Trefilova*, Aktuelle Fragen der Antikrisenverwaltung, Vestnik des FSFO 2002 Nr. 2, 36.

[1267] *Guseva/Vladyka*, Arbitrageverwalter, 19.

- Zudem muss er Mitglied einer Selbstverwaltungsorganisation sein, da nur über diese eine Bestellung erfolgen kann.[1268] Außerdem muss er nach Art. 20 Pkt. 6 InsG 2002 eine Versicherung abgeschlossen haben.[1269]

Folgende negative Voraussetzungen dürfen nicht vorliegen, wenn eine Person Arbitrageverwalter werden will:

- Als negatives Kriterium darf der Verwalter nicht vorbestraft sein, Art. 20 Pkt. 1; allerdings genügt eine Vorstrafe für leichte Straftaten außerhalb des Wirtschaftsbereichs nicht aus.[1270] Dabei ist umstritten, ob auch ein Verwalter bestellt werden kann, dessen Vorstrafe gelöscht oder aufgehoben wurde.[1271]

- Ebenso darf er keiner der am Verfahren beteiligten Personen nahe stehen, Art. 20 Pkt. 6 iVm Art. 19 InsG 2002.[1272]

- Weiterhin darf es keine offenen Schadensersatzforderungen aus früherer Verwaltertätigkeit gegen ihn geben.[1273]

- Gegen den Arbitrageverwalter darf seinerseits kein Insolvenzverfahren eröffnet sein. Dabei spielt es keine Rolle, welches Bankrottverfahren gegen ihn eröffnet wurde.[1274]

- Der Arbitrageverwalter darf nicht disqualifiziert sein, also keinem Berufsverbot unterliegen.[1275]

[1268] Möglich ist nur die Mitgliedschaft in einer Selbstverwaltungsorganisation, dazu *Guseva/Vladyka*, Arbitrageverwalter, 21.

[1269] Ausführlich unten IV. 6. B) b) bb).

[1270] Kritisch insbesondere für den Fall wiederholter Straftaten *Renov* in: *Vitrjanskij*, Kommentar 2003, Art. 20 Pkt. 10.

[1271] Kritisch zum genauen Umfang der Vorstrafen: *Teljukina*, Kommentar zum InsG 2002, SiE 2003 Nr. 5, 48; für einen Ausschluss auch bei getilgter Vorstrafe *Teljukina*, Kommentar, 2. Auflage, Art. 20 Pkt. 4; *dies.*, Konkursrecht 2004, 206f.; aA *Renov* in: *Vitrjanskij*, Kommentar 2003, Art. 20 Pkt. 10; so wohl auch *Egorov*, Einige aktuelle Probleme des Bankrotts, ChiP 2004 Nr. 10, 92 (93) mit Kritik am Gesetzgeber; *Guseva/Vladyka*, Arbitrageverwalter, 25f.

[1272] Kritisch *Chouman*, Erhöhung der Standards der Tätigkeit der Arbitrageverwalter, Sonderbeilage zu VAS 2001 Nr. 3, 81 (87), der Art. 19 für zu eng hält; *Dorochina*, Der rechtliche Aspekt der Bestätigung des Arbitrageverwalters in der Insolvenz- (Bankrott-) Sache, ChiP 2004 Nr. 3, 111 (114), *Pavlodskij*, Selbstorganisierte Arbitrageverwalter, Zakon 2003 Nr. 6, 24 (25); *Guseva/Vladyka*, Arbitrageverwalter, 27f.; *Sokolovskaja*, Der rechtliche Status des Arbitrageverwalters, in: *Karelina* (Hrsg.), Rechtliche Probleme, 49 (51).

[1273] Erforderlich ist ein rechtskräftiges Urteil *Dorochina*, Der rechtliche Aspekt der Bestätigung des Arbitrageverwalters in der Insolvenz- (Bankrott-) Sache, ChiP 2004 Nr. 3, 111 (114). Unpraktikabel erscheint aber der Vorschlag, das Insolvenzverfahren auszusetzen, bis in einem parallelen Schadensersatzverfahren eine Entscheidung ergangen ist.

[1274] *Guseva/Vladyka*, Arbitrageverwalter, 28.

bb) Selbstverwaltungsorganisation

Durch das InsG 2002 wurde das Berufsrecht grundlegend reformiert, insbesondere ein völlig neues System der Eigenverwaltung der Arbitrageverwalter eingeführt.[1276] Damit folgte das Gesetz Anregungen aus dem Ausland[1277] und der Literatur.[1278] Diese Neuerung hat in der Wissenschaft bereits heftige Kontroversen ausgelöst.[1279] Der Entwurf eines eigenen Gesetzes über die Selbstverwaltungsorganisationen nach dem Vorbild der professionellen Teilnehmer am Wertpapiermarkt befindet sich nach wie vor in der Ausarbeitung.[1280] Bis zu seiner Verabschiedung besteht hinsichtlich der rechtlichen Konturen der Selbstverwaltungsorganisationen eine gewisse Unsicherheit.

Die Arbitrageverwalter müssen sich in sog. Selbstverwaltungsorganisationen von jeweils mindestens 100 Mitgliedern[1281] zusammenschließen, Art. 21 InsG 2002, deren Struktur sich ersichtlich am Vorbild der Rechtsanwaltskammern und[1282] ähnlichen auf dem Wertpapiermarkt bereits bestehenden Strukturen orientiert.[1283] Die

---

[1275] Zu Einzelheiten *Guseva/Vladyka*, Arbitrageverwalter, 28ff. und unten IV. 6. B) d).

[1276] *Renov* in: *Vitrjanskij*, Kommentar 2003, Art. 21 Pkt. 1; *Spitsa,* Russische Föderation, in: *Lowitzsch* (Hrsg.), Das Insolvenzrecht Mittel- und Osteuropas, 203; dies war schon in der Vergangenheit gefordert worden, siehe dazu: *Barenbojm/Kopman*, Status des Arbitrageverwalters, RJu 1999 Nr. 12, 22.

[1277] Insbesondere das englische Modell der Recognised Professional Bodies stand Pate, vgl. *Köster*, Der englische insolvency practitioner – Berufsbild und Berufszugang, RIW 2006, 24; siehe auch *Chouman*, Sonderbeilage zur VAS 2001 Nr. 3, 81 (91); vgl. *Zykova*, Neues in der Gesetzgebung über die Insolvenz (den Bankrott), SiÈ 2003 Nr. 3, 21 (23).

[1278] So schlug etwa *Karelina*, Rechtliche Regelung, 76ff. vor, umfangreiche Kompetenzen an sog. Assoziationen zu übertragen; ähnlich *Ponomarev*, Das Gesetz bedarf der Vervollkommnung, Financovaja Rossija 1999 Nr. 170, 5.

[1279] *Trefilova*, Aktuelle Fragen der Antikrisenverwaltung, Vestnik des FSFO 2002 Nr. 2, 36; auch im Gesetzgebungsverfahren kam es zu zahlreichen Änderungsvorschlägen in diesem Punkt, Materialien der Staatsduma (unveröffentlicht).

[1280] Siehe Redaktionshinweis in AP 2003 Nr. 6, 25; zu diesem Vorbild siehe auch: *Taj*, Besonderheiten des Status´ des Arbitrageverwalters, AGP 2002 Nr. 5, 23 (24); derzeit besteht in Russland ein Trend zu derartigen Selbstverwaltungsorganisationen, vgl. *Pavlodskij*, Selbstorganisierte Arbitrageverwalter, Zakon 2003 Nr. 6, 24 (25) und *ders.*, Selbstverwaltungsorganisationen: Mode oder Tendenz, PiE 2003 Nr. 4.

[1281] Diese Zahl ist recht willkürlich, vgl. *Pavlodskij*, Selbstorganisierte Arbitrageverwalter, Zakon 2003 Nr. 6, 24 (26) und war im Gesetzgebungsverfahren umstritten. Vorgeschlagen wurden auch Zahlen von 20 und 50 oder der Fortfall jeder zahlenmäßigen Begrenzung; vgl. Materialien der Staatsduma.

[1282] Vgl. Art. 29ff. des Föderalen Gesetz vom 31. Mai 2002 Nr. 63-FZ, „Über die anwaltliche Tätigkeit und die Anwaltschaft in der Russischen Föderation"; vgl. *Semina*, Bankrott, 14.

[1283] *Trefilova*, Das Projekt des neuen Gesetzes „Über die Insolvenz (den Bankrott)": Probleme und Lösungen, Vestnik des FSFO 2002 Nr. 8, 25 (29).

Organisationen werden in ein staatliches Register eingetragen.[1284] Rechtlich gesehen handelt es sich bei den Selbstverwaltungsorganisationen um nicht kommerzielle Organisationen, die dem entsprechenden Gesetz unterliegen,[1285] soweit nicht das InsG 2002 Spezialnormen vorhält. Die Selbstverwaltungsorganisationen sind auf Freiwilligkeit beruhende berufsständische Vereinigungen.[1286] Es ist offen, ob sie nur die Arbitrageverwaltung als Zweck haben dürfen, oder ob andere Ziele zulässig sind.[1287]

Die Selbstverwaltungsorganisation stellt nach Art. 23 Pkt. 2 InsG 2002 sicher, dass der angehende Arbitrageverwalter über die notwendigen Voraussetzungen verfügt. Sie erarbeitet über die staatlichen Vorgaben hinaus professionelle und berufsethische Standards für ihre Mitglieder.[1288] Es wird erwartet, dass damit ein Wettbewerb der Dienstleister um möglichst hohe Standards einsetzt.[1289] Allerdings ist die Gefahr nicht von der Hand zu weisen, dass große Konzerngruppen sich „eigene" Selbstverwaltungsorganisationen schaffen, die dann in Insolvenzverfahren gezielt ihre Interessen vertreten.[1290]

Aufgrund der gesetzlich vorgeschriebenen Mindestgröße von 100 Arbitrageverwaltern verfügt die Selbstverwaltungsorganisation über die notwendigen Ressourcen, um dem einzelnen Arbitrageverwalter die so wichtigen, qualifizierten Hilfskräfte zur Verfügung zu stellen. Gerade in Großverfahren bedarf es eines ganzen Stabes an

---

[1284] Siehe Prikas des Justizministeriums vom 09.04.2003 Nr. 84: „Über die Bestätigung der Bestimmung über das Verfahren der Führung des einheitlichen staatlichen Registers der Selbstverwaltungsorganisationen von Arbitrageverwaltern".

[1285] Siehe föderales Gesetz „Über die nicht kommerziellen Organisationen" Nr. 7-FZ vom 12.01.1996, Grundlage dazu bildet Art. 50 Pkt. 3 ZGB; *Tkačev*, Konkursrecht, 67.

[1286] *Renov* in: *Vitrjanskij*, Kommentar 2003, Art. 21 Pkt. 11; allerdings ist die Freiwilligkeit sehr dadurch bedingt, dass die Selbstverwaltungsorganisationen ein Monopol auf den Zugang zu Verfahren haben.

[1287] *Teljukina*, Konkursrecht 2004, 213f. hält andere Ziele für zulässig.

[1288] *Trefilova*, Das Projekt des neuen Gesetzes „Über die Insolvenz (den Bankrott)": Probleme und Lösungen, Vestnik des FSFO 2002 Nr. 8, 25 (29); an solchen Standards fehlte es vorher, vgl. *Suvorov*, Über die Vollmachten des Arbitrageverwalters, AGP 2002 Nr. 6, 17f.; siehe *Chouman*, Erhöhung der Standards der Tätigkeit der Arbitrageverwalter, Sonderbeilage zu VAS 2001 Nr. 3, 81 (86) zur Unterstützung durch den britischen Know-how Fonds.

[1289] So *Trefilova*, Aktuelle Fragen der Antikrisenverwaltung, Vestnik des FSFO 2002 Nr. 2, 36 (38); ähnlich *Taj*, Besonderheiten des Status´ des Arbitrageverwalters, AGP 2002 Nr. 5, 23; *Pavlodskij*, Selbstorganisierte Arbitrageverwalter, Zakon 2003 Nr. 6, 24 (25); *Tkačev*, Insolvenz, 69.

[1290] *Ežov*, Bankrott kommerzieller Organisationen, 130; nach *Grudcena*, Das neue Gesetz „Über die Insolvenz (den Bankrott)", Advokat 2003 Nr. 1, 21 (24), kontrollieren 8 Wirtschaftsgruppen 65% der russ. Wirtschaft. Sie haben ein Interesse an gewogenen Verwaltern und auch die Mittel zur Schaffung entsprechender Strukturen.

Personal, ohne den der Verwalter gar nicht in der Lage ist, ein solches Verfahren erfolgreich zu bewältigen.[1291]

cc) Aufnahme in die Selbstverwaltungsorganisationen

Da nur Mitglieder einer Selbstverwaltungsorganisation zum Arbitrageverwalter bestellt werden können, ist die Aufnahme/Mitgliedschaft in diese Organisationen von entscheidender Bedeutung. Eine staatliche Lizenzierung für einzelne Verwalter ist nicht mehr erforderlich, aber auch nicht mehr möglich.[1292] Nach einer Übergangsphase gibt es in Russland keine unabhängigen Arbitrageverwalter mehr. Unklar ist, inwieweit einzelne Arbitrageverwalter oder Bewerber einen rechtlich garantierten Anspruch auf Aufnahme in eine Selbstverwaltungsorganisation haben und wie dieser gegebenenfalls gerichtlich durchgesetzt werden könnte.

Vor dem Inkrafttreten des Gesetzes bereits tätige Insolvenzverwalter können unabhängig von den im Gesetz aufgestellten Anforderungen in eine Selbstverwaltungsorganisationen eintreten; ihnen wird also Bestandsschutz gewährt, Art. 231 Pkte. 3-5 InsG 2002.

Zusätzlich verlangt das Gesetz, dass jedes Mitglied der Selbstverwaltungsorganisation einen Beitrag in den Kompensationsfonds der Organisation von 50.000 RUR leistet. Dieser Punkt war im Gesetzgebungsverfahren besonders umstritten. Ursprünglich war sogar ein Betrag von 300.000 RUR gefordert worden, der erst nach Intervention des Präsidenten gesenkt wurde.[1293] Es besteht die Gefahr, dass auf diese Weise der Zugang zum Beruf des Arbitrageverwalters nach materiellen Kriterien beschränkt wird.[1294]

dd) Befugnisse und Pflichten der Selbstverwaltungsorganisationen

Das InsG 2002 weist den Selbstverwaltungsorganisationen eine Vielzahl von Kompetenzen zu, Art. 21 und 23.[1295] So haben sie nach Art. 21 Pkt. 3 die Aus- und Fortbildung der Arbitrageverwalter sicherzustellen. Über die Auswahl neuer Mitglieder

---

[1291] *Smid*, Das Insolvenzverfahren in den Beitrittsstaaten, WiRO 2000, 393 (396).

[1292] *Trefilova*, Aktuelle Fragen der Antikrisenverwaltung, Vestnik des FSFO 2002 Nr. 2, 36 (37); zu positiven Erfahrungen in Großbritannien: *Chouman*, Erhöhung der Standards der Tätigkeit der Arbitrageverwalter, Sonderbeilage zu VAS 2001 Nr. 3, 81 (84f.), der aber auch anmerkt, in Russland fehle es noch an vielen Voraussetzungen.

[1293] Siehe Brief des Präsidenten Nr. Nr-1345 vom 25.07.2002, zit. nach Datenbank „Garant".

[1294] *Vitrjanskij*, Neues in der rechtlichen Regelung der Insolvenz (des Bankrotts), ChiP 2003 Nr. 1, 5 und ders., in: *Vitrjanskij*, Kommentar 2003, Vorwort 22 spricht von einem Vermögenszensus; ähnlich *Pavlodskij*, Selbstorganisierte Arbitrageverwalter, Zakon 2003 Nr. 6, 24 (25); nach *Tkačev*, Insolvenz, 76 macht das notwendige Startkapital den Verwalter abhängig von Geldgebern.

[1295] Nicht verwirklicht wurde aufgrund Widerspruchs der Regierung und des Obersten Wirtschaftsgerichts die geplante Befugnis, an der Ausarbeitung von die Arbitrageverwalter betreffenden Rechtsakten beteiligt zu werden, Materialien der Staatsduma (unveröffentlicht).

kontrolliert die Selbstverwaltungsorganisation die Beachtung der beruflichen Anforderungen.

Nach Art. 20 InsG 2002 ist Voraussetzung für die Aufnahme in eine Selbstverwaltungsorganisation die Ableistung eines mindestens 6-monatigen Praktikums bei einem Arbitrageverwalter.[1296] Dieses wird von den Selbstverwaltungsorganisationen organisiert.

Zu den Aufgaben der Selbstverwaltungsorganisationen gehört es nach Art. 22 Pkt. 2 InsG 2002 auch, die Tätigkeit ihrer Mitglieder zu kontrollieren.[1297] Dazu kann ihre Satzung umfangreiche Sanktionen bereitstellen. Jede Selbstverwaltungsorganisation hat eine Disziplinarkommission einzurichten, Art. 21 Pkt. 4. Der mögliche Ausschluss eines Arbitrageverwalters als höchste Sanktion stellt für diesen eine erhebliche Erschwerung seiner beruflichen Tätigkeit dar und gehört zu den strittigen Fragen des neuen Gesetzes.[1298] Weiterhin ist ein spezielles ausführendes Organ einzurichten, dass die Auswahl der Verwalter für die Listen wahrnimmt.[1299]

Die Selbstverwaltungsorganisationen sollen die Unabhängigkeit der Arbitrageverwalter sicherstellen.[1300] Durch ihre Stellung zwischen Staat und Arbitrageverwalter tragen sie dazu sicher bei; der Arbitrageverwalter gerät aber in gefährliche Abhängigkeit von seiner Selbstverwaltungsorganisation.[1301]

ee) Staatliche Kontrolle

Zugleich findet eine strenge staatliche Kontrolle über die Tätigkeit der Organisationen statt.[1302] In Art. 2, 21, 29 InsG 2002 ist ein staatliches Regulierungsorgan vorgesehen, das die Selbstverwaltungsorganisationen überwacht.[1303] Bis März 2003 wurde diese Funktion vom föderalen Dienst Russlands für die finanzielle Gesundung und den Bankrott (FSFO) ausgeübt,[1304] bis 2004 oblag sie dem Justizministerium.[1305]

[1296] Details regelt der Beschluss der Regierung vom 09.08.2003 Nr. 414 „Über die Bestätigung der Regeln zur Ableistung der Stage als Helfer eines Arbitrageverwalters"; danach erfolgt die Ausbildung nach einem vorher erarbeiteten Plan.

[1297] *Tkačev*, Insolvenz, 69.

[1298] *Pavlodskij*, Selbstorganisierte Arbitrageverwalter, Zakon 2003 Nr. 6, 24 (27).

[1299] *Dorochina*, Der rechtliche Aspekt der Bestätigung des Arbitrageverwalters in der Insolvenz- (Bankrott-) Sache, ChiP 2004 Nr. 3, 111 (116); *Tkačev*, Insolvenz, 73; *Teljukina*, Konkursrecht 2004, 217.

[1300] *Jakovlev*, Erneuerung der Gesetzgebung über den Bankrott, Beilage zu VAS 2003 Nr. 5, 14 (16).

[1301] Siehe ausführlich unten IV. 2. C.

[1302] Die Gesetzesbegründung Pkt. III spricht sowohl von Unabhängigkeit als auch von Kontrolle.

[1303] *Popondopulo/Popondopulo*, Kommentar, Art. 29, Pkte. 1-4.

[1304] Verordnung der Regierung Nr. 855 vom 30.11.2002 „Über das bevollmächtigte und regulierende Organ in Bankrottsachen und –verfahren"; siehe auch Satzung des FSFO, bestätigt durch Verordnung der Regierung Nr. 301 vom 04.04.2000; dazu *Trefilova*, Aktuelle Fragen der Antikrisenverwaltung, Vestnik des FSFO 2002 Nr. 2, 36 (38).

Seit dem 19.10.2004 ist der föderale Registrierungsdienst als Unterabteilung des Ministeriums dafür zuständig.[1306]

Hauptmittel der Kontrolle ist die Führung eines Registers der Selbstverwaltungsorganisationen.[1307] Nach Pkt. IV der entsprechenden Bestimmung ist das Register offen, d.h. jedermann kann die Informationen einsehen bzw. einen Auszug verlangen. Dies erlaubt es den Parteien des Insolvenzverfahrens, ihr Auswahlrecht fundiert auszuüben. Das Regulierungsorgan nimmt regelmäßige und außerordentliche Prüfungen vor.[1308] Als Sanktion für Rechtsverstöße einer Selbstverwaltungsorganisation sieht das Gesetz im schlimmsten Fall die Streichung dieser Organisation durch das Wirtschaftsgericht aus dem Register vor.[1309] Die Praxis muss erst noch erweisen, ob diese Art der Kontrolle genügt, Missbrauch und Regelverstöße auszuschließen.[1310]

Besonders bedenklich an dieser Konstellation ist, dass der Staat über seine Organe sowohl am Verfahren als Gläubiger teilnimmt, als auch die Tätigkeit der Selbstverwaltungsorganisationen in hohem Maße seiner Kontrolle unterliegt. Dies führt nahezu zwangsläufig zu Interessenkonflikten, die nur durch eine klare Trennung der beiden Aufgaben verhindert werden können.[1311] Es ist zu begrüßen, dass mit dem FSFO und dem Justizministerium nunmehr unterschiedliche staatliche Instanzen für Vertretung und Kontrolle zuständig sind.

[1305] Verordnung der Regierung vom 14.02.2003 Nr. 200 „Über das bevollmächtigte Organ und das Regulierungsorgan, das die Kontrolle über die Selbstverwaltungsorganisationen der Arbitrageverwalter ausübt"; dazu *Nikitina*, Das Konkursverfahren, AP 2003 Nr. 6, 14 (17); und Redaktionsanmerkung in AP 2003 Nr. 4, 11.

[1306] Verordnung der Regierung der RF vom 3.02.2005 Nr. 52 „Über das Regulierungsorgan, das die Kontrolle über die Tätigkeit der Selbstverwaltungsorganisationen der Arbitrageverwalter ausübt"; dazu *Tkačev*, Konkursrecht, 71.

[1307] Siehe „Vorläufige Bestimmung über das Verfahren der Führung des einheitlichen staatlichen Registers der Selbstverwaltungsorganisationen von Arbitrageverwaltern", bestätigt durch Anordnung des FSFO vom 21.11.2002 Nr. 150-r mit Anlagen; nun ersetzt durch den Prikas des Justizministeriums vom 09.04.2003 Nr. 84: „Über die Bestätigung der Bestimmung über das Verfahren der Führung des einheitlichen staatlichen Registers der Selbstverwaltungsorganisationen von Arbitrageverwaltern".

[1308] Beschluss der Regierung vom 25.06.2003 Nr. 365 „Über die Bestätigung der Bestimmung über die Durchführung der Überprüfung der Tätigkeit einer Selbstverwaltungsorganisation von Arbitrageverwaltern durch das Regulierungsorgan", Pkt. 4.

[1309] Beschluss der Regierung vom 25.06.2003 Nr. 365, Pkt. 19.

[1310] *Kiperman*, Neues Insolvenzgesetz, Financovaja Gaseta, Regionalausgabe, Nr. 47, November 2002, zitiert nach Datenbank „Garant", schlägt zusätzliche administrative Maßnahmen vor; vgl. auch *Pavlodskij*, Selbstorganisierte Arbitrageverwalter, Zakon 2003 Nr. 6, 24 (26).

[1311] *Trefilova*, Aktuelle Fragen der Antikrisenverwaltung, Vestnik des FSFO 2002 Nr. 2, 36 (39).

ff) Bestellung des Verwalters

Die Bestellung des Verwalters erfolgt seit Inkrafttreten des InsG 2002 nach einem völlig neuartigen Prozedere in Art. 45.[1312] Es soll das Verfahren durchsichtiger und nachprüfbarer machen, sowie dem Schuldner einen Einfluss auf sein weiteres Schicksal einräumen.

Die Gläubiger können in ihrem Antrag auf Insolvenzeröffnung oder über die Gläubigerversammlung eine Selbstverwaltungsorganisation benennen, aus deren Mitgliedern die Kandidaten für den Arbitrageverwalter kommen sollen. Daneben sind sie berechtigt, zusätzliche Qualifikationskriterien aufzustellen, denen der Arbitrageverwalter entsprechen soll.[1313] Im Übrigen ist ihr Einfluss aber deutlich geringer als unter dem InsG 1998.[1314] Aufgrund dieser Anfrage schlägt die ausgewählte Selbstverwaltungsorganisation drei Verwalter vor, absteigend geordnet danach, wie sie den Anforderungen entsprechen.[1315] Dabei ist die Zustimmung der Verwalter zur Aufnahme notwendig.[1316] Der Schuldner und der Antragsteller bzw. die Gläubiger haben das Recht, jeweils einen Kandidaten von dieser Liste zu streichen.[1317] Eine Begründung ist nicht erforderlich.[1318]

Das Wirtschaftsgericht muss den verbliebenen Kandidaten bestellen; ein Ermessen besteht dabei nicht.[1319] Geprüft wird nur, ob der Verwalter die formalen Anforderungen erfüllt.[1320] Verzichten die Parteien auf ihr Streichungsrecht, verbleiben also zwei oder drei mögliche Verwalter, bestellt das Gericht den ersten, den Anforderun-

---

[1312]   *Busch*, Die Bestellung des Insolvenzverwalters nach dem „Detmolder Modell", DZWIR 2004, 353 (356); Nicht umgesetzt wurde der Vorschlag, die Verwalter vom FSFO vorschlagen zu lassen, so *Vitrjanskij*, Wie die Gesetzgebung über den Bankrott reformieren, Zakonodatel´stvo 1999 Nr. 5, 58.

[1313]   Dazu *Karelina*, Rechtliche Regelung der Insolvenz (des Bankrotts), 68; siehe unten IV. 2. B. d) aa).

[1314]   Kritisch *Chimičev*, Aussichtsreiche Richtungen der Vervollkommnung der rechtlichen Regulierung im Bereich der Insolvenz (des Bankrotts), VAS 2005 Nr. 6, 149 (163).

[1315]   Siehe *Trefilova*, Das Projekt des neuen Gesetzes „Über die Insolvenz (den Bankrott)": Probleme und Lösungen, Vestnik des FSFO 2002 Nr. 8, 25 (28).

[1316]   *Teljukina*, Konkursrecht 2004, 208f.

[1317]   Üben die Gläubiger ihr Recht nicht aus, kann der Schuldner dennoch nur einen Kandidaten streichen; Beschluss des Plenums des Obersten Wirtschaftsgerichts vom 15.12.2004 Nr. 29, Pkt. 21; zu Problemen in der Übergangsphase auf das InsG 2002: *Chimičev*, Die Gesetzgebung zum Bankrott: Probleme der Übergangsperiode, AP 2005 Nr. 9, 3 (7f.).

[1318]   Kritisch dazu *Vitrjanskij* in: *Vitrjanskij*, Kommentar 2003, Vorwort 21; *Guseva/ Vladyka*, Arbitrageverwalter, 36.

[1319]   Kritisch *Dorochina*, Der rechtliche Aspekt der Bestätigung des Arbitrageverwalters in der Insolvenz- (Bankrott-) Sache, ChiP 2004 Nr. 3, 111 (112f.), das Gericht habe nur noch eine „Statistenrolle".

[1320]   *Dorochina*, Der rechtliche Aspekt der Bestätigung des Arbitrageverwalters in der Insolvenz- (Bankrott-) Sache, ChiP 2004 Nr. 3, 111 (113), die vorschlägt, die Frage einer Nähe zu den Beteiligten des Verfahrens weit zu verstehen und dadurch eine (geringe) Kontrolle zu erzielen.

gen am meisten entsprechenden Kandidaten auf der Liste.[1321] Während in der Vergangenheit der Antragsteller häufig „seinen" Verwalter mitbrachte, der dann einseitig Interessen zu realisieren trachtete, soll das geänderte Verfahren Manipulationen bei der Auswahl des Arbitrageverwalters erschweren.[1322] Außerdem wird dem Schuldner, wie in der Literatur seit langem gefordert,[1323] ein Mitspracherecht bei der Auswahl des Verwalters eingeräumt. Zugleich ist damit nunmehr entschieden, dass es stets nur einen Arbitrageverwalter in jedem Verfahrensabschnitt geben kann.[1324] Jedoch kann umgekehrt ein Arbitrageverwalter mehrere Verfahren parallel betreuen.[1325]

Legt die Selbstverwaltungsorganisation keine Liste von Kandidaten vor, wendet sich das Gericht nach Art. 45 Pkt. 5 InsG 2002 an das Regulierungsorgan. Dieses stellt dann die Vorlage einer korrekten Liste durch eine andere Selbstverwaltungsorganisation sicher.[1326] Gleiches gilt im Fall der Entfernung eines Verwalters, wenn die bisherige Selbstverwaltungsorganisation keine neue Liste vorlegen kann.[1327] Entsprechen die Verwalter aus der Liste nicht den Anforderungen des Gesetzes, so ist die Vorlage einer zweiten, verbesserten Liste durch die zunächst beauftragte Selbstverwaltungsorganisation nicht zulässig.[1328]

Das neue Bestellungsverfahren bringt allerdings die Selbstverwaltungsorganisationen in Konkurrenz zueinander. Jede Seite wird versuchen, „ihre" Organisation zu beauftragen. Dies kann zu prozessualen Schachzügen führen, um etwa durch einen Eigenantrag einem Gläubiger zuvor zu kommen.[1329] Sobald die Selbstverwaltungs-

---

[1321] Dies ähnelt der vorrevolutionären Rechtslage, wo das Gericht die Verwalter aus einer Liste in der Reihenfolge ernannte, vgl. *Šeršenevič*, Konkursprozess, 310; entfallen ist nach dem InsG 2002 trotz Vorschlags des Obersten Wirtschaftsgerichts im Gesetzgebungsverfahren die Möglichkeit, einen Stellvertreter zu benennen, Materialien der Staatsduma (unveröffentlicht).

[1322] Siehe *Kiperman*, Neues Insolvenzgesetz; einen neutralen Status des Verwalters hatte auch schon *Vitrjanskij*, Wege zur Vervollkommnung der Bankrottgesetzgebung, 101, gefordert.

[1323] So *Kolininčenko*, Schutz der Interessen, 186; *Teljukina*, Beobachtung als Bankrottverfahren, ChiP 1998 Nr. 9, 53 und Nr. 10, 46; ähnlich *Trefilova*, Aktuelle Fragen der Antikrisenverwaltung, Vestnik des FSFO 2002 Nr. 2, 36 (38); *Šipicina*, Rechtliche Lage und Lizenzierung der Tätigkeit der Arbitrageverwalter, AGP 2001 Nr. 1, 14 (16), die darauf hinweist, dass der Schuldner mehr als die Gläubiger Interesse an einer Sanierung hat.

[1324] Mehrere Verwalter sind nicht mehr zulässig, vgl. *Nikitina*, Das Konkursverfahren, AP 2003 Nr. 6, 14 (15).

[1325] *Pavlodskij*, Selbstorganisierte Arbitrageverwalter, Zakon 2003 Nr. 6, 24 (25).

[1326] *Teljukina*, Konkursrecht 2004, 210; *Guseva/Vladyka*, Arbitrageverwalter, 37.

[1327] Beschluss des Plenums des Obersten Wirtschaftsgerichts vom 15.12.2004 Nr. 29," Pkt. 24.

[1328] *Dorochina*, Der rechtliche Aspekt der Bestätigung des Arbitrageverwalters in der Insolvenz- (Bankrott-) Sache, ChiP 2004 Nr. 3, 111 (116).

[1329] Anschaulich *Egorov*, Einige aktuelle Probleme des Bankrotts, ChiP 2004 Nr. 12, 85 (89ff.); ähnlich *Guseva/Vladyka*, Arbitrageverwalter, 36f.

organisationen in unterschiedlicher Weise auf die „Wünsche" der Beteiligten eingehen, besteht die Gefahr eines Wettbewerbs nach unten.

Die Bestellung erfolgt stets für ein Bankrottverfahren. Schließt sich daran ein weiteres Verfahren an, etwa ein Konkursverfahren an die finanzielle Sanierung, ist das Bestellungsverfahren komplett neu zu durchlaufen.[1330]

d) Besondere Anforderungen

Das InsG 1998 sah in bestimmten Fällen strengere oder leichtere Anforderungen an den Verwalter vor. So erlaubte Art. 175 Pkt. 1 unter bestimmten Voraussetzungen die Übertragung der Befugnisse des Konkursverwalters an den Vorsitzenden der Liquidationskommission (den Liquidator) des Schuldners.[1331] Erweiterte Anforderungen wurden an die Verwalter für bestimmte Arten von Schuldnern (stadtbildende Unternehmen, Kreditorganisationen etc.) gestellt. Auch im InsG 2002 werden für die Bestellung zum Arbitrageverwalter allgemein oder in einzelnen Verfahren teilweise veränderte Anforderungen verlangt.[1332]

aa) Zusätzliche Anforderungen

Die Gläubiger oder bevollmächtigten Organe können zusätzliche Anforderungen an den Verwalter aufstellen. Diese sind in Art. 23 Pkt. 1 InsG 2002 abschließend aufgeführt.[1333] Es kann verlangt werden, dass der Verwalter über eine bestimmte für das Verfahren wichtige Universitätsausbildung verfügt (etwa aus dem Fachbereich, in dem der Schuldner tätig ist),[1334] dass er eine ausreichende praktische Erfahrung im entsprechenden Wirtschaftsbereich oder eine bestimmte Zahl bereits durchgeführter Insolvenzverfahren vorweisen kann.[1335] Unklar ist dabei, in welchem Verhältnis diese zusätzlichen Anforderungen zu den allgemeinen Voraussetzungen stehen. Da sie die besonderen Wünsche der Beteiligten zum Ausdruck bringen, müssen sie bei der Einstufung der Verwalter wohl Vorrang vor den allgemeinen Bedingungen haben.[1336]

[1330] Kritisch *Teljukina*, Konkursrecht 2004, 210, die eine erleichterte Bestellung des bisherigen Verwalters befürwortet.

[1331] Dazu *Alžeeva/Sangaev*, Über die Insolvenz (den Bankrott), AP 2002 Nr. 2, 60.

[1332] *Belych/Dubinčin/Skuratovskij*, Rechtliche Grundlagen, 84.

[1333] *Teljukina*, Kommentar zum InsG 2002, SiE 2003 Nr. 5, 55; *Teljukina*, Konkursrecht 2004, 205.

[1334] Dies kann auch bedeuten, dass zwei Universitätsabschlüsse verlangt werden: *Teljukina*, Kommentar zum InsG 2002, SiE 2003 Nr. 5, 55.

[1335] *Guseva/Vladyka*, Arbitrageverwalter, 32.

[1336] *Guseva/Vladyka*, Arbitrageverwalter, 35 gehen aber wohl zu weit, wenn sie meinen, die allgemeinen Voraussetzungen dürften dann bei der Erstellung der Liste keine Rolle mehr spielen.

Diese Neuerung des InsG 2002 wird sicher dazu beitragen, die fachliche Qualifikation der Verwalter anzuheben.[1337] Dies hat für die finanzielle Sanierung und die Fremdverwaltung als Sanierungsphasen in stärkerem Maße Bedeutung als für das Konkursverfahren, bei dem eher insolvenzspezifische Kenntnisse im Vordergrund stehen. Erst die Praxis wird allerdings zeigen, ob es gelingt, genügend unterschiedlich qualifizierte Verwalter zu finden. Zu differenzierten Anforderungen an die Kandidaten werden selbst große Selbstverwaltungsorganisationen nicht genügen können.[1338] Die Ernennung eines Mitarbeiters des FSFO oder eines anderen staatlichen Organs zum Arbitrageverwalter ist nach dem InsG 2002 hingegen selbst für vereinfachte Verfahren nicht mehr vorgesehen und also unzulässig.[1339]

bb) Geringere Qualifikationen

Geringe Qualifikationsanforderungen sind bei einigen Verfahren zulässig, die typischerweise keine größeren Schwierigkeiten aufweisen. In Verfahren gegen natürliche Personen spielt der Arbitrageverwalter eine wesentlich geringere Rolle. Aus Art. 207 Pkt. 1 Unterpunkt 2 InsG 2002 kann man ableiten, dass die Einsetzung eines vorläufigen Verwalters möglich ist. Die Vollstreckung der Bankrotterklärung ist aber in erster Linie den Gerichtsvollziehern übertragen, Art. 209.[1340] Nur in Sonderfällen der Verwaltung unbeweglichen oder wertvollen Vermögens wird ein Konkursverwalter eingesetzt. Für dessen Auswahl werden allerdings keine veränderten Qualifikationsanforderungen aufgestellt.

Bei Verfahren gegen bäuerliche Betriebe sieht Art. 220 InsG 2002 ausdrücklich vor, dass der dort eingesetzte Fremdverwalter nicht den üblichen Anforderungen an einen Arbitrageverwalter genügen muss.[1341] Ebenso ist es möglich, dass er nur eine Aufsichtsfunktion wahrnimmt, während der Leiter des Betriebs selbst die Funktionen des Fremdverwalters ausübt.[1342]

Bei Verfahren gegen zu liquidierende Schuldner kann es nur zur Bestellung eines Konkursverwalters kommen. Unklar ist, ob Art. 225 InsG 2002 es wie früher Art.

[1337] Zur Normierung im Gesetz über die Insolvenz der Monopolunternehmen im heizenergetischen Sektor und zu allgemeinen entsprechenden Plänen: *Belych/ Dubinčin/Skuratovskij*, Rechtliche Grundlagen, 90.

[1338] Insbesondere in entfernten Regionen Russlands erscheint eine derartige Differenzierung abwegig.

[1339] *Nikitina*, Vereinfachte Bankrottverfahren, AP 2003 Nr. 2, 3 (6).

[1340] Allerdings ist auch der Aufbau eines funktionierenden Systems von Gerichtsvollziehern in Russland derzeit noch nicht abgeschlossen, vgl. *Vitrjanskij/Vitrjanskij*, Kommentar, 15.

[1341] *Andreev*, Kommentar, 318, führt dies darauf zurück, dass die Verwalter überwiegend Städter seien, denen es an der notwendigen Qualifikation fehle. In der Tat dürfte es kaum lukrativ sein, sich als Verwalter in diesem Bereich zu spezialisieren; siehe auch *Belych/Dubinčin/Skuratovskij*, Rechtliche Grundlagen, 245.

[1342] *Popondopulo/Makarova*, Kommentar, Art. 220 Pkt. 2.

175 InsG 1998 ermöglicht,[1343] ein Mitglied der Liquidationskommission oder den Liquidator auch ohne die entsprechenden Qualifikationen zum Verwalter zu bestellen.[1344] So sinnvoll dies aus Gründen der Praktikabilität und der Kostenersparnis wäre, spricht doch die Gesetzessystematik ebenso wie die Streichung der früher im InsG 1998 enthaltenen Möglichkeit der Bestellung des Liquidators bei der Novellierung eindeutig dagegen.[1345]

cc) Erhöhte Anforderungen

Für einige Verfahren in besonderen Wirtschaftsbereichen werden an den Arbitrageverwalter zusätzliche Anforderungen gestellt,[1346] die im Rahmen des allgemeinen Auswahlverfahrens berücksichtigt werden.[1347]

Der Verwalter in Verfahren gegen professionelle Teilnehmer des Wertpapiermarkts muss über ein entsprechendes von der zuständigen Regulierungsbehörde ausgestelltes Attestat (Art. 187 Pkt. 3 InsG 2002) verfügen.[1348] Dieses soll besondere Fähigkeiten und Kenntnisse des Verwalters auf dem Bereich des Wertpapiermarktes nachweisen, die ihn befähigen, das Verfahren sachkundig durchzuführen.[1349]

Für den Arbitrageverwalter in Bankrottsachen strategischer Unternehmen und Organisationen ermächtigt Art. 193 InsG 2002 die Regierung der Russischen Föderation eine Liste zusätzlich bindender Qualifikationserfordernisse aufstellen, um ein entsprechendes Know-how auf dem Tätigkeitsgebiet des Unternehmens sicherzustellen.[1350] Davon hat sie im September 2003 Gebrauch gemacht und 5 Jahre Berufserfahrung, mindestens zwei Bankrottverfahren sowie eine juristische, wirtschaftswissenschaftliche oder dem Tätigkeitsfeld des Unternehmens entsprechende Universitätsausbildung vorgeschrieben.[1351]

[1343] Dazu *Sergeev*, Bankrott einer zu liquidierenden juristischen Person, Jurist 2000 Nr. 10, 30 (31).

[1344] *Popondopulo/Gorodov*, Kommentar, Art. 225 Pkt. 1.

[1345] So auch *Nikitina*, Vereinfachte Bankrottverfahren, AP 2003 Nr. 2, 3 (4).

[1346] Insbesondere zum Erfordernis einschlägiger Erfahrung: *Vitrjanskij*, Wie die Gesetzgebung über den Bankrott reformieren, Zakonodatel´stvo 1999 Nr. 5, 58.

[1347] Kritisch dazu *Vitrjanskij*, Neues in der rechtlichen Regelung der Insolvenz (des Bankrotts), ChiP 2003 Nr. 1, 20, der eine stärkere Rolle des Staats empfiehlt.

[1348] *Kolininčenko*, Schutz der Interessen, 189; *Guseva/Vladyka*, Arbitrageverwalter, 31.

[1349] *Masevic/Orlovskij/Pavlovskij*, Kommentar, 136; bisher fehlt es allerdings an entsprechenden ausführenden Normen. Beim Bankrott von Kreditorganisationen, die mit Wertpapieren tätig sind, gehen die Anforderungen der Zentralbank ohnehin vor; vgl. *Bol´šoba/Geraščenko*, Arbitragepraxis, 48f.

[1350] Siehe *Andreev*, Kommentar, 298; *Teljukina*, Kommentar, 2. Auflage, Art. 20 Pkt. 5.

[1351] Beschluss der Regierung Nr. 586 vom 19.09.2003 „Über die Anforderungen an die Kandidatur des Arbitrageverwalters in Bankrottsachen strategischer Unternehmen oder Organisationen"; dazu *Guseva/Vladyka*, Arbitrageverwalter, 31f.

Für den Verwalter in Verfahren gegen Monopolunternehmen des Energiesektors sieht das derzeit geltende Spezialgesetz[1352] in Art. 4 vor, dass der Verwalter über berufliche Erfahrung im entsprechenden Wirtschaftsbereich verfügen muss. Zusätzlich hat er ein Attestat des staatlichen Organs zur Regelung des Energiesektors vorzuweisen.[1353] Nach 2005 gelten die Art. 187- 201 des InsG 2002, die keine Besonderheiten gegenüber dem allgemeinen Verfahren mehr vorsehen. Es bleibt den Verfahrensbeteiligten jedoch vorbehalten, entsprechende zusätzliche Anforderungen bei der Bestellung nach Art. 45, 23 InsG 2002 geltend zu machen.

Für Verfahren gegen Kreditorganisationen schreibt das entsprechende Sondergesetz[1354] in Art. 6 vor, dass der Verwalter neben den üblichen Voraussetzungen auch ein von der russ. Zentralbank ausgestelltes Attestat für genau diese Art von Bankrottverfahren besitzen muss.[1355] Problematisch ist vor allem, dass dieses Attestat jeweils für das Verfahren über eine konkrete Kreditorganisation ausgestellt werden soll. In der Praxis wurde die Bestimmung daher häufig umgangen, indem das Attestat für eine andere Bank als ausreichend angesehen wird.[1356] Die Bedingungen für den Erhalt eines solchen, zusätzlich erforderlichen Attestats werden in untergesetzlichen Normen präzisiert,[1357] Pflichtverletzungen können gemäß Art. 45 Bankeninsolvenzgesetz die Grundlage für eine Entziehung des Attestats darstellen. Im Verfahren der vorläufigen Verwaltung nach dem Bankeninsolvenzgesetz, das der finanziellen Sanierung und der Fremdverwaltung nach dem InsG 2002 ähnelt, können nur Mitarbeiter der Zentralbank oder anderer staatlicher Stellen die Leitung übernehmen. Ähnliches gilt in Verfahren gegen abwesende (also vor allem nicht mehr aktive) Kreditorganisationen.[1358]

Sicher ist es zu begrüßen, für Insolvenzverfahren in bestimmten Branchen besondere Qualifikationen zu verlangen. Allerdings ist fraglich, ob diese Anforderungen gesetzlich festgeschrieben und durch gesonderte Attestate belegt werden müssen. Un-

---

[1352]   Siehe Föderales Gesetz der Russischen Föderation „Über die Besonderheiten der Zahlungsunfähigkeit (des Bankrotts) von Subjekten natürlicher Monopole des Energiesektors" Nr. 122-FZ vom 24.06.1999.

[1353]   *Guseva/Vladyka*, Arbitrageverwalter, 32.

[1354]   Föderales Gesetz „Über die Insolvenz (den Bankrott) von Kreditorganisationen".

[1355]   *Trofimov*, Kommentar zum föderalen Gesetz „Über die Insolvenz (den Bankrott) von Kreditorganisationen", 20; siehe auch *Belych/Dubinčin/Skuratovskij*, Rechtliche Grundlagen, 212f.; *Guseva/Vladyka*, Arbitrageverwalter, 32.

[1356]   Mit Beispielen aus der Praxis *Bol´šoba/Geraščenko*, Arbitragepraxis, 43ff., 144, der vorschlägt, das Attestat an den Arbitrageverwalter und nicht eine bestimmte Kreditorganisation zu koppeln.

[1357]   Siehe Bestimmung der Zentralbank Russlands vom 07.08.2001 Nr. 146-P „Über das Verfahren der Attestierung von Arbitrageverwaltern (Liquidatoren) von Kreditorganisationen durch die Bank Russlands", dazu: *Tosunjan/Vikulin*, Kommentar zum Bankeninsolvenzgesetz, Art. 6 Pkt. 3.

[1358]   Dabei müssen die Mitarbeiter der Zentralbank auch kein Attestat innehaben; vgl. *Bol´šoba/Geraščenko*, Arbitragepraxis, 29f.

ter Umständen wäre es wirkungsvoller, insoweit auf den Sachverstand der Verfahrensbeteiligten und vor allem des Wirtschaftsgerichts zu vertrauen. Auch mag eine zu große Differenzierung der Anforderungen in den dünn besiedelten Gebieten Russlands die Auswahl eines Arbitrageverwalters praktisch erheblich erschweren.

e) Übergangsbestimmungen

Das InsG 2002 enthält einige Sonderregeln für das Inkrafttreten der Normen zum Arbitrageverwalter. Da das Gesetz nur eine sehr kurze allgemeine Übergangsfrist zwischen Veröffentlichung und Inkrafttreten (30 Tage) vorsieht und das Berufsrecht der Verwalter einschneidend ändert, waren spezielle Regelungen unumgänglich.[1359]

Unabhängig davon, ob sich ein nach dem 03.12.2002 angeordnetes Bankrottverfahren nach dem InsG 1998 oder dem InsG 2002 richtet, muss die Auswahl und Bestellung des Arbitrageverwalters bereits den Anforderungen des neuen Gesetzes genügen, Art. 233 Pkt. 4 InsG 2002.[1360] Allerdings erlaubt das InsG 2002 während eines Jahres ab seinem Inkrafttreten Abstriche bei den allgemeinen Anforderungen an den Arbitrageverwalter, Art. 231 Pkt. 4. Dieser muss insbesondere nicht Mitglied einer Selbstverwaltungsorganisation sein. Im Übrigen sind die Ablegung des Examens und das Praktikum entbehrlich.[1361] Als Nachweis leitender Tätigkeit gilt auch eine frühere Tätigkeit als Arbitrageverwalter, wenn der Bewerber eine entsprechende Lizenz besaß.[1362] Die Überwachung der nicht einer Selbstverwaltungsorganisation angehörenden Verwalter nimmt innerhalb eines Jahres ab Inkrafttreten das Regulierungsorgan, also das Justizministerium, wahr, Art. 231 Pkt. 3.[1363] In der Praxis ergaben sich eine Reihe von Problemen, weil nicht alle Verwalter nach Ablauf des Jahres die Anforderungen erfüllten. Es stellte sich dann die Frage, ob diese Verwalter aus den (laufenden) Verfahren abzuberufen waren.[1364]

C. Russische Praxis

Das Insolvenzrecht und insbesondere die Insolvenzverwaltung haben in den letzten Jahren deutlich an Bedeutung gewonnen. [1365] Bei den Verwaltern kann eine wach-

---

[1359] Dazu ausführlich: Informationsbrief des Präsidiums des Obersten Wirtschaftsgerichts der RF vom 08.04.2003 „Über einige Fragen, die mit dem Inkrafttreten des föderalen Gesetzes „Über die Insolvenz (den Bankrott)" verbunden sind"; vgl. *Teljukina*, Kommentar zum InsG 2002, SiE 2003 Nr. 3, 32.

[1360] Vgl. *Andreev*, Kommentar, 333.

[1361] Informationsbrief des Präsidiums des Obersten Wirtschaftsgerichts der RF vom 08.04.2003 „Über einige Fragen, die mit dem Inkrafttreten des föderalen Gesetzes „Über die Insolvenz (den Bankrott)" verbunden sind", Pkt. 3.

[1362] Siehe *Andreev*, Kommentar, 333.

[1363] Verordnung der Regierung vom 14.02.2003 Nr. 100 „Über das bevollmächtigte Organ in Bankrottsachen und Bankrottverfahren und das Regulierungsorgan, das die Kontrolle über die Selbstverwaltungsorganisationen der Arbitrageverwalter ausübt".

[1364] *Egorov*, Einige aktuelle Probleme des Bankrotts, ChiP 2004 Nr. 10, 92 (96f.)

[1365] *Arzinger/Galander*, Russisches Wirtschaftsrecht, 2. Auflage, 63ff.

sende Kompetenz konstatiert werden.[1366] Die an zahlreichen Hochschulen angebotenen Kurse und Fortbildungsangebote sowie die angestiegene Zahl von Verfahren haben eine Erhöhung der Kenntnisse bewirkt.

Dennoch wirkt das System der Ausbildung und Lizenzierung der Verwalter gerade im Vergleich zu ausländischen Rechtsordnungen noch sehr unvollkommen.[1367] Bis heute hat sich kein eigener Korpus von Verwaltern gebildet.[1368] Oft fehlt es entweder an der notwendigen Qualifikation oder an der praktischen Erfahrung bei der Abwicklung der Verfahren.[1369] Gerade in der Anfangsphase mangelte es schlicht an Grundkenntnissen im Finanzmanagement.[1370] Manche ausgebildete Verwalter sind zudem fachlich oder organisatorisch damit überfordert, ein oder gar mehrere große Verfahren parallel zu betreuen.[1371] Es gibt allerdings umfangreiche Ausbildungsprogramme, auch unter Beteiligung internationaler Organisationen, um diesen Mängeln entgegenzuwirken.[1372] Insofern hat die Lizenzpflicht sicher eine positive Rolle gespielt. Ihre Ersetzung durch die Kontrolle der Selbstverwaltungsorganisationen wird nicht nur positiv gesehen.[1373]

Gelegentlich lassen es die Arbitrageverwalter an der gebotenen Neutralität und Unabhängigkeit fehlen.[1374] Sie werden von einzelnen Gläubigergruppen vorgeschlagen und versuchen dann, deren Interessen im Verfahren zu vertreten.[1375] Gelingt es einzelnen Gläubigern, einen ihnen nahestehenden Arbitrageverwalter ins Amt zu bringen, kann dieser die Mehrheitsverhältnisse in der Gläubigerversammlung beeinflussen und wichtige verfahrensleitende Entscheidungen vorbereiten. Eine spätere gerichtliche Korrektur ist nur unter größten Schwierigkeiten, mitunter überhaupt nicht

---

[1366] *Arzinger/Galander*, Russisches Wirtschaftsrecht, 2. Auflage, 63ff.

[1367] *Vitrjanskij* in Vorwort zu *Kolininčenko*, Schutz der Interessen, 6.

[1368] *Trunk*, Das neue russische Insolvenzrecht. Von der Zwischenbilanz zur Totalrevision, in: *Schroeder* (Hrsg.), Die neuen Kodifikationen in Russland, 2. Auflage, 103.

[1369] Mit erschreckenden Beispielen *Bol˘šoba/Geraščenko*, Arbitragepraxis, 74ff.; *Oda*, Russian Commercial Law, 156: ähnlich *Danilenko/Štern*, Die Rolle des Arbitrageverwalters im Insolvenz- (Bankrott) Prozess, in: *Karelina* (Hrsg.), Rechtliche Probleme, 61 (65).

[1370] Und im Marketing, vgl. *Gramotenko/Mjasoedova/Ljubanova*, Bankrott von Unternehmen, 30.

[1371] *Oda*, Russian Commercial Law, 156; Verweis auf einzelne Verwalter, die 8 bis 10 große Verfahren parallel betreuen.

[1372] *Trunk*, Das neue russische Insolvenzrecht. Von der Zwischenbilanz zur Totalrevision, in: *Schroeder* (Hrsg.), Die neuen Kodifikationen in Russland, 2. Auflage, 103f; siehe etwa das TACIS-Programm „Efficiency of Insolvency Proceedings (Insolvency Phase II).

[1373] Für die Wiedereinführung einer Lizenzpflicht *Tkačev*, Insolvenz, 66 und 324.

[1374] Dies ist allerdings kein nur russ. Problem, vgl. *Köster*, Der englische insolvency practitioner – Berufsbild und Berufszugang, RIW 2006, 24 (25).

[1375] *Oda*, Russian Commercial Law, 156f.; zum Fall "Sidanco"; ähnlich *Viktorov/Sapožnikov*, Aufsicht über die Erfüllung der Gesetzgebung über die Insolvenz (den Bankrott), Zakonnost´ 2003 Nr. 6, 17 (20), zum Beispiel der OOO „Rostok".

mehr möglich. Manchmal sieht aber auch der Schuldner seinen Bankrott voraus, lässt das Verfahren durch einen ihm nahestehenden Gläubiger eröffnen und gewinnt damit Einfluss auf die Auswahl des Arbitrageverwalters.[1376]

Letztlich können noch so präzise rechtliche Regeln lediglich einen Rahmen bilden. Wenn es nicht gelingt, ein Standesbewusstsein und ein spezielles Verwalterethos zu entwickeln, wird es immer zu Missbrauch kommen.[1377] Es sind in der Praxis die persönlichen Fähigkeiten des Verwalters und seine Integrität, die den Ausschlag geben.[1378] Genau diese Eigenschaften lassen sich aber durch Ausbildungsprogramme nur unvollkommen vermitteln. Auch der Vorschlag,[1379] ethische Standards gesetzlich festzulegen, scheint insoweit in eine Sackgasse zu führen. Gerade in Russland, wo über 70 Jahre Kommunismus mit unzähligen Pflichten einzig durch strenge Kontrolle zu sichern waren, besteht nur ein sehr geringes Vertrauen in staatlich verordnete Verhaltensanweisungen.[1380] Ein redlicher Arbitrageverwalter muss aus Überzeugung neutral und professionell agieren, nicht nur aufgrund staatlicher Normen, strenger Kontrollen und möglicher Sanktionen.

Das InsG 1998 brachte die Verwalter in eine nahezu völlige Abhängigkeit vom FSFO,[1381] der nicht nur über ihre Lizenz entschied und sie kontrollierte, sondern auch am Verfahren als Gläubiger teilnahm und bei großen Verfahren Wettbewerber der Arbitrageverwalter um die Aufgaben der Verwaltung war. Es ist zu begrüßen, dass das InsG 2002 diese Abhängigkeit reduziert.

Die neuen Regeln zu den Selbstverwaltungsorganisationen bringen den Verwalter jedoch in eine möglicherweise ebenso gefährliche Abhängigkeit von diesen Organisationen.[1382] Da über das Bestellungssystem die Selbstverwaltungsorganisationen ein praktisch nicht kontrollierbares Monopol für Vorschläge haben,[1383] ist der ein-

---

[1376] *Bol'šoba/Gerašcenko*, Arbitragepraxis, 50.

[1377] Hier kann auch *Gramotenko/Mjasoedova/Ljubanova*, Bankrott von Unternehmen, 30, keineswegs beigepflichtet werden, die behaupten, den Verwaltern habe es bisher nicht an persönlicher Integrität gemangelt.

[1378] So zu Recht *Karelina*, Rechtliche Regelung, 76.

[1379] So *Karelina*, Rechtliche Regelung, 76.

[1380] Siehe *Gramotenko/Mjasoedova/Ljubanova*, Bankrott von Unternehmen, 30, die die Verwalter in „rote Direktoren", „Bankiers" und „Unternehmer" einteilen und nur letztere für geeignet halten.

[1381] *Vitrjanskij* in Vorwort zu *Kolininčenko*, Schutz der Interessen, 7, spricht von einer „sklavischen Abhängigkeit".

[1382] *Bessonova*, Neuigkeiten des Gesetzes über den Bankrott und die Probleme ihrer Anwendung, AP 2003 Nr. 1, 3 (5); dies läuft der weltweiten Praxis zuwider, vgl. *Vitrjanskij*, Neues in der rechtlichen Regelung der Insolvenz (des Bankrotts), ChiP 2003 Nr. 1, 4; *Teljukina*, Kommentar, 2. Auflage, Art. 22 Pkt. 4 und *dies.*, Konkursrecht 2004, 217f; *Tkačev*, Insolvenz, 77.

[1383] *Vitrjanskij* in: *Vitrjanskij*, Kommentar 2003, Vorwort 21; *Fedorenko/Parchomenko*, Rechtsstatus und Rolle einiger Subjekte im Bankrottverfahren im Lichte des föderalen Gesetzes „Über die Insolvenz (den Bankrott) von 2002, VAS 2005 Nr. 5, 169 (172); vgl.

zelne Arbitrageverwalter ihnen als Mitglied ausgeliefert; er ist faktisch mediatisiert.[1384] Bis heute gibt es keine einheitlichen Regeln für die Erstellung der Auswahllisten.[1385] Unklar ist, welche Rechtsmittel ihm gegen Mehrheitsentscheidungen offen stehen.[1386] Im Unterschied zur Standesorganisation der Anwälte geht es gerade nicht nur um die Kontrolle der Einhaltung gewisser berufsständischer Pflichten, vielmehr besteht das Risiko, dass unliebsame Verwalter faktisch ausgegrenzt und nicht mehr vorgeschlagen werden. Die Mehrheit in der Organisation kann damit ganz „demokratisch" einzelne ihrer Mitglieder von der Berufsausübung ausschließen. Dies wird gute Verwalter zur Abwanderung in andere Berufe bewegen und Nachwuchs abschrecken.[1387] In der Literatur war daher auch in erster Linie eine nur freiwillige Mitgliedschaft und die Konkurrenz zu freien Verwaltern angeregt worden.[1388]

Es steht daher zu befürchten, dass die neuen Regeln der gerade entstandenen Profession der Verwalter einen entscheidenden Rückschlag versetzen.[1389] Die Literatur steht dem Zwang zur Mitgliedschaft in einer Selbstverwaltungsorganisation kritisch gegenüber.[1390] Fraglich ist zudem, wie ein junger Verwalter Erfahrungen sammeln soll, wenn stets nur die am besten qualifizierten Verwalter auf die Liste kommen.[1391] Letztlich wird aber erst die Praxis ein endgültiges Urteil über die neuen Regeln erlauben.[1392] Eine gesunde Skepsis ist allerdings angebracht.

---

auch die Schlussfolgerung des Komitees der Staatsduma für Eigentum, das federführend das Gesetzesprojekt betreute, spricht von einer Gefahr der „Monopolisierung".

[1384] *Tkačev*, Konkursrecht, 75f.; ähnlich *Pavlodskij*, Selbstorganisierte Arbitrageverwalter, Zakon 2003 Nr. 6, 24 (26f.); der die Gefahr sieht, dass die Organisationen vor allem daran interessiert sein werden, den eigenen Mitgliedern Arbeit zu verschaffen; *Ežov*, Bankrott kommerzieller Organisationen, 129.

[1385] *Guseva/Vladyka*, Arbitrageverwalter, 34.

[1386] Auf diesen Aspekt weist *Teljukina*, Kommentar zum InsG 2002, SiE 2003 Nr. 5, 55 hin.

[1387] *Bessonova*, Neuigkeiten des Gesetzes über den Bankrott und die Probleme ihrer Anwendung, AP 2003 Nr. 1, 3 (5).

[1388] Siehe *Taj*, Besonderheiten des Status´ des Arbitrageverwalters, AGP 2002 Nr. 5, 23 (24), da die Organisationen sonst einen „totalitären Charakter" annähmen; *Tkačev*, Konkursrecht, 75; *Teljukina*, Kommentar, 2. Auflage, Art. 21 Pkt. 10; diese Parallelität entspräche auch dem britischen System; vgl. *Chouman*, Erhöhung der Standards der Tätigkeit der Arbitrageverwalter, Sonderbeilage zu VAS 2001 Nr. 3, 81 (91); *Köster*, Der englische insolvency practitioner – Berufsbild und Berufszugang, RIW 2006, 24.

[1389] *Vitrjanskij*, Neues in der rechtlichen Regelung der Insolvenz (des Bankrotts), ChiP 2003 Nr. 1, 5; *ders.*, in: *Vitrjanskij*, Kommentar 2003, Vorwort 21.

[1390] *Chimičev*, Schutz von Gläubigerrechten beim Bankrott, 78; *Fedorenko/Parchomenko*, Rechtsstatus und Rolle einiger Subjekte im Bankrottverfahren im Lichte des föderalen Gesetzes „Über die Insolvenz (den Bankrott) von 2002, VAS 2005 Nr. 5, 169 (171); *Tkačev*, Konkursrecht, 75; *Dorochina*, Der rechtliche Aspekt der Bestätigung des Arbitrageverwalters in der Insolvenz- (Bankrott-) Sache, ChiP 2004 Nr. 3, 111 (112).

[1391] *Guseva/Vladyka*, Arbitrageverwalter, 34f.

[1392] *Chimičev*, Sicherung der Rechte und gesetzlichen Interessen der Gläubiger, AP 2003 Nr. 4, 3 (11); *Tkačev*, Konkursrecht, 76.

D. Vergleichende Betrachtung

Für die Auswahl des Insolvenzverwalters/Arbitrageverwalters als Kernfrage des Verfahrens halten weder das deutsche noch das russische Recht eine zufriedenstellende Lösung bereit.

Das deutsche Recht stellt kaum klare Anforderungen an die notwendigen Qualifikationen auf; überlässt im Gegenzug die Auswahlentscheidung allein dem Gericht. Das russische Recht hingegen präzisiert die Anforderungen sehr genau, lässt dem Gericht allerdings nur eine sehr formale Möglichkeit der Überprüfung der Auswahlentscheidung, die von Gläubiger, Schuldner und Selbstverwaltungsorganisation vorbereitet wurde.

Beide Verfahren führen in der Praxis zu Missbrauch. Während in Russland der Schuldner und die Minderheitsgläubiger ihren Einfluss auf das Verfahren einbüßen, wird in Deutschland der Zugang zum Beruf des Insolvenzverwalters unzulässig beschränkt.

Ableiten lässt sich, dass nur eine genaue Normierung des Anforderungsprofils die Auswahlentscheidung überprüfbar macht. Zugleich bedarf es eines ordnungsgemäß ausgeübten Ermessens, um den wirtschaftlichen Gegebenheiten Rechnung zu tragen. Dabei müssen der erhöhte Zeitdruck und der Prognosecharakter der Auswahlentscheidung berücksichtigt werden.[1393] Zu beachten ist zudem, dass der Kreis möglicher Kandidaten schrumpft, je enger man die Anforderungen definiert.

Wenn es dennoch in der praktischen Abwicklung gewaltige Unterschiede zwischen Deutschland und Russland gibt, dann weil das Selbstverständnis der Verwalter ein anderes ist. Aus dieser Sicht bestehen größte Bedenken gegen das im InsG 2002 neu gefasste System einer Selbstverwaltung der Arbitrageverwalter. Die dabei möglichen Abhängigkeiten sind noch viel gravierender als eine enge gerichtliche Kontrolle. Es wird kaum möglich sein, die interne Entscheidungsfindung der Selbstverwaltungsorganisationen zu kontrollieren. Erweist sich das System jedoch als erfolglos, werden bereits so viele qualifizierte Arbitrageverwalter sich abgewendet haben, dass eine Rückkehr zu unabhängigen Einzelverwaltern nahezu aussichtslos sein dürfte.

3. Rechtsstellung/ Status

A. Deutsches Recht

In Deutschland tobt seit langem ein wissenschaftlicher Streit um die Rechtsstellung des Insolvenzverwalters.[1394] Auch nach dem Inkrafttreten der InsO ist die Auseinan-

---

[1393] Auf diesen Punkt weist *Henssler*, Das Berufsbild des Insolvenzverwalters im Wandel der Zeit, ZIP 2002, 1053 (1056f.) hin.

[1394] *Bork*, Einführung in das Insolvenzrecht, Rn 63ff.; ausführlich *Breuer*, Insolvenzrecht, Rn 66ff.; kritisch *Häsemeyer*, Insolvenzrecht, Rn 15.02.

dersetzung um den Rechtsstatus des Insolvenzverwalters nicht verstummt. Es ist davon auszugehen, dass er noch weitere Juristengenerationen beschäftigen wird. Allerdings hat seine Bedeutung nachgelassen, da die praktische Relevanz recht gering ist.[1395] Im Wesentlichen stehen sich folgende Positionen gegenüber.[1396]

a) Vertretertheorie

Nach der Vertretertheorie handelt der Insolvenzverwalter als hoheitlich eingesetzter Vertreter eines der Verfahrensbeteiligten.[1397] Nach einer mittlerweile nicht mehr vertretenen Theorie ist der Insolvenzverwalter Vertreter der Gläubiger. Dabei werden jedoch die ebenfalls zu berücksichtigenden Interessen des Schuldners übersehen.[1398]

Andere Stimmen sehen den Insolvenzverwalter als Vertreter des Schuldners an, auf den mit Verfahrenseröffnung die Verwaltungs- und Verfügungsmacht übergehe. In einer modernen Variante wird der Verwalter als Vertreter der Insolvenzmasse angesehen. Alle Vertretertheorien leiden jedoch an dem Mangel, dass sie die verfahrensgeprägte Tätigkeit des Verwalters nicht sinnvoll erfassen.[1399] Der Insolvenzverwalter ist dem Gesamtziel des Verfahrens, nicht spezifischen Interessen einzelner Beteiligter verpflichtet.

b) Organtheorie

Nach der Organtheorie handelt der Insolvenzverwalter als Organ der Insolvenzmasse, die mit Eröffnung des Insolvenzverfahrens als selbständiges Substrat entsteht. Damit wird zutreffend verdeutlicht, dass der Verwalter weder den Gläubigern noch dem Schuldner besonders verpflichtet ist.[1400] Allerdings kann nach deutschem Recht eine Vermögensmasse kein eigenes Rechtssubjekt sein. Auch führt die Eröffnung noch nicht zu einem Eigentumsverlust des Schuldners.[1401]

c) Amtstheorie

Nach der heute in der Wissenschaft wohl herrschenden Amtstheorie handelt der Verwalter als Partei kraft Amtes in eigenem Namen mit Wirkung für und gegen den Schuldner.[1402] Von einer Partei kraft Amtes sprechen etwa § 116 ZPO und §§ 56, 57 und 59 InsO.[1403] Diese Theorie macht besonders plausibel deutlich, dass der Verwal-

---

[1395]   Nach *Gottwald/Klopp/Knuth,* Insolvenzrechtshandbuch, § 22 Rn 20 handelt es sich nur um „Spiegelfechterei".

[1396]   Überblick bei *Häsemeyer,* Insolvenzrecht, Rn 15.01.

[1397]   Siehe dazu *Breuer,* Insolvenzrecht, Rn 77; *Uhlenbruck/Uhlenbruck,* InsO § 56 Rn 68.

[1398]   Dazu *Häsemeyer,* Insolvenzrecht, Rn 15.03.

[1399]   Ebenso ablehnend unter Verweis auf die Eigenverwaltung: *Pape/Uhlenbruck,* Insolvenzrecht, Rn 166.

[1400]   *Häsemeyer,* Insolvenzrecht, Rn 15.05.

[1401]   Dazu *Uhlenbruck/Uhlenbruck,* InsO § 56 Rn 56 und *Breuer,* Insolvenzrecht, Rn 78.

[1402]   *Bork,* Einführung in das Insolvenzrecht, Rn 55 und 68.

[1403]   Siehe dazu *Breuer,* Insolvenzrecht, Rn 80.

ter keinem der Verfahrensbeteiligten, sondern dem darüber stehenden Verfahrensziel verpflichtet ist.[1404] Er vertritt ein allseitiges Interesse und übt seine Befugnisse fremdnützig aus.[1405]

d) Weitere Theorien

Im Lauf des Meinungsstreits wurden zahlreiche weitere Theorien aufgestellt. Karsten Schmidt modifizierte die Vertretertheorie und die Organtheorie.[1406] Es gibt eine Theorie des neutralen Handelns,[1407] die zwar gut die Unabhängigkeit des Verwalters abbildet. Es ist jedoch nicht vorstellbar, dass der Insolvenzverwalter weder in eigenem noch in fremdem Namen handelt.

e) Zwischenergebnis

Nach alledem spricht vieles dafür, den Insolvenzverwalter nach der InsO als Partei kraft Amtes einzuordnen. Dies kommt seiner Funktion als vor allem dem Verfahrenszweck verpflichtetem Verwalter der Interessen aller Beteiligten am nächsten. Jedoch weist auch diese Theorie Schwächen auf und bedarf für einzelne Fragen der Modifikation.[1408]

B. Russisches Recht

Auch im russ. Recht herrscht intensiver Streit über die Rechtsstellung des Arbitrageverwalters.[1409] Dieser Streit wurde schon im 19. Jahrhundert mit zum Teil vergleichbaren Positionen geführt.[1410] Neben dem wissenschaftlichen Wert einer solchen Betrachtung hat der Streit auch eine praktische Bedeutung. Je nach vertretener Position greifen die Autoren auf unterschiedliche Kapitel und Vorschriften des ZGB zurück, um bei Lücken im InsG 1998 bzw. InsG 2002 offene Fragen zu beantworten.[1411]

Teilweise werden vergleichbare Positionen vertreten wie im deutschen Recht. Auch das InsG 2002 hat insoweit keine Klärung erbracht.[1412] Es steht zu vermuten, dass

---

[1404] *Uhlenbruck/Uhlenbruck*, InsO § 56 Rn 74; *Pape/Uhlenbruck*, Insolvenzrecht, Rn 165.

[1405] Dazu *Häsemeyer*, Insolvenzrecht, Rn 15.06.

[1406] Zuletzt *K. Schmidt*, Klage und Rechtshängigkeit bei Konkurseröffnung vor Klagezustellung. Eine Bewährungsprobe für die Amtstheorie?, NJW 1995, 911 (915ff.); dazu *Uhlenbruck/Uhlenbruck*, InsO § 56 Rn 71

[1407] *Bork*, Einführung in das Insolvenzrecht, Rn 67; *Breuer*, Insolvenzrecht, Rn 79.

[1408] Dazu *Pape/Uhlenbruck*, Insolvenzrecht, Rn 163.

[1409] *Belych/Dubinčin/Skuratovskij*, Rechtliche Grundlagen, 87; *Teljukina*, Lizenzierung der Tätigkeit des Arbitrageverwalters, PiE 2001 Nr. 4, 25; diesen Streit findet man in zahlreichen Rechtsordnungen, vgl. *Kolininčenko*, Schutz der Interessen, 156ff.; zum polnischen Recht, wo zwischen Vertreter- und Amtstheorie gestritten wird, *Zoll/Kraft/Thurner*, Polnisches Insolvenzrecht, 131.

[1410] Siehe *Teljukina*, Konkursrecht, 212ff. mwN.

[1411] *Belych/Dubinčin/Skuratovskij*, Rechtliche Grundlagen, 87.

[1412] Schon kritisch zum InsG 1998 *Suvorov*, Über die Vollmachten des Arbitrageverwalters, AGP 2002 Nr. 6, 17 (18); *Fedorenko/Parchomenko*, Rechtsstatus und Rolle einiger Sub-

die zum InsG 1998 vertretenen Positionen in ähnlicher Weise auch zum neuen Gesetz vorgetragen werden.

a) Vertretertheorie

Auch im russ. Recht gibt es Stimmen, die den Verwalter als Vertreter ansehen und – soweit eigene Regeln fehlen – dem allgemeinen Recht der Stellvertretung (Kapitel 10, Art. 182 - 189 ZGB) unterstellen wollen.

aa) Vertreter der Gläubiger

Zum Teil wurde vertreten, der Verwalter sei Vertreter der Gläubiger.[1413] Diese Position lässt sich historisch herleiten aus der Zeit, als die Gläubiger ohne gerichtliche Unterstützung einen oder mehrere Vertreter aus ihren Reihen bestimmten, die ihre Interessen wahrnahmen und das Verfahren leiteten. Ein zusätzliches Argument für diese Theorie mag auch sein, dass die Vergütung des Verwalters durch die Gläubiger bestimmt wird. Allerdings muss deren Beschluss vom Wirtschaftsgericht abgesegnet werden und darf gewisse Mindestgrenzen nicht unterschreiten.

Gegen diese Position gelten jedoch alle aus dem deutschen Recht bekannten Einwände. Auch nach russ. Recht vertritt der Arbitrageverwalter nicht die Interessen einzelner Beteiligter. In der Praxis mag es gelegentlich dazu kommen, dass der Verwalter sich allen oder einzelnen Gläubigern besonders verpflichtet fühlt oder entsprechendem Druck nachgibt. Jedoch können diese dem Gesetz widersprechenden Handlungsweisen für die Bestimmung des Status keine Bedeutung haben.

bb) Vertreter des Schuldners

Andere Stimmen wollen den Verwalter als Vertreter des Schuldners ansehen.[1414] Ganz besonders gelte dies für den vorläufigen und den administrativen Verwalter, die nur Kontrollfunktionen ausüben.[1415] Dem steht jedoch entgegen, dass der Verwalter keinesfalls immer und allein im Interesse des Schuldners handelt, vielmehr eine gesonderte Verfahrensfunktion ausübt.[1416] Selbst wenn man den Verwalter - wie teilweise vertreten -[1417] als Vertreter eines (imaginären) stets rechtschaffenen Schuldners ansieht, der allein dem Sinne des Gesetzes folgt, wird der Widerspruch nicht aufgelöst. Auch das Gesetz hebt die grundsätzlichen Konflikte zwischen Schuldner und Gläubigern nicht auf. Gerade in der Abwägung zwischen Sanierung und Verwertung können aufgrund der zeitlichen Komponente die Interessen der

---

[1413] *Bardskij* im vorrevolutionären Schrifttum, zitiert nach *Tkačev*, Rechtliche Regelung, 26.
[1414] So die Meinung des zivilen Kassationsdepartements des regierenden Senats, vgl. *Tkačev*, Rechtliche Regelung, 26.
[1415] *Teljukina*, Der vorläufige Verwalter. Sein Status und seine Befugnisse, SiE 1999 Nr. 9, 40 (50).
[1416] So aus anderer Perspektive *Michalev*, Krimineller Bankrott, 163.
[1417] So *Tkačev*, Rechtliche Regelung, 27.

Gläubiger von denen des Schuldners abweichen. Mancher Gläubiger mag legitimerweise eine anteilige, aber sofortige Befriedigung einer vollständigen Befriedigung nach einem langwierigen Sanierungsverfahren vorziehen. Versteht man den Verwalter allein als Vertreter des Schuldners, zwingt man die Gläubiger, der Sanierung stets den Vorzug einzuräumen.

cc) Vertreter von Gläubigern und Schuldner

Teilweise wird vertreten, der Verwalter sei Vertreter sowohl des Schuldners als auch der Gläubiger.[1418] Dies wird jedoch der Interessenlage des Verwalters nicht gerecht, da Schuldner- und Gläubigerinteressen sich wie oben gezeigt häufig nicht entsprechen.[1419]

dd) Bewertung

Allen Vertretertheorien steht entgegen, dass das russ. ZGB ausdrückliche Regelungen gegen eine Vertreterlösung enthält. Im Kapitel 10 zur Stellvertretung wird in Art. 182 Abs. 2 explizit festgelegt, dass ein Konkursverwalter kein Vertreter ist, sondern in eigenem Namen handelt.[1420] Die russ. Bezeichnung im Gesetz: „конкурсный управляющий при банкротстве" erfasst wörtlich nur den Konkursverwalter im Konkursverfahren. Daraus könnte man den Schluss ziehen, die Verwalter in den anderen Verfahrensabschnitten seien nicht erfasst. Als das ZGB jedoch 1995 in Kraft trat, galt noch das InsG 1992. Dieses sah keine Differenzierung in der Bezeichnung des Verwalters in den einzelnen Verfahrensabschnitten vor. Insofern spricht viel dafür, dass vom ZGB jede Vertreterlösung ausgeschlossen wird.[1421]

b) Amtstheorie

Andere Stimmen wollen den Verwalter als einen Vertreter der staatlichen Interessen ansehen, der eine staatliche Schiedsrichterfunktion zwischen den verschiedenen Interessengruppen wahrnimmt.[1422] Der Verwalter übe seine Befugnisse kraft eines vom Gericht verliehenen Amtes aus.[1423]

[1418] *Poluéktov*, Der Rechtsstatus des Arbitrageverwalters, SiE 2000 Nr. 1, 24 (29); dazu im vorrevolutionären Recht, *Mattel*, Zur Frage der Grenzen der Kompetenz des Kreisgerichts bei Ernennung der geschworenen Treuhänder in Sachen des Bankrotts insolventer Schuldner, Journal des Zivil- und Strafrechts 1988 Nr. 3, 5, zit. nach *Tkačev*, Rechtliche Regelung, 27.

[1419] *Tkačev*, Rechtliche Regelung, 49.

[1420] Darauf verweisen auch *Belych/Dubinčin/Skuratovskij*, Rechtliche Grundlagen, 88.

[1421] So im Ergebnis auch *Popondopulo*, Konkursrecht, 142; ähnlich zum vorrevolutionären Recht *Šeršenevič*, Konkursprozess, 327.

[1422] *Galperin*, Rechte und Pflichten des vereidigten Vormunds in Sachen der Handelsinsolvenz, Journal des Zivil- und Strafrechts 1892 Buch VI, 19, zit. nach *Tkačev*, Rechtliche Regelung, 27.

[1423] So unter Verweis auf die deutsche Bezeichnung Partei kraft Amtes, *Kolininčenko*, Schutz der Interessen, 158.

Diese Ansicht wird der Stellung des Verwalters zwischen den Beteiligten gerecht. Allerdings wird die Vertretung staatlicher Interessen überbewertet. Der Verwalter ist, ebenso wie das Gericht, in vielerlei Hinsicht an die Wünsche und Anträge der Gläubiger und in geringerem Umfang des Schuldners, gebunden. Der Staat spielt nach dem InsG 2002 formal keine herausragende Rolle im Verfahren mehr.

c) Organtheorie

Zum Teil wird vertreten, der Verwalter sei als Organ des Gerichts tätig.[1424] Damit verkennt man jedoch seine unabhängige Stellung, gerade in Abgrenzung zum Wirtschaftsgericht. Der Verwalter wird nicht Organ des Schuldners, da nur dessen Vermögen, nicht er selbst als juristische Person im Blickpunkt des Bankrotts steht.[1425]

Die eigentliche Organtheorie sieht den Verwalter als Organ der Konkursmasse, die über eigene Rechtspersönlichkeit verfüge, ohne zivilrechtlich geschäftsfähig zu sein.[1426] Diese Theorie erfasst besonders gut die Tatsache, dass der Verwalter sowohl in einigen Sanierungs- als auch im Konkursverfahren die Funktionen der Leitung einer juristischen Person wahrnimmt und wie sie haftet.[1427] Im Übrigen handelt er ohne Vollmacht allein kraft seines Status wie es typisch für das Organ einer juristischen Person ist.[1428] Es spricht auch nicht gegen die Theorie, dass die Kompetenzen des Verwalters weiter sind als die des Organs einer juristischen Person. Der Umfang der Kompetenzen ist für den Rechtscharakter nicht ausschlaggebend.

Popondopulo differenziert zusätzlich nach der materiell-rechtlichen und der prozessualen Stellung des Insolvenzverwalters.[1429] Als Subjekt des Zivilrechts handle er im eigenen Namen, schließe Verträge ab und befriede die Gläubiger. Als Subjekt des Prozessrechts trete er als Organ der zwangsweisen Erfüllung gerichtlicher Entscheidungen auf.

d) Treuhändertheorie

Es wird auch vertreten, der Insolvenzverwalter sei einem Treuhänder zu vergleichen.[1430] Dies legte die Formulierung des InsG 1992 nahe, wo der Konkursverwalter vom Gericht das Recht zur Verfügung über das Vermögen des Schuldners er-

---

[1424] Vgl. *Šeršenevič*, Konkursprozess, 327.

[1425] *Ruchtin*, Rechtsfähigkeit einer insolventen juristischen Person, RJu 2001 Nr. 7, 26 (27); aA *Afon 'kin/Sabinina*, Gesetzgebung zum Bankrott, 35.

[1426] Siehe *Belych/Dubinčin/Skuratovskij*, Rechtliche Grundlagen, 88.

[1427] Vgl. *Teljukina*, Kommentar, 44; ähnlich Informationsbrief des Obersten Wirtschaftsgerichts vom 07.08.1997 Nr. 20, Pkt. 26.

[1428] *Teljukina*, Vollmachten des Konkursverwalters, SiE 2002 Nr. 3, 16.

[1429] *Popondopulo*, Konkursrecht, 143f.

[1430] So *Suchanov*, Kommentar zum zweiten Teil des ZGB, 312, der allerdings in einer späteren Veröffentlichung von seiner Meinung wohl abrückt, vgl. *Suchanow*, Der Treuhandvertrag, Vestnik des Obersten Wirtschaftsgerichts der RF 2000, Nr. 1, 81.

warb.[1431] Dies hätte die Anwendung der Regeln des ZGB zur treuhänderischen Verwaltung (Kapitel 53) zur Folge, soweit das InsG nicht speziellere Normen vorsieht.[1432] Gegen diese Theorie spricht allerdings, dass sie die streitigen Fragen letztlich nicht entscheidet. Hinsichtlich der Frage, in wessen Interesse der Arbitrageverwalter als Treuhänder handelt, bringt sie keine Lösung. Damit würde jedoch erneut ein Rückgriff auf andere Theorien erforderlich.

e) Weitere Theorien

Zum Teil wird auch vertreten, der Arbitrageverwalter habe eine dem Vormund (oder Pfleger) vergleichbare Stellung, da die Geschäftsfähigkeit des Schuldners nicht aufgehoben, wohl aber begrenzt würde.[1433] In der vorrevolutionären Literatur wurde dies zumindest für die Sanierungsverfahren angenommen, bei denen Schuldner und Verwalter oft nur gemeinsam handeln konnten.[1434] Ähnliches könnte nach dem InsG 2002 für den vorläufigen und administrativen Verwalter gelten, die in wichtigen Fragen nur gemeinsam mit den Organen des Schuldners handeln können.[1435] Andere Stimmen sehen im Verwalter ein Ausführungsorgan der Gläubiger.[1436]

Schließlich gibt es Stimmen, die den Verwalter als eine Art Gerichtsvollzieher ansehen.[1437] Er führe die Entscheidungen des Gerichts unter dessen Kontrolle aus.[1438] Dafür spricht, dass eine gewisse Nähe zwischen beiden Tätigkeiten besteht, worauf schon die Tatsache hinweist, dass die Abwicklung von Verfahren gegen natürliche Personen nach Art. 209 Pkt. 1 InsG 2002 teilweise dem Gerichtsvollzieher übertragen ist. Allerdings wird man damit den Unterschieden der Positionen beider Tätigkeiten nicht gerecht. Während der Gerichtsvollzieher Entscheidungen anderer Stellen vollstreckt, wird der Arbitrageverwalter selbst wirtschaftlich tätig, trifft insbesondere bei der Sanierung weitreichende betriebswirtschaftliche Entscheidungen in

---

[1431] *Karelina*, Rechtliche Regelung, 113, spricht von einer eigenen Art des treuhänderischen Eigentümers.

[1432] Vgl. *Belych/Dubinčin/Skuratovskij*, Rechtliche Grundlagen, 88.

[1433] *Borodin*, Solche verschiedenen Arbitrageverwalter, Kollegija 2002 Nr. 9, 16 (17); *Tkačev*, Rechtliche Regelung, 26; vgl. zu der Position auch *Kolininčenko*, Schutz der Interessen, 157, die allerdings darauf hinweist, dass der Vormund im zaristischen Recht eine andere Stellung hatte.

[1434] *Ageev*, Bankrott: Besonderheiten des Verfahrens der Fremdverwaltung, JurMir 2000 Nr. 5, 18(23); vgl. auch *Šeršenevič*, Konkursprozess, 309ff.

[1435] *Borodin*, Solche verschiedenen Arbitrageverwalter, Kollegija 2002 Nr. 9, 16 (17), der allerdings auch den Fremdverwalter als Vormund ansieht.

[1436] *Belych/Dubinčin/Skuratovskij*, Rechtliche Grundlagen, 88.

[1437] *Borodin*, Solche verschiedenen Arbitrageverwalter, Kollegija 2002 Nr. 9, 16 (18), der auch *Šeršenevič*, Konkursrecht, 125, zitiert.

[1438] So *Alekseev/Skarebov*, Die Arbitrageverwalter und ihre Befugnisse zum Schutz des Vermögens des Schuldners, AGP 1999 Nr. 4, 35 (37).

einem juristisch kaum fassbaren Rahmen (z.B. über eine Neuausrichtung des Unternehmensprofils bei der Fremdverwaltung).[1439]

Da der Verwalter per Gesetz als Einzelunternehmer tätig sein muss, kann er auch nicht, wie teilweise vertreten wird, als Arbeitnehmer des Schuldners angesehen werden.[1440] Er tritt auch nicht in arbeitsrechtliche Beziehungen zum Gericht.[1441] Weiterhin wird in der Literatur erwogen, das Kapitel 39 des ZGB über die entgeltliche Erbringung von Dienstleistungen auf den Verwalter anzuwenden.[1442] Mitunter wird erwogen, dem Verwalter einen eigenständigen Charakter zuzubilligen.[1443]

f) Status als Einzelunternehmer

Unabhängig von der rechtlichen Einordnung der Stellung des Arbitrageverwalters muss sich dieser als Einzelunternehmer nach dem ZGB registrieren lassen.[1444] Der Status wird vom Wirtschaftsgericht vor der Ernennung zum Verwalter in einem bestimmten Verfahren überprüft.[1445] Als Haupttätigkeit muss der Verwalter in seiner Registrierung „Tätigkeit als Arbitrageverwalter" eintragen lassen.[1446] Damit kann auch der Verwalter selbst insolvent werden. Sein Status als Einzelunternehmer schließt auch aus, dass staatliche Amtsträger die Funktionen eines Arbitrageverwalters ausüben.[1447] Sein Steuerstatus entspricht dem eines Einzelunternehmers.[1448]

Überlegungen, den Verwalter wie Rechtsanwälte und Notare zu den freien Berufen zu schlagen,[1449] wurden nicht umgesetzt. Insbesondere seit Einführung des Systems der Selbstverwaltungsorganisationen im InsG 2002 fehlt es an der Möglichkeit der Beteiligten, einen Arbitrageverwalter auszuwählen, wie es für freie Berufe typisch ist.

[1439] Ähnlich *Belych/Dubinčin/Skuratovskij*, Rechtliche Grundlagen, 88.

[1440] *Andreev*, Kommentar, 75.

[1441] *Vitrjanskij/Golubev und Prudnikova*, Kommentar, Art. 20, 84; ebenso *Karelina*, Rechtliche Regelung, 45.

[1442] Siehe *Belych/Dubinčin/Skuratovskij*, Rechtliche Grundlagen, 89.

[1443] *Fedorenko/Parchomenko*, Rechtsstatus und Rolle einiger Subjekte im Bankrottverfahren im Lichte des föderalen Gesetzes „Über die Insolvenz (den Bankrott) von 2002, VAS 2005 Nr. 5, 169 (170); so wohl auch *Teljukina*, Kommentar, 2. Auflage, Art. 24 Pkt. 1.

[1444] Und bei zahlreichen Behörden anmelden, vgl. *Guseva/Krasil'nikov*, Die Tätigkeit der Arbitrageverwalter, PiE 2000 Nr. 11, 29 (30); siehe auch *Semeusov*, Besonderheiten des Status als Einzelunternehmer, RJu 2003 Nr. 3, 16; die Registrierung bei einem Gericht ist hingegen entfallen, obwohl das Oberste Wirtschaftsgericht im Gesetzgebungsverfahren eine Beibehaltung angeregt hatte, Materialien der Staatsduma (unveröffentlicht).

[1445] *Guseva/Krasil'nikov*, Die Tätigkeit der Arbitrageverwalter, PiE 2000 Nr. 11, 29 (33).

[1446] *Karelina*, Rechtliche Regelung, 73.

[1447] *Zenkin/Tal'*, Bankrott kommerzieller Organisationen, 21.

[1448] Ausführlich *Guseva/Vladyka*, Arbitrageverwalter, 76ff.

[1449] Dazu *Trefilova*, Aktuelle Fragen der Antikrisenverwaltung, Vestnik des FSFO 2002 Nr. 2, 36.

g) Stellungnahme

Keine der Theorien erklärt den Status des Arbitrageverwalters umfassend, jeder Ansatz erfasst gewisse Bereiche zutreffend, versagt aber in anderen Punkten.[1450]

Der Verwalter bewegt sich im Interessengeflecht zwischen Schuldner und Gläubigern. Dabei liegen die Interessengegensätze sowohl zwischen dem Schuldner und einzelnen oder allen Gläubigern als auch zwischen den Gläubigern untereinander.[1451] Dies lässt es nicht überzeugend erscheinen, den Verwalter einer Seite zuzuschlagen. Damit scheiden die Vertreterlösungen aus. Dieser Befund wird durch die weitgehende Autonomie der Verwalter nach dem InsG 2002 noch verstärkt. Eher hat der Verwalter eine ausgleichende, verfahrensleitende Funktion, die dem Wirtschaftsgericht ähnlich ist. Da der Arbitrageverwalter stärker von den Gläubigern und weniger vom Gericht abhängig ist als der deutsche Insolvenzverwalter, spricht vieles dafür, für das russ. Recht der Organtheorie den Vorzug zu geben. Wichtig ist aber, im Falle von Lücken auf die Regeln einzelner Kapitel des ZGB nur unter Beachtung der Besonderheiten der Stellung des Arbitrageverwalters zurückzugreifen.

Letztlich ist der Nutzen einer Einordnung fraglich. Keine der von den Theorien angebotenen Normen des ZGB erfasst den Arbitrageverwalter vollständig.[1452] Es bleibt daher am zweckmäßigsten, für jede Aufgabe des Verwalters gesondert nach Parallelen zu suchen, um etwaige Lücken zu schließen.[1453]

C. Vergleichung

Während der Meinungsstreit um den Status des Insolvenzverwalters im deutsche Recht sich weitgehend auf zwei Positionen verdichtet hat, kann man im russ. Recht noch keine klare Linie erkennen. Diese Schwankungen in der russ. Literatur rühren allerdings auch daher, dass sich die rechtlichen Rahmenbedingungen in den vergangenen 10 Jahren mehrmals verändert haben. Damit wurden manche Argumente teilweise obsolet, andere gewannen an Gewicht.

Der praktische Nutzen des Meinungsstreits ist in beiden Rechtsordnungen wenig ersichtlich. Tritt einmal in den ausführlichen Normierungen zum Verwalter eine Lücke auf, kann sie zumeist durch eine Einzelanalogie oder aus dem Zweck des Verfahrens gefüllt werden. Der Rückgriff auf einzelne Modelle in Form einer Gesamtanalogie geht an der Realität vorbei.

[1450] So auch *Belych/Dubinčin/Skuratovskij*, Rechtliche Grundlagen, 88.

[1451] *Pavlodskij*, Selbstorganisierte Arbitrageverwalter, Zakon 2003 Nr. 6, 24 (25); *Fedorenko/Parchomenko*, Rechtsstatus und Rolle einiger Subjekte im Bankrottverfahren im Lichte des föderalen Gesetzes „Über die Insolvenz (den Bankrott) von 2002, VAS 2005 Nr. 5, 169 (170).

[1452] *Teljukina*, Kommentar zum InsG 2002, SiE 2003 Nr. 5, 56; *dies.*, Kommentar, 2. Auflage, Art. 20 Pkt. 1 und Art. 24 Pkt. 1.

[1453] So wohl auch *Belych/Dubinčin/Skuratovskij*, Rechtliche Grundlagen, 89; *Teljukina*, Konkursrecht 2004, 229.

Die Hauptunterschiede im Rechtsstatus rühren aus der in Deutschland sehr viel unabhängigeren Ernennung, die überwiegend dem Gericht vorbehalten ist, und der bei den Sanierungsverfahren freieren Position des russ. Arbitrageverwalters her.

4. Aufgaben im Überblick

A. Deutsches Recht

Nach deutschem Recht kommen dem Verwalter umfangreiche Aufgaben zu. Die InsO bestimmt an keiner Stelle ausdrücklich die Kompetenzen des Verwalters, sie ergeben sich vielmehr aus zahlreichen Normen im ganzen Gesetz.[1454]

Hauptaufgabe des Verwalters ist es, das Vermögen des Schuldners in Besitz zu nehmen und zu verwalten sowie die Forderungen der Gläubiger festzustellen.[1455] Das Amt des Insolvenzverwalters ist grundsätzlich ein höchstpersönliches. Viele Aufgaben hat der Verwalter daher selbst zu erledigen; einige andere kann er jedoch delegieren.[1456] In der Praxis verfügt ein Insolvenzverwalter über einen ganzen Stab von qualifizierten Mitarbeitern, die ihm zuarbeiten.

B. Russisches Recht

a) Gesetz von 1998

Das InsG 1998 sah bereits ausdrücklich Regelungen zu den Rechten und Pflichten des Verwalters vor, aus denen sich seine Aufgaben ableiten ließen. Diese sind im InsG 2002 nicht wesentlich verändert, sondern noch weiter präzisiert worden.

b) Gesetz von 2002

Das InsG 2002 beschreibt die Rechte und Pflichten des Verwalters allgemein in Art. 24, dabei werden die Pflichten durchaus erweitert; die Liste ist nicht abschließend.[1457] Für jedes Bankrottverfahren werden gesonderte Normen aufgestellt. Weitere Kompetenzen und Aufgaben finden sich verstreut im ganzen Gesetz. Die Gerichte haben schon zum InsG 1992 festgestellt, dass die Vollmachten des Verwalters nicht den (satzungsgemäßen) Begrenzungen des früheren Leiters des Schuldners unterlie-

---

[1454] Vgl. ausführlich *Breuer*, Insolvenzrecht Rn 81 ff., insbesondere Rn 83.

[1455] *Bork*, Einführung in das Insolvenzrecht, Rn 51 und 54.

[1456] *Uhlenbruck/Uhlenbruck*, InsO § 56 Rn 24.

[1457] *Renov* in: *Vitrjanskij*, Kommentar 2003, Art. 24 Pkt. 9 und 11; zu den von den Pflichten abzugrenzenden Funktionen *Muchačev*, Der Arbitrageverwalter und seine Funktionen, in: *Karelina* (Hrsg.), Rechtliche Probleme, 30.

gen.[1458] Sehr wohl hat er aber den gesetzlichen Anforderungen an einen Unternehmensleiter zu genügen.[1459] Dies gilt auch für das InsG 2002.[1460]

Die Aufgaben des Verwalters differieren sehr stark nach den jeweiligen Verfahrensstadien der Bankrottsache. Daher werden sie im Folgenden getrennt beschrieben. Allerdings kann es nicht darum gehen, eine vollständige Auflistung aller Kompetenzen vorzunehmen. Aufgrund der herausragenden Stellung des Verwalters würde dies das gesamte Verfahren umfassen. Vielmehr geht es nur um die hinter den jeweiligen Bankrottverfahren stehenden Leitbilder für den Arbitrageverwalter.

aa) Allgemeine Aufgaben

Eine Reihe von Aufgaben ist sämtlichen Arbitrageverwaltern übertragen. Sie hat der Gesetzgeber in Artikel 24 zusammengefasst. Als an der Insolvenzsache beteiligte Person hat der Arbitrageverwalter grundsätzlich alle damit verbundenen prozessualen Rechte.[1461] Der Arbitrageverwalter ist verpflichtet, das Verfahren gewissenhaft und vernünftig zu führen.[1462] Diese Grundnorm kann vor allem für die Auslegung einzelner Vorschriften, bei Lücken im Gesetz und der Bewertung des Verwalterhandelns Bedeutung erlangen. Allerdings spielen Generalklauseln dieser Art im russ. Recht bis heute eine nur ganz untergeordnete Rolle.[1463]

Soweit die Arbitrageverwalter die Leitung des schuldnerischen Unternehmens übernehmen, treten sie auch in die Funktion als Arbeitgeber ein.[1464] Das InsG 2002 weist ausdrücklich darauf hin, dass die entsprechenden Sozialabgaben abzuführen sind. Der Verwalter hat, soweit er die Leitung des Schuldners übernimmt, das Recht, in dessen Interesse Klagen zu erheben.[1465]

Der Arbitrageverwalter hat das Vermögen des Schuldners zu inventarisieren.[1466] Während das InsG 1992 nur dem Konkursverwalter die Aufgabe zuwies, die finan-

---

[1458] Brief des Obersten Arbitragegerichts der RF vom 07.08.1997, Punkt 5, vgl. *Masevic/ Orlovskij/Pavlovskij*, Kommentar, 96.

[1459] *Teljukina*, Kommentar, 2. Auflage, Art. 20 Pkt. 6; *Renov* in: *Vitrjanskij*, Kommentar 2003, Art. 20 Pkt. 6.

[1460] *Teljukina*, Kommentar zum InsG 2002, SiE 2003 Nr. 5, 48.

[1461] *Prudnikova/Golubev*, Bankrott: Allgemeine Bestimmungen, Beobachtung, Verwaltung, Konkurs, Zakon 1998 Nr. 6, 12.

[1462] *Chouman*, Erhöhung der Standards der Tätigkeit der Arbitrageverwalter, Sonderbeilage zu VAS 2001 Nr. 3, 81 (87); *Guseva/Vladyka*, Arbitrageverwalter, 46.

[1463] *Andreev* in: *Zalesskij* (Hrsg.), Kommentar, Art. 24 Pkt. 6 verlangt allerdings eine Orientierung an den allgemeinen Prinzipien, wenn genaue Normen fehlen; vgl. für den Rechtsmissbrauch in der Insolvenz *Ruchtin*, Rechtsmissbrauch oder rechtliche Grundlage der Restitution beim Bankrott, ChiP 2006 Nr. 3, 75.

[1464] Siehe ausführlich *Čuča*, Der Arbitrageverwalter und der Leiter des Schuldners als Subjekte von Arbeitsrechtsbeziehungen, RJu 2000 Nr. 12, zit. nach Datenbank Garant.

[1465] Dies gilt auch für Klagen gegen den Gerichtsvollzieher, siehe Informationsbrief des Präsidiums des Obersten Wirtschaftsgerichts der RF vom 14.06.2001 Nr. 64 Pkt. 16.

[1466] Dazu *Djagilev*, Einige Fragen des Konkursverfahrens, SiE 1999 Nr. 11, 15 (16f.).

zielle Lage des Schuldners zu analysieren, übertragen sowohl das InsG 1998 als auch das InsG 2002 diese Aufgabe den Arbitrageverwaltern in allen Verfahrensabschnitten.[1467] Sanierungsbemühungen machen nur aufgrund umfassender Informationen zur Lage des Schuldners Sinn. Wirtschaftsgericht und Gläubiger benötigen verlässliche Daten für ihre Entscheidungen. Oft fehlt es dazu aber an den notwendigen Angaben oder die Arbitrageverwalter haben zu wenig Zeit oder Kenntnisse für eine fundierte Analyse.[1468]

Eine der Hauptaufgaben des Arbitrageverwalters ist die Führung des Registers der Gläubigerforderungen.[1469] Diesem Auftrag kommt eine erhebliche Bedeutung zu, da sich sowohl das Recht zur Teilnahme an der Gläubigerversammlung - und damit zur aktiven Verfahrensbeteiligung - als auch die Reihenfolge der Befriedigung nach dem Register richtet.[1470] Leider sind in diesem Bereich viele Fehler der Arbitrageverwalter zu verzeichnen.[1471] Durch die Anerkennung nicht bestehender oder erfundener Forderungen können sie die Mehrheitsverhältnisse auf der Gläubigerversammlung verschieben. Das neue Gesetz statuiert in Art. 16 Pkt. 4 ausdrücklich eine Haftung für die unbegründete Anerkennung.[1472]

Das InsG 2002 erlaubt es in Art. 16 Pkt. 1, die Führung des Registers einem externen Spezialisten zu übertragen, was vor allem in großen Verfahren sinnvoll erscheint.[1473] Dabei muss es sich um einen professionellen Teilnehmer am Wertpapiermarkt handeln, der bei der Selbstverwaltungsorganisation akkreditiert ist. Fraglich ist allerdings, wie und von wem die Tätigkeit der Registerhalter überwacht wird. Diese befinden sich in Abhängigkeit von den Selbstverwaltungsorganisationen und den Regulierungsorganen des Wertpapiermarkts, die ebenfalls eine Kontrolle ausüben. Denkbar wäre als Sanktion etwa ein Verlust der Akkreditierung.[1474]

Das InsG 1998 machte dem Verwalter die Aufdeckung von Umständen eines absichtlichen oder fiktiven Bankrotts zur Pflicht,[1475] das InsG 2002 führt diese Pflicht in Art. 24 Pkt. 4 fort. Fraglich ist, inwieweit es zu den Pflichten des Arbitragever-

---

[1467]   *Karelina*, Rechtliche Regelung, 92f.; dazu ausführlich *Golubev*, Arbitrageverwaltung. Theorie und Praxis der Beobachtung, 169ff.

[1468]   Ausführlich zur Bedeutung der finanziellen Analyse und zu den häufig noch fehlenden Qualifikationen *Sobinevskij*, Vestnik des FSFO 2002 Nr. 6, 22.

[1469]   Siehe *Teljukina*, Das Register der Gläubigerforderungen, JurMir 2001 Nr. 1, 49.

[1470]   *Karelina*, Rechtliche Regelung, 49.

[1471]   *Bol´šoba/Geraščenko*, Arbitragepraxis, 63.

[1472]   *Zykova*, Neues in der Gesetzgebung über die Insolvenz (den Bankrott), SiĖ 2003 Nr. 3, 21 (24).

[1473]   *Zykova*, Neues in der Gesetzgebung über die Insolvenz (den Bankrott), SiĖ 2003 Nr. 3, 21 (23).

[1474]   *Chimičev*, Sicherung der Rechte und gesetzlichen Interessen der Gläubiger, AP 2003 Nr. 4, 3 (10).

[1475]   Auch mit der Folge einer etwaigen Haftung, siehe *Teljukina*, Konkursrecht, 249; ebendort auch Verweis auf die vom FSFO aufgestellten methodischen Empfehlungen zur Aufdeckung solcher Umstände.

walters gehört, aktiv nach Verdachtsmomenten zu suchen.[1476] Jedenfalls aber wird man ihn als verpflichtet ansehen müssen, aufgefundenen Verdachtsmomenten für eine solche Straftat nachzugehen und gegebenenfalls die Staatsanwaltschaft, den FSFO oder über die Selbstverwaltungsorganisation das Regulierungsorgan zu informieren.

bb) Vorläufiger Verwalter

Da die Beobachtung erst durch das InsG 1998 eingeführt wurde, stellt der vorläufige Verwalter eine junge Rechtsfigur dar.[1477] Art. 66 und 67 InsG 2002 bestimmen seine Rechte und Pflichten; seine Aufgaben bewegen sich überwiegend im Bereich der Aufsicht und Kontrolle über den Schuldner,[1478] dessen Leitungsorgane parallel weiter tätig bleiben. In erster Linie soll der Verwalter die Unversehrtheit des Schuldnervermögens sichern.[1479] Dazu räumt ihm das Gesetz ausführliche Überwachungsbefugnisse ein.[1480] Er kann jede beliebige Information vom Schuldner verlangen. Bestimmte Rechtsgeschäfte sind nur mit seiner Zustimmung wirksam. Darüber hinaus wird teilweise aus seinem Recht, beliebige Informationen zu fordern, geschlossen, er dürfe den Leitungsorganen des Schuldners verpflichtende Anweisungen geben.[1481] Dies darf allerdings den Schuldner über die gesetzlichen Beschränkungen hinaus nicht in seinen wirtschaftlichen Freiräumen beengen, da das eigentliche Verfahren nicht einmal eröffnet ist.

Verweigern die Leitungsorgane des Schuldners die Zusammenarbeit mit dem vorläufigen Verwalter, z.B. durch die Nichtvorlage von Informationen, kann er beim Gericht ihre Ersetzung beantragen.[1482] Erfolg kann die Beobachtung allerdings nur haben, wenn die Leitungsorgane des Schuldners kooperieren. Anderenfalls ist der vorläufige Verwalter kaum in der Lage, seine Aufgabe sinnvoll auszuüben.[1483] Im Extremfall können sich Verwalter und Leiter gegenseitig blockieren – zum Schaden des Schuldners.

[1476] Zu den Fragen der daraus u.U. resultierenden, sehr umfangreichen Haftung des Verwalters *Teljukina*, Kommentar 2004, Art. 24 Pkt. 6.

[1477] *Vitrjanskij/Golubev* und *Prudnikova*, Kommentar, Art. 19, 74.

[1478] *Alekseev/Skarebov*, Die Arbitrageverwalter und ihre Befugnisse zum Schutz des Vermögens des Schuldners, AGP 1999 Nr. 4, 35 (36), verlangen eine tägliche Kontrolle.

[1479] Siehe *Golubev*, Arbitrageverwaltung. Theorie und Praxis der Beobachtung, 114ff.; *Zenkin/Tal'*, Bankrott kommerzieller Organisationen, 169.

[1480] Ausführlich zu den Aufgaben des vorläufigen Verwalters in Form eines Arbeitsplans *Zenkin/Tal'*, Bankrott kommerzieller Organisationen, 172ff.

[1481] So *Alekseev/Skarebov*, Die Arbitrageverwalter und ihre Befugnisse zum Schutz des Vermögens des Schuldners, AGP 1999 Nr. 4, 35 (36); die als Beispiel anführen, der Verwalter müsse die Leitungsorgane des Schuldners anweisen können, eine Klage zu erheben.

[1482] *Karelina*, Rechtliche Regelung, 92.

[1483] *Karelina*, Rechtliche Regelung, 136.

Zugleich soll der vorläufige Verwalter durch eine Analyse der finanziellen Lage und des wirtschaftlichen Potenzials eine sachlich fundierte Grundlage für die Entscheidung der ersten Gläubigerversammlung bzw. des Wirtschaftsgerichts über das weitere Schicksal des Schuldners legen.[1484] Dazu ist er besser in der Lage als die insoweit „befangenen" bisherigen Leiter des Schuldners.[1485]

Der vorläufige Verwalter übt seine Funktionen bis zur Ernennung eines neuen (Fremd-, administrativen, Konkurs- oder vorläufigen) Verwalters auch im folgenden Bankrottverfahren kommissarisch aus.[1486] Dabei stehen ihm allerdings nicht die erweiterten Kompetenzen des folgenden Verfahrensabschnitts zu.[1487]

cc) Administrativer Verwalter

Der administrative Verwalter ist eine Neuerung des InsG 2002. Insoweit fehlt es in diesem Bereich noch an Erfahrungen. Auch er hat nach Art. 83 überwiegend Aufsichtsfunktionen gegenüber den im Amt verbleibenden Leitungsorganen des Schuldners inne. Er kontrolliert die Erfüllung des Sanierungsplans und des laufenden Geschäfts.[1488] Ebenso führt er das Register der Gläubigerforderungen.[1489]

dd) Fremdverwalter

Der Fremdverwalter ist keine neue Rechtsfigur; zu ihm enthält das InsG 2002 nur wenige Änderungen.[1490] Er hat eine sehr anspruchsvolle Aufgabe, denn er soll den Schuldner wieder zur Zahlungsfähigkeit führen. Daher sind seine besonderen Aufgaben zweigeteilt, Art. 99 InsG 2002.[1491]

Zum einen übernimmt er die vollständige wirtschaftliche Leitung des Schuldners. Seine Aufgabe ist es, zunächst den Zustand des Schuldners zu analysieren und zu erfassen. Sodann muss er über die Sanierung entscheiden und nach Art. 106 InsG 2002 einen Fremdverwaltungsplan erarbeiten. Dies bedeutet, dass er in weitem Umfang Aufgaben eines Managers zu übernehmen hat.[1492] Unter starkem Zeitdruck soll er das Unternehmen des Schuldners neu ausrichten und in die Solvenz führen. Dazu sind ihm umfangreiche Kompetenzen verliehen.

[1484] *Karelina*, Rechtliche Regelung, 90.

[1485] So auch *Gramotenko/Mjasoedova/Ljubanova*, Bankrott von Unternehmen, 82.

[1486] *Teljukina*, Der vorläufige Verwalter. Sein Status und seine Befugnisse, SiE 1999 Nr. 9, 40 (42).

[1487] *Nikitina*, Das Konkursverfahren, AP 2003 Nr. 6, 14 (16).

[1488] *Selivanova*, Finanzielle Sanierung als Bankrottverfahren, zit. nach Datenbank „Garant".

[1489] *Teljukina/Tkačev*, Der administrative Verwalter als neues Subjekt des Konkursrechts, Advokat 2003 Nr. 3, 28.

[1490] Seine Funktionen haben sich gegenüber den Vorgängern kaum geändert, vgl. *Vitrjanskij/Golubev und Prudnikova*, Kommentar, Art. 19, 75.

[1491] *Karelina*, Rechtliche Regelung, 101f.

[1492] Zum wirtschaftswissenschaftlichen Aspekt der Fremdverwaltung ausführlich *Utkin/ Bineckij*, Audit und Verwaltung, 97ff.

Zum anderen sind ihm neben der Geschäftsführung weitere Aufgaben übertragen, die den Besonderheiten der Insolvenz Rechnung tragen, also auf die Aufdeckung, Registrierung und Befriedigung der Gläubigerforderungen gerichtet sind.[1493] Dazu kann er Verträge anfechten und ablehnen bzw. zur Masse zurückziehen.

Das Leitbild des Fremdverwalters ist auf einen Manager ausgerichtet, der eine überforderte Unternehmensleitung ablöst und das Unternehmen zeitlich begrenzt zur Zahlungsfähigkeit zurückführt. Oft allerdings fehlt es den Fremdverwaltern selbst an Erfahrung oder sie sind überfordert, weil sie mehrere Verfahren parallel betreuen.[1494]

ee) Konkursverwalter

Das InsG 2002 bestimmt in Art. 129 die Aufgaben des Konkursverwalters.[1495] In erster Linie soll er die Konkursmasse bilden, die Gläubigerforderungen ermitteln und prüfen sowie später die Masse verteilen.[1496] Eine Fortführung der wirtschaftlichen Aktivitäten ist nicht seine vorrangige Aufgabe.[1497]

Er muss das Vermögen des Schuldners in Besitz nehmen und Maßnahmen zu seinem Erhalt treffen. Dazu tritt er voll in die Rechte des bisherigen Leitungsorgans des Schuldners ein. Das InsG 2002 überträgt ihm weitreichende Befugnisse. Er kann über das Vermögen des Schuldners ohne Beschränkungen verfügen.[1498] Außerdem ist er befugt, frühere Vermögensverschiebungen rückgängig zu machen und Forderungen einzutreiben (ggf. auch abzutreten), soweit dies zweckmäßig ist.[1499]

Die Analyse der finanziellen Lage des Schuldners tritt für den Konkursverwalter zurück; es geht um die Vermögenslage nur noch insoweit, als sie für die Bildung der Masse relevant ist. Bei der Sammlung der Masse ist er allerdings gebunden: So muss er Forderungen eintragen, die durch ein rechtskräftiges Urteil nachgewiesen sind. Auch darf er aufgefundene, aber nicht angemeldete Forderungen nicht selbständig ins Register aufnehmen.[1500] Diese Maßnahmen ermöglichen ihm die spätere Verteilung der Masse. Weiterhin hat er bei der Bildung der Masse die Arbeitnehmer des

---

[1493]   Siehe *Zenkin/Tal´*, Bankrott kommerzieller Organisationen, 181.

[1494]   Kritisch *Voropaeva*, Rechtliche Mechanismen der Durchführung des Verfahrens der Liquidation von Gläubigerforderungen einer Organisation bei der Fremdverwaltung, JurMir, 2000 Nr. 8, 4 (7).

[1495]   Praxisorientierte Übersicht bei *Jun/Voronova/Grigor´ev*, Konkursverfahren, 28ff.

[1496]   *Popondopulo*, Rechtliche Regelung der Insolvenz, 154; oft bemühen sich die Verwalter allerdings kaum um eine Vergrößerung der Masse, vgl. *Mojseeva*, Mängel des föderalen Gesetzes „Über die Insolvenz (den Bankrott)“: Probleme der Praxis, Voprosy pravoprimenenija 2002 Nr. 4, 26 (27).

[1497]   *Karelina*, Rechtliche Regelung, 140.

[1498]   Auch über Geldmittel auf Konten, vgl. Informationsbrief des Obersten Wirtschaftsgerichts vom 07.08.1997 Nr. 20, Pkt. 20.

[1499]   *Afon´kin/Sabinina*, Gesetzgebung zum Bankrott, 55.

[1500]   *Teljukina*, Vollmachten des Konkursverwalters, SiE 2002 Nr. 3, 14; *Nikitina*, Das Konkursverfahren, AP 2003 Nr. 6, 14 (21); *Gromova*, Die Tätigkeit der Arbitrageverwalter bei Durchführung von Bankrottverfahren, AP 2002 Nr. 7, 42 (43).

Schuldners zu entlassen. Da diese Vertrauensschutz genießen, gehört diese Aufgabe zu den zeitlich ersten, die der Konkursverwalter nach seiner Bestellung zu erledigen hat.[1501]

In der Praxis erarbeitet der Konkursverwalter wie der Fremdverwalter einen Plan für das Konkursverfahren, der von den Gläubigern bestätigt wird.[1502] Eine Bestätigung des Gerichts ist nicht erforderlich,[1503] ebenso sind die Aufsichtsmöglichkeiten des FSFO eingeschränkt.[1504]

Nach der Sammlung des schuldnerischen Vermögens bildet die Verteilung der Masse an die Gläubiger die zweite Hauptaufgabe des Konkursverwalters.[1505] Dabei muss er sich nach den Regeln der Art. 134 ff. InsG 2002 richten.[1506]

Der Konkursverwalter hat dem Gericht zum Abschluss des Verfahrens einen Bericht vorzulegen. In der Praxis kam es häufig vor, dass die Verwalter eine Verlängerung des Verfahrens beantragten, keinen Bericht vorlegten und somit die Verlängerung erzwangen.[1507]

ff) Hilfspersonen

Der Arbitrageverwalter hat seine Aufgaben grundsätzlich persönlich zu erbringen und darf sie nicht per Vollmacht auf Dritte übertragen.[1508] Allerdings kann er gar nicht über ausreichende Kenntnisse verfügen, um alle Aufgaben im Verfahren selbst zu übernehmen. Er hat daher das Recht, zur Erfüllung seiner Aufgaben andere Spezialisten hinzuzuziehen, Art. 24 Pkt. 3 aE[1509] Solange man eine Verwaltung durch juristische Personen ablehnt, wird die Hinzuziehung von Personal durch den Verwalter zumindest in größeren Verfahren unumgänglich sein. Fraglich ist allerdings,

---

[1501] Dabei bildet die Eröffnung des Verfahrens den Grund für die Entlassung, siehe *Teljukina*, Vollmachten des Konkursverwalters, SiE 2002 Nr. 3, 14; *Djagilev*, Einige Fragen des Konkursverfahrens, SiE 1999 Nr. 11, 15 (18f.).

[1502] *Teljukina*, Vollmachten des Konkursverwalters, SiE 2002 Nr. 3, 13; Beispiel bei *Jun/Voronova/Grigor´ev*, Konkursverfahren, 2004, 33ff.

[1503] Siehe Informationsbrief des Obersten Wirtschaftsgerichts vom 06.08.1999 Nr. 43, Pkt. 18.

[1504] Entscheidung des Obersten Gerichts der RF vom 20.06.2000 Nr. GKPI 00-547.

[1505] *Teljukina*, Verteilung der Mittel des Schuldners unter den Gläubigern, JurMir 2001 Nr. 2, 31.

[1506] Dazu ausführlich III 6. e) cc).

[1507] *Alžeeva/Sangaev*, Über die Insolvenz (den Bankrott), AP 2002 Nr. 2, 60 und 62, die diesen Verstoß durch eine Mitteilung an das FSFO geahndet wissen wollten; vgl. auch *Balaševa*, Über die Insolvenz (den Bankrott), AP 2001 Nr. 1, 65 (67); und *dies.*, Prüfung der Anträge und Klagen gegen Handlungen der Arbitrageverwalter, AP 2002 Nr. 3, 63 (65f.), diese Verstöße bleiben ohne Sanktion.

[1508] *Teljukina*, Kommentar 2004, Art. 24 Pkt. 7; *Renov* in: *Vitrjanskij*, Kommentar 2003, Art. 24 Pkt. 12; *Tkačev*, Insolvenz, 67.

[1509] *Tkačev*, Rechtliche Regelung, 87; ebenso *Karelina*, Rechtliche Regelung, 146.

welchen Kernbereich seiner Tätigkeit der Verwalter nicht an Dritte übertragen darf.[1510]

Mit diesen schließt er einen Arbeits- oder zivilrechtlichen Vertrag ab, der auch eine Regelung ihrer Vergütung enthalten muss.[1511] Ein eigenes Arbeitsverhältnis macht nur in großen und damit langen Verfahren Sinn, es wird in der Regel befristet abgeschlossen; für konkrete Aufgaben bietet sich eine andere Gestaltung (etwa durch ein Auftragsverhältnis) an.[1512] Soweit der Arbitrageverwalter Aufgaben nicht persönlich wahrnehmen muss, kann er seinem Personal entsprechende Vollmachten ausstellen.[1513]

Die Gläubiger haben die Möglichkeit, die Hinzuziehung von Hilfspersonen durch den Arbitrageverwalter zu beschränken oder sogar ganz zu untersagen.[1514] Dabei wird man allerdings eine entsprechende Begründung verlangen müssen, da der Verwalter gerade in großen Verfahren zwingend auf die Unterstützung von Spezialisten angewiesen ist.

In der Vergangenheit kam es häufig zum Streit über die Vergütung der Hilfspersonen, weil die Arbitrageverwalter teilweise in exzessiver Weise Personal einstellten bzw. Experten heranzogen.[1515] Dieser Streit ist vermeidbar, wenn der Vertrag mit den Hilfspersonen vorher mit der Gläubigerversammlung (dem Gläubigerkomitee) abgestimmt wird.[1516] Im Verfahren der Beobachtung fehlt es noch an einer Organisation der Gläubiger, die zustimmen könnte. Daher geht der vorläufige Verwalter ein Risiko ein, die Vergütung der Hilfspersonen später selbst tragen zu müssen.[1517] Allerdings sind die Leitungsorgane des Schuldners noch im Amt. Stimmen sie nicht

---

[1510] *Teljukina*, Konkursrecht 2004, 218f. differenziert nach den Aufgaben als Verwalter und den Aufgaben als Leiter des Unternehmens. Erstere habe der Verwalter persönlich auszuüben, weitere könne er per Vollmacht übertragen.

[1511] *Masevic/Orlovskij/Pavlovskij*, Kommentar, 45f.

[1512] *Masevic/Orlovskij/Pavlovskij*, Kommentar, 45 und 47.

[1513] Informationsbrief des Präsidiums des Obersten Wirtschaftsgerichts der RF vom 14.06.2001 Nr. 64, Pkt. 8; mit einem erschreckenden Beispiel für möglichen Missbrauch *Šamšurin*, Die Prüfung von Insolvenz- (Bankrott) Sachen, AP 2002 Nr. 11, 57 (61); *Nikitina*, Das Konkursverfahren, AP 2003 Nr. 6, 14 (24f.); mit Verweis auf eine engere Auffassung, die Vollmachten nur für Gerichtsverfahren zulassen will *Taj*, Besonderheiten des Status´ des Arbitrageverwalters, AGP 2002 Nr. 5, 23 (26).

[1514] *Teljukina*, Vollmachten des Konkursverwalters, SiE 2002 Nr. 3, 13.

[1515] Dazu *Šipicina*, Rechtliche Lage und Lizenzierung der Tätigkeit der Arbitrageverwalter, AGP 2001 Nr. 1, 14 (17).

[1516] *Pustovalova*, Praktische Aspekte der Klassifizierung der Gläubigerforderungen in der Gesetzgebung über die Insolvenz (den Bankrott), in: *Šilochvost*, (Hrsg.), Aktuelle Probleme des Zivilrechts. Ausgabe 6, 33 (41).

[1517] *Bol´šoba/Geraščenko*, Arbitragepraxis, 39.

zu, so ist das Wirtschaftsgericht berufen, den Streit über die Einstellung und die Vergütung der Hilfskräfte zu entscheiden.[1518]

Nur wenn jedoch deren angemessene Bezahlung sichergestellt ist, kann es gelingen, qualifizierte Experten zu gewinnen. Die Streitigkeiten um die Vergütung des Hilfspersonals machten es in der Vergangenheit für den Verwalter zu einem Risiko, in großem Umfang Fachleute hinzuzuziehen,[1519] was jedoch gerade in großen Verfahren sehr wichtig ist. Nur so kann er die Kontrolle übernehmen und sich rasch ein gründliches Bild verschaffen.[1520] Es ist zu hoffen, dass über die Selbstverwaltungsorganisationen nunmehr ein entsprechender Beraterstab leichter verfügbar und einsetzbar sein wird.

C. Russische Praxis

Die ersten Jahre der Wiedereinführung des Insolvenzrechts brachten eine Vielzahl von Problemen mit sich. Diese betrafen die Arbitrageverwalter als Zentralfiguren des Verfahrens in besonderer Weise.

Eines der Hauptprobleme in der Anfangsphase war der eklatante Mangel an qualifizierten Arbitrageverwaltern. Neben fehlender bzw. unzureichender Ausbildung mangelte es naturgemäß auch an entsprechender Erfahrung.[1521] Gelegentlich gingen den Verwaltern nicht nur Kenntnisse und Erfahrungen im Bereich der Insolvenzverwaltung sondern jegliches wirtschaftliche Grundwissen ab. Daher wurden häufig die gesetzlich aufgestellten Fristen nicht eingehalten.[1522]

Ein weiteres, sehr schwerwiegendes Problem war der Missbrauch prozessualer Befugnisse zu unlauteren Zwecken. Verschleuderung des Vermögens, Bevorzugung oder Benachteiligung einzelner Gläubiger, Mitwirkung an einem Vermögenswechsel oder die Zerschlagung an sich sanierungsfähiger Unternehmen zugunsten einzelner Gruppen waren keine Seltenheit.[1523] Dabei ist allerdings zu bedenken, dass die 90er Jahre in Russland eine Umbruchszeit waren, in denen Gesetze häufig gänzlich fehlten, lückenhaft oder unvollständig waren; mancher Verstoß beruhte schlicht auf Unkenntnis der Rechtslage. Zugleich war die Erosion des Rechtsgehorsams ein allgemeines Phänomen der Umbruchszeit.

Mitunter verweigerten die Parteien dem Verwalter die ihm per Gesetz zustehenden Befugnisse. Es war zum Teil nicht außergewöhnlich, dass der Arbitrageverwalter

---

[1518] Brief des Obersten Wirtschaftsgerichts der RF „Fragen der Anwendung des föderalen Gesetzes „Über die Insolvenz (den Bankrott)" in der Gerichtspraxis" vom 06.08.1999 Nr. 43, Pkt. 12; vgl. *Belych/Dubinčin/Skuratovskij*, Rechtliche Grundlagen, 86.

[1519] Siehe *Poluěktov*, Der Rechtsstatus des Arbitrageverwalters, SiE 2000 Nr. 1, 24 (28).

[1520] Vgl. dazu *Karelina*, Rechtliche Regelung, 77f.

[1521] *Belych/Dubinčin/Skuratovskij*, Rechtliche Grundlagen, 89f.

[1522] *Gromova*, Die Tätigkeit der Arbitrageverwalter bei Durchführung von Bankrottverfahren, AP 2002 Nr. 7, 42 (44).

[1523] Siehe *Belych/Dubinčin/Skuratovskij*, Rechtliche Grundlagen, 90.

durch die Polizei die Verwaltungsgebäude des Schuldners stürmen lassen musste, um Zugang zu Dokumenten etc. zu erlangen.[1524]

D. Vergleichende Betrachtung

Die Aufgaben des Insolvenzverwalters nach der InsO und des Arbitrageverwalters ähneln sich weitgehend. Dies dürfte den ähnlichen Verfahrensabläufen geschuldet sein. Das russ. Recht differenziert allerdings stark zwischen den Verwaltern in den einzelnen Bankrottverfahren. Das deutsche Recht ist insoweit flexibler.

Insgesamt kann man im russ. Insolvenzrecht eine Tendenz feststellen, die Aufgaben und Kompetenzen des Arbitrageverwalters sehr detailreich festzulegen. Der Rückgriff auf eine von der Rechtsprechung mit Leben gefüllte Generalklausel wird bisher nicht vorgenommen. Da das InsG 2002 in Art. 24 Pkt. 1 eine solche Norm vorsieht, könnte eine zukünftige Entwicklung in diese Richtung gehen. Sie setzt allerdings eine stärkere Rolle der Justiz in Russland voraus.

5. Aufsicht/Kontrolle, Entlassung

Die herausragende Stellung des Verwalters im Verfahren macht eine wirksame Aufsicht des Insolvenzgerichts und anderer Beteiligter über seine Tätigkeit unerlässlich.[1525] Das Gesetz muss wirkungsvolle Sanktionen vorsehen und die Beteiligten in die Lage versetzen, in Problemfällen schnell zu intervenieren.

A. Deutsches Recht

Nach deutschem Recht steht der Verwalter unter der Aufsicht des Insolvenzgerichts, § 58 InsO.[1526] Dieses prüft allerdings nur die Rechtmäßigkeit, nicht die wirtschaftliche Zweckmäßigkeit des Verwalterhandelns.[1527]

Die Gläubiger können in der ersten Gläubigerversammlung einen neuen Verwalter wählen, § 57 Satz 1 InsO.[1528] Dazu bedarf es keiner näheren Begründung. Erforderlich ist allerdings seit 2001 neben der Summen- auch die Kopfmehrheit. Auf diese

---

[1524] Siehe zum Fall Imperial *Alexandrovich,* Bankruptcy Law and Economic Medicine: How Russia´s New bankruptcy Legislation facilitated Recovery from the Nationwide Financial Crisis of August 17, 1998, Cornell International Law Journal, 2001, 95, 113.

[1525] *Smid*, Strukturen der Insolvenzrechte in den Reformstaaten Mittel- und Osteuropas, KTS 1998, 339f.

[1526] *Naumann*, Die Aufsicht des Insolvenzgerichts über den Insolvenzverwalter, Kölner Schrift, 431.

[1527] *Foerste*, Insolvenzrecht, Rn 50; FK-InsO/*Kind*, § 58 Rn 5: „Rechtsaufsicht".

[1528] „Kernbereich der Gläubigerautonomie", *Pape/Uhlenbruck*, Insolvenzrecht, Rn 168.

Weise soll verhindert werden, dass ein oder mehrere Großgläubiger „ihren" Verwalter durchsetzen.[1529]

Bei der Aufsicht des Insolvenzgerichts sieht das Gesetz ein abgestuftes System von Sanktion vor.[1530] Bei Pflichtverletzungen des Insolvenzverwalters kommen zunächst Androhung und Festsetzung von Zwangsgeld in Betracht, § 58 Abs. 2 InsO. Aus wichtigem Grund kann das Gericht den Verwalter von Amts wegen oder auf Antrag entlassen.[1531] Ein wichtiger Grund liegt vor, wenn der Insolvenzverwalter für eine Fortführung seines Amtes ungeeignet erscheint. Dies kann von ernsthaften Erkrankungen bis zu erheblichen Zweifeln an Unabhängigkeit und Neutralität reichen.[1532] Antragsberechtigt sind neben dem Verwalter selbst der Gläubigerausschuss oder die Gläubigerversammlung.[1533] Einzelne Gläubiger oder der Schuldner können die Entlassung anregen.[1534] Diese Regelung stellt eine Erleichterung gegenüber der früheren Rechtslage dar, unter der es einer groben Pflichtverletzung bedurfte, um den Verwalter abzulösen.[1535] Als Rechtsmittel steht dem entlassenen Verwalter nach § 59 Abs. 2 die sofortige Beschwerde offen.[1536] Eine Selbstentlassung des Verwalters ist nicht vorgesehen. Der Verwalter kann jedoch bei Vorliegen eines wichtigen Grundes seine eigene Entlassung beim Gericht beantragen.[1537]

Aufgrund des deutschen Auswahlverfahrens steht dem Gericht auch die Möglichkeit offen, einen nicht mehr genehmen Verwalter schlicht nicht mehr zu bestellen.[1538] Diese ist in der Praxis eine sehr scharfe Waffe.

B. Russisches Recht

Im russ. Insolvenzrecht wird die Kontrolle über die Verwalter von verschiedenen Beteiligten ausgeübt.[1539] Dabei ist es besonders wichtig, eine sinnvolle Balance zwischen der Unabhängigkeit des Arbitrageverwalters und seinen verschiedenen

---

[1529] Dazu *Uhlenbruck/Uhlenbruck*, InsO § 57 Rn 3; vgl. ausführlich zur Diskussion über den Missbrauch dieser Befugnis *Graeber*, Die Wahl des Insolvenzverwalters durch die Gläubigerversammlung nach § 57 InsO, ZIP 2000, 1465; strenger *Muscheler/Bloch*, Abwahl des vom Gericht bestellten Insolvenzverwalters, ZIP 2000, 1474.

[1530] *Pape/Uhlenbruck*, Insolvenzrecht, Rn 173.

[1531] *Fischer*, Die Rechtsprechung des Bundesgerichtshofs zum Insolvenzrecht im Jahre 2005, NZI 2006, 313 (317).

[1532] FK-InsO/*Kind*, § 59 Rn 7ff.

[1533] *Uhlenbruck/Uhlenbruck*, InsO § 59 Rn 6.

[1534] Siehe *Pape/Uhlenbruck*, Insolvenzrecht, Rn 173.

[1535] *Mönning*, Die Auswahl des Verwalters als Problem der Qualitätssicherung, Kölner Schrift, 378.

[1536] MünchKommInsO-*Graeber*, § 59 Rn 46-48.

[1537] *Uhlenbruck/Uhlenbruck*, InsO § 59 Rn 6ff.

[1538] *Preuß*, Die Verwalterauswahl als Problem des Justizverfassungsrechts, KTS 2005, 155 (172).

[1539] Mitunter versuchen auch kriminelle Kreise, „Kontrolle" über den Verwalter auszuüben, siehe *Torkanovskij*, Antikrisenverwaltung, ChiP 2000 Nr. 1, 14 (20f.).

Kontrolleuren zu finden. Allerdings trägt eine häufige Ersetzung der Verwalter nicht zu einer erfolgreichen Durchführung des Verfahrens bei.[1540]

a) Gesetz von 1998

aa) Kontrolle durch das Gericht

Das Wirtschaftsgericht verfügte über umfassende Kompetenzen zur Kontrolle des Verwalters. Voraussetzung dafür war, dass das Gericht Kenntnis von Verstößen erlangte. Es konnte dazu nach Art. 115 Abs. 2 zu jedem beliebigen Moment vom Konkursverwalter die Vorlage eines Berichts oder von Unterlagen fordern.[1541] Kam der Verwalter dieser Pflicht nicht oder nicht rechtzeitig nach, galt dies als Pflichtverletzung und er konnte aus diesem Grund aus dem Verfahren entfernt werden.[1542]

Im Extremfall konnte das Gericht den Insolvenzverwalter entlassen und einen neuen Verwalter ernennen. Diese Befugnis war im InsG 1992 nicht ausdrücklich vorgesehen, wurde aber durch die Gerichte entwickelt.[1543] Das InsG 1998 wies dem Wirtschaftsgericht ausdrücklich in Art. 116 die Kompetenz zu, den Konkursverwalter zu ersetzen. Das Gericht war berechtigt, den Verwalter aus eigener Initiative aus dem Verfahren zu entfernen, wenn es Unregelmäßigkeiten in dessen Amtsausübung wahrnahm,[1544] einer Zustimmung der Gläubiger durch Versammlung oder Komitee bedurfte es nicht.[1545] Zusätzlich konnte das Gericht von einzelnen Gläubigern angerufen werden, um Streitigkeiten zu schlichten.

Das Gericht hatte zudem die Möglichkeit, sich bei Verstößen des Verwalters an den FSFO zu wenden und einen Widerruf der Lizenz anzuregen.[1546] Solange die Lizenz-

---

[1540] *Šamšurin*, Die Prüfung von Insolvenz- (Bankrott) Sachen, AP 2002 Nr. 11, 57 (60f.).

[1541] Siehe auch *Anochin*, Probleme des Konkursverfahrens, AGP 2002 Nr. 2, 11 (13); dazu *Vitrjanskij*, Wege zur Vervollkommnung der Bankrottgesetzgebung, 96.

[1542] *Teljukina*, Vollmachten des Konkursverwalters, SiE 2002 Nr. 3, 13; siehe auch *Kokova/ Pšeničnikova*, Einzelne prozessuale Fragen, die im Verlauf des Bankrotts entstehen, AP 2001 Nr. 6, 35 (44) und *Maškina*, Fristen des Konkursverfahrens, AP 2001 Nr. 3, 55 (58).

[1543] Brief des Obersten Wirtschaftsgerichts der RF vom 07.08.1997, Punkt 7, veröffentlicht: Vestnik des Obersten Wirtschaftsgerichts 1997 Nr. 10, 90f.; kritisch dazu *Poluėktov*, Der Rechtsstatus des Arbitrageverwalters, SiE 2000 Nr. 1, 24 (27).

[1544] *Afon'kin/Sabinina*, Gesetzgebung zum Bankrott, 57; *Vitrjanskij*, Unrechtmäßige Handlungen des Schuldners, der Gläubiger und der Arbitrageverwalter, Sonderbeilage zu VAS 2001 Nr. 3, 162 (166); kritisch *Kress*, Prüfung der Klagen von Gläubigern über die Verletzung ihrer Rechte und Interessen in Bankrottsachen, AP 2002 Nr. 1, 58 (62), der zumindest einen Antrag einer betroffenen Person für nötig erachtet; ähnlich *Maškina*, Fristen des Konkursverfahrens, AP 2001 Nr. 3, 55 (58); ablehnend *Nikitina*, Das Konkursverfahren, Zakon 1998 Nr. 6, 61 (63).

[1545] Informationsbrief des Präsidiums des Obersten Wirtschaftsgerichts der RF vom 14.06.2001 Nr. 64 Pkt. 10; dazu *Bol'šoba/Geraščenko*, Arbitragepraxis, 69.

[1546] *Alžeeva/Sangaev*, Über die Insolvenz (den Bankrott), AP 2002 Nr. 2, 62; ähnlich aus der Praxis *Kornilov*, Über die Insolvenz (den Bankrott), AP 2001 Nr. 7, 41.

pflicht der Verwalter bestand, war es sehr streitig, ob der Widerruf der Lizenz durch den FSFO automatisch zur Ablösung des Verwalters in dem von ihm betreuten konkreten Bankrottverfahren führen musste[1547] oder sie nur für die folgende Ernennung eine Bedeutung haben sollte.[1548] Nach der Aufhebung der Lizenzpflicht im Jahre 2002 ist diese Streitfrage gegenstandslos geworden.

bb) Kontrolle durch die Gläubiger

Eine Kontrolle durch die Gläubiger war in der Phase der Beobachtung kaum möglich, da sich die Gläubigerversammlung noch nicht konstituiert hatte.[1549]

Eine erste Kontrollmöglichkeit für die Gläubiger bestand darin, dass der Fremdverwalter bestimmte Rechtsgeschäfte nur mit ihrer Zustimmung abschließen durfte, Art. 76 Pkte. 2 bis 4 InsG 1998.[1550] Dies erlaubte den Gläubigern, einem „Verschleudern" der Masse entgegenzuwirken.

Die Gläubiger hatten zudem die Möglichkeit, andere Handlungen des Verwalters zu kontrollieren. Operativ geschah dies vor allem durch das Gläubigerkomitee. Zu diesem Zweck war der Konkursverwalter verpflichtet, der Gläubigerversammlung monatlich einen Bericht seiner Tätigkeit vorzulegen, Art. 115 Pkt. 1 InsG 1998.[1551] Zusätzlich war der Verwalter auf Anfrage der Gläubiger zu jedem Zeitpunkt verpflichtet, über seine Tätigkeit zu berichten.[1552] Hielten die Gläubiger eine Handlung des Fremdverwalters für unzweckmäßig, so konnten sie seine Ersetzung beantragen.[1553] Zur Entlassung des Konkursverwalters genügte nicht allein ein Beschluss der Gläubiger, zusätzlich musste eine fehlerhafte Erfüllung seiner Aufgaben nachgewiesen werden.[1554]

Nur den Gläubigern in ihrer Gesamtheit stand das Recht zu, einen Antrag auf Entfernung des Verwalters zu stellen, nicht jedoch einzelnen Gläubigern, Art. 116 InsG

[1547] So *Popondopulo*, Konkursrecht, 141; ebenso *Šipicina*, Rechtliche Lage und Lizenzierung der Tätigkeit der Arbitrageverwalter, AGP 2001 Nr. 1, 14.

[1548] Zu den Problemen; *Teljukina*, Konkursrecht, 202f.

[1549] *Poluėktov*, Der Rechtsstatus des Arbitrageverwalters, SiE 2000 Nr. 1, 24 (26).

[1550] *Dichtjar*, Verträge in Bankrottverfahren: Analyse des föderalen Gesetzes der RF „Über die Insolvenz (den Bankrott)" vom 8. Januar 1998, Jurist 2002 Nr. 2, 56 (60); *Kolininčenko*, Schutz der Interessen, 197.

[1551] *Masevic/Orlovskij/Pavlovskij*, Kommentar, 106; vgl. auch *Zenkin/Tal´*, Bankrott kommerzieller Organisationen, 203 und *Afon´kin/Sabinina*, Gesetzgebung zum Bankrott, 57.

[1552] *Teljukina*, Vollmachten des Konkursverwalters, SiE 2002 Nr. 3, 13.

[1553] *Teljukina*, Einige Probleme der Erfüllung seiner Verpflichtungen durch den Fremdverwalter, JurMir 2000 Nr. 4, 44 (46), die den Nichtabschluss vorteilhafter Rechtsgeschäfte nennt.

[1554] Erforderlich sind konkrete Verletzungen; *Suvorov*, Über die Vollmachten des Arbitrageverwalters, AGP 2002 Nr. 6, 17; kritisch zu dieser Differenzierung *Poluėktov*, Der Rechtsstatus des Arbitrageverwalters, SiE 2000 Nr. 1, 24 (26).

1998.[1555] Bei Entdeckung von Unregelmäßigkeiten konnte ein einzelner Gläubiger allerdings informell das Wirtschaftsgericht einschalten, das dann nach eigenem Ermessen Maßnahmen ergriff. Zu derartigen Verfahren kam es in der Praxis häufig. Im Mittelpunkt standen dabei meist Streitigkeiten über die Aufnahme einzelner Gläubigerforderungen in das Register.[1556] Das Gericht war dabei auf eine rechtliche Kontrolle beschränkt, die wirtschaftliche Zweckmäßigkeit konnte es nicht überprüfen.[1557] Möglich war es dem einzelnen Gläubiger auch, sich an den FSFO zu wenden und bei ihm eine Überprüfung anzuregen.

cc) Kontrolle durch das staatliche Organ für Angelegenheiten des Bankrotts und der finanziellen Sanierung (FSFO)

Anders als im deutschen System gab es in Russland nach dem InsG 1998 ein zusätzliches föderales Organ, das die Arbitrageverwalter kontrollierte. Die staatliche Aufsicht über die Verwalter wurde nach Art. 25 InsG 1998 dem FSFO und seinen territorialen Untergliederungen übertragen.[1558] Das Verfahren für diese Kontrollen wurde durch untergesetzliche Rechtsakte des FSFO weiter präzisiert.[1559] Diese waren Gegenstand mehrerer Rechtsstreitigkeiten und wurden teilweise wegen Überschreitung der gesetzlichen Grundlagen für unwirksam erklärt.[1560]

Gemäß dieser Verfahrensordnung prüften die territorialen Organe des FSFO in regelmäßigen Abständen die von den Verwaltern vorzulegenden Berichte. Zusätzlich nahmen sie stichprobenartige vertiefte Kontrollen vor.[1561] Anlass dafür konnten Klagen von Verfahrensbeteiligten sein; sie waren aber auch auf eigene Initiative möglich. Eine besonders intensive Aufsicht erfolgte bei großen und bedeutenden Unternehmen.[1562]

[1555] Siehe Entscheidungen des föderalen Wirtschaftsgerichts des Moskauer Bezirks vom 07.05.2002 Nr. KG-A40/2756-02-3, vom 16.07.2002 Nr. KG A40/4502-02 und vom 21.11.2002 Nr. KG A40/7670-02-1; *Balaševa*, Prüfung der Anträge und Klagen gegen Handlungen der Arbitrageverwalter, AP 2002 Nr. 3, 63.

[1556] Zu den Zahlen im Moskauer Gebiet vgl. *Blockij*, Bankrott: Blick auf das Problem, AP 2001 Nr. 6, 67 (69).

[1557] So *Kress*, Prüfung der Klagen von Gläubigern über die Verletzung ihrer Rechte und Interessen in Bankrottsachen, AP 2002 Nr. 1, 58

[1558] Pkt. 31 der Verordnung „Über die Lizenzierung der Tätigkeit natürlicher Personen als Arbitrageverwalter" Nr. 1544 vom 25.12.1998.

[1559] Anordnung des FSFO vom 27.08.1999 Nr. 23-r; siehe dazu *Belych/ Dubinčin/Skuratovskij*, Rechtliche Grundlagen, 91.

[1560] Siehe etwa Beschluss des Kassationskollegiums des Obersten Gerichts der RF vom 03.04.2001 Nr. KAS 01-102, das Teile der Verordnung vom 27.08.1999 Nr. 23-r wegen Verstoßes gegen das Lizenzierungsgesetz für unwirksam erklärt.

[1561] *Karelina*, Rechtliche Regelung, 49f.

[1562] *Karelina*, Rechtliche Regelung, 50; vgl. Anordnung der Regierung der RF vom 10.07.1999 Nr. 1100-r, zu den Sonderregeln für große, wirtschaftlich oder sozial bedeutende Organisationen.

Der FSFO hatte nach Pkt. 32 der Verordnung über die Lizenzierung[1563] die Pflicht, die Tätigkeit der Verwalter zu überprüfen. Dazu konnten die Mitarbeiter Informationen einsehen, Unterlagen prüfen, die Behebung entdeckter Mängel verlangen und andere Maßnahmen ergreifen.[1564]

Die Sanktionen waren vielfältig: Die einfachste Form der Beanstandung war die Aufforderung, den Mangel zu beheben oder eine Warnung. Genügten diese nicht, den Arbitrageverwalter zu rechtmäßigem Tun zu bewegen, konnte der FSFO die Lizenz aussetzen oder widerrufen.[1565] Dazu war allerdings erforderlich, dass die Handlungen des Verwalters einen Schaden bewirkt hatten oder hätten bewirken können.[1566]

Unklar blieb, ob die Aussetzung der Lizenz Auswirkungen auf ein laufendes Verfahren hatte. Hier wurde vertreten, dass eine Entfernung aus dem laufenden Verfahren nicht möglich sei, solange die dem Lizenzentzug zugrundeliegenden Gründe außerhalb des Verfahrens lagen.[1567] Allerdings konnten andere Beteiligte die Aussetzung zum Anlass nehmen, ihrerseits beim Wirtschaftsgericht die Entfernung des Verwalters zu verlangen. Zum Schutz des Verwalters wurde sogar vertreten, eine erneute Ernennung nach Aussetzung der Lizenz müsse möglich sein.[1568] In der Praxis bestand somit die Möglichkeit, den Arbitrageverwalter aus mit dem konkreten Verfahren nicht zusammenhängenden Gründen aus dem Verfahren zu entfernen.

Der FSFO konnte sich weiterhin mit einem Antrag auf Annullierung der Lizenz an das Gericht wenden.[1569] Nur dieses hatte nach dem Lizenzierungsgesetz das Recht, eine Lizenz zu annullieren.[1570] Unklar blieb, in welchem Verhältnis die Annullierung zu dem im InsG 1998 erwähnten Widerruf der Lizenz steht. Da der Widerruf eine für den Verwalter einschneidende Maßnahme darstellte, war eine eindeutige rechtliche Grundlage erforderlich. Dem genügte das InsG 1998 nicht; es wurde da-

---

[1563] Verordnung „Über die Lizenzierung der Tätigkeit natürlicher Personen als Arbitrageverwalter" Nr. 1544 vom 25.12.1998.

[1564] Dazu *Teljukina*, Lizenzierung der Tätigkeit des Arbitrageverwalters, PiE 2001 Nr. 4, 28.

[1565] *Belych/Dubinčin/Skuratovskij*, Rechtliche Grundlagen, 92; *Ageev*, Bankrott als Form der juristischen Verantwortlichkeit, Zakonodatel´stvo 2001 Nr. 2, 46.

[1566] Beschluss des Kassationskollegiums des Obersten Gerichts der RF vom 03.04.2001 Nr. KAS 01-102.

[1567] So auch *Teljukina*, Lizenzierung der Tätigkeit des Arbitrageverwalters, PiE 2001 Nr. 4, 28; aA wohl *Vitrjanskij/Golubev und Prudnikova*, Kommentar, Art. 19, 79.

[1568] So *Teljukina*, Lizenzierung der Tätigkeit des Arbitrageverwalters, PiE 2001 Nr. 4, 28, die allerdings auch gesetzgeberische Korrekturen befürwortet. Andererseits ist zu fragen, welchen Sinn die Aussetzung der Lizenz haben soll, wenn sie nicht zu praktischen Ergebnissen führt.

[1569] Wirtschaftsrechtliches Bulletin gemeinsam mit TACIS, Insolvenz (Bankrott) von Unternehmen, Heft 2000/09, 22f.

[1570] Vgl. Art. 13 Pkt. 3 des damals geltenden Gesetzes über die Lizenzierung bestimmter Tätigkeitsarten; dazu auch *Teljukina*, Lizenzierung der Tätigkeit des Arbitrageverwalters, PiE 2001 Nr. 4, 28.

her davon ausgegangen, dass mit dem Widerruf nur die Möglichkeit gemeint war, die Annullierung bei Gericht zu beantragen.[1571] In der Praxis allerdings widerrief der FSFO Lizenzen und die Arbitrageverwalter beantragten dagegen Gerichtsschutz.[1572] Interessanterweise sah die Rechtslage zum InsG 1998 weder ein grundsätzliches Verbot vor, einem Verwalter, dem die Lizenz entzogen worden war, eine weitere Lizenz zu erteilen, noch eine Sperrfrist für die Neuerteilung.[1573] Bei Vorlage formell ausreichender Dokumente hatte der Bewerber einen Anspruch auf die erneute Ausstellung einer entsprechenden Lizenz.

Stellte sich heraus, dass der Arbitrageverwalter keine Lizenz hatte oder sie ihm entzogen worden war, musste das Gericht ihn entfernen.[1574] Anderenfalls stellte sich die Frage, was geschieht, wenn ein Verwalter nach dem Widerruf seiner Lizenz seine Tätigkeit fortsetzt. Entsprechende Rechtsgeschäfte könnten nach Art. 173 ZGB für unwirksam erklärt werden, was das ganze Verfahren belasten würde.[1575] Denkbar wäre gewesen, die Folgen in Kraft zu belassen, dem entfernten Verwalter aber eine Haftung aufzuerlegen.

Die Kontrolle durch den FSFO umfasste neben formellen Fragen auch materielle Aspekte. Damit griff der FSFO tief in das notwendige wirtschaftliche Ermessen der Verwalter ein. Diese befanden sich in einer prekären Abhängigkeit von der Meinung der Expertenkommission des FSFO.[1576] Im Übrigen stellte man in der Literatur die berechtigte Frage, wie eine bürokratische Behörde die Managementtätigkeit der Arbitrageverwalter sinnvoll kontrollieren sollte.[1577]

dd) Sonstige Kontrolle

Keine Kontrollmöglichkeiten über die Tätigkeit des Insolvenzverwalters wies das InsG 1998 den Gläubigern der ersten und zweiten Gruppe zu. Diese galten nicht als Konkursgläubiger und konnten daher auch die Handlungen des Verwalters nicht

---

[1571] *Vitrjanskij*, Unrechtmäßige Handlungen des Schuldners, der Gläubiger und der Arbitrageverwalter, Sonderbeilage zu VAS 2001 Nr. 3, 162 (166); *Kolininčenko*, Schutz der Interessen, 203; anders *Teljukina*, Lizenzierung der Tätigkeit des Arbitrageverwalters, PiE 2001 Nr. 4, 29.

[1572] Vgl. etwa Entscheidungen des föderalen Wirtschaftsgerichts des Moskauer Bezirks vom 13.05.2002 Nr. KG-A41/2805-02 und vom 31.07.2002 Nr. KG-A40/4923-02; dazu *Vitrjanskij/Golubev und Prudnikova*, Kommentar, Art. 21, 86 und *Taj*, Besonderheiten des Status´ des Arbitrageverwalters, AGP 2002 Nr. 5, 23 (25).

[1573] *Kolininčenko*, Schutz der Interessen, 194f.; kritisch *Chouman*, Erhöhung der Standards der Tätigkeit der Arbitrageverwalter, Sonderbeilage zu VAS 2001 Nr. 3, 81 (90).

[1574] So auch *Teljukina*, Lizenzierung der Tätigkeit des Arbitrageverwalters, PiE 2001 Nr. 4, 29; genauso *dies.*, Kommentar, VII.

[1575] Art. 173 ZGB wäre wohl in der Regel erfüllt: Da der Entzug der Lizenz veröffentlicht wird, ist der Vertragspartner im Sinne des ZGB stets als bösgläubig anzusehen.

[1576] *Kolininčenko*, Schutz der Interessen, 202f.

[1577] *Torkanovskij*, Antikrisenverwaltung, ChiP 2000 Nr. 1, 14 (21), spricht von „formalbürokratischen Hemmnissen".

gerichtlich anfechten oder seine Entfernung beantragen.[1578] Damit hatten weder die Arbeitnehmer des Schuldners noch ihr gewählter Vertreter das Recht, Handlungen des Verwalters anzufechten.[1579] Auch die Gesellschafter des Schuldners hatten keine Handhabe, gegen Handlungen des Verwalters zu Lasten des Schuldners gerichtlich vorzugehen.[1580]

ee) Rechtsmittel

Gegen die Entfernung stand dem Insolvenzverwalter die gerichtliche Anfechtung als Rechtsmittel offen. Dies wurde im Gesetz für den Fremdverwalter ausdrücklich angeordnet, Art. 99 Pkt. 1 InsG 1998. Für den Konkursverwalter hat die Rechtsprechung diese Regel analog angewandt.[1581] Im Falle einer Aufhebung des Beschlusses der ersten Instanz durch die Berufung musste das Berufungsgericht die Sache an das erstinstanzliche Gericht zurückverweisen. Diesem war es vorbehalten, einen anderen Arbitrageverwalter auszuwählen und zu ernennen.[1582]

ff) Entlassung auf eigenen Wunsch

Die Arbitrageverwalter konnten zu jedem Zeitpunkt des Verfahrens selbst um ihre Entlassung nachsuchen.[1583] Dazu mussten sie allerdings einen begründeten Antrag stellen, auf dessen Grundlage das Gericht sie entlassen konnte.[1584]

b) Gesetz von 2002

Das InsG 2002 soll nach dem Willen des Gesetzgebers eine wirksamere Aufsicht über die Arbitrageverwalter ermöglichen.[1585] Es erweitert und präzisiert daher die Regeln zur Kontrolle. Dies gilt insbesondere für die neu geschaffenen Selbstverwaltungsorganisationen der Verwalter.

[1578] Siehe dazu Informationsbrief des Plenums des Wirtschaftsgerichts der Republik Chakassien vom 28.08.2000, Vestnik des Obersten Wirtschaftsgerichts des RF 2000 Nr. 11, 56f.

[1579] Siehe dazu Informationsbrief des Plenums des Wirtschaftsgerichts der Republik Chakassien vom 28.08.2000, Vestnik des Obersten Wirtschaftsgerichts des RF 2000 Nr. 11, 58 und 60.

[1580] Informationsbrief des Obersten Wirtschaftsgerichts vom 07.08.1997 Punkt 6.

[1581] Brief des Obersten Arbitragegerichts der RF vom 06.08.1999, Pkt. 23.

[1582] Siehe Brief des Obersten Arbitragegerichts der RF vom 06.08.1999, Pkt. 27.

[1583] *Poluéktov*, Der Rechtsstatus des Arbitrageverwalters, SiE 2000 Nr. 1, 24 (26).

[1584] Vgl. etwa Art. 73 Pkt. 1 InsG 1998, *Vitrjanskij/Golubev und Prudnikova*, Kommentar, Art. 73 Pkt. 3 nennen etwa Erkrankung, persönliche Gründe sowie Interessenkonflikte.

[1585] So Gesetzesbegründung Pkt. III.

aa) Kontrolle durch das Gericht

Das InsG 2002 verfolgt das Ziel, die gerichtliche Kontrolle über den Arbitrageverwalter zu stärken.[1586] Für die Entfernung eines Verwalters von seinem Amt ist das Wirtschaftsgericht zuständig, Art. 83 Pkt. 5, 97, 144. Es entscheidet – außer bei der Beobachtung – über Entfernung und Neubestellung als Kollegialgericht.[1587]

Ein eigenes Initiativrecht des Gerichts sieht das InsG 2002 expressis verbis nur für den Sonderfall des Auftretens oder Bekanntwerdens von Umständen vor, die einer Ernennung entgegenstünden oder entgegengestanden haben, vgl. Art. 98 Pkt. 1 dritter Aufzählungspunkt.[1588] Dies betrifft die subjektiven Voraussetzungen nach Art. 20 InsG 2002. Bei enger Auslegung wäre es dem Gericht verwehrt, aus eigenem Veranlassen die Tätigkeit des Verwalters einer Prüfung zu unterziehen. Es könnte nur auf Antrag von Verfahrensbeteiligten tätig werden. Dagegen erheben sich in der Literatur Stimmen,[1589] die wie zum InsG 1998 ein eigenes Initiativrecht fordern. Anderenfalls könne das Gericht bei Passivität der Gläubiger seine Kontrolle nicht ausüben.[1590] Nur so könne das Gericht daher stärkeren Einfluss auf das Verfahren erlangen. Es bleibt abzuwarten, wie die Praxis sich entwickeln wird.[1591] In der Literatur werden die Neuerungen kritisch gesehen und eine schwächere Kontrolle der Gerichte vorausgesagt.[1592]

Das Gericht hat bei der Prüfung der gegen den Verwalter vorgebrachten Gründe einen sehr weiten Spielraum.[1593] Insbesondere ist das Gericht nicht an den Antrag der Gläubigerversammlung oder einzelner Beteiligter gebunden. Es kann insoweit frei entscheiden, ob eine Verletzung der Regeln durch den Verwalter vorliegt. Etwas

---

[1586] *Grudcena*, Das neue Gesetz „Über die Insolvenz (den Bankrott)", Advokat 2003 Nr. 1, 21 (23); schon gefordert von *Balaševa*, Prüfung der Anträge und Klagen gegen Handlungen der Arbitrageverwalter, AP 2002 Nr. 3, 63 (66).

[1587] Informationsbrief des Präsidiums des Obersten Wirtschaftsgerichts vom 04.05.2006 Nr. 108, Pkt. 2.

[1588] *Popondopulo/Lebedev*, Kommentar, Art. 98 Pkt. 3.

[1589] Siehe *Nikitina*, Das Konkursverfahren, AP 2003 Nr. 6, 14 (17); *Chimičev*, Schutz von Gläubigerrechten beim Bankrott, 79; *ders.*, Aussichtsreiche Richtungen der Vervollkommnung der rechtlichen Regulierung im Bereich der Insolvenz (des Bankrotts), VAS 2005 Nr. 6, 149 (163); ebenso *Teljukina*, Kommentar 2004, Art. 25 Pkt. 1.

[1590] *Chimičev*, Schutz von Gläubigerrechten beim Bankrott, 79.

[1591] Dafür *Teljukina*, Kommentar zum InsG 2002, SiE 2003 Nr. 5, 59.

[1592] So *Bessonova*, Neuigkeiten des Gesetzes über den Bankrott und die Probleme ihrer Anwendung, AP 2003 Nr. 1, 3 (5); zu den viel weitergehenden Kompetenzen britischer Gerichte: *Chouman*, Erhöhung der Standards der Tätigkeit der Arbitrageverwalter, Sonderbeilage zu VAS 2001 Nr. 3, 81 (88).

[1593] *Popondopulo/Lebedev*, Kommentar zum Insolvenzgesetz, Art. 98 Pkt. 2.

anderes gilt aber, wenn eine Rechtsverletzung vorliegt. In diesem Fall bleibt kein Raum für gerichtliches Ermessen.[1594]

Die Entfernung erfolgt in der Regel dauerhaft; eine vorübergehende Entfernung ist nur in Ausnahmefällen möglich.[1595] Stets ist aber zu gewährleisten, dass der neue Verwalter nahtlos ins Amt gelangt; eine verwalterlose Zeit ist nicht zulässig.[1596] Der neu bestellte Verwalter tritt als Rechtsnachfolger des bisherigen Verwalters in die Rechtsbeziehungen ein.[1597] Die Kompetenzen des bisherigen Verwalters enden, etwaige Vollmachten sind zurückzugeben.[1598] Ebenso ist die Übergabe aller Unterlagen sicherzustellen.[1599]

Durch Verordnung der Regierung sind nunmehr feste Regeln für die obligatorischen Berichte der Verwalter aufgestellt worden.[1600] Dies wird sicher helfen, die Arbitrageverwalter stärker zu disziplinieren und eine frühere Aufdeckung von Missständen zu befördern.

bb) Kontrolle durch die Gläubiger

Wie schon im InsG 1998 haben die Gläubiger die Möglichkeit, den Verwalter zu kontrollieren und gegebenenfalls seine Entfernung zu verlangen (Art. 83 Pkt. 5 für den administrativen Verwalter, Art. 98 Pkt. 1 für den Fremdverwalter und Art. 145 für den Konkursverwalter). Dazu müssen sie im Rahmen einer Gläubigerversammlung mit qualifizierter Mehrheit einen Beschluss auf Entfernung fassen. In der Praxis ist problematisch, dass der Verwalter die Sitzung zu der Frage seiner eigenen Entfernung selbst einberufen und leiten muss. Diese Situation kann der Verwalter missbräuchlich nutzen, etwa durch fehlerhafte Ladungen oder unberechtigte Widersprüche gegen Forderungen.[1601] Eine geringe Abhilfe schafft die Möglichkeit, eine Versammlung auch gegen den Willen des Verwalters einzuberufen und abzuhalten, Art. 12 Pkt. 5 InsG 2002. Möglich ist aber auch, dass ein einzelner Gläubiger sich mit einer Klage an das Wirtschaftsgericht wendet. In diesem Fall ist für die Entfernung jedoch ein Rechtsverstoß des Verwalters erforderlich.[1602]

[1594] *Egorov*, Einige aktuelle Probleme des Bankrotts, ChiP 2004 Nr. 10, 92 (98), der allerdings beim Wechsel der Selbstverwaltungsorganisation für eine Übergangsfrist plädiert.

[1595] *Renov* in: *Vitrjanskij*, Kommentar 2003, Art. 25 Pkt. 3.

[1596] *Jakovleva*, Die Ersetzung des Arbitrageverwalters, ChiP 2004 Nr. 7, 79 (82).

[1597] *Renov* in: *Vitrjanskij*, Kommentar 2003, Art. 20 Pkt. 15.

[1598] *Egorov*, Einige aktuelle Probleme des Bankrotts, ChiP 2004 Nr. 12, 85 (86ff.).

[1599] *Jakovleva*, Die Ersetzung des Arbitrageverwalters, ChiP 2004 Nr. 7, 79.

[1600] Beschluss der Regierung vom 22.05.2003 Nr. 299: „Über die Bestätigung der allgemeinen Regeln für die Vorbereitung der Berichte (Schlussfolgerungen) des Arbitrageverwalters"; dazu schon *Maškina*, Fristen des Konkursverfahrens, AP 2001 Nr. 3, 55 (57).

[1601] *Teljukina*, Die Gläubigerversammlung eines insolventen Schuldners als Subjekt des Konkursrechts, Advokat 2003 Nr. 2, 22 (29).

[1602] *Chimičev*, Sicherung der Rechte und gesetzlichen Interessen der Gläubiger, AP 2003 Nr. 4, 3 (11).

Die Kontrolle setzt allerdings voraus, dass die Gläubiger das Verfahren genau verfolgen und ausreichend informiert werden. In der Vergangenheit war es häufig so, dass der Verwalter die Gläubiger nur sehr unzureichend informierte und auf diese Weise eine effektive Kontrolle letztlich unmöglich machte.[1603] Zusätzlich fehlt es gerade den Minderheitsgläubigern oft an einer ausreichenden Kenntnis der eigenen Rechte und der notwendigen Bereitschaft, diese notfalls gerichtlich durchzusetzen.[1604]

cc) Kontrolle durch die Selbstverwaltungsorganisationen

Das InsG 2002 weist den Selbstverwaltungsorganisationen umfangreiche Kontrollrechte über die Verwalter zu.[1605] Dazu zählt die Pflicht, die Arbeit ihrer Mitglieder zu beaufsichtigen.[1606] Der Verwalter ist verpflichtet, seiner Selbstverwaltungsorganisation regelmäßig Berichte über seine Tätigkeit vorzulegen. Die Selbstverwaltungsorganisation ist berechtigt, beim Wirtschaftsgericht die Entfernung des Arbitrageverwalters aus dem Verfahren zu verlangen,[1607] wenn ihr Unregelmäßigkeiten in dessen Arbeit bekannt werden oder er aus der Selbstverwaltungsorganisation ausgeschlossen wird.[1608] Das Wirtschaftsgericht ist verpflichtet, den Arbitrageverwalter auf Antrag der Organisation aus einem laufenden Verfahren abzuberufen.[1609] Diese Befugnis der Selbstverwaltungsorganisation ist sehr weitgehend.[1610] Unklar ist zu-

---

[1603]   *Tkačev*, Rechtliche Regelung, 73f.

[1604]   *Sergeev*, Praxis der Anwendung der neuen Gesetzgebung über den Bankrott, Zakonodatel´stvo 1999 Nr. 1, 31, zit. nach Datenbank „Garant".

[1605]   *Renov* in: *Vitrjanskij*, Kommentar 2003, Art. 24 Pkt. 14; so schon angeregt von *Voropaeva*, Rechtliche Mechanismen der Durchführung des Verfahrens der Liquidation von Gläubigerforderungen einer Organisation bei der Fremdverwaltung, JurMir, 2000 Nr. 8, 4 (10).

[1606]   Beschluss der Regierung vom 25.06.2003 Nr. 366 „Über die Bestätigung der Regeln der Durchführung der Überprüfung der Tätigkeit ihrer Mitglieder durch eine Selbstverwaltungsorganisation von Arbitrageverwaltern"; dazu *Viktorov/Sapožnikov*, Aufsicht über die Erfüllung der Gesetzgebung über die Insolvenz (den Bankrott), Zakonnost´ 2003 Nr. 6, 17 (20).

[1607]   *Chimičev*, Sicherung der Rechte und gesetzlichen Interessen der Gläubiger, AP 2003 Nr. 4, 3 (11).

[1608]   Sehr kritisch dazu: *Pavlodskij*, Selbstorganisierte Arbitrageverwalter, Zakon 2003 Nr. 6, 24 (27), der zu Recht darauf hinweist, dass es sich um eine gerichtliche Aufgabe handelt; ebenso kritisch *Teljukina*, Kommentar 2004, Art. 25 Pkt. 3, die darauf verweist, dass es zudem an klaren Maßstäben fehlt, wann ein Ausschluss aus der Selbstverwaltungsorganisation erfolgen darf.

[1609]   Informationsbrief des Präsidiums des Obersten Wirtschaftsgerichts vom 30.12.2004 Nr. 88, Pkt. 3; kritisch dazu *Teljukina*, Kommentar zum InsG 2002, SiE 2003 Nr. 5, 53; auch das Oberste Wirtschaftsgericht hatte sich im Gesetzgebungsverfahren dagegen ausgesprochen, Materialien der Staatsduma (unveröffentlicht).

[1610]   *Teljukina*, Kommentar 2004, Art. 20 Pkt. 1, die zudem darauf verweist, dass ein Maßstab für die behaupteten Verstöße im Verfahren fehle. Daher solle die entsprechende Antragsbefugnis entfallen. Lediglich ein Ausschluss aus der Selbstverwaltungsorganisa-

dem, welcher Rechtsschutz dem Arbitrageverwalter gegen die Entfernung offen steht.[1611] Selbst wenn aber der Ausschluss aus der Selbstverwaltungsorganisation gerichtlich angefochten wird, hat er keine Wiedereinsetzung in das Insolvenzverfahren zur Folge.[1612] Diese Kombination bringt den Verwalter in eine ausgesprochen gefährliche Abhängigkeit: Es fehlt an klaren Regeln, wann ein Ausschluss aus der Organisation zulässig ist.[1613] Erfolgt dieser jedoch, ist das Gericht zur Entfernung aus dem laufenden Verfahren verpflichtet, die selbst durch ein späteres Obsiegen vor Gericht nicht mehr zu korrigieren ist.[1614]

Die Selbstverwaltungsorganisation ist vor allem zum Erhalt ihrer Reputation gehalten, die Durchsetzung ihrer eigenen ethischen Standards sicherzustellen. Da viele Probleme in Insolvenzverfahren nicht durch eindeutige Rechtsverletzungen hervorgerufen werden, hat diese Kontrolle im „grauen" Bereich eine eminent wichtige Bedeutung.[1615] Dazu haben die Organisationen Disziplinarkommissionen einzurichten, Art. 21 Pkt. 4 InsG 2002. Es wird gehofft, dass dort die erfahrenen und angesehenen Arbitrageverwalter für die Einhaltung hoher Standards in ihrer Selbstverwaltungsorganisation sorgen.[1616] Nicht auszuschließen ist jedoch, dass die Organisationen zumindest in der praktischen Ausübung einen Wettlauf nach unten antreten, um den Gläubigern entgegenzukommen, die sie auswählen müssen.

Im Extremfall kann ein Arbitrageverwalter dauerhaft aus der Selbstverwaltungsorganisation ausgeschlossen werden.[1617] Gelingt es ihm nicht, einer anderen Organisation beizutreten (was in den meisten Provinzen Russlands mangels Alternative kaum möglich sein dürfte), muss er den Beruf wechseln.[1618] In der Literatur ist umstritten,

---

tion solle möglich sein. Dies könnte aber faktisch zu einem ähnlichen Ergebnis führen, wenn der Verwalter nicht nahtlos einer anderen Organisation beitritt; ebenso *dies.*, Konkursrecht 2004, 224.

[1611] Siehe *Teljukina*, Kommentar zum InsG 2002, SiE 2003 Nr. 5, 59, die einen Verstoß gegen das Recht des Arbitrageverwalters auf Rechtsschutz erkennen will.

[1612] *Andreev* in: *Zalesskij* (Hrsg.), Kommentar, Art. 25 Pkt. 2; *Renov* in: *Vitrjanskij*, Kommentar 2003, Art. 25 Pkt. 3; *Egorov*, Einige aktuelle Probleme des Bankrotts, ChiP 2004 Nr. 10, 92 (97).

[1613] *Egorov*, Einige aktuelle Probleme des Bankrotts, ChiP 2004 Nr. 10, 92 (97) weist auf die Gefahr hin, dass dies auch sehr geringfügige Verstöße sein könnten.

[1614] *Teljukina*, Kommentar 2004, Art. 25 Pkt. 3.

[1615] Ausführlich *Taj*, Besonderheiten des Status´ des Arbitrageverwalters, AGP 2002 Nr. 5, 23.

[1616] *Taj*, Besonderheiten des Status´ des Arbitrageverwalters, AGP 2002 Nr. 5, 23 (24).

[1617] Beschluss der Regierung vom 25.06.2003 Nr. 366 „Über die Bestätigung der Regeln der Durchführung der Überprüfung der Tätigkeit ihrer Mitglieder durch eine Selbstverwaltungsorganisation von Arbitrageverwaltern", Pkte. 14 – 16.

[1618] *Vitrjanskij*, Neues in der rechtlichen Regelung der Insolvenz (des Bankrotts), ChiP 2003 Nr. 1, 5; was dem „beruflichen Tod" nahe kommt, vgl. *Vitrjanskij* in: *Vitrjanskij*, Kommentar 2003, Vorwort 22; *Fedorenko/Parchomenko*, Rechtsstatus und Rolle einiger Subjekte im Bankrottverfahren im Lichte des föderalen Gesetzes „Über die Insolvenz (den Bankrott)" von 2002, VAS 2005 Nr. 5, 169 (173).

ob diese Sanktionsmöglichkeiten den Selbstverwaltungsorganisationen nicht eine faktisch staatliche Funktion gewähren.[1619] Es genügt nicht, auf die Unabhängigkeit der Selbstverwaltungsorganisationen zu verweisen. Denn der einzelne Verwalter gerät ungeachtet seiner eigenen Teilnahmerechte in eine nahezu vollständige Abhängigkeit von der Mehrheit der Mitglieder Selbstverwaltungsorganisation.[1620]

dd) Kontrolle durch den Staat

Eine staatliche Kontrolle über die einzelnen Arbitrageverwalter findet seit Aufhebung der Lizenzierungspflicht – abgesehen von den Übergangsbestimmungen des Art. 231 Pkt. 3 - nicht mehr statt.[1621] Durch die Aufsicht über die Selbstverwaltungsorganisationen übt der Staat allerdings noch immer indirekt Kontrolle und Einfluss aus.[1622] Letztlich hat sich am grundlegenden Befund nichts geändert, dass der Staat in Bankrottverfahren zugleich Beteiligter (als Gläubiger) und Kontrolleur der Arbitrageverwalter ist.[1623]

ee) Staatliche Aufsicht über die Selbstverwaltungsorganisationen

Der Staat übt allerdings Aufsicht über die Arbitrageverwalter aus, allerdings nur indirekt indem er die Selbstverwaltungsorganisationen kontrolliert. Nachdem zunächst dem FSFO und dem Justizministerium die Aufgabe des Regulierungsorgans übertragen worden war, obliegt sie seit 2004 dem föderalen Registrierungsdienst. Dieser kontrolliert die Selbstverwaltungsorganisationen der Verwalter.[1624] Damit ist auch gewährleistet, dass für den Staat als Gläubiger und als Kontrolleur nicht ein und dasselbe Organ auftritt.[1625]

Diese Kontrolle betrifft auch den einzelnen Arbitrageverwalter. Wird seine Selbstverwaltungsorganisation aus dem Register gestrichen, droht auch ihm die Entfernung aus den laufenden Verfahren.[1626]

[1619] *Trefilova*, Das Projekt des neuen Gesetzes „Über die Insolvenz (den Bankrott)": Probleme und Lösungen, Vestnik des FSFO 2002 Nr. 8, 25 (31).

[1620] Dazu *Teljukina*, Kommentar zum InsG 2002, SiE 2003 Nr. 5, 53.

[1621] *Zykova*, Neues in der Gesetzgebung über die Insolvenz (den Bankrott), SiÈ 2003 Nr. 3, 21 (23).

[1622] *Nikitina*, Das Konkursverfahren, AP 2003 Nr. 6, 14 (17)

[1623] *Grudcena*, Das neue Gesetz „Über die Insolvenz (den Bankrott)", Advokat 2003 Nr. 1, 21 (24).

[1624] *Viktorov/Sapožnikov*, Aufsicht über die Erfüllung der Gesetzgebung über die Insolvenz (den Bankrott), Zakonnost´ 2003 Nr. 6, 17 (20).

[1625] *Zykova*, Neues in der Gesetzgebung über die Insolvenz (den Bankrott), SiÈ 2003 Nr. 3, 21 (23).

[1626] *Egorov*, Einige aktuelle Probleme des Bankrotts, ChiP 2004 Nr. 10, 92 (98f.); will in diesen Fällen eine Frist für den Wechsel in eine andere Selbstverwaltungsorganisation gewähren.

ff) Sonstige Kontrolle

Da das InsG 2002 in bestimmten Fällen eine Beteiligung der Vertreter des Schuldners vorsieht und diesen den Status von am Bankrottverfahren Beteiligten einräumt, stehen auch diesen gewisse Kontrollrechte zu.[1627] Sie können die Einhaltung der ihrem Schutz dienenden Regeln verlangen.

In Sonderverfahren sieht das Gesetz die Einschaltung zusätzlicher Organe vor, die teilweise auch Kontrollfunktionen ausüben. So nimmt die Zentralbank in Insolvenzverfahren gegen Kreditorganisationen auch die Aufsicht über die Arbitrageverwalter wahr.[1628] Der Verwalter ist verpflichtet, ihr monatlich einen Bericht vorzulegen.

In Verfahren gegen Versicherungsgesellschaften nimmt nach Art. 183 Pkt. 1 InsG 2002 das Versicherungsaufsichtsorgan am Verfahren teil,[1629] bei strategischen Unternehmen nach Art. 192 InsG 2002 das betroffene föderale Organ des entsprechenden Wirtschaftszweiges und bei Monopolunternehmen nach Art. 5 des Spezialgesetzes das föderale Verwaltungsorgan des Energiesektors. Auch wenn diese über keine unmittelbaren Einwirkungsmöglichkeiten verfügen, können sie eine Überprüfung beim Regulierungsorgan, dem Wirtschaftsgericht oder der Selbstverwaltungsorganisation anregen.

gg) Entlassung auf eigenen Wunsch

Das InsG 2002 räumt dem Arbitrageverwalter das Recht ein, aus bestimmten Gründen selbst um seine Entlassung nachzusuchen. Allgemein ergibt sich dies aus Art. 24 Pkt. 2 aE[1630] Für den vorläufigen Verwalter fehlt eine spezielle Norm. Für den administrativen Verwalter finden sich weitere Details in Art. 83 Pkt. 5, für den Fremdverwalter in Art. 97 und für den Konkursverwalter in Art. 144 InsG 2002.

Dabei nennt das Gesetz keine Gründe, die eine Entlassung begründen können. Dennoch steht außer Frage, dass der Verwalter seinen Wunsch begründen[1631] und das Gericht die vorgebrachten Gründe prüfen und bewerten muss.[1632] Es kann daher auch eine Entlassung ablehnen, wenn es die vorgebrachten Gründe für nicht ausreichend oder nicht zutreffend hält. Dem Interesse des Verwalters, entbunden zu wer-

---

[1627] *Lazareva*, Die rechtliche Lage der Gründer (Gesellschafter) des Schuldners in der Bankrott- (Insolvenz-) Sache, in: *Karelina* (Hrsg.), Rechtliche Probleme, 15 (21).

[1628] Siehe Bestimmung der Zentralbank Russlands vom 17.01.2001 Nr. 132-P (mit Änderung vom 11.01.2002) „Über die Durchführung von Überprüfungen der Tätigkeit von Arbitrageverwaltern beim Bankrott von Kreditorganisationen und von Liquidatoren durch die Bank Russlands"; vgl. *Belych/Dubinčin/Skuratovskij*, Rechtliche Grundlagen, 213.

[1629] Diese Funktion nimmt derzeit das Finanzministerium wahr; *Popondopulo/Kovalevskaja*, Kommentar, Art. 183 Pkt. 2.

[1630] *Renov* in: *Vitrjanskij*, Kommentar 2003, Art. 24 Pkt. 5.

[1631] Siehe *Karelina*, Rechtliche Regelung, 48; aA allerdings *Teljukina/Tkačev*, Der administrative Verwalter als neues Subjekt des Konkursrechts, Advokat 2003 Nr. 3, 28 (29).

[1632] *Popondopulo/Lebedev*, Kommentar, Art. 97 Pkt. 2.

den, stehen immerhin schwerwiegende Folgen für den Fortgang des Verfahrens gegenüber. Unter bestimmten Umständen mag eine entsprechende ablehnende Gerichtsentscheidung auch einem in die Kritik der Gläubiger geratenen Arbitrageverwalter wieder Luft verschaffen, indem Zweifel an seiner Integrität oder Neutralität zerstreut werden.

Eine Pflicht, unter bestimmten Umständen selbst die Entlassung zu beantragen, kennt das Gesetz hingegen nicht. Dennoch dürfte auch eine Befangenheit des Verwalters zum Beispiel aus ethischen oder beruflichen Gründen als Grundlage für die Entlassung genügen.[1633] Verletzt der Verwalter seine Pflichten oder treten Umstände zutage, die seine Ernennung verhindert hätten, kann er entfernt werden. Erst die Zukunft wird zeigen, welchen Einfluss die ethischen Regeln der Selbstverwaltungsorganisationen spielen werden. Denkbar wäre, dass die Organisationen ihre Mitglieder in zweifelhaften Fällen drängen, das Amt zur Verfügung zu stellen, um die Reputation der Organisation nicht zu gefährden.

hh) Rechtsmittel

Die Entlassung oder Entfernung des Verwalters aus einem Bankrottverfahren ist als schwerwiegende Entscheidung dem Gericht vorbehalten, das einen entsprechenden Beschluss erlassen muss. In diesem ist auch sogleich die Ernennung eines neuen Verwalters anzuordnen, Art. 83 Pkt. 5 für den administrativen Verwalter, Art. 97 Pkt. 4 für den Fremdverwalter und Art. 145 Pkt. 1 InsG 2002 für den Konkursverwalter.[1634] Der Beschluss unterliegt der sofortigen Vollziehung, um keine Unklarheit entstehen zu lassen. Auch eine Anfechtung des Beschlusses hat keine aufschiebende Wirkung.

In der Praxis dürfte eine Klage des Verwalters gegen seine Entfernung kaum Aussicht bieten, ihn wieder in das Amt einzusetzen, da das Verfahren unterdessen weitergelaufen ist. Zudem dürfte ein erneuter Verwalterwechsel sicher nicht im Interesse der übrigen Verfahrensbeteiligten liegen. Allerdings kann eine Überprüfung für den Verwalter bedeutsam sein, dem gegebenenfalls Sanktionen in seiner Selbstverwaltungsorganisation drohen. Auch kann ihm bei Entfernung der Verlust der Vergütung nach Art. 26 Pkt. 1 Satz 2 InsG 2002[1635] oder ein Reputationsschaden drohen.

C. Russische Praxis

Häufig läuft die Kontrolle über die Arbitrageverwalter schon deshalb leer, weil Gläubiger und Gericht sich gegenseitig aufeinander verlassen und der Verwalter

---

[1633] *Vitrjanskij/Golubev und Prudnikova*, Kommentar, Art. 20, 85; *Popondopulo/ Popondopulo*, Kommentar, Art. 24 Pkt. 3.
[1634] Für den vorläufigen Verwalter fehlt eine entsprechende Norm, da die Einberufung der ersten Gläubigerversammlung zu seinen Kompetenzen zählt und eine daran anschließende Entfernung sinnlos wäre, da ohnehin das nächste Bankrottverfahren folgt.
[1635] *Nikitina*, Das Konkursverfahren, AP 2003 Nr. 6, 14 (18).

daher faktisch überhaupt nicht kontrolliert wird.[1636] Den Gerichten mangelt es dazu oft neben der modernen technischen Ausstattung auch am notwendigen Personal.[1637] Verschärft wird dieser Befund durch den starken Anstieg der Insolvenzzahlen seit 1998. Die Zahlen zum InsG 2002 deuten allerdings darauf hin, dass eine Kontrolle durch die Gläubiger in zahlreichen Verfahren erfolgt.[1638]

Auch die Übertragung der Kontrolle im Sanierungsverfahren an die Gläubiger geht von der fraglichen Annahme aus, die Gläubiger seien stets an einer Wiederherstellung der Zahlungsfähigkeit interessiert.[1639] Mitunter mag ihnen aber ein schnelles Konkursverfahren, bei dem sie wenigstens teilweise Befriedigung erlangen, wichtiger sein. Damit läuft eine Kontrolle in der finanziellen Sanierung und der Fremdverwaltung häufig ebenfalls leer.

Zur Kontrolle verfügen die Gläubiger und das Gericht oft nur über die Berichte des Verwalters. Gerade unlautere Verwalter schrecken aber nicht davor zurück, diese Berichte unvollständig, verspätet oder falsch abzugeben.[1640] Dann jedoch ist eine Kontrolle unmöglich. Mitunter erschöpfen sich die Berichte in Allgemeinplätzen und verdecken die völlige Untätigkeit der Verwalter.[1641]

In der Vergangenheit haben Verwalter immer wieder mit einzelnen Gläubigern kollusiv zusammengewirkt, um die „assets" des Schuldners zu plündern.[1642] Für die übrigen Gläubiger oder das Wirtschaftsgericht war es mitunter schwierig, die dadurch ausgelösten Vermögensverschiebungen zu entdecken und rückgängig zu machen.[1643] Oft ist bewegliches Vermögen verschwunden oder ein Zugriff nicht mehr möglich. Mitunter führt auch die Untätigkeit der Verwalter zu bevorzugter Befriedi-

---

[1636] Siehe *Maškina*, Fristen des Konkursverfahrens, AP 2001 Nr. 3, 55 (57).

[1637] *Maškina*, Fristen des Konkursverfahrens, AP 2001 Nr. 3, 55 (57); ähnlich *Grudcena*, Das neue Gesetz „Über die Insolvenz (den Bankrott)", Advokat 2003 Nr. 1, 21 (22); und *Gromova*, Die Tätigkeit der Arbitrageverwalter bei Durchführung von Bankrottverfahren, AP 2002 Nr. 7, 42.

[1638] So wurden 2003 3.213 Klagen auf Entfernung des Arbitrageverwalters eingereicht, 2004 waren es 2.1262 und 2005 1.506, siehe www.arbitr.ru.

[1639] *Voropaeva*, Rechtliche Mechanismen der Durchführung des Verfahrens der Liquidation von Gläubigerforderungen einer Organisation bei der Fremdverwaltung, JurMir, 2000 Nr. 8, 4 (7).

[1640] *Balaševa*, Prüfung der Anträge und Klagen gegen Handlungen der Arbitrageverwalter, AP 2002 Nr. 3, 63 (64); *Karelina*, Rechtliche Regelung, 141, weist zutreffend darauf hin, dass die Berichtpflichten von einem korrekt handelnden Verwalter ausgehen.

[1641] *Maškina*, Fristen des Konkursverfahrens, AP 2001 Nr. 3, 55f. mit teilweise erschreckenden Beispielen.

[1642] Beispiele bei *Balaševa*, Prüfung der Anträge und Klagen gegen Handlungen der Arbitrageverwalter, AP 2002 Nr. 3, 63 (65).

[1643] Dazu *Kokova/Pšeničnikova*, Einzelne prozessuale Fragen, die im Verlauf des Bankrotts entstehen, AP 2001 Nr. 6, 35.

gung, wenn einzelne Gläubiger ungehindert die Masse ausplündern.[1644] Ein besonders häufig angewandtes Mittel der Arbitrageverwalter war es, bei der Prüfung und Anerkennung von Forderungen Sonderinteressen zu vertreten. Dies verschob die Gewichte auf der Gläubigerversammlung und begünstigte damit einzelne Gläubiger. Eine nachfolgende Gerichtsentscheidung konnte die zwischenzeitlich vorgenommenen Handlungen meist nicht mehr korrigieren.

Redliche Arbitrageverwalter sehen sich in der Praxis immer wieder Angriffen seitens einzelner Gläubiger oder des Schuldners ausgesetzt. Dabei kommt es sogar zu kriminellen Aktionen, bis hin zum Mord.[1645] Häufig führt aber auch die allgemeine Unkenntnis des Insolvenzrechts zu Verstimmungen zwischen dem Verwalter und den Gläubigern.[1646]

D. Vergleichende Betrachtung

Die Wirksamkeit der Aufsicht über den Verwalter hängt von zwei Faktoren ab. Die Kontrollorgane müssen zum einen von Ausstattung und Ausbildung her in der Lage sein, dem Verfahren zu folgen und die dazu notwendigen Informationen einzuholen. Zum anderen benötigen sie flexible Mittel, um die Aufsicht durchzusetzen.

Während im deutschen Recht die Aufsicht der Insolvenzgerichte weitgehend problemlos zu funktionieren scheint, kommt das russ. Recht zu deutlich unbefriedigenderen Ergebnissen. Hier spielt sicher eine Rolle, dass die deutschen Gerichte einen „eigenen" Verwalter ernannt haben, zu dem sie Vertrauen haben und mit dem sie oft schon in der Vergangenheit zusammengearbeitet haben. Diese Insolvenzverwalter ist gezwungen, mit dem Gericht zu kooperieren, will er nicht seine Chance auf eine erneute Ernennung in der Zukunft zunichte machen. Interessanterweise ist es erst im Zusammenhang mit massenweise ortsfremden Verwaltern in den neuen Bundesländern zu Klagen gekommen.[1647]

Den russ. Gerichten können Gläubiger und Schuldner einen Verwalter „aufzwingen", der nur unter engen Voraussetzungen abgelehnt werden kann. Die Kontrollmechanismen sind deutlich reduziert. Eine effektive Ergänzung der Kontrolle könnte durch die Selbstverwaltungsorganisationen erfolgen. Es ist jedoch fraglich, ob damit nicht neue Abhängigkeiten entstehen.

[1644] *Balaševa*, Prüfung der Anträge und Klagen gegen Handlungen der Arbitrageverwalter, AP 2002 Nr. 3, 63 (64).

[1645] *Trunk*, Das neue russische Insolvenzrecht. Von der Zwischenbilanz zur Totalrevision, in: *Schroeder* (Hrsg.), Die neuen Kodifikationen in Russland, 2. Auflage, 103, v.a. Fn 48.

[1646] *Balaševa*, Prüfung der Anträge und Klagen gegen Handlungen der Arbitrageverwalter, AP 2002 Nr. 3, 63 (65).

[1647] Siehe Bericht: „Insolvenzverwalter – Griff in die Masse", Spiegel Heft 2003/30.

6. Haftung des Insolvenzverwalters

Die Haftung des Insolvenzverwalters spielt für die Ausübung seiner Tätigkeit eine wichtige Rolle. Sie bildet das Gegengewicht zur Übertragung weitreichender Befugnisse. Es handelt sich dabei um eine private Haftung des Verwalters, die von einer etwaigen Staatshaftung durch Fehler bei der Bestellung des Arbitrageverwalters zu unterscheiden ist.[1648]

Für diese Arbeit wird Haftung weit verstanden. Es soll nicht nur die zivilrechtliche Vermögenshaftung, sondern auch die verwaltungs- und strafrechtliche Verantwortlichkeit des Insolvenzverwalters erfasst werden.[1649]

A. Deutsches Recht

Die Haftung des Insolvenzverwalters im deutschen Recht hat durch die neue InsO in den §§ 60 bis 63 eine Präzisierung erfahren. Über den Charakter der Haftung herrschte schon zu § 82 KO Streit, der sich auch zur InsO fortsetzt. Der BGH sieht als Grundlage der Haftung ein gesetzliches Schuldverhältnis des Insolvenzverwalters zu den Verfahrensbeteiligten.[1650]

Für das Verschulden ist Haftungsmaßstab nach § 60 Abs. 1 Satz 2 InsO die Sorgfalt eines ordentlichen und gewissenhaften Insolvenzverwalters.[1651] Damit wird den typischen Problemen des Verwalters Rechnung getragen.[1652] Für sein Personal haftet der Verwalter nach allgemeinen Maßstäben, jedoch wird man bei vom Schuldner übernommenen Mitarbeitern einen geringeren Maßstab anlegen müssen. Hier muss der Verwalter vor allem ordnungsgemäß auswählen und überwachen.[1653] Der Umfang der Haftung bestimmt sich nach den §§ 249ff. BGB. Eine verschärfte Haftung sieht § 60 Satz 1 InsO gegenüber Massegläubigern vor, die unbefriedigt bleiben. Daneben unterliegt der Insolvenzverwalter der allgemeinen deliktischen Haftung.

Eine gesonderte Versicherungspflicht für Verwalter besteht nicht, in der Regel sind die Verwalter über ihre Zugehörigkeit zu einem anderen Berufsstand (v.a. Rechtsanwaltschaft) versichert. Es liegt jedoch auf der Hand, dass die dort bestimmten

---

[1648] Zu dieser Staatshaftung *Uhlenbruck/Uhlenbruck*, InsO § 56 Rn 78; *Preuß*, Die Verwalterauswahl als Problem des Justizverfassungsrechts, KTS 2005, 155.

[1649] Siehe auch *Andreev*, Kommentar, 67; *Ageev*, Bankrott als Form der juristischen Verantwortlichkeit, Zakonodatel'stvo 2001 Nr. 2, 46; zu beachten ist, dass die einzelnen Formen der Verantwortlichkeit voneinander unabhängig sind, vgl. Entscheidung des föderalen Wirtschaftsgerichts des Moskauer Bezirks vom 13.05.2002 Nr. KG-A40/2805-02.

[1650] Vgl. etwa BGH NJW 1994, 326.

[1651] *Pape/Uhlenbruck*, Insolvenzrecht, Rn 178; zu den „insolvenzspezifischen Pflichten" vgl. FK-InsO/*Kind*, § 60 Rn 7.

[1652] *Foerste*, Insolvenzrecht, Rn 54; aA *K. Schmidt*, Zur Haftung des Konkursverwalters gegenüber Vertragspartnern, ZIP 1988, 7.

[1653] *Gottwald/Klopp/Kluth*, Insolvenzrechtshandbuch, § 23 Rn 11.

Mindestsummen der Haftpflichtversicherung[1654] keinesfalls das Risiko der Insolvenzverwaltung abdecken. Schon in mittleren Verfahren geht es um beträchtliche Haftungssummen. In der Praxis werden häufig zusätzliche Versicherungen abgeschlossen.[1655]

B. Russisches Recht

Das russ. Recht sieht ebenfalls eine Haftung des Verwalters für sein Handeln (oder Unterlassen) vor. Diese Haftung stellt das Spiegelbild der umfangreichen Vollmachten des Verwalters dar und charakterisiert seinen Status.[1656] Er unterliegt dabei aufgrund seiner Tätigkeit als Fremdverwalter oder Konkursverwalter auch den allgemeinen Haftungsanforderungen eines Unternehmensleiters.[1657] Im InsG 1992 fehlte es noch an einer Regelung zur Haftung des Verwalters. Diese konnte sich höchstens aus allgemeinen zivilrechtlichen Normen ergeben.[1658]

a) Insolvenzgesetz 1998

aa) Zivilrechtliche Haftung

Nach Art. 21 InsG 1998 haftete der Verwalter für durch seine Pflichtverletzung entstandene Schäden. Dies galt unabhängig von Strafmaßnahmen des FSFO oder der Gerichte.[1659] Voraussetzung für einen Anspruch auf Schadenersatz war ein Schaden für einen anderen Verfahrensbeteiligten.[1660] Die Pflichtverletzung allein löste noch keine Haftung aus.[1661] Beispiele für eine schädigende Pflichtverletzung konnten sein: Handlungen zur Massesammlung, die in keinem Verhältnis zu ihrem Aufwand standen[1662] oder nicht ausreichende Maßnahmen zum Schutz des Vermögens.[1663] In der Praxis kam es auch zu rechtsgrundlosen Auszahlungen an einzelne Gläubiger. Denkbar waren aber auch Pflichtverletzungen nach anderen Gesetzen, insbesondere dem ZGB.[1664] Da den Verwaltern nach dem InsG 1998 die Pflicht übertragen war,

---

[1654] Siehe § 51 BRAO; zur Zweckmäßigkeit einer angemessen hohen Deckungssumme, FK-InsO/*Kind*, § 60, Rn 36.

[1655] Siehe *Pape/Uhlenbruck*, Insolvenzrecht, Rn 187.

[1656] *Vitrjanskij/Golubev und Prudnikova*, Kommentar, Art. 21, 86.

[1657] *Denisov/Egorov/Sarbaš*, Sanierungsverfahren in Bankrottsachen, Art. 99, 173; *Teljukina*, Kommentar 2004, Art. 20 Pkt. 6.

[1658] *Verschinin/Thurner*, Russisches Insolvenzrecht, 56, die einen strengen Haftungsmaßstab anlegen wollen.

[1659] *Taj*, Besonderheiten des Status´ des Arbitrageverwalters, AGP 2002 Nr. 5, 23 (25).

[1660] *Teljukina*, Kommentar, 43f.

[1661] Kann allerdings als Begründung für den Entzug der Lizenz dienen, vgl. *Vitrjanskij/Golubev und Prudnikova*, Kommentar, Art. 21, 86.

[1662] So kam es dazu, dass die Reise- und Beratungskosten den möglichen Nutzen bereits überschritten, vgl. *Prudnikova/Golubev* Bankrott: Allgemeine Bestimmungen, Beobachtung, Verwaltung, Konkurs, Zakon 1998 Nr. 6, 16.

[1663] Siehe *Vitrjanskij/Golubev und Prudnikova*, Kommentar, Art. 21, 86.

[1664] *Vitrjanskij/Golubev und Prudnikova*, Kommentar, Art. 21, 87; damit wird auf die allgemeinen Deliktsnormen verwiesen, insbesondere sind auch Personen erfasst, die zu Un-

Anzeichen eines fiktiven oder beabsichtigten Bankrotts zu ermitteln, konnte eine verspäte Feststellung ebenfalls zu einer Schadenersatzpflicht führen.[1665] Die Haftung gegenüber nicht verfahrensbeteiligten Dritten, denen ein Schaden zugefügt wurde, richtete sich nach allgemeinen Vorschriften.

Dies Lage war besonders misslich für die Gesellschafter des Schuldners oder dessen früheren Leiter, die nach Anordnung der Fremdverwaltung oder des Konkursverfahrens nicht mehr handlungsfähig im Namen des Schuldners waren und daher entsprechende Ansprüche nicht realisieren konnten.[1666] Zur Lösung wurde auch vorgeschlagen, eine diesbezügliche Ergänzung in Art. 21 InsG 1998 vorzunehmen.[1667]

Für den Haftungsmaßstab griff man auf die Normen des ZGB über die Organe juristischer Personen zurück, vgl. Art. 53 ZGB.[1668] Danach haftete der Verwalter schuldunabhängig[1669] und zwar nach dem allgemeinen Grundsatz für einen registrierten Einzelunternehmer mit seinem ganzen Vermögen, Art. 25, 401 ZGB.[1670] Nur höhere Gewalt befreite ihn. Diese Haftung erstreckte sich auf sein gesamtes Vermögen mit Ausnahme der Gegenstände, die nach der Prozessgesetzgebung von der Haftung ausgenommen waren.[1671] Im Extremfall konnte ein Einzelunternehmer für bankrott erklärt werden; diese Gefahr drohte auch einem Verwalter.[1672] Die Haftung des Verwalters konnte nicht nur im Verfahren, sondern auch außerhalb und nach Abschluss des Bankrottverfahrens geltend gemacht werden, eine Beschränkung auf Maßnahmen im Bankrottverfahren bestand nicht.[1673]

In der Praxis wurden Verwalter allerdings nur selten zur Verantwortung gezogen.[1674] Blieb ihre Arbeit ohne Erfolg, wurden sie ersetzt. Weitere Schritte folgten nicht.[1675]

---

recht zum Verwalter bestellt wurden; Wirtschaftsrechtliches Bulletin gemeinsam mit TACIS, Insolvenz (Bankrott) von Unternehmen, Heft 2000/09, 23; *Poluëktov*, Der Rechtsstatus des Arbitrageverwalters, SiE 2000 Nr. 1, 24 (30) hält dies für zu weit gehend und plädiert für eine Begrenzung.

[1665] Allerdings nur in Höhe des Mehrschadens, vgl. *Teljukina*, Der vorläufige Verwalter. Sein Status und seine Befugnisse, SiE 1999 Nr. 9, 40 (49).

[1666] *Teljukina*, Einige Probleme der Erfüllung seiner Verpflichtungen durch den Fremdverwalter, JurMir 2000 Nr. 4, 44 (47); *Karelina*, Rechtliche Regelung der Insolvenz (des Bankrotts), 76; *Teljukina*, Konkursrecht 2004, 224f.

[1667] *Sidakova*, Die Durchsetzung der Normen des föderalen Gesetzes „Über die Insolvenz (den Bankrott), AP 2002 Nr. 3, 11.

[1668] *Karelina*, Rechtliche Regelung, 51.

[1669] Siehe *Teljukina*, Kommentar, 44 und Kommentar 2004, Art. 25 Pkt. 4; und *dies.*, Kommentar zum InsG 2002, SiE 2003 Nr. 5, 59.

[1670] Vgl. *Belych/Dubinčin/Skuratovskij*, Rechtliche Grundlagen, 81; ebenso *Karelina*, Rechtliche Regelung, 51.

[1671] *Zenkin/Tal'*, Bankrott kommerzieller Organisationen, 22.

[1672] *Vitrjanskij/Golubev und Prudnikova*, Kommentar, Art. 21, 87.

[1673] Siehe Entscheidung des föderalen Wirtschaftsgerichts des Moskauer Bezirks vom 26.09.2002 Nr. KG-A40/6366-02.

[1674] Aus der Praxis *Kornilov*, Über die Insolvenz (den Bankrott), AP 2001 Nr. 7, 41.

Eine zusätzliche Form der Haftung stellte die Möglichkeit dar, dem Verwalter im Falle bestimmter Gesetzverstöße die Lizenz zu entziehen.[1676] Diese mögliche Entziehung bei Schädigung von Verfahrensbeteiligten war für die Verwalter weitaus gefährlicher.[1677]

Zum Teil wurde in der Literatur verlangt, die Haftung des Verwalters auch auf grobe Fehler in der Verwaltung des Schuldners zu erstrecken, die keine Gesetzesverletzung darstellen. Vorstellbar ist dies vor allem bei Ermessensentscheidungen des Verwalters.[1678] Allerdings wurden diese Fälle vom InsG 1998 schon erfasst, soweit der Verwalter gegen die Pflichten eines gewissenhaften Verwalters verstieß. Eine weitergehende Haftung hätte wohl seinen Handlungsspielraum, gerade in der Sanierungsphase, zu sehr eingeschränkt und damit kontraproduktiv gewirkt.

Unter bestimmten Voraussetzungen konnten die Aufgaben des Arbitrageverwalters auch von Mitarbeitern des FSFO ausgeübt werden.[1679] Diese waren Arbeitnehmer und erhielten keine Vergütung, sondern ein Arbeitsentgelt. Somit mussten sie auch anderen Haftungsbedingungen unterliegen. Eine Haftung des FSFO bei Schadenverursachung wurde soweit ersichtlich nicht diskutiert.

Unklar blieb zum InsG 1998, wie die Haftung sich verteilte, wenn mehrere Verwalter bestellt waren (ein Hauptverwalter und ein Stellvertreter oder mehrere parallele Vertreter). Konnte man im ersten Fall noch vertreten, im Außenverhältnis trage allein der Hauptverwalter die Haftung, könne sich aber im Innenverhältnis schadlos halten, war der zweite Fall nur schwer zu lösen.

bb) Versicherung

Die Frage einer Versicherung der Arbitrageverwalter wurde im InsG 1998 kaum erörtert, obwohl bei großen Verfahren eine Haftung die verfügbaren Mittel des Arbitrageverwalters weit übersteigen kann. Sie war in der Praxis unüblich, wurde allerdings teilweise in der Literatur angeregt.[1680]

[1675] *Barenbojm/Kopman*, Status des Arbitrageverwalters, RJu 1999 Nr. 12, 23.
[1676] *Ageev*, Bankrott als Form der juristischen Verantwortlichkeit, Zakonodatel´stvo 2001 Nr. 2, 46.
[1677] Siehe etwa Entscheidung des föderalen Wirtschaftsgerichts des Moskauer Bezirks vom 13.05.2002 Nr. KG-A41/2805-02.
[1678] *Kolininčenko*, Schutz der Interessen, 194f.
[1679] Siehe oben IV 2. B b) cc).
[1680] *Bol´šoba/Geraščenko*, Arbitragepraxis, 28 Fn 10.

b) Insolvenzgesetz 2002

aa) Zivilrechtliche Haftung

Das neue InsG 2002 verändert die grundsätzliche Haftungslage für den Arbitrageverwalter nicht, verstärkt aber die Haftungstatbestände.[1681] Den Verwalter trifft bei seiner Tätigkeit die allgemeine zivilrechtliche Haftung, dies stellt Art. 26 iVm 24 Pkt. 4 noch einmal klar. Insoweit ergeben sich keine wesentlichen Neuerungen gegenüber dem InsG 1998. Weiterhin haftet der Verwalter als Einzelunternehmer verschuldensunabhängig mit seinem ganzen Unternehmen, wenn ein Zusammenhang zwischen seinem Handeln und dem Schaden nachweisbar ist.[1682]

Zusätzlich haftet allerdings die Selbstverwaltungsorganisation den Beteiligten der Insolvenzverfahren für Schäden, die sich aus fehlerhaftem Verhalten ihrer Mitglieder ergeben. Diese Haftung ist verschuldensunabhängig.[1683] Sie dürfte den Geschädigten einen solventen Schuldner an die Hand geben.

bb) Versicherung

Es ist jedoch ersichtlich unangemessen, dem als Einzelunternehmer tätigen Arbitrageverwalter die alleinige Haftung, insbesondere in großen Insolvenzfällen, zu übertragen. Das Risiko würde unermesslich groß und eine Realisierung entsprechender Schadensersatzansprüche in der Regel zur Insolvenz des Verwalters selbst führen. Daher führt das InsG 2002 als Neuerung die Versicherungspflicht für Arbitrageverwalter ein, Art. 20 Pkt. 8.

Der Arbitrageverwalter ist als Neuerung nach dem InsG 2002 verpflichtet, sich gegen das Risiko von Schäden zu versichern, Art. 20 Pkt. 8.[1684] Diese Pflicht bestand früher nicht[1685] und ist auch für Rechtsanwälte[1686] erst unlängst eingeführt worden.[1687] So muss jeder Arbitrageverwalter eine Grundversicherung für eine Scha-

---

[1681] *Kiperman*, Neues Insolvenzrecht; *Renov* in: *Vitrjanskij*, Kommentar 2003, Art. 25 Pkt. 1.

[1682] *Teljukina*, Kommentar 2004, Art. 25 Pkt. 4; *Renov* in: *Vitrjanskij*, Kommentar 2003, Art. 25 Pkt. 5.

[1683] *Chimičev*, Frage – Antwort: Ungerechtfertigte Bereicherung des Schuldners im Konkursverfahren, AP 2006 Nr. 6, 81 (83).

[1684] Gesetzesbegründung Pkt. III; siehe auch *Bessonova*, Neuigkeiten des Gesetzes über den Bankrott und die Probleme ihrer Anwendung, AP 2003 Nr. 1, 3 (5); *Ežov*, Bankrott kommerzieller Organisationen, 24; *Renov* in: *Vitrjanskij*, Kommentar 2003, Art. 20 Pkt. 14.

[1685] Dies wurde bereits im Zusammenhang mit der Frage einer Verwaltung durch juristische Personen diskutiert, siehe *Bol´šoba/Geraščenko*, Arbitragepraxis, 148f.

[1686] Zur Versicherungspflicht der Rechtsanwälte siehe. Art. 7 Pkt. 1 Absatz 6 des Anwaltsgesetzes vom 31. Mai 2002 Nr. 63-FZ.

[1687] Tritt allerdings erst ab 2007 in Kraft; vgl. Art. 19 des Anwaltsgesetzes, dazu *Karraß/Wedde*, Das neue Berufsrecht russischer Anwälte, OER 2003, 299.

denshöhe von 3 Mio. RUR haben.[1688] Zusätzlich ist er verpflichtet, für jeden von ihm übernommenen Fall eine ergänzende Versicherung abzuschließen, deren Versicherungssumme sich nach dem Umfang der Bilanzsumme des Schuldners richtet.[1689] Diese zusätzliche Versicherung hat er innerhalb von 10 Tagen nach seiner Ernennung dem Gericht vorzulegen, Art. 20 Pkt. 8 InsG 2002. Tut er dies nicht, kann das Gericht ihn auf Antrag eines Beteiligten oder eigene Initiative aus dem Verfahren entfernen.[1690] Nach der Gesetzgebung über die Versicherung deckt die Versicherung nicht Schäden, die der Verwalter vorsätzlich oder grob fahrlässig verursacht.[1691] Zusätzlich ist daher die Selbstverwaltungsorganisation verpflichtet, sich ebenfalls versichern zu lassen und einen entsprechenden Kompensationsfonds einzurichten.[1692] Die Mittel dieses Kompensationsfonds erbringen die Mitglieder durch Beiträge. Damit sollen die Fälle einer vorsätzlichen Schädigung abgedeckt werden, für die die Versicherungen der einzelnen Verwalter nicht greifen.[1693]

Die Frage der Versicherung des Insolvenzverwalters gehörte zu den vom Präsidenten angeführten Gründen für sein Veto.[1694] Ursprünglich war vorgesehen, dass der Verwalter einen Versicherungsbeitrag von 300.000 RUR in den o.g. Kompensationsfonds einbringen sollte, um überhaupt Zugang zu einer Selbstverwaltungsorganisation zu erhalten. In Anbetracht der wirtschaftlichen Verhältnisse in Russland hätte kaum ein Verwalter diese Summe allein aufbringen können. Damit aber wäre eine Einflussnahme wichtiger Gläubiger (z.B. Banken) auf die Auswahl der Verwalter kaum zu verhindern gewesen.[1695] Im InsG 2002 ist nunmehr eine Summe von immerhin beachtlichen 50.000 RUR vorgesehen, Art. 21 Pkt. 2.

Durch die Mitgliedschaft in den Selbstverwaltungsorganisationen soll sichergestellt werden, dass nur Verwalter tätig werden können, die ausreichend versichert sind. Da Verwalter als sog. Einzelunternehmer selbst insolvent werden können, droht sonst

---

[1688] Kritisch *Dorochina*, Der rechtliche Aspekt der Bestätigung des Arbitrageverwalters in der Insolvenz- (Bankrott-) Sache, ChiP 2004 Nr. 3, 111 (115), die vorschlägt, die Versicherungspflicht stets erst nach Bestellung beginnen zu lassen.

[1689] *Guseva/Vladyka*, Arbitrageverwalter, 21 ff.

[1690] Informationsbrief des Präsidiums des Obersten Wirtschaftsgerichts der RF vom 08.04.2003 „Über einige Fragen, die mit dem Inkrafttreten des föderalen Gesetzes „Über die Insolvenz (den Bankrott)" verbunden sind", Pkt. 12.

[1691] *Grudcena*, Das neue Gesetz „Über die Insolvenz (den Bankrott)", Advokat 2003 Nr. 1, 21 (22).

[1692] Zum Gesetzesentwurf *Taj*, Besonderheiten des Status´ des Arbitrageverwalters, AGP 2002 Nr. 5, 23 (25); siehe auch *Teljukina*, Kommentar zum InsG 2002, SiE 2003 Nr. 5, 51; *Karelina*, Rechtliche Regelung der Insolvenz (des Bankrotts), 77; *Teljukina*, Konkursrecht 2004, 215 f.

[1693] *Trefilova*, Aktuelle Fragen der Antikrisenverwaltung, Vestnik des FSFO 2002 Nr. 2, 36 (38 f.); *dies.*, Das Projekt des neuen Gesetzes „Über die Insolvenz (den Bankrott)": Probleme und Lösungen, Vestnik des FSFO 2002 Nr. 8, 25 (29).

[1694] Siehe Schreiben des Präsidenten Nr. Nr-1345 vom 25.07.2002.

[1695] bfai-RSI September 2002, 13, (15).

ein Chaos im Verfahren.[1696] Andererseits erhöht diese Anforderung auch die Abhängigkeit der Verwalter von ihren Selbstverwaltungsorganisationen. Zudem wird kritisiert, die Versicherung treibe die Verfahrenskosten in die Höhe, was gerade bei kleineren Verfahren wenig sinnvoll ist.[1697] Allerdings dürfte es zutreffend sein, die Versicherungskosten nicht den Verfahrenkosten zuzuschlagen; diese Ausgaben hat der Verwalter vielmehr aus seiner Vergütung zu tragen.[1698]

c) Strafrechtliche Verantwortung

Das russ. Strafgesetzbuch enthält im Abschnitt VIII über die Straftaten im Bereich der Wirtschaft drei Artikel (195 bis 197) mit Bankrottstraftaten.[1699] Deren Geltung auch für die Arbitrageverwalter ist strittig.

Bei wortgetreuer Auslegung finden die Art. 195 bis 197 auf den Arbitrageverwalter keine Anwendung. Taugliche Täter aller drei Delikte können nur Leitungsorgane juristischer Personen oder natürliche Personen als Einzelunternehmer sowie im Falle der Annahme einer bevorzugten Befriedigung auch einzelne Gläubiger sein.[1700] Allerdings wäre dieses Ergebnis in hohem Maße unbefriedigend. Der Arbitrageverwalter als zentrale Figur des Verfahrens hat zahlreiche Möglichkeiten, seine Stellung zum eigenen Nutzen oder zum Nutzen einzelner Gläubiger bzw. des Schuldners zu missbrauchen.[1701] So kann er Vermögen beiseite schaffen, einen eigentlich lebensfähigen Schuldner in den Konkurs treiben oder einzelne Gläubiger bevorzugt befriedigen.[1702] Gerade die Praxis der letzten Jahre hat gezeigt, dass solche Auswüchse durchaus keine abwegigen Erscheinungen sind.[1703] Um dem vorzubeugen, ist ein strafbewehrter Schutz zwingend erforderlich, wie auch die langsam zunehmende Zahl von Strafverfahren gegen Insolvenzverwalter zeigt.[1704]

[1696] Zu dieser Problematik *Smid*, Das Insolvenzverfahren in den Beitrittsstaaten, WiRO 2000, 393 (396).

[1697] *Vitrjanskij*, Neues in der rechtlichen Regelung der Insolvenz (des Bankrotts), ChiP 2003 Nr. 1, 6, schlägt aus diesen Gründen vor, das alte System parallel beizubehalten und es letztlich den Gläubigern zu überlassen, welches Maß an Sicherheit (Versicherung) sie wünschen.

[1698] *Teljukina*, Kommentar 2004, Art. 20 Pkt. 8.

[1699] Dazu die Kommentierungen der Artikel 195 bis 197 von *Lebedev* (Hrsg.) und *Naumov* (Hrsg.) in der Datenbank Garant.

[1700] Ausführlich *Tkačev*, Rechtliche Regelung, 141.

[1701] *Michalev*, Krimineller Bankrott, 161f.

[1702] *Tkačev*, Rechtliche Regelung, 142, weist auch auf den Fall einer überschnellen Beendigung des Verfahrens zum Zweck der raschen Erlangung der Vergütung hin; dieser dürfte nach dem InsG 2002, das eine zumindest auch monatliche Vergütung vorsieht, weniger relevant sein.

[1703] MwN *Michalev*, Krimineller Bankrott, 161.

[1704] *Blockij*, Bankrott: Blick auf das Problem, AP 2001 Nr. 6, 67 (69); *Tkačev*, Konkursrecht, 420; *Biss/Wedde*, Bankrottstraftaten im russischen Recht, WiRO 2004, 193 (195).

Daher gibt es in der Literatur Bestrebungen, die Anwendbarkeit der genannten Artikel auf den Arbitrageverwalter auszudehnen.[1705] Hauptargument ist, dass der Verwalter im Lauf des Verfahrens auch die Funktionen des Leiters des schuldnerischen Unternehmens ausübe.[1706] Auf ihn gehen insoweit alle entsprechenden Pflichten über, vgl. Art. 20 Pkt. 5 InsG 2002. Diese erweiternde Auslegung ist allerdings nicht unumstritten.[1707] Der Verwalter nimmt zwar die Funktionen des Leiters und unter bestimmten Umständen auch anderer Leitungsorgane des Schuldners wahr, ist ihnen aber dennoch nicht gleichzusetzen.[1708] Insbesondere wird er nicht durch andere Organe des Schuldners, sondern durch das Gericht bestellt und hat einen anderen Status. Zudem ist er nicht nur den Interessen des Schuldners verpflichtet, sondern hat gerade die Interessengegensätze zwischen ihm und den Gläubigern auszugleichen.[1709] Schließlich gilt auch im russ. Strafrecht das Analogieverbot, das einer erweiternden Auslegung enge Grenzen setzt.[1710]

Selbst eine weite Auslegung kann allerdings nur den Fremdverwalter und den Konkursverwalter zu tauglichen Tätern machen. Der administrative und der vorläufige Verwalter treten nicht an die Stelle eines Leiters des Schuldners und fallen damit keinesfalls unter die Art. 195 bis 197 StGB.[1711]

Unter bestimmten Umständen kommt eine Beteiligung des Verwalters an entsprechenden Straftaten der Leitungsorgane des Schuldners nach Art. 33 StGB in Betracht. Diese erfasst allerdings nicht Fälle, in denen der Verwalter allein handelt. Nicht unter Strafe steht in jedem Fall eine fahrlässige Begehung der Taten nach Art. 195 bis 197; für sie ist stets Vorsatz erforderlich. Anderenfalls wäre der Verwalter wohl auch zu sehr in seiner Handlungsfreiheit bei wirtschaftlichen Entscheidungen eingeschränkt. Hier genügt bei wirtschaftlichen Fehlentscheidungen das Instrumentarium zivilrechtlicher Haftung.

Voraussetzung der Strafbarkeit ist stets der Eintritt eines bedeutenden Schadens. Dieses Tatbestandsmerkmal ist recht unbestimmt.[1712] Es wird in der Regel als ein Vielfaches des gesetzlichen Minimallohns bestimmt.[1713]

[1705] *Renov* in: *Vitrjanskij*, Kommentar 2003, Art. 25 Pkt. 7; ebenso *Tkačev*, Insolvenz, 317 und 325 mit einem Formulierungsvorschlag.

[1706] So *Golubev*, Arbitrageverwaltung. Theorie und Praxis der Beobachtung, 35.

[1707] *Tkačev*, Rechtliche Regelung, 141f.

[1708] *Lopaschenko*, Unrechtmäßige Handlungen beim Bankrott, Zakonnost 1999, Nr. 4, 15; so auch *Tkačev*, Rechtliche Regelung, 141.

[1709] Ausführlich *Michalev*, Krimineller Bankrott, 162f.

[1710] Siehe Art. 3 Pkt. 2 des russ. Strafgesetzbuches von 1996.

[1711] Dazu *Tkačev*, Rechtliche Regelung, 141; *Lebedev/Lokašenko*, Kommentar zum Strafgesetzbuch der RF, Art. 195 Pkt. 7.

[1712] *Tkačev*, Konkursrecht, 421.

[1713] Dazu *Naumov*, Kommentar zu Art. 195 Pkt. 5, zu Art. 196 Pkt. 3 und Art. 197 Pkt. 3 in Datenbank „Garant".

Unabhängig davon, ob man der Literatur folgt und eine Strafbarkeit des Arbitrageverwalters bereits nach dem geltenden Recht bejaht oder eine Änderung des Strafgesetzbuches für notwendig hält, bleibt die Situation dennoch ausgesprochen unklar und damit unbefriedigend. Im Interesse der Rechtssicherheit wäre eine Ergänzung des Gesetzes de lege ferenda die beste Lösung, um die Verantwortlichkeit des Verwalters unmissverständlich klarzustellen.[1714]

Weitere Normen des Strafgesetzbuches, die einen Verwalter betreffen können, finden sich in Art. 312 und 315 StGB.[1715] Art. 312 schützt Vermögen, das gepfändet oder einem Arrest unterworfen ist. Diese Norm kann natürlich auch den Arbitrageverwalter erfassen. Gleiches gilt für Art. 315, der die Erfüllung gerichtlicher Entscheidungen sichert. Dieser ist immer dann anwendbar, wenn ein Verwalter völlig untätig bleibt und damit die gerichtliche Eröffnung des Bankrottverfahrens vereitelt.[1716] Im Übrigen gelten für den Arbitrageverwalter alle anderen Normen des Strafgesetzbuches, wobei besonders die Wirtschaftsdelikte (wie etwa Betrug, Unterschlagung, Untreue etc.) in Betracht kommen.[1717] Auf Arbitrageverwalter, die früher ohne Lizenz oder unter dem InsG 2002 ohne Registrierung als Einzelunternehmer arbeiten, findet der Straftatbestand des Art. 171 StGB Anwendung, der die Ausübung einer wirtschaftlichen Tätigkeit ohne die notwendige Erlaubnis unter Strafe stellt.[1718] Allerdings dürfte das System der Selbstverwaltungsorganisationen diesen Fall nunmehr praktisch ausschließen.

Neben den in den einzelnen Artikeln vorgesehenen Strafen hält das Strafgesetzbuch noch die Möglichkeit eines Berufsverbots bereit, Art. 47. Danach kann als zusätzliche Strafe für eine Frist bis zu fünf Jahren die Ausübung eines Berufs oder einer Tätigkeit untersagt werden. Diese Sanktion kann auch einen Arbitrageverwalter bedrohen, der sich einer Bankrottstraftat strafbar gemacht hat.

Insgesamt ist die strafrechtliche Verantwortlichkeit des Verwalters recht verschwommen. In der Praxis ist es daher bisher kaum zu entsprechenden Verfahren gekommen.[1719] Dies liegt aber vermutlich weniger am korrekten Verhalten der Ver-

---

[1714] *Michalev*, Krimineller Bankrott, 164f.; so auch *Tkačev*, Rechtliche Regelung, 144 und 146f.; *Belych/Dubinčin/Skuratovskij*, Rechtliche Grundlagen, 91 und *Voropaeva*, Rechtliche Mechanismen der Durchführung des Verfahrens der Liquidation von Gläubigerforderungen einer Organisation bei der Fremdverwaltung, JurMir, 2000 Nr. 8, 4 (10).

[1715] *Golubev*, Arbitrageverwaltung. Theorie und Praxis der Beobachtung, 34f.

[1716] Dazu *Maškina*, Fristen des Konkursverfahrens, AP 2001 Nr. 3, 55 (56).

[1717] *Chouman*, Erhöhung der Standards der Tätigkeit der Arbitrageverwalter, Sonderbeilage zu VAS 2001 Nr. 3, 81 (82).

[1718] Wirtschaftsrechtliches Bulletin gemeinsam mit TACIS, Insolvenz (Bankrott) von Unternehmen, Heft 2000/09, 24.

[1719] *Golubev*, Arbitrageverwalter: Qualifikationsanforderungen, Ethik, Haftung, Sonderbeilage zu VAS 2001 Nr. 3, 76 (79).

walter als an einer nicht vorhandenen Rechtsverfolgung.[1720] Auch aus diesem Grunde wäre eine eindeutigere Formulierung wünschenswert.

d) Administrative Verantwortung

Da der Arbitrageverwalter weder zum Gericht noch zum Schuldner, den Gläubigern oder seiner Selbstverwaltungsorganisation in einer arbeitsrechtlichen Beziehung steht, können keine Sanktionen des Arbeitsrechts (wie z.B. eine Abmahnung) Anwendung finden.[1721] Neben der strafrechtlichen existiert im russ. Recht aber eine sog. administrative Verantwortung. Sie entspricht nach deutschem Verständnis den Ordnungswidrigkeiten. Das entsprechende Gesetz wurde unlängst verabschiedet,[1722] wobei das Verfahren von der Staatsanwaltschaft geführt wird.[1723] Das Regulierungsorgan über die Selbstverwaltungsorganisationen kann ein solches Verfahren gegen einzelne Arbitrageverwalter initiieren.[1724]

Es sieht in den Artikeln 14.12. und 14.13. Bankrottvergehen als Ordnungswidrigkeiten vor. Die in Artikel 14.12. vorgesehenen Tatbestände des fiktiven und des beabsichtigten Bankrotts treffen wie die Straftatbestände auf den Verwalter als Täter nicht zu. Von den in Artikel 14.13. vorgesehenen Vergehen könnte nur Pkt. 3 auch auf den Arbitrageverwalter direkt Anwendung finden.[1725] Er ahndet die Nichtbeachtung von Regeln des Insolvenzgesetzes im Verlauf eines Bankrottverfahrens. Es handelt sich um eine Blankett-Norm,[1726] die dem Wortlaut nach auch auf den Verwalter passen würde. Allerdings finden die anderen beiden Punkte des Art. 14.13. nur auf das Leitungspersonal einer juristischen Person Anwendung, so dass nicht auszuschließen ist, dass die Gerichte auch Pkt. 3 nicht auf den Verwalter anwenden. Dafür gilt das oben bei der strafrechtlichen Verantwortlichkeit Gesagte entsprechend. Im Gegensatz zu den strafrechtlichen Normen ist allerdings der Eintritt einer schweren Folge keine Bedingung des Tatbestandes. Fraglich ist, wie streng die Praxis die Normen 14.12. und 14.13 anwenden wird. Sicher kann nicht jedes Fehlverhalten des Verwalters die durchaus strengen Folgen (Buße bis zu 50 Minimallöhnen, vor allem aber Berufsverbot bis zu drei Jahre) zur Folge haben.

[1720] So auch *Karelina*, Rechtliche Regelung der Insolvenz (des Bankrotts), 77f.

[1721] Siehe *Kolininčenko*, Schutz der Interessen, 158; ebenso *Golubev*, Arbitrageverwaltung. Theorie und Praxis der Beobachtung, 43.

[1722] Gesetzbuch der RF über administrative Rechtsverletzungen Nr. 195-FZ vom 31.12.2001.

[1723] *Viktorov/Sapožnikov*, Aufsicht über die Erfüllung der Gesetzgebung über die Insolvenz (den Bankrott), Zakonnost´ 2003 Nr. 6, 17 (21).

[1724] Beschluss des Plenums des Obersten Wirtschaftsgerichts vom 15.12.2004 Nr. 29, Pkt. 12.

[1725] So wohl *Renov* in: *Vitrjanskij*, Kommentar 2003, Art. 25 Pkt. 7.

[1726] Siehe *Koslov*, Kommentar zu Artikel 14.13. Pkt. 8, zit. nach: Datenbank Garant.

Neben den übrigen Sanktionen sieht Art. 31.11 die Disqualifikation bis zu drei Jahre als mögliche Konsequenz einer administrativen Rechtsverletzung vor.[1727] Disqualifizierte Personen werden in eine Liste eingetragen, die der FSFO führt.[1728] Ihnen ist für eine bestimmte Zeit die Ausübung einzeln bezeichneter Berufe untersagt. Damit handelt es sich gegenüber einem Arbitrageverwalter um eine sehr einschneidende Maßnahme.

e) Haftung des Staates

Fraglich war auch zum InsG 1998, wie die Haftung sich ausgestaltete, wenn die Verwaltung von einem Angestellten des staatlichen Organs für Angelegenheiten des Bankrotts und der finanziellen Sanierung ausgeübt wurde. Dieser war als Arbeitnehmer nur in geringem Umfang haftbar zu machen. Da er auch keine Vergütung als Verwalter erhielt, diese vielmehr an das staatliche Organ für Angelegenheiten des Bankrotts und der finanziellen Sanierung floss, wäre es im übrigen unbillig gewesen, ihn einer strengen Haftung auszusetzen. Es stellt sich damit die Frage nach einer Haftung des staatlichen Organs für Angelegenheiten des Bankrotts und der finanziellen Sanierung, die allerdings, soweit ersichtlich, in der russ. Literatur nicht diskutiert wurde.

Ebenfalls nicht diskutiert, wenngleich auch zum InsG 2002 von Relevanz, wird die Frage einer Staatshaftung wegen unzulänglicher Auswahl oder Aufsicht über die Arbitrageverwalter.[1729]

C. Russische Praxis

Es sind in der Praxis nur wenige Fälle bekannt, in denen ein Arbitrageverwalter tatsächlich zur Haftung herangezogen wurde.[1730] Dies ist auch der Mentalität vieler Beteiligter geschuldet, die keine wirksame Kontrolle ausüben oder vor einem Rechtsstreit zur Durchsetzung der Haftung zurückschrecken.[1731] Mitunter mag ein Verfahren aussichtslos erscheinen, weil der notwendige Beweis nur schwer zu führen ist oder beim Verwalter kein Vermögen zu erwarten ist.[1732] Sollte die verbesserte

---

[1727] *Afon'kin/Sabinina*, Gesetzgebung zum Bankrott, 13; *Renov* in: *Vitrjanskij*, Kommentar 2003, Art. 25 Pkt. 7; ausführlich zur Disqualifikation: *Bratčikova* Administrativer Arrest und Disqualifikation: Grundlagen, Bedingungen und Verfahren der Anwendung, Advokat 2003 Nr. 4, 10.

[1728] Siehe Verordnung der Regierung vom 11.11.2002 Nr. 805 „Über die Bildung und Führung des Registers der disqualifizierten Personen", Pkt. 1.

[1729] Siehe zum deutschen Recht: *Gottwald/Klopp/Kluth*, Insolvenzrechtshandbuch, § 23 Rn 35 - 43.

[1730] *Trefilova*, Das Projekt des neuen Gesetzes „Über die Insolvenz (den Bankrott)": Probleme und Lösungen, Vestnik des FSFO 2002 Nr. 8, 25 (29); ähnlich *Teljukina*, Kommentar 2004, Art. 20 Pkt. 8.

[1731] Sondern „den Herrn" erwarten, *Balaševa*, Prüfung der Anträge und Klagen gegen Handlungen der Arbitrageverwalter, AP 2002 Nr. 3, 63 (66).

[1732] Dies vermutet *Teljukina*, Kommentar 2004, Art. 20 Pkt. 8.

Haftung nach dem InsG 2002 tatsächlich durchgesetzt werden, wäre sie allerdings ein wirksames Instrument gegen die gesetzeswidrigen Handlungen mancher Verwalter.

Bei der Haftung der Arbitrageverwalter ist stets zu berücksichtigen, unter welch extremen Bedingungen diese arbeiten müssen.[1733] Im Regelfall kommen sie in ein Unternehmen, das von seiner bisherigen Leitung nicht gewinnbringend geführt wurde. Unabhängig davon, ob dies durch eine schwierige wirtschaftliche Lage in der jeweiligen Branche oder mangelnde Kompetenz der Leitung ausgelöst wurde, tritt der Arbitrageverwalter in der Krise ein schweres Erbe an. Diese Tatsache muss beim Haftungsmaßstab unbedingt berücksichtigt werden. Die deutsche InsO bestimmt daher auch als Haftungsmaßstab den ordentlichen und gewissenhaften Insolvenzverwalter, § 60 Abs. 2 InsO. Im russ. Recht fehlt eine entsprechende Norm; man könnte daran denken, Art. 24 Pkt. 1 entsprechend zu interpretieren.

Bedenklich sind die Überlegungen, die Insolvenzverwaltung auf juristische Personen zu übertragen. Diese können ihre Haftung nach dem russ. Recht in engem Umfang begrenzen und müssen daher praktisch keine Konsequenzen ihrer Handlungen fürchten. Man stelle sich etwa eine GmbH mit dem Mindestkapital von 100 Minimallöhnen (derzeit insgesamt 10.000 RUR) vor, die Insolvenzverfahren über Unternehmen mit einer Bilanzsumme mehrerer Millionen RUR abwickelt.

D. Vergleichende Betrachtung

Die Haftung des Verwalters ist das Gegenstück zu seinen umfassenden Kompetenzen. Andererseits darf sie nicht so gestaltet werden, dass die Übernahme des Verwalteramtes für qualifizierte Personen zu riskant wird. Dies gilt in besonderem Maße für die Tätigkeit des Verwalters bei der Fortführung des Unternehmens im Sanierungsfalle. Dem tragen beide Rechtsordnungen Rechnung.

Im deutschen Recht wird die Haftung an spezifischen Maßstäben des Verwalterhandelns ausgerichtet. Nur wenn diese verlassen werden, tritt eine Haftung ein. Erstaunlich ist, dass bislang keine Versicherungspflicht eingeführt wurde, obwohl das Verwalteramt nicht auf Rechtsanwälte begrenzt ist und deren Mindestversicherungssummen schon bei mittleren Verfahren lächerlich gering anmuten.

Im russischen Recht fehlt es mangels funktionierenden Justizsystems noch an einer Geltendmachung der Haftung. Das vom InsG 2002 eingeführte Versicherungsmodell scheint jedoch durchaus modern. Es staffelt die Versicherungssumme nach der Größe des Verfahrens und legt der Selbstverwaltungsorganisation eine ergänzende Haftung auf.

[1733] *Vitrjanskij/Vitrjanskij*, Kommentar, 20.

7. Vergütung des Verwalters

Die Vergütung des Verwalters stellt eine der wichtigsten Voraussetzungen für eine professionelle Ausübung seiner Tätigkeit dar.[1734] Nur wenn die Arbeit als Insolvenzverwalter auch angemessen vergütet wird, finden sich qualifizierte Personen in genügender Anzahl, die bereit sind, diese schwierige und riskante Tätigkeit auszuüben.[1735]

Weiterhin muss die Vergütung durch klare Regelungen die Unabhängigkeit des Verwalters sichern.[1736] Indirekt bietet die Bezahlung stets ein Einfallstor für Einflussnahme auf den Insolvenzverwalter. Haben Beteiligte am Insolvenzverfahren einen zu großen Einfluss auf die Vergütung, kann der Verwalter sein Amt nicht mehr in vollständiger Unabhängigkeit ausüben.[1737]

Schließlich ist darauf zu achten, dass die Kosten des Verfahrens in einem tragbaren Verhältnis zur Masse stehen. Anderenfalls wird das Insolvenzverfahren wirtschaftlich sinnlos und die Praxis wird andere Auswege suchen.[1738]

Grundsätzlich gibt es zwei Lösungsansätze für die Berechnung der Vergütung des Verwalters:[1739]

- So kann er eine Vergütung für die aufgewandte Arbeitszeit erhalten. Dies ist allerdings nur bei der Insolvenz mittlerer Unternehmen sinnvoll. Bei Kleininsolvenzen steht in diesem Fall die Vergütung in keinem Verhältnis zur Größe der Konkursmasse. Bei großen Verfahren ist der Anreiz für den Verwalter gering, da seine Vergütung im Vergleich zur Konkursmasse sehr gering bleibt. Die Diskrepanz zwischen Vergütung und Haftungsrisiko gefährdet die Unabhängigkeit des Insolvenzverwalters.

- Der zweite Ansatz beurteilt die Vergütung des Verwalters nach dem Umfang der Masse des Schuldners. Dies benachteiligt den Verwalter bei kleinen Verfahren und animiert ihn mitunter nicht, „schwierige Aktiva" in die Masse zu holen, da sein Aufwand in keinem Verhältnis zur Vergütung mehr steht. Vorteil ist aber, dass der Aufwand im Verhältnis zum Verfahrensziel steht. Bei Großverfahren sind Abschläge vorzunehmen (z.B. in Form einer degressiven Tabelle).

[1734] *Smid*, Strukturen der Insolvenzrechte in den Reformstaaten Mittel- und Osteuropas, KTS 1998, 341; *Taj*, Vergütung des Arbitrageverwalters, ChiP 2006 Nr. 6, 120.

[1735] *Balcerowics/Hashi/Lowitzsch/Szanyi*, The Development of Insolvency Procedures in Transition Economics: A comparative Analysis, in: *Lowitzsch* (Hrsg.), Das Insolvenzrecht Mittel- und Osteuropas, 30f.; *Hess* in: *Hess/Weis/Wienberg*, Kommentar zur InsO, Band 2, Vor § 1 InsVV, Rn 6.

[1736] *Vitrjanskij*, Wege zur Vervollkommnung der Bankrottgesetzgebung, 96.

[1737] *Vitrjanskij/Golubev und Prudnikova*, Kommentar, Art. 22, 88.

[1738] Während diese Frage bei Verabschiedung der InsO eine große Rolle spielte, wurde sie im russ. Recht kaum diskutiert, vgl. *Pavlodskij*, Selbstorganisierte Arbitrageverwalter, Zakon 2003 Nr. 6, 24 (25).

[1739] Ausführlich *Karelina*, Rechtliche Regelung, 62f.

Das russ. und das deutsche Recht haben für die Vergütung des Insolvenz- bzw. Arbitrageverwalters unterschiedliche Wege gewählt:

A. Deutsches Recht

Aus Art. 12 GG erwächst für den Insolvenzverwalter ein Anspruch auf eine angemessene Vergütung.[1740] Sie richtet sich im deutschen Recht nach § 63 InsO. Für die Einzelheiten ermächtigt § 65 InsO den Bundesminister der Justiz zum Erlass einer Rechtsverordnung. Von dieser Ermächtigung ist durch Erlass der InsVV Gebrauch gemacht worden.[1741] Dort sind die wesentlichen Regeln für die Vergütung enthalten.

Das deutsche Recht folgt dem oben beschriebenen zweiten System, bestimmt die Vergütung des Insolvenzverwalters nach dem Umfang des schuldnerischen Vermögens, also dem Wert der Insolvenzmasse.[1742] In einer degressiven Tabelle sind die Grundlagen für die Vergütung enthalten. Zusätzlich kann nach § 3 InsVV mit Zu- und Abschlägen den besonderen Schwierigkeiten des konkreten Insolvenzverfahrens Rechnung getragen werden.[1743] Zu den Auslagen des Insolvenzverwalters zählen nicht Aufwendungen für eine allgemeine Haftpflichtversicherung, wohl aber für eine zusätzliche Versicherung, § 4 InsVV.[1744] Eine Vereinbarung über die Vergütung ist nicht zulässig, da sie die Gefahr einer Abhängigkeit mit sich bringt.[1745]

Die Vergütung wird durch Beschluss des Gerichts nach § 64 festgesetzt, gegen den dem Insolvenzverwalter, aber auch dem Schuldner und den Gläubigern als Rechtsmittel die sofortige Beschwerde offen steht.[1746]

Dieses System hat den Vorteil, dass die Vergütung sich wenigstens dem Grundgedanken nach am Umfang der Sache und am Arbeitsaufwand orientiert. Im Ergebnis sind allerdings kleine Verfahren mit einem geringen schuldnerischen Vermögen für die Verwalter nicht lukrativ. Nur über eine Mischkalkulation aus großen, mittleren und kleinen Verfahren kann ein Insolvenzverwalter wirtschaftlich überleben. Die Verwalter geraten in eine Abhängigkeit vom Gericht, das die Verfahren entsprechend differenziert zuteilen muss. Ein Newcomer am Markt hat kaum eine Chance, wirtschaftlich zu überleben.

[1740] *Weisemann/Nisters*, Kapitel 5 Vergütung des Insolvenzverwalters, in: *Weisemann/Smid*, Handbuch Unternehmensinsolvenz, Rn 2.

[1741] Insolvenzrechtliche Vergütungsverordnung vom 19.08.1998, BGBl I, 2205; dazu ausführliche Kommentierung: MünchKommInsO-*Nowak*, Anhang zu § 65 InsO.

[1742] *Breuer*, Insolvenzrecht, Rn 92; *Pape/Uhlenbruck*, Insolvenzrecht, Rn 1047.

[1743] *Hess* in: *Hess/Weis/Wienberg*, Kommentar zur InsO, Band 2, Vor § 1 InsVV, Rn 2 und 10.

[1744] *Pape/Uhlenbruck*, Insolvenzrecht, Rn 187.

[1745] *Weisemann/Nisters*, Kapitel 5 Vergütung des Insolvenzverwalters, in: *Weisemann/Smid*, Handbuch Unternehmensinsolvenz, Rn 4f.

[1746] *Pape/Uhlenbruck*, Insolvenzrecht, Rn 1047.

B. Russisches Recht

a) Gesetz von 1998

Das InsG 1992 enthielt in Art. 12 nur eine recht oberflächliche Regelung zur Vergütung des Arbitrageverwalters.[1747] Danach wurde dem Verwalter aus der Masse eine Vergütung gezahlt, die vorrangig zu befriedigen war. Gesetzlich festgelegt war nur, dass die Gläubigerversammlung die Höhe der Vergütung bestimmte; weitere Einzelfragen musste die Praxis klären.[1748] Danach wurde meist eine monatliche Vergütung gezahlt, deren Höhe sich nach Umfang und Schwierigkeit der Aufgabe richtete und in der Praxis zwischen etwa 10 und einigen Hundert Minimallöhnen lag.[1749] Der Anspruch entstand erst bei Abschluss der Verfahren, es konnte jedoch ein Vorschuss gezahlt werden.[1750]

Das InsG 1998 folgte einer gemischten Variante,[1751] die Elemente einer zeitbezogenen Vergütung mit Elementen einer Abhängigkeit vom Umfang der Konkursmasse vereinte.[1752]

aa) Grundvergütung

Nach Art. 22 InsG 1998 wurde die Grundvergütung auf Grundlage einer Entscheidung der Gläubiger bestimmt. Die Gläubigerversammlung legte die monatliche Vergütung des Verwalters (in Form eines festen Betrags in Rubeln) fest.[1753] Der Umfang der Sache spielte also keine Rolle, vielmehr wurde davon ausgegangen, dass er sich in der Dauer der Bearbeitung niederschlug. Nicht möglich war es, die Vergütung im Lauf des Verfahrens ohne Gründe zu ändern.[1754]

Die so festgesetzte Vergütung wurde anschließend vom Wirtschaftsgericht bestätigt. Dieses konnte vom Vorschlag der Gläubiger abweichen, musste dies aber begründen.[1755] In der Praxis wurde für die einzelnen Bankrottverfahren eine unterschiedlich

---

[1747] *Verschinin/Thurner*, Russisches Insolvenzrecht, 28.

[1748] *Karelina*, Rechtliche Regelung, 47; siehe auch *Prudnikova/Golubev* Bankrott: Allgemeine Bestimmungen, Beobachtung, Verwaltung, Konkurs, Zakon 1998 Nr. 6, 17.

[1749] Siehe dazu *Vitrjanskij/Golubev und Prudnikova*, Kommentar, Art. 22, 88.

[1750] *Verschinin/Thurner*, Russisches Insolvenzrecht, 28; *Barenbojm*, Kommentar, 37.

[1751] So schon angeregt von *Vitrjanskij*, Praktikum, 6, und auch im zaristischen Recht praktiziert, vgl. *Šeršenevič*, Konkursprozess, 318; positiv auch *Chouman*, Erhöhung der Standards der Tätigkeit der Arbitrageverwalter, Sonderbeilage zu VAS 2001 Nr. 3, 81 (93).

[1752] *Karelina*, Rechtliche Regelung, 63.

[1753] Gegen eine Fixierung in anderen Währungen *Bol´šoba/Geraščenko*, Arbitragepraxis, 32.

[1754] *Balaševa*, Über die Insolvenz (den Bankrott), AP 2001 Nr. 1, 65 (67f.).

[1755] *Bol´šoba/Geraščenko*, Arbitragepraxis, 34; *Kornilov*, Über die Insolvenz (den Bankrott), AP 2001 Nr. 7, 41 (44); aA *Anochin*, Probleme des Konkursverfahrens, AGP 2002 Nr. 2, 11 (13); *Nogteva*, Über die Entscheidung von Streitigkeiten, die mit der Anwendung des föderalen Gesetzes „Über die Insolvenz (den Bankrott)" verbunden sind, VAS 2002 Nr. 4, 76 (78).

hohe Vergütung ausgezahlt, wobei die Fremdverwaltung am höchsten und die Beobachtung am niedrigsten vergütet wurde.[1756]

Die Vergütung des Verwalters stellte kein Arbeitsentgelt dar, da er nicht aufgrund eines Arbeitsvertrages tätig war.[1757] Etwas anderes galt nur für die Mitarbeiter des FSFO, die zu Verwaltern bestellt wurden. Da sie in einem Arbeitsverhältnis zum FSFO standen, erhielten sie ein entsprechendes Arbeitsentgelt.[1758] Im Gegenzug floss die entsprechende Vergütung aus dem Verfahren an das entsprechende staatliche Organ.[1759] Eine leistungsabhängige Bezahlung war ihnen als staatlichen Mitarbeitern verboten. Dies konnte sich negativ auf ihre Motivation auswirken. Teilweise wurde allerdings auch vertreten, die Mitarbeiter des FSFO könnten unbezahlten Sonderurlaub nehmen und dann die Vergütung direkt erhalten.[1760]

Das InsG 1998 sah eine Vielzahl weiterer untergesetzlicher Normen vor, die Höhe, Verfahren und Garantien für die Zahlung näher ausführen sollten. Diese Normen sind größtenteils nicht erlassen worden,[1761] so dass im Bereich der Vergütung sehr viele ungeklärte Rechtsfragen bestanden und die Praxis Lösungen finden musste. Die Vergütung war auch in den Sanierungsverfahren unabhängig vom Verdienst des Leiters des Schuldners, dessen Aufgaben der Verwalter faktisch wahrnahm.[1762] Allerdings konnte dessen Vergütung immerhin als Anhalt dienen.[1763] Zum Teil wurde verlangt, dass die Vergütung des Arbitrageverwalters zusätzlich Umfang und Komplexität seiner Arbeit berücksichtigen müsse.[1764] Das InsG 1998 sah die Möglichkeit vor, eine Ober- und Untergrenze für die Vergütung des Verwalters aufzustellen. Von dieser Ermächtigung ist allerdings bis zum Inkrafttreten des InsG 2002 nicht Gebrauch gemacht worden.[1765]

[1756] Dazu *Bol'šoba/Gerašćenko*, Arbitragepraxis, 34, die allerdings an der Berechtigung dieser Differenzierung Zweifel anmelden. Auch im deutschen Recht erhält der vorläufige Verwalter in der Regel nach § 3 Abs. 2 a) InsVV nur eine geringere Vergütung.

[1757] *Afon'kin/Sabinina*, Gesetzgebung zum Bankrott, 45; *Karelina*, Rechtliche Regelung, 48; *Guseva/Krasil'nikov*, Die Tätigkeit der Arbitrageverwalter, PiE 2000 Nr. 11, 29.

[1758] Siehe *Vitrjanskij/Golubev und Prudnikova*, Kommentar, Art. 20, 84.

[1759] Siehe *Vitrjanskij/Golubev und Prudnikova*, Kommentar, Art. 22, 90 und Art. 179, 351, zur Notwendigkeit einer entsprechenden gesetzlichen Regelung.

[1760] *Vitrjanski/Vitrjanskij*, Kommentar, Art. 185, 358; ebenso *Kolininčenko*, Schutz der Interessen, 197.

[1761] *Teljukina*, Kommentar, 45.

[1762] Dazu *Kolininčenko*, Schutz der Interessen, 196; ähnlich *Golubev*, Arbitrageverwaltung, 38.

[1763] *Nikitina*, Das Konkursverfahren, Zakon 1998 Nr. 6, 61 (63).

[1764] *Bol'šoba/Gerašćenko*, Arbitragepraxis, 31; *Barenbojm*, Kommentar, 68, weist darauf hin, dass der Konkursverwalter zusätzlich Aufgaben eines Liquidators ausübt; ähnlich *Vitrjanskij*, Praktikum, 52.

[1765] *Gol'cblat*, Bankrottprozess: Einige praktische Aspekte, JurMir, 2001 Nr. 12, 66 (67); zum Teil wurde daher vorgeschlagen, diese Aufgaben den Gerichten zu übertragen: *Anochin*, Probleme des Konkursverfahrens, AGP 2002 Nr. 2, 11 (13).

Einen Sonderfall stellte die Vergütung für den vorläufigen Verwalter dar. Seine Tätigkeit erfolgte im Wesentlichen vor Abhaltung der ersten Gläubigerversammlung. Daher ging die Praxis dazu über, bereits im Eröffnungsbeschluss die Vergütung für den vorläufigen Verwalter festzulegen.[1766] Viele Verwalter verlangten auch bereits in ihrer Erklärung, dass sie bereit seien, das Verfahren zu übernehmen, eine bestimmte (zugesicherte) Vergütung. Fehlte es an einer Festlegung im Eröffnungsbeschluss, musste die erste Gläubigerversammlung entscheiden oder das Gericht erließ einen gesonderten Beschluss.[1767] Dies brachte den Arbitrageverwalter in eine erhebliche Abhängigkeit von den Gläubigern, die damit ihre Unzufriedenheit ausdrücken konnten.[1768]

Eine solche Art der zeitlich gestalteten Vergütung trug zudem die Gefahr in sich, dass der Insolvenzverwalter seine Tätigkeit über Gebühr in die Länge zog, um eine höhere Vergütung zu erzielen. Dieses Risiko war allerdings dadurch ein wenig gemildert, dass das Gesetz für die Tätigkeit des Verwalters eine Vielzahl von Fristen aufstellte. Eine willkürliche Verlängerung war also nur in engen Grenzen möglich. Es blieb aber das Risiko, dass der Verwalter nur ein geringes Interesse hatte, die Fristen zu unterschreiten.

Zum sozialen Schutz des Arbitrageverwalters schwieg das InsG 1992.[1769] Nach dem InsG 1998 war der Verwalter hinsichtlich der sozialen Absicherung nun so zu stellen wie ein Leiter des Schuldners.[1770] Da er allerdings eine wirtschaftliche Tätigkeit als Einzelunternehmer ausübte, wurden Steuern und Beiträge nicht zurückbezahlt, sondern waren von ihm selbst zu zahlen.[1771] Etwaige Rechte eines Arbeitnehmers nach dem Arbeitsgesetzbuch (z.B. bezahlter Urlaub o.ä.) standen ihm nicht zu.[1772] Als Einzelunternehmer mit einem dem deutschen Selbständigen vergleichbaren Status war er jedoch nicht als Unternehmer anzusehen und kam insbesondere nicht in den Genuss der steuerlichen Vergünstigungen eines Kleinunternehmens.[1773]

[1766] Siehe *Golubejev*, Insolvenzverwaltung. Theorie und Praxis der Beobachtung/Aufsicht, 36f.; ähnlich *Teljukina*, Kommentar, 45.

[1767] *Bol´šoba/Gerašcenko*, Arbitragepraxis, 35f.; *Golubev*, Arbitrageverwaltung. Theorie und Praxis der Beobachtung, 36f.

[1768] *Golubev*, Arbitrageverwalter: Qualifikationsanforderungen, Ethik, Haftung, Sonderbeilage zu VAS 2001 Nr. 3, 76 (79).

[1769] *Vitrjanskij*, Anwendungspraxis und Verbesserungsbedürftigkeit des russischen Insolvenzrechts, JOR 1997 2. Halbband, 257 (263).

[1770] *Vitrjanskij/Vitrjanskij*, Kommentar, 20; und *ders.*, Anwendungspraxis und Verbesserungsbedürftigkeit des russischen Insolvenzrechts, JOR 1997 2. Halbband, 257 (263); sowie *ders.* Neue Gesetzgebung über die Insolvenz (den Bankrott), ChiP 1998 Nr. 3, 38 (44).

[1771] *Vitrjanskij/Golubev und Prudnikova*, Kommentar, Art. 19, 76f.; ausführlich *Guseva/Krasil´nikov*, Die Tätigkeit der Arbitrageverwalter, PiE 2000 Nr. 11, 29ff.

[1772] *Poluéktov*, Der Rechtsstatus des Arbitrageverwalters, SiE 2000 Nr. 1, 24 (27).

[1773] Entscheidung des föderalen Wirtschaftsgerichts des Wolga-Vjaster Bezirks vom 16.08.2000 Nr. A29-1168/00A, die sich vor allem darauf stützt, dass die Vergütung fi-

Bei Abschluss eines Vergleichs musste auch eine Entscheidung über die Vergütung des Verwalters getroffen werden. Entweder war sie Teil des Vergleichs selbst oder das bestätigende Wirtschaftsgericht legt diese Pflicht einem Beteiligten (in der Regel dem Schuldner) auf.[1774]

bb) Zusätzliche Vergütung

Art. 22 Abs. 2 InsG 1998 sah die Möglichkeit vor, dem Arbitrageverwalter für seine Tätigkeit nach Abschluss des Verfahrens eine zusätzliche Vergütung auszuzahlen.[1775] Von dieser Ermächtigung wurde ebenfalls kein Gebrauch gemacht. Daraus zog man teilweise den Schluss, eine solche Vergütung sei nicht zulässig.[1776] In der Praxis allerdings wurden zusätzliche Vergütungen gezahlt.[1777] Diese richteten sich häufig nach dem Ergebnis der Tätigkeit des Arbitrageverwalters (z.B. in Form eines prozentualen Anteils an der Konkursmasse, üblich sind 1-5%) und sollten ihn motivieren.[1778] Insoweit griff das russ. Recht auch den Gedanken einer Vergütung in Abhängigkeit von der Masse auf.

cc) Risiken

Die Höhe der Vergütung wurde nach dem System des InsG 1998 allein von den Gläubigern auf der Gläubigerversammlung festgelegt. Danach musste sie noch vom Wirtschaftsgericht bestätigt werden. Unterließen die Gläubiger eine entsprechende Bestimmung, war das Gericht verpflichtet, auf Antrag des Arbitrageverwalters eine Vergütung festzusetzen.[1779] Dieser Schluss wurde aus der Spezialnorm des Art. 159 InsG 1998 gezogen, wonach das Gericht für den Konkursverwalter einer natürlichen Person unmittelbar die Vergütung festlegen kann.[1780]

Damit hatten es die Gläubiger in der Hand, die Vergütung in wesentlichen Teilen zu bestimmen. Das Wirtschaftsgericht nahm nur eine Aufsichtsfunktion wahr. Es bestand eine nicht von der Hand zu weisende Gefahr, dass die Gläubiger über die Vergütung auf den Verwalter Einfluss nehmen. Dies umso mehr, als die Vergütung des Verwalters aus dem schuldnerischen Vermögen gezahlt wurde (vgl. Art. 22 Abs. 3

---

xiert sei und der Verwalter keinen Einfluss auf die Festlegung habe. Dies stimmt juristisch betrachtet, entspricht allerdings nicht immer der Praxis.

[1774] Siehe Entscheidung des föderalen Wirtschaftsgerichts des Moskauer Bezirks vom 17.09.2001 Nr. KG A41/4539-01.

[1775] *Masevic/Orlovskij/Pavlovskij*, Kommentar, 41.

[1776] So *Vitrjanskij/Golubev* und *Prudnikova*, Kommentar, Art. 22, 89; und *diess.* Bankrott: Allgemeine Bestimmungen, Beobachtung, Verwaltung, Konkurs, Zakon 1998 Nr. 6, 18.

[1777] *Bol´šoba/Geraščenko*, Arbitragepraxis, 33; *Gol´cblat,* Bankrottprozess: Einige praktische Aspekte, JurMir, 2001 Nr. 12, 66 (67).

[1778] Siehe *Bol´šoba/Geraščenko*, Arbitragepraxis, 32f.

[1779] Siehe Entscheidung des föderalen Wirtschaftsgerichts des Moskauer Bezirks vom 11.01.2002 Nr. KG-A41/7956-01-2.

[1780] *Vitrjanskij/Golubev und Prudnikova*, Kommentar, Art. 22, 88.

InsG 1998),[1781] Gläubiger und Verwalter sich also ohnehin in einem Interessenkonflikt befanden. Durch die Festlegung von Ober- und Untergrenzen hätte dieser Konflikt abgemildert werden können, allerdings fehlten dazu die gesetzlichen Instrumente. Eine vertragliche Vereinbarung einzelner Gläubiger zur Übernahme der Vergütung war außer beim Abschluss eines Vergleichs nicht zulässig. Dies würde zumindest den Verdacht wecken, der Verwalter könne sein Amt nicht mehr neutral ausüben.[1782]

Der Verwalter konnte nach Art. 22 Abs. 4 InsG 1998 einen Vertrag mit dem FSFO abschließen, in dem dieser ihm eine Minimalvergütung aus einem besonderen Fonds garantierte.[1783] Ein solcher Fonds wurde auch beim FSFO gebildet, der ebenfalls Verfahren und Bedingungen für den Abschluss dieses Vertrages bestimmte.[1784] Allerdings sah die entsprechende vorläufige Bestimmung die Einrichtung eines Fonds für zahlreiche Zwecke vor und enthielt keine detaillierten Regeln zur Auszahlung von Garantiezahlungen an Verwalter. Bis zum Inkrafttreten des InsG 2002 kam es nicht zum Erlass der entsprechenden endgültigen Rechtsakte.[1785] Da eine Minimalvergütung nach Art. 22 Abs. 2 Satz 2 noch nicht bestimmt war, blieb daher fraglich, ob es dem einzelnen Arbitrageverwalter möglich war, derartige Verträge zu schließen. In der Praxis kam es gelegentlich vor, dass die Verwalter am Ende eines Verfahrens überhaupt keine Vergütung erhielten.[1786]

In der Sache schränkte jedoch auch diese Regelung die Unabhängigkeit des Verwalters stark ein. Da der FSFO in vielen Fällen als Vertreter eines Gläubigers (des Staats und staatlicher Organe) am Verfahren teilnahm, musste er gegensätzliche Interessen wahrnehmen. Die Gefahr einer Einflussnahme war daher nicht auszuschließen, vielmehr bereits im InsG 1998 angelegt.

Wurde ein Mitarbeiter des FSFO zum Arbitrageverwalter bestellt, erhielt er keine Vergütung. Er bezog vielmehr weiter seine Bezüge als Arbeitnehmer des staatlichen Organs für Angelegenheiten des Bankrotts und der finanziellen Sanierung. Die Vergütung floss in diesem Fall an den FSFO.[1787] Auch dies mutete seltsam an, da das

---

[1781] *Gol´cblat*, Bankrottprozess: Einige praktische Aspekte, JurMir, 2001 Nr. 12, 66 (67).
[1782] Vgl. *Bol´šoba/Geraščenko*, Arbitragepraxis, 32.
[1783] Siehe ausführlich *Vitrjanskij/Golubev und Prudnikova*, Kommentar, Art. 22, 89.
[1784] Siehe die „Vorläufige Bestimmung über den Spezialfonds des föderalen Dienstes Russlands in Sachen der Insolvenz und der finanziellen Sanierung" vom 31.12.1998 Nr. 330.
[1785] Zum InsG 2002 ist die entsprechende Norm zum speziellen Fonds entfallen; vgl. *Teljukina*, Kommentar zum InsG 2002, SiE 2003 Nr. 5, 60; *dies.*, Konkursrecht 2004, 221.
[1786] *Bol´šoba/Geraščenko*, Arbitragepraxis, 31; ist dies bereits absehbar, übernehmen höchstens junge Verwalter am Beginn ihrer Karriere den Fall, um notwendige Erfahrung zu sammeln.
[1787] Die Vergütung wird dabei zwischen dem föderalen und territorialen Teil des FSFO aufgeteilt, siehe Anordnung des FSFO vom 18.09.2000 Nr. 301; vgl. *Prudnikova/Golubev*, Bankrott: Allgemeine Bestimmungen, Beobachtung, Verwaltung, Konkurs, Zakon 1998 Nr. 6, 18.

staatliche Organ für Angelegenheiten des Bankrotts und der finanziellen Sanierung häufig selbst am Verfahren beteiligt war, also über die eigene Vergütung mitentschied. Dies war aber die notwendige Folge einer Verwaltung durch Mitarbeiter des FSFO.

Teilweise versuchten die Gläubiger in der Vergangenheit, bei Rechtsverletzungen des Arbitrageverwalters auf die ihm ausgezahlte Vergütung zurückzugreifen und beantragten die Rückzahlung in die Konkursmasse. Dies war allerdings nicht mehr möglich, wenn die Vergütung vom Gericht bestätigt wurde.[1788] Bei entsprechenden Schäden blieb dann nur die Geltendmachung eines Schadensersatzanspruchs auf normalem Wege.

b) Gesetz von 2002

aa) Verwalter

Das InsG 2002 regelt die Vergütung des Arbitrageverwalters allgemein in Art. 26. Wie beim InsG 1998 tritt der Verwalter in keine arbeitsrechtlichen Beziehungen zum Schuldner.[1789] Die Vergütung richtet sich dabei nicht nach dem Wert des zu verwaltenden Vermögens, sondern nach der Zahl der Monate, die der Verwalter tätig ist.[1790] Die Frage der Vergütung wird der Gläubigerversammlung übertragen. Allerdings legt das InsG 2002 eine Untergrenze von 10.000 RUR fest. Eine Obergrenze sieht das Gesetz hingegen nicht vor.[1791] Die Vergütung ist in einer festen Summe in RUR anzugeben.[1792] Sie ist monatlich[1793] aus der Masse auszuzahlen.[1794] Wie zum InsG 1998 wird eine Anbindung der Vergütung des Verwalters an das Entgelt von Leitern vergleichbarer juristischer Personen für sinnvoll erachtet, allerdings unter Berücksichtigung der Besonderheiten des Amts als Arbitrageverwalter.[1795]

Bei der Bestellung eines Arbitrageverwalters hat das Gericht bereits über die Höhe der ihm zu zahlenden Vergütung zu befinden, vgl. Art. 65 Abs. 2 für den vorläufigen Verwalter und Art. 127 Pkt. 1 für den Konkursverwalter. Der jeweilige Antragsteller (Schuldner oder Gläubiger) kann bereits in seinem Antrag nach Art. 37 Pkt. 2 bzw. Art. 39 Pkt. 2 InsG 2002 einen Vorschlag für die Vergütung des Verwalters ma-

---

[1788] So das föderale Wirtschaftsgericht des Moskauer Bezirks in seiner Entscheidung vom 16.07.2002 Nr. KG A40/4502-02.

[1789] *Karelina*, Rechtliche Regelung der Insolvenz (des Bankrotts), 74.

[1790] *Popondopulo/Popondopulo*, Kommentar, Art. 26 Pkt. 1.

[1791] Damit wären „astronomisch" hohe Vergütungen legal, so *Taj*, Vergütung des Arbitrageverwalters, ChiP 2006 Nr. 6, 120.

[1792] *Nikitina*, Das Konkursverfahren, AP 2003 Nr. 6, 14 (18); dazu auch *Teljukina*, Kommentar zum InsG 2002, SiE 2003 Nr. 5, 60.

[1793] So *Teljukina*, Kommentar, 2. Auflage, Art. 26 Pkt. 2 mangels gesetzlicher Regelung.

[1794] *Tkačev*, Insolvenz, 69.

[1795] *Nikitina*, Das Konkursverfahren, AP 2003 Nr. 6, 14 (18).

chen.[1796] Die vom Gericht gewährte Vergütung kann später von der Gläubigerversammlung erhöht, aber nicht vermindert werden.[1797] Damit wird die Praxis zur Vergütung des vorläufigen Verwalters ins Gesetz übernommen. Für den administrativen und den Fremdverwalter allerdings fehlen spezielle Regeln im Gesetz.[1798]

bb) Zusätzliche Vergütung

Nach Art. 26 Pkt. 1 können die Gläubiger dem Arbitrageverwalter eine zusätzliche vom Gericht bestätigte Vergütung auf eigene Kosten auszahlen, um ihm stärkere Anreize zu geben.[1799] Damit wird allerdings die Unabhängigkeit des Arbitrageverwalters nicht unwesentlich gefährdet. Fraglich ist, ob die Gläubiger eine zusätzliche Vergütung auf Kosten des Schuldners beschließen können.[1800] Möglich ist es nach dem InsG 2002, dass die zusätzliche Vergütung bei entsprechender vorheriger Zustimmung durch Gläubiger erbracht wird.[1801]

Nach Art. 23 Pkt. 2 können die Gläubiger oder bevollmächtigten Organe eine zusätzliche Vergütung abgeben, wenn sie zusätzliche Forderungen an die Qualifikation stellen.[1802] Diese zusätzliche Vergütung ist – im Unterschied zu der zusätzlichen Vergütung nach Art. 26 Pkt. 1 – stets aus dem Schuldnervermögen zu zahlen.[1803] Sie kann als fester Betrag oder in Abhängigkeit von der erzielten Masse bestimmt werden; in der Praxis sind Beträge von 1% – 5% der verteilten Masse üblich.[1804]

cc) Risiken

Die Gläubiger haben durch diese Form der Vergütung einen erheblichen Einfluss auf den Verwalter, dessen Entlohnung sie unmittelbar mitbestimmen. Unter diesen Umständen ist es kaum möglich, die Unabhängigkeit des Arbitrageverwalters zu wahren. Er wird eher zum Instrument der Gläubigermehrheit. Allerdings haftet der Antragsteller auch für die Vergütung des Verwalters, wenn die Masse zu deren Begleichung nicht ausreicht.[1805]

[1796] *Guseva/Vladyka*, Arbitrageverwalter, 39.

[1797] *Popondopulo/Skvorcov*, Kommentar, Art. 65 Pkt. 2 a.E.

[1798] Für den administrativen Verwalter war dies allerdings im Gesetzgebungsverfahren diskutiert worden, Materialien der Staatsduma (unveröffentlicht).

[1799] *Renov* in: *Vitrjanskij*, Kommentar 2003, Art. 23 Pkt. 3; ausführlich *Taj*, Vergütung des Arbitrageverwalters, ChiP 2006 Nr. 6, 120.

[1800] Dafür *Teljukina*, Kommentar zum InsG 2002, SiE 2003 Nr. 5, 60; dagegen *Guseva/Vladyka*, Arbitrageverwalter, 41.

[1801] *Renov* in: *Vitrjanskij*, Kommentar 2003, Art. 26 Pkt. 6.

[1802] *Teljukina*, Kommentar 2004, Art. 23 Pkt. 3; das Verhältnis von Art. 26 Abs. 1 zu Art. 23 Abs. 2 InsG 2002 ist unklar, vgl. *Taj*, Vergütung des Arbitrageverwalters, ChiP 2006 Nr. 6, 120 (121).

[1803] *Guseva/Vladyka*, Arbitrageverwalter, 41.

[1804] *Renov* in: *Vitrjanskij*, Kommentar 2003, Art. 26 Pkt. 7.

[1805] *Guseva/Vladyka*, Arbitrageverwalter, 39.

Das Gesetz kennt keine Regelung zu einem Ausgleichsfonds für die Vergütungen des Verwalters mehr wie in InsG 1998.[1806] Neu eingeführt wurde hingegen eine Absicherung durch die Versicherungspflicht und den Kompensationsfonds die Selbstverwaltungsorganisationen der Arbitrageverwalter, die das Risiko für den einzelnen Verwalter überschaubarer machen.

dd) Hilfspersonen

Der Arbitrageverwalter kann in jeder Phase des Verfahrens zur Erledigung seiner Aufgaben Hilfspersonen hinzuziehen, deren Vergütung aus der Masse gezahlt wird, Art. 24 Pkt. 3 InsG 2002.[1807] Teilweise wird vertreten, Verpflichteter der entsprechenden Verträge sei der Arbitrageverwalter, der dann einen Regressanspruch gegen die Masse habe.[1808] Dies scheint aber zu weitgehend und widerspricht dem Wortlaut des Gesetzes. Sollten die Verträge hohe Vergütungen vorsehen, sind diese dennoch aus der Masse zu begleichen. Es entsteht aber möglicherweise ein Ausgleichsanspruch gegen den Verwalter.[1809]

Bestreitet im Stadium der Beobachtung und finanziellen Sanierung der Leiter des Schuldners den Sinn der Einstellung dieser Personen, entscheidet das Wirtschaftsgericht über die Notwendigkeit und Begründetheit der Ausgaben.[1810] Ein Vergleich kann andere Quellen für die Bezahlung der Hilfspersonen vorsehen.[1811]

Umstritten ist allerdings, wie weit der Kreis dieser Hilfspersonen zu ziehen ist. Nicht jeder Mitarbeiter des Verwalters kann aus der Masse bezahlt werden, andererseits ist die Hinzuziehung von Spezialisten im Verfahren sehr wichtig.[1812] Entscheidend ist, welche Grundleistungen der Arbitrageverwalter nach dem Grundverständnis des InsG 2002 mit seinem eigenen Team erbringen muss; diese Aufgaben sind dann von seiner eigenen Vergütung bereits umfasst. Sinnvoll wird es sein, hier zwischen den insolvenzspezifischen Aufgaben und den unternehmerischen Aufgaben zu differenzieren. Erstere hat der Verwalter mit seiner Vergütung abzudecken, letztere fallen

---

[1806] *Teljukina*, Kommentar zum InsG 2002, SiE 2003 Nr. 5, 60; *Karelina*, Rechtliche Regelung der Insolvenz (des Bankrotts), 74.

[1807] *Vitrjanskij/Golubev und Prudnikova*, Kommentar, Art. 22, 89; durch gesonderte Vereinbarung kann allerdings auch eine andere Quelle der Bezahlung vereinbart werden; *Tkačev*, Konkursrecht, 65.

[1808] *Poluéktov*, Der Rechtsstatus des Arbitrageverwalters, SiE 2000 Nr. 1, 24 (28); *Guseva/Vladyka*, Arbitrageverwalter, 57.

[1809] *Teljukina*, Kommentar 2004, Art. 24 Pkt. 4.

[1810] Informationsbrief des Obersten Wirtschaftsgerichts vom 06.08.1999 Pkt. 12 für die Beobachtung. Für die finanzielle Sanierung muss dieser Schluss analog gelten.

[1811] *Kolininčenko*, Schutz der Interessen, 195; ebenso *Bol'šoba/Geraščenko*, Arbitragepraxis, 32.

[1812] Vgl. dazu *Barenbojm/Kopman*, Status des Arbitrageverwalters, RJu 1999 Nr. 12, 22; *Andreev* in: *Zalesskij* (Hrsg.), Kommentar, Art. 26 Pkt. 3.

der Masse zu Last.[1813] Dem steht allerdings das Gesetz entgegen, dass explizit Wirtschaftsprüfer erwähnt, die zur Prüfung der finanziellen Lage des Schuldners herangezogen werden können.

c) Praktische Probleme

Mitunter bekommen die Arbitrageverwalter nach Abschluss des Verfahrens nicht nur keine Vergütung, sondern bleiben auch noch auf einigen von ihnen getragenen Auslagen und Kosten sitzen.[1814] Der zur Lösung dieser Probleme im InsG 1998 angelegte Kompensationsfonds, der dieses Risiko verteilen sollte, ist bis heute nicht umgesetzt worden.[1815]

Unklar ist, wie die Bezahlung des Verwalters bei Fremdverwaltung erfolgt.[1816] Nur wenn diese sichergestellt ist, werden sich genügend qualifizierte Kandidaten finden. Andererseits schmälert dies die Masse, auf die die Gläubiger zugreifen können. Sie finanzieren damit den von ihnen mitunter nicht gewollten Sanierungsversuch.

Ein Problem stellte weiterhin die Vergütung der Verwalter für Verfahren gegenüber abwesenden Schuldnern dar. Der FSFO war unter Geltung des InsG 1998 oft nicht in der Lage, diese Verfahren allein zu bewältigen.[1817] Die registrierten Arbitrageverwalter weigerten sich häufig mit dem Verweis auf ihre unternehmerische Tätigkeit, die sie nicht zwinge, verlustbringende Aufträge zu übernehmen.[1818] Im Ergebnis behalf man sich damit, dass man Verwaltern, die eine Lizenz zweiter Stufe beantragt hatten, diese Verfahren übertrug und ihnen im Gegenzug große steuerliche Vorteile für die Geltendmachung der Verluste einräumte.[1819] Nunmehr wurde eine Regierungsverordnung erlassen,[1820] die die Auszahlung der Vergütung im Falle

---

[1813] Im Gesetzgebungsverfahren wurden Vorschläge unterbreitet, die Ausgaben für Spezialisten auf 10% der Masse oder 3% der Gläubigerforderungen zu begrenzen oder an die Zustimmung von FSFO oder Gericht zu knüpfen, Materialien der Staatsduma (unveröffentlicht).

[1814] *Guseva/Krasil'nikov*, Die Tätigkeit der Arbitrageverwalter, PiE 2000 Nr. 11, 29 (31); ähnlich *Golubev*, Arbitrageverwaltung. Theorie und Praxis der Beobachtung, 315.

[1815] *Golubev*, Arbitrageverwaltung. Theorie und Praxis der Beobachtung, 36.

[1816] *Cumming*, Bankruptcy Law Reform in Russia, Parker Sch. J. E. Eur. L. 1997, 379 (393).

[1817] Und natürlich aufgrund der fraglichen Vergütung auch nicht sonderlich darum bemüht, die Verfahren zu übernehmen, siehe *Guseva/Krasil'nikov*, Die Tätigkeit der Arbitrageverwalter, PiE 2000 Nr. 11, 29 (32).

[1818] *Egorov*, Das Problem des Fehlens von Mitteln zur Deckung der Ausgaben in der Bankrottsache beim insolventen Schuldner, VAS 2004 Nr. 12, 133; *Taj*, Vergütung des Arbitrageverwalters, ChiP 2006 Nr. 6, 120 (123).

[1819] Ausführlich *Guseva/Krasil'nikov*, Die Tätigkeit der Arbitrageverwalter, PiE 2000 Nr. 11, 29 (32); ähnlich und kritisch dazu *Golubev*, Arbitrageverwaltung. Theorie und Praxis der Beobachtung, 38.

[1820] Verordnung der Regierung der RF Nr. 573 vom 21.10.2004 „Über das Verfahren und die Bedingungen der Finanzierung von Bankrottverfahren abwesender Schuldner".

eines abwesenden Schuldners sicherstellen soll.[1821] Danach erhalten die Verwalter eine Vergütung nach Eintragung der Liquidation des abwesenden Schuldners.[1822]

Ein weiteres Problem ergibt sich bei einer Entfernung des Verwalters. In diesem Fall sieht das InsG 2002 in Art. 26 Pkt. 1 vor, dass die Auszahlung einer Vergütung entfallen kann.[1823] Gemeint ist damit wohl nur die noch ausstehende Vergütung; eine Rückforderung bereits gezahlter Vergütung ist nicht vorgesehen.[1824] Die Entscheidung darüber obliegt dem Gericht.[1825] Dies kann von den Insolvenzgläubigern genutzt werden, um einen an sich ordnungsgemäß arbeitenden Verwalter bei einer geringfügigen Rechtsverletzung um seine Vergütung zu bringen.[1826] Wird später festgestellt, dass die Entfernung dem Gesetz widersprach, steht dem Verwalter die Vergütung für die gesamte Zeit zu.[1827]

Die Vergütung des Verwalters muss den Besonderheiten seiner Tätigkeit und den Schwierigkeiten des Verfahrens Rechnung tragen.[1828] Nur wenn die Vergütung einen Anreiz darstellt, werden sich auch genügend kompetente Personen für diese Aufgabe finden. Dabei sollte auch den unterschiedlichen Anforderungen der einzelnen Verfahrensabschnitte Rechnung getragen werden.[1829] Insofern ist die Orientierung an der Entlohnung eines Leiters unzweckmäßig.[1830] Der Verwalter hat umfassendere Aufgaben und trägt ein größeres, auch persönliches Risiko. Dem muss eine höhere Vergütung entsprechen.[1831]

C. Russische Praxis

Im Herbst 1999 wurde eine Untersuchung zur Höhe der tatsächlich gezahlten Vergütungen in verschiedenen Subjekten der RF vorgenommen.[1832] Dabei wurden große regionale Unterschiede festgestellt, wobei die höchsten Vergütungen v.a. in Moskau

---

[1821] *Nikitina*, Das Konkursverfahren, AP 2003 Nr. 6, 14 (18); vgl. auch *Zajceva*, Prozessuale Besonderheiten des Bankrotts, Zakonnost´ 2003 Nr. 3, 9 (10).

[1822] Kritisch *Egorov*, Das Problem des Fehlens von Mitteln zur Deckung der Ausgaben in der Bankrottsache beim insolventen Schuldner, VAS 2004 Nr. 12, 133; *Taj*, Vergütung des Arbitrageverwalters, ChiP 2006 Nr. 6, 120 (124).

[1823] *Andreev* in: *Zalesskij* (Hrsg.), Kommentar, Art. 26 Pkt. 1.

[1824] *Guseva/Vladyka*, Arbitrageverwalter, 42.

[1825] *Teljukina*, Kommentar 2004, Art. 26 Pkt. 3.

[1826] *Taj*, Vergütung des Arbitrageverwalters, ChiP 2006 Nr. 6, 120 (121f.).

[1827] *Renov* in: *Vitrjanskij*, Kommentar 2003, Art. 25 Pkt. 4.

[1828] *Chimičev*, Aussichtsreiche Richtungen der Vervollkommnung der rechtlichen Regulierung im Bereich der Insolvenz (des Bankrotts), VAS 2005 Nr. 6, 149 (163); *Renov* in: *Vitrjanskij*, Kommentar 2003, Art. 26 Pkt. 7.

[1829] So der – zutreffende - Vorschlag von *Taj*, Vergütung des Arbitrageverwalters, ChiP 2006 Nr. 6, 120 (121).

[1830] *Chouman*, Erhöhung der Standards der Tätigkeit der Arbitrageverwalter, Sonderbeilage zu VAS 2001 Nr. 3, 81 (92).

[1831] Zu diesem Komplex *Grudcena*, Das neue Gesetz „Über die Insolvenz (den Bankrott)", Advokat 2003 Nr. 1, 21 (22).

[1832] Ausführlich *Golubev*, Arbitrageverwaltung. Theorie und Praxis der Beobachtung, 300ff.

und St. Petersburg gezahlt wurden. Während bei Fremdverwaltung die höchsten Vergütungen anerkannt wurden, blieb die Beobachtung am Ende der Liste. Die Konkursverfahren lagen dazwischen. In absoluten Zahlen lag die monatliche Vergütung mit Summen zwischen etwa 3.000 RUR und 20.000 RUR erstaunlich gering.

D. Vergleichende Betrachtung

Das gegenwärtige System der Vergütung des Insolvenzverwalters im russ. Recht ist in weiten Teilen verbesserungsbedürftig. Insbesondere die Einflussmöglichkeit der Gläubiger (und unter dem InsG 1998 des FSFO) muss beseitigt, zumindest aber weiter verringert werden.

Das deutsche System ist insoweit vorteilhaft,[1833] da es weniger Abhängigkeiten entstehen lässt. Andererseits wälzt es mit den Kosten kleinerer Verfahren eine eigentlich staatliche Aufgabe auf die Verwalter ab, die sie nur mit einer Mischkalkulation schultern können. Dies führt auch dazu, dass ein neuer Verwalter es kaum schafft, sich allein im Markt zu etablieren.

8. Vergleichende Schlussbetrachtung

Bisher haben weder das deutsche noch das russische Recht eine befriedigende rechtliche Erfassung der Rolle des Insolvenzverwalters/Arbitrageverwalters gefunden. Die weitreichenden Befugnisse des Verwalters und die notwendige Flexibilität seines wirtschaftlichen Handelns erschweren eine genaue rechtliche Einordnung seiner Tätigkeit.

Umso wichtiger ist es, dass eine Rechtsordnung gewisse Eckpunkte bestimmt und eine effektive Kontrolle sicherstellt. Die Tätigkeit des Verwalters im Detail muss sich an wirtschaftlichen Kriterien und Zweckmäßigkeiten messen lassen. Dabei muss neben exzellenten Fachkenntnissen ein hohes Berufsethos Leitlinie des Handelns sein.

Diese Voraussetzungen sind im russ. Recht nicht ausreichend gewährleistet. Die Auswahl des Arbitrageverwalters ist der Willkür einer Selbstverwaltungsorganisation und der Verfahrensbeteiligten unterworfen; es fehlt an einer wirksamen Kontrolle. Vor allem aber wird das Verfahren viel zu häufig von den Beteiligten zu unlauteren Zwecken missbraucht.

[1833] Eine Orientierung am deutschen System und eine normative Festlegung der Vergütung schlägt daher *Taj*, Vergütung des Arbitrageverwalters, ChiP 2006 Nr. 6, 120 (121) vor.

V. Schluss

Das russ. Insolvenzrecht hat seit dem Inkrafttreten des InsG 1992 eine lebhafte Entwicklung genommen.[1834] Die rechtlichen Regeln sind dabei zunehmend differenzierter, ihre Umsetzung immer professioneller geworden. Die Normierung der Insolvenzverwaltung gehörte und gehört zu den am heftigsten umkämpften Bereichen. Auch für die Zukunft ist mit weiteren Änderungen in diesem Bereich zu rechnen. Diese sind auch für den praktischen Umgang von erheblicher Bedeutung.

Interessanterweise bot der Vergleich des deutschen und russ. Insolvenzrechts nicht nur Raum für ins russ. Recht transferierbare Erkenntnisse des deutschen Rechts,[1835] sondern umgekehrt auch Anregungen des russ. Rechts für die zukünftige Entwicklung des deutschen Rechts. Das russ. Insolvenzrecht hat in den letzten Jahren eine beachtliche Entwicklung durchgemacht und stellt zumindest auf dem Papier eine durchaus moderne Regelung dar,[1836] aus der man einige interessante Aspekte übertragen könnte.

1. Mögliche zukünftige Entwicklungslinien des russ. Insolvenzrechts

Das russ. Insolvenzrecht befindet sich noch immer in einer Phase der Konsolidierung, die auch mit Inkrafttreten des InsG 2002 nicht abgeschlossen ist. So werden schon Reformen zum InsG 2002 diskutiert, um Mängel zu korrigieren.

Gerade bei der Bewertung des Verwalterhandelns ist allerdings zu berücksichtigen, dass dieses Rechtsinstitut in Russland nach einem völligen Verschwinden während der Sowjetunion gerade einmal seit etwa einer Dekade (wieder) existiert.[1837] Das russ. Insolvenzrecht wurde in den letzten Jahren mehrfach grundlegend reformiert, dabei die Normen zur Arbitrageverwaltung jedes Mal völlig umgestaltet.[1838] Dies ist auf die Dauer kein fruchtbarer Boden, au dem das schwache Pflänzchen der Arbitrageverwalter in Russland zur Blüte gelangen könnte.

[1834] *Jakovlev*, Erneuerung der Gesetzgebung über den Bankrott, Beilage zu VAS 2003 Nr. 5, 14; ohnehin unterliegt das russ. Recht seit 1990 einem tiefgreifenden Wandel, *Trunk*, Auf dem Weg zum Rechtsstaat? Das Rechtswesen der Russländischen Föderation, in: *Höhmann/Schröder*, Russland unter neuer Führung, 270

[1835] So *Schroeder*, Die Bedeutung der Ostrechtswissenschaft heute, WGO-MfOR 1995, 91 (94ff.).

[1836] Auch wenn die Hoffnung von *Tkačev*, Rechtliche Regelung, 151, auf eines der „modernsten und zivilisiertesten Verfahren zur Regelung des Instituts der Insolvenz" vielleicht noch nicht ganz erfüllt sein mag.

[1837] Siehe *Belych/Dubinčin/Skuratovskij*, Rechtliche Grundlagen, 89.

[1838] Siehe *Kolininčenko*, Schutz der Interessen, 154.

A. Sicherung der Unabhängigkeit der Verwalter

Die Sicherung der Unabhängigkeit der Arbitrageverwalter ist Angelpunkt jedes Insolvenzrechts, ganz besonders in wirtschaftlich rauen Zeiten.[1839] Die verschiedenen Ansätze der InsG 1992, 1998 und 2002 zeigen, wie wichtig auch dem russ. Gesetzgeber die Erreichung dieses Zieles ist.[1840]

a) Unabhängigkeit vom Staat

Russische Arbitrageverwalter stehen nicht nur im Spannungsfeld zwischen dem Schuldner und den Gläubigern, sie unterliegen auch einer strengen Kontrolle durch den Staat.[1841] Dies verschiebt das Kräftedreieck zuungunsten der ersten beiden Gruppen. Will Russland zu tatsächlich marktwirtschaftlichen Verhältnissen übergehen, so ist es unerlässlich, die Unabhängigkeit des Arbitrageverwalters von staatlichen Organen zu sichern. Der Staat als Insolvenzgläubiger darf keine Priorität bei der Befriedigung von Forderungen oder bei Entscheidungen im Verfahren haben.

Es ist offensichtlich, dass eine derartige staatliche Kontrolle nur allmählich abgebaut werden kann. Die Einführung der Selbstverwaltungsorganisationen ist als Abbau staatlicher Kontrolle zu begrüßen; allerdings besteht nach wie vor eine effektive indirekte Kontrolle. In einer Situation der faktischen Insolvenz eines großen Teils der Wirtschaft Russlands, ist eine völlige Unabhängigkeit des Arbitrageverwalters nicht sofort zu realisieren, als Fernziel darf sie aber nicht aus den Augen verloren werden.

Da es in der Insolvenz oft um große Summen und Vermögen geht,[1842] wird quasi automatisch das Interesse krimineller Strukturen geweckt. Viele Arbitrageverwalter sind bereit, sich für einzelne Beteiligte zu „engagieren". Sie zerstören damit das Ansehen des gesamten Berufsstandes. Allerdings kann es keine Lösung sein, dem Staat die Verwalteraufgabe zu übertragen.[1843]

[1839] *Chouman*, Erhöhung der Standards der Tätigkeit der Arbitrageverwalter, Sonderbeilage zu VAS 2001 Nr. 3, 81 (86f.).

[1840] Siehe *Chimičev*, Sicherung der Rechte und gesetzlichen Interessen der Gläubiger, AP 2003 Nr. 4, 3 (11); *Pavlodskij*, Selbstorganisierte Arbitrageverwalter, Zakon 2003 Nr. 6, 24 (25).

[1841] Zu diesem Spannungsfeld *Charlamov*, Probleme der Vorbereitung von Arbitrageverwaltern, in: *Kočuev* (Hrsg.), Über umgestaltete Wirtschaftssubjekte im Rahmen von Bankrottverfahren, 15.

[1842] *Trefilova*, Aktuelle Fragen der Antikrisenverwaltung, Vestnik des FSFO 2002 Nr. 2, 36 (37) nennt die Zahl von „einer Trillion Rubeln" in Konkursmassen (gemeint ist wohl eine Milliarde).

[1843] So wohl der Vorschlag von *Trefilova*, Das Projekt des neuen Gesetzes „Über die Insolvenz (den Bankrott)": Probleme und Lösungen, Vestnik des FSFO 2002 Nr. 8, 25 (27).

b) Rolle der Selbstverwaltungsorganisationen

Durch die Selbstverwaltungsorganisationen ist das Auswahlverfahren für die Verfahrensbeteiligten offener und nachprüfbarer geworden. Keiner der Beteiligten hat mehr die Möglichkeit, „seinen" Kandidaten durchzusetzen. Sehr fraglich ist allerdings, wie offen, frei und nachprüfbar das Verfahren innerhalb der Selbstverwaltungsorganisationen ist. Möglicherweise hat man nur eine Form der Abhängigkeit (von staatlichen Organen) durch eine andere (von den Selbstverwaltungsorganisationen) ersetzt.[1844] Auch in Deutschland wird die Möglichkeit der Selbstverwaltung von Berufsgruppen kritisch gesehen.[1845]

Ebenfalls unklar ist die Unabhängigkeit der Selbstverwaltungsorganisationen vom Staat. Es wird abzuwarten sein, wie eng das Justizministerium diese Organisationen kontrollieren wird. Nur wenige Jahre nach Inkrafttreten des InsG 2002 geben die Rolle, der Status sowie Rechte und Pflichten der Selbstverwaltungsorganisationen nach den ersten praktischen Erfahrungen Anlass zu umfangreicher Kritik. Es wird in der Literatur angeregt, die Pflichtmitgliedschaft aufzuheben und einen Wettbewerb zwischen organisierten und „freien" Arbitrageverwaltern zuzulassen.[1846] Ein solcher Wettstreit zweier Modelle dürfte in der Tat die Unabhängigkeit der Verwalter erhöhen.

B. Steigerung der Professionalität der Verwalter

In den letzten Jahren sind bereits große Fortschritte auf dem Gebiet der Schulung und Weiterbildung der Insolvenzverwalter unternommen worden. Insbesondere die Bindung der Arbitrageverwaltung an eine Lizenz hat merklich zur Steigerung der Qualität der Arbitrageverwalter beigetragen. Dennoch muss der Weg einer Steigerung der Professionalität energisch weiter beschritten werden, um die Umsetzung der Normen des Insolvenzrechts zu erhöhen.[1847] Dabei müssen die Ausbildung und auch die Kontrolle durchsichtig und nachprüfbar sein.[1848]

Dem Kriterium beruflicher Erfahrung in leitender Funktion ist große Bedeutung beizumessen. Die Arbitrageverwaltung ist kein Lehrberuf, den man an einer Hoch-

---

[1844] *Bessonova*, Neuigkeiten des Gesetzes über den Bankrott und die Probleme ihrer Anwendung, AP 2003 Nr. 1, 3 (5); ähnlich *Teljukina*, Kommentar zum InsG 2002, SiE 2003 Nr. 5, 55.

[1845] *Lüke*, Unabhängigkeit oder „Kernunabhängigkeit" des Insolvenzverwalters?, ZIP 2003, 557.

[1846] So *Pavlodskij*, Selbstorganisierte Arbitrageverwalter, Zakon 2003 Nr. 6, 24 (27)

[1847] *Trunk*, Stand und Probleme des Insolvenzrechts in Ost-, Mittelost- und Südosteuropa, JOR 1997 2. Halbband, 233 (246); siehe aber etwa als sehr praxisorientiertes Lehrbuch *Jun/Voronova/Grigorʹev*, Konkursverfahren.

[1848] So auch *Voropaeva*, Rechtliche Mechanismen der Durchführung des Verfahrens der Liquidation von Gläubigerforderungen einer Organisation bei der Fremdverwaltung, JurMir, 2000 Nr. 8, 4 (10).

schule durch ein Diplom erlernen kann.[1849] Wichtig ist es zudem, auf entsprechende Erfahrungen der Verwalter in den jeweiligen Wirtschaftszweigen zu achten.[1850] Gerade in den großen Städten ist eine entsprechende Spezialisierung auch praktisch durchführbar.

Denkbar wäre auch eine stärkere Differenzierung zwischen dem Konkursverfahren und den Sanierungsverfahren.[1851] Während beim Konkurs die Verwertung mit ihren insolvenzspezifischen, aber eher weniger branchenspezifischen Fragen im Vordergrund steht, kann die Sanierung nur Erfolg haben, wenn der entsprechende Verwalter fundierte Kenntnisse des jeweiligen Wirtschaftszweiges mitbringt.

Möglich wäre weiterhin eine Differenzierung danach, ob der Verwalter nur Kontrollfunktionen ausübt (vorläufiger und administrativer Verwalter) oder Management- bzw. Verwertungsaufgaben (Fremd- und Konkursverwalter). Die unterschiedlichen Situationen lassen eine getrennte Ausbildung und Spezialisierung als sinnvoll erscheinen.[1852]

Allerdings ist zu bedenken, dass die geographische Größe Russlands einer zu starken Differenzierung einen Riegel vorschiebt. Schon heute tun sich die Gerichte in entlegenen Gegenden schwer, überhaupt einen Verwalter zu finden.[1853]

C. Berufsethos

Im vorrevolutionären Russland mussten die Verwalter bei Amtsübernahme einen Eid leisten, ihr Amt ordnungsgemäß zu erfüllen.[1854] Auch wenn dies im modernen Recht wohl kein taugliches Mittel mehr ist, zeigt die Praxis der letzten Jahre, dass kein Gesetz und keine Kontrollen genügen, wenn nicht ein ethisches Grundverständnis vorhanden ist.[1855] Dieses bei den Arbitrageverwaltern zu wecken und zu verankern, wird eine der wichtigsten Aufgaben der Zukunft sein. Langfristig können Selbstverwaltungsorganisationen einen wichtigen Beitrag zur Entstehung eines Berufsethos leisten.

[1849] Ähnlich *Sidakova*, Die Durchsetzung der Normen des föderalen Gesetzes „Über die Insolvenz (den Bankrott), AP 2002 Nr. 3, 10.

[1850] Ähnlich *Kolininčenko*, Schutz der Interessen, 190.

[1851] *Kolininčenko*, Schutz der Interessen, 191, unter Verweis auf das französische System, das seit 1985 nach „administrateurs" für die Sanierung und „mandataires-judiciaires" für das Konkursverfahren differenziert; vgl. *Guyon*, Droit des affaires, 183ff.

[1852] So auch *Teljukina*, Der vorläufige Verwalter. Sein Status und seine Befugnisse, SiE 1999 Nr. 9, 40 (43).

[1853] Siehe etwa für den Krasnojarsker Kraj *Maškina*, Fristen des Konkursverfahrens, AP 2001 Nr. 3, 55.

[1854] *Judin*, Insolvenz (Bankrott): Historischer Aspekt, VAS 2002 Nr. 1, 155 (156).

[1855] Expressis verbis auf ethische Aspekte als Leitschnur stellt auch *Renov* in: *Vitrjanskij*, Kommentar 2003, Art. 24 Pkt. 13 auf.

Für die Tätigkeit als Arbitrageverwalter, ähnlich wie für einen Manager, sind es insbesondere persönliche Fähigkeiten, die über den Erfolg entscheiden.[1856] Zu wünschen wäre eine noch stärkere Herausbildung eines eigenen Berufsethos der Insolvenzverwalter, um den Bedrohungen und Versuchungen ungesetzlicher Tätigkeiten besser zu widerstehen. Nur eine entsprechende moralische Grundhaltung der Verwalter kann eine effektive Umsetzung des neuen Gesetzes sichern.[1857] Dabei sind allerdings die Besonderheiten des Verwalters zu berücksichtigen, eine simple Übernahme der Regeln für Manager genügt keinesfalls.[1858]

D. Erweiterung der Kompetenzen

Die russ. Arbitrageverwalter verfügen nur über relativ beschränkte Kompetenzen, vor allem für die Gläubiger bestehen weitreichende Zustimmungsvorbehalte. Gerade im Bereich der Sanierung kann jedoch ein weites Ermessen in wirtschaftlichen Fragen dem Zweck des Verfahrens dienlich sein.

Die Ausarbeitung detaillierter Pläne für die finanzielle Sanierung und Fremdverwaltung und die komplizierten Verfahren ihrer Änderung machen eine rasche Reaktion auf veränderte Gegebenheiten des Markts schwierig. Allerdings macht das geringe Ansehen der Arbitrageverwalter eine Erweiterung ihrer Kompetenzen derzeit wohl nicht durchsetzbar.

E. Rolle des Staats

Die Rolle des Staats im Insolvenzverfahren ist in Russland nach wie vor sehr stark. Insbesondere als (Groß-) Gläubiger kann er massiv Einfluss nehmen. Allerdings gibt es auch in westlichen Ländern Tendenzen der Politik, sich bei großen, wirtschaftlich bedeutsamen Verfahren einzumischen. Dennoch müssen langfristig die Marktkräfte auch den Marktaustritt großer Teilnehmer regulieren. Der Staat stellt dazu ein Instrumentarium zur Verfügung,[1859] mischt sich aber im Übrigen nicht mehr ein.

Eine der wichtigsten Aufgaben einer zukünftigen Reform des russ. Insolvenzrechts wird es sein, die Rolle der verschiedenen beteiligten Organe neu zu überdenken. Derzeit nehmen diese Organe eine Vielzahl verschiedener Kompetenzen wahr, die zum Teil gegensätzliche Interessen vorstellen. Dies bringt notwendig die Gefahr einer unsachlichen Einflussnahme auf das Verfahren mit sich. Sollte die Selbstverwaltung der Arbitrageverwalter erfolgreich sein, wäre es wünschenswert, die staatliche Kontrolle zurückzufahren.

Dem Wirtschaftsgericht kommen im Insolvenzverfahren nur geringe Kompetenzen zu, seine Rolle bleibt hinter den Aufgaben des deutschen Insolvenzgerichts deutlich

---

[1856] *Golubev*, Arbitrageverwalter: Qualifikationsanforderungen, Ethik, Haftung, Sonderbeilage zu VAS 2001 Nr. 3, 76 (77).

[1857] *Vitrjanskij*, in: *Stepanov*, Insolvenz, 6.

[1858] So auch *Golubev*, Arbitrageverwalter: Qualifikationsanforderungen, Ethik, Haftung, Sonderbeilage zu VAS 2001 Nr. 3, 76 (78).

[1859] *Afon'kin/Sabinina*, Gesetzgebung zum Bankrott, 8.

zurück. Eine Erweiterung der gerichtlichen Befugnisse könnte die durch eine Zurücknahme der anderen staatlichen Organe aus dem Verfahren auftretende Lücke schließen.

F. Umsetzung der Normen

Das russ. Insolvenzrecht leidet – wie das gesamte russ. Recht – noch immer an einem immensen Vollzugsdefizit.[1860] Die russ. Justiz, unterbezahlt und schlecht ausgestattet, ist seit Jahren nicht in der Lage, ihre Aufgaben ordnungsgemäß zu erfüllen.[1861] Dies war schon beim vorrevolutionären Insolvenzrecht zu beobachten und hat sich auch heute nicht wesentlich verändert.[1862] Dazu tragen unklare rechtliche Regelungen ebenso bei wie eine starke Einmischung des Staats und schlicht Korruption und Bestechung.[1863]

Der russ. Gesetzgeber hat möglicherweise zu sehr auf eine Übernahme der Erkenntnisse aus der Insolvenzpraxis anderer, westlicher Länder geschaut, ohne die transformationsbedingten Besonderheiten Russlands ausreichend zu beachten.[1864]

Neben einer effektiven Kontrolle aller Verfahrensbeteiligten und dem Aufbau eines Ethos der Verwalter müssen die Normen des Insolvenzrechts so gestaltet werden, dass alle Parteien von einer ordnungsgemäßen Verfahrensabwicklung mehr erwarten dürfen als von einer Aufbrechung der Normen des InsG 2002. Die wirtschaftliche Motivation der Gläubiger und des Schuldners müssen berücksichtigt werden, um Misserfolge wie bei der Sanierung nach dem InsG 1998 zu vermeiden.

2. Praktischer Umgang mit den Defiziten

Für vor Ort tätige deutsche Praktiker bedeuten die oben beschriebenen Defizite, dass der Ausgang eines Insolvenzverfahrens weniger genau vorhersagbar ist als in Deutschland. Als Ausländer wird man beim unlauteren Spiel anderer Verfahrensbeteiligter stets zu den Verlierern gehören. Alle Normen bleiben wertlos, wenn sie

---

[1860] *Sobinevskij*, Vestnik des FSFO 2002 Nr. 6, 21, spricht davon, dass ein Großteil der Normen des Insolvenzrechts nicht umgesetzt wird; vgl. *Falke*, Zum Stand der Insolvenzrechte in den Staaten Süd- und Südosteuropas, WiRO 2006, 164.

[1861] *Temkin/Kirsh/Voskoboinikova*, Russia, in: *Leamy* (Hrsg.), The European Restructuring and Insolvency Guide 2002/2003, 481.

[1862] *Ščenikova*, Bankrott im Zivilrechts Russlands: Traditionen und Perspektiven, RJu 1998 Nr. 10, 38.

[1863] *Voropaeva*, Rechtliche Mechanismen der Durchführung des Verfahrens der Liquidation von Gläubigerforderungen einer Organisation bei der Fremdverwaltung, JurMir, 2000 Nr. 8, 4 (9); siehe auch Bericht der Moscow Times vom 24.09.2003 „Beating the Sword of Bankruptcy".

[1864] So sehr eindringlich *Vitrjanskij*, Wege zur Vervollkommnung der Bankrottgesetzgebung, 92; ähnlich *Grudcena*, Das neue Gesetz „Über die Insolvenz (den Bankrott)", Advokat 2003 Nr. 1, 21.

nicht von einem entsprechend professionellen Rechtsstab angewandt werden und die Bereitschaft besteht, ausländische Gläubiger als gleichberechtigt anzuerkennen.

Für die Praxis bedeutet dies, Fragen einer Absicherung von Forderungen und Rechten erhöhte Beachtung zu schenken. Die Schwäche vieler Sicherheiten im Insolvenzfall ist dabei stets im Auge zu behalten; eine eher konservative Herangehensweise empfiehlt sich. Ziel muss es sein, die Teilnahme an einem Insolvenzverfahren zu vermeiden.

Neben den rechtlichen Fragen sollten stets Probleme einer praktischen Durchsetzung mit bedacht werden. Nur eine Konstruktion, die auch möglichem Missbrauch einen Riegel vorschiebt, kann das Risiko minimieren.[1865] Schon bei der vertraglichen Gestaltung sollte diesen Besonderheiten Rechnung getragen werden.

3. Mögliche Anregungen für das deutsche Recht

Das deutsche Insolvenzrecht ist in den letzten Jahren ebenfalls umfassend neu gestaltet worden. Das Inkrafttreten der neuen InsO im Jahre 1999 stellt keinesfalls den Schlusspunkt der Entwicklung dar. Nach wie vor wird an vielen Stellen Korrektur- und Verbesserungsbedarf gesehen.[1866]

Dabei könnte das deutsche Recht durchaus auf gewisse Erfahrungen des russ. Rechts zurückgreifen.[1867] War der Rechtstransfer in den vergangenen Jahren notgedrungen nahezu ausschließlich eine Einbahnstraße, könnte sich dies bald ändern. Die tiefgreifende Umwälzung in den Ländern Mittel- und Osteuropas hat es ermöglicht, dort teilweise radikale Lösungen zu versuchen, die in den westlichen Staaten politisch nicht durchsetzbar gewesen wären.[1868] Man kann die Transformationsländer als ein gewaltiges Versuchsfeld für rechtliche Regeln ansehen. Dabei führte der Weg nicht selten in Sackgassen, aus denen sich die betroffenen Länder erst mühsam befreien müssen.[1869]

In manchen Bereichen war es jedoch auch möglich, Regelungsmuster zu erproben, zu denen in anderen Ländern der Mut und der Pioniergeist fehlten. Oft ermangelte es schlicht einflussreicher Interessengruppen, die als Bremser fungieren konnten.

[1865] Dabei sollte aber nicht übersehen werden, dass auch die Mehrzahl der Marktteilnehmer in Russland ehrlich und korrekt arbeitet.

[1866] So wurde die InsO bereits vor ihrem Inkrafttreten mehrmals geändert, vgl. auch Münch-KommInsO-*Stürner*, Einleitung Rn 45.

[1867] Siehe *Trunk*, Stand und Probleme des Insolvenzrechts in Ost-, Mittelost- und Südosteuropa, JOR 1997 2. Halbband, 233 (245).

[1868] Man denke etwa an die in Russland mit der schrittweisen Verabschiedung des Steuerkodex durchgesetzte tiefgreifende Steuerreform, der gegenüber alle entsprechenden „Reformen" in Deutschland verblassen.

[1869] Als Beispiel mag die undifferenzierte Übernahme amerikanischen Wertpapierrechts in Russland, die ihren Teil zur Krise von 1998 beigetragen hat.

Nunmehr können die Länder, die den Rechtstransfer ursprünglich auf den Weg gebracht haben, von dieser Rückmeldung profitieren.

A. Berufsbild des Verwalters

Das russ. InsG 2002 sieht eine eigene Organisation und klare Kriterien für die Ausbildung der Arbitrageverwalter vor. Damit ist ein klar definiertes eigenes Berufsbild verbunden. Die Selbstverwaltungsorganisationen werden diese Entwicklung weiter befördern. Aufgrund der Trennung vom Anwaltsberuf besteht ein eigener Berufsstand.

Durch strenge Zulassungs- und Auswahlvorschriften wird - jedenfalls theoretisch - gewährleistet, dass nur erfahrene und kompetente Arbitrageverwalter ernannt werden. Wenn dies in der Praxis nicht immer funktioniert, ist das eher einer mangelnden Rechtsdurchsetzung zuzuschreiben als einem mangelhaften Gesetz. Auch im deutschen Recht deutet sich ein verändertes Verständnis des Insolvenzverwalters an.[1870]

Ähnliches gilt für die Ausbildung der deutschen Insolvenzverwalter. Je stärker sich die juristische Ausbildung insgesamt differenziert, desto mehr gerät die bisher völlig unorganisierte Ausbildung der Insolvenzverwalter ins Blickfeld. Komplexität und Verantwortung der Verwaltertätigkeit lassen eine Festschreibung bestimmter Mindeststandards (Hochschulstudium, Managementerfahrung, Rechts- und Wirtschaftskenntnisse, Stage) unerlässlich erscheinen.

Sie sind zudem erforderlich, um eine nachprüfbare Auswahl der Insolvenzverwalter zu gewährleisten. Trotz hinhaltenden Widerstands einzelner Stimmen, scheint die Herausbildung eines eigenen Berufsbildes nicht mehr aufzuhalten. Dies macht aber eine (gerichtlich) nachprüfbare Auswahl der Insolvenzverwalter erforderlich.

B. Lizenzierung der Verwaltertätigkeit/ Ausbildung

Das deutsche Recht hat bis heute keine praktikable Lösung des Zugangs zur Insolvenzverwaltung gefunden. Auch die jüngsten Entscheidungen des BVerfG haben die Diskussion nicht abklingen lassen. Das zweistufige System von Listen und dem eigentlichen Bestellungsakt dürfte zunächst vor allem die Gerichte beschäftigen.

Offen ist zudem, wie ein Berufsanfänger ohne praktische Erfahrung eigene Verfahren zugewiesen bekommen soll. In der Praxis gehen junge Verwalter bei älteren Insolvenzverwaltern „in die Lehre". Diese bilden sie aus und sorgen anschließend auch dafür, dass ihre Mitarbeiter bei den Gerichten bekannt und eingeführt werden.

Auch wenn eine Lizenzierung wohl eine zu strenge Beschränkung des Berufszugangs darstellt, ist der Nachweis zusätzlicher Ausbildungen wichtig und sinnvoll.[1871]

[1870] Siehe mit Hinweisen zu anderen westlichen Rechtsordnungen: *Henssler*, Das Berufsbild des Insolvenzverwalters im Wandel der Zeit, ZIP 2002, 1053.

[1871] *Graeber*, Auswahl und Bestellung des Insolvenzverwalters, DZWIR 2005, 177 (188).

Die Vorauswahllisten in Deutschland werden ohnehin zu einem stärker formalisierten Zugang führen, da die Entscheidung über die Aufnahme gerichtsfest sein muss.

Daher wäre auch ein bestimmtes Ausbildungsprogramm denkbar, das Bewerber durchlaufen können, um anschließend auf die Listen der Gerichte zu gelangen. Damit würden die Listen geöffnet; zugleich aber wäre ein Mindeststandard der Insolvenzverwalter gesichert.[1872] Die Insolvenzverwalteraufgaben sind besonders komplex und umfassend. Daher ist es überraschend, dass - von ersten Ansätzen abgesehen – kaum spezielle Ausbildungsgänge existieren. Die meisten Verwalter erwerben ihr Know-how bei der Arbeit, nicht selten wohl auch durch „trial and error". Daher könnte die starke Betonung der Ausbildung in Russland durchaus als Vorbild dienen.

C. Auswahl des Verwalters

Das russ. Recht hat eine originelle Variante der Verwalterauswahl gewählt. Auch in Russland allerdings bleibt die Entscheidung der Bestellung des Verwalters gerichtlich nicht überprüfbar. Durch die Verlagerung der Auswahl der vorzuschlagenden Verwalter auf die Selbstverwaltungsorganisationen bestehen sogar noch größere Zweifel an einer korrekten Auswahl als zum bisherigen System.[1873] Die interne Entscheidung zur Auswahl einzelner Verwalter ist kaum nachprüfbar und bleibt hinter einer Gerichtsentscheidung wie in Deutschland zurück.

Es erscheint allerdings wichtig, im deutschen Recht eine klarere Regelung der Anforderungen an den Verwalter zu treffen. Das russ. Recht hat insoweit klarere Vorgaben aufgestellt, während die InsO an dieser Stelle sehr knapp bleibt. Um die notwendige Flexibilität zu gewährleisten, müsste eine solche Definition nicht notwendigerweise - wie im InsG 2002 - gesetzlich erfolgen, sondern könnte etwa auch in einer Rechtsverordnung geschehen.[1874] Besonders wichtig ist ein genauer Katalog der Anforderungen auch, um die Auswahlentscheidung nachprüfbar zu gestalten. In diesem Falle benötigt das prüfende Gericht einen Kanon von Maßstäben, an dem es seine Entscheidung ausrichten kann.

D. Versicherung

Das im InsG 2002 enthaltene Modell einer dreistufigen Versicherungspflicht könnte dem deutschen Recht interessante Anregungen verleihen. Bisher besteht im deutschen Recht keine Versicherungspflicht; die meisten Verwalter sichern sich durch

---

[1872] Ebenfalls ein Listenmodell favorisiert *Henssler*, Das Berufsbild des Insolvenzverwalters im Wandel der Zeit, ZIP 2002, 1053 (1063f.).

[1873] Dennoch wird eine stärkere Selbstorganisation der Insolvenzverwalter in Deutschland angeregt; vgl. *Graeber*, Auswahl und Bestellung des Insolvenzverwalters, DZWIR 2005, 177 (188).

[1874] So auch etwa im polnischen Recht, *Zoll/Kraft/Thurner*, Polnisches Insolvenzrecht, 131; ähnlich das tschechische Recht, vgl. *Smid*, Das Insolvenzverfahren in den Beitrittsstaaten, WiRO 2000, 393 (396).

eine berufständische Haftpflichtversicherung (als Rechtsanwälte) oder durch zusätzliche Versicherungen ab. Vorstellbar wäre eine vom Anwaltsstatus gelöste gesetzliche Haftpflicht für alle Verwalter als Voraussetzung der Bestellung. Diese könnte ergänzt werden durch eine für den Einzelfall zusätzlich abzuschließende Versicherung.[1875] Schließlich könnte aus Beiträgen aller Insolvenzverwalter ein nationaler Fonds gebildet werden, aus dem besonders hohe Schäden in Großverfahren beglichen werden. Diese übersteigen regelmäßig die Mittel eines einzelnen Insolvenzverwalters. Dabei würde die Versicherung einen doppelten Zweck erfüllen: Sie sichert den einzelnen Insolvenzverwalter ab, gibt aber auch dem Insolvenzschuldner oder einzelnen Insolvenzgläubigern die Gewähr, bei Verfahrensfehler auf einen solventen Schuldner zugreifen zu können.

4. Ansätze für weitere deutsche Hilfe

Die Frage nach deutscher Unterstützung bei der weiteren Verbesserung des russ. Insolvenzrechts und seiner praktischen Umsetzung ist stets delikat. Zum einen ist auch das deutsche Recht weit davon entfernt, perfekt zu sein.[1876] Zum anderen setzt eine sinnvolle Hilfe neben der Kenntnis beider Rechtsordnungen auch eine Kenntnis der tatsächlichen Situation in Russland voraus.

Die Probleme des Rechtstransfers nach Russland seit 1991 rühren in weiten Bereichen daher, dass die russ. Experten die westliche Rechtslage nicht kennen, gelegentlich auch unter einzelnen Begriffen etwas ganz anderes verstehen. Die westlichen Spezialisten wissen zu wenig über das russ. Recht und vor allem über die Rechtswirklichkeit, wie sie sich vor Gericht, in den Verwaltungsbehörden oder auch der Politik äußert.

Insofern dürfte eine sinnvolle Unterstützung eher in Anregungen zu weiteren Gesetzesänderungen und in einer Schulung der russischen Praktiker liegen. Austausch- und Ausbildungsprogramme, die Praktiker beider Länder zum Erfahrungsaustausch zusammenführen, bieten die besten Aussichten für eine wirkungsvolle Unterstützung.[1877]

[1875] Dies geschieht in der Praxis schon heute regelmäßig, zumindest in bedeutenderen Verfahren, *Pape/Uhlenbruck*, Insolvenzrecht, Rn 187.

[1876] Siehe etwa die – nicht unberechtigte - Kritik von *Stepanov*, Insolvenz, 137f.

[1877] Vgl. etwa das TACIS- Programm: „Efficiency of Insovency Proceedings (Insolvency Phase II).

Zusammenfassung der wichtigsten Ergebnisse

1. Die Anfänge des russ. Insolvenzrechts reichen bis in die Zeit der Kiewer Rus zurück. Seine Entwicklung erfolgte phasenweise ohne Kontakt zur Entwicklung im übrigen Europa. In der Sowjetunion verschwand das Insolvenzrecht vollständig. In der Transformationsphase kam der Wiedergeburt eines wirksamen Insolvenzrechts eine wichtige Rolle zu; Russland erlangte erst mit dem Insolvenzgesetz von 1998 wieder Anschluss an internationale Standards.

2. Die Notwendigkeiten der modernen Wirtschaft haben den russ. Gesetzgeber gezwungen, das Insolvenzrecht in den vergangenen zehn Jahren mehrmals zu reformieren. Dabei flossen westliche Transferleistungen ebenso wie die ersten praktischen Erfahrungen aus der Anwendung in den Gesetzgebungsprozess ein. Bis heute sind viele Fragen allerdings ungelöst.

3. Das russ. InsG 2002 misst der Sanierung große Bedeutung bei, die Rechte der Gläubiger müssen insoweit zurücktreten. Die Befriedigungsreihenfolge bei der Verwertung räumt Sicherheiten (Pfandrechte) nur einen unsicheren Schutz ein. Die Rechte des Schuldners sind nach dem InsG 2002 besser geschützt als bei seinen Vorgängern. Die Zahlen zeigen allerdings, dass auch in Russland Sanierungen nur sehr selten zum Erfolg führen und die Zerschlagung des Schuldners der Regelfall bleibt.

4. Erste Vorformen eines Verwalters gab es bereits im Zarenreich. Nach 70 Jahren Kommunismus musste der Berufsstand des Arbitrageverwalters in Russland aber von Grund auf neu geschaffen werden. Ausbildung und Organisation der Arbitrageverwalter sind daher von großer Bedeutung. Die vom russ. Gesetzgeber in den letzten 10 Jahren erprobten verschiedene Modelle erwiesen sich bisher sämtlich als nicht erfolgreich.

5. Die Arbitrageverwalter müssen sich nach dem InsG 2002 in einer Selbstverwaltungsorganisation zusammenschließen. Freie Verwalter gibt es daneben nicht mehr. Die Selbstverwaltungsorganisationen sind demokratisch strukturiert, verfügen aber über sehr weitgehende Befugnisse über ihre Mitglieder. Es besteht die Gefahr einer großen Abhängigkeit der Verwalter von den Selbstverwaltungsorganisationen.

6. Zur Auswahl des Arbitrageverwalters wählen die Gläubiger eine Selbstverwaltungsorganisation, die nach ihren Anforderungen drei Kandidaten benennt. Die Gläubiger und der Schuldner können je einen Kandidaten von der Liste streichen. Das Gericht muss den dritten Bewerber ernennen.

7. Der Rechtsstatus des Arbitrageverwalters ist im russ. wie im deutschen Recht umstritten. Am überzeugendsten erscheint es, den russ. Arbitrageverwalter als Organ der Konkursmasse anzusehen, das vor allem dem Verfahrensziel verpflichtet ist.

8. Die Ausgaben des Arbitrageverwalters unterscheiden sich kaum von denen eines Insolvenzverwalters nach dem deutschen Recht. In den Sanierungsverfahren soll er die Zahlungsfähigkeit des Schuldners wiederherstellen, im Konkursverfahren stehen Verwertung und Verteilung des schuldnerischen Vermögens im Vordergrund.

9. Die Aufsicht über den Arbitrageverwalter kommt den Gläubigern und dem Insolvenzgericht zu. Den Wirtschaftsgerichten fehlt es in der Regel an der Fachkompetenz und der materiellen Ausstattung, um diese Kontrolle effektiv ausüben zu können. Eine ergänzende Kontrolle wird durch die Selbstverwaltungsorganisationen ausgeübt.

10. Die Haftung des Arbitrageverwalters wird durch eine neu eingeführte Versicherungspflicht abgemildert. Es besteht allerdings die Gefahr, dass diese Pflicht genutzt wird, „geschlossene Selbstverwaltungsorganisationen" zu schaffen.

11. Die Vergütung des Arbitrageverwalters richtet sich nicht wie in Deutschland nach der Insolvenzmasse im konkreten Verfahren, sondern nach dem Umfang der Tätigkeit. Insgesamt liegen die in der Regel monatlich gezahlten Beträge recht niedrig.

12. In der Praxis der vergangen Jahre haben Arbitrageverwalter häufig ihre Kompetenzen für verfahrensfremde Ziele missbraucht. Es ist bis heute nicht gelungen, ein festes Standesbewusstsein und Berufsethos zu etablieren. Ob die Selbstverwaltungsorganisationen geeignet sind, diese Probleme zu beheben, erscheint sehr zweifelhaft.

13. Es besteht die Gefahr, dass die im InsG 2002 angeordnete Selbstverwaltung die Arbitrageverwalter in neue Abhängigkeiten drängt. Es ist völlig unklar, wie die Unabhängigkeit eines einzelnen Arbitrageverwalters gegenüber seiner Selbstverwaltungsorganisation gewährleistet und ggf. geschützt wird.

14. Trotz der zahlreichen Kritikpunkte am russ. InsG 2002 kann das deutsche Insolvenzrecht Anregungen entlehnen. Dies betrifft vor allem die klare Kennzeichnung der Insolvenzverwaltung als eigenes Berufsbild und die Herausbildung eines Kanons von Qualifikationen für die Übernahme dieser verantwortungsvollen Aufgabe. Auch die Versicherungspflicht für jeden Verwalter könnte übernommen werden.

Literaturverzeichnis:

Deutschsprachige Literatur

Ohne Autor, Russlands neues russisches Konkursrecht bleibt vorerst noch in der Schublade, bfai-RSI September 2002, 13

Amwrossow, Alexej/ **von Sydow**, Fernando Folch, Russische Föderation: Gesetz zur Registrierung juristischer Personen, WiRO 2002, 47

Arbeitskreis für Insolvenz- und Schiedsgerichtswesen e.V. Köln (Hrsg.), Kölner Schrift zur Insolvenzordnung. Das neue Insolvenzrecht in der Praxis, 2. Auflage, Herne/ Berlin 2000 – zit. Kölner Schrift

Arnold, Hans, Zivilgesetzbuch der Russischen Föderation im Entstehen, RIW 1995, 897

Arzinger, Rainer/ **Galander**, Tanja, Russisches Wirtschaftsrecht, 2. Auflage, Berlin 2002

Avenarius, Martin, Das russische Seminar für römisches Recht in Berlin (1887-1896), ZeuP 1998, 893

Baberowski, Jörg, Autokratie und Justiz. Zum Verhältnis von Rechtsstaatlichkeit und Rückständigkeit im ausgehenden Zarenreich 1864-1914, Frankfurt/Main 1996

Bednarz, Thomas, Die neue Arbitragegesetzgebung in Russland, in: **Schroeder**, Friedrich-Christian (Hrsg.), Die neuen Kodifikationen in Russland, 2. Auflage, Berlin, 1999, 161

von Bernstorff, Christoph Graf, Vertrags-, Kauf-, Handels- und Gesellschaftsrecht in Osteuropa. Ein Praxishandbuch, 1. Auflage Köln 1999

Biss, Claudia/ **Wedde**, Rainer, Bankrottstraftaten im russischen Recht, WiRO 2004, 193

Boguslawskij, M.M., Handels- und Unternehmensrecht in Russland, in: **Horn**, Norbert/ **Pleyer**, Klemens, Handelsrecht und Recht der Kreditsicherheiten in Osteuropa, Berlin/ New York, 1997, 35.

Borchardt, Oskar, Die Handelsgesetze des Erdballs, Band IX: Osteuropa, Russland, Berlin 1906

Bork, Reinhard, Einführung in das Insolvenzrecht, 4. Auflage, Tübingen 2005

Breidenbach, Stephan (Hrsg.), Handbuch Wirtschaft und Recht in Osteuropa, Loseblattsammlung, München, Stand 2006

Brendel, Thomas, Konkurs staatlicher russischer Unternehmen, WiRO 1992, 166 (Kurzbericht)

Breuer, Wolfgang, Insolvenzrecht. Eine Einführung, 2. Auflage München 2003

Brunner, Georg/ **Schmid**, Karin/ **Westen**, Klaus (Hrsg.), Wirtschaftsrecht der osteuropäischen Staaten (WOS), Bd. II, Russische Föderation

Budilov, Vladimir, Recht der Kreditsicherheiten in Russland, in: **Horn**, Norbert/ **Pleyer**, Klemens, Handelsrecht und Recht der Kreditsicherheiten in Osteuropa, Berlin/ New York, 1997, 151.

Busch, Peter, Die Bestellung des Insolvenzverwalters nach dem „Detmolder Modell", DZWIR 2004, 353

David, René/ **Grasmann**, Günther, Einführung in die großen Rechtssysteme der Gegenwart, 2. Auflage, München, 1988 – zit. *David/Grasmann*, Einführung

Doralt, Peter (Hrsg), Wirtschaftsrechtsindex – Mittel- und Osteuropa, FOWI Wien, 1997

Drobnig, Ulrich/ **Hopt**, Klaus/ **Kötz**, Hein/ **Mestmäcker**, Ernst-Joachim (Hrsg.) Systemtransformation in Mittel- und Osteuropa und ihre Folgen für Banken, Börsen und Kreditsicherheiten, Tübingen 1998

Drobnig, Ulrich/ **Roth**, Marianne/ **Trunk**, Alexander, Mobiliarsicherheiten in Osteuropa, Berlin 2002

Engel, Anri, Dingliche Mobiliarsicherheiten in Russland, WiRO 1998, 441

Erklärung von Bremen vom 05.03.1997, Zusammenarbeit der GTZ mit den Transformationsländern, ROW 1997, 150

Fadé, Lujo, Rechtstransfer nach Osteuropa – eine Investition in die Zukunft, WiRO 1993, 87

Falke, Mike, Zum Stand der Insolvenzrechte in den Staaten Süd- und Südosteuropas, WiRO 2006, 161

Fehring, Dirk, Wirtschaftsrecht im Wandel – Rechtliche Rahmenbedingungen unternehmerischer Tätigkeit in Russland, in: Dauses, Manfred, Osterweiterung der EU: Rechtsangleichung und strukturpolitischer Rahmen, Wiesbaden, 1998

Fischer, Gero, Die Rechtsprechung des Bundesgrichtshofs zum Insolvenzrecht im Jahre 2005, NZI 2006, 313

Foerste, Ulrich, Insolvenzrecht, 3. Auflage, München 2006

Frege, Michael/ **Keller**, Ulrich/ **Riedel**, Ernst, Handbuch der Rechtspraxis, Band 3 Insolvenzrecht, 6. Auflage, München 2002

Frind, Frank/ **Schmidt**, Andreas, Insolvenzverwalterbestellung: Auswahlkriterien und Grenzen der Justiziabilität in der Praxis, NZI 2004, 533

Geilke, Georg, Einführung in das Sowjetrecht, 2. Auflage, Darmstadt, 1983

Geistlinger, Michael, Der Standort des Rechts der russischen Föderation im post-sowjetischen Europa, in: **Hofmann**, Mahulena/ **Küpper**, Herbert (Hrsg.), Kontinuität und Neubeginn. Staat und Recht zu Beginn des 21. Jahrhunderts, Festschrift für Georg Brunner aus Anlass seines 65. Geburtstags, Baden- Baden 2001, 180ff

Goetz, Leopold Karl, Das russische Recht, ZVglRWiss Bd. 26 (1911), 161

Ders., Das russische Recht, ZVglRWiss Bd. 28 (1912), 1

Gottwald, Peter (Hrsg.), Insolvenzrechtshandbuch, 3. Auflage, München 2006

Gottwald, Peter/ **Adolphsen**, Jens, Die Rechtsstellung dinglich gesicherter Gläubiger in der Insolvenzordnung, in: Kölner Schrift, 2. Aufl. Herne/Berlin 2000, 1043

Graeber, Thorsten, Die Wahl des Insolvenzverwalters durch die Gläubigerversammlung nach § 57 InsO, ZIP 2000, 1465

Ders., Die Unabhängigkeit des Insolvenzverwalters gegenüber Gläubigern und Schuldner, NZI 2002, 345

Ders., Auswirkungen der Entscheidung des BVerfG zur Vorauswahl des Insolvenzverwalters auf die Insolvenzgerichte, NZI 2004, 546

Ders., Auswahl und Bestellung des Insolvenzverwalters, DZWIR 2005, 177

Graf-Schliecker, Marie-Luise/ **Remmert**, Andreas, Das Unternehmensinsolvenzrecht unter der Lupe: Änderungen und Zukunftsperspektiven, NZI 2001, 569

Gribanov, Andrej, Das Unternehmen als Rechtssubjekt im russischen Recht (Problematik, Grundzüge, Rechtsnatur), OER 2003, 25

Gutbrod, Max B./ **Vogel**, Frank, Das neue russische Insolvenzgesetz – Ausgewählte Aspekte, RIW 1999, 37

Haarmeyer, Hans/ **Wutzke**, Wolfgang/ **Förster**, Karsten, Gesamtvollstreckungsordnung, 4. Aufl., Köln 1998

Häsemeyer, Ludwig, Insolvenzrecht, 3. Auflage, Köln u.a. 2003

Hattenhauer, Hans, Europäische Rechtsgeschichte, 3. Auflage, Heidelberg 1999

Henssler, Martin, Das Berufsbild des Insolvenzverwalters im Wandel der Zeit, ZIP 2002, 1053

Hess, Harald/ **Weis**, Michaela/ **Wienberg**, Rüdiger, InsO – Kommentar zur Insolvenzordnung mit EGInsO, Band 2 InsVV und EGInsO, 2. Auflage, Heidelberg 2001

Hess, Harald/ **Ruppe**, Nicole, Auswahl und Einsetzung des Insolvenzverwalters und die Justiziabilität des Nichtzugangs zur Insolvenzverwaltertätigkeit, NZI 2004, 641

Himmelreich, Antje/ **Breig**, Burkhard, Symposium „Aktuelle Entwicklungen des Insolvenzrechts im internationalen Vergleich" in Kiel, NZI 2005, 443

Höfling, Wolfram, Insolvenzverwalterbestellung - Rechtsschutz durch Konkurrentenklage? NJW 2005, 2341

Horn, Norbert/ **Pleyer,** Klemens, Handelsrecht und Recht der Kreditsicherheiten in Osteuropa, Berlin/ New York, 1997

Horn, Norbert, Die Neugestaltung des Privatrechts in Mittelosteuropa und Osteuropa: Polen, Russland, Tschechien, Ungarn, München 2002

Ders., Die Rolle des Privatrechts in der Transformation von Wirtschaft und Gesellschaft in Mittelosteuropa und Osteuropa, in: **Horn,** Norbert, Die Neugestaltung des Privatrechts in Mittelosteuropa und Osteuropa: Polen, Russland, Tschechien, Ungarn, München 2002, 3

Jaeger, Ernst, Konkursordnung mit Einführungsgesetzen. Kommentar, 8. Auflage, 2. Band 1. Halbband §§ 71-206, Bearbeiter: Friedrich Weber, Berlin/New York 1973

Jahn, Uwe, Insolvenzen in Europa. Recht und Praxis, 3. Auflage, Bonn 1998

Jauernig, Othmar, Zwangsvollstreckungs- und Insolvenzrecht, 21. Auflage, München 1999

Jehn, Alexander/ **Knaul**, Andreas, Russische Föderation: Gesetz „Über die Zahlungsunfähigkeit (Bankrott)" – Teil 1: Art. 1-55 und Teil 2, WiRO 1998, 337ff und 376ff.

Juterzenka, Olaf, Das Kreditsicherungsrecht in der Russischen Föderation. Ein Rechtsvergleich mit dem deutschen Kreditsicherungsrecht, Aachen 2001

Karraß, Jan/ **Wedde**, Rainer, Das neue Berufsrecht russischer Anwälte, OER 2003, 299

Karraß, Jan/ **Wedde,** Rainer, Das Berufsrecht der Anwälte in der Russischen Föderation, Berlin 2005

Kessler, Christian, Rechtsschutz des „übergangenen" Insolvenzverwalters, ZIP 2000, 1565

Kiethe, Kurt/ **Schwab.** Michael, TACIS- Wirtschaftsförderung der Europäischen Gemeinschaften für die „Neuen Unabhängigen Staaten", WiRO 1993, 220

Kinkel, Klaus, Juristischer Know-How-Transfer in die Staaten Mittel- und Osteuropas, WiRO 1992, 1, gleicher Text auch in ROW 1992, 33

Kirchhof, Hans-Peter/ **Lwowski,** Hans-Jürgen/ **Stürner,** Rolf, Münchner Kommentar zur Insolvenzordnung, München 2001 – zit.: MünchKommInsO-*Bearbeiter*

Klemm, Bernd U., Die Entwicklung des russischen Rechts der Kapitalgesellschaften: eine rechtsvergleichende Untersuchung mit einer Einführung in das neue Recht, Berlin 1996

Knaul, Andreas/ **Schulz,** Thomas, Russische Föderation: Gesetz über die Lizenzierung einzelner Tätigkeiten, WiRO 1999, 372

Knieper, Rolf, Rechtsimperialismus?, ZRP 1996, 64

Knüpfer, Werner, Gesetzliche Regelung der staatlichen und munizipalen Unitarbetriebe in der Russischen Föderation, WiRO 2003, 161

Kohler, Josef, Die Russkaja Pravda und das altslawische Recht, ZVglRWiss Bd. 33 (1916), 289

Koschaker, Paul, Europa und das römische Recht, 3. Auflage, München und Berlin 1958

Kostareva, T.A., Wirtschaftsstraftaten im neuen Strafgesetzbuch Russlands, WiRO 1995, 474

Köster, Malte, Der englische insolvency practitioner – Berufsbild und Berufszugang, RIW 2006, 24

Kübler, Bruno/ **Prütting,** Hans, Kommentar zur Insolvenzordnung, Köln, Loseblattsammlung, Stand April 2003

Kuss, Klaus-Jürgen, Methodische Fragen der Ost-West-Rechtsvergleichung im Zeichen des Systemwechsels in Osteuropa, ZvglRWiss 91 (1992), 405

Laptev, Wladimir V., Neue Regelung der Rechtsstellung der Unternehmen in der UdSSR, RIW 1991, 383

Laptev, Wladimir V., Rechtliche Regelung der Unternehmertätigkeit in Rußland, RIW 1994, 371

Laptew, Alexej, Zur Vollstreckbarkeit russischer Gerichtsentscheidungen in Deutschland: Neue Entwicklungen, WiRO 2006, 198

Lenga, Gerd, Rußland: Gesetz über Unternehmen und unternehmerische Tätigkeit, WiRO 1992, 78

v. Lingelsheim-Seibicke, Wolfgang, Handbuch für das erfolgreiche Ostgeschäft. Praxiswissen für Handel und Investitionen, Köln, Loseblattsammlung

Lowitzsch, Jens (Hrsg.), Das Insolvenzrecht Mittel- und Osteuropas, Berlin 2004

Luchterhand, Otto, Künftige Aufgaben der Ostrechtsforschung, WGO-MfOR 1996, 159

Lüdemann, Volker, Das Recht der Aktiengesellschaft in Russland, Osnabrück 2001

Lüke, Wolfgang, Umweltrecht und Insolvenz, Kölner Schrift, 2. Auflage, Herne/Berlin 2000, 859

Ders., Verwalterbestellung – im grundrechtsfreien Raum?, ZIP 2000, 1574

Ders., Unabhängigkeit oder „Kernunabhängigkeit" des Insolvenzverwalters? – Zu Gehalt und Feststellung einer wesentlichen Verwalterqualifikation, ZIP 2003, 557

Marschhausen, Nadja, Das russische Pfandrecht in der neuen Gesetzgebung und Rechtsprechung, Berlin 1999

Meissner, Boris/ **Roggemann,** Herwig/ **Schroeder,** Friedrich-Christian/ **Westen,** Klaus, Grundsatzfragen der Ostrechtsforschung, Tübingen 1980

Mereminskaja, Elina, Durchgriffshaftung im System des Gläubigerschutzes nach dem russischen GmbH-Recht, WiRO 2001, 369

Micheler, Eva, Einleitung eines Insolvenzverfahrens in der Russischen Föderation, WiRO 1996, 14

Dies., Mobiliarpfandrechte in der Russischen Föderation, in: **Drobnig**, Ulrich/ **Hopt**, Klaus/ **Kötz**, Hein/ **Mestmäcker**, Ernst-Joachim (Hrsg.), Systemtransformation in Mittel- und Osteuropa und ihre Folgen für Banken, Börsen und Kreditsicherheiten, Tübingen 1998, 383

Micheler, Eva/ **Sevillano**, Svetlana/ **Steininger**, Andreas, Verfahrensrecht, Volstreckungsrecht, Insolvenzrecht, in: *Breidenbach* (Hrsg.) Handbuch Wirtschaft und Recht in Osteuropa, Rus D XII

Muscheler, Karlheinz/ **Bloch**, Wolfgang, Abwahl des vom Gericht bestellten Insolvenzverwalters, ZIP 2000, 1474

Neubauer, Anna, Die Europäische Union und Russland: der gegenwärtige Stand der Beziehungen, WGO-MfOR 2000, 345

Nußberger, Angelika, Die Frage nach dem Tertium comparationis. Zu den Schwierigkeiten einer rechtsvergleichenden Analyse des russischen Rechts, ROW 1998,81

Obermüller, Manfred/ **Hess**, Harald, InsO – Eine systematische Darstellung des neuen Insolvenzrechts, Heidelberg 1999

Osteuropa-Institut der FU Berlin und Deutsche Stiftung für Internationale Rechtliche Zusammenarbeit e.V. Bonn (Hrsg), Zivilgesetzbuch der Russischen Föderation (Erster Teil) von 1994, bearbeitet und eingeleitet von Herwig Roggemann und Wilfried Bergmann, Berlin 1997

Paintner, Thomas, Die Insolvenz des Unternehmers in Polen, Franfurt/Main 2003

Pannen, Klaus/ **Kühnle**, Tina/ **Riedemann**, Susanne, Die Stellung des deutschen Insolvenzverwalters in einem Insolvenzverfahren mit europäischem Auslandsbezug, NZI 2003, 72

Pape, Gerhard, Konkursverwalter mit beschränkter Haftung?, ZIP 1993, 737

Pape, Gerhard/ **Uhlenbruck,** Wilhelm, Insolvenzrecht, München 2002

Pashchenko, Tatjana, Russlands neue Wirtschaftsprozessordnung, WGO-MfOR 2003, 10

Pfaff, Dieter, Neues Wirtschaftsrecht und Privatisierung in Osteuropa – Übertragbarkeit der Erfahrungen in den neuen Bundesländern?, WiRO 1993, 73

Pfaff, Dieter/ **Märkl,** Petra, Neueste Entwicklungen im russischen Wirtschaftsrecht – Versuch einer Zwischenbilanz, WiRO 1995, 281

Pfaff, Dieter/ **Linsmeier,** Petra, Das Insolvenzrecht Osteuropas (Polen, Rumänien, Rußland, Slowenien, Tschechien, Ukraine, Ungarn), WiRO 1998, 41

Preuß, Nicola, Die Verwalterauswahl als Problem des Justizverfassungsrechts, KTS 2005, 155

Reim, Regine, Russische Föderation: Das Wirtschaftsstrafrecht im neuen Strafgesetzbuch, WiRO 1997, 62

Reinsch, Andreas, Russische Föderation: Besonderheiten der Insolvenz von Subjekten der natürlichen Monopole des Brennstoff- und Energiekomplexes, WiRO 1999, 423

Reinsch, Andreas, Russische Föderation: Gesetz über die Restrukturierung von Kreditorganisationen, WiRO 2003, 208 und 242

Reitemeier, Christian, Die neue Wirtschaftsprozessordnung der Russischen Föderation, OER 2003, 121

Richter, Hans Ernst, Strafbarkeit des Insolvenzverwalters, NZO 2002, 121

Roggemann, Herwig (Hrsg.), Eigentum in Osteuropa, Berlin 1996

Römermann, Ulrich, Die Bestellung des Insolvenzverwalters, NJW 2002, 3729

Sadikov, Oleg, Das neue Zivilgesetzbuch Russland, ZeuP 1996, 259

Ders., Das zweite Buch des neuen Zivilgesetzbuches Russlands, ZeuP 1999, 903

Sarbas, Sergej V., Die Sicherungsübereignung in Russland, in: **Drobnig,** Ulrich/ **Roth,** Marianne/ **Trunk,** Alexander, Mobiliarsicherheiten in Osteuropa, Berlin 2002

Schalast, Christoph, Erfahrungen der Entwicklungszusammenarbeit bei der Unterstützung der Rechtsreform in den Transformationsländern Mittel- und Osteuropas und der GUS, Osteuropa Recht 2001, 263

Schick, Walter, Der Konkursverwalter - berufsrechtliche und steuerrechtliche Aspekte, NJW 1991, 1328

Schmidt, Carmen, Neue Rechtsformen privatwirtschaftlicher Erwerbstätigkeit in der UdSSR, WGO – MfOR 1988, 217

Schmidt, Karsten, Zur Haftung des Konkursverwalters gegenüber Vertragspartnern, ZIP 1988, 7

Ders., Klage und Rechtshängigkeit bei Konkurseröffnung vor Klagezustellung. Eine Bewährungsprobe für die Amtstheorie?, NJW 1995, 911

Schroeder, Friedrich-Christian, Das neue bürgerliche Gesetzbuch der Russischen Sowjetrepublik, ROW 1965, 1

Ders., Recht und Rechtspflege in Rußland nach dem Sozialismus, JOR 1995 (36), 9

Ders., Die Bedeutung der Ostrechtswissenschaft heute, WGO-MfOR 1995, 91

Ders. (Hrsg.), Die neuen Kodifikationen in Russland, Berlin, 1997

Ders., Probleme der Gesetzgebung in Russland, in: **Schroeder**, Friedrich-Christian (Hrsg.), Die neuen Kodifikationen in Russland, Berlin, 1997

Ders., Die neuen Kodifikationen in Russland, 2. Auflage, Berlin 1999

Schultz, Lothar, Russische Rechtsgeschichte, Schauenburg/Lahr, 1951

Schwartz, Michael, Russland: Bestimmung über Aktiengesellschaften, WiRO 1993, 14

Schwartz, Michael/ **Müller**, Michael, Rechtliche und steuerliche Rahmenbedingungen für Investitionen in der Russischen Föderation – Teil 1, WiRO 1993, 33

Schwartz, Michael, Russland: Konkursgesetz, WiRO 1993, 226

Ders., Übersetzung des Gesetzes der Russischen Föderation Über die Zahlungsunfähigkeit (den Bankrott) von Unternehmen vom 19.11.1992, RUS 920 in: **Breidenbach**, Stephan (Hrsg.), Handbuch Wirtschaft und Recht in Osteuropa, Loseblattsammlung, München, Stand EL 22

Seidel, Wolfgang, Verwaltungsaufbau in den neuen Ländern. Zur kommunikativen Logik staatlicher Institutionenbildung, Berlin 1996.

Seiffert, Wolfgang (Hrsg.), Wirtschafts- und Gesellschaftsrecht Osteuropas im Zeichen des Übergangs zur Marktwirtschaft, München 1992

Ders., Die GmbH in der neuen russischen Rechtsordnung, ZeuP 1999, 931

Smid, Stefan, Strukturen der Insolvenzrechte in den Reformstaaten Mittel- und Osteuropas, KTS 1998, 313

Ders., Das Insolvenzverfahren in den Beitrittsstaaten, WiRO 2000, 393

Ders., Grundzüge des neuen Insolvenzrechts, 4. Auflage, München 2003

Ders., „Rechtsschutz" gegen Insolvenzrichter, DZWIR 2004, 359

Solotych, Stefanie, Das Zivilgesetzbuch der Russischen Föderation, Teil 1, Baden-Baden, 1996

Dies., Chronik der Rechtsentwicklung: Russische Föderation, WiRO 2002, 212 (zur Lizenzierung der Insolvenzverwalter)

Dies., Chronik der Rechtsentwicklung: Russische Föderation, WiRO 2003, 24 (zum neuen Insolvenzgesetz)

Soloviev, Alexander V., Der Einfluß des Byzantinischen Rechts auf die Völker Osteuropas, Zeitschrift der Savigny Stiftung für Rechtsgeschichte (Romanistische Abteilung), 1959 (Bd. 76), 432

Spitsa, Natalia, V. Russische Föderation, in: **Lowitzsch,** Jens (Hrsg.), Das Insolvenzrecht Mittel- und Osteuropas, Berlin 2004, 188

Stampe, Volker, Der Funktionsbereich der russischen Wirtschaftsgerichtsbarkeit, Hamburg 2000

Steinbach, Johannes, Anerkennung und Vollstreckung ausländischer Urteile und Schiedssprüche in der Russischen Föderation, Berlin 2003

Stiefel, Ernst, Von der Berufung deutscher Juristen zum Aufbau des Rechts im Osten, JZ 1994, 109

Suchanow, Jewgenij A., Ausgewählte Probleme der Entwicklung des Privatrechts und der Kodifizierung des Zivilrechts im heutigen Russland, ZeuP 2001, 555

Ders., Das Privatrecht in der modernen russischen Zivilgesetzgebung, in: **Horn,** Norbert, Die Neugestaltung des Privatrechts in Mittelosteuropa und Osteuropa: Polen, Russland, Tschechien, Ungarn, München 2002, 129

Thurner, Mario, Aktuelle insolvenzrechtliche Probleme in den Reformstaaten Mittel- und Osteuropas, ZinsO 1998, 66

Thurner, Mario/ **Verschinin,** Alexander, Kurzgefasste Darstellung des russischen Insolvenzrechts unter rechtsvergleichender Berücksichtigung der österreichischen und deutschen Insolvenzgesetze, Wien 1996

Diess., Entwurf eines neuen russischen Insolvenzgesetzes, WiRO 1996, 155

Diess., Insolvenzrechtliche Reorganisationsverfahren in der Russischen Föderation, WiRO 1997, 44

Diess., Insolvenzrechtliche Liquidationsverfahren in der Russischen Föderation, WiRO 1997, 125ff und 165ff

Diess., Das Insolvenzrecht der Russischen Föderation RUS Syst 91 in: **Breidenbach,** Stephan (Hrsg.), Handbuch Wirtschaft und Recht in Osteuropa, Loseblattsammlung, München, Stand 2003

Topornin, Boris, Die Rechtsgrundlagen der Wirtschaftsreform in Russland, in: **Seiffert,** Wolfgang (Hrsg.), Wirtschafts- und Gesellschaftsrecht Osteuropas im Zeichen des Übergangs zur Marktwirtschaft, München 1992, 31.

Trunk, Alexander, Anfänge eines russischen Insolvenzrechts, WiRO 1992, 279

Ders., Neues russisches Konkursgesetz, RIW 1993, 553

Ders., Die neue Verfassung Rußlands als Wirtschaftsgrundgesetz, WiRO 1994, 33

Ders., Das neue russische Insolvenzrecht. Eine erste Zwischenbilanz, in: **Schroeder**, Friedrich-Christian, Die neuen Kodifikationen in Russland, Berlin, 1997, 65

Ders., Das neue russische Insolvenzrecht. Von der Zwischenbilanz zur Totalrevision, in: **Schroeder**, Friedrich-Christian, Die neuen Kodifikationen in Russland, 2. Auflage, Berlin 1999, 85

Ders., Stand und Probleme des Insolvenzrechts in Ost-, Mittelost- und Südosteuropa, Jahrbuch für Ostrecht 1997, 2. Halbband (XXXVIII), 233ff.

Ders., Internationales Insolvenzrecht. Systematische Darstellung des deutschen Rechts mit rechtsvergleichenden Bezügen, Tübingen 1998

Ders., Auf der Suche nach Wegen aus der Bankenkrise: Das russische Bankeninsolvenzrecht, in: **Hofmann**, Mahulena/ **Küpper**, Herbert (Hrsg.), Kontinuität und Neubeginn. Staat und Recht zu Beginn des 21. Jahrhunderts, Festschrift für Georg Brunner aus Anlass seines 65. Geburtstags, Baden- Baden 2001, 279

Ders., Auf dem Weg zum Rechtsstaat? Das Rechtswesen der Russländischen Föderation, in: **Höhmann**, Hans-Hermann/ **Schröder**, Hans-Henning, Russland unter neuer Führung, Münster 2001, 267

Ders., Mobiliarsicherheiten in Osteuropa – Verfahrensrechtliche Voraussetzungen, in: **Drobnig**, Ulrich/ **Roth**, Marianne/ **Trunk**, Alexander, Mobiliarsicherheiten in Osteuropa, Berlin 2002, 17

Ders., Internationales Insolvenzrecht in Osteuropa, in: **Lowitzsch**, Jens (Hrsg.), Das Insolvenzrecht Mittel- und Osteuropas, Berlin 2004, 61

Uhlenbruck, Wilhelm, Aus- und Abwahl des Insolvenzverwalters. Eine Schicksalsfrage der Insolvenzrechtsreform, KTS 1989, 229

Ders., Das Bild des Insolvenzverwalters, KTS 1998, 1

Ders. (Hrsg.), Insolvenzordnung. Kommentar, 12. Auflage, München 2003

Ders., Zur Vorauswahl und Bestellung des Insolvenzverwalters, NZI 2006, 489

Uschakow, Alexander, Ein Blick in den Rückspiegel der Ostrechtsforschung, WGO-MfOR 1992, 177

Vallender, Heinz, Rechtsschutz gegen die Bestellung eines Konkurrenten zum Insolvenzverwalter - Business as usual? NJW 2006, 2597

Veršinin, Alexander P., Durchsetzung von Mobiliarsicherheiten im russischen Recht, in: **Drobnig**, Ulrich/ **Roth**, Marianne/ **Trunk**, Alexander, Mobiliarsicherheiten in Osteuropa, Berlin 2002, Seite fehlt

Vitrjanskij, Vasilij V., Länderbericht Russische Föderation, Jahrbuch für Ostrecht 1997, 2. Halbband (XXXVIII), 247

Vitrjanskij, Vasilij V., Anwendungspraxis und Verbesserungsbedürftigkeit des russischen Insolvenzrechts, Jahrbuch für Ostrecht 1997, 2. Halbband (XXXVIII), 257

Vitrjanskij, V.V., Insolvenzrecht in der GUS: Wege zur Vervollkommnung und Annäherung, in: **Boguslawskij**, Mark/ **Knieper**, Rolf (Hrsg), Wege zu neuem Recht, Berlin 1998

Waehler, Jan Peter, Rußland: Pfandgesetz (Gesetz über Sicherheiten), WiRO 1993, 342

Wedde, Rainer, Das russische Arbeitsrecht, Osteuropa Recht 2002, 357

Ders., Neues im russischen Insolvenzrecht, WiRO 2003, 195

Ders., Das neue russische Insolvenzrecht – ein dritter Anlauf des Gesetzgebers, Mitteilungen der Vereinigung für deutsch-russisches Wirtschaftsrecht Nr. 22, 21

Ders., Schwachstelle Insolvenzrecht, Ost-West-Contact 2004, Heft 3, 36

Ders., Russland – Aussonderung im Insolvenzverfahren, eastlex 2005, 95

Weisemann, Ulrich/ **Smid**, Stefan, Handbuch Unternehmensinsolvenz, Köln 1999

Westen, Klaus, Einführung Russische Föderation (Russland) in: **Brunner**, Georg/ **Schmid**, Karin/ **Westen**, Klaus (Hrsg), Wirtschaftsrecht der osteuropäischen Staaten (WOS), Bd. II

Ders., Die sozialistischen Rechtsordnungen, in: **David**, René/ **Grasmann**, Günther, Einführung in die großen Rechtssysteme der Gegenwart, 2. Auflage, München 1988, 221

Ders., Funktion und Aufgaben der Ostrechtsforschung in Gegenwart und Zukunft, WGO-MfOR 1991, 11

Ders, Das „sozialistische Zivilrecht" und die Kontinuität europäischer Zivilrechtsentwicklung, JZ 1993, 8

Wieacker, Franz, Privatrechtsgeschichte der Neuzeit, 2. Auflage, Göttingen 1967

Wimmer, Klaus/ **Stenner**, Alexander, Lexikon des Insolvenzrechts, Neuwied 1999

Wimmer, Klaus (Hrsg.), Frankfurter Kommentar zur Insolvenzordnung, 4. Auflage, Neuwied, 2006 – zit. FK-InsO/*Bearbeiter*

Wladimirski-Budanow*, ohne Angabe des Vornamens*, Geschichte des russischen Rechts, ZVglRWiss 1900 (Bd. 14), 219

Zoll, Fryderyk/ **Kraft,** Anton/ **Thurner,** Mario, Polnisches Insolvenzrecht, Wien 2002

Zweigert, Konrad/ **Kötz,** Hein, Einführung in die Rechtsvergleichung auf dem Gebiete des Privatrechts. Band I: Grundlagen, 2. Auflage, Tübingen 1984, (in 3. Auflage 1999 nichts mehr zum sozialistischen Rechtskreis)

Russischsprachige Literatur[1878]

(da die russische Literatur nur demjenigen zugänglich ist, der die russische Sprache beherrscht, wird sie hier der leichteren Auffindbarkeit wegen auch in der russischen Originalversion wiedergegeben. Die alphabetische Ordnung folgt allerdings der deutschen Schreibweise der russischen Namen)

ohne Autor, Aus der Praxis der Prüfung von Insolvenz- (Bankrott-) Sachen durch die Wirtschaftsgerichte Russlands, Chosjajstvo i Pravo 1994, Nr. 10, 94 (Из практики рассмотрения арбитражными судами России дел о несосотоятельности (банкротстве) предприятий, Хозяйства и право, 1994 № 10, 94)

ohne Autor, Wirtschaftsrechtliches Bulletin gemeinsam mit TACIS, Insolvenz (Bankrott) von Unternehmen, Heft 2000/09 (Экономико-правовой бюллетень, Несостоятельность (банкротство) предприятий в РФ, 2000 Nr. 9)

ohne Autor, Gerichtspraxis zum föderalen Gesetz „Über die Insolvenz (den Bankrott)", Moskau, 2003 (Судебная прктика к федералбному закону «О несостоятельности (банкротстве)», Москва 2003)

Gesetzesbegründung für das neue Gesetz, zitiert nach dem in der Datenbank Garant veröffentlichten Text

Bericht über die Konferenz: „Aktuelle Probleme der Antikrisenverwaltung" am 22. März 2002 in Moskau, Vestnik des FSFO 2002 Nr. 6, 21 („Актуальные проблемы антикризисного управления" , Вестник ФСФО 2002 № 6, 21)

Afanas´eva, I.V./ **Belova,** D.A., Wege zur Reformierung des Instituts des Vergleichs in Bankrottsachen, Arbitražnyj i graždanskij Process 2001 Nr. 4, 18

[1878] Die russische Literatur zum Insolvenzrecht ist mittlerweile kaum noch überschaubar. Hier werden daher nur die zitierten Werke angegeben. Eine gute Übersicht findet sich bei: *Tkačev*, Konkursrecht - rechtliche Regulierung der Insolvenz (des Bankrotts) in Russland, Moskau 2006, 450.

(**Афанасьева**, И.В./ **Белова**, Д.А., Пути реформирования института мирового соглашения в делах о банкротстве, Арбитражный и гражданский процесс 2001 № 4, 18)

Afon´kin, V.N./ **Sabinina**, E.A., Gesetzgebung über den Bankrott. Theoretische und praktische Aspekte, Moskau 2000 (**Афонькин**, **В.Н./ Сабинина**, **Е.А.**, Законодательство о банкротстве. Теоретические и практические аспекты, Москва, 2000)

Ageev, A.V., Bankrott: Besonderheiten des Verfahrens der Fremdverwaltung, Juridičeskij Mir 2000 Nr. 5, 18 (**Агеев**, А.Б., Банкротство: особенности процедуры внешнего управления, Юридический Мир 2000 № 5, 18)

Ageev, A.V., Bankrott als Form der juristischen Haftung, Zakonodatel´stvo 2001 Nr. 2, 46 (**Агеев**, А.Б., Банкротство как форма юридической ответственности, Законодательство 2001, № 2, 46)

Agranovskij, A.V., Konkursverfahren: Anfechtung von Entscheidungen der Gläubigerversammlungen von Aktiengesellschaften, Zakonodatel´stvo i Ekonomika 2002 Nr. 4, 33 (**Аграновский**, А.В., Конкурсное производство: обжалование решений собраний кредиторов акционерных обществ, Законодательство и экономика 2002, № 4, 33)

Aleksandrov, G.A. (Hrsg.), Antikrisenverwaltung: Theorie, Praxis, Infrastruktur, Moskau 2002 (**Александров**, Г.А. (под. ред.), Антикризисное управлениу: Теория, практика, инфраструктура, Москва 2002)

Alekseev, V.N./ **Skarebov**, G.I., Arbitrageverwalter und ihre Vollmachten zum Schutz des Vermögens des Schuldners. Rechtliche Grundlagen des Schutzes des Vermögens des Schuldners während der Beobachtung, Arbitražnyj i graždanskij Process 1999 Nr. 4, 35 (**Алексеев**, В.Н./ **Скаребов**, Г.И., Арбитражные управляющие и их полномочия по защите имущества должника. Правовые основы защиты имущества должника в период наблюдения, Арбитражный и гражданский процесс 1999 № 4, 35)

Alekseeva, T.A., Aus der Geschichte der Lehre des römischen Recht an der kaiserlichen Sankt Petersburger Universität, Pravovedenie 2001 Nr. 6, 199 (**Алексеева**, Т.А., Из истории преподования римского права в императорском Санкт-Петербургском унивеситете, Правоведение 2001 № 6, 199)

Aležeeva, L.A./ **Sangaev**, G.L., Über die Insolvenz (den Bankrott), Arbitražnaja Praktika 2002 Nr. 2, 60 (**Алжеева**, Л.А./ **Сангаев**, Г.Л., О несосотоятельности (банкротсве), Арбитражная практика 2002 № 2, 60)

Andreev, S.E., Kommentar zum föderalen Gesetz über die Insolvenz (den Bankrott), Moskau 2003 (**Андреев**, Сергей Евгеньевич, Комментарий к федеральному закону о несостоятельности (банкротсве), Москва 2003)

Anisimova, E.S., Insolvenz (Bankrott) strategischer Unternehmen, in: **Karelina**, (Hrsg.), Rechtliche Probleme der Insolvenz (des Bankrotts), Moskau, 2004, 134 (**Анисимова**, Е.С., Несостоятельность (банкротство) стратегических предприятий, в: **Карелина** (под редакцией), Правовое проблемы несостоятельности (банкротства), Москва, 2004, 159)

Anochin, V.S., Probleme des Konkursverfahrens, Arbitražnyj i graždanskij Process 2002 Nr. 2, 11, (**Анохин**, В.С., Проблемы конкурсного производства, Арбитражный и гражданский процесс 2002 № 2, 11)

Anochin, V.S., Der Vergleich in der Bankrottsache, Arbitražnaja Praktika 2006 Nr. 5, 66 (**Анохин**, В.С., Мировое соглашение в деле о банкротстве, Арбитражная практика 2006 № 5, 66)

Anochin, V.S./ **Larin**, A., Sozial bedeutsame Objekte und Wohnungsfonds sozialer Nutzung im Konkursverfahren, Chosjajstvo i Pravo 2005 Nr. 6, 52 (**Анохин**, В.С., **Ларин**, А., Социально значимые оббекты и жилищней фонд социального использования в конкурсном производстве, Хозяйство и право 2005 № 6, 52)

Artem´ev, I.A./ **Bacyn**, A.M., Garantien der Arbeitnehmerrechte bei der Insolvenz (dem Bankrott) eines Unternehmens, in **Karelina,** (Hrsg.), Rechtliche Probleme der Insolvenz (des Bankrotts), Moskau, 2004, 71 (**Артемьев**, И.А./ **Бацын**, А.М., Гарантии прав работников при несостоятельности (банкротстве) предприятия, в: **Карелина** (под редакцией), Правовое проблемы несостоятельности (банкротства), Москва, 2004, 71)

Baciev, Viktor, Sanktionen für öffentlichrechtliche Rechtsverletzung in einer Bankrottsache, Korporativnyj Jurist 2006 Heft 1, 10 (**Бациев**, Виктор, Санкции за публичных правонарушений в деле о банкротстве, Корпоративный юрист 2006 № 1, 10)

Baj, N.I./ **Melichov**, N.V., Über die Probleme, die bei der Bestimmung der Bankrottgründe durch die Wirtschaftsgerichte entstehen, VAS 2002 Nr. 10, 113 (**Бай**, Н.И./ **Мелихов**, Н.В., О проблемах, возникающих при определении арбитражными судами признаков банкротства, ВАС 2002 № 10, 113

Bajramova, N.O., Prüfung von Bankrottsachen, Arbitražnaja Praktika 2002 Nr. 8, 60 (**Байрамова**, Н.Ю., Рассмотрение дел о банкротстве, Арбитражная практика 2002 № 8, 60)

Balandin, B.A., Fragen der Theorie und Praxis der Anwendung der Gesetzgebung über den Bankrott, Arbitražnaja Praktika 2002 Nr. 2, 6 (**Баландин**, Б.А., Вопросы теории и практики применения законодательства о банкротстве, Арбитражная практика 2002 № 2, 6)

Balaševa, L.I., Über die Insolvenz (den Bankrott). Analyse der von den Wirtschaftsgerichten des Kaljužsker Oblast im Jahre 1999 behandelten Fälle, Arbitražnaja Praktika 2001 Nr. 1, 65 (**Балашева**, Л.И., О несостоятельности (банкротстве). Анализ дел, рассмотренных Арбитражным судом Калужской области в 1999 году, Арбитражная практика 2001 № 1, 65)

Balaševa, L.I., Prüfung der Anträge und Klagen gegen Handlungen der Arbitrageverwalter, Arbitražnaja Praktika 2002 Nr. 3, 63 (**Балашева,** Л.И., Рассмотрение заявлений и жалоб на действия арбитражных управляющих, Арбитражная практика 2002 № 3, 63)

Barenbojm, P., Kommentar zum Insolvenzgesetz 1992, Moskau, 1994 (**Баренбойм,** П., Комментарий, Москва 1994)

Barenbojm, P., Rechtliche Aspekte des Bankrotts, Lehrbuch, Moskau, 1995 (**Баренбойм,** П., Правовые основы банкротстса. Учебное пособие, Москва 1995)

Barenbojm, P./ **Kopman,** A., Status des Arbitrageverwalters, Rossijskaja Justicija 1999 Nr. 12, 22 (**Баренбойм,** П./ **Копман,** А., Статус арбитражного управляющего, Российская Юстиция 1999 № 12, 22)

Bartoš, Z.M., Rechtsnatur des Vergleichs, der bei Bankrott des Schuldners und bei Restrukturierung einer Kreditorganisation abgeschlossen wird, Juridičeskij Mir 2001 Nr. 5, 33 (**Бартош,** З.М., Правовая природа мирового соглашения заключаемого при банкротстве должника и при реструктуризации кредитной организации, Юридический Мир 2001 № 5, 33

Bartoš, Z.M., Unwirksamkeit von Verträgen, die nach Artikel 78 des föderalen Gesetzes „Über die Insolvenz (den Bankrott)" bestritten werden, Voprosy pravoprimenenija 2001 Nr. 4, 37 (**Бартош,** В.М., Недействительность сделок, оспариваемых на основании статьи 78 федерального закона «О несостоятельности (банкротстве)», Вопросы правоприменения 2001 № 4, 37

Batler, U.Ė, Das russische Recht gegen 1800 mit den Augen von Ausländern: Einige Überlegungen, Vestnik des Moskauer Universität Serie 11, Recht 1996 Nr. 3, 44 (**Батлер,** У.Э., Русское право к 1800 году глазами иностранцев: некоторые размышления, Вестн. Моск. ун-та. сер. 11, право 1996 № 3, 44

Bekov, Ch., Erfahrung der Ausbildung von Antikrisenverwaltern, Vestnik des FSDN 1999 Nr. 7, 32 (**Беков,** Х., Опыт обучения антикризисных управляющих, Вестник ФСДН 1999 № 7, 32)

Belych, V.S./ **Dubinčin,** A.A./ **Skuratovskij,** M.L., Rechtliche Grundlagen der Insolvenz (des Bankrotts), Moskau, 2001 (**Белых,** В.С./ **Дубинчин,** А.А./ **Скуратовский,** М.Л., Правовые Основы несостоятельности (банкротства), Москва, 2001) – zit. *Belych/Dubinčin/Skuratovskij,* Rechtliche Grundlagen

Berkovič, N.V., Die Erfüllung von Verbindlichkeiten durch eine dritte Person im Konkursverfahren, Arbitražnaja Praktika 2005 Nr. 12, 3 (**Беркович,** Н.В., Исполнение обязательств третьим лицом в конкурсном производстве, Арбитражная практика 2005 № 12, 3)

Bessonova, Z.G., Neuigkeiten des Gesetzes über den Bankrott und die Probleme ihrer Anwendung, Arbitražnaja Praktika 2003 Nr. 1, 3 (**Бессонова**, З.Г., Новеллы закона о банкротстве и проблемы их применения, Арбитражная практика 2003 № 1, 3)

Blockij, N.T., Bankrott: Blick auf das Problem (über die Erfahrung der Arbeit des Wirtschaftsgerichts des Moskauer Oblasts), Arbitražnaja Praktika 2001 Nr. 6, 67 (**Блоцкий**, Н.Т., Банкротство: взгляд на проблему (об опыте работы Арбитражного суда Московсой области), Арбитражная практика 2001 № 6, 67

Bogatyrev, V.P., Aus der Praxis der Entscheidung von Streitigkeiten, die mit der Prüfung von Insolvenz- (Bankrott-) Sachen im Jahre 1999 beim Wirtschaftsgericht des westsibirischen Bezirks verbunden sind, VAS 2000 Nr. 7, 98 (**Богатырев**, В.П., Из практики разрешения споров связанных с рассмотрением дел о о несостоятельности (банкротстве) за 1999 год в федеральном арбитражном суде запано-сибирского округа, ВАС 2000 № 7, 98)

Bojcova, L.V./ **Bojcova,** V.V., Die Zukunft der Rechtsvergleichung: Möglichkeiten des 21. Jahrhunderts, Juridičeskij Mir 2002 Nr. 4, 17 (**Бойцова**, Л.В./ **Бойцова,** В.В., Будущее сравнительного права: Возможности двацать первого века, Юридический мир 2002, № 4, 17)

Borodin, V., Solche verschiedenen Arbitrageverwalter, Kollegija 2002 Nr. 9, 16 (**Бородин**, В., Такие разные арбитражные управляющие, Коллегия 2002 № 9, 16)

Bratčikova, N.V., Administrativer Arrest und Disqualifikation: Grundlagen, Bedingungen und Verfahren der Anwendung, Advokat 2003 Nr. 4, 10 (**Братчикова**, Н.В., Административный арест и дисквалификация: основания, условия и порядок применения, Адвокат 2003 № 4, 10)

Brusko, B.S., Kategorien des Schutzes im russischen Konkursrecht, Moskau 2006 (**Бруско**, Б.С., Категория защиты в российском конкурсном праве, Москва 2006)

Chimičev, V.A., Rechtliche Lage der Gesellschafter der Schuldners in der Bankrottsache, VAS 2002 Nr. 3, 106 (**Химичев**, В.А., Правовое положение участников должника в деле о банкротстве, ВАС 2002 № 3, 106)

Chimičev, V.A., Bankrott: Rechte des Gläubigers und das Recht zu ihrer gerichtlichen Verteidigung, Arbitražnaja Praktika 2002 Nr. 5, 6 (**Химичев**, В.А., Банкротство: права кредитора и право на их судебную защиту, Арбитражная практика 2002 № 5, 6)

Chimičev, V.A., Besonderheiten des Bankrotts eines abwesenden Schuldners, VAS 2002 Nr. 10, 106 (**Химичев**, В.А., Особенности банкротства отсутствующего должника, ВАС 2002 № 10, 106)

Chimičev, V.A., Bankrott: Beendigung von vertraglichen Verpflichtungen, Arbitražnaja Praktika 2002 Nr. 12, 4 (**Химичев**, В.А., Банкротство: прекращение договорных обязательств, Арбитражная практика 2002 № 12, 4)

Chimičev, V.A., Sicherung der Rechte und gesetzlichen Interessen der Gläubiger, Arbitražnaja Praktika 2003 Nr. 4, 3 (**Химичев**, В.А., Опеспечение прав и законных интересов кредиторов, Арбитражная практика 2003 № 4, 3)

Chimičev, V.A., Richerliches Ermesse in Bankrottsachen, VAS 2004 Nr. 1, 147 (**Химичев**, В.А., Судейское усмотрение в делах о банкротстве, ВАС 2004 № 1, 147)

Chimičev, V.A., Laufende Verpflichtungen beim Bankrott, Chosjajstvo i Pravo 2004 Nr. 4, 77 (**Химичев**, В.А., Текущие обязательства при банкротстве, Хозяйство и право 2004 № 4, 77)

Chimičev, V.A., Besondere Bedingungen der Unwirksamkeit von Rechtsgeschäften beim Bankrotts, VAS 2004 Nr. 7, 166 (**Chimičev**, V.A., Специальные условиа недействительности сделок при банкротстве, ВАС 2004 № 7, 166)

Chimičev, V.A., Schutz von Gläubigerrechten beim Bankrott, Moskau, 2005 (**Химичев, В.А.,** Защита прав кредиторов при банкротстве, Москва, 2005)

Chimičev, V.A., Aussichtsreiche Richtungen der Vervollkommnung der rechtlichen Regulierung im Bereich der Insolvenz (des Bankrotts), VAS 2005 Nr. 6, 149 (**Химичев**, В.А., Перспективные направления совершенствования правового регулирования в сфере несостоятельности (банкротства), ВАС 2005 № 6, 149)

Chimičev, V.A., Die Gesetzgebung zum Bankrott: Probleme der Übergangsperiode, Arbitražnaja Praktika 2005 Nr. 9, 3 (**Chimičev**, V.A., Законодательство о банкротстве: проблемы переходного периода, Арбитражная практика 2005 № 9, 3)

Chimičev, V.A., Das Verhältnis der Gesetzgebung zum Bankrott zu steuerlichen Normen , Arbitražnaja Praktika 2005 Nr. 12, 32 (**Chimičev**, V.A, Соотношение законодательства о банкротстве с налоговыми нормами, Арбитражная практика 2005 № 12, 32)

Chimičev, V.A., Verwirklichung und Schutz bürgerlichen Rechte bei der Insolvenz (dem Bankrott), Moskau 2006 (**Химичев**, В.А. Осуществление и защита гражданских прав при несостоятельности (банкротстве), Москва, 2006)

Chimičev, V.A./ **Teljukina**, M.V., Frage – Antwort: Ungerechtfertigte Bereicherung des Schuldners im Konkursverfahren, Arbitražnaja Praktika 2006 Nr. 6, 81 (**Chimičev**, V.A./ **Телюкина,** М.В., Вопрос – ответ: Неосновательное обогащение должника в конкурсном производстве, Арбитражная практика 2006 № 6, 81)

Choronžuk, O.A., Praktische Ratschläge zur Durchführung des Konkursverfahrens, Jurist 2001 Nr. 1, 6 (**Хоронжук,** О.А., Практическии рекомендауии по проведению конкурсного производства, Юрист 2001 № 1, 6)

Choyman, M., Erhöhung der Standards der Tätigkeit der Arbitrageverwalter, Sonderbeilage zu VAS 2001 Nr. 3, 81 (**Хоуман,** М., Повышение стандартов деятельности арбитражных управляющих, Спнциальное приложение к ВАС № 3, 2001, 81)

Černych, L.S., Rangfolge der Befriedigung von Gläubigerforderungen, Jurist 2005 Nr. 11, 65 (**Черных,** Л.С., Очередность удовлетворения требованний кредиторов, Юрист 2005 № 3, 65)

Čirkunova, E.V., Rechtsnatur des Verfahrens in Insolvenz- (Bankrott) Sachen von Bürgern, Pravovedenie 2000 Nr. 3, 204 (**Чиркунова,** Е.В., Правовая природа производства по делам о несостоятельности (банкротстве) граждан, Правоведение 2000 № 3, 204)

Čuča, Der Arbitrageverwalter und der Leiter des Schuldners als Subjekte von Arbeitsrechtsbeziehungen, RJu 2000 Nr. 12, zit. nach Datenbank Garant (**Чуча,** Арвитражный управляющий и руководитель должника как субъекты трудовых отношений, Российская Юстиция 2000 № 12)

Čuča, S.Ju., Zwangsvollstreckungsverfahren im Lauf eines Bankrottverfahrens, Rossijskaja Justicija 2001 Nr. 12, 28 (**Чуча,** С.Ю., Исполнительное производство в ходе процедуры банкротства, Российская юстиция 2001, № 12, 28)

Čuča, S.Ju., Rangfolge der Befriedigung der Forderungen privilegierter Gläubiger beim Bankrott, Arbitražnaja Praktika 2002 Nr. 4, 3 (**Чуча,** С.Ю., Очередность удовлетворения требований привилегированных кредиторов при банкротстве, Арбитражная практика 2002 № 4, 3)

Čuča, S.Ju., Garantien für den Erhalt des Arbeitsentgelts bei Insolvenz des Arbeitgebers, Gosudarstvo i Pravo 2002 Nr. 11, 75 (**Чуча,** С.Ю., Гарантии получения заработной платы при несостоятельности работодателя, Государство и право 2002 № 11, 75)

Čuprikov, D.V., Über einige prozessuale Besonderheiten der Prüfung von Insolvenz- (Bankrott-) Sachen durch Wirtschaftsgerichte, Arbitražnyi i graždanskij Process 2001 Nr. 5, 31 (**Чуприков,** Д.В., О некоторых процессуальных особенностях рассмотрения в арбитражных судах дел о несостоятельности (банкротстве), Арбитражный и гражданский процесс 2001 № 5, 31)

Danilenko, V.V./ **Štern,** M.V., Die Rolle des Arbitrageverwalters im Insolvenz- (Bankrott) Prozess, in: **Karelina,** (Hrsg.), Rechtliche Probleme der Insolvenz (des Bankrotts), Moskau, 2004, 61 (**Даниленко,** В.В./ **Штерн,** М.В., Роль управляющего в процессе несостоятельности (банкротства), в: **Карелина** (под редакцией), Правовое проблемы несостоятельности (банкротства), Москва, 2004, 61)

Dedov, D., Die Insolvenzgründe als Kriterien für die Effektivität des neuen Gesetzes über den Bankrott. Chosjajstvo i Pravo 1999 Nr. 8, 30 (**Дедов,** Д., Признаки несостоятельности как критерий эффективности нового закона о банкротстве, Хозяйство и право 1999 № 8, 30)

Dedov, D.I., Das Gleichmäßigkeitsprinzip und das Rechts des Gläubigers auf Eröffnung einer Bankrottsache, in: **Karelina,** (Hrsg.), Rechtliche Probleme der Insolvenz (des Bankrotts), Moskau, 2004, 27 (**Дедов,** Д.И. Принцип соразмерности и право кредитора на возбуждение дела о (банкротстве), в: **Карелина** (под редакцией), Правовое проблемы несостоятельности (банкротства), Москва, 2004, 27)

Degtereva, G.V., Die Rechte der Gründer und der Verwaltungsorgane des Schuldners im Stadium der Beobachtung, Arbitražnaja Praktika 2006 Nr. 2, 3 (**Дегтерева,** Г.V., Права учредителей и органов управления должника на стадии наблюдения, Арбитражная практика 2006 № 2, 3)

Denisov, S.A., Zahlungen außerhalb der Rangordnung im Verlauf des Konkursverfahrens, Voprosy Pravoprimenenija 2002 Nr. 5-6, 33 (**Денисов,** С.А., Внеочередные платежи в ходе конкурсного производства 2002 № 5-6, 33)

Denisov S.A./ **Egorov** A.V./ **Sarbaš** S.V., Sanierungsverfahren in Bankrottsachen, Moskau 2003 (**Денисов,** С.А./ **Егоров** А.В./ **Сарбаш** С.В., Реабилитационные процедуры в деле о банкротстве, Москва 2003)

Dichtjar, A.I., Unwirksamkeit von Verträgen des Schuldners in Bankrottverfahren, Jurist 2001 Nr. 1, 26 (**Дихтяр,** А.И., Недействительность сделок должника в процедурах банкротства, Юрист 2001 № 1, 26)

Dichtjar, A.I., Verträge in Bankrottverfahren: Analyse des föderalen Gesetzes der RF „Über die Insolvenz (den Bankrott)" vom 8. Januar 1998, Jurist 2002 Nr. 2, 56 (**Дихтяр,** А.И., Сделки в процедурах банкротства: анализ федерального закона РФ «О несостоятельности (банкротства)» от 8 янвая 1998 года, Юрист 2001 № 2, 56)

Dichtjar, A.I., Bankrott: Bedingungen der Wirksamkeit der einseitigen Ablehnung der Erfüllung von Verträgen des Schuldners durch den Arbitrageverwalter, Arbitražnyj i graždanskij Process 2001 Nr. 3, 23 (**Дихтяр,** А.И., Банкротство: условия действительности одностороннего отказа арбитражного управляющего от исполнения договоров должника, Арбитражный и гражданский процесс 2001 № 3, 23)

Djagilev, A.V., Einige Fragen des Konkursverfahrens, Zakonodatel´stvo i Ėkonomika 1999 Nr. 11, 15 (**Дягилев,** А.В., Некоторые вопросы конкурсного производства, Законодательство и экономика 1999 № 11, 15)

Djagilev, A.V., Einige Probleme, die bei der Prüfung einer Bankrottsache entstehen, Juridičeskij Mir 2000 Nr. 4, 35 (**Дягилев**, А.В., Некоторые проблемы, возникающие при рассмотрении дела о банкротстве, Юридический Мир 2000 № 4, 35) – inhaltsgleich zum vorangehenden Artikel!

Djagilev, A.V., Einige Probleme, die bei der Prüfung einer Bankrottsache entstehen, Zakonodatel´stvo i Ėkonomika 2000 Nr. 7, 33 (**Дягилев**, А.В., Некоторые проблемы, возникающие при рассмотрении дел о банкротстве, Законодательство и экономика 2000, № 7, 33)

Doraev, M.G., Besonderheiten des Verfahrens in Bankrott- (Insolvenz-) Sachen, in: **Karelina** (Hrsg.), Rechtliche Probleme der Insolvenz (des Bankrotts), Moskau, 2004, 8 (**Дораев**, М. Г. Особенноити произволства по делам о несостоятельности (банкротства), в: **Карелина** (под редакцией), Правовое проблемы несостоятельности (банкротства), Москва, 2004, 8)

Dorochina, E., Der rechtliche Aspekt der Bestätigung des Arbitrageverwalters in der Insolvenz- (Bankrott-) Sache, Chosjajstvo i Pravo 2004 Nr. 3, 111 (**Дорохинв**, Е., Правовой аспект утверждения арбитражного управляющего в деле о несостоятельности (банкротстве), Хозяйство и право 2004 № 3, 111)

Dorochina, E., Besonderheiten der Tätigkeit des vorläufigen Verwalters bei Durchführung der Beobachtung, Pravo i Ekomomika 2004, Nr. 6 (**Дорохинв**, Е., Особенности деятельности временного управляющего при проведении наблюдения, Право и Экономия 2004, № 6)

Drosdov, A.G., Zusätzliche Garantien der Rechte der Beteiligten am Bankrott, Arbitražnaja Praktika 2002 Nr. 2, 4 (**Дроздов**, А.Г., Дополнительные гарантии прав участников банкротства, Арбитражная практика 2002 № 2, 4)

Družinina, L.V., Fragen der Verjährung bei Klagen der Arbitrageverwalter, Arbitražnaja Praktika 2003 Nr. 5, 6 (**Дружинина**, Л.В., Вопросы исковой давности пл искам арбитражных управляющих, Арбитражная практика 2003 № 5, 6)

Dubinčin, A., Unwirksamkeit von Verträgen des Schuldners in der Bankrottgesetzgebung, Chosjajstvo i Pravo 1999 Nr. 5, 36 (**Дубинчин**, А., Недействительность сделок должника в законодательстве о банкротстве, Хозяйство и право 1999 № 5, 36)

Dubinčin, A., Das Institut der Insolvenz und die Befriedigung von Forderungen gegen eine juristische Person als Schuldner außerhalb der Rangfolge, Chosjajstvo i Pravo 1999 Nr. 9, 28 und Nr. 10, 26 (**Дубинчин**, А., Институи несостоятельности и внеконкурсное удовлетворение требований к должнику – юридическому лицу, Хозяйства и право 1999 № 9, 28 und № 10, 26)

Dubinčin, A., Der Vergleich in der Bankrottsache: Probleme der Theorie und Praxis, Chosjajstvo i Pravo 2000 Nr. 7, 15 (**Дубинчин**, А., Мировое соглашение в деле о банкротстве: проблемы теории и практики, Хозяйство и право 2000 № 7, 15)

Dubinčin, A., Insolvenz eines „solventen" Schuldners, Chosjajstvo i Pravo 2001 Nr. 8, 99 (**Дубинчин,** А., Несосотоятельность «состоятельного» должника, Хозяйство и право, 2001 № 8, 99)

Egorov, A.V., Der Vergleich beim Bankrott, in: **Karelina** (Hrsg.), Rechtliche Probleme der Insolvenz (des Bankrotts), Moskau, 2004, 134 (**Егоров,** А.В., Мировое соглашение в при банкротстве, в: **Карелина** (под редакцией), Правовое проблемы несостоятельности (банкротства), Москва, 2004, 134)

Egorov, A.V., Die Praxis der Prüfung von Bankrottsachen bei Banken, VAS 2004 Nr. 3, 140 (**Егоров,** А.В., Практика рассмотрения дел о несостоятельности банков, ВАС 2004 № 3, 140)

Egorov, A.V., Der Vergleich in einer Bankrottsache und die Pflichtzahlungen, Chosjajstvo i Pravo 2004 Nr. 4, 69 (**Егоров,** А.В., Мировое соглашение в деле о банкротстве и обязательные платежи, Хозяйство и право 2004 № 4, 69)

Egorov, A.V., Die Kapitalisierung von zeitlichen Zahlungen in der Gesetzgebung über die Insovenz, VAS 2004 Nr. 5, 117 (**Егоров,** А.В., Капитализация повременных платежей в законодательстве о банкротстве, ВАС 2004 № 5, 117)

Egorov, A., Einige aktuelle Probleme des Bankrotts, Chosjajstvo i Pravo 2004 Nr. 10, 92 (**Егоров,** А., Некоторые текущие проблемы банкротства, Хозяйство и право 2004 № 10, 92)

Egorov, A., Einige aktuelle Probleme des Bankrotts, Chosjajstvo i Pravo 2004 Nr. 12, 85 (**Егоров,** А., Некоторые текущие проблемы банкротства, Хозяйство и право 2004 № 12, 85)

Egorov, A.V., Das Problem des Fehlens von Mittel zur Deckung der Ausgaben in der Bankrottsache beim insolventen Schuldner, VAS 2004 Nr. 12, 133 (**Егоров,** А.В., Проблема отснтствия у несостоятельного должника средств на покрытие расходов по делу о банкротстве, ВАС 2004 № 12, 133)

Egorov, A., Die jüngsten Änderungen in der russischen Gesetzgebung zum Bankrott von Banken, Chosjajstvo i Pravo 2005 Nr. 1, 37 (**Егоров,** А., Последние изменения российского законодательства о банкротстве банков, Хозяйство и право 2005 № 1, 37)

Ermolenko, A./ **Efremova,** E., Über die Regulierung der Verpflichtung zu Pflichtzahlungen beim Abschluss eines Vergleichs in einer Bankrottsache, Chosjajstvo i Pravo 2004 Nr. 7, 75 (**Ермоленко,** А./ **Ефремова,** Е., Об урегулировании задолженности по обязательным плаежам при заключении мирового соглашения в деле о банкротстве, Хозяйство и право 2004 № 7, 75)

Ežov, Ju.A., Bankrott kommerzieller Organisationen, 2. Auflage, Moskau, 2005 (**Ежов**, Ю.А., Банкротство коммерческих организаций: Учебное пособие, 2 изд., Москва 2005)

Fal´kovič, M.S., Sicherungsmaßnahmen des Wirtschaftsgerichts im neuen Wirtschaftsprozessgesetzbuch, VAS 2002 Nr. 11, 54 (**Фалькович**, М.С., Обеспечительные меры арбитражного суда в новом арбитражном процессуальном кодексе, ВАС 2002 № 11, 54)

Fedorenko, N.V./ **Parchomenko**, P.N., Rechtsstatus und Rolle einiger Subjekte im Bankrottverfahren im Lichte des föderalen Gesetzes „Über die Insolvenz (den Bankrott) von 2002, VAS 2005 Nr. 5, 169 (**Федоренко**, Н.В./ **Пархоменко**, П.Н., Правовой статус и роль некоторых субьектов процедуры банкротства в свете федерального закона «О несосотоятельности (банкротстве)»,, ВАС 2005 № 5, 169)

Gizatullin, M.I., Wie einen Bankrott vermeiden – Rezepte für die finanzielle Sanierung eines Unternehmens, Moskau 2004 (**Гизатуллин**, М.И., Как избежать банкротства – рецепты финансового оздоровления предприятия, Москва 2004)

Golubev, V.V., Arbitrageverwalter: Qualifikationsanforderungen, Ethik, Haftung, Sonderbeilage zu VAS 2001 Nr. 3, 76 (**Голубев**, В.В., Арбитражные управляющие: Квалификационные требования, этика, ответственность, Спнциальное приложение к ВАС № 3, 2001, 76)

Golubev, V.V., Arbitrageverwaltung. Theorie und Praxis der Beobachtung, Moskau 2001 (**Голубев**, В.В., Арбитражное Управление. Теория и практика наблюдения, Москва, 2001)

Gol´cblat, A.A., Bankrottprozess: Einige praktische Aspekte, Juridičeskij Mir, 2001 Nr. 12, 66 (**Гольцблат**, А.А., Процесс банкротства: некоторые практические аспекты, Юридичесний мир 2001 № 12, 66)

Gončarov, A.I., Rechtliche Mechanismen zur Vorbeugung eines Bankrotts kommerzieller Organisationen, Moskau 2006 (**Гончаров**, А.И., Правовые механизмы предупреждения банкротства коммерческой организации, Москва 2006)

Gramotenko, T.A./**Mjasoedova**, L.V./**Ljubanova**, T.P., Bankrott von Unternehmen. Wirtschaftliche Aspekte, Moskau 1998 (**Грамотенко**, Т.А./ **Мясоедова, Л.В./ Любанова**, Т.П., Банкротство предприятий. Экономические аспекты, Москва, 1998

Gromova, E.G., Die Tätigkeit der Arbitrageverwalter bei Durchführung von Bankrottverfahren, Arbitražnaja Praktika 2002 Nr. 7, 42 (**Громова**, Е.Г., Деятельность арбитражных управляющих при осуществлении процедур банкротства, Арбитражная практика 2002 № 7, 42)

Gromova, N.V., Probleme des gerichtlichen Ermessenes bei der Prüfung von Bankrottsachen, Arbitražnaja Praktika 2001 Nr. 3, 31 (**Громова**, Н.В., Проблемы судейского усмотрения при рассмотрении дел о банкротстве, Арбитражная практика 2001 № 3, 31)

Grudcena, L., Das neue Gesetz „Über die Insolvenz (den Bankrott)", Advokat 2003 Nr. 1, 21 (**Грудцына,** Л., Новый закон «О несосотоятельности (банкротстве)», Адвокат 2003 № 1, 21)

Guc, D.O., Bankrott. Instrument der Erfüllung von Geldverpflichtungen, Moskau, 1998 (**Гуц,** Д.О., Банкротство. Инструмент исполнения денежных обязательств, Москва, 1998)

Guseva, T./ **Krasil´nikov,** S., Die Tätigkeit der Arbitrageverwalter, Pravo i Ekonomika 2000 Nr. 11, 29 (**Гусева,** Т./ **Красильников,** С., Деятельность арбитражных управляющих, Право и Экономика 2000 № 11, 29)

Guseva, T.A./ **Vladyka,** E.E., Der Arbitrageverwalter als Beteiligter der Bankrottverfahren, Moskau 2005 (**Гусева,** Т.А./ **Владыка,** Е.Е., Арбитражный управляющий как участник процедур банкротства, Москва 2005) – zitiert: *Guseva/ Vladyka,* Arbitrageverwalter

Ilina, E., Theoretische Aspekte der rechtlichen Regulierung der Insolvenz. Konkursverfahren, Chosjajstvo i Pravo, Beilage zu 2000 Nr. 12, 3 (**Ильина,** Е., Теоретические аспекты правового регулирования несосотоятельности. Конкурсное производство, Хозяйство и право, Приложение к № 12, 2000, 3)

Jakovlev, V.F., Erneuerung der Gesetzgebung über den Bankrott, Beilage zu VAS 2003 Nr. 5, 14 (**Яковлев,** В.Ф., Обновление законодателства о банкротстве, специальное приложение к ВАС 2003 № 5, 14)

Jakovleva, A., Die Ersetzung der Arbitrageverwalters, Chosjajstvo i Pravo 2004 Nr. 7, 79 (**Яколева,** А., Замена арбитражного управляющецц, Хозяйство и право 2004 № 7, 79)

Judin, V.G., Insolvenz (Bankrott): Historischer Aspekt, VAS 2002 Nr. 1, 155 (**Юдин,** В.Г., Несостоятельность (банкротство): Исторический аспект, ВАС 2002 № 1, 155

Jun, G.B./ **Tal´,** G.K./ **Grigor´ev,** V.V., Fremdverwaltung in einem insolventen Unternehmen, Moskau, 2003 (**Юн,** Г.Б./ **Таль,** Г.К./ **Григорьев,** В.В., Внешнее управление на несостоятельном предприятии, Москва 2003)

Jun, G.B./ **Voronova** Ju.A./ **Grigor´ev** V.V., Konkursverfahren, Moskau, 2004 (**Юн,** Г.Б./ **Воронова,** Ю.А./ **Григорьев,** В.В., Конкурсное производство, Москва, 2004)

Kagancov, Ja., Über einige Fragen der Anwendung von Art. 114 Pkt. 7 und Art. 163 Pkt. 3 des föderalen Gesetzes „Über die Insolvenz (den Bankrott)", Jurist 2000 Nr. 10, 33 (**Каганцов,** Я., О некоторых вопросах применение п. 7 ст. 114 и п. 3 ст. 163 ФЗ «О несостоятельности (банкротства)», Юрист 2000 № 10, 33)

Kagancov, Ja.M., Zur Frage der Effektivität der Sicherungsmaßnahmen nach dem neuen APK der RF, Arbitražnyi i graždanskij Process 2003 Nr. 2, 8 (**Каганцов**, Я.М., О вопросу эффективности обеспечительных мер по новому АПК РФ, Арбитражный и гражданский процесс 2003 № 2, 8)

Kalinina, E.V., Insolvenz (Bankrott): Auswege aus der finanziellen Krise, Jurist 2002 Nr. 2, 49 (**Калинина**, Е.В., Несостоятельность (банкротство): пути выхода из финансового кризиса, Юрист 2002 № 2, 49)

Kalinina, E.V., Besonderheiten der gesetzgeberischen Entwicklung und der Vervollkommnung des Verfahrens der Insolvenz (des Bankrotts) einer juristischen Person, Jurist 2002 Nr. 5, 37 (**Калинина**, Е.В., Особенности законодателного развития и усовершенствования процедуры несостоятельности (банкротства) юридического лица, Юрист 2002 № 5, 37)

Kalnan, R., Unrechtmäßige Handlungen, Sonderbeilage zu VAS 2001 Nr. 3, 167 (**Калнан**, Ричард, Неправомерные действия, Спнциальное приложение к ВАС № 3, 2001, 167)

Karelina, S.A., Rechtliche Regelung der Insolvenz (des Bankrotts), Moskau, 2002 (**Карелина**, С.А., Правовое регулирование несостоятельности (банкротства), Москва, 2002) – zit. *Karelina*, Rechtliche Regelung

Karelina, S.A. (Hrsg.), Rechtliche Probleme der Insolvenz (des Bankrotts), Moskau, 2004 (**Карелина**, С.А. (под редакцией), Правовое проблемы несостоятельности (банкротства), Москва, 2004) – zit. *Karelina*, Rechtliche Probleme

Karelina, S.A., Die Rolle des Wirtschaftsgerichts in Insolvenz- (Bankrott) Sachen, in: **Karelina** (Hrsg.), Rechtliche Probleme der Insolvenz (des Bankrotts), Moskau, 2004, 88 (**Карелина**, С.А., Роль арбитражного суда в делах о несостоятельности (банкротстве), в: **Карелина** (под редакцией), Правовое проблемы несостоятельности (банкротства), Москва, 2004, 88)

Karelina, S.A., Rechtliche Regelung der Insolvenz (des Bankrotts), Moskau, 2006 (**Карелина**, С.А., Правовое регулирование несостоятельности (банкротства), Москва, 2006) – zit. *Karelina*, Rechtliche Regelung 2006

Kiperman, G, Das neue Insolvenzgesetz, Finanzzeitung, Regionalausgabe, Nr. 47, November 2002 zitiert nach Datenbank Garant (**Киперман,** Г., Новый закон о банкротстве, Финансовая газета. Региональныи выпуск, N. 47, Ноябрь 2002г.)

Kirilov, A.E., Die Abtretung von Forderungen gegen einen insolventen Schuldner, Arbitražnaja Praktika, Sonderausgabe 2001: Abtretung von Forderungen (Praxis der Prüfung von Sachen bei Wirtschaftsgerichten), 86 (**Кирилов**, А.Е., Уступка права требования к несостоятельному должнику, Арбитражная практика, специальный выпуск 2001: Уступка прав требования (практика рассмотрения дел в арбитражных судах), 86)

Klejn, I./ **Čubakov,** V., Verfahren der Prüfung von Geldforderungen gegen einen Schuldner, der sich in einem Bankrottverfahren befindet, Pravo i Ékonomika 2001 Nr. 8, 77 (**Клейн,** И./ **Чубаков,** В., Порядок рассмотрения денежных требований к должнику, находящемуся в процедуре банкротства, Право и Экономика 2001 № 8, 77)

Kocuba, N.V., Aufgaben und Funktionen des föderalen Dienstes Russlands zur finanziellen Sanierung und zum Bankrott, VAS, Sonderbeilage zu 2001 Nr. 3, 11 (**Коцуба,** Н.В., Задачи и функции федеральной службы России по финансовому оздоровлению и банкротству, ВАС, Специальное приложение к № 3, март 2001, 11)

Kočuev, V.A. (Hrsg.) Über umgestaltete Wirtschaftssubjekte im Rahmen von Bankrottverfahren, Orel, 1998 (**Кочуев,** В.А. (под ред.), О реформированных хозяйствующих субъектов в рамках процедур банкротства, Орел, 1998)

Kokova, V.S./ **Pšeničnikova,** I.V., Einzelne prozessuale Fragen, die im Verlauf des Bankrotts entstehen, Arbitražnaja Praktika 2001 Nr. 6, 35 (**Кокова,** В.С./ **Пшеничникова,** И.В., Отдельные процедурные вопросы, возникающие в ходе банкротства, Арбитражная практика 2001 № 6, 35)

Kolb, B., Administrative Haftung im Bankrott, Zakonnost´ 2002 Nr. 12, 26 (**Колб,** Б., Административная ответственность за банкротство, Законность 2002 № 12, 26)

Kolesnikov, A.A./ **Michienko,** L.N., Aufrechnung gleichartiger Forderungen des Schuldners und eines Gläubigers in Bankrottverfahren, Zakon 2003 Nr. 6, 128 (**Колесников,** А.А./ **Михиенко,** Л.Н., Зачет встречных однородных требований должника и кредитора в процедурах банкротства, Закон 2006 № 6, 128)

Kolininčenko, E.A., Der Schutz der Interessen eines zahlungsunfähigen Schuldners beim Bankrott. Rechtsvergleichende Analyse, Moskau, 2001 (**Колининченко,** Е.А., Защита интересов неплатежеспособного должника при банкротстве. Сравнительно-правовой анализ, Москва, 2001) – zit. *Kolinčenko*, Schutz der Interessen

Kolininčenko, E.A., Gläubiger des fünften Ranges bei Insolvenz (Bankrotts), VAS 2001 Nr. 9, 115 (**Колининченко,** Е.А., Кредиторы пятой очереди при несостоятельности (банкротстве), ВАС 2001 № 9, 115)

Kolininčenko, E.A., Die Unwirksamkeit von Rechtsgeschäften des Schuldners bei der Insolvenz (dem Bankrott) in Großbritannien, USA, Deutschland, Frankreich, Russland in: **Vitrjanskij,** V.V. (Hrsg.) Aktuelle Probleme des Zivilrechts, Ausgabe 5, Moskau 2002, 291 (**Колининченко,** Е.А., Недействительность сделок должника при несостоятельности (банкротстве) в Великобритании, США, Германии, Франции, России, в: **Витрянский,** В.В. (под ред.), Актуальные проблемы гражданского права. Выпуск пятый, Москва, 2002, 291)

Kornilov, E.E., Über die Insolvenz (den Bankrott), Arbitražnaja Praktika 2001 Nr. 7, 41 (**Корнилов,** Е.Е., О несостоятельности (банкротстве), Арбитражная практика 2001 № 7, 41)

Kostev, S., Über die Mechanismen der Antikrisenverwaltung in Moskau, Vestnik des FSFO 2002 Nr. 2, 40 (**Костев,** С., О механизмах антикризисного управления в г. Москве, Вестник ФСФО 2002 № 2, 40)

Kostin, A.N./ **Zav´jalov,** G.V., Die Bedingungen und Gründe des Bankrotts von Unternehmen, Jurist 2002 Nr. 2, 45 (**Костин,** А.Н./ **Завьялов,** Г. В., Условия и признаки банкротства предприятий, Юрист 2002 № 2, 45)

Kozlova, E.B., Die Befriedigung der Gläubiger des vierten Ranges bei Abschluss eines Vergleichs in einer Bankrottsache, Juridičeskij Mir 2001 Nr. 11, 51 (**Козлова,** Е.Б., Удовлетворение кредиторов четвертой очереди при заключении мирового соглашения в деле о банкротства, Юридический Мир 2001 № 11, 51)

Kozlova, E.B., Die Befriedigung der Gläubiger des vierten Ranges bei Abschluss eines Vergleichs in einer Bankrottsache, Pravo i Ėkonomika 2001 Nr. 12, 29 (**Козлова,** Е.Б., Удовлетворение кредиторов четвертой очереди при заключении мирового соглашения в деле о банкротства, Право и Экономика 2001 № 12, 29)

Kraščenko, D., Bankrott von Unternehmen: seine Gründe und Bedingungen, Pravo i Ėkonomika 2000 Nr. 6, 15 (**Кращенко,** Д., Банкротство предприятий: его признаки и условия, Право и Экономика 2000 № 6, 15)

Kress, V.V., Prüfung der Klagen von Gläubigern über die Verletzung ihrer Rechte und Interessen in Bankrottsachen, Arbitražnaja Praktika 2002 Nr. 1, 58 (**Кресс,** В.В., Рассмотреине жалоб кредиторов о нарушении их прав и интересов по делам о банкротстве, Арбитражная практика 2002 № 1, 58)

Kulygin, V.V., Vom Puti Pravi zur Russkaja Pravda: Etappen der Rechtsgenese des ostslawischen Ethnos, Pravovedenie 1999 Nr. 4, 11 (**Кулыгин,** В.В., От Пути Прави к Русской Правде: Этапы правогенеза восточно-славянского этноса, Правоведение 1999 № 4, 11)

Kurbatov, A., Das Gesetz der Russischen Föderation „Über die Insolvenz (den Bankrott) von Unternehmen", Chosjajstvo i Pravo 1994 Nr. 5, 3 und Nr. 6, 3 (**Курбатов,** А., Закон Российской Федерации «о несостоятельности (банкротстве) предприятии», Хозяйства и право 1994, № 5, 3 und № 6, 3)

Kusnecov, N., Verfahren der Erhebung von Anträgen auf Bankrotterklärung einer juristischen Person als Schuldner, Pravo i Ėkonomika 2002 Nr. 5, 20 (**Кузнецов,** Н., Порядок предъявления заявлений о признании должника – юридического лица несостоятельным, Право и Экономика 2002 № 5, 20)

Kusnecov, N., Der Vergleich im Verfahren in Insolvenzsachen, Pravo i Ėkonomika 2002 Nr. 11, 11 (**Кузнецов**, Н., мировое соглашение в производстве по делам о несостоятельности, Право и Экономика 2002 № 11, 11)

Larina, N., Die Aufrechnung in Bankrottverfahren, Chosjajstvo i Pravo 2004 Nr. 7, 72 (**Ларина**, N., Зачет в процедурах банкротства, Хозяйство и право 2004 № 7, 72)

Lazareva, T.A., Die rechtliche Lage der Gründer (Gesellschafter) des Schuldners in der Bankrott- (Insolvenz-) Sache, in: **Karelina** (Hrsg.), Rechtliche Probleme der Insolvenz (des Bankrotts), Moskau, 2004, 15 (**Лазарева**, Т.А. Правовое положение учредителей (участников) должника в деле о несостоятельности (банкротства), в: **Карелина** (под редакцией), Правовое проблемы несостоятельности (банкротства), Москва, 2004, 15)

Lebedev, V.M., Kommentar zum Strafgesetzbuch der Russischen Föderation, Moskau 2003 (**Лебедев**, В.М., Комментарий к уголовному кодексу Российской Федкраций, Москва 2003)

Leonov, S.A./ **Rubanova**, S.V., Die Erfüllung von Forderungen in Bankrottverfahren, Arbitražnaja Praktika 2005 Nr. 10, 3 (**Леонов**, С.А./ **Рубанова**, С.В., Исполнение обязательств в процедурах банкротства, Арбитражная практика 2005 № 10, 3)

Limonov, V., Abgrenzung des Betrugs von verwandten Straftatbeständen, Zakonnost´ 1998 Nr. 3, 39 (**Лимонов**, В., Отграничение мошенничества от смежных составов преступлений, Законность 1998 № 3, 39)

Livšic, N.G., Prüfung von Bankrottsachen beim Wirtschaftsgericht, Sonderbeilage VAS 1998 Nr. 2, 96 (**Лившиц**, Н.Г., Разбирательство дел о банкротстве в арбитражном суде, Спциальное приложение к ВАС № 2, 1998, 96)

Livšic, N.G., Prüfung von Bankrottsachen beim Wirtschaftsgericht, Zakon 1998 Nr. 6, 36 (**Лившиц**, Н., Разбирательство дел о банкротстве в арбитражнем суде, Закон, 1998 № 6, 36)

Litovceva, Ju.V., Rangfolge und Verfahren der Befriedigung der Gläubigerforderungen, Arbitražnaja Praktika 2003 Nr. 3, 4 (**Литовцева**, Ю.В., Очередность и порядок удовлетворения требований кредиторов, Арбитражная практика 2003 № 3, 4)

Lomidze, O./ **Lomidze**, Ė., Probleme des Schutzes eines Gläubigers einer Nichtgeldforderung beim Bankrott von juristischen Personen als Schuldner, Chosjajstvo i Pravo 2001 Nr. 3, 107 (**Ломидзе**, О./ **Ломидзе**, Э., Проблемы защиты кредитора по неденежному обязательству при банкротстве организаций-должников, Хозяйства и право, 2001 № 3, 107)

Marčenko, M.N., Begriff der Rechtsvergleichung (vergleichende Rechtswissenschaft), Vestnik der Moskauer Universität, Serie 11, 1999 Nr. 1, 44 (**Марченко**,

M.H., Понятие сравнительного права (сравнительного правоведения), Вестник московского университета, сер. 11, 1999 № 1, 44)

Martyšina, T.K., Der Fremdverwaltungsplan, in: **Karelina**, (Hrsg.), Rechtliche Probleme der Insolvenz (des Bankrotts), Moskau, 2004, 115 (**Мартышина**, Т.К., План внешнего управления, в: **Карелина** (под редакцией), Правовое проблемы несостоятельности (банкротства), Москва, 2004, 115)

Masevič, M.G./ **Orlovskij**, Ju.P./ **Pavlodskij**, E.A., Kommentar zum föderalen Gesetze „Über die Insolvenz (den Bankrott)", Moskau 1998 (**Масевич**, М.Г./ **Орловский**, Ю.П./ **Павлодский**, Е.А., Комментарий к федеральному закону „О несостоятельности (банкротстве)", Москва, 1998)

Maškina, T.I., Über einige Fragen der Praxis der Anwendung des Gesetzes „Über die Insolvenz (den Bankrott)" durch das Wirtschaftsgericht des Krasnojarsker Kreises, VAS 1999 Nr. 10, 120 (**Машкина**, Т.И., О некоторых вопросах практики применения закона «О несостоятельности (банкротстве)» Арбитражным судом Красноярского Края, ВАС 1999 № 10, 120)

Maškina, T.I., Fristen des Konkursverfahrens, Arbitražnaja Praktika 2001 Nr. 3, 55 (**Машкина**, Т.И., Сроки конкурсного производства, Арбитражная практика 2001 № 3, 55)

Maškina, T.I., Probleme der Unwirksamkeit von Verträgen insolventer Schuldner, Arbitražnaja Praktika 2002 Nr. 5, 3 (**Машкина**, Т.И., Проблемы недействительности сделок несостоятельных должников, Арбитражная практика 2002 № 5, 3)

Maškina, T.I., Große Probleme kleiner Schuldner, VAS 2002 Nr. 5, 143 (**Машкина**, Т.И., Большие проблемы мелких должников, ВАС 2002 № 5, 143)

Michalev, I.Ju., Krimineller Bankrott, Sankt Petersburg 2001 (**Михалев**, И.Ю., Криминальное банкротство, Санкт Петербург, 2001)

Mojseev, V., Qualifikation von Verbrechen nach den Artikeln 195, 201 StGB RF, Zakonnost´ 2003 Nr. 2, 8 (**Мойсеев**, В., Квалификация преступлений по Ст.ст. 195, 201 УК РФ, Законность 2003 № 2, 8)

Mojseeva, L.A., Über einige Fragen der Anwendung der Gesetzgebung über die Insolvenz (den Bankrott) durch das Gericht, Voprosy pravoprimenenija 2002 Nr. 2, 25 (**Мойсеева**, Л.А., О некоторых вопросах применения судом законодательства о несостоятельности (банкротстве), Вопросы правоприменения 2002 № 2, 25)

Mojseeva, L.A., Mängel des föderalen Gesetzes „Über die Insolvenz (den Bankrott)": Probleme der Praxis, Voprosy pravoprimenenija 2002 Nr. 4, 26 (**Мойсеева**, Л.А., Недостатки федерального законоа «О несостоятельности (банкротстве)»: проблемы практики, Вопросы правоприменения 2002 № 4, 26)

Morgunov, S.V., Rückerstattung im Konkursverfahren, Arbitražnaja Praktika 2002 Nr. 12, 58 (**Моргунов,** С.В., Реституция в конкурсном производстве, Арбитражная практика 2002 № 12, 58)

Muchačev, I.Ju., Der Arbitragverwalter und sine Funktionen, in: **Karelina** (Hrsg.), Rechtliche Probleme der Insolvenz (des Bankrotts), Moskau, 2004, 30 (**Мухачев,** И.Ю. Арбитражный управляющеий и его функции, в: **Карелина** (под редакцией), Правовое проблемы несостоятельности (банкротства), Москва, 2004, 30)

Nikitin, E., Der rechtliche Status eines Bürgers als Unternehmer ohne Bildung einer juristischen Person, Rossijskaja Justicija 1997 Nr. 12, 13 (**Никитин,** Е., Правовой статус гражданина-предпринимателя без образования юридического лица, Российская юстиция 1997, № 12, 13)

Nikitina, O.A., Das Verfahren der Beobachtung, Sonderbeilage zu VAS 1998 Nr. 2, 107 (**Никитина,** О.А., Процедура наблюдения, Спнциальное приложение к ВАС 1998 № 2, 107)

Nikitina, O., Das Konkursverfahren, Zakon 1998 Nr. 6, 61 (**Никитина,** О., Конкурсное Производство, Закон 1998 № 6, 61)

Nikitina, O., Vereinfachte Bankrottverfahren, Zakon 1998 Nr. 6, 82 (**Никитина,** О., Упрощенные Процедуры банкротства, Закон, 1998 № 6, 82)

Nikitina, O.A., Besonderheiten der rechtlichen Regelung des Verfahrens eines Vergleichs beim Bankrott, Arbitražnaja Praktika 2001 Nr. 8, 45 (**Никитина,** О.А., Особенности правового регулирования процедуры мирового соглашения при банкротстве, Арбитражная практика 2001 № 8, 45)

Nikitina, O.A., Bankrott: Nuancen der Rechtsanwendung, Arbitražnaja Praktika 2002 Nr. 4, 77 (**Никитина,** О.А., Банкротство: Нюансы правоприменения, Арбитражная практика 2002 № 4, 77)

Nikitina, O.A., Die Prüfung von Bankrottsachen beim Wirtschaftsgericht, Voprosy Pravoprimenenija 2002 Nr. 5-6, 22 (**Никитина,** О.А., Разбирательство дел о банкротстве в арбитражном суде, Вопросы правоприменения 2000 № 5-6, 22)

Nikitina, O.A., Vereinfachte Bankrottverfahren, Arbitražnaja Praktika 2003 Nr. 2, 3 (**Никитина,** О.А., Упрощенные процедуры банкротства, Арбитражная практика 2003 № 2, 3)

Nikitina, O.A., Das Konkursverfahren, Arbitražnaja Praktika 2003 Nr. 6, 14 (**Никитина,** О.А., Конкурсное производство, Арбитражная практика 2003 № 6, 14)

Noda, E.V., Fragen der Vervollkommnung der Reorganisationsverfahren beim Bankrott, Jurist 2003 Nr. 5, 56 (**Нода,** Е.В., Вопросы совершенствования реорганизационной процедуры банкротства, Юрист 2003 № 5, 56)

Nogteva, V.A., Über die Entscheidung von Streitigkeiten, die mit der Anwendung des föderalen Gesetzes „Über die Insolvenz (den Bankrott)" verbunden sind, VAS 2002 Nr. 4, 76 (**Ногтева**, В.А., О разрешении споров, связанных с применением федерального закона «О несостоятельности (банкротстве)», ВАС 2002 № 4, 76)

Novickaja, T.E., Einige Aspekte der rechtlichen Regelung der Wirtschaft im altrussischen Staat, Vestnik der Moskauer Universität, Serie 11, Recht 1996 Nr. 5, 43 (**Новицкая**, Т.Е., Некоторые аспекты правового регулирования экономики в древнерусском государстве, Вестн. Моск. ун-та. сер. 11, право 1996 № 5, 43)

Novickaja, T.E., Die Reformen Alexander II, Vestnik der Moskauer Universität, Serie 11, Recht 1998 Nr. 6, 38 (**Новицкая**, Т.Е., Реформы Александра II, Вестн. Моск. ун-та. сер. 11, право 1998 № 6, 38)

Oreškina, N.S., Das Verhältnis der Rechte und gesetzlichen Interessen der Gläubiger und des Schuldners im Rahmen des Verfahrens der Fremdverwaltung nach dem Gesetze „Über die Insolvenz (den Bankrott)", in: **Karelina** (Hrsg.), Rechtliche Probleme der Insolvenz (des Bankrotts), Moskau, 2004, 102 (**Орешкина**, Н.С., Соотношение прав и законных интересов кредиторов и должника в рамках процедуры внешнего управления по Закону «О несостоятельности (банкротстве)», в: **Карелина** (под редакцией), Правовое проблемы несостоятельности (банкротства), Москва, 2004, 102)

Orlovskij, Ju./ **Pavlodskij**, E., Rechtliche Regelung der Beziehungen, die sich aus der Insolvenz (dem Bankrott) von Unternehmen ergeben, Pravo i Ėkonomika 2001 Nr. 4, 73 (**Орловский**, Ю./ **Павлодский**, Е., Правовое регулирование отношений, вытекающих из несостоятельности (банкротстве) предприятий, Право и Экономика 2001 № 4, 73)

Pavlodskij, E. A., Der Verkauf eines Unternehmens beim Bankrott, Pravo i Ėkonomika 2000 Nr. 7, 88 (**Павлодский**, Е., Продажа предприятия при банкротстве, Право и Экономика 2000 № 7, 88)

Pape, G., Das Institut der Insolvenz: Allgemeine Probleme und Besonderheiten der rehtlichen Regulierung in Deutschland. Kommentar zur geltenden Gesetzgebung (Übersetzung aus dem Deutschen), Moskau 2002 (**Папе**, Г., Институт несостоятельности: общие проблемы и особенности правового регулирования в Германии. Комментарий к действующему законодательству, Москва 2002)

Pavlodskij, E.A., Selbstverwaltungsorganisationen: Mode oder Tendenz, Pravo i Ėkonomika 2003 Nr. 4 (**Павлодский**, Е.А., Саморегулируемыу организации: Иода или тенденции, Право и Экономика № 4)

Pavlodskij, E.A., Selbstorganisierte Arbitrageverwalter, Zakon 2003 Nr. 6, 24 (**Павлодский**, Е.А., Саморегулируемые арбитражные управляющие, Закон 2003 № 6, 24)

Plotnikova, N., Der Status eines Gläubigers im Prozess über die Insolvenz (den Bankrott), Rossijskaja Justicija 1998 Nr. 11, 17 (**Плотникова,** Н., Статус кредитора в процессе о несостоятельности (банкротстве), Российская юстиция 1998, № 11, 17)

Pokudina, L.A./ **Prostova,** V.M. /**Popov,** A.D., Teilnahme des Staatsanwalts am Wirtschaftsprozess in Insolvenz (Bankrott-) Sachen, Moskau, 2001 (**Покудина,** Л.А./ **Простова,** В.М./ **Попов,** А.Д., Участие прокурора в арбитражном процессе по делам о несостоятельности (банкротстве), Москва, 2001)

Poljakov, B., Sanierung als Bankrottverfahren, Zakon 2002 Nr. 1, 97 (**Поляков,** Б., Санация как процедура банкротства, Закон 2002 № 1, 97)

Polnomarev, Das Gesetz bedarf der Vervollkommnung, Financovaja Rossija 1999 Nr. 17, 5 (**Полномарев,** П.А., Закон нуждается в совершенствования, Финанцовая Россия 1999 № 17, 5)

Polnomarev, P.A., Zur Frage der Anwendung von Art. 104 Pkt. 4 des föderalen Gesetzes „Über die Insolvenz (den Bankrott)", Jurist 2001 Nr. 5, 38 (**Полномарев,** П.А., К вопросу о применении п.4 ст. 104 ФЗ «О несостоятельности (банкротстве)», Юрист 2001 № 5, 38)

Poluėktov, M., Die Unwirksamkeitserklärung von Verträgen als Mittel zum Schutz der Interessen des Schuldners und der Gläubiger in der Gesetzgebung über die Insolvenz (den Bankrott), Arbitražnyi i graždanskij Process 1999 Nr. 4, 38 (**Полуэктов,** М., Признание недействительными сделок как способ защиты интересов должника и кредиторов в законодательстве о несосотоятельности (банкротстве), Арбитражный и гражданский процесс 1999 № 4, 38)

Poluėktov, M., Mittel zum Schutz der Interessen des Schuldners und der Gläubiger in der Gesetzgebung über die Insolvenz (den Bankrott), Zakonodatel´stvo i Ėkonomika 1999 Nr. 11, 5 (**Полуэктов,** М., Способы защиты интересов должника и кредиторов в законодательстве о несостоятельности (банкротстве), Законодательство и экономика 1999 № 11, 5)

Poluėktov, M., Der rechtliche Status des Arbitrageverwalters, Zakonodatel´stvo i Ėkonomika 2000 Nr. 1, 24 (**Полуэктов,** М., Правовой статус арбитражного управляющего, Законодательство и экономика 2000, № 1, 24)

Poluėktov, M., Pflichtzahlungen beim Bankrott einer juristischen Person, Arbitražnyi i graždanskij Process 2000 Nr. 1, 47 (**Полуэктов,** М., Обязательные платежи при банкротстве юридического лица, Арбитражный и гражданский процесс 2000 № 1, 47)

Poluėktov, M., Die Ablehnung der Erfüllung von Verträgen als Mittel zum Schutz der Interessen des Schuldners und der Gläubiger in der Gesetzgebung über die Insolvenz (den Bankrott), Jurist 2000 Nr. 1, 7 (**Полуектов,** М., Отказ от исполнения договоров как способ защиты интересов должника и кредиторов в законодательстве о несостоятельности (банкротстве), Юрист 2000 № 1, 7)

Ponomarev, I., Das Gesetz bedarf der Vervollkommnung, Finanzielles Russland 1999 Nr. 170, 5 (**Пономарев**, И., Закон нуждается в усовершенствовании, Финансовая Россия 1999 № 170, 5)

Popondopulo, V.F., Konkursrecht. Rechtliche Regelung der Insolvenz (des Bankrotts) von Unternehmen, Sankt Petersburg, 1995 (**Попондопуло**, В.Ф., Конкурсное право. Правовое регулирование несостоятельности (банкротства) предпринимателей, Санкт Петербург, 1995)

Popondopulo, V.F., Konkursrecht. Rechtliche Regelung der Insolvenz (des Bankrotts), Moskau 2001 (**Попондопуло**, В.Ф., Конкурсное право. Правовое регулирование несостоятельности (банкротства), Москва, 2001) – zit. *Popondopulo*, Konkursrecht

Popondopulo, V.F., Bankrott. Rechtliche Regelung der Insolvenz von Unternehmen, Sankt Petersburg, 2001 (**Попондопуло**, В.Ф., Банкротство. Правовое регулирование несостоятельности предпринимателей, Санкт Петербург, 2001) – zit. *Popondopulo*, Rechtliche Regelung der Insolvenz

Popondopulo, V.F. (Hrsg.), Kommentar zum föderalen Gesetz „Über die Insolvenz (den bankrott), Moskau 2003 (**Попондопуло**, В.Ф. (под ред.), Комментарий к федеральному закону „О несостоятельности (банкротстве)", Москва, 2003) – zit. *Popondopulo/ Bearbeiter*, Kommentar

Popov, A.V., Die finanzielle Sanierung als neues Bankrottverfahren, Zakonodatel´stvo 2003 Nr. 3, 34 und 4, 40 (**Попов**, А.В., Финансовое оздоровление как новая процедура банкротства, Законодательство 2003 № 3, 34 и № 4, 40)

Prochorseij, S.V., Paulinische Klagen als grundlegendes Mittel des Schutzes der Forderungsrechte von Konkursgläubigern, Jurist 1999 Nr. 1, 8 (**Прохорсеий**, С.В., Паулианов иск как основной способ защиты прав требования конкурсных кредиторов, Юрист 1999 № 1, 8)

Prochorseij, S.V., Paulinische Klagen als grundlegendes Mittel des Schutzes der Forderungsrechte von Konkursgläubigern, Arbitražnyi i graždanskij Process 1999 Nr. 1, 58 (**Прохорсеий**, С.В., Паулианов иск как основной способ защиты прав требования конкурсных кредиторов, Арбитражный и гражданский процесс 1999 № 1, 58)

Prudnikova, T./ **Golubev**, V., Bankrott Allgemeine Bestimmungen, Beobachtung, Verwaltung, Konkurs, Zakon 1998 Nr. 6, 11 (**Прудникова**, Т./ **Голубев**, В., Банкротство: Общие Положения, Наблюдение, Управление, Конкурс, Закон 1998 № 6, 11)

Prudnikova, T.P., Fremdverwaltung: Finanzielle und wirtschaftliche Aspekte, Sonderbeilage zu VAS 2001 Nr. 3, 76 (**Прудникова**, Т.П., Внешнее управление:

финансово-экономические аспекты, Спнциальное приложение к ВАС 2001 № 3, 94)

Pulova, L., Rangfolge der Befriedigung von Geldforderungen natürlicher Personen als Gläubiger bei Insolvenz (Bankrott) des Schuldners, Pravo i Ėkonomika 2002 Nr. 12, 63 (**Пулова**, Л., очередность удовлетворения денежных требований кредиторов – физических лиц в связи с несостоятельностью (банкротством) должника, Право и Экономика 2002 № 12, 63)

Pustovalova, E.Ju., Forderungen der Gläubiger im Lauf des Verfahrens in der Bankrottsache des Schuldners, Arbitražnyi i graždanskij Process 2002 Nr. 4, 28 (**Пустовалова**, Е.Ю., Требования кредиторов в ходе производства по делу о банкротстве должника, Арбитражный и гражданский процесс 2002 № 4, 28)

Pustovalova, E.Ju., Besonderheiten der Erfüllung von Verpflichtungen beim Bankrott des Schuldners (bei Fremdverwaltung), Chosjajstevo i Pravo 2002 Nr. 5, 107 (**Пустоволова**, Е., Особенности исполнения обязательств при банкротстве должника (во внешнем управлении), Хозяйства и право 2002 № 05, 107)

Pustovalova, E.Ju., Praktische Aspekte der Klassifizierung der Gläubigerforderungen in der Gesetzgebung über die Insolvenz (den Bankrott) in: **Šilochvost**, O.Ju. (Hrsg.), Aktuelle Probleme des Zivilrechts. Ausgabe 6, Moskau 2003, 33 (**Пустоволова**, Е.Ю., Практические аспекты классификации требований кредиторов в законодательстве о несостоятельности (банкротстве) в: **Шилохвост**, О.Ю. (под ред.), Актуальные проблемы гражданского права. Выпуск шестой, Москва 2003, 33)

Pustovalova, E.Ju., Schicksal der Gläubigerforderungen beim Bankrott des Schuldners, Moskau 2003 (**Пустовалова**, Е.Ю., Судьба требований кредиторов при банкротстве должника, Москва, 2003)

Raščevskij, E., Moratorien über die Befriedigung der Gläubigerforderungen, Chosjajstevo i Pravo 2001 Nr. 11, 20 (**Ращевский**, Е., Мораторий на удовлетворение требований кредиторов, Хозяйства и право, 2001 № 11, 20)

Raščevskij, E.S., Das rechtliche Regime der Geldverbindlichkeiten im Verfahren der Fremdverwaltung in: **Šilochvost**, O.Ju. (Hrsg.), Aktuelle Probleme des Zivilrechts. Ausgabe 6, Moskau 2003, 68 (**Ращевский**, Е.С., Правовой режим денежных обязательств в процедуре внешнего управления в: **Шилохвост**, О.Ю. (под ред.), Актуальные проблемы гражданского права. Выпуск шестой, Москва 2003, 68)

Raščevskij, E., Der Moment der Beendigung des Prozesses in der Bankrottsache, Chosjajstvo i Pravo 2005 Nr. 12, 63 (**Ращевский**, Е., Момент окончания процесса по делу о банкротчтве, Хозяйство и право 2005 № 12, 63)

Razorenov, N., Wer ist der „letzte" beim Bankrott, Kollegija 2003 Nr. 3, 11 (**Разоренов**, Н., Кто «крайный» при банкротстве, Коллегия 2003 № 3, 11)

Rešetnikov, F./ **Ignatova,** M., Bankr0tt im vorrevolutionären Russland und im Westen, Zakon 1993 Nr. 7, 53 (**Решетников,** Ф./ **Игнатова,** М., Банкротство в дореволюционной России и на западе, Закон 1993, № 7, 53)

Romanov, O.E., Theoretische und praktische Aspekte der Bestimmung des Bestands eines Unternehmens als Vermögenskomplex, in: **Šilochvost,** O.Ju. (Hrsg.), Aktuelle Probleme des Zivilrechts. Ausgabe 6, Moskau 2003, 200 (**Романов,**О.Е., Теоретические и практические аспекты определения состава предприятия как имущественного комплекса в: **Шилохвост,** О.Ю. (под ред.), Актуальные проблемы гражданского права. Выпуск шестой, Москва 2003, 200)

Ruchtin, S., Die Rechtsfähigkeit einer insolventen juristischen Person, Rossijskaja Justicija 2001 Nr. 7, 26 (**Рухтин,** С., Правоспособность несостоятельного юридического лица, Российская юстиция 2001, № 7, 26)

Ruchtin, S., Der Vergleich: Probleme des Abschlusses und der Erfüllung im Bankrott, Journal rossijskogo prava 2001 Nr. 7, 107 (**Рухтин,** С., Мировое соглашение: проблемы заключения и исполнения при банкротстве, Журнал российского права 2001, № 7, 107)

Ruchtin, S., Rechtsmissbrauch oder rechtliche Grundlage der Restitution beim Bankrott, Chosjajstvo i Pravo 2006 Nr. 3, 75 (**Рухтин,** С., Злоупотребление правом или правовое обоснование реституции при банкротстве, Хозяйство и право 2006 № 3, 75)

Rysina, D.F./ **Bejlina,** S.V./ **Podobed,** M.A., Bankrott von Unternehmen, 2. Auflage, Moskau 2001 (**Рысина,** Д.Ф./ **Бейлина,** С.В./ **Подобед,** М.А., Банкротство предприятия, 2. издание, Москва 2001)

Saltykova, S., Die Entstehung des altrussischen Rechts, Rossijkaja Justicija 1997, Nr. 1, 59 (**Салтыкова,** С., Зарождение древнерусского права, Российская юстиция 1997, № 1, 59)

Šamšurin, L.L., Die Prüfung von Insolvenz- (Bankrott) Sachen, Arbitražnaja Praktika 2002 Nr. 11, 57 (**Шамшурин,** Л.Л., Рассмотрение дел о несостоятельности (банкротстве), Арбитражная практика 2002 № 11, 57)

Ščenikova, L., Bankrott im Zivilrechts Russlands: Traditionen und Perspektiven, Rossijskaja Justicija 1998 Nr. 10, 38 (**Щенникова,** Л., Банкротство в гражданском праве России: традиции и перспективы, Российская Юстиция 1998 № 10, 38)

Ščenikova, L., Das Gesetz über Einheitsunternehmen und seine Rolle in der russischen Wirtschaft, Rossijskaja Justicija 2003 Nr. 4, 15 (**Щенникова,** Л., Закон об унитарных предприятиях и его роль в российской экономике, Российская Юстиция 2003 № 4, 15)

Šelenkova, Russland und Deutschland: Neue Gesetzgebung über Bankrott. Rechtsvergleichende Analyse, Zakonodatel´stvo, 1998, Nr. 8, zit. nach Datenbank Garant

(**Шеленкова**, Россия и Гепмания: Новое законодательство о банкротстве. Сравнительно-правовой анализ, Законодательство 1998 № 8)

Selivanova, H., Finanzielle Sanierung als Bankrottverfahren, Datenbank „Garant" (**Селиванова**, Н., Финансовое оздоровление как процедура банкротства)

Semeusov, V., Besonderheiten des Status als Einzelunternehmer, Rossijskaja Justicija 2003 Nr. 3, 16 (**Семеусов**, В., Особенности статуса индивидуального предпринимателя, Российская Юстиция 1998 № 3, 16)

Semina, A.N., Bankrott. Fragen der Rechtsfähigkeit eines juristischen Person als Schuldner, Moskau, 2003 (**Семина**, А.Н., Банкротство. Ворпосы правоспособности должника – юридического лица, Москва, 2003)

Serditova, E.N., Das Konkursverfahren als Form der Durchsetzung von Gerichtsentscheidungen auf Insolventerklärung, Arbitražnyi i graždanskij Process 2002 Nr. 4, 24 (**Сердитова**, Е.Н., Конкурсное производство как форма реализации решений суда о признании несостоятельности, Арбитражный и гражданский процесс 2002 № 4, 24)

Sergeev, A.P./ **Tolstoj**, Ju.K., Zivilrecht, Band 1, Moskau, 5. Auflage 2001 (**Сергеев**, А.П./ **Толстой**, Ю.К., Гражданское право, Том 1, издание пятое, Москва 2001)

Sergeev, V.I., Praxis der Anwendung der neuen Gesetzgebung über den Bankrott, Zakonodatel´stvo 1999 Nr. 1, 31, zit. nach Datenbank: „Garant" (**Сергеев**, И.В., Практика применения нового законодательства о банкротстве, Законодательство 1999 № 1, 31)

Sergeev, S.G., Noch einmal zur Insolvenz... des Gesetzes über den Bankrott (oder unsere Antwort an Chamberlain und die Autoren des bankrotten Gesetzes, Jurist 2000 Nr.8, 24 (**Сергеев**, С.Г., Еще раз о несостоятельности... закона о Банкротстве (или наш ответ Чемберлену и авторам обанкротившегося закона), Юрист 2000 № 8, 24)

Sergeev, S.G., Bankrott einer zu liquidierenden juristischen Person, Jurist 2000 Nr. 10, 30 (**Сергеев**, С.Г., Банкротство ликвидируемого юридического лица, Юрист 2000 № 10, 30)

Šeršenevič, G.F., Konkursprozess, Moskau, 2000 (**Шершеневич**, Г. Ф. Конкурсный процесс, Москва, 2000) Nachdruck der ersten Ausgabe als Kapitel VII Band IV des Kurses im Handelsrecht

Sidakova, Z.K., Die Durchsetzung der Normen des föderalen Gesetzes „Über die Insolvenz (den Bankrott), Arbitražnaja Praktika 2002 Nr. 3, 10 (**Сидакова**, З.К., Реализация норм федерального закона «О несостоятельности (банкротстве), Арбитражная практика 2002 № 3, 10)

Šipicina, O.V., Verfahren, Folgen der Anordnung und Beendigung des Verfahrens der Beobachtung, Jurist 2000 Nr. 10, 36 (**Шипицина,** О.В., Порядок, последствия введения и прекращение процедуры наблюдения, Юрист 2000 № 10, 36)

Šipicina, O.V., Staatliche Regulierung der Fremdverwaltung als Bankrottverfahren, Jurist 2000 Nr. 11, 46 (**Шипицина,** О.В., Государственное регулирование внешнего управления как процедуры банкротства, Юрист 2000 № 11, 46)

Šipicina, O.V., Rechtliche Lage und Lizenzierung der Tätigkeit der Arbitrageverwalter, Arbitražnyi i graždanskij Process 2001 Nr. 1, 14 (**Шипицина,** О.В., Правовое положение и лицензирование деятельности арбитражных управляющих, Арбитражный и гражданский процесс 2001 № 2, 14)

Sklovskij, K./ **Zolot´ko,** N., Der Schutz der Rechte der Partner eines Vertrags über anteilige Bauprojektierung beim Bankrott, Chosjajstvo i Pravo 2001 Nr. 10, 99 (**Скловский,** К/ **Золотько,** Н., Защита прав участников договоров о долевом участии в строительстве при банкротстве, Хозяйства и право, 2001 №10, 99)

Sokolovskaja, S.Ju., Der rechtliche Status des Arbitrageverwalters, in: **Karelina** (Hrsg.), Rechtliche Probleme der Insolvenz (des Bankrotts), Moskau, 2004, 49 (**Соколовская,** С.Ю. Правовой статус арбитражного управляющего, в: **Карелина** (под редакцией), Правовое проблемы несостоятельности (банкротства), Москва, 2004, 49)

Starikova, T.G., Die Geschichte eines Bankrotts, Juridičeskij Mir 2001 Nr. 4, 51 (**Старикова,** Т.Г., История одного банкротства, Юридичесний мир 2001, № 4, 51)

Stepanov, V.V., Insolvenz (Bankrott) in Russland, Frankreich, England, Deutschland, Moskau, 1999 (**Степанов,** В.В., Несостоятельность (банкротство) в России, Франции, Англии, Германии, Москва, 1999) – zit. *Stepanov*, Insolvenz

Suchanov, E.A., Kommentar zum zweiten Teil des ZGB, Moskau 1996 (**Суханов,** Е.А., Комментарий к граждансому кодексу, Москва 1996)

Suchanov, Der Treuhandvertrag, VAS 2000, Nr. 1, 81 (**Суханов,** Договор доверительного управления, ВАС 2000 № 1, 81)

Šulepova, T.I., Unwirksamerklärung von Rechtsgeschäften (Überblick der Sachen, die vom Wirtschaftsgericht des Sverdlover Oblasts geprüft wurden), Arbitražnaja Praktika 2002 Nr. 1, 63 (**Шулепова,** Т.И., Признание сделок недействительными (обзор дел, рассмотренных Арбитражным судом Свердловской области), Арбитражная практика 2002 № 1, 63)

Sumarokova, T.Ja., Verfahren der Entscheidung durch die Gläubigerversammlung beim Bankrott, Arbitražnaja Praktika 2002 Nr. 6, 16 (**Сумарокова,** Т.Я., Порядок принятия решений собранием кредиторов при банкротстве, Арбитражная практика 2002 № 6, 16)

Suvorov, A.V., Zur Frage der Aufrechnung von Gegenforderungen des Schuldners im Konkursverfahren, Arbitražnyi i graždanskij Process 2002 Nr. 5, 27 (**Суворов,** А.В., К вопросу о зачете встречных требований должника в конкурсном производстве, Арбитражный и гражданский процесс 2002 № 5, 27)

Suvorov, A.V., Über die Vollmachten des Arbitrageverwalters, Arbitražnyi i graždanskij Process 2002 Nr. 6, 17 (**Суворов,** А.В., О полномочиах арбитражного управляющего, Арбитражный и гражданский процесс 2002 № 6, 17)

Sviridenko, O., Bestimmung und Ziele des Instituts des Bankrotts im Wirtschaftsverkehr, Pravo i Ėkonomika 2003 Nr. 3, 49 (**Свириденко,** О., Назначение и цели института банкротства в хозяйственном обороте, Право и Экономика 2003 № 3, 49)

Sviridenko O.M., Russische Gesetzgebung über den Bankrott: zur Geschichte der Entstehung, Moskau 2005 (**Свириденко,** О.М., Российское законодательство о банкротстве: к истории становления, Москва 2005)

Svit, Ju., Wiederherstellungsverfahren – Mittel der Verhinderung des Bankrotts, Rossijskaja Justicija 1998 Nr. 3, 16 (**Свит,** Ю., Восстановительные процедуры – способ предотвращения банкротства, Российская Юстиция 1998 № 3, 16)

Taj, Ju.V., Besonderheiten des Status´ des Arbitrageverwalters, Arbitražnyi i graždanskij Process 2002 Nr. 5, 23 (**Тай,** Ю.В., Особенности правового статуса арбитражного управляющего, Арбитражный и гражданский процесс 2002 № 5, 23)

Taj, Ju.V., Vergütung des Arbitrageverwalters, Chosjajstvo i Pravo 2006 Nr. 6, 120 (**Тай,** Ю.В., Вознаграждение арбитражного управляющего, Хозяйство и право 2006 № 6, 120)

Teljukina, M.V., Kommentar zum föderalen Gesetz „Über die Insolvenz (den Bankrott), Moskau, 1998 (**Телюкина,** М.В., Комментарий к федеральному закону „О несостоятельности (банкротстве)“, Москва, 1998) – zit. *Teljukina,* Kommentar

Teljukina, M.V., Probleme, die im Stadium der Eröffnung des Verfahrens in einer Insolvenzsache entstehen, Arbitražnyi i graždanskij Process 1998 Nr. 1/2, 47 (**Телюкина,** М.В., Проблемы, возникающие на стадии возбуждения производства по делу о несостоятельности, Арбитражный и гражданский процесс 1998 № 1/2, 47)

Teljukina, M.V., Subsidiäre Haftung in der Insolvenz (beim Bankrott), Juridičeskij Mir 1998 Nr. 7, 15 (**Телюкина,** М.В., Субсидарная ответственность при несостоятельности (банкротстве), Юридичесний мир 1998 № 7, 15)

Teljukina, M.V., Geltung der russischen Gesetzgebung über die Insolvenz (den bankrott), Zakonodatel´stvo i Ėkonomika 1999 Nr. 2, 18 (**Телюкина,** М.В.,

Действие российского законодательства о несосотоятельности (банкротстве), Законодательство и экономика 1999 № 2, 18)

Teljukina, M.V., Besonderheiten der Gesetzgebung über die Insolvenz (den bankrott), Zakonodatel´stvo 1999 Nr. 5, 59 (**Телюкина,** М.В., Особенности нового законодательства о несостоятельности (банкротстве), Законодательство 1999 № 5, 59)

Teljukina, M.V., Der vorläufige Verwalter. Sein Status und Vollmachten, Zakonodatel´stvo i Ėkonomika 1999 Nr. 9, 40 (**Телюкина,** М.В., Времеииый управляющий. Его статус и полномочия, Законодательство и экономика 1999 № 9, 40)

Teljukina, M.V., Einige Probleme der Erfüllung seiner Verpflichtungen durch den Fremdverwalter, Juridičeskij Mir 2000 Nr. 4, 44 (**Телюкина,** М.В., Некоторые проблемы исполнения внешним управляющим своих обязанностей, Юридичесний мир 2000, № 4, 44)

Teljukina, M.V., Feststellung der Gläubigerforderungen im Konkursverfahren, Zakonodatel´stvo i Ėkonomika 2000 Nr. 5, 23 (**Телюкина,** М.В., Установление требований кредиторов в конкурсном процессе, Законодательство и экономика 2000 № 5, 23)

Teljukina, M.V./ **Tkačev,** V.N., Freiwilliger Bankrott als besonderes Mittel der gesicherten Liquidation, Juridičeskij Mir 2000 Nr. 6, 12 (**Телюкина,** М.В./ **Ткачев,** В.Н., Добровольное банкротство как особой способ обеспеченая ликвидация, Юридический Мир 2000 № 6, 12)

Teljukina, M.V./ **Tkačev,** V.N., Prüfung der Gläubigerforderungen im Konkursverfahren, Juridičeskij Mir 2000 Nr. 7, 10 (**Телюкина,** М.В./ **Ткачев,** В.Н., Рассмотрение требований кредиторов в конкурсном процессе, Юридический Мир 2000 № 7, 10)

Teljukina, M.V., Aufrechnung einer gleichartigen Forderung. Besonderheiten ihrer Anwendung im Konkursprozess, Zakonodatel´stvo 1999 Nr. 8, zit. nach Datenbank Garant (**Телюкина,** М.В., Зачет встречного однородного требования. Специфика его применения в конкурсном процессе, Законодательство 1999 № 8)

Teljukina, M.V., Insolvenz (Bankrott) eines Bürgers, Zakonodatel´stvo 2001 Nr. 1, 41 (**Телюкина,** М.В., Несостоятельность (банкротство) гражданина, Законодательство 2001 № 1, 41)

Teljukina, M.V., Da Register der Gläubigerforderungen, Juridičeskij Mir 2001 Nr. 1, 49 (**Телюкина**, М.В., Реестр требований кредиторов, Юридический Мир 2001 № 1, 49)

Teljukina, M.V., Die Verteilung der Mittel des Schuldners unter den Gläubigern, Juridičeskij Mir 2001 Nr. 1, 31 (**Телюкина,** М.В., Распределение средств должника между кредиторами, Юридический Мир 2001 № 2, 31)

Teljukina, M.V., Die Lizenzierung der Tätigkeit des Arbitrageverwalters, Pravo i Ėkonomika 2001 Nr. 4, 25 (**Телюкина,** М.В., Лицензирование деятельности арбитражного управляющего, Право и экономика 2001 № 4, 25)

Teljukina, M.V., Verfahren des Handelns der Parteien bei Beendigung der Fremdverwaltung, Zakonodatel´stvo 2001 Nr. 4, 67 (**Телюкина,** М.В., Порядок действий сторон по окончании внешнего управления, Законодательство 2001, № 4, 67)

Teljukina, M.V., Abschluss eines Vergleichs im Konkursverfahren und seine Bedingungen, Juridičeskij Mir 2001 Nr. 4, 19 (**Телюкина,** М.В., Заключение мирового соглашения в конкурсном процессу и его условие, Юридический Мир 2001 № 4, 19)

Teljukina, M.V./ **Tkačev,** V.N., Nichterfüllung, Unwirksamkeit und Auflösung eines Vergleichs, Juridičeskij Mir 2001 Nr. 5, 29 (**Телюкина,** М.В./ **Ткачев,** В.Н., Неисполнение, недействительность и расторжение мирового соглашения, Юридический Мир 2001 № 5, 29)

Teljukina, M.V./ **Tkačev,** V.N., Bankrott eines zu liquidierenden Schuldners, Juridičeskij Mir 2001 Nr. 6, 33 (**Телюкина,** М.В./ **Ткачев,** В.Н., Банкротство ликвидируемгог должника, Юридический Мир 2001 № 6, 33)

Teljukina, M.V., Einige Fragen der Fremdverwaltung des Vermögens des Schuldners, Zakonodatel´stvo i Ėkonomika 2001 Nr. 7, 30 (**Телюкина,** М.В., Некоторые вопросы внешнего управления имуществом должника, Законодательство и экономика 2001 № 7, 30)

Teljukina, M.V., Bankrott eines abwesenden Schuldners, Juridičeskij Mir 2001 Nr. 9, 26 (**Телюкина,** М.В., Банкротство отсутствующего должника, Юридический Мир 2001 № 9, 26)

Teljukina, M.V., Das Gläubigerkomitee und seine Rolle im Konkursverfahren, Chosjajstvo i Pravo 2001 Nr. 11, 31 (**Телюкина,** М.В., Комитет кредиторов и его роль в конкурсном процессе, Хозяйство и право 2001 № 11, 32)

Teljukina, M.V., Konkursrecht. Theorie und Praxis der Insolvenz (des Bankrotts), Moskau 2002 (**Телюкина,** М.В., Конкурсное право. Теория и практика несостоятельности (банкротстве), Москва, 2002) – zit. *Teljukina*, Konkursrecht

Teljukina, M.V., Das Verfahren der Unwirksamkeitserklärung von Rechtsgeschäften des Schuldners in Bankrottverfahren, Arbitražnaja Praktika 2002 Nr. 1, 19 (**Телюкина,** М.В., Порядок признания недействительными сделок должника в процедурах банкротства, Арбитражная практика 2002 № 1, 19)

Teljukina, M.V., Über das verpflichtende Verfahren der Einreichung des Antrags auf Insolvenz (Bankrott) eines Schuldners, Zakonodatel´stvo i Ėkonomika 2002 Nr. 2, 29 (**Телюкина,** М.В./ **Ткачев,** В.Н., Об обязательном порядке подачи заявления о несостоятельности (банкротстве) должника, Законодательство и экономика 2002 № 2, 28)

Teljukina, M.V., Handlungen der Parteien des Konkursverfahrens nach Abschluss eines Vergleichs, Chosjajstvo i Pravo 2002 Nr. 2, 108 (**Телюкина,** М.В., Действие сторон конкурсного процесса после заключения мирового соглашения, Хозяйство и право 2002 № 2, 108)

Teljukina, M.V., Vollmachten des Konkursverwalters, Zakonodatel´stvo i Ėkonomika 2002 Nr. 3, 13 (**Телюкина,** М.В., Полномочия конкурсного управляющего, Законодательство и экономика 2002 № 3, 13)

Teljukina, M.V., Probleme des Status wirksamer und unwirksamer Gläubiger in Russland, den GUS-Staaten und im Baltikum, Zakonodatel´stvo i Ėkonomika 2002 Nr. 7, 49 (**Телюкина,** М.В., Проблемы статуса действительных и недействительных кредиторов в России, государствах СНГ и Балтии, Законодательство и экономика 2002 № 7, 49)

Teljukina, M.V., Konkursrecht. Wesen und Modell der Beziehungen Russland, der GUS- Staaten und des Baltikums, Juridičeskij Mir 2002 Nr. 6, 50 (**Телюкина,** М.В., Конкурсное право. Сущность и модель отношенний России, государствах СНГ и Балтии, Юридичесний мир 2002 № 6, 50)

Teljukina, M.V., Praxis des Verfassungsgerichts in Insolvenz (Bankrott-) Sachen juristischer Personen, Zakonodatel´stvo 2002 Nr. 7, 29 (**Телюкина,** М.В., Практика конституционного суда по делам о несостоятельности (банкротстве) юридических лиц, Законодательство 2002 № 7, 29)

Teljukina, M.V., Status laufender Gläubiger im Konkursverfahren, Juridičeskij Mir 2002 Nr. 11, 14 (**Телюкина,** М.В., Статус текущих крелиторов в конкурсном процессе, Юридичесний мир 2002 № 11, 14)

Teljukina, M.V., Das Recht auf Schutz. Kleine Gläubiger im Konkursrecht, Kollegija 2003 Nr. 1, 29 (**Телюкина,** М.В., Право на защиту. Мелкие кредиторы в конкурсном праве, Коллегия 2003 № 11, 29)

Teljukina, M.V., Die Erfüllung der Verpflichtungen des Schuldners durch dritte Personen im Verlauf der Fremdverwaltung, Chosjajstvo i Pravo 2003 Nr. 2, 30 (**Телюкина,** М.В., Исполнение третьими лицами обязатель ств должника в течение внешнего управления, Хозяйство и право 2003 № 2, 30)

Teljukina, M.V., Die Gläubigerversammlung eines insolventen Schuldners als Subjekt des Konkursrechts, Advokat 2003 Nr. 2, 22 (**Телюкина,** М.В., Собрание кредиторов несостоятельного должника как субьект конкурсного права, Адвокат 2003 № 2, 30)

Teljukina, M.V. /**Tkačev,** V.N., Der administrative Verwalter als neues Subjekt des Konkursrechts, Advokat 2003 Nr. 3, 28 (**Телюкина,** М.В./ **Ткачев,** В.Н., Административный управляющий как новый субьект конкурсного права, Адвокат 2003 № 3, 28)

Teljukina, M.V., Kommentar zum föderalen Gesetz vom 26.10.2002 Nr. 127-FS „Über die Insolvenz (den Bankrott)", Zakonodatel´stvo i Ėkonomika 2003, Nr. 3, 25; Nr. 4, 8, Nr. 5, 46 (**Телюкина,** М.В., Комментарий к федеральному закону от 26 октября 2002 года № 127-ФЗ «О несосотоятельности (банкротстве)», Законодательство и экономика 2003 № 2, 25, № 4, 8, № 5, 46)

Teljukina, M.V., Der Verkauf des Unternehmens im Rahmen der Fremdverwaltung. Probleme des neuen rechtlichen Regulierung, Zakonodatel´stvo 2003 Nr. 4, 34 (**Телюкина,** М.В., Продажа предприятия в рамках внешнего управления. Проблемы нового правового регулирования, Законодательство 2003 № 4, 34)

Teljukina, M.V., Begriff und Verfahren der Anordnung der finanziellen Sanierung gegenüber einem zahlungsunfähigen Schuldner, Juridičeskij Mir 2003 Nr. 6, 27 (**Телюкина,** М.В., Понятие и порядок введение финансового оздоровления в отношении неплатежеспосоного должника, Юридичесний мир 2003 № 6, 27)

Teljukina, M.V./**Tarasov,** V.I., Die Änderung des Satzungskapitals einer juristischen Person als Schuldner im Rahmen der Fremdverwaltung, Zakonodatel´stvo 2003 Nr. 8, 41 (**Телюкина,** М.В./**Тарасов,** В.И., Изменение уставного капитала юридического лица – должника в рамках внешнего управления, Законодательство 2003 № 8, 41)

Teljukina, M.V., Kommentar zum föderalen Gesetz "Über die Insolvenz (den Bankrott)", 2. Auflage Moskau, 2004 (**Телюкина,** М.В., Комментарий к Федеральному закону "О несостоятельности (банкротстве). 2-е изд., Москва, 2004) - zitiert: *Teljukina*, Kommentar 2004

Teljukina, M.V., Grundlagen des Konkursrechts, Moskau, 2004 (**Телюкина,** М.В., Основы конкурсного права, Москва, 2004) – zitiert: *Teljukina*, Konkursrecht 2004

Teljukina, M.V. / **Tkačev,** V.N., Insolvenz (Bankrott) in Russland – Schemata, Moskau 2006 (**Телюкина,** М.В./ **Ткачев,** В.Н., Несостоятельность (банкротство) в России - Схемы, Москва 2006)

Tkačev, V.N., Rechtliche Regulierung der Insolvenz (des Bankrotts) in der Russischen Föderation, Moskau 2002 (**Ткачев,** В.Н., Правовое регулирование несостоятельности (банкротства) в Российской Федерации, Москва, 2002) – zit.: *Tkačev*, Rechtliche Regelung

Tkačev, V.N., Die Begriffe „Bankrott" und „Insolvenz": Wesen und Verhältnisse, Advokat 2003 Nr. 3, 24 (**Ткачев,** В.Н., Термины «банкротство» и «несосотоятельность»: сущность и соотношение, Адвокат 2003 № 3, 24)

Tkačev, V.N., Insolvenz (Bankrott) in der Russischen Föderation. Rechtliche Regelung der Konkursbeziehungen, 2. Auflage Moskau, 2006 (**Ткачев**, В.Н. Несостоятельность (банкротство) в Российской Федерации. Правовое регулирование конкурсных отношений. 2-е издание, Москва, 2006) – zit.: *Tkačev*, Insolvenz

Tkačev, V.N., Konkursrecht - rechtliche Regulierung der Insolvenz (des Bankrotts) in Russland, Moskau 2006 (**Ткачев**, В.Н., Конкурсное право - Правовое регулирование несостоятельности (банкротства) в России, Москва, 2006) – zit.: *Tkačev*, Konkursrecht

Torkanovskij, E., Antikrisenverwaltung, Chosjajstvo i Pravo 2000 Nr. 1, 14 (**Торкановский**, Е., Антикризисное управление, Хозяйство и право 2000 № 1, 14)

Tosunjan, G.A./ **Vikulin**, A.Ju., Kommentar zum föderalen Gesetz „Über die Insolvenz (den Bankrott) von Kreditorganisationen, Moskau, 2000 (**Тосунян**, Г.А./ **Викулин**, А.Ю., Постатейный комментарий к федеральному закону „О несостоятельности (банкротстве) кредитных организаций", Москва, 2000)

Trefilova, T.I., Aktuelle Fragen der Antikrisenverwaltung, Vestnik des FSFO 2002 Nr. 2, 36 (**Трефилова**, Т.И., Актуальные вопросы антикризисного управления, Вестник ФСФО 2002 № 2, 36)

Trefilova T.I., Das Projekt des neuen Gesetzes „Über die Insolvenz (den Bankrott)": Probleme und Lösungen, Vestnik des FSFO 2002 Nr. 8, 25 (**Трефилова**, Т.И., Проект нового Закона «„О несостоятельности (банкротстве)»: проблемы и решения, Вестник ФСФО 2002 № 5, 25)

Trofimov, K.T., Kommentar zum föderalen Gesetz „Über die Insolvenz (den Bankrott) von Kreditorganisationen, Moskau, 2001 (**Трофимов**, К.Т., Постатейный комментарий к федеральному закону „О несостоятельности (банкротстве) кредитных организаций", Москва, 2001)

Truba, A., Grenzen der Ausübung des Zurückbehaltungsrechts bei der Inesolvenz des Schuldners, Chosjajstvo i Pravo 2006 Nr. 3, 79 (**Труба**, А., Пределы осуществления права удержания при несостоятельности должника, Хозяйство и право 2006 № 3, 79)

Utkin, Ė.A.,/ **Bineckij**, A.Ė., Audit und Verwaltung eines insolventen Unternehmens, Moskau 2000 (**Уткин**, Э.А./ **Бинецкий**, А.Э., Аудит и управление несостоятельным предприятием, Москва, 2000)

Utkin, E.A./ **Panov**, V.V., Arbitrageverwaltung, Moskau 2000 (**Уткин**, Е.А./ **Панов**, В.В., Арбитражное управление, Москва 2000)

Vajman, V.A./ **Gladkich**, S.R./ **Ljubimov**, A.P./ **Ščerbinin**, S.S., Das neue Gesetz über die staatlichen und kommunalen Unternehmen, Pravo i Ekonomika 2003 Nr. 1, 3 (**Вайман**, В.А./ **Гладких**, С.Р./ **Любимов**, А.П./ **Щербинин**, С.С., Новый закон о государственных и муниципальных предприятиях, Право и Экономика 2003 № 1, 3)

Vavilin, E.V., Begriff der Insolvenz (des Bankrotts) von Unternehmen, Pravovedenie 1997 Nr. 4, 120 (**Вавилин,** Е.В., Понятие несостоятельности (банкротства) предприятий, Парвоведение 1997 № 4, 120)

Veršinin, A.P., Die Auswahl des Schutzmittels bürgerlicher Rechte, Sankt Petersburg, 2000 (**Вершинин,** А.П., Выбор способа защгты гражданских прав, Санкт Петербург 2000)

Veseneva, N., Über einige Fragen, die in der Praxis der Wirtschaftsgerichte im Zusammenhang mit der Annahme des Gesetzes der RF „Über die Insolvenz (den Bankrott) von Unternehmen" entstehen, Chosjaistvo i Pravo 1993 Nr. 8, 3 (**Весенева,** Н., О некоторых вопросах, возникающих в практике арбитражных судов в связи с приятием закона РФ «о несостоятельности (банкротстве) предприятий», Хозяйства и право, 1993 № 8, 3)

Veseneva, N., Richter und Arbitrage (Bankrott), Zakon 1998 Nr. 6, 115 (**Весенева,** Н., Суди и Арбитраж (банкротство), Закон, 06/1998, 115)

Veseneva, N., Über einige Fragen der Prüfung von Bankrottsachen, Chosjajstvo i Pravo 1999 Nr. 1, 136 und Nr. 2, 114 (**Весенева,** Н., О некоторых вопросов рассмотрения дел о банкротстве, Хозяйства и право, 1999 № 1, 136 und 1999 № 2, 114)

Viktorov, I./ **Sapožnikov,** N., Aufsicht über die Erfüllung des Gesetzgebung über die Insolvenz (den Bankrott), Zakonnost´ 2003 Nr. 6, 17 (**Викторов,** И./ **Сапожников,** Н., Надзор за исполнением законодательства о несостоятельности (банкротстве), Законность 2003 № 6, 17)

Višnevskij, A.A., Kiever Rus´: Einführung des Christentums und das Problem der Rezeption des byzantinischen Kirchenrechts, Pravovedenie 1992 Nr. 5, 62 (**Вишневский,** А.А., Киевская Русь: Введение христианства и проблема рецепции византийского церковного права, Правоведение 1992 № 5, 62)

Vitrjanskij, V.V., Gesetzgebung über die Insolvenz (den Bankrott) von Unternehmen in der Praxis. Praktikum der Aktienschaffung, 2. Auflage, Moskau 1994 (**Витрянский,** В. В., Законодательство о несостоятельности (банкротстве) предприятии в действии, практикум акционирования. Выпуск 2, Москва 1994

Vitrjanskij, V.V., Gesetz „Über die Insolvenz (den Bankrott) von Unternehmen". Kommentar, Moskau, 1994 (**Витрянский,** В. В. (под ред.), Закон „О несостоятельности (банкротстве) предприятий", комментарий, Москва, 1994)

Vitrjanskij, V.V., Reform der Gesetzgebung über die Insolvenz (den Bankrott), Sonderbeilage zu VAS 1998 Nr. 2, 79 (**Витрянский,** В. В., Реформа законодательства о несостоятельности (банкротстве), Спнциальное приложение к ВАС № 2, 1998, 79)

Vitrjanskij, V.V., Neue Gesetzgebung über die Insolvenz (den Bankrott), Chos-jajstvo i Pravo 1998 Nr. 3, 38 (**Витрянский,** В. В., Новое законодательство о несостоятельности (банкротстве), Хозяйство и Право 1998 № 3, 38)

Vitrjanskij, V.V., Wie die Gesetzgebung über den Bankrott reformieren, Zakonoda-tel´stvo 1999 Nr. 5, 53 (**Витрянский,** В.В., Как реформировать законодательство о банкротстве, Законодательство 1999 № 5, 53)

Vitrjanskij, V.V. (Hrsg.), Kommentar zum föderalen Gesetze „Über die Insolvenz (den Bankrott)", 4. (identische) Auflage, Moskau 2000 (**Витрянский,** В.В. (под ред.), Постатейней комментарий к федеральному закону „О несостоятельности (банкротстве)", 4-е изд. стереотипное, Москва, 2000) – zitiert *Vitrjanskij/Bearbeiter,* Kommentar

Vitrjanskij, V.V., Wege zur Vervollkommnung der Gesetzgebung über den Bank-rott. VAS 2001 Nr. 3, 91 (**Витрянский,** В.В., Пути совершенствования законодательства о банкротстве, ВАС 2001 № 3, 91) – zit: *Vitrjanskij,* Wege zur Vervollkommnung der Bankrottgesetzgebung

Vitrjanskij, V.V., Entwicklung der russischen Gesetzgebung zur Insolvenz (zum Bankrott) und die Praxis ihrer Anwendung, Sonderbeilage zu VAS 2001 Nr. 3, 18 (**Витрянский,** В.В., Развитие российского законодательства о несостоятельности (банкротстве) и практики его применения, ВАС, Специальное приложение к № 3, март 2001, 18)

Vitrjanskij, V.V., Unrechtmäßige Handlungen des Schuldners, der Gläubiger und der Arbitrageverwalter, Sonderbeilage zu VAS 2001 Nr. 3, 162 (**Витрянский,** В.В., Неправомерные действия должника, кредиторов и арбитражных управляющих, Спнциальное приложение к ВАС № 3, 2001, 162)

Vitrjanskij, V.V., Neues in der rechtlichen Regelung der Insolvenz (des Bankrotts), Chosjajstvo i Pravo 2003 Nr. 1, 3 (**Витрянский,** В.В., Новое в правовои регулировании несостоятельности (банкротства), Хозяйство и право 2003 № 1, 3)

Vitrjanskij, V.V. (Hrsg.), Kommentar zum föderalen Gesetz "Über die Insolvenz (den Bankrott)" Moskau 2003 (**Витрянский,** В.В. (под ред.), Комментарий к Федеральному закону "О несостоятельности (банкротстве)", Москва 2003) – zitiert *Bearbeiter* in: *Vitrjanskij,* Kommentar 2003

Volosatych, N./**Suchinina,** T./**Chajmovič,** M., Registrierung und Liquidation von Unternehmen in Russland, Moskau 2001 (**Волосатых,** Н./ **Сухинина,** Т./ **Хаймович,** М., Регистрация и ликвидация предприятий в России, Москва, 2001)

Voronin, D.A., Das Konkursverfahren, in: **Karelina,** (Hrsg.), Rechtliche Probleme der Insolvenz (des Bankrotts), Moskau, 2004, 125 (**Воронин,** Д.А., Конкурсное производство, в: **Карелина** (под редакцией), Правовое проблемы несостоятельности (банкротства), Москва, 2004, 125)

Voropaeva, V., Rechtliche Mechanismen der Durchführung des Verfahrens der Liquidation von Gläubigerforderungen einer Organisation bei der Fremdverwaltung, Juridičeskij Mir, 2000 Nr. 8, 4 (**Воропаева,** В., Правовые механизмы проведения процедуры ликвидации кредиторской задолженности организации на стадии внешнего управления, Юридический Мир 2000 № 8, 4)

Zajceva, V.V., Berechnung von in ausländischer Währung ausgedrückten Feldforderungen im Verlauf des Konkursverfahrens, Voprosy pravoprimenenie 2001 Nr. 1, 44 (**Зайцева,** В.В., Учет денежных обязательств, выраженных в иностранной валюте, в процессе конкурсного производства, Вопросы правоприменения 2001 № 1, 44)

Zajceva, V., Prozessuale Besonderheiten des Bankrotts, Zakonnost´ 2003 Nr. 3, 9 (**Зайцева,** В., Процессуальные особенности банкротства, Законность 2003 № 3, 9)

Zalesskij, V.V. (Hrsg.), Kommentar zum föderalen Gesetz "Über die Insolvenz (den Bankrott)" Moskau 2006 (**Залесский,** В.В. (под ред.), Комментарий к Федеральному закону о несостоятельности (банкротстве) Москва, 2006) – zitiert: *Bearbeiter* in: *Zalesskij,* Kommentar

Zenkin, I.V./ **Tal´,** G.K., Bankrott kommerzieller Organisationen. Rechtliche Aspekte, Moskau, 2000 (**Зенкин,** И.В./ **Таль,** Г.К., Банкротство коммерческих организаций. Правовое Аспекты, Москва, 2000)

Zinčenko, S./ **Kasačanskij,** S./ **Zinčenko,** O., Die Suche nach einem neuen Modell der Gesetzgebung über den Bankrott, Chosjajstvo i Pravo 2001 Nr. 3, 29 (**Зинченко,** С./ **Казачанский,** С./ **Зинченко,** О., Поиск новой модели законодательства о банкротстве, Хозяйства и право, 2001, № 3, 29)

Zinčenko, S.A. /**Gončarov,** A.I., Die Vorbeugung des Bankrotts einer kommerziellen Organisation, Moskau 2006 (**Зинченко,** С.А./ **Гончаров,** А.И, Предупреждение банкротства коммеческой организации, Москва 2006)

Zykova, I.V., Neues in der Gesetzgebung über die Insolvenz (den Bankrott), Zakonodatel´stvo i Ėkonomika 2003 Nr. 3, 21 (**Зыкова,** И.В., Новое в законодательстве о несостоятельности (банкротстве), Законодательство и Экономика 2003 № 3, 21)

Sonstige Literatur

Ajani, Gianmaria, By chance and Prestige: Legal Transplants in Russia and Eastern Europe, American Journal of comparative Law, Jahrgang 43. (1995), Nr. 1, 93ff

Abrosimova, Yekaterina, The Problem of Legal Nihilism in Russia and the Former Soviet-Bloc Countries, Parker School Journal of East European Law 1998, 353

Alexandrovich, A.S., Bankruptcy Law and Economic Medicine: How Russia´s New bankruptcy Legislation facilitated Recovery from the Nationwide Financial Crisis of August 17, 1998, Cornell International Law Journal, vol. 34, 2001, 114

Andrejev, Vladimir Konstantinovich, Private Law, Commercial Organisations in: **Tolonen,** Juha/ **Topornin,** Boris, Legal Foundations of Russian Economy, Helsinki 2000

Arbess, Daniel J./ **Buksbaum,** Lorce M./ **Gropper,** Allan L./ **Varanese,** James B., New Bankruptcy Laws: A Comparison of the Bankruptcy Laws of the Czech Republic, Poland, and Russia, Parker School Journal of East European Law 1994, 128

Balcerowics, Ewa/ **Hashi,** Iraq/ **Lowitzsch,** Jens/ **Szanyi,** Miklós, The Development of Insolvency Procedures in Transitio Economics: A comparative Analaysis, in: **Lowitzsch,** Jens (Hrsg.), Das Insolvenzrecht Mittel- und Osteuropas, Berlin 2004, 19

Bednyakov, Dmitriy I./ **Balakina,** Olga, Russia´s new Insolvency Rules permit foreign Investor bidding, Parker School Journal of East European Law 1994, 508

Beliaev, Konstantin P., Non-commercial organizations as subjects of entrepreneurial activity in Russian Civil Law, Review of Central and East European Law 1998, 421-428

Brooks, Sidney B., A Restatement of the Russian Federation´s Insolvency Law: A Guide to the Federal Law on Insolvency, Review of Central and East European Law 1999, Nr. 1-2, 7

Butler, William E., Russian Law, Oxford, 1999

Chenoweth, Don, Soviet Civil Procedure: History and Analysis, Philadelphia 1977

Cumming, Tom, Bankruptcy Law Reform in Russia, Parker School Journal of East European Law 1997, 379

David, René/ **Hazard,** John N., Le droit soviétique, tome 1, Les données fondamentales du droit soviétique, Paris 1954

Davis, Newton, Russian Bankruptcy and Enterprise Sell-Off: Creating a User-Friendly System, Parker School Journal of East European Law 1995, 59

Fedorova, Marina, Several Remarks on the Novelties of the New Russian Law on Insolvency, Kieler Ostrechts-Notizen, Jahrgang 3, Nr. 1/2 (Oktober 2000), 25

Feldbrugge, F.J.M./ **Van den Berg,** G.P./ **Simons,** William B., Encyclopedia of Soviet Law, 2. Auflage, Dordrecht/Boston/Lancaster, 1985, Kiralfy, A.K.R., zu Isolvency, 373

Feldbrugge, F.J.M., Russian Law: The End of the Soviet System an the Rule of Law, Dordrecht/Boston/London 1993

Flaschen, Evan D./ **DeSieno,** Timothy B., The Developpement of Insolvency Law as Part of the Transition from a Centrally Planned to a Market Economy, 26 International Lawyer (1992), 667.

Ginsburgs, George/ **Barry,** Donalds D./ **Simons,** William B., The revival of private Law in Central and Eastern Europa, The Hague/London/Boston 1996

Granin, Vadim, Vestiges of an Ideology: The Soviet Legacy and Its Effect on Russian Legal Reform, Parker School Journal of East European Law 1997, 183

Guyon, Yves, Droit des Affaires, Tome 2, Entreprises en difficulté, Redressement judiciaire – Faillite, 7. Auflage, Paris 1999

Hendley, Kathryn, Remaking an Institution: The transition in Russia from State Arbitrazh to Arbitrazh Courts, The American Journal of comparative law, 1998, 93

Johnson, E.L., An introduction to the Soviet Legal System, London 1969

Kratzke, William P., Russia´s Intractable Economic Problems and the Next Steps in Legal Reform: Bankruptcy and the Depolitization of Business, Northwestern Journal of International Law and Business, 2000, 1

Leamy, Callie (Hrsg.), The European Restructuring and Insolvency Guide 2002/2003, London 2002

Newcity, Michael, Russian Legal Tradition and the Rule of Law, in: **Sachs,** Jeffrey/ **Pistor,** Katharina, The rule of law and economic reform in Russia, Colorado 1997, 41

Oda, Hiroshi, Law and Practice of Real Estate Security Rights in Russia, Jahrbuch für Ostrecht Nr. 42 (2001), 303

Ders., Russian Commercial Law, The Hague/London/New York 2002

Rajewsky, Alice, Changes in the Russian Terminology of Economic Law since *Perestroika*, München 2000

Schmidt, Albert J., Soviet civil law as legal history: A chapter or a footnote?, in: **Ginsburgs,** George/ **Barry,** Donalds D./ **Simons,** William B., The revival of private Law in Central and Eastern Europa, The Hague/London/Boston 1996, 45

Stepanov, V.V., Systems of Legal Regulation of cross-border Insolvency: Discussion of a draft Agreement on international bankruptcy procedures in the CIS, Review of Central and East European Law, 1999, Nr. 1.2, 287ff.

Taylor, John L./ **April,** Francois, Fostering Investement Law in Transitional Economies: A case for Refocusing Institutional Reform, Parker School Journal of East European Law 1997, 1

Timmermans, Wim A., Secured Transactions in Russian Civil Law, in: **Ginsburgs,** George**/ Barry,** Donalds D.**/ Simons,** William B., The revival of private Law in Central and Eastern Europa, The Hague/London/Boston 1996, 339

Timmermans, Wim A., Bankruptcy Legislation in the Russian Federation: Protection of Creditors, Review of Central and East European Law, 1996, Nr. 4, 425ff.

Tolonen, Juha**/ Topornin**, Boris, Legal Foundations of Russian Economy, Helsinki 2000

Vitrianskii, V.V., Regulation of Insolvency within the framework of the Model Legaislation of the CIS, Review of Central and East European Law, 1999, Nr. 1-2, 187ff.

Vitryansky, Vassily V., Insolvency and Bankruptcy Law Reform in the Russian Federation, (1999) 44 McGill Law Journal, 409.

Williams, Paul R.**/ Wade/** Paul E., Bankruptcy in Russia: The Evolution of a comprehensive Russian Bankruptcy Code, Review of Central and East European Law, 1995, Nr. 5, 511ff.

Yerofeyev, Alexander, Development of the Russian Bankruptcy Regime: Law and Practice, in: International Insolvency Review, 2001, 115

Anhang 1: Gesetzliche Grundlagen

Russische Gesetzestexte werden in der Sobranie Zakonodatel´stva und in der Rossiskaja Gazeta offiziell veröffentlicht. Die wichtigsten Gesetze finden sich in deutscher Übersetzung in *Breidenbach* (Hrsg.), Handbuch Wirtschaft und Recht in Osteuropa, Loseblattsammlung.

1. Wichtige Gesetze

- Zivilgesetzbuch der Russischen Föderation, Teil 1, Nr. 51-FS, von der Staatsduma angenommen und vom Föderationsrat gebilligt am 21.10.1994; veröffentlicht in: Sobranie Zakonodatel´stvo 1994 Nr. 32, Pos. 3302; zuletzt geändert am 27.07.2006[1879]

- Föderales Gesetz der Russischen Föderation „Über die Zahlungsunfähigkeit (den Bankrott)" Nr. 127-FS vom 26.10.2002, angenommen von der Staatsduma am 27. September 2002, vom Föderationsrat am 16. Oktober 2002 gebilligt, veröffentlicht in: Sobranie Zakonodatel´stvo 2002 Nr. 43, Pos. 4190; zuletzt geändert am 24.10.2005

- Föderales Gesetz der Russischen Föderation „Über die Zahlungsunfähigkeit (den Bankrott)" Nr. 6-FS vom 08.01.1998 – gilt nur noch für Altverfahren.

- Föderales Gesetz der Russischen Föderation „Über die Zahlungsunfähigkeit (den Bankrott) von Staatsunternehmen" vom 19.11.1992 – nicht mehr in Kraft.

- Wirtschaftsprozessgesetzbuch der Russischen Föderation Nr. 95-FS vom 24.07.2002, angenommen von der Staatsduma am 14. Juni 2002, gebilligt vom Föderationsrat am 10. Juli 2002; veröffentlicht in Sobranie Zakonodatel´stvo 2002 Nr. 30, Pos. 3012; zuletzt geändert am 27.12.2005

- Zwangsvollstreckungsgesetz der Russischen Föderation Nr. 119-FS vom 21.07.1997, angenommen von der Staatsduma am 04.06.1997; gebilligt vom Föderationsrat am 03.07.1997; veröffentlicht in: Sobranie Zakonodatel´stvo 1997 Nr. 30, Pos. 3591; zuletzt geändert am 27.12.2005

- Strafgesetzbuch der Russischen Förderation Nr. 63-FS vom 13.06.1996, angenommen von der Staatsduma am 24. Mai 1996; gebilligt vom Föderationsrat am 05. Juni 1996; veröffentlicht in: Sobranie Zakonodatel´stvo RF 1996 Nr. 25, Pos. 2954; zuletzt geändert am 27.07.2006

[1879] Deutsche Übersetzungen: *Roggemann und Bergmann* in: *Osteuropa-Institut der FU Berlin und Deutsche Stiftung für Internationale Rechtliche Zusammenarbeit e.V. Bonn (Hrsg.)*, Zivilgesetzbuch der Russischen Föderation (Erster Teil) von 1994; *Solotych*, Das Zivilgesetzbuch der Russischen Föderation, Teil 1, Baden-Baden, 1996.

- Gesetzbuch der Russischen Föderation über administrative Rechtsverletzungen (Ordnungswidrigkeiten) Nr. 195-FS vom 30.12.2001, angenommen von der Staatsduma am 20. Dezember 2001; gebilligt vom Föderationsrat am 26. Dezember 2001; veröffentlicht in: Sobranie Zakonodatel´stvo 2002 Nr. 1, Pos. 1; zuletzt geändert am 27.07.2006.

- Föderales Gesetz „Über die Insolvenz (den Bankrott) von Kreditorganisationen" Nr. 40-FS vom 25.12.1999, angenommen von der Staatsduma am 18. September 1998; gebilligt vom Föderationsrat am 14. Oktober 1998; veröffentlicht in: Sobranie Zakonodatel´stvo 1999 Nr. 9, Pos. 1097; zuletzt geändert am 20.08.2004

- Föderales Gesetz „Über die Besonderheiten der Zahlungsunfähigkeit (des Bankrotts) von Subjekten natürlicher Monopole des Energiesektors" Nr. 122-FS vom 24.06.1999, angenommen von der Staatsduma am 04. Juni 1999, gebilligt vom Föderationsrat am 09. Juni 1999; veröffentlicht in: Sobranie Zakonodatel´stvo 1999 Nr. 26, Pos. 3179; zuletzt geändert am 18.07.2005

2. Untergesetzliche Normen zum Insolvenzrecht

Der russ. Gesetzgeber neigt dazu, zahlreiche Einzelfragen in untergesetzlichen Normen zu regulieren. Diese Liste stellt daher eine keinesfalls abschließend Aufstellung der wichtigsten Rechtsakte dar.[1880]

2.1 Rechtsakte der Regierung/ des Präsidenten

- Verordnung der Regierung vom 20.05.1994 Nr. 498 „Über einige Maßnahmen zur Durchführung der Gesetzgebung der RF über die Insolvenz (den Bankrott) von Unternehmen" mit Anlagen

- Anordnung der Regierung vom 25.04.1995 Nr. 412 „Über zusätzliche Maßnahmen zur Durchführung der Gesetzgebung der RF über die Insolvenz (den Bankrott) von Unternehmen und Organisationen"

- Verordnung der Regierung der RF vom 17.02.1998 Nr. 202 „Über das föderale Organ in Sachen des Bankrotts und der finanziellen Sanierung"

- Verordnung der Regierung der RF vom 22.05.1998 Nr. 476 „Über Maßnahmen zur Erhöhung der Effektivität der Anwendung von Bankrottverfahren"

- Verordnung der Regierung der RF vom 01.06.1998 Nr. 537 „Über den föderalen Dienst Russlands in Sachen der Insolvenz und der finanziellen Sanierung

---

[1880] Eine ausführliche aktuelle Übersicht findet sich auch bei *Brusko*, Kategorien des Schutzes im russischen Konkursrecht, Moskau 2006, 180; sowie bei *Tkačev*, Konkursrecht - rechtliche Regulierung der Insolvenz (des Bankrotts) in Russland, Moskau 2006, 430.

- Beschluss der Regierung der RF vom 25.12.1998 Nr. 1544 über die Lizenzierung der Tätigkeit natürlicher Personen als Arbitrageverwalter, bestätigt die entsprechende Bestimmung über die Lizenzierung der Tätigkeit natürlicher Personen als Arbitrageverwalter

- Verordnung der Regierung der RF vom 04.04.2000 Nr. 301 „Über die Bestätigung der Bestimmung über den föderalen Dienst Russlands zur finanziellen Sanierung und Bankrott" nebst Bestimmung

- Verordnung der Regierung der RF Nr. 855 vom 30.11.2002 „Über das bevollmächtigte und Regulierungsorgan in Bankrottsachen und –verfahren"

- Verordnung der Regierung der RF vom 14.02.2003 Nr. 100 „Über das bevollmächtigte Organ in Bankrottsachen und Bankrottverfahren und das Regulierungsorgan, das die Kontrolle über die Selbstverwaltungsorganisationen der Arbitrageverwalter ausübt"

- Beschluss der Regierung der RF vom 22.05.2003 Nr. 299: „Über die Bestätigung der allgemeinen Regeln für die Vorbereitung der Berichte (Schlussfolgerungen) des Arbitrageverwalters"

- Beschluss der Regierung der RF vom 28.05.2003 Nr. 308: „Über die Bestätigung der Regeln der Durchführung und Ablegung des theoretischen Examens nach dem einheitlichen Programm der Vorbereitung von Arbitrageverwaltern

- Beschluss der Regierung der RF vom 25.06.2003 Nr. 365 „Über die Bestätigung der Bestimmung über die Durchführung der Überprüfung der Tätigkeit einer Selbstverwaltungsorganisation von Arbitrageverwaltern durch das Regulierungsorgan"

- Beschluss der Regierung der RF vom 25.06.2003 Nr. 366 „Über die Bestätigung der Regeln der Durchführung der Überprüfung der Tätigkeit ihrer Mitglieder durch eine Selbstverwaltungsorganisation von Arbitrageverwaltern"

- Beschluss der Regierung der RF vom 09.08.2003 Nr. 414 „Über die Bestätigung der Regeln zur Ableistung der Stage als Helfer eines Arbitrageverwalters"

- Beschluss der Regierung der RF Nr. 586 vom 19.09.2003 „Über die Anforderungen an die Kandidatur des Arbitrageverwalters in Bankrottsachen strategischer Unternehmen oder Organisationen"

- Verordnung der Regierung der RF vom 3.02.2005 Nr. 52 „Über das Regulierungsorgang, das die Kontrolle über die Tätigkeit der Selbstverwaltungsorganisationen der Arbitrageverwalter ausübt"

2.2 Rechtsakte des föderalen Organs für Insolvenzsachen (bzw. seiner Vorgänger)

Das FSFO (bzw. seine Vorgänger) haben das Recht, Anweisungen und Erklärungen oder Briefe zur Insolvenzgesetzgebung zu erlassen.

- Anordnung der föderalen Verwaltung in Insolvenz- (Bankrott-) Sachen beim Goskomimuščestvo Russlands vom 13.09.1994 Nr. 57-p, welche die „Bestimmung über die Attestierung der Spezialisten in Antikrisenverwaltung" bestätigt, mit Anlagen

- „Methodische Bestimmung zur Festlegung der Bedingungen und Kriterien des Konkurses und der Organisation des Konkurses zur Ernennung eines Arbitrageverwalters auf Grundlage eines Konkurses", bestätigt durch Anordnung des FUDN vom 27.06.1997 Nr. 217-r

- Anordnung des föderalen Dienstes Russlands in Sachen der Insolvenz und der finanziellen Sanierung vom 16.09.1998 Nr. 18-r „Über die Bestätigung der Bestimmung über das System der Vorbereitung von Arbitrageverwaltern" nebst Bestimmung in Anlage

- Vorläufige Bestimmung über den Spezialfonds des föderalen Dienstes Russlands in Sachen der Insolvenz und der finanziellen Sanierung, bestätigt durch Anordnung des FSDN vom 31.12.1998 Nr. 330

- Bestimmung des FSFO vom 27.09.1999 Nr. 23-p „Über die Durchführung der Aufsicht über die Tätigkeit der Arbitrageverwalter durch Mitarbeiter des FSFO"

- Anordnung des FSFO der RF vom 21.08.2000 Nr. 123-r „Über die Erhöhung der Qualität der Vorbereitung der Spezialisten für Antikrisenverwaltung"

- Bestimmung über das Verfahren der Durchführung der vorläufigen Testierung der Kandidaten für das Studium nach dem Typen-Programm der Vorbereitung von Spezialisten zur Krisenverwaltung der ersten und zweiten Stufe, bestätigt durch Anordnung des FSFO vom 04.09.2000 Nr. 128-r.

- Anordnung des FSFO vom 18.09.2000 Nr. 301 „Über die Überweisung und Aufteilung der Geldmittel, die als Vergütung für Arbitrageverwalter eingehen"

- Anweisung des FSFO vom 15.02.2001 Nr. 48-r „Über die Anforderungen an natürliche Personen, die als Arbitrageverwalter tätig sind"

- Anordnung des FSFO der RF vom 21.11.2002 Nr. 150-r „Über die Bestätigung der vorübergehenden Bestimmung über das Verfahren der Führung des einheitlichen staatlichen Registers der Selbstverwaltungsorganisationen" sowie Bestimmung in Anlage

2.3 Sonstige Rechtsakte

- Bestimmung der Zentralbank Russlands vom 07.08.2001 Nr. 146-P „Über das Verfahren der Attestierung von Arbitrageverwaltern (Liquidatoren) von Kreditorganisationen durch die Bank Russlands"

- Bestimmung der Zentralbank Russlands vom 17.01.2001 Nr. 132-P (mit Änderung vom 11.01.2002) „Über die Durchführung von Überprüfungen der Tätigkeit von Arbitrageverwaltern beim Bankrott von Kreditorganisationen und von Liquidatoren durch die Bank Russlands"

- Prikas des Justizministeriums vom 09.04.2003 Nr. 84: „Über die Bestätigung der Bestimmung über das Verfahren der Führung des einheitlichen staatlichen Registers der Selbstverwaltungsorganisationen von Arbitrageverwaltern"

- Brief des Ministeriums für Steuern vom 25.07.2003 Nr. CA-6-04/825@ „Über einige Fragen der Besteuerung der Einkünfte von Arbitrageverwaltern"

- Prikas des Justizministeriums vom 06.08.2003 Nr. 189 „Über die Bestätigung der Verfahrensordnung der Kommissionen für die Organisation des theoretischen Examens nach dem einheitlichen Programm der Vorbereitung von Arbitrageverwaltern"

- Anordnung über die Führung des einheitlichen staatlichen Registers der Selbstverwaltungsorganisationen der Arbitrageverwalter, bestätigt durch Prikas des Justizministeriums der RF vom 30.12.2004 Nr. 202.

Anhang 2: Rechtsprechung/ Gerichte

Die Ansicht der Obergerichte zu insolvenzrechtlichen Fragen lässt sich an verschiedenen Quellen ablesen. Neben der eigentlichen Rechtsprechung sind insbesondere die Informationsbriefe von Bedeutung für die Praxis.

1. Informationsbriefe der Gerichte

Neben der eigentlichen Rechtsprechung gibt das Oberste Wirtschaftsgericht der Russischen Föderation sog. Informationsbriefe heraus, in denen es untergesetzliche Rechtsprechung zusammenfasst und Leitlinien für die Rechtsanwendung vorgibt. Die Veröffentlichung erfolgt in der Regel im VAS, außerdem sind die Informationsbriefe in den Datenbanken Garant oder Konsultant zu erhalten:

- Brief des Obersten Wirtschaftsgerichts der RF vom 25.04.1995 Nr. S1-7/OP-237: Überblick der Anwendungspraxis der Gesetzgebung über die Insolvenz (den Bankrott) durch die Wirtschaftsgerichte mit Anlage

- Informationsbrief des Präsidiums des Obersten Wirtschaftsgerichts der RF vom 07.08.1997 Nr. 20: Überblick der Anwendungspraxis der Gesetzgebung über die Insolvenz (den Bankrott) durch die Wirtschaftsgerichte mit Anlage)

- Informationsbrief des Obersten Wirtschaftsgerichts der RF vom 28.07.1998 Nr. S1-7/UP-848: „Über einige Fragen der Bestellung von Arbitrageverwaltern"

- Informationsbrief des Präsidiums des Obersten Wirtschaftsgerichts der RF vom 06.08.1999 Nr. 43: Fragen der Anwendung des föderalen Gesetzes „Über die Insolvenz (den Bankrott)" in der Gerichtspraxis mit Anlage

- Informationsbrief des Präsidiums des Obersten Wirtschaftsgerichts der RF vom 14.06.2001 Nr. 64: „Über einige Fragen der Anwendung des föderalen Gesetzes „Über die Insolvenz (den Bankrott) in der gerichtlichen Praxis"

- Informationsbrief des Präsidiums des Obersten Wirtschaftsgerichts der RF vom 08.04.2003 Nr. 4: „Über einige Fragen, die mit dem Inkrafttreten des föderalen Gesetzes „Über die Insolvenz (den Bankrott)" verbunden sind

- Beschluss des Plenums des Obersten Wirtschaftsgerichts der RF vom 15.12.2004 Nr. 29 „Über einige Fragen der Anwendungspraxis des föderalen Gesetzes „Über die Insolvenz (den Bankrott)"

- Informationsbrief des Präsidiums des Obersten Wirtschaftsgerichts der RF vom 30.12.2004 Nr. 88 „Über einige Fragen, die mit der Bestätigung oder Entfernung des Arbeitrageverwalter verbunden sind"

- Informationsbrief des Präsidiums des Obersten Wirtschaftsgerichts der RF vom 04.05.2006 Nr. 108 „Über einige Fragen der Bestellung, Freistellung und Abberufung von Arbitrageverwaltern in Bankrottsachen"

2. Entscheidungen des Verfassungsgerichts[1881]

- Entscheidung vom 16. Mai 2000 Nr. 8-P:[1882] In dieser Entscheidung erklärte das Verfassungsgericht Art. 104 Punkt 4 des InsG 1998 für verfassungswidrig. Die Übergabe sozial bedeutender Infrastrukturmaßnahmen aus dem Eigentum des Schuldners ohne Kompensation an die kommunalen Körperschaften sowie die fehlende Möglichkeit der gerichtlichen Überprüfung stellten einen Verstoß gegen die Grundrechte aus Art. 35 Pkt. 3 (Verbot der Enteignung), Art. 46 Pkt. 1 (Garantie des gerichtliche Schutzes) und Art. 55 Pkte. 2 und 3 (Verbot grundrechtswidriger Gesetze, Einschränkung von Grundrechten).[1883]

- Entscheidung vom 6. Juni 2000 Nr. 9-P.[1884] Das Verfassungsgericht erklärte Art. 77 Pkt. 2 Absatz 3 für verfassungswidrig wegen Verstoßes gegen die Artikel 8 Pkt. 1 (Garantie eines einheitlichen Wirtschaftsraums), 19 Pkte. 1 und 2 (Gleichheitsgrundsatz), 34 Pkt. 1 (Garantie der freien Verfügung über das Eigentum), 35 Pkt. 2 (Recht auf Eigentum) und 55 Pkt. 3 (Einschränkung von Grundrechten). Diese Entscheidung betraf den Fall der Ablehnung der Erfüllung von Verträgen einzig aus dem Grund ihrer langen Laufzeit (mehr als ein Jahr). Die Ablehnung war möglich, ohne dass es eines Nachteils für den Schuldner bedurft hätte.[1885]

- Entscheidung vom 12. März 2001 Nr. 4-P.[1886] Das Verfassungsgericht erklärte Art. 55 Punkt 3 des InsG 1998 für verfassungswidrig. Die Nichtanfechtbarkeit bestimmter Beschlüsse des Wirtschaftsgerichts im Insolvenzverfahren stellte einen Verstoß gegen die Artikel 46 Pkte 1 und 2 (Recht auf gerichtlichen Schutz

---

[1881] Siehe auch: *Tkačev*, Rechtliche Regelung, S. 150f und *Teljukina*, Praxis des Verfassungsgerichts in Insolvenz (Bankrott-) Sachen juristischer Personen, Sakonodatel'stvo 2002 Nr. 7, S. 29; neben den genannten Entscheidungen hat das Verfassungsgericht in einer Reihe von Verfahren die Verfassungsmäßigkeit einzelner Normen des InsG 1998 bestätigt. Zum InsG 2002 gibt es bisher nur wenige Verfahren. Soweit ersichtlich ist bisher noch keine Norm des InsG 2002 für verfassungswidrig erklärt worden.

[1882] Veröffentlicht Rossiskaja Gaseta vom 23.05.2000.

[1883] Siehe Anmerkung in *Bol'šoba/Geraščenko*, Arbitragepraxis, S. 105ff; ebenso *Polnomarev*, Zur Frage der Anwendung von Art. 104 Pkt. 4 des föderalen Gesetzes „Über die Insolvenz (den Bankrott)", Jurist 2001 Nr. 5, S. 38.

[1884] Veröffentlicht Rossiskaja Gaseta vom 15.06.2000.

[1885] Vgl. Kommentar zur Entscheidung in *Bol'šoba/Geraščenko*, Arbitragepraxis, S. 125ff.

[1886] Veröffentlicht Rossiskaja Gaseta vom 22.03.2001.

gegen Handlungen staatlicher Organe) sowie 55 Punkt 3 (Einschränkung von Grundrechten) dar.[1887]

- Entscheidung vom 3. Juli 2001 Nr. 10-P. Das Verfassungsgericht erklärte einige Normen des Gesetzes über die Insolvenz (den Bankrott) von Kreditorganisationen für verfassungswidrig.

3. Entscheidungen der Wirtschaftsgerichte[1888]

Mittlerweile gibt es eine sehr umfangreiche Rechtsprechung, auch der Obergerichte zum Insolvenzrecht. Von Bedeutung sind die Entscheidungen der föderalen Wirtschaftsgerichte als der Kassationsinstanz sowie die Entscheidungen des Obersten Wirtschaftsgerichts im sog. Aufsichtsverfahren.

Eine amtliche veröffentlichte Entscheidungssammlung gibt es nicht. Die wichtigsten Entscheidungen des Obersten Wirtschaftsgericht werden in der Regel im VAS veröffentlicht. Die Entscheidungen der Kassationsgerichte werden ebenfalls nicht amtlich veröffentlich; sie sind teilweise in Datenbanken, wie z.B. Garant oder Konsultant[1889] zu finden.

[1887] Dazu *Bol´šoba/Geraščenko*, Arbitragepraxis, S. 129.

[1888] Zu Aufbau und Funktionen der Wirtschaftsgerichtsbarkeit siehe *Pashchenko*, Russlands neue Wirtschaftsprozessordnung, WGO-MfOR 2003, 10; und *Reitemeier*, Die neue Wirtschaftsprozessordnung der Russischen Föderation, OER 2003, 121; vgl. *Bednarz*, Die neue Arbitragegesetzgebung in Russland, in: *Schroeder* (Hrsg.), Die neuen Kodifikationen in Russland, 2. Auflage S. 161ff.

[1889] Siehe www.garant.ru oder www.konsultant.ru.

Schriftenreihe zum Osteuropäischen Recht

Band 1   Christian Schaich

Exekutive Normsetzung in der Russischen Föderation

Die Arbeit untersucht für die Russische Föderation, ob deren Rechtspraxis einen Ausgleich zwischen rechtsdogmatischen Grundsätzen und praktischen Notwendigkeiten schafft oder ob sie in sowjetischen Traditionen verhaftet ist und die neuen Grundprinzipien der postsowjetischen Verfassung damit in der Praxis nie Geltung erlangt haben.

2003, 288 S., kart., 39,– €, ISBN-10: 3-8305-0580-9, ISBN-13: 978-3-8305-0580-8

Band 2   Michael Müller

Russisches Devisenrecht

2005, 426 S., kart., 51,– €, ISBN-10: 3-8305-0897-2, ISBN-13: 978-3-8305-0897-7

Band 3   Wiebke Rückert

Das Völkerrecht in der Rechtsprechung des Russischen Verfassungsgerichts

Die Arbeit zeigt auf, wie Fragen des Völkergewohnheitsrechts vom russischen Verfassungsgericht behandelt worden sind und welche Rolle völkerrechtliche Verträge und Resolutionen in seiner Rechtsprechung gespielt haben. Am häufigsten hat sich das Verfassungsgericht auf völkerrechtliche Verträge aus dem Bereich des Menschenrechtsschutzes berufen.

2005, 355 S., kart., 45,– €, ISBN-10: 3-8305-0930-8, ISBN-13: 978-3-8305-0930-1

Band 5   Thomas Cahlik

Stand der EU-Harmonisierung in der Tschechischen Republik im Bereich des Kartellrechts

Der Schwerpunkt liegt auf der Darstellung des neuen Kartellverfahrensrechts und des neuen Fusionskontrollverfahrens. In einem zweiten Abschnitt wird das geltende tschechische Kartellrecht dargestellt. Anschließend werden wettbewerbsbeschränkende Vereinbarungen, der Missbrauch einer marktbeherrschenden Stellung, die Fusionskontrolle und das öffentliche Beihilferecht in der Tschechischen Republik begutachtet. Der Gesetzestext des tschechischen Kartellgesetzes steht dabei im Mittelpunkt. Aber auch die Anwendung des geschriebenen Rechts durch das Wettbewerbsamt wird analysiert.

2006, 314 S., kart., 41,– Euro, ISBN-10: 3-8305-1124-8, ISBN-13: 978-3-8305-1124-3

 **BWV · BERLINER WISSENSCHAFTS-VERLAG**
Axel-Springer-Str. 54 b · 10117 Berlin · Tel. 030 / 841770-0 · Fax 030 / 841770-21
E-Mail: bwv@bwv-verlag.de · Internet: http://www.bwv-verlag.de